# DIREITO INDUSTRIAL

APDI – ASSOCIAÇÃO PORTUGUESA DE DIREITO
INTELECTUAL

# DIREITO INDUSTRIAL

## VOL. VII

Alberto Francisco Ribeiro de Almeida
José de Oliveira Ascensão
Alberto Bercovitz
Patrícia Luciane de Carvalho
Salvador Nunes da Costa
Luís Domingues
Adelaide Menezes Leitão
João Paulo Remédio Marques
Alexandre Dias Pereira
Pedro Sousa e Silva
Maria Miguel Carvalho

# DIREITO INDUSTRIAL – VOL VII

AUTORES
ASSOCIAÇÃO PORTUGUESA DE DIREITO INTELECTUAL

EDITOR
EDIÇÕES ALMEDINA, SA
Av. Fernão Magalhães, n.º 584, 5.º Andar
3000-174 Coimbra
Tel.: 239 851 904
Fax: 239 851 901
www.almedina.net
editora@almedina.net

PRÉ-IMPRESSÃO I IMPRESSÃO I ACABAMENTO
G.C. GRÁFICA DE COIMBRA, LDA.
Palheira – Assafarge
3001-453 Coimbra
producao@graficadecoimbra.pt

Julho, 2010

DEPÓSITO LEGAL
314685/10

Os dados e as opiniões inseridos na presente publicação
são da exclusiva responsabilidade do(s) seu(s) autor(es).

Toda a reprodução desta obra, por fotocópia ou outro qualquer
processo, sem prévia autorização escrita do Editor, é ilícita
e passível de procedimento judicial contra o infractor.

---

**Biblioteca Nacional de Portugal – Catalogação na Publicação**

ASSOCIAÇÃO PORTUGUESA DE DIREITO
INTELECTUAL

Direito industrial. - v.. - (Obras colectivas)
7º v.:   p. - ISBN 978-972-40-4216-9

CDU  347

# ÍNDICE

NOTA PRÉVIA .......................................................................................... 7

Key differences between trade marks and geographical indications – *Alberto Ribeiro de Almeida* .................................................................................. 9

Direito Industrial e Direito Penal – *José de Oliveira Ascensão* ...................... 25

Globalización y propiedad intelectual – *Dr.h.c. Alberto Bercovitz* ................. 53

O fundamento internacional do Direito da Propriedade Industrial: a necessária harmonização e respeitabilidade aos critérios de patenteabilidade sobre produtos fármacos – um estudo comparativo entre Brasil e Portugal – *Patrícia Luciane de Carvalho* .......................................................................................... 83

Alterações processuais. Novos procedimentos para tutela da propriedade industrial – *Salvador Nunes da Costa* .......................................................... 119

Marcas notórias, marcas de prestígio e acordo ADPIC/TRIPS – *Luís Domingues* ........ 153

O reforço da tutela da Propriedade Intelectual na economia digital através de acções de responsabilidade civil – *Adelaide Menezes Leitão* ................................. 239

Práticas comerciais desleais como impedimento à outorga de direitos industriais? – *Adelaide Menezes Leitão* .................................................................. 265

O direito de patentes, o sistema regulatório de aprovação, o direito da concorrência e o acesso aos medicamentos genéricos – *João Paulo Remédio Marques* ...... 285

Bases de dados e direito *sui generis* – *Alexandre Dias Pereira* ..................... 375

Denominações de origem e indicações geográficas – *Pedro Sousa e Silva* ........ 397

Desenhos e modelos. Carácter singular. Cumulação com marca – *Maria Miguel Carvalho* ............................................................................................. 421

# NOTA PRÉVIA

*A A.P.D.I. tem a satisfação de lançar um novo volume da colectânea "Direito Industrial".*

*Sendo esta já uma publicação de referência na matéria, única no seu género em Portugal, não carece de apresentação. Mas é importante salientar a continuidade no trabalho de investigação e difusão que manifesta, pela congregação de esforços de tantos eminentes especialistas que nos honram com a sua participação.*

*A evolução neste domínio continua a ser célere, como o conteúdo do volume bem reflecte. Não há estabilidade nas fontes nem nas orientações jurisprudenciais, em Portugal ou no exterior. Por isso estas colectâneas têm uma função também de indispensável actualização de conhecimentos adquiridos.*

*A colectânea reflecte parcialmente os cursos pós-graduados que têm sido ministrados pela Faculdade de Direito de Lisboa em parceria com a APDI. Mas a APDI tem âmbito nacional e realiza igualmente cursos e actividades de difusão em geral em parceria com outras entidades e noutros lugares.*

*O conteúdo de cada volume ultrapassa o que se poderia chamar as actas desses cursos. Representa uma espécie de anuário, até pela periodicidade* grosso modo *correspondente, e só não tem essa designação porque não nos queremos deixar aprisionar pela delimitação anual de conteúdos e edições.*

*Também uma indispensável palavra para salientar o pluralismo nas orientações. A APDI é uma entidade independente, como foro de debates. Todas as perspectivas são bem vindas, porque não há subordinação a lóbis, antes se reflectem as orientações intelectuais que se entrecruzam. Também aqui, consideramos que o pluralismo é um enriquecimento, particularmente num tempo que se afunila, conscientemente ou não, na uniformidade.*

*A APDI espera assim o bom acolhimento desta colectânea e toma como colaboração as críticas ou observações que lhe queiram fazer chegar.*

*O Presidente da Direcção*
Prof. Doutor JOSÉ DE OLIVEIRA ASCENSÃO

# KEY DIFFERENCES BETWEEN TRADE MARKS AND GEOGRAPHICAL INDICATIONS [1]

ALBERTO FRANCISCO RIBEIRO DE ALMEIDA
*Professor da Faculdade de Direito da Universidade Lusíada (Porto)*

**ABSTRACT:**
Trade marks and geographical indications are intellectual property rights, they are trade distinctive signs, but there are several differences between them, especially concerning the legal regime and juridical nature. They share the same principles that are common to all intellectual property rights, but with some specialities. Geographical indications and trade marks are two very interesting signs to put side by side, but the balance between them does not allow an indifference choice.

## I. INTRODUCTION

In a globalised and intercommunicative market, and in order to conquest that market, the sale of products demands means of effective identification and differentiation that allow the defence, better understanding and respect of the rural world. In a globalised market, characterised by a ferocious and increasing competition between products, differentiation factors consequently assume a vital importance as a means of affirmation and survival.

---

[1] O presente texto corresponde, com pequenas alterações, ao que foi publicado na *European Intellectual Property Review – EIPR*, 2008, 10, 406, ss.

On the other hand, it is imperious to conciliate this need for differentiation with the increasing consumer consciousness for the quality factor and the consequent increase of its degree of demand. Nowadays it is not enough to be different; it is also necessary to be among the best. It is precisely in this context that one must place the subject of geographical indications and appellations of origin as a key element in any commercial strategy aiming at the conquest of a solid place in the extremely competitive and demanding market.

Geographical indications and appellations of origin are important distinctive signs in the world trade economy. They comply several functions different from other intellectual property rights, namely trade marks, and are an essential tool in the conquest of new markets. Appellations of origin and geographical indications, in spite of being resources in a competitive world, are also – and this provided they are correctly regulated – means of consumer protection, of quality assurance, of conservation of the environment and support of fair competition.

## II. DEFINITION – APPELLATIONS OF ORIGIN, GEOGRAPHICAL INDICATIONS AND INDICATIONS OF SOURCE

It is useful to give a quick definition of indications of source, appellations of origin and geographical indications.

Concerning indications of source there is a reference in the Paris Convention for the Protection of Industrial Property of 1883 and especially in the Madrid Agreement for the Repression of False or Deceptive Indications of Source on Goods of 1891. However, there is no definition of "indication of source" in those two treaties, but an indication of source can be defined as an indication referring to a country, or to a place in that country, as being the country or place of origin of a product. The indication of source concerns to the geographical origin of a product and not to another kind of origin, for example, an enterprise that manufactures the product (this is the trade mark function). This definition does not involve – as a legal function – any special quality or characteristics of the product on which an indication of source is used. Examples of indications of source are the mention, on a product, the name of a country, or indications such as "made in...".

Appellations of origin are defined in the Lisbon Agreement for the Protection of Appellations of Origin and their International Registration, of 1958, as follows: «Appellation of origin means the geographical name of a country, region, or locality, which serves to designate a product originating therein, the quality and characteristics of which are due exclusively or essentially to the geographical environment, including natural and human factors». According to this definition, an appellation of origin can be considered as a special kind of indication of source, because the product for which an appellation of origin is used must have quality and characteristics which are due exclusively or essentially to its geographical origin.

The TRIPS Agreement (Trade Related Aspects of Intellectual Property Rights) celebrated in the scope of WTO (World Trade Organisation) provides the following definition of geographical indication: «Geographical indications are, for the purposes of this Agreement, indications which identify a good as originating in the territory of a Member [of the WTO], or a region or locality in that territory, where a given quality, reputation or other characteristic of the good is essentially attributable to its geographical origin». The definition of geographical indication in the TRIPS agreement does not expressly refers to appellations of origin or designations of origin, but it adopts a new concept that covers a broader scope than appellations of origin. This is a very good example of approach (in a trade-off environment) between different groups of industrialized countries and how this definition of geographical indication became so useful to developing countries.

According to the above definitions we may conclude that indication of source includes geographical indication and appellation of origin. Indications of source only require that the product originate in a certain geographical area (the true principle). On the other hand, geographical indications imply a particular quality, reputation or other characteristic of the product. Finally, all appellations of origin are geographical indications, but some geographical indications are not appellations of origin.

Let's look now to the European Regulation (EC) No 510/2006 of 20 March 2006 on the protection of geographical indications and designations of origin for agricultural products and foodstuffs. Here we can find geographical indications and appellations of origin. Designation of origin means the name of a region, a specific place or, in exceptional cases, a country, used to describe an agricultural product or a foodstuff: originating in that region, specific place or country; the quality or characteristics of which are essentially or exclusively due to a particular geographical environment with its inherent natural and human factors; and the production, processing and preparation of which take place in the defined geographical area. Geographical indication means the name of a region, a specific place or, in exceptional cases, a country, used to describe an agricultural product or a foodstuff: originating in that region, specific place or country; which possesses a specific quality, reputation or other characteristics attributable to that geographical origin; and the production and/or processing and/or preparation of which take place in the defined geographical area. So, the link with the region is much stronger when we have appellations of origin than when we face a geographical indication. This difference will have effects on the juridical functions of these signs.

The European Regulation (EC) No 479/2008 of 29 of April, on the common organization of the market in the wine, has followed the above Regulation (EC) No 510/2006. That Regulation demands a strong link of the product with the region in order to have the right to use an appellation of origin – the qualities and characteristics must be essentially or exclusively due to the geographical environment, the grapes must come exclusively from the geographical area and the production (which includes vinification, maturation and, in some cases, bottling) takes place inside the geographical area. On the other hand, geographical indications on the wine sector do not demand the same type of link with the region. In fact, it is enough that the product has a reputation attributable with the geographical area, 15% of the grapes may come from outside the region, but the production must take place inside the geographical area. This new European Regulations allows, for the first time on the wine sector and at the European level, appellations of origin or geographical indications composed by the name of a country.

In Portugal the Industrial Property Code (IPC) (with the last modification by the Decree-Law 143/2008, of 25 of July) defines appellations of origin and geographical indications at the article 305. This definition is similar to the one on the European Regulation (EC) No 510/2006 of 20 March 2006, but there are some differences with the TRIPS concept and the Lisbon understanding.


## III. AUTONOMY – A DIFFICULT CONQUEST IN TIME

Since the Paris Convention for the Protection of Industrial Property of 1883 it has been difficult to protect appellations of origin internationally and in several national jurisdictions. The Madrid Agreement for the Repression of False or Deceptive Indications of Source on Goods of 1891 was a step forward, especially on wine designations, but in a small scale. On the other hand the Lisbon Agreement for the Protection of Appellations of Origin and their International Registration, of 1958, was a wonderful achievement on the protection of appellations of origin, but, once again, in a small scale- few countries become members of this special union. However, the number of members has, in the last decade, increased.

The great development of appellations of origin and geographical indications was with the European law and the TRIPS agreement. The Council Regulation (EC) No 510/2006, 20 of March, – which has substituted the Council Regulation No 2081/92 of 14 July 1992 – on the protection of geographical indications and designations of origin for agricultural products and foodstuffs, was a success and before that the European Union had taken some steps to protect wine denominations. Since 1992 we have at the European level a registration system of geographical indications and appellations of origin. With the European Regulation (EC) No 479/2008, finally, this registration system covers also the wine sector. In fact, till now, the level of protection that was conceded to the wine denominations (like Champagne, Port, Bordeaux, Chianti, Tokay, Sherry, etc.) was lower than the one that was established to the other products (meat, fruit, vegetables, bread, and so on). However, this registration system deserves, at least, two critics (and this subject merits other developments on another occasion): the relationship with trade marks creates several exceptions to the principle of priority allowing coexistence too easily (and the right of property concerning a trade mark may be at issue in some cases); on the hand, those Regulations are legally supported on articles 36 and 37 of the Treaty establishing the European Community, that is, on the rules concerning agriculture policy when we are dealing with intellectual property rights.

After the TRIPS agreement geographical indications can live with autonomy inside the intellectual property law. It is true that the level of protection conceded by the TRIPS agreement to geographical indications is not enough, specially compared with trade marks, but is a start. There are several economic interests that still want a low level of protection in order to continue to use geographical denominations on products that do not come from the geographical area indicated – and generic names can be reverted, especially in the global market that we live today (the territoriality principle may acquire a different significance). However, this is not our aim at the moment.

In Portugal, appellations of origin were foreseen on the first IPC from 1940, but long before this date wine appellations of origin were already protected. In fact, the first (controlled) appellation of origin with a quality certification system and a demarcated region was Porto with the rules adopted by Marquis de Pombal in 1756.

Taking into account these general remarks, let's verify the key differences between geographical indications and trade marks.

## IV. LEGAL FUNCTIONS – DISTINCTIVE, GEOGRAPHICAL ORIGIN AND QUALITY

First of all, appellations of origin and geographical indications are product distinctive signs: they identify a product (or even a service) as having originated in a specific place (the distinctive function therefore turns into an indicative means of source). In opposition to these signs one can find the trademark. Trademark distinguishes a product (or several) as proceeding from a specific company (here the above mentioned distinctive function turns into an indication of business origin).

On the other hand, the appellation of origin also assures the consumer that the product holds a certain number of qualities and characteristics, this is to say, that the product is in accordance with a specific regulation and complies to a certain number of specifications whose fulfilment is ensured by a body responsible of its control (which must be impartial and objective).

Therefore, trademarks – guarantee marks and certification marks aside – do not perform a function of quality assurance.

Such a function of quality assurance is not so evident when it comes down to geographical indications. In fact, under article 22 of the TRIPS Agreement, it is sufficient that a specific attribute or reputation or other product characteristic be mainly related to the product's geographical origin. The link to be established between the product and the region/place from where it proceeds is consequently weak, being enough that the product's reputation can be imputed to its specific geographical provenance, this meaning that the quality guarantee function may be at stake here.

Consequently both geographical indication and appellation of origin, and the latter in particular, have also a function of quality guarantee. As long as cases of imitation and usurpation are properly attacked, the consumer will be protected and will not see his preference for quality products with a specific geographical origin defrauded.

Besides satisfying consumers' interest, appellation of origin and geographical indication are also tools at the service of producers and traders. They are competition tools. While trademarks are usually owned by a single entrepreneur and consequently used only in the satisfaction of his exclusive interest, appellations of origin and geographical indications are common property (being an example of collective property) of the producers and traders of that specific and determined region.

Both appellation of origin and geographical indication appeared essentially as a means for the producers and traders of a specific region succeed in placing their quality products on the market. For this the use of trademarks was not satisfactory. It is certain that we have examples of successful trademarks with great prestige applied to quality products, but only the appellation of origin guarantees the collective promotion and commercialisation of quality products.

Last but not least, the geographical indication and appellation of origin also provide for the satisfaction of collateral and public interests. In the presence of a certain product bearing an appellation of origin, the consumer not only sees a product originating from a certain place and therefore having a certain number of characteristics, but above all he sees a product with a superior degree of quality, with strictly controlled production stages, therefore the consumer is protected. On the other hand, quality products assure the conservation and respect of the environment, the diversification of agricultural production, contribute to rural development and to the maintenance of the rural population. As a matter of fact, production and elaboration of quality products are performed, sometimes, under adverse natural conditions to which only such products persist. Both appellations of origin and geographical indications have been recognised as a means of protecting the traditional knowledge and folklore, which is to say, a People's culture. Associated to these signs, rural tourism has also been developing itself, in particular the wine routes.

This means that an appellation of origin perform a quality function, besides other collateral functions. A trade mark performs a distinctive function, in terms of distinguishing the goods or services of one undertaking from those of other undertakings.

## V. COMPOSITION – LESS FREEDOM

Appellations of origin and geographical indications are, usually, composed by a geographical name (region, locality or, very exceptionally, a country). In fact, the geographical name maybe the name of a administrative region, a historical name, a name of a city, a village, a place, a mountain, a valley, etc. It is this geographical name that will be protected according to the European Regulations.

However, certain traditional geographical or non-geographical names, designating an agricultural product or a foodstuff originating in a region or a specific place, may also be considered as designations of origin.

Names that have become generic may not be registered. This means the name of an agricultural product or a foodstuff which, although it relates to the place or the region where this product or foodstuff was originally produced or marketed, has become the common name of an agricultural product or a foodstuff. A name may not be registered as a designation of origin or a geographical indication where it conflicts with the name of a plant variety or an animal breed and as a result is likely to mislead the public as to the true origin of the product.

A trade mark may consist of any signs capable of being represented graphically, particularly words, including personal names, designs, letters, numerals, the shape of goods or of their packaging, provided that such signs are capable of distinguishing the goods or services of one undertaking from those of other undertakings.

The owner of a trade mark may change the composition of its trade mark or create another trade mark for the same product. This freedom is not conceded to the owners of an appellation of origin or a geographical indication.

## VI. USE – NO RELEVANCE FOR REVOCATION

According to the First Council Directive 89/104/EEC, of 21 December 1988, to approximate the laws of the Member States relating to trade marks, a trade mark shall be liable to revocation if, within a continous period of five years, it has not been put to genuine use in the Member State in connection with the goods or services in respect of which it is registered, and there are no proper reasons for non-use.

Geographical indications and appellations of origin are not liable to revocation for non use and usually there is not a need to renewall the registration (see article 310 of the Portuguese IPC).

## VII. LICENSING – NOT ALLOWED

According to the First Council Directive 89/104/EEC, of 21 December 1988, to approximate the laws of the Member States relating to trade marks, a trade mark may be licensed for some or all of the goods or services for which it is registered and for the whole or part of the Member State concerned. A license may be exclusive or non-exclusive.

A trade mark may also be transferred, separately from any transfer of the undertaking, in respect of some or all of the goods or services for which it is registered.

The owner of an appellation of origin or a geographical indication cannot do anything of this. An appellation of origin or a geographical indication cannot be licensed or transferred. In first place this would be against the economic order and a single producer or processor is not the only owner of the geographical indication or appellation of origin.

## VIII. REVOCATION – NO REVOCATION IF IT BECOMES A COMMON NAME

Once again, according to the First Council Directive 89/104/EEC, of 21 December 1988, to approximate the laws of the Member States relating to trade marks, a trade mark may be liable to revocation if, after the date on which it was registered and in consequence of acts or inactivity of the proprietor, it has become the common name in the trade for a product or service in respect of which it is registered.

On the other hand, the Council Regulation (EC) No 510/2006 of 20 March 2006 on the protection of geographical indications and designations of origin for agricultural products and foodstuffs establishes that a protected designation of origin or a protected geographical indication may not become generic after registration. The Council Regulation (EC) No 479/ /2008 of 29 of April, on the common organization of the market in the wine, establishes that registered appellations of origin or geographical indications «shall not become generic in the Community». There is a slight difference in the words of both Regulations («may not become» and «shall not become»). Finally, the Portuguese IPC has a large exception prohibiting an appellation of origin from becoming a common name – article 315 (2).

## IX. PRESTIGE – DIFFICULT TO PROTECT

For some time that the trademarks law gives special protection to prestigious or famous trade marks. In these cases the owner of the trademark is entitled to prevent all third parties not having his consent from using in the course of trade any sign which is identical with, or similar to, the trade mark in relation to goods or services which are not similar to those for which the trade mark is registered, where the latter has a reputation in the Member State and where use of that sign without due cause takes unfair advantage of, or is detrimental to, the distinctive character or the repute of the trade mark.

This enlarged protection has been difficult to establish for appellations of origin and geographical indications. The Council Regulation (EC) No 510/2006 of 20 March 2006 on the protection of geographical indications and designations of origin for agricultural products and foodstuffs, determines that registered names shall be protected against any direct or indirect commercial use of a registered name in respect of products not covered by the registration in so far as those products are comparable to the products registered under that name or in so far as using the name exploits the reputation of the protected name. Finally (that is, for the first time), on the wine sector, the new Council Regulation (EC) No 479/2008 of 29 of April, has a similar rule. Several court decisions have recognize the prestige of some appellations of origin: «Perfume Champagne», «Biscuits Champagne», «Boudoirs Champagne», «Royal Bain de Champagne», «Champagner bekommen, Sekt bezahlen: IBM Aptiva jetzt zum Vobis-Preis», «Ein Champagner unter den Mineralwässern», «Perrier aus Frankreich. So elegant wie Champagner», «Bordeaux Buffet», «perfume Bordeaux», «Miller-High Life – The Champagne of Beers», etc.

In Portugal, the IPC establishes this enlarged protection – article 312 (4). However this article is inspired on the one (article 242) established in favour of trade marks, that is, without taking into account the appellations of origin and geographical indications special functions.

## X. SINGLE MARKS

Single or individual trademarks must not be descriptive or deceptive. This means that geographical terms cannot serve, as general principle, as individual trademarks. The main rule is that the geographical name must be left free for use by those established or that may be established in the future in that region (the *Freihaltebedürfnis* doctrine). However, the composition of an individual trade mark by a geographical name may take place if it has acquired distinctive character through use (a secondary meaning), or its use is fanciful and, therefore, is not deceiving as to the origin of the goods on which the trademark is used. See, concerning descriptive trademarks, articles 223 (1) c), 223 (2), 238 (3) and 265 (2) of the Portuguese IPC.

Besides, individual trademarks complies a function completely different from geographical indications and appellations of origin, and their legal regime is also different.

## XI. COLLECTIVE MARKS

Collective marks are different from geographical indications. Collective marks are owned by a collective body, for example, a trade association or an association of producers or manufacturers, and serve to indicate that the person who uses the collective mark is a member of that collectivity. See article 229 of the Portuguese IPC.

A collective mark fulfills a membership function. It does not have, usually, a quality function even if it has a regulation of use. Besides that, it is not compulsory, usually, that the mark should be opened to each producer that complies with the regulation of use. Its use can be limited to the members of the association.

Finally, the protection of collective marks is enforced under general trademark law.

## XII. CERTIFICATION MARKS

The difference between geographical indications and certifications marks is not as strong as with trade marks or collective marks.

Certification marks are marks which designate that the products or services on which they are used have specific qualities, which may also comprise geographical origin. The owner of the certification mark undertakes to certify that the products or services on which the certification mark is used have those qualities. See article 230 of the Portuguese IPC.

This means that a certification mark perform a guarantee function.

On the other hand, every producer who complies with rules of production as established by the owner of the certification mark has the right to use that mark. The owner must guarantee that the goods or services on which the certification mark is used hold the certified quality. This means that the owner of the certification mark has to define comprehensive regulations which stipulate, namely, the characteristics certified, the authorized users and information concerning the certification and control. Usually, the owner of the certification mark is not allowed to use the certification mark himself.

However, certifications marks are enforced under general trademark law and they don't have the same juridical nature, as we will see, as an appellation of origin or a geographical indication.

## XIII. JURIDICAL NATURE – COMMUNAL PROPERTY

Designations of origin and geographical indications are, in their juridical nature, very special. They are distinctive signs, they are industrial property rights, but they are not property of one single person or association or public institution. Designations of origin and geographical indications, in our opinion, does not constitute a type of co-ownership or roman common property, but the German type of common property (the *Gemeinsschaft zur gesammten Hand*), that is, a communal property [see article 305 (4) of the Portuguese IPC – this article has its roots, at least, in the Portuguese IPC of 1940 (article 165)]. This means that the designation of origin or the geographical indication belong to several persons, to a collectivity of persons who are the owners of the designation. The use and fruition of the designation belongs to the whole collectivity, that is, to all producers and traders of the demarcated region whose products comply with the established rules.

Taking this into account, who is entitled to apply for registration? The whole or the disorganized group of producers and traders owners of the designation of origin are not entitled to apply for registration. This would be impossible because we cannot determine, in a stable and solid way, which are the owners of the designation of origin.

According to the European law relating to the protection of designations of origin and geographical indications (Regulations already mentioned) only a group is entitled to apply for registration. For the purpose of those Regulations, a group means any association, irrespective of its legal form or composition, of producers and/or processors working with the same agriculture product or foodstuff. Other interested parties may participate in the group.

However, it is possible for a natural or legal person to submit an application for registration, but subject to certain conditions.

It is also possible for a group of individuals without legal personality but where the national law treats as a legal person, to submit an application for registration.

Two final remarks relating to the European law: in first place, a group or a natural or legal person may apply for registration only in respect of agricultural products or foodstuffs which it produces or obtains; in second place, and this is I think, a very important observation, the group that applies for registration must be "opened" or "unlocked", that is, the number of producers or processors is not "locked" in time, but instead is always changing. Each newcomer whose products comply with the specifications established has the right to use the corresponding designation of origin or geographical indication. In fact, the legitimate users of an designation of origin or geographical indication are all the producers and/or processors whose products, coming from a certain region, comply with the rules that govern the use of the designation or geographical indication.

On the other hand, trade marks are exclusive property of the owner. The collective mark and the certification mark are used by several persons, but the owner is a single or a legal person.

Finally, the owner of a trade mark may use it as he wishes, in any product, produced in any enterprise and in any place or in several countries at the same time. He may chance the quality of the product, the way he presents the product, etc. The owner of an appellation of origin or geographical indication does not have the same freedom, as we saw.

## XIV. PUBLIC DIMENSION – A SPECIAL FEATURE

Geographical indications are an extraordinary competition tool (as long as a lawful competition is assured) at the service of the producers and traders from a specific region but they also accomplish a public dimension:

- they contribute in a decisive way to the safeguard of consumers' interests;
- they carry out a quality function [in fact the product must be in accordance with a specific regulation and comply to a certain number of specifications whose fulfilment is ensured by a body responsible for its control (which must be impartial and objective)].
- they are means of conservation of the environment and support of fair competition;
- they contribute to the defence, added value and respect for the rural world;
- they have been recognised as a means of protecting the traditional knowledge and folklore, which is to say, a People's culture.

This means that geographical indications and particularly appellations of origin perform a function or several functions, profit from a juridical content and a juridical nature that qualifies these intellectual property rights as promoting a public dimension that is not present in the same way in other intellectual property rights, like trade marks.

## XV. MODELS OF PROTECTION – NO HARMONY

It is important to give an idea of the several models of protection concerning appellations of origin and geographical indications. Concerning trade marks the model is established, usually it is trough a registration procedure. But in the field of appellations of origin and geographical indications there is no harmony.

Each national and regional regime has its own legal traditions, historical and economic conditions. These differences relate, for example, the conditions of protection, entitlement to use and scope of protection. The main models are the following:

- Unfair competition and passing off;

- Protected appellations of origin and registered geographical indications;
- Collective and certification trademarks;
- Administrative schemes of protection.

So, appellations of origin and geographical indications maybe protected trough the mechanism of trade marks, especially collective and certification trademarks. It is important to underline that those mechanisms of protection can be used in a cumulative way.

These several mechanisms of protection can be characterized by two aims:

- the protection of consumers against misleading use of geographical indications and generally all geographical names;
- the protection of the owners of the collective goodwill connected to geographical indications against misrepresentations with the consequence of misappropriation of that goodwill, specially through protection and registration schemes.

The European Union with the Council Regulation (EC) No 510/2006 of 20 March 2006 on the protection of geographical indications and designations of origin for agricultural products and foodstuffs has created a system of registration with a high level of protection. The same has now been established for the wine denominations with the Council Regulation (EC) No 479/2008 of 29 of April. In Portugal appellations of origin and geographical indications are usually protected by a registration mechanism established in the IPC or by special Decree-Law.

## XVI. CONCLUSION

There are several differences between geographical indications and trade marks. These differences explain the autonomous regime of appellations of origin and geographical indications. The European Law takes into account these differences and establishes different rules for both intellectual property rights.

However there is a long road to go in order to guarantee the success of appellations of origin and geographical indications. In fact, at the WTO there is no agreement in order to establish a multilateral system of notification and registration of geographical indications (at least a true registration system and not only a data base without any legal force) as well as the same level of protection to all geographical indications (wines and spirits denominations have a higher level of protection at the TRIPS agreement) – but this, also, would leave us to other worlds of the geographical indications.

Porto, 20 of June 2008.

# DIREITO INDUSTRIAL E DIREITO PENAL

JOSÉ DE OLIVEIRA ASCENSÃO
*Professor Catedrático da Faculdade de Direito de Lisboa*

**SUMARIO:**
1. Liberalização do comércio mundial e incremento de exclusivos: um paradoxo; 2. A tutela penal dos direitos intelectuais e a Comunidade Europeia; 3. A formação do sistema português; 4. Algumas alterações recentes; 5. Violação de direitos industriais e tipos penais; 6. A incidência da Lei n.º 16/08, sobre aplicação efectiva dos direitos intelectuais. Os actos praticados "à escala comercial"; 7. Uso privado e actuação estranha à vida de negócios; 8. O exercício de direitos industriais, em particular da marca; 9. O uso da marca como marca; 10. Apreciação final.

## 1. Liberalização do comércio mundial e incremento de exclusivos: um paradoxo

O progresso no estudo de matérias jurídicas é particularmente difícil em matérias de fronteira. Obriga ao cruzamento de orientações de origem diversa. Mas é indispensável, porque o Direito é uma unidade que não tolera contemplações autistas.

Propomo-nos versar um tema que é simultaneamente de Direito Penal e de Direito Industrial[1]. Isto obriga-nos a defrontar as dificuldades inerentes aos temas híbridos. Mas é particularmente dificultado pela insegurança

---

[1] Habitualmente designado Propriedade Industrial.

da legislação de Direito Industrial. Apesar de sucessivas reformas, continua a ser muito deficiente.

Este é um sector em que, apesar da pressão a nível mundial no sentido da uniformização de leis, as diversidades entre os vários países continuam a ser grandes. Se há países em que se recorre prevalentemente à tutela penal, noutros esta tutela é inexistente, ou quase inexistente. Isto porque até há pouco tempo se entendia que, no domínio do Direito Intelectual em geral, os "meios de execução" eram da competência de cada país. Por isso, nem a Convenção de Berna, para o Direito de Autor, nem a Convenção da União de Paris (CUP), para o Direito Industrial, contêm normas penais.

O Acordo ADPIC/TRIPS[2], anexo ao Tratado que criou a Organização Mundial do Comércio (1994), alterou a situação. Os meios de execução passam a ser em larga medida impostos, aliás com um pormenor impressionante; e sujeitos ao controlo da OMC. É consequência de o Direito Intelectual, aparentemente um domínio mais espiritualizado, ter sido capturado por interesses empresariais fortíssimos, que pressionam protecções reforçadas e uma repressão cada vez mais acentuada. A própria sujeição desta matéria à OMC, que é a organização reguladora do comércio internacional, é elucidativa, demonstrando que o "intelectual" se degradou. As matérias estão sujeitas à OMC porque os direitos são materializados e lhes é outorgada a disciplina própria das mercadorias.

Esta subordinação tornou a imposição internacional muito mais forte. A OMC fez passar para segundo plano a agência especializada da ONU neste domínio – a OMPI, Organização Mundial da Propriedade Intelectual. Isto resulta de o ADPIC ser um anexo ao Tratado constitutivo da OMC, que os países aderentes têm necessariamente de subscrever porque não se podem dar ao luxo de ficar arredados ou diminuídos no comércio internacional. Deste modo, tudo o que for deliberado no seio da OMC em matéria de Direito Intelectual lhes é automaticamente imposto: não fica dependente de aceitação ou ratificação por cada país, como os Tratados da OMPI. E consequentemente ficam sujeitos ao controlo e às sanções da OMC, se forem considerados transgressores das regras do ADPIC.

Ora, o ADPIC faz uma incursão no domínio penal, inovando no seio dos instrumentos multilaterais internacionais. O art. 61.º, na versão portuguesa sob a espantosa epígrafe "Processos penais", abre com a previ-

---

[2] Acordo sobre Aspectos da Propriedade Intelectual relacionados com o Comércio.

são: "Os membros preverão processos penais e penas aplicáveis pelo menos em casos de contrafacção deliberada de uma marca ou de pirataria em relação ao direito de autor numa escala comercial". A semente ficou assim lançada.

A interpretação deste preceito é difícil mas para o que nos ocupa nada é necessário adiantar, porque a contrafacção de marca era já punida na ordem jurídica portuguesa. Basta observar que entendemos que os dois qualificativos contidos no preceito são aplicáveis à contrafacção de marca. Ou seja, o ADPIC impõe a incriminação da contrafacção de marca desde que:

1) a infracção seja deliberada
2) e seja cometida numa escala comercial.

Isto é porém muito elucidativo da grande viragem internacional neste sector. Os direitos intelectuais começaram por ser protegidos por invocação da criatividade do autor, da inventividade do inventor e do interesse público na distintividade que era trazida pela marca e outros sinais distintivos do comércio, distintividade que funcionava em benefício do público. Mas essas justificações sectoriais são hoje subjugadas pelo interesse da empresa, que é afinal a grande beneficiária. E esse interesse implica que na OMC os países estejam em posição aparente de igualdade, mas na realidade haja uma subordinação em relação aos países com posição de proa no mercado mundial.

A situação é realmente paradoxal. A OMC apresenta-se como campeã da liberdade do comércio a nível mundial. Mas afinal, acolhe e alarga os exclusivos em que se traduzem os direitos intelectuais privados. Quer dizer, eliminam-se as barreiras públicas para franquiar os mercados, mas espartilham-se os mercados em resultado dos direitos intelectuais[3]. Tudo sob a égide duma integração económica mundial. É, no mínimo, paradoxal. Os grandes empórios mundiais são sustentados por quem afirma como seu objectivo o comércio livre.

---

[3] Isso é muito esclarecido pela circunstância de não se ter imposto o chamado *esgotamento internacional*, o que permite que um titular de um direito intelectual bloqueie os mercados, impedindo que os produtos licitamente produzidos no exercício de um direito intelectual num país possam livremente ser importados e comercializados noutros países. Por exemplo, produtos fabricados sob licença na Índia estarão impedidos de ser comercializados sem autorização no Japão ou noutro país.

## 2. A tutela penal dos direitos intelectuais e a Comunidade Europeia

A C.E. preparou a sua própria adesão à OMC. Essa foi a justificação inicial da elaboração do que viria a ser a Directriz n.º 04/48/CE, de 29 de Abril, sobre a aplicação efectiva (*enforcement*) dos direitos intelectuais.

Porém, como logo se revelou, o ADPIC serviu de pretexto. A C.E. aproveitou a oportunidade para levar muito mais longe a disciplina já fortemente intrusiva do ADPIC.

Um dos sectores em que desde o início se batalhou foi no Penal. Ele surge cada vez mais como a grande tentação.

A matéria penal tinha tradicionalmente sido afastada da competência comunitária. Quando a pressão das empresas informáticas no sentido do recurso à repressão penal surgiu ainda se operou um desvio: recorreu-se ao Conselho da Europa, que intervém mediante convenções internacionais nos domínios em que a Comunidade não pode intervir. Surgiu assim a Convenção sobre o Cibercrime[4]. Mas a Comunidade resolveu posteriormente transpor essa barreira e ser ela própria a regular a matéria penal.

Há que perguntar se se justifica realmente tanta insistência na repressão penal. O argumento esgrimido é o de que a violação da "Propriedade Industrial" é roubo, porque atinge a propriedade. Mas o argumento é um tanto primário. Por um lado porque os direitos intelectuais não são propriedade, são exclusivo[5]. Por outro, porque há uma diferença flagrante entre a violação de um exclusivo intelectual e a violação da propriedade de coisas corpóreas. Se utilizam sem autorização um meu direito intelectual posso continuar a usá-lo, mas se me furtarem o automóvel, tenho de ir a pé!

Isto significa que a intervenção do Direito Penal no domínio dos direitos intelectuais só se poderia fazer com moderação, distinguindo situações e sopesando a justificação do recurso a esta *ultima ratio*. Mas não foi isso que a Comissão previu. Taxativamente, determinava-se que a violação de qualquer direito intelectual seria penalmente reprimida.

Entre os tipos de direito intelectual encontram-se as recompensas, na ordem jurídica portuguesa. Teríamos assim que quem usasse ou se

---

[4] Budapeste, 23.XI.01.

[5] Cfr. o nosso *Direito intelectual, propriedade e exclusivo*, *in* ROA, ano 61-III, Dez/01, 1195-1217; e *in* Revista da ABPI (São Paulo), n.º 59, Jul/Ago 2002, 40-49.

arrogasse uma recompensa que fora atribuída a outrem deveria ser penalmente punido! É muito elucidativo do carácter primário da disciplina que se previa.

Na realidade, o recurso ao Direito Penal tem finalidade antes de mais atemorizadora do público em geral. Isso revela-se logo pelo empolamento da linguagem. Fala-se, particularmente, na "pirataria". Mas o termo é incompatível com uma discussão ponderada destas matérias, pela deslocada carga emotiva que introduz. Quando, no Direito das Obrigações, se fala dos que não cumprem as suas dívidas, não dizemos "os caloteiros": dizemos os inadimplentes. Tão-pouco tem sentido falar em pirataria quando estamos a referir formas de violação, mesmo qualificadas, de direitos intelectuais. Mas esta é a linguagem dos que representam interesses e os antepõem ao debate a nível intelectual.

Kamil Idris, que acaba de deixar o lugar de Director-Geral da Organização Mundial da Propriedade Intelectual[6], foi mais longe e afirmou textualmente em Dezembro de 2003 que "a pirataria é como o terrorismo". Um pouco de senso bastaria para o ter evitado, tal a desproporção das duas categorias[7].

Mas a pressão no sentido do recurso prioritário à criminalização abateu-se fortemente sobre a C.E., cuja Comissão é muito sensível aos grandes interesses. O caminho tinha sido percorrido já no domínio da informática, por iniciativa das empresas do sector, e procurou-se agora generalizá-lo com previsões adiantadas de repressão penal na directriz sobre a tutela dos direitos intelectuais, que deixam a perder de vista as previsões incipientes do art. 61.º do ADPIC.

A proposta da Comissão defrontou porém a oposição firme de vários países comunitários.

Uma razão prendia-se com a questão da competência da União Europeia em matéria penal, que é contestada por vários países. É matéria que não ocorre aprofundar.

Mas independentemente disso, as concretas previsões foram consideradas excessivas, pois iam a uma pormenorização fora de toda a razoabilidade. O argumento de que os prevaricadores se deslocariam para os

---

6 No meio de grandes acusações.

7 É evidente que as máfias que actuam a nível mundial podem recorrer a todos os processos de obter dinheiro sujo, mas isso não quer dizer que todos estes tenham o mesmo desvalor.

países comunitários com menor repressão penal não era convincente[8]. Além disso os países comunitários têm já um nível de protecção muito elevado.

A Proposta de Directriz foi por isso sendo sucessivamente amputada e reduzida nos seus propósitos[9], sem que as oposições abrandassem. Foi limitada a uma mera previsão do estabelecimento de sanções penais, no art. 20.°. Mas nem isso foi aceite. Pelo que a previsão de sanções penais acabou por ser totalmente suprimida.

No lugar dela, porém, surgiu uma iniciativa mais ampla da Comissão: a Proposta de uma Directriz dedicada inteiramente à repressão penal, de 12 de Julho de 2005, contendo apenas cinco artigos; e acoplada a ela uma Proposta de Decisão-Quadro, em que os aspectos mais adiantados de intervenção comunitária estavam compreendidos, para tornar mais aceitável a proposta pela facto de esses princípios ficarem previstos num instrumento menos solene e rígido que a directriz.

A proposta não foi aprovada na altura. Teoricamente continuará em aberto mas o ambiente geral não é favorável à sua aprovação. A política comunitária em matéria de Direito de Autor evoluiu para formas menos intervencionistas, dentro do chamado *soft law*. Mas a qualquer momento pode ser retomada. [Nota posterior: foi efectivamente, a propósito do acolhimento da Convenção Cibercrime do Conselho da Europa]. Em todo o caso, dispensa-nos de examinar agora pormenorizadamente o conteúdo daquelas propostas.

## 3. A formação do sistema português

Na ordem jurídica portuguesa, a violação dos direitos intelectuais está tradicionalmente associada à repressão penal.

Assim acontece no Direito de Autor; e assim aconteceu elucidativamente com a emergência do Direito da Informática. Ainda não havia nenhuma protecção jurídica dos programas de computador (porque os exclusivos intelectuais são típicos) e já a Lei n.° 109/91, de 17 de Agosto, sobre

---

[8] Cfr. a comunicação sobre *Procedures and Remedies for Enforcing IPRs: the European Commission's Proposed Directive*, encabeçada por nomes tão notáveis como William Cornish, Josef Drexl, Reto Hilty e Annette Kur, E.I.P.R. (2003), 10, 447.

[9] Veja-se a nova versão da Proposta de Directriz, apresentada em 19.XII.03.

*Direito Industrial e Direito Penal*                                            31

a criminalidade informática, punia no art. 9.°/1 com prisão até 3 anos "quem reproduzir, divulgar ou comunicar ao público um programa informático protegido por lei...". Mas lei nenhuma estabelecia semelhante protecção[10]. O açodamento foi tanto que parte da previsão continua ainda hoje sem objecto. A incriminação da divulgação, por exemplo, pressupõe um regime de segredo. Mas o segredo de negócios é imposto na ordem jurídica norte-americana, mas não na portuguesa. A previsão representará quando muito uma casca à espera de miolo.

Além da criminalidade informática, versámos já:

– a criminalização das violações do direito de autor e dos direitos conexos, no nosso *Direito Penal de Autor*[11]
– a concorrência desleal como tipo de crime, na situação vigente antes do Código da Propriedade Industrial de 2003, na nossa *Concorrência Desleal*[12].

Completamos agora o quadro do *Direito Intelectual Penal*, digamos assim, com esta análise da situação no Direito Industrial.

A repressão penal é coeva dos primórdios da regulação do Direito Industrial. Representou sempre o meio privilegiado de reacção, o que é também consequência de a disciplina desta matéria ter sido confiada aos meios "interessados"[13]. O acento criminal é tão dominante que chegou a duvidar-se da existência dum ilícito civil, porque a lei o não previa.

A Concorrência Desleal surge regulada a este propósito, como forma de reacção contra as violações de direitos industriais. Mas a concorrência desleal era ela própria criminalizada, era um tipo penal. Só muito mais tarde se tomou consciência de que os institutos eram independentes, pois pode haver infracção de direito industrial que não represente concorrência desleal e ilícito de concorrência desleal sem infracção de direito industrial (a difamação dum concorrente, por exemplo).

---

[10] Cfr. a nossa *Criminalidade informática*, *in* "Direito da Sociedade da Informação", vol. II, APDI/Coimbra Editora, 2001, 203-228; *in* Estudos sobre Direito da Internet e da Sociedade da Informação, Almedina, 2001, 261-287; e *in* Direito da Internet e da Sociedade da Informação – Estudos, Forense (Rio de Janeiro), 2002.

[11] *In* Estudos em Homenagem ao Professor Doutor Manuel Gomes da Silva, Faculdade de Direito de Lisboa, Coimbra Editora, 2001, 457 505; e *in* LEX (Lisboa), 1993.

[12] Almedina, 2002.

[13] Que levou, no domínio paralelo do Direito de Autor, à escandalosa introdução em 1927 da perpetuidade do direito, que durou até 1966!

Não obstante, o passado deixou marcas profundas, e ainda hoje o CPI continua a regular a concorrência desleal no título das "Infracções"[14], pressupondo implicitamente que a concorrência desleal implica infracção de direitos industriais.

O esquema adoptado na regulação penal baseia-se sobretudo em contemplar, além de escassos preceitos genéricos, infracções especificadas em relação a cada direito industrial. Todos eram objecto de protecção penal. Em contrapartida, as penalidades eram moderadas.

O CPI de 1995 altera a situação. A reacção torna-se muito mais rigorosa e as penalidades são fortemente agravadas. Num caso, a penalidade é 12 vezes superior à precedente! Vivemos o paradoxo de se proclamar como objectivo a descriminalização e à luz desta bandeira são abolidos tipos com conteúdo ético mas simultaneamente o Direito Penal secundário é fortemente empolado, ao serviço de interesses empresariais. Digamos que esses interesses capturaram o Direito Penal.

Este código teve uma surpreendentemente escassa duração. Segue-se o CPI actual, de 2003.

A índole do novo CPI não difere sensivelmente da do anterior, o que mostra que resultou antes de preocupações contingentes que de uma reestruturação da matéria.

É assim que se mantém o recurso básico ao regime geral das infracções anti-económicas como direito subsidiário (art. 320.º). Especifica-se mesmo o que respeita à responsabilidade criminal e contra-ordenacional das pessoas colectivas e à responsabilidade por actuação em nome de outrem. Segue-se assim a tendência oportunística do Direito Penal Económico, também aqui com os desvios que implica no respeitante à responsabilidade penal comum. É um regime a nosso ver claramente equivocado, aplicar um Direito Penal que fora construído como um Direito referente a pessoas físicas, um Direito Penal de acção, ilícito e culpa, a entidades que não são obviamente capazes disso. Particularmente em relação à culpa, tudo o que se tente para a configurar cai em cesto roto. Quando havia formas muito mais ajustadas de conseguir os efeitos pretendidos: era supor um ilícito, formado possivelmente a partir da figura da contra-ordenação[15], a que correspondessem as reacções adequadas à categoria pessoas colecti-

---

[14] Arts. 317.º e 318.º.

[15] Cujo núcleo originário de "infracção administrativa" está hoje completamente superado.

*Direito Industrial e Direito Penal* 33

vas – já que essas são afinal as únicas a que tormentosamente se chega pela via da responsabilidade penal das pessoas colectivas. Sem cairmos na incongruência de desinquietar o Direito Penal (da culpa), que nada tem que ver com estas matérias.

A disciplina contida no título das "Infracções" (arts. 316.° e seguintes) não sofre alterações radicais. Continua a ser encabeçada pela afirmação geral de que "A propriedade industrial tem as garantias estabelecidas para a propriedade em geral", além das especialmente previstas. Recorre-se assim a uma qualificação quanto à natureza jurídica para dar o fundamento da protecção atribuída. Mas não tem conteúdo nenhum, porque os direitos industriais não são propriedade. Não é aplicável o regime desta, nomeadamente não há que falar em acção de reivindicação ou em acções possessórias em relação aos direitos industriais.

### 4. Algumas alterações recentes

Mesmo assim, há aspectos importantes a assinalar no domínio repressivo. A distinção entre crimes e contra-ordenações, em progresso na ordem jurídica portuguesa, comunica-se também às infracções de tipos de direitos industriais.

Trata-se ainda, nas disposições gerais, da "intervenção aduaneira": nova epígrafe e novo texto do art. 319.°, que fora dada pelo Dec.-Lei n.° 360/07, de 2 de Novembro, em lugar da antiga "Apreensão pelas alfândegas".

É também a este propósito que se regula a Concorrência Desleal, como se esta tivesse a natureza de uma infracção a direitos industriais. É regulada fundamentalmente no art. 317.°, mas segue-se-lhe inovadoramente o art. 318.°, sobre "Protecção de informações não divulgadas". É influência do art. 39.° do ADPIC, que regula com esta epígrafe o segredo de negócios mas com remissão para o art. 10.° *bis* CUP – portanto, não como um direito industrial específico ao segredo, mas como objecto de protecção contra actos de concorrência desleal.

Mas a concorrência desleal deixa de representar tipo criminal. Passou a constituir ilícito de mera ordenação social, na sequência de sugestão nossa.

Segue-se a tipificação dos ilícitos de violação de direitos industriais. Mas agora distinguem-se os ilícitos criminais e o que o CPI chama ilícitos contra-ordenacionais; uma vez que mesmo a violação de alguns tipos de direitos industriais passa a constituir ilícito de mera ordenação social.

O critério de distinção está longe de ser cristalino. É natural que se tenha procurado separar os tipos mais graves de tipos menos graves, mas faltam elementos para justificar as opções feitas. De todo o modo, a violação de recompensas, do nome e insígnia do estabelecimento e do logotipo[16] passam a constituir ilícitos de mera ordenação social, juntamente com situações diversas, como o uso de marcas ilícitas por sua constituição (art. 336.º)[17].

Antes de descermos a uma especificação maior, observamos que entretanto foi publicado (já não era sem tempo!) o diploma de transposição da Directriz n.º 04/48/CE, de 29 de Abril[18]. Fê-lo a Lei n.º 16/08, de 1 de Abril. Respeita simultaneamente ao Direito de Autor e Direitos Conexos e ao Direito Industrial; mas, ao contrário do ADPIC e da Directriz n.º 04/48, que estão na sua origem, a disciplina das matérias não está fundida, está justaposta. Chega-se à anomalia de matérias idênticas terem disciplina diversa no Direito de Autor e no Direito Industrial: seja o caso do destino dos objectos em infracção apreendidos, que o art. 338.º-M CPI manda determinar na decisão final a pedido do lesado e regula de vários modos a execução, enquanto o art. 225.º CDADC disciplina muito mais sumariamente mas faz incluir o lucro ilícito obtido, limitando-se posteriormente a dispor que "o destino dos bens apreendidos é fixado na sentença final" (n.º 2).

No que respeita ao Direito Industrial, as alterações consistiram no seguinte:

I – São aditados ao Código da Propriedade Industrial os arts. 338.º--A a P (art. 6.º da Lei n.º 16/08).

II – Há alterações na organização sistemática do CPI (art. 7.º).

III – São revogados os arts. 339.º a 340.º CPI (art. 8.º).

O CPI é republicado[19], como aliás também o Código do Direito de Autor e dos Direitos Conexos (art. 9.º).

---

[16] A lei prefere referir "logótipo". O Dec.-Lei n.º 143/08, de 25 de Julho, reconduziu o nome e a insígnia de estabelecimento ao logótipo.

[17] Veja-se porém a alteração de que damos conta no final deste número.

[18] Rectificada no Jornal Oficial das Comunidades Europeias L 195/16, de 02.06.04.

[19] Como veremos, o CPI foi de novo republicado por determinação do Dec.-Lei n.º 143/08, de 25 de Julho, art. 15.º.

Directamente, este diploma não respeita ao Direito Penal: vimos que toda a referência a este foi afastada da versão final.

Não obstante, criam-se grandes problemas quanto a saber em que medida as alterações trazidas se repercutem na matéria penal. Esses problemas serão mais tarde referidos.

No que respeita aos crimes, o procedimento depende de queixa (art. 329.°). Não há previsão de punibilidade da negligência[20]. Desaparece o elemento subjectivo da ilicitude constante do CPI de 1995, consistente na "intenção de causar prejuízo a outrem ou de alcançar para si ou para terceiros um benefício ilegítimo"[21].

A penalidade dominante nos vários tipos é a de prisão até 3 anos e multa correspondente. Em consequência, a tentativa só poderia ser punível em casos de qualificação que fizesse elevar a moldura legal ou se se tirasse essa consequência da remissão do art. 320.° CPI, que manda aplicar subsidiariamente as normas do Dec.-Lei n.° 28/84, sobre infracções anti-económicas[22]. Os "actos preparatórios", que constituíam um tipo de crime no CPI de 1995 (art. 265.°) passam a representar ilícito de mera ordenação social (art. 335.°).

Segue-se um terceiro capítulo, relativo ao "Processo". Aí se regulam as providências cautelares não especificadas e se reintroduz a previsão do arresto. Mas agora passa congruentemente a distinguir-se o Processo Penal do "contra-ordenacional" (arts. 341.° e seguintes).

Quando este trabalho estava já concluído, foi publicado o Dec.-Lei n.° 143/08, de 25 de Julho, sobre simplificação e acesso à propriedade industrial. Modifica vastamente o Código da Propriedade Industrial e republica-o. O CPI foi assim republicado duas vezes em 2008.

Tratando-se de um decreto-lei e não havendo autorização legislativa, não versa directamente a matéria penal. Não temos porém oportunidade de verificar que implicações indirectas poderá ter. Alguns tipos por nós

---

[20] Ao contrário do que passa no domínio paralelo do Direito de Autor e Direitos Conexos, em que há a previsão geral de punição da negligência no art. 197.°/2 do código respectivo. No Dec.-Lei n.° 28/84, sobre infracções anti-económicas, é prevista frequentemente em relação a tipos específicos a punição da negligência, mas não se encontra o princípio de que a negligência é sempre punida e possa portanto ser transposto para a criminalidade de Direito Industrial.

[21] A formulação variava reprovavelmente de artigo para artigo, nos arts. 260.° e seguintes do CPI de 1995.

[22] O art. 4.° deste dispõe: "Nos crimes previstos no presente diploma a tentativa é sempre punível".

já referidos são modificados: seja o caso do art. 319.º, em que foi corrigida uma omissão patente. Outras eventuais incidências serão referidas nos lugares respectivos.

A mais saliente encontra-se na substituição dos tipos do nome e insígnia do estabelecimento e do logotipo por uma única figura, que recebe (surpreendentemente) a designação de *logotipo*. Teremos em conta essa substituição nas observações posteriores.

## 5. Violação de direitos industriais e tipos penais

Passamos agora especificamente à análise dos ilícitos criminais estabelecidos.

Os direitos industriais são típicos. A cada violação dum direito industrial cabe por sua vez um tipo de infracção. Há assim um catálogo de tipos de infracções como elemento básico da estrutura repressiva penal.

Mas esses tipos, dissemos, não são hoje necessariamente tipos penais. Os ilícitos industriais distribuem-se quer por crimes quer por ilícitos de mera ordenação social.

Os direitos industriais cuja violação origina tipos penais são:

– patente
– modelo de utilidade
– topografias de produtos semicondutores
– modelos e desenhos
– marca
– denominações de origem e indicações geográficas

Mas mesmo no que respeita aos crimes, a sistematização é muito deficiente. Poderíamos supor que seria a violação daqueles direitos industriais que seria incriminada. Mas afinal, condutas diversas que não representam por si infracção são também compreendidas. Assim, o art. 321.º prevê nas als. *a* e *b* condutas que podem ser qualificadas como uso ilícito de patente, mas na al. *c* inclui a importação ou distribuição dos produtos assim obtidos – o que mistura conduta diversa, umas são formas de uso e outras de comercialização. É análoga a situação no art. 322.º, para os desenhos ou modelos.

Na marca, a disparidade é ainda mais profunda. O art. 323.º tipifica formas que genericamente podemos qualificar como de uso ilegal da marca, sem referir a comercialização. Mas o art. 324.°, logo a seguir, sob a epígrafe "Venda, circulação ou ocultação de produtos ou serviços", pune com pena reduzida (até 1 ano) as formas de comercialização dos produtos referidas nos arts. 321.° e 322.° (cuja importação ou distribuição está já tipificada) e a infracção de marca, em que não há essa previsão!

Segue-se no art. 325.° a incriminação da violação e uso ilegal de denominação de origem ou indicação geográfica. Mas aí, não há nenhuma previsão específica de formas de comercialização[23]. Isto implica, por força da tipicidade criminal, que a comercialização ilícita destes produtos em infracção não constitua ilícito criminal. É bem elucidativo da pura casualidade destas previsões[24]. As denominações de origem, bem como as indicações geográficas em geral, têm muita importância para Portugal, porque ainda o que nos resta é a qualidade natural. Mas a comercialização destes produtos em infracção nem sequer é referida, nem mesmo como contra-ordenação.

No domínio das contra-ordenações prevêem-se violações de direitos a recompensa e logotipo[25]. Mas aí, já não se segue nenhuma referência à comercialização de produtos contrafeitos, por exemplo, por ostentarem falsamente o logotipo duma empresa.

Seguem-se ainda outras previsões acessórias, quer como crimes, quer como contra-ordenações. Mas não teria sentido lançarmo-nos a um comentário exaustivo de tipos legais. Interessa apenas anotar os aspectos mais salientes.

Assim, o art. 326.° tipifica a obtenção de má fé de patentes, modelos de utilidade e desenhos ou modelos. Dá pois relevo ao elemento subjectivo da má fé. Mais uma vez temos de perguntar por que acontece assim nestes casos e não na obtenção de outros direitos: porque todos os exclusivos industriais podem ser obtidos de má fé.

É certo que logo a seguir o art. 327.° tipifica o registo obtido ou mantido com abuso do direito de (alguns) sinais distintivos do comércio. Mas o abuso do direito tem aqui um sentido muito específico: consiste no elemento subjectivo da ilicitude de constranger uma pessoa "a uma disposi-

---

[23] Recorde-se que estes produtos estão excluídos do âmbito do art. 324.°, relativo à comercialização, que só abrange patentes, modelos de utilidade, topografias de produtos semicondutores, modelos ou desenhos e marcas.

[24] Bem como da dosimetria penal.

[25] Que, como dissemos, absorveu o nome e insígnia.

ção patrimonial que acarrete para ela prejuízo ou para dela obter uma ilegítima vantagem económica". É puramente fragmentário, sem nenhuma coerência global.

Ainda: o art. 328.° pune com a mesma pena dominante de prisão até 3 anos ou multa correspondente quem fizer registar um acto juridicamente inexistente ou com manifesta ocultação da verdade, independentemente da violação de direitos de terceiros. Temos aqui uma pura infracção administrativa, que todavia é sujeita às mesmas consequências das infracções de direitos industriais.

Temos ainda problemas significativos no que respeita à determinação do tipo subjectivo destas infracções. Não é nada fácil, porque há na lei um luxo de referências.

1) Arts. 321.° a 323.°: só referem "sem consentimento do titular do direito", sem especificar mais.
2) Art. 324.°: "com conhecimento dessa situação"
3) Art. 325.°: não especifica nada
4) Art. 326.°: "de má fé"
5) Art. 327.°: "com abuso de direito"; "finalidade comprovada de constranger...".
6) Art. 328.°: não especifica nada, mas falando em "manifesta ocultação da verdade" supõe a consciência, ao menos presumida, da falsidade com que se actua.

Confrontados com esta imaginação excessiva, podemos perguntar antes de mais se, quando se não requer intenção ou finalidade qualificada, poderá haver punição a título de negligência. Nada o permite afirmar, por aplicação do art. 13.° do Código Penal.

Do mesmo modo e a exemplo de outros países que não prevêem a este nível uma punição penal por negligência, não há possibilidade de admitir genericamente uma presunção legal de conhecimento de circunstâncias, de que resultasse a presunção *facti* que o acto fora praticado a título de dolo, para se inferir desse conhecimento que o acto fora intencional.

Não se encontram também especialidades no que respeita à consciência da ilicitude.

De tudo ressalta uma imperfeição legal muito acentuada. Imperfeição que resulta de o trabalho pré-legislativo nesta matéria estar normalmente a cargo de práticos de Direito Industrial que não lidam com o Direito Penal.

*Direito Industrial e Direito Penal*  39

De maneira que as previsões penais se limitam a traduzir os impulsos casuísticos de interesses empresariais. Esta oclusão quase absoluta em relação a um ramo do Direito como o Penal, de tanta dignidade e para que tanto se apela, manifesta-se também de maneira curiosa: os comentários legislativos neste domínio, pretensamente exaustivos, chegam às regras repressivas penais e omitem-nas pura e simplesmente. Não dizem nada. Brinca-se com o fogo, porque são os outros que se queimam.

## 6. A incidência da Lei n.° 16/08, sobre aplicação efectiva dos direitos intelectuais. Os actos praticados à "escala comercial"

Como dissemos, a Directriz n.° 04/08 foi expurgada de toda a referência ao Direito Penal. Em consequência, a Lei n.° 16/08, de transposição, omite também referências penais.

E todavia, essa lei suscita grandes problemas no domínio penal, por via indirecta.

Limitando-nos ao que respeita ao Direito Industrial, vemos que a transposição se cifra sobretudo no acrescento dos arts. 338.°-A a 338.°-P (enquanto os arts. 339.° e 340.° são revogados). Essas disposições integram-se no Título III – "Infracções", com os seus dois capítulos "Disposições Gerais" e "Ilícitos Criminais e Contra-Ordenacionais".

Mas as disposições introduzidas passam a constituir um Capítulo III, epigrafado "Processo". Tem uma Secção I, epigrafada "Medidas e procedimentos que visam garantir o respeito pelos direitos de propriedade industrial". Mantém-se a actual Secção II, "Processo penal e contra-ordenacional", arts. 341.°-345.°, que não são alterados.

A nova Secção I, portanto, "Medidas e procedimentos que visam garantir o respeito pelos direitos de propriedade industrial", abre com uma Subsecção epigrafada "Disposições gerais". E aqui cria-se o problema. *Gerais* em relação a quê? A toda a matéria das infracções? Ou só às infracções civis, digamos assim? Uma vez que a matéria penal e contra-ordenacional consta de uma autónoma Secção II?

A questão ilustra-se logo com o art. 338.°-A, que tem por epígrafe "Escala comercial". Recordemos que a previsão da *escala comercial* vem do ADPIC, cujo art. 61.° manda incriminar a contrafacção deliberada duma marca numa escala comercial. O mesmo artigo admite que os membros tipifiquem outras infracções, "especialmente quando essas infracções forem cometidas deliberadamente e numa escala comercial". Mas não se define escala comercial.

A Directriz n.° 04/48, nos arts. 6.°/2, 8.°/1 e 9.°/2, limita a aplicação a actos praticados à "escala comercial". A expressão é referida no cons. 14 aos actos que têm por finalidade uma vantagem comercial directa ou indirecta, "o que, em princípio, exclui os actos praticados por consumidores finais agindo de boa fé".

O art. 338.°-A/1 CPI, obedientemente, retoma a exclusão prevista no cons. 14 da Directriz e repete-a ainda nos arts. 338.°-C, 338.°-H/2 *a* e no art. 338.°-J/1. Reproduz quase literalmente a definição de actos praticados à escala comercial: "todos aqueles que violem direitos de propriedade industrial e que tenham por finalidade uma vantagem económica ou comercial, directa ou indirecta"; mas acrescenta no n.° 2: "Da definição prevista no número anterior excluem-se os actos praticados por consumidores finais agindo de boa fé".

Teremos assim adoptada uma noção geral de acto praticado à escala comercial, que delimite o âmbito dos preceitos sobre infracções e, indirectamente, se estenda às infracções penais? Não temos. O art. 338.°-A/1 é categórico: a definição dada é para os efeitos dos preceitos que enumera. Não é uma definição geral para a ordem jurídica portuguesa.

É um erro palmar, mas muito frequente nas transposições de diplomas comunitários. As fontes comunitárias são excepcionais: só regulam o domínio específico de cada diploma. Pelo contrário, a ordem jurídica portuguesa é unitária e cada preceito, salvo razão contrária, é uma peça do conjunto. Mas o legislador nacional, inocentemente, copia as fontes comunitárias e faz de cada diploma de transposição um fragmento isolado que voga num oceano de incompetência.

Por maior que seja o erro, o resultado é impedir-nos de tomar logo esta noção como geral. Ainda que concluíssemos que as *Disposições Gerais* são extensivas ao Penal, o art. 338.°-A não poderia ser aplicável sem mais, porque está acantonado quanto ao seu âmbito. Terão de ser outras considerações, em que entraremos a seguir, que nos permitirão concluir qual a relevância de o acto ter sido ou não praticado à escala comercial.

Advirta-se ainda que esse impedimento a uma repercussão automática da extensão se verifica para o que for positivo como para o negativo. Nem leva a uma interpretação lata dos tipos penais, por hipótese, abrangendo os actos praticados fora do âmbito comercial, nem a uma conclusão restritiva, por exclusão dos tipos penais dos actos que não fossem considerados como praticados à escala comercial.

Mas se as duas vertentes são importantes, a vertente positiva é a fundamental. A tipicidade penal impede que o âmbito da incriminação seja ampliado sem previsão explícita. Por isso, a repercussão sobre o Direito Penal do art. 338.°-A não está dependente do que se concluir no âmbito dos procedimentos civis. Pode concluir-se que o art. 338.°-A é afinal mais latamente aplicável que os seus dizeres inculcariam: não cuidamos de apurar se seria correcto ou não. Mas mesmo que assim fosse, continuaria a não poder repercutir-se sobre as previsões penais para suportar a ampliação do campo de aplicação destas. A incriminação penal não pode estar dependente de conclusões indirectas retiradas da interpretação doutros ramos do Direito ou de raciocínios *praeter legem* comum.

Somos assim conduzidos a afastar a relevância do art. 338.°-A para efeitos penais. Mas isso não exclui que a nova Secção II traga problemas, e grandes, à aplicação da lei penal.

A Secção I estabelece providências, de carácter essencialmente processual, para garantir o respeito dos direitos industriais.

É verdade que essas providências estão separadas da Secção II, sobre "Processo penal e contra-ordenacional". Porém, na medida em que puderem ser aplicadas num processo penal (para obtenção ou preservação da prova, por exemplo) acabam por ter relevância penal.

Não pensamos que se possa dar uma resposta uniforme. Antes se impõe um árduo trabalho, de distinção preceito por preceito, entre os que têm significado genérico, como meios de tutela de direitos industriais, e os que são incompatíveis com a índole do processo penal.

É um trabalho casuístico que nos levaria fora do núcleo da presente pesquisa. Mas que deixamos assinalado como um grande campo de indagação que a nova lei, com ou sem consciência dos seus autores, deixou em aberto.


## 7. Uso privado e actuação estranha à vida de negócios

Se não encontramos apoio na referência à "escala comercial" para estabelecer a divisa do Direito Penal, temos de afrontar sem a ela recorrer várias hipóteses complexas.

Suponhamos que alguém coloca no seu automóvel ou iate a marca "Boeing". Esta cairá na categoria da marca de prestígio. Está violando essa marca, por não ter obtido autorização do titular?

Não o está decerto. E não o está porque estamos aqui no âmbito privado, num domínio que não é tocado pela matéria já de si qualificada como a dos sinais distintivos *do comércio*. A colocação da marca é um acto de uso privado, que não bole com o exclusivo comercial ou industrial que com a marca foi atribuído. Não há nada configurável como uma propriedade de marcas ou outros sinais distintivos que permitisse a reserva absoluta do sinal.

No domínio das inovações industriais temos previsões expressas. O art. 102.º *a* CPI exclui da protecção pela patente "os actos realizados num âmbito privado e sem fins comerciais". A previsão é repetida no art. 145.º/1*a* para o modelo de utilidade e no art. 204.º *a* para os desenhos ou modelos, e é estendida às topografias dos produtos semicondutores pela remissão geral do art. 159.º.

Daqui resulta já um princípio orientador. Os direitos industriais regulam o uso na vida de negócios, e não o uso na vida privada[26]. O princípio pode ser estendido aos direitos intelectuais em geral. Temos porém sempre de admitir a hipótese de disposição excepcional em contrário. É particularmente importante o que se passa com os programas de computador, pois a exploração normal destes se realiza justamente através das licenças, que gravam o uso privado no equipamento de cada utente.

Na vertente dos sinais distintivos do comércio surgem questões importantes, sobre as quais recai não obstante um pesado e estranho silêncio.

Uma senhora fez turismo na Tailândia, encontrou uma carteira baratíssima com uma marca célebre, comprou-a e trouxe-a para Portugal. A carteira era contrafeita. Praticou um crime?

O art. 60.º do ADPIC, sob a epígrafe "importações *de minimis*", permite que os membros excluam das disposições precedentes as mercadorias sem carácter comercial transportadas em pequenas quantidades na bagagem pessoal dos viajantes ou expedidas em pequenas remessas. As *disposições precedentes* são as epigrafadas "requisitos especiais relacionados

---

[26] Veja-se sobre esta matéria o nosso *Nome de edifício: conflito com marca, insígnia ou logotipo?*, in Direito Industrial, vol. V, APDI / Almedina, 2008, 37-68. Para um aspecto particular, relativo ao reconhecimento do "uso sério" da marca, veja-se Ana Maria Pereira da Silva Veiga, *Da Função de Uso no Direito de Marca* (Dissertação, Faculdade de Direito de Lisboa, 2005, 107-108), que desvaloriza como uso privado, por não satisfazer a função essencial da marca, o mero uso interno pela empresa respectiva, com apoio na jurisprudência do Tribunal de Justiça da Comunidade Europeia.

*Direito Industrial e Direito Penal* 43

com as medidas na fronteira". Não se encontra disposição correspondente na Lei n.º 16/08, ao transpor a Directriz comunitária sobre tutela. Mas isso não impede que se considere que a mesma regra vigora na ordem jurídica portuguesa.

Comecemos por observar que a disposição do ADPIC não respeita à matéria penal. A matéria penal é contemplada na secção seguinte, no art. 61.º. A omissão de preceito correspondente ao art. 60.º ADPIC na lei portuguesa não implica consequências criminais directas. Independentemente disso, podemos começar por perguntar se a senhora que referimos está sujeita a que a carteira seja apreendida no aeroporto e lhe seja instaurado um processo crime.

O actual art. 319.º CPI tem a redacção que lhe foi dada pelo Dec.-Lei n.º 360/07, de 2 de Novembro[27]. Sob a epígrafe "Intervenção aduaneira", refere-se a mercadorias em que se manifestem indícios duma infracção prevista neste código. É muito difícil supor que a iniciativa das entidades aduaneiras vá até ao ponto de apreender produtos compreendidos na bagagem de viajantes, quando a quantidade não faça suspeitar de tráfego comercial. É certo que se exercem pressões para fazer recair sobre os utentes individuais as consequências das infracções, e até surgiram notícias recentes que os agentes de trânsito rodoviário estavam a inspeccionar as viaturas procurando gravações musicais (fonogramas) sem os selos respectivos, embora para uso privado dos utentes. Mas a prática afigura-se claramente abusiva, desde logo porque se não vê como se poderia realizar sem mandado judicial.

Em qualquer caso, fazer recair a repressão sobre o utente está fora da vida e das previsões legais. Nem a feroz ASAE quando invade uma feira se dirige contra os compradores, supomos, mas sim contra os vendedores de artigos contrafeitos. A carga sobre os adquirentes é manifestação da pan-repressão que se advoga[28], mas não tem cobertura jurídica.

É porém o aspecto criminal que directamente nos ocupa. E aí, temos de perguntar se a compra da carteira pode ser penalmente enquadrada. A senhora não contrafez nem imitou a carteira (art. 323.º/1 e 2), decerto. Limitou-se a comprá-la e trazê-la.

---

[27] Com a correcção textual, já referida, do art. 1.º do Dec.-Lei n.º 143/08, de 25 de Julho.

[28] Muito semelhante à que se propugna contra os provedores de serviços na internete, no domínio paralelo do Direito da Informática.

Usou a marca (art. 323.°/3 a 5)? Faremos a análise desse preceito no número seguinte: veremos que o uso da marca tem um significado diferente.

Seria sempre necessário proceder a distinções. A senhora pode não saber que a carteira fora produzida em infracção. Pode ter simplesmente ficado maravilhada com o preço. Não há hipótese de falar em crime.

Mas não se presume o conhecimento justamente pela desproporção de preços? Não há base para tanto. O art. 324.° CPI só pune quem comercializar *com conhecimento* da situação: não há que ampliar o âmbito à mera possibilidade de conhecimento. Mas muito particularmente, o preceito responsabiliza quem vender, *não quem comprar*. É evidente o significado e a intencionalidade desta omissão.

Aliás, nem de presunção *facti* desse conhecimento se poderia falar, porque como se sabe os produtos com marcas prestigiadas são muitas vezes destinados parcialmente aos países de mão de obra barata em que se fabricam, a preços muito inferiores aos dos países de alta renda a que são destinados. Por isso as grandes marcas tanto se empenham no combate ao esgotamento internacional.

Note-se: se a posse ou o uso fosse crime, não relevaria apenas na passagem das fronteiras. Os encapuçados da ASAE poderiam postar-se à entrada do São Carlos, apreender carteiras ou visons e logo lavrar os autos de notícia. Ninguém o defendeu, ao que saibamos[29]. Sinal que a repressão criminal não se estende a esses actos não negociais[30].

Temos assim apurado um aspecto muito importante. O exclusivo outorgado pelos direitos industriais é o exclusivo da utilização na vida de negócios. Fora disso, o aproveitamento por utentes para uso não negocial não é objecto de protecção. E se é excluído em geral, é-o por redobradas razões no domínio penal.

---

[29] Nem sequer tira essa consequência Pier Luigi Roncaglia, *La tutela penale del marchio*, *in* "Il Futuro dei Marchi e le Sfide della Globalizzazione", CEDAM, 2002, 111, que força o entendimento de leis e pronúncias judiciárias italianas para incriminar por receptação o adquirente final de produtos contrafeitos.

[30] Chegámos a conclusão análoga no nosso *Direito Penal de Autor* cit., n.° 18 II: "A compra de exemplar contrafeito ou usurpado para uso próprio não é crime. A lei só incrimina a comercialização. Ficam de fora todos os actos que não têm esse sentido".

## 8. O exercício de direitos industriais, em particular da marca

O núcleo do Direito Penal Industrial está, como dissemos, no enunciado de tipos de direitos industriais objecto de violação. Esses direitos são os de patente, modelo de utilidade, topografia de produto semicondutor, desenho ou modelo, marca e denominação de origem ou indicação geográfica.

Todos os tipos pressupõem necessariamente a violação do direito. Essa violação tem por sua vez como núcleo o exercício do direito industrial sem autorização, portanto a lesão do exclusivo.

Mas o que representa o exercício do direito industrial? Na impossibilidade de ampliar mais a indagação, vamos deter-nos num ponto crucial, que é o relativo ao **uso da marca**.

O art. 323.º CPI prevê a contrafacção, imitação ou uso ilegal da marca[31]. Já dissemos que a mera preparação dos sinais para ser apostos como marca passou a ser concebida como contra-ordenação (art. 325.º).

Contrafazer seria reproduzir tal qual, imitar seria fazer algo que é diferente mas é susceptível de induzir os destinatários em erro. Ainda seriam afinal um uso da marca.

Não nos ocuparemos em todo o caso da contrafacção ou imitação, mas das figuras que o art. 323.º qualifica como "uso ilegal de marca". São as das als. 3) "usar as marcas contrafeitas ou imitadas", 4) usar marcas notórias, 5) usar marcas de prestígio e 6) usar marca pertencente a outrem.

Também o art. 325.º tipifica a "violação e uso ilegal de denominação de origem ou de indicação geográfica".

O "uso da marca" representa afinal a categoria-chave para a compreensão de toda esta matéria. Acaba por ter uma pluralidade de manifestações ou pseudo-manifestações.

Deixando de lado a instabilidade terminológica, o que é "uso da marca"?

Usar a marca consistirá em apor dísticos nos produtos? Já vimos que não.

Referir uma marca alheia é usar a marca? Para responder, não podemos deixar de considerar o art. 317.º/1c CPI, que qualifica como concor-

---

[31] A usurpação não é mencionada nos preceitos penais. Mas o art. 245.º CPI refere-se ao "conceito de imitação ou de usurpação". Deixa a dúvida de estar a referir a mesma realidade ou compreender realidades diversas.

rência desleal "As invocações ou referências não autorizadas feitas com o fim de beneficiar do crédito ou da reputação de um nome, estabelecimento ou marca alheios". Portanto, pareceria que a referência não autorizada à marca alheia representaria um uso da marca.

Mas a conclusão é exactamente a oposta. A mera referência à marca alheia, aliás nas condições qualificantes do art. 317.°/1c, é ilícito de mera ordenação social e não crime; não pode assim estar compreendida no "uso da marca" do art. 323.°.

O princípio, dentro da nossa ordem jurídica, é o contrário, é o da liberdade de referências[32]. Este princípio deriva em linha recta do direito fundamental de liberdade de expressão. Não se pode amputar essa liberdade apenas para assegurar a intocabilidade de posições económicas estabelecidas.

Assim se tentou fazer no respeitante a muitas utilizações perfeitamente normais. Mas a própria evolução legal posterior desmentiu a existência dum pretenso princípio que o justificasse. A publicidade comparativa traz uma referência não autorizada particularmente desagradável para o referido e não obstante é hoje expressamente autorizada. É autorizada a referência à marca de automóveis para os quais se produzem peças sobresselentes. Tem de ser considerado legítimo, porque ancorado na liberdade de expressão, que alguém se intitule "antigo chefe de oficinas de $X$", ou análogo, se o for realmente. É legítimo indicar as marcas que a empresa ou estabelecimento comercializa. E assim por diante.

Por isso, o art. 317.°/1c não se limita a proibir as referências. Acrescenta uma finalidade específica ou elemento subjectivo da ilicitude, consistente no "fim de beneficiar do crédito ou da reputação" de bens de comércio alheios. Mas sendo assim, deixa de nos interessar, pois demonstra que a mera referência a uma marca alheia não é ainda o uso da marca a que o art. 323.° se refere[33].

---

[32] Cfr., para problema paralelo no domínio da internete, o nosso *A liberdade de referências em linha e os seus limites*, in Revista da Ordem dos Advogados, ano 61-II, Abr/01, 499-528; *in* Revista da Faculdade de Direito de Lisboa, XLII (2001), n.° 1, 7-27; e *in* Revista Forense, ano 97, vol. 358, Nov-Dez/01, 59-74.

[33] O art. 317.°/1c CPI, mesmo assim delimitado, cria grandes problemas, pois então é necessário distinguir esta protecção da que é especialmente atribuída à marca de prestígio. Mas isso não constitui já o nosso tema.

## 9. O uso da marca como marca

Temos pois que não é uso da marca a mera referência a marca alheia. E isto quer a referência seja concorrencial, como na publicidade comparativa, quer não concorrencial, como na indicação dos produtos ou serviços que são fornecidos no estabelecimento, ou na publicação dum álbum que reproduz ou marcas mais famosas de um sector.

Usar a marca não pode ser apor etiquetas, como vimos: basta notar que os serviços não são disso susceptíveis. Também não se podem apor dísticos nos sítios da internete. E todavia, apresentar bens em sítios da internete sob a referência a marca alheia é seguramente usar a marca. Também o é apresentar produtos num escaparate sem marca fisicamente aderente, mas sob um dístico comum de que pertencem à marca *X*. Ou fazer publicidade apresentando objectos como produtos de marca, por referência a marca alheia, quando não é verdade.

Isto põe-nos no encalço de uma delimitação ulterior. Não bastaria que a marca fosse usada na vida de negócios: seria necessário que fizesse o **uso da marca como marca**. *Uso marcário*, dizem os espanhóis e vai-se dizendo também em Portugal e particularmente no Brasil.

Vejamos. Na vida de negócios pode-se usar uma marca alheia sem autorização, com o fim de extrair benefícios dessa invocação. Mas isso não significa necessariamente que se esteja a usar a marca como marca.

Imaginemos que uma empresa virtual usa como descritor ou *metatag* na internete uma marca alheia, com o fim de provocar que os instrumentos de busca a refiram e assim atrair os internautas para o sítio. Tira vantagens disso, que são mesmo vantagens económicas, se o sítio for comercial. Tal comportamento é incorrecto e enganador, se o sítio não tiver nada que ver com a marca que é indicada. Mas haverá aqui *uso da marca*, no sentido do art. 323.º CPI?

Estaria particularmente em causa a al. *f*: "usar, nos seus produtos, serviços, estabelecimento ou empresa, uma marca registada pertencente a outrem". Na nossa hipótese, a marca está registada, mas ele não a usa nos produtos ou serviços. Porém, ainda se pode afirmar que usa no estabelecimento[34], porque o sítio na internete é um estabelecimento virtual, uma vez que se trata de sítio comercial.

Mas haverá uso da marca como marca?

---

[34] Que, indevidamente, uma linha doutrinária identifica com a empresa.

A nosso ver, só se pode responder a esta pergunta se houver um critério seguro de solução. E esse critério só se encontra na própria função com que a marca é atribuída. Se a conduta satisfizer essa função há uso da marca, se a não satisfizer não há.

A função da marca, única e suficiente, é a de distinguir produtos ou serviços. É a função distintiva. Todas as outras alegadas funções são falaciosas ou meramente fácticas. Só a função distintiva subsiste. Mas subsiste apenas naquele mínimo que ainda podemos hoje continuar a referir, quase tautológico, de integrar o produto ou serviço numa série. Só isto. Por essa integração se distinguem dos outros bens ou serviços.

Não podemos desenvolver aqui esta matéria, que versámos noutro escrito para que remetemos[35]. Deste modo, o nosso objectivo passa a ser o de determinar se a conduta tem a função de distinguir produtos ou serviços, ou não a tem.

Há assim uso da marca sempre que um operador económico, na vida de negócios, distingue os produtos ou serviços que comercializa de outros produtos ou serviços, por meio de uma marca.

Esse é o conceito de uso da marca. E é esse que é acolhido no preceito penal do art. 323.º CPI[36]. Todos os casos em que se usa a expressão "uso da marca" supõem que se distinguem produtos ou serviços por meio de uma marca. As regras penais não forjam um conceito próprio de uso da marca. O que as especializa é a circunstância, extrínseca em relação ao uso da marca, de esse exercício ter sido realizado com infracção do direito exclusivo sobre a marca, que fora concedido a outrem.

Portanto, o que caracteriza os tipos penais é *marcar*, usar como marca. O que estiver fora disso, mesmo que seja atingido por outros tipos repressivos, não significa uso da marca para efeitos do art. 323.º.

Isto permite ainda uma delimitação adicional do tipo do art. 324.º CPI. Regula estas condutas ligadas à comercialização de artigos contrafeitos.

Suponhamos que uma empresa comercializa produtos de marca em Portugal e em vários outros países; mas que não aceita o chamado esgota-

---

[35] Cfr. o nosso *A função da marca e os descritores (metatags) na internet, in* "Direito Industrial", vol. III, APDI/Almedina, 2003, 5-23; *in* Estudos de Direito do Consumidor, Centro de Direito do Consumo – Faculdade de Direito da Universidade de Coimbra, n.º 4, Coimbra, 2002, 99-120; e *in* Revista da Associação Brasileira de Propriedade Intelectual (São Paulo), n.º 61, Nov/Dez 2002, 44-52.

[36] Tal como no art. 325.º, para o uso ilegal de denominação de origem ou indicação geográfica, ou noutros lugares.

*Direito Industrial e Direito Penal* 49

mento internacional, que levaria a que o direito não pudesse ser mais invocado para impedir a circulação do produto uma vez lançado por ela própria licitamente em circulação.

Por exemplo, quer impedir que os produtos fabricados sob licença na Índia ou no Brasil sejam introduzidos em Portugal, por serem inferiores os preços praticados nos mercados desses países.

O esgotamento internacional é discutido e não teria sentido entrar aqui nesse debate. A nossa questão coloca-se assim: ainda que não houvesse esgotamento internacional, a introdução desses produtos em Portugal preencheria o tipo do art. 324.° CPI?

Não o preencheria, porque este só se refere a exemplar contrafeito. Na nossa hipótese, o exemplar foi licitamente fabricado. A importação, mesmo não autorizada, poderia ter outras consequências jurídicas, mas não incorreria na sanção penal.

E a situação não se altera ainda que do contrato de licença conste a proibição de exportação para países terceiros. Nesse caso, acresceria uma violação de regra contratual. Mas violação de contrato de licença não é violação de direito industrial. É uma distinção que muitas vezes se omite mas que em si é indiscutível.

Temos assim que, nesta hipótese, a empresa exportadora fez uso da marca como marca, porque distinguiu com ela os produtos; mas esse uso foi legítimo, porque realizado ao abrigo do contrato de licença. A hipotética violação de regras sobre a circulação internacional de mercadorias escapa ao art. 324.°, porque não houve contrafacção. Qualquer outra violação que pudesse ter havido não seria passível de sanção penal.


## 10. **Apreciação final**

Terminamos com uma perspectiva da situação do Direito Penal no domínio dos direitos industriais. Defrontamos vários paradoxos.

Não podemos deixar de estranhar o primarismo da disciplina legal, que é inconciliável com a relevância e severidade que se quer dar a este capítulo.

Observámos que é contraditório reduzirem-se ou mesmo suprimirem-se tipos com conteúdo ético e empolarem-se tipos oportunísticos. Há uma inversão de valores, que se estende a todo o Direito Penal Intelectual.

Hoje, a introdução sem consentimento em habitação alheia, ou a permanência nela após intimação a retirar-se, é punida com pena de prisão até 1 ano ou multa até 240 dias (art. 190.° do Código Penal), e sendo qualificada pode chegar à prisão até 3 anos, mas o acesso não autorizado a sistema informático pode chegar a prisão até 5 anos! (art. 4.°/3 da Lei da criminalidade informática). Por outro lado, o lenocínio simples ou a auto-mutilação são descriminalizados, e ao mesmo tempo vemos tipos que representam a mera protecção de interesses empresariais ou garantia de lucros multiplicarem-se.

São diariamente apresentadas nos meios de comunicação grandes notícias sobre apreensão de mercadorias em contrafacção. É necessário que se faça, mas há uma desproporção gritante. Gostaria que houvesse tanto empenhamento na repressão do tráfico de mulheres como há na repressão da contrafacção.

Objectar-se-á que neste domínio há uma criminalidade difusa, difícil de localizar, o que justificaria que se intensificasse o recurso à prevenção geral. É de facto um elemento a atender, mas que nunca justificará que se ultrapassem os limites valorativos. Doutro modo a própria lei penal é desvalorizada, os destinatários não se sentem vinculados em consciência e os próprios juízes procuram meios de contornar a aplicação de preceitos cuja justificação se perdeu.

E surge então um paradoxo mais. Não obstante todo o aparato penal, os interessados acabam por recorrer mais aos meios cíveis que aos penais, quando reagem a uma violação ou pretensa violação dum direito intelectual.

As razões serão várias. Há a morosidade dos processos penais. Há a dificuldade acrescida de prova. Mas há também, e isso parece importante, o efeito de rejeição social da incriminação feroz destas condutas. Na prática, a intervenção penal é mal vista, até por aqueles que a insuflam, que a não praticam quando um caso surge.

Como se justifica nestas condições a persistente campanha no sentido do incessante agravamento deste tipo de reacção?[37]

Supomos que se quer emprestar aos tipos penais função essencialmente intimidatória. Há que aterrorizar as pessoas com ameaça criminal e penalidades elevadas, levando-as a abster-se, mesmo que se lhe não siga a aplicação efectiva. É de facto a maneira mais barata, mas a desproporção

---

[37] A nível comunitário, por exemplo, na proposta imposição de uma penalidade mínima de 4 anos, que levaria a incriminação automática da tentativa?

no domínio penal paga-se caro, pela depreciação dos valores éticos que implica.

Não há muito tempo, lemos uma notícia vinda de Espanha relativa a estarem preparados 95.000 processos contra pessoas que descarregavam música da internete sem autorização ou faziam intercâmbio de ficheiros musicais. É um contra-senso, pensar-se sequer num tal "processo contra a cidade", que obviamente entupiria todo o funcionamento dos tribunais.

Diria então ser urgente remeditar de alto a baixo os esquemas repressivos em matéria de direitos intelectuais. Não há que esperar uma eventual intervenção comunitária que, pelas primícias conhecidas, só agravaria os males actuais. Há antes que construir um sistema coerente, que nos dê até autoridade para discutir de igual para igual a nível comunitário o caminho a seguir, se a oportunidade se configurar.

# GLOBALIZACIÓN Y PROPIEDAD INTELECTUAL

DR.H.C. ALBERTO BERCOVITZ
*Catedrático de Derecho Mercantil*
*Universidad Nacional de Educación a Distancia*

**SUMARIO:**
I. Significado de la expresión "Propiedad Intelectual". II. La regulación internacional de la "propiedad intelectual" hasta los años 90 del Siglo XX. III. Globalización de los mercados y dificultades resultantes de la regulación internacional de los derechos de propiedad intelectual. IV. El Acuerdo sobre los derechos de propiedad intelectual relacionados con el comercio (ADPIC). V. Inadaptación del ADPIC a la realidad. VI. El Tratado de Cooperación en materia de patentes (PCT) y la Propuesta de Reglamento de la patente comunitaria. VII. El papel de los organismos internacionales. VIII. Nuevas reivindicaciones de los países en desarrollo. 1) La obtención de los recursos genéticos. 2) Conocimientos tradicionales. 3) Denominaciones tradicionales. 4) Expresiones culturales. XI Conclusión.

## I. SIGNIFICADO DE LA EXPRESIÓN "PROPIEDAD INTELECTUAL"

Para comprender la problemática a la que pretendo referirme, es indispensable ofrecer unas nociones introductorias que parecerán excesivamente elementales para quienes ya conozcan estas materias.

En primer lugar, hay que aclarar la propia noción de "propiedad intelectual".

En la legislación interna española la Ley de Propiedad Intelectual (texto refundido de 12 de abril de 1996) regula el derecho de autor y los llamados derechos conexos (derechos de los artistas-intérpretes sobre la ejecución o representación de las obras; derechos de los productores de fonogramas y de obras audiovisuales).

Pero en el ámbito internacional, en Tratados vigentes en España, la "propiedad intelectual" comprende no sólo el derecho de autor y derechos conexos, sino también los derechos de propiedad industrial, entre los que cabe citar a título principal las patentes, las marcas y el diseño industrial[1].

En la normativa de la Unión Europea también se utiliza la expresión "propiedad intelectual" en el mismo sentido que en los Tratados internacionales, esto es comprendiendo en ella tanto el derecho de autor y derechos conexos como la propiedad industrial[2].

Pues bien, cuando me refiero a "Globalización y propiedad intelectual" utilizo esta última expresión en su sentido más amplio, en el sentido que se le da en el ámbito internacional y comunitario europeo.

Tanto el derecho de autor como los derechos de propiedad industrial tienen en común que otorgan derechos de explotación exclusiva sobre bienes inmateriales, pero hay importantes diferencias entre ellos.

El derecho de autor protege las creaciones literarias y artísticas, atribuyendo al autor el derecho de explotación exclusiva por el simple hecho de la creación, esto es, sin necesidad de registro (Convenio de Berna, art. 5.2. y Ley de Propiedad Intelectual, art. 1).

Y como parte del derecho de autor se reconoce a éste el importante derecho moral (Convenio de Berna, art. 6bis y Ley de Propiedad Intelectual, art. 14).

Por el contrario, los derechos de propiedad industrial atribuyen el derecho de exclusiva como consecuencia del registro del derecho de que se trate ante la autoridad administrativa correspondiente, que en España es la Oficina Española de Patentes y Marcas (OEPM).

---

[1] Convenio que establece la Organización Mundial de la Propiedad Intelectual (OMPI), hecho en Estocolmo el 14 de mayo de 1967 (art. VIII) y Acuerdo sobre los Aspectos de los Derechos de Propiedad Intelectual relacionados con el comercio (anexo 1C del Acuerdo por el que se establece la Organización Mundial del Comercio, hecho en Marrakech el 15 de abril de 1994), artículo 1.2.

[2] Vid., por ejemplo, la reciente Directiva 2004/48/CE del Parlamento Europeo y del Consejo, de 29 de abril de 2004, relativa al respeto de los derechos de propiedad intelectual (art. 1), o el Reglamento (CE) n.° 772/2004 de la Comisión, de 27 de abril de 2004, relativo a la aplicación del apartado 3 del artículo 81 del Tratado a determinadas categorías de acuerdos de transferencia de tecnología (art. 1g).

Las distintas modalidades de propiedad industrial sirven para proteger distintas clases de bienes inmateriales. Las patentes otorgan un derecho exclusivo para la explotación de invenciones industriales que sean nuevas y tengan actividad inventiva. Las marcas otorgan un derecho exclusivo sobre los signos que sirven para identificar y distinguir los productos y servicios en el mercado, de forma que no puedan confundirse con los productos o servicios de los competidores. Y el diseño industrial protege la forma o apariencia externa de los productos, cuando esa forma no cumple una función técnica.

## II. LA REGULACIÓN INTERNACIONAL DE LA "PROPIEDAD INTELECTUAL" HASTA LOS AÑOS 90 DEL SIGLO XX

Partiendo de estas nociones elementales y previas, para la comprensión del problema que plantea la globalización es preciso hacer referencia a la situación a nivel internacional de la propiedad intelectual en sentido amplio hasta los años 90 del siglo pasado.

Hasta entonces los dos Tratados internacionales básicos, que todavía siguen en vigor, eran respectivamente el Convenio de Berna para la protección de las obras literarias y artísticas, de 9 de septiembre de 1886, revisado en Paris el 24 de julio de 1971, y el Convenio de la Unión de París para la protección de la propiedad industrial, de 20 de marzo de 1883, revisado en Estocolmo el 14 de junio de 1967 y modificado el 28 de septiembre de 1979.

Estos Convenios, que en su versión original datan de los años 80 del siglo XIX, establecen muy pocas normas sustantivas sobre la protección que deben ofrecer los Estados miembros en sus respectivas legislaciones nacionales e imponen como principio fundamental el del "trato nacional" a favor de los súbditos de los otros países firmantes (art. 2 del Convenio de París y art. 5.1 del Convenio de Berna).

Así pues, según esos Convenios correspondía a cada Estado miembro otorgar y regular el derecho exclusivo que debía regir en el mercado de su territorio nacional. En cada país la regulación del derecho exclusivo era la establecida en la Ley nacional, que sólo tenía que respetar algunas normas, muy pocas y muy asistemáticas, impuestas por los Convenios. Es decir, que los distintos Estados tenían una gran libertad a la hora de legislar sobre estas materias. Podían, por ejemplo, prohibir las patentes sobre invenciones de productos químicos o farmacéuticos; o podían disponer que los actos de importación no formaban parte del derecho exclusivo sobre el bien inmaterial. Por lo tanto la regulación legal variaba en puntos importantes de país a país, y en un mismo Estado las sucesivas leyes tenían siempre contenidos distintos.

Como es obvio, esta gran libertad otorgada por los Convenios era aprovechada por los distintos países para adecuar en cada caso su legislación a las conveniencias de su industria y de su desarrollo tecnológico y económico. Así, por ejemplo, en Alemania se prohibieron las patentes para invenciones de sustancias químicas y farmacéuticas hasta el año 1968[3].

Además, hay que tener en cuenta que, si bien no hace falta registro para la protección del derecho de autor, ese registro si que era y sigue siendo requisito para la protección de los derechos de propiedad industrial en cada Estado. Esto significa que para proteger una invención o una marca en un país determinado hace falta solicitar su registro en el país correspondiente. Si no se obtiene el registro en ese país, no existirá un derecho exclusivo para el bien inmaterial de que se trate.

Hay que señalar además que los Convenios no establecían ningún sistema de control o de sanciones que pudieran imponerse a los Estados miembros por incumplir las normas de los propios Convenios.

Esta es, a grandes rasgos, la situación de partida que hay que tener en cuenta para comprender la problemática planteada por la globalización de los mercados.


## III. GLOBACIÓN DE LOS MERCADOS Y DIFICULTADES RESULTANTES DE LA REGULACIÓN INTERNACIONAL DE LOS DERECHOS DE PROPIEDAD INTELECTUAL

Por su parte, la globalización de los mercados hace referencia a la interdependencia e integración cada vez mayor de los mercados nacionales.

---

[3] La Ley de Patentes, en su redacción de 9 de mayo de 1961, establecía esa prohibición de patentar, que provenía de leyes anteriores, en el parágrafo 1, apartado 2. Ese apartado con la prohibición que establecía fue derogado por la Ley de Patentes en su redacción de 2 de enero de 1968.

Puede decirse que se trata de un proceso que partiendo de los mercados nacionales tiene como meta la integración de todos ellos en un único mercado a nivel global, esto es, a nivel mundial[4].

Pero al tratarse de un proceso, su realización se efectúa paulatinamente y a diversos niveles.

Un primer nivel se traduce en la integración de los mercados nacionales en mercados regionales, como por ejemplo, la Unión Europea.

Dado que los derechos exclusivos de propiedad intelectual tienen que adecuarse a los mercados en los que han de producir sus efectos, ello hace que se hayan creado derechos de propiedad industrial comunitarios, como las marcas[5], modelos y dibujos[6] y las obtenciones vegetales comunitarias[7], esto es, títulos de derechos exclusivos otorgados por organismos comunitarios y con eficacia en toda la Unión Europea. Además se impone la armonización de las legislaciones internas de los Estados miembros para que el régimen sustantivo de los derechos de propiedad intelectual (derecho de autor[8] y propiedad industrial[9]) coincidan en sus puntos bási-

---

[4] Sobre el significado de la llamada "globalización económica", sus causas y sus riesgos, vid. GARCIA-CRUCES GONZALES, José Antonio, *Globalización Económica y Derecho Mercantil*, Facultad de Derecho, Universidad de Zaragoza, 25 de enero de 2002, ps. 8 a 22, y GROSHEIDE, F. Willem, "General Introduction" en el obra *Intellectual Property Law (Articles on the legal protection of cultural expressions and indigenous knowledge)*, ed. GROSHEIDE, F. Willem-BRINKHOF, Jan., Intersentia, Antwerp-Oxford-New York, ps. 1 a 33, en concreto ps. 17/8.

[5] Reglamento CE núm. 40/94 del Consejo, de 20 de diciembre de 1993, sobre la marca comunitaria, modificado por el Reglamento (CE) n.º 422/2004 del Consejo, de 19 de febrero de 2004.

[6] Reglamento CE núm. 6/2002, del consejo, de 12 de diciembre de 2001, sobre los dibujos y modelos comunitarios.

[7] Reglamento (CE) 2100/94 del Consejo, de 27 de julio de 1994, relativo a la protección comunitaria de las obtenciones vegetales, modificado por el Reglamento 2506/95, de 25 de octubre y por el Reglamento (CE) n.º 873/2004, de 29 de abril de 2004.

[8] – Directiva 91/250/CEE del Consejo, de 14 de mayo de 1991, sobre protección jurídica de los programas de ordenador.

– Directiva 92/100/CEE del Consejo, de 19 de noviembre de 1992, sobre los derechos de alquiler y préstamo y otros derechos afines a los derechos de autor en el ámbito de la propiedad intelectual.

– Directiva 93/83/CEE, de 27 de septiembre de 1993, sobre coordinación de determinadas disposiciones relativas a los derechos de autor y derechos afines a los derechos autor en el ámbito de la radiodifusión vía satélite y de la distribución por cable.

– Directiva 93/98/CEE del Consejo, de 29 de octubre de 1993, relativa a la armonización del plazo de protección del derecho de autor y de determinados derechos afines.

cos en la regulación establecida en las leyes nacionales de los Estados miembros.

Surge además la institución del agotamiento comunitario, en virtud del cual cuando un objeto protegido por un derecho de propiedad intelectual ha sido introducido en el mercado comunitario por el titular del derecho o con la autorización del mismo, ese bien puede circular libremente por todo el ámbito de la Comunidad y ser objeto de operaciones comerciales, sin que el titular del derecho exclusivo pueda impedir que el bien de que se trate circule libremente entre todos los Estados miembros[10].

Junto a la creación de mercado regionales, la globalización se refiere también a la mayor integración y desaparición de barreras comerciales entre los distintos mercados nacionales y regionales.

Para favorecer la globalización de los mercados hay que evitar en lo posible su compartimentación y hay que impulsar la armonización de las reglas sustantivas.

Pues bien, es obvio que la regulación de la propiedad intelectual a nivel internacional, tal como resulta de la aplicación de los Convenios de la Unión de Berna y de la Unión de París supone un obstáculo para esa globalización, puesto que se trata de una protección de los bienes inmateriales que es independiente para cada país y está sujeta a legislaciones diferentes; además en el caso de la propiedad industrial esa protección

---

– Directiva 96/9/CE del Consejo, de 11 de marzo de 1996, sobre protección jurídica de bases de datos.

– Directiva 2001/29/CE del Parlamento Europeo y del Consejo, de 22 de mayo de 2001, relativa a la armonización de determinados aspectos de los derechos de autor y derechos afines a los derechos de autor en la sociedad de la información.

– Directiva 2001/84/CE del Parlamente Europeo y del Consejo, de 27 de septiembre de 2001, relativa al derecho de participación en beneficio del autor de una obra de arte original.

[9] Primera directiva 89/104/CEE del Consejo, de 21 de diciembre de 1988, relativa a la aproximación de las legislaciones de los Estados miembros en materia de marcas: Directiva 98/44/CE del Parlamento Europeo y del Consejo, de 6 de julio de 1998, relativa a la protección jurídica de las invenciones biotecnológicas y Directiva 98/71/CEE del Parlamento Europeo y del Consejo, de 13 de octubre de 1998, sobre la protección jurídica de los dibujos y modelos.

[10] Sobre el origen jurisprudencial de la doctrina del agotamiento en la Comunidad Europea, vid. BERCOVITZ, Alberto "La Propiedad Industrial e Intelectual en el Derecho comunitario" en la obra *Tratado de Derecho Comunitario Europeo*, dirigida por GARCIA DE ENTERRIA, Eduardo-GONZALEZ CAMPOS, Julio D.-MUÑOZ MACHADO, Santiago, Madrid 1986, T. II, ps. 517 a 617, en concreto ps. 543 y ss.

depende de que se hayan solicitado y obtenido los registros correspondientes en aquellos países o mercados regionales integrados en los que se quiera obtener el derecho exclusivo.

Así pues, a la globalización de los mercados le planteaba un problema importante esa situación de los derechos de propiedad intelectual a nivel internacional.

Para superar esas dificultades han surgido dos líneas de actuación fundamentales en los últimos años: el Acuerdo ADPIC, por un lado y, por otro, los acuerdos y proyectos referentes al registro y efectividad de la protección de los derechos exclusivos en los distintos países.

## IV. EL ACUERDO SOBRE LOS DERECHOS DE PROPIEDAD INTELECTUAL RELACIONADOS CON EL COMERCIO (ADPIC)

El Acuerdo sobre los derechos de propiedad intelectual relacionados con el comercio (Acuerdo ADPIC en las siglas españolas o TRIPS en las siglas inglesas) es el anexo 1C del Acuerdo por el que se establece la Organización Mundial del Comercio (OMC), firmado en Marrakech el 15 de abril de 1994[11].

La incorporación, por primera vez, de un Acuerdo que regula derechos sustantivos de propiedad intelectual en el marco de un convenio multilateral de comercio tiene su explicación en el hecho de que los países más desarrollados venían comprobando que la falta de protección de los derechos de propiedad intelectual en distintos países afectaba gravemente a su balanza de pagos[12].

---

[11] Sobre la Propiedad Intelectual en el ADPIC vid., en general, CORREA, Carlos M., Acuerdo TRIPS, Buenos Aires 1996, 314 ps.; los derechos de *Propiedad Intelectual en la Organización Mundial del Comercio*, 2 tomos, dirigido por IGLESIAS PRADA, Juan Luis, Madrid 1997 y *Propiedad Intelectual en el Gatt*, varios autores, en la colección *Temas de Derecho Industrial y de la Competencia*, director CORREA, Carlos María, Buenos Aires 1997. En relación con la Propiedad Industrial, vid. CASADO CERVIÑO, Alberto y CERRO PRADA, Begoña, *Gatt y Propiedad Industrial*, Madrid 1994, 209 ps.

[12] Sobre los antecedentes y razones que dieron lugar al ADPIC, vid. CASADO CERVIÑO y CERRO PRADA, ob. cit. ps. 21 a 66, y BERCOVITZ, Alberto, "El Derecho de autor en el Acuerdo TRIPS" en *Num Novo Mundo do Direito de Autor?*, II Congreso Ibero-Americano de Direito de Autor e Direitos Conexos, Lisboa 1994, T. II, ps. 877 a 905, en concreto ps. 877 a 885 y en la ob. cit. *Propiedad Intelectual en el GATT*, ps. 11 a 22.

En efecto, al no estar protegidos los derechos de propiedad intelectual en un país determinado, esto significaba que las creaciones intelectuales protegidas en el país de origen por derechos de propiedad intelectual podían ser, sin embargo, libremente copiadas en el país en que esa protección intelectual no existía. Si a ello se suma que en esos países donde la copia era posible, los salarios son normalmente mucho más bajos, la consecuencia era evidente: los titulares de los derechos de propiedad intelectual en los países desarrollados no podían competir con los precios ofrecidos por las empresas locales no sólo en el país donde se producían los objetos en cuestión, sino tampoco en los países donde no había protección de la propiedad intelectual y a los que se podía exportar por tanto libremente[13].

La constatación de que esta competencia, basada en la falta de protección de los derechos de propiedad intelectual en distintos países, especialmente en los países en desarrollo, afectaba gravemente a las balanzas de pagos de los países más desarrollados hizo que el tema de la protección de la propiedad intelectual cobrara un interés que nunca había tenido hasta entonces en los ámbitos políticos y en la negociación de los convenios internacionales.

El Convenio ADPIC vino a hacer frente a ese problema trasladando a un acuerdo multilateral la práctica que ya habían iniciado los Estados Unidos de Norteamérica en años anteriores. Esa práctica consistía en imponer en los acuerdos comerciales bilaterales a la otra parte contratante la obligación de proteger adecuadamente los derechos de propiedad intelectual en su propio territorio, como una de las contrapartidas exigidas para beneficiarse de la relación comercial. Es más, en la propia legislación norteamericana se incluyeron normas que permitían establecer listas negras de países en los que la protección de la propiedad intelectual se consideraba insuficiente, de manera que la inclusión en tales listas suponía la imposición de sanciones comerciales en las relaciones bilaterales con el país correspondiente[14].

---

[13] Vid. datos concretos sobre la incidencia de la copia de creaciones tecnológicas en la balanza de pagos de Estados Unidos de Norteamérica, en STRAUS, Joseph, "Bedeutung des TRIPS für das Patentrecht", en *Gewerblicher Rechtsschutz und Urheberrecht. Internationaler Teil* (GRUR Int.) 1996, ps. 179 a 204, en concreto ps. 181/2.

[14] Vid. algunos datos sobre las medidas unilaterales adoptadas por los Estados Unidos de Norteamérica, especialmente frente a Brasil, en DIAS VARELLA, Marcelo, "L'Organisation mondiale du commerce les brevets, les médicaments et le rapport Nord-Sud: un

El Convenio ADPIC sigue, pues, aunque trasladándolo al ámbito multilateral, el planteamiento de esa práctica norteamericana consistente en integrar la exigencia de una adecuada protección de los derechos de propiedad intelectual en la regulación del comercio internacional.

Lo primero que hay que señalar es que esa influencia norteamericana se manifiesta en el Convenio ADPIC también en el aspecto puramente doctrinal, al utilizarse la expresión "propiedad intelectual" por primera vez en un Convenio internacional que establece normas sustantivas tanto sobre el derecho de autor sobre la propiedad industrial.

Y lo que importa destacar es la filosofía que subyace al Acuerdo. Esta consiste en imponer a los países en desarrollo un alto nivel de protección de los derechos de propiedad intelectual a cambio de participar en las ventajas comerciales establecidas con carácter general en el Tratado de la OMC, obteniendo especialmente el compromiso de que los países más desarrollados suprimieran las subvenciones en el ámbito agrícola y ganadero, lo cual beneficia evidentemente a los países menos desarrollados[15].

En definitiva, por tanto, lo que se hace es imponer una protección fuerte de la propiedad intelectual en todos los Estados miembros a cambio de beneficiarse de mejores posibilidades de participación en el comercio internacional, con el incremento correspondiente de las exportaciones.

Al imponer una regulación sustantiva muy completa de los derechos de la propiedad intelectual, lo que se pretende con el Convenio ADPIC viene a ser la unificación de los mercados de los Estados miembros desde la perspectiva de la propiedad intelectual, al regir en todos ellos una misma regulación en esa materia, regulación que no es totalmente exhaustiva, pero si que comprende las cuestiones más importantes que esa regulación plantea como son los objetos que pueden protegerse, los requisitos para la protección y los derechos que se atribuyen al titular.

Así pues, con el Convenio ADPIC, al que tienen que adherirse todos los Estados que quieran participar en la Organización Mundial del Comercio se consigue que en todos esos Estados exista un régimen de protección muy elevado de los derechos de propiedad intelectual, fundamentalmente el mismo régimen de protección que ya venía existiendo en los países desarrollados.

---

point de vue du Sud", *Revue Internationale de Droit Economique*, 2004-1, ps. 79 a 117, en concreto ps. 84 a 88.

[15] Sobre este compromiso que está en la Base del ADPIC, vid. STRAUS, ob. cit., ps. 182/3, que reproduce un párrafo esclarecedor del autor indio BAROOAH.

Pero el Convenio ADPIC no sólo exige que los Estados miembros introduzcan en su legislación las normas de protección de la propiedad intelectual establecidas en el Acuerdo, sino que además establece los mecanismos de control de que esa protección establecida a nivel legal es después realmente aplicada en la práctica.

Y para asegurar que se cumple con esas obligaciones de protección de la propiedad intelectual, el propio ADPIC impone un sistema de solución de diferencias (art. 64), para los supuestos en los que un Estado considere que otro está incumpliendo sus obligaciones de protección de la propiedad intelectual. En tal caso el Estado en cuestión, tras denunciar el supuesto incumplimiento al Estado supuestamente infractor, puede pedir que se constituya un panel en el que expertos designados al efecto determinen si efectivamente la infracción existe. Y si efectivamente la infracción es declarada por el panel, ello tiene la consecuencia de que el país denunciante de la infracción puede adoptar medidas de retorsión comercial en perjuicio de las exportaciones del Estado infractor[16].

Como puede apreciarse, por lo tanto, la nueva situación creada por el ADPIC varía en puntos sustanciales de la situación que existía previamente bajo el imperio de los Convenios de la Unión de París y de la Unión de Berna. En el ADPIC se impone una extensa regulación sustantiva de las cuestiones esenciales que plantea la protección de la propiedad intelectual, tanto del derecho de autor como de las distintas modalidades de la propiedad industrial; se controla la aplicación en la práctica de esa protección y se establece un sistema que permite sancionar a los Estados que incumplan la aplicación de la protección exigida por el Acuerdo.

El sistema de solución de diferencias ha tenido ya aplicación en el ámbito del Convenio ADPIC en diversos paneles, cuya importancia consiste, además, en que vienen a constituir una jurisprudencia a nivel mundial sobre cuestiones concretas e importantes de la propiedad intelectual referida a la interpretación de las normas del Convenio ADPIC.

---

[16] Sobre el sistema de solución de diferencias, vid. CERRO PRADA, Begoña, "Sistema integrado de solución de diferencias. El entendimiento relativo a las normas y procedimientos por los que se rige la solución de diferencias" en *Los derechos de propiedad intelectual en la Organización Mundial del Comercio*, cit., t. II, ps. 83 a 98 y TROMBETTA, Antonio G. "El mecanismo de solución de controversias en el sistema multilateral de comercio (GATT/OMC)" en "Propiedad Intelectual en el GATT", cit. ps. 357 a 383, vid. Un diagrama del sistema de solución de diferencias de la OMC en CORREA, *Acuerdo TRIPs*, cit., ps. 213.

*Globalizácion y propriedad intelectual*                      63

En un caso planteado por la Unión Europea contra la India, el panel correspondiente en su informe de 24 de agosto de 1998 condenó a la India por no preservar adecuadamente la novedad y prioridad para patentes de producto en relación con las invenciones farmacéuticas y químicas para la agricultura durante el período transitorio[17].

En otro caso de la Unión Europea contra Canadá sobre protección de patente para productos farmacéuticos, el panel en su informe de fecha 17 de marzo de 2000 estableció que no violan los derechos de patente los ensayos realizados antes de que termine el derecho de exclusiva del titular, con el fin de obtener la autorización sanitaria de los medicamentos, que permita poner en el mercado inmediatamente después de la extinción de la patente los medicamentos genéricos realizados conforme a la invención cuya patente ha caducado. Pero en el panel se declara igualmente que sí que viola el derecho exclusivo quien antes de la caducidad de la patente fabrica y almacena medicamentos que se corresponden con la invención patentada para poder lanzarlos al mercado inmediatamente después de que la patente haya caducado[18].

En otro panel por denuncia de los Estados Unidos de Norteamérica contra Canadá, el informe emitido con fecha 5 de mayo del año 2000 condenó a Canadá por mantener la duración de las patentes concedidas con anterioridad a 1989 y todavía vigentes por 17 años, en contra de la duración de veinte años impuesta por el Convenio ADPIC[19].

Y en el ámbito del Derecho de autor, una denuncia de la Unión Europea contra los Estados Unidos de Norteamérica dio lugar a un panel cuyo informe, emitido con fecha 15 de junio del año 2000, condenó parcialmente a los Estados Unidos por no proteger adecuadamente el derecho de comunicación pública que impone el derecho de autor en locales comerciales. La violación del ADPIC consistía en que el Derecho norteamericano no incluía dentro del derecho exclusivo de comunicación pública del derecho de autor el hecho de que los pequeños restaurantes y comercios minoristas emitieran obras protegidas y transmitidas por la radio[20].

---

[17] WT/DS79/R.

[18] WT/DS114/R. Ese informe fue confirmado por otro de fecha 18 de septiembre de 2000 emitido por el órgano de apelación (WT/DS170/AB/R).

[19] WT/DS170/R.

[20] WT/DS160/R.

## V. INADAPTACIÓN DEL ADPIC A LA REALIDAD

El ADPIC ha producido el efecto de que la regulación de las materias fundamentales en el ámbito del derecho de autor y de la propiedad industrial sea sustancialmente igual en todos los países miembros de la OMC; por tanto, puede decirse que la regulación del ADPIC es una regulación a nivel mundial, como si existiera un mercado único globalizado con las mismas reglas en materia de propiedad intelectual.

Pero la realidad cotidiana nos pone de manifiesto que no existe ese supuesto mercado único globalizado, sino que existen mercados totalmente diferenciados. Basta ver por televisión las imágenes procedentes de países en vías de desarrollo para comprobar de manera directa que en esos países no puede considerarse que exista un mercado igual al que existe en los países desarrollados.

Ese hecho de aplicar a mercados muy diferenciados, y con niveles de desarrollo económico totalmente distinto, unas mismas reglas en materia de propiedad intelectual resulta ciertamente injusto. No se olvide que los países desarrollados han llegado al nivel de protección de la propiedad intelectual establecido en el ADPIC, después de más de un siglo de evolución, con fases diversas en las que las reglas legales eran distintas según la evolución industrial y tecnológica del país correspondiente.

Es evidente que la regulación de la propiedad intelectual en el ADPIC no se adecua a los intereses de los países en desarrollo[21], los cuales han aceptado esa regulación a cambio de participar en un comercio internacional liberalizado, especialmente en los ámbitos de la agricultura y de la ganadería.

La muestra más flagrante de que la regulación legal establecida en el ADPIC no es realista en absoluto en su aplicación a los países en desarrollo, se ha puesto de manifiesto con motivo de la crisis relacionada con las patentes aplicables a los medicamentos necesarios para el tratamiento del SIDA[22].

---

[21] Sobre la incidencia de la propiedad intelectual y del ADPIC en los países en desarrollo, vid. GROSHEIDE, ob. cit., ps. 19/20 y DIAS VARELLA, ob. cit., ps. 82/3.

[22] Sobre el problema del acceso a los medicamentos en los países en desarrollo, vid. COMMISSION ON INTELLECTUAL PROPERTY RIGHTS, *Integrating Intellectual Property Rights and Development Policy*, London, September 2002, ps. 34 a 51.

Como es sabido el SIDA es una lacra terrible que afecta especialmente a muchos de los países menos desarrollados en los cuales no es posible pagar los precios que rigen en el mercado mundial para los medicamentos patentados que sirven para curar la enfermedad. Se ha producido así una crisis entre la necesidad de esos medicamentos a precios que estén al alcance de los países menos desarrollados por una parte, y por otra, los intereses de los titulares de las patentes correspondientes. Esa crisis ha demostrado, en un tema particularmente sensible, que no es posible que rijan de la misma manera iguales reglas sobre patentes en los países desarrollados y en los países menos desarrollados, y así ha tenido que reconocerse en el propio seno de la OMC en la Declaración Doha, "Declaración relativa al Acuerdo sobre los ADPIC y la salud pública", de 20 de noviembre de 2001.

En esa declaración se reconoce el derecho de los Estados de adoptar las medidas en materia de patentes, que permitan acceder a los medicamentos necesarios para la curación de las enfermedades que afectan a sus poblaciones.

Pero la puesta en práctica de esa declaración ha demostrado la inadaptación también del ADPIC a las exigencias de un mercado globalizado. Porque, en efecto, conforme al ADPIC un Estado puede otorgar licencias obligatorias sobre una patente, en este caso para la fabricación de medicamentos. Pero ocurre que muchos de los países que necesitan esos medicamentos a precios baratos no tienen la infraestructura industrial imprescindible para poder fabricar en su territorio tales medicamentos. Y ello hace que la licencia obligatoria sea un instrumento inutil a los efectos deseados.

Ciertamente la licencia obligatoria podría servir para importar libremente los medicamentos patentados; pero esa medida de nada sirve si no existe la posibilidad de hacer esa importación de medicamentos fabricados en otro país, pero también bajo el régimen de licencia obligatoria. Ahora bien, según el ADPIC la licencia obligatoria sólo puede ser concedida para fabricar los productos patentados principalmente para atender la demanda en el país que concede la licencia (art. 31.f). Así pues según el ADPIC no parece posible conceder licencias obligatorias para fabricar medicamentos destinados a la exportación.

Pues bien, si la licencia obligatoria en el país que necesita los medicamentos no sirve para nada porque allí no existen los medios industriales necesarios para la fabricación, y tampoco es posible, en principio, importar medicamentos baratos fabricados al amparo de licencias obligatorias en otros países, porque tales licencias obligatorias no permiten la exportación, se pone clarísimamente de manifiesto la inadecuación del régimen legal establecido en el ADPIC[23].

El problema de los medicamentos patentados contra el SIDA pone de manifiesto un caso extraordinariamente grave, pero cabe decir que no es el único, donde salta a la vista como los mercados a los que se aplican según el ADPIC las mismas reglas de protección de la propiedad intelectual son totalmente distintos y exigirían un tratamiento diferenciado.

Pero esta cuestión de la disponibilidad de los medicamentos patentados incide también de otra manera en la supuesta globalización del mercado. Porque en efecto, un mercado globalizado exigiría que se produjera el agotamiento internacional de los derechos de propiedad intelectual. Pero es obvio que ese agotamiento no podrá llevarse a efecto si, por ejemplo, los medicamentos patentados son suministrados en determinados países a unos precios muy inferiores a los que rigen en los países desarrollados, gracias a la implantación de un régimen de licencias obligatorias[24]. Sería, en efecto, inaceptable que se pudiera hacer un negocio con pingües beneficios mediante importaciones paralelas a los países desarrollados de medicamentos comprados a bajo precio en países menos desarrollados para los que rige el régimen de licencias obligatorias.

## VI. EL TRATADO DE COOPERACIÓN EN MATERIA DE PATENTES (PCT) Y LA PROPUESTA DE REGLAMENTO DE LA PATENTE COMUNITARIA

El proceso hacia la globalización de las reglas en materia de propiedad intelectual no ha terminado, sin embargo, con el ADPIC, sino que a nivel internacional se han dado otros importantes pasos en esa misma dirección para profundizar en la globalización tanto en materia de propiedad industrial como de derecho de autor.

Por lo que se refiere a la globalización en materia de propiedad industrial, hay que recordar que aunque el ADPIC establece las reglas sustanti-

---

[23] Sobre esta problemática y las soluciones propuestas, vid. *Commission on Intellectual Property Rights,* ob. cit., p. 46 a 48.

[24] Para hacer frente a este problema, en la Unión Europea se ha dictado el Reglamento (CE) n.º 953/2003 del Consejo, de 26 de mayo de 2003, destinado a evitar el desvio comercial hacia la Unión Europea de determinados medicamentos esenciales.

vas básicas que han de regir para la protección de los distintos derechos de propiedad industrial, esta protección sigue siendo de carácter territorial. Esto significa que para obtener la protección en un Estado determinado hay que presentar la solicitud correspondiente ante la Oficina de Patentes y Marcas y seguir el procedimiento administrativo que esté establecido. Esto supone, evidentemente un obstáculo muy importante para la protección de las distintas modalidades de la propiedad industrial en un ámbito globalizado. Piénsese que la solicitud en cada país debe hacerse en el idioma del mismo y conforme a los requisitos formales que estén establecidos.

Para superar esta dificultad, la Organización Mundial de la Propiedad Intelectual OMPI ha elaborado nuevos tratados para homogeneizar en los distintos países los requisitos formales aplicables tanto a las solicitudes de patentes[25] como a las solicitudes de marcas[26]. Pero el cauce de globalización más importante se da en aquellos convenios que permiten, mediante la presentación de una única solicitud, que pueda tramitarse el registro en los distintos Estados miembros. Esto es lo que ocurre en materia de marcas en el Arreglo de Madrid relativo al Registro Internacional de Marcas, hecho en Madrid el 14 de abril de 1891, revisado por última vez en Estocolmo en 1967, y su Protocolo hecho en Madrid el 28 de junio de 1989, y en materia de patentes con el Tratado de Cooperación en Materia de Patentes (PCT), hecho en Washington el 19 de junio de 1970, modificado por última vez el 3 de octubre de 2001.

El sistema aplicado por estos Convenios consiste en que se presenta una única solicitud y se puede designar a los Estados miembros en los que se quiere obtener la protección. De acuerdo con esa designación la solicitud es transmitida a las oficinas nacionales correspondientes entrando de esa manera en el procedimiento de concesión del registro correspondiente en el Estado de que se trate. El derecho exclusivo que se obtiene es el que corresponde a la misma modalidad de propiedad industrial tal y como aparece regulado en la legislación nacional.

La evolución producida en el PCT es especialmente digna de atención, por cuanto pone de manifiesto como se intenta, por medios indirectos, llegar a lo que podría ser una patente mundial.

---

[25] Tratado sobre el Derecho de Patentes, adoptado en Ginebra el 1 de junio de 2000, que no ha entrado en vigor todavía.

[26] Tratado sobre el Derecho de Marcas, hecho en Ginebra el 27 de octubre de 1994.

En efecto, una novedad reciente del PCT consiste en que el solicitante que presenta su solicitud a través de este Convenio no tiene ya que designar los países en los que le interesa la protección, sino que se entiende en principio, que son designados todos los países firmantes del Convenio, que en estos momentos son 123[27]. Es decir, que al presentar una única solicitud el solicitante está en condiciones de obtener, si así lo desea, la protección en todos y cada uno de los países miembros del Convenio sin necesidad de solicitarlo expresamente. Si ese solicitante agota los distintos plazos opcionales que le concede el Convenio, puede diferir la determinación de los países en los que quiere obtener efectivamente la protección durante un plazo de 30 meses desde la fecha de prioridad (art. 22 PCT). Esta situación es totalmente contradictoria con la finalidad del Derecho de patentes. Piénsese que los empresarios de todos esos países sabrán que se ha presentado la solicitud de patente a través del PCT y por tanto podrán conocer las reivindicaciones de esa solicitud, pero tardarán 30 meses, es decir dos años y medio, en saber si en su país va a ser protegida o no la invención objeto de la solicitud. Es lo que en la jerga de la propiedad industrial se denomina como "submarino visible" porque se sabe que el submarino existe, pero no se sabe hasta 30 meses después a qué países va a llegar la solicitud. No parece razonable que las empresas y los investigadores puedan tardar dos años y medio en saber si les va afectar o no en la actividad en su país la solicitud de patente presentada.

El PCT tiene como ventaja para los países en desarrollo el hecho de que las solicitudes presentadas a nivel internacional sufrirán una búsqueda de anterioridades y pueden ser objeto de un examen en cuanto a su patentabilidad, aunque ese examen no vincule la decisión que haya de adoptar la Oficina del país designado que deba conceder o denegar la protección. Dentro del sistema PCT esa búsqueda o ese examen previo sólo puede ser realizado por determinadas oficinas de propiedad industrial de algunos países o uniones de países que tienen los medios personales y técnicos adecuados para hacer ese examen y que, por consiguiente, han sido designados como oficinas de examen internacional por OMPI.

No cabe ignorar la ventaja que esto significa para algunos países en vías de desarrollo, pero tampoco cabe ignorar el grave riesgo que significa que el sistema se petrifique de manera que los centros internacionales para

---

[27] Vid. Reglamento de ejecución del PCT, revisado por última vez el 1 de octubre de 2003, y en vigor desde el 1 de enero del 2004, Regla 4.9.

*Globalizácion y propiedad intelectual*     69

el examen de la patentabilidad de la invenciones estén todos en países desarrollados.

Estos mismos riesgos que se perciben en relación con el sistema PCT se ponen de manifiesto en el propio seno de la Unión Europea.

Hasta ahora en la Unión Europea no existe, a diferencia de lo que ocurre con la marca y los dibujos y modelos comunitarios, una patente comunitaria, esto es una única patente que otorgue derechos exclusivos sobre el conjunto del territorio de los Estados de la Unión Europea. Lo que existe es el Convenio de Munich del año 1973, sobre concesión de patentes europeas. Este Convenio permite presentar una única solicitud designando los Estados miembros del Convenio (algunos de los cuales no forman parte de la Unión Europea) en los que se quiere obtener protección para la invención objeto de la solicitud. La solicitud se tramita como una única solicitud y se procede al examen previo de los requisitos de patentabilidad; pero una vez que la patente se concede, la protección se obtiene solamente en los países designados, equiparándose la patente en cuanto a su régimen jurídico a las patentes nacionales que rigen en cada uno de esos países. Las patentes así concedidas han de ser traducidas a la lengua de la países designados que así lo hayan establecido, y la nulidad o caducidad de las mismas es competencia de los tribunales nacionales, los cuales son también competentes para los litigios por violación de tales patentes.

Pues bien, la patente comunitaria, en cuyo proyecto se viene trabajando desde el año 1975, permitiría obtener mediante una única solicitud de patente presentada y tramitada ante la Oficina Europea de Patentes (que es la actualmente competente para la concesión de las patentes europeas) una única patente cuyo régimen jurídico estaría establecido en un reglamento comunitario y que regiría en todo el territorio de la Unión Europea.

En el proyecto[28] tal como se discute en estos momentos hay factores importantes a tomar en consideración. No sólo el hecho de que la solicitud se tramitará, y el examen previo se hará en la Oficina Europea de Patentes, como ya ocurre con las patentes europeas, sino que se pretende dar dos pasos adicionales extraordinariamente trascendentes. Por una parte se pretende que no sea necesario traducir todo el texto de las patentes a los distintos idiomas de los Estados miembros de la Unión Europea, sino solamente una traducción de las reivindicaciones (art. 24bis de la Propuesta

---

[28] Propuesta de Reglamento del Consejo sobre la patente comunitaria. Texto revisado, Bruselas, 11 de junio de 2003 (17.06), 10786/00 PI 49. Algunas cuestiones de esta Propuesta como las traducciones siguen siendo objeto de discusión.

de Reglamento). Esta medida tiene una gran trascendencia, pues no debe olvidarse que una función esencial de las patentes consiste en divulgar la información tecnológica que proporcionan,[29] y que además los terceros, para saber de manera completa cuál es el ámbito del derecho exclusivo que la patente concede deben conocer no sólo sus reivindicaciones sino la descripción del invento. Pues bien, si la descripción de la invención patentada no se traduce, ello tendrá gravísimas consecuencias. Las pequeñas y medianas empresas y muchos interesados no estarán condiciones de acceder al contenido de la descripción de la patente, puesto que es inimaginable un conocimiento generalizado del inglés a niveles suficientes como para que puedan leerse y entenderse con fluidez las descripciones de patentes descritas en ese idioma, ya que será en ese idioma en que la mayoría de las patentes vengan redactadas[30]. Todo ello unido a la consecuencia necesaria de prescindir del castellano como idioma adaptado a la evolución tecnológica.

La justificación de esa medida consiste en alegar que la traducción de las patentes a los distintos idiomas de los Estados miembros encarece extraordinariamente las patentes hasta el punto de hacerlas poco atractivas. Pero ese planteamiento no es aceptable. La falta de una traducción oficial de la patente aportada por el titular, obligará a las pequeñas y medianas empresas y a muchos interesados a encargar y financiar traducciones a su propio idioma de las patentes, con el fin de conocer su tecnología y, en su caso, determinar cuál es el ámbito de derecho exclusivo que la patente otorga. Así pues, para que el titular, que obtiene un derecho exclusivo en el territorio del país de que se trate, se ahorre el coste de una única traducción, todos los terceros interesados tendrán que pagar traducciones privadas. Como puede observarse lo que se hace es trasladar el coste de una traducción única a los terceros interesados en la patente, esto es a aquellos a quienes afecta el derecho exclusivo que deberán ser quienes paguen la traducción. Se sustituye una traducción única oficial por una

---

[29] Casado, Alberto, *Globalización y propiedad industrial: la respuesta comunitaria*, Cuadernos de la Cátedra *Jean Monnet* de la Universidad de Zaragoza, Zaragoza 2004, ps. 24/5, considera que "la política de difusión no es parte o contrapartida por la concesión del derecho, sino consecuencia de la misma".

[30] Casado, *Globalización*, cit., p. 37 considera que la información sustancial debe difundirse en el propio idioma, por ejemplo la información que las pequeñas y medianas empresas necesitan para realizar su investigación o los documentos que requieren los Tribunales para cumplir su labor.

pluralidad indeterminada de traducciones y el coste de la traducción se traslada del titular que se beneficia del derecho a los terceros que han de respetarlo.

Todas estas consideraciones son trasladables evidentemente a las propuestas que tienen la misma finalidad de evitar costes de traducción en relación con las patentes que se obtengan a través del sistema PCT.

Pero para la futura patente comunitaria se prevé además otra importante medida, que consiste en centralizar en el Tribunal de Justicia (art. 30 de la Propuesta de Reglamento) la competencia para la resolución de los litigios vinculados a las patentes comunitarias que se concedan, litigios sobre su nulidad o sobre la violación de las mismas. Y esa centralización se haría en el Tribunal de Justicia que tiene su sede en Luxemburgo, con competencia para todo el ámbito de la Unión Europea.

Esta medida plantea igualmente problemas muy serios. No sólo los problemas relacionados con el idioma del procedimiento, sino también con problemas fundamentales de inmediatividad de la justicia, que afectarían gravemente a los pequeños y medianos empresarios. Piénsese en el coste proporcional que tendría para un mediano empresario, por ejemplo de Albacete o de Tarragona, tener que designar abogados que hubieran de llevar un procedimiento en Luxemburgo; y el problema es especialmente llamativo si se tiene en cuenta que en los procedimientos por violación de patentes muchas de las pruebas fundamentales deberían realizarse en el establecimiento del demandado.

Este conjunto de medidas que resultan de la evolución a nivel internacional y a nivel comunitario europeo ponen de manifiesto un futuro preocupante, en el que lo que se pretende es mediante una única solicitud de patente en un solo idioma tener protección a nivel mundial, siendo así que las oficinas de examen de la patentabilidad y los órganos jurisdiccionales especializados estén centralizados en determinados países desarrollados[31].

Si esa vía se lleva adelante las consecuencias para el sistema de patentes serán lamentables[32]. Por una parte, las patentes dejarán de servir

---

[31] A favor de la regionalización o incluso globalización del proceso de búsqueda de anterioridades, examen y concesión de patentes y haciéndolas efectivas a través de procedimientos judiciales regionales o tal vez internacionales, vid. CORNISH, William, *Intellectual Property Omnipresent, Distracting, Irrelevant?*, Oxford 2004, ps. 34/5.

[32] Sobre esta problemática, vid., BERCOVITZ, Alberto "Análisis del Sistema Internacional de Administración y Protección de la Propiedad Industrial desde una perspectiva

adecuadamente a la difusión de la información tecnológica; el idioma inglés se convertirá prácticamente en idioma único para la tecnología y se producirá lo que podemos denominar una "deslocalización a la inversa", esto es, las oficinas donde se discutirá sobre la patentabilidad de las invenciones y los órganos jurisdiccionales especializados estarán centralizados en algunos países desarrollados. Y ello significa que será en torno a las sedes de esas oficinas, que realizan el examen previo o a esos tribunales especializados, donde existan especialistas en patentes; serán evidentemente esos profesionales los que reciban los encargos de las empresas interesadas en los procedimientos administrativos o judiciales de que se trate. Cabría pensar que fuera de esos ámbitos territoriales privilegiados llegaría a haber algo así como un desierto de profesionales especializados en materia de patentes[33].

## VII. EL PAPEL DE LOS ORGANISMOS INTERNACIONALES

Dentro de este panorama juegan un papel importante los organismos internacionales encargados de la administración de los derechos de propiedad intelectual, tales como OMPI para las patentes PCT y las marcas internacionales del Arreglo de Madrid y de su Protocolo, y a nivel europeo la Oficina Europea de Patentes de Munich, para la concesión de patentes europeas, y la Oficina para la Armonización del Mercado Interior (OAMI) de Alicante para la concesión de marcas y dibujos y modelos comunitarios.

Estos organismos tienen entre sus competencias la tramitación de los expedientes correspondientes de la modalidad de propiedad industrial a la que se refieren los convenios que les atribuyen esa competencia; perciben las tasas correspondientes y tienen competencias reglamentarias limitadas, pero tienen un papel preponderante a la hora de proponer e impulsar las reformas de la normativa internacional aplicable a las modalidades de protección que administran.

---

iberoamericana, española y portuguesa" en *I Forum Iberoamericano sobre Innovación, Propiedad Industrial e Intelectual y Desarrollo, Actas*, Madrid 2000, ps. 268 a 274, en concreto ps. 269 a 271.

[33] Vid. BERCOVITZ, Alberto, "Desarrollo Económico y Propiedad Industrial" en *II Forum Iberoamericano sobre Inovaçao. Propriedade Industrial e Intelectual e Desenvolvimento*, Lisboa 2003, ps. 209 a 224, en concreto ps. 220/1.

*Globalizácion y propriedad intelectual* 73

Una preocupación importante de estas oficinas es la de conseguir su autofinanciación, por lo que se refiere a las oficinas europeas, y por lo que se refiere a OMPI hay que destacar que el porcentaje de sus ingresos correspondientes a las tasas por las patentes PCT y por las marcas del Arreglo de Madrid llega al 85 por ciento de sus ingresos[34].

Este planteamiento económico ha hecho que estas oficinas tengan una concepción comercial de su actuación, de manera que hoy es común que hablen de su clientela y se esfuercen por aumentar lo que podríamos denominar su "cifra de negocios", incentivando la presentación de solicitudes de protección, bien de patentes, bien de marcas o dibujos y modelos[35]. Este planteamiento economicista tiene riesgos evidentes. Por una parte porque esos organismos en su tarea de impulso de reformas pueden tener la tentación, y así se ha demostrado en algún caso[36], de modificar la normativa aplicable para hacer más atractivas las solicitudes que han de presentarse y estimular de esa manera tales solicitudes y por tanto sus ingresos. Y otra tentación es la de aplicar las normas sobre requisitos de protección de una forma lo más generosa posible, de tal forma que no desincentive a los solicitantes potenciales. Ambos tipos de actuaciones son impulsadas por el deseo de atraer a su "clientela", y no cabe ignorar que esa clientela está constituida básicamente por las empresas multinacionales, cada una de las cuales presentan muchísimas solicitudes de registro[37]. El riesgo consiste, por tanto, en que los sistemas internacionales o supranacionales de protección se adapten especialmente a los intereses de esa clientela, esto es, de las grandes empresas, sin tener suficientemente en cuenta los intereses de otros sectores o el interés público, y alterando incluso en puntos importantes la propia finalidad de las instituciones de propiedad industrial[38].

A ese riesgo hay que unir el hecho constatado de que a nivel internacional se ha producido por los distintos organismos encargados del examen previo de las patentes una reducción del nivel inventivo exigido para

---

[34] WIPO, Revised Draft Program and Budget 2002-2003, WO/PBC/4/2, n.° 5.

[35] Sobre esta concepción "business orientated" del modelo de organismo público, vid. CASADO, *Globalización...*, cit., ps. 34 a 36.

[36] Por ejemplo, al ampliar a 30 meses el plazo otorgado en el PCT para que la tramitación de la solicitud internacional de patente pase a la fase nacional.

[37] Vid. BERCOVITZ "Análisis del Sistema...", cit. P. 274 y "Desarrollo Económico..." cit., p. 220.

[38] Favorable a evitar ese riesgo, CASADO "Globalización..." cit. P. 36.

otorgar la patente, con la consecuencia de que se ha multiplicado extraordinariamente el número de solicitudes de patente. Ello ha causado un retraso insoportable en la concesión de las patentes y en definitiva que un número importante de las patentes concedidas tiene un nivel inventivo bajísimo o nulo[39]. Pero esta multiplicación extraordinaria del número de patentes, muchas de las cuales carecen realmente del nivel inventivo exigible, opera totalmente en contra de las pequeñas y medianas empresas, puesto que ese fenómeno hace que en el mercado tecnológico predomine totalmente la valoración del poder financiero sobre la creatividad. En efecto, cuando una gran empresa dispone de una cartera de patentes para un mismo tipo de producto tecnológico, con un número importante de patentes concedidas, aunque muchas de ellas debieran ser declaradas nulas por su falta de actividad inventiva, está en situación de amenazar con el ejercicio de acciones basadas en todas esas patentes para impedir la competencia de otras empresas[40]. Y la situación de estas otras empresas, cuando tienen una capacidad financiera limitada o muy limitada, como ocurre con las pequeñas y medianas empresas, les impide hacer frente de una manera efectiva a esos requerimientos o a esas acciones judiciales aunque estén injustificadas. Piénsese en el coste que significa tener que traducir patentes, investigar anterioridades y encargar a peritos que juzguen sobre la novedad o actividad inventiva. Todo eso tiene un coste económico importante, que se hace imposible de soportar cuando hay que referirlo no a una única patente, sino a varias patentes sucesivas que se refieren a invenciones supuestamente complementarias o de desarrollo.

## VIII. NUEVAS REIVINDICACIONES DE LOS PAÍSES EN DESARROLLO

En relación con este proceso de globalización han surgido además nuevas reivindicaciones de los países en desarrollo.

Por supuesto, la queja principal de estos países consiste, como ya se ha expuesto, en que las normas internacionales establecidas para la protección de la propiedad industrial en el ADPIC no están adaptadas a su

---

[39] Sobre esta problemática, vid. CORNISH, ob. cit., ps. 18 a 21.

[40] CORNISH, ob. cit., p. 4 se refiere a la frecuencia con la que "bucaneros se arman con dudosos derechos con los que imponerse a los navios de los comerciantes decentes".

*Globalizácion y propriedad intelectual* 75

nivel de desarrollo. Se les ha impuesto pura y simplemente las normas de protección a las que han llegado los países desarrollados después de más de un siglo de evolución industrial y tecnológica. Y esa imposición hace evidentemente más difícil que los países en desarrollo puedan incorporarse al proceso moderno de creación tecnológica. De alguna manera cabría afirmar que las normas del ADPIC tienden a hacer permanente la situación de desequilibrio que en la actualidad existe en materia de producción tecnológica. En definitiva se consagraría la división entre los países desarrollados del norte que crean la inmensa mayoría de las innovaciones tecnológicas, y los países del sur, en vías de desarrollo, a los que normas del ADPIC les impondría fundamentalmente la obligación de proteger las innovaciones tecnológicas procedentes de los países desarrollados del norte[41].

A esa queja de carácter general se unen además reivindicaciones mucho más concretas referentes a los recursos genéticos, a los conocimientos tradicionales y a las expresiones culturales.

## 1) La obtención de los recursos genéticos

En la actualidad una parte importante de las invenciones patentables consisten en el descubrimiento, aislamiento y utilización de microorganismos y material biológico existente en la naturaleza. Pues bien, resulta que los países más ricos en recursos genéticos son los países en vías de desarrollo del sur, que denuncian como las empresas de los países desarrollados obtienen esos recursos en sus países y después patentan las invenciones correspondientes tras el correspondiente proceso de investigación en sus laboratorios. Así pues, con gran frecuencia el material genético en el que se basa la patente procede de un país en vías de desarrollo, que no obtiene sin embargo absolutamente ningún beneficio por el hecho de que se haya obtenido una patente para una invención basada en ese material[42].

Esta realidad fue ya tomada en consideración en el Convenio sobre la diversidad biológica (abreviadamente Convenio sobre Biodiversidad) fir-

---

[41] Vid. GROSHEIDE, ob. cit., ps. 19/20 y DIAS VARELLA, ob. cit., ps. 82/3.

[42] Sobre esta problemática y el marco jurídico de referencia, vid. MASSAGUER, J., "Algunos aspectos de la protección jurídica de los conocimientos tradicionales asociados a recursos genéticos mediante el sistema de propiedad intelectual", en *Actas de Derecho Industrial*, Tomo XXIII (2002), ps. 197 a 221, en concreto ps. 204 a 210.

mado en Rio de Janeiro el 5 de junio 1992[43], en cuyo artículo 15 se impone la obligación de que quien utiliza material biológico existente en la naturaleza lo hubiera obtenido con un consentimiento informado por parte de los organismos correspondientes[44]. Se trata así de evitar la exportación ilegal de material biológico. En base a esta norma los países en desarrollo consideran que debería imponerse en las solicitudes de patente la indicación de la procedencia del material biológico al que la invención se refiere y la justificación de que ese material se ha obtenido por un consentimiento informado por parte de las autoridades correspondientes[45]. A falta de ese requisito debería imponerse una sanción a la patente si llega a concederse, sanción que podría llegar a ser incluso la nulidad. Para que un planteamiento de ese tipo pudiera ser efectivo sería indispensable una regulación a nivel internacional que lo impusiera; pero los países en desarrollo se oponen a una regulación de ese tipo[46].

Así pues, lo correcto en esta materia es llegar a un acuerdo con las autoridades correspondientes para la obtención de recursos genéticos y establecer un convenio en que se regule alguna forma de compensación económica para el Estado o al entidad que ha dado el consentimiento informado. Lamentablemente la realidad dista, al parecer, bastante de este "desideratum"

## 2) Conocimientos tradicionales

Pero el problema se agrava además porque a menudo lo que ocurre es que conocimientos tradicionales sobre las propiedades de determinadas plantas o determinado material biológico que existe en los países en desarrollo da lugar a solicitudes de patentes o a patentes que no hacen sino incorporar como supuestas invenciones, conocimientos tradicionales existentes en países en desarrollo[47]. Resulta así que se obtiene un derecho

---

[43] En relación con el Convenio sobre Diversidad Biológica, vid. PEREZ SALOM, José Roberto, *Recursos Genéticos, Biotecnológía y Derecho Internacional*, Pamplona 2002, ps. 69 y ss.

[44] Sobre el consentimiento fundamentado, vid. PEREZ SALOM, ob. cit., ps. 211 y ss.

[45] Vid. MASSAGUER, ob. cit., p. 220.

[46] Vid. *Commission on Intellectual Property Rights*, ob. cit., ps. 84 a 87.

[47] Sobre las dificultades para la delimitación del concepto de "conocimientos tradicionales", vid. MASSAGUER, ob. cit., ps. 198 a 204.

exclusivo sobre algo que se ha obtenido pura y simplemente de los conocimientos tradicionales en determinadas comunidades. Así, por ejemplo, cabe citar lo ocurrido en el caso Turmeric (Curcuma longa)[48].

Se trata de una planta utilizada en la India para sazonar la comida y que se usa también tradicionalmente para curar heridas. Pues bien, en 1995 a dos ciudadanos indios del centro médico de la ciudad de Michigan les fue concedida una patente sobre el "uso de turmeric para curar heridas".

El Consejo de Investigación Científica e Industrial de la India pidió la revocación de la patente, puesto que la invención no era nueva, ya que el turmeric venía siendo utilizado desde hace miles de años para curar heridas. Ese uso curativo aparecía incluso en un antiguo documento sánscrito. La patente fue revocada; pero este caso pone de manifiesto el tipo de problema sobre el que se basan las reivindicaciones de los países en vías de desarrollo.

Otro ejemplo de este tipo de problema lo ofrece el caso Ayahuasca[49].

Durante generaciones los chamanes de tribus indígenas de la cuenca del Amazonas han utilizado una planta, *Banisteriopsis caapi*, para producir una bebida ceremonial conocida como "Ayahuasca", que significa "vino del alma" en ceremonias religiosas y curativas para diagnosticar y tratar enfermedades, encontrarse los espíritus y adivinar del futuro.

En junio de 1986 un ciudadano americano, Loren Miller, obtuvo una patente para una variedad de esa planta a la que llamó "Da Vine", alegando que la había descubierto en un jardín doméstico de la zona amazónica. Pues bien, en este caso, aunque el "ente coordinador de las organizaciones indígenas de la cuenca amazónica" impugnó la patente concedida, la resolución final, por razones de la legislación aplicable al procedimiento, mantuvo la vigencia de la patente.

Estos dos casos no constituyen sino muestras de lo que está ocurriendo en la realidad. Se están patentando invenciones que no son sino conocimientos tradicionales de pueblos indígenas, y no es fácil impedir que esas patentes sean concedidas o que se mantengan en vigor; por una parte, porque no es sencillo y tiene un alto coste el vigilar las solicitudes de patente que se presentan o las patentes que se conceden a nivel mundial; y además porque a menudo se plantea un difícil problema de prueba para demostrar que la supuesta invención era ya conocida como conoci-

---

[48] Vid. *Commission on Intellectual Property Rights*, ob. cit., p. 76.
[49] Vid. *Commission on Intellectual Property Rights*, ob. cit., ps. 76/7.

miento tradicional, puesto que este tipo de conocimiento se transmite oralmente de generación en generación[50].

En relación con la explotación de estos conocimientos tradicionales se produce además otro tipo de actuaciones de colaboración entre las poblaciones indígenas y los investigadores venidos de fuera. Así, por ejemplo, en Perú determinadas colectividades indígenas (Colectividades Aguarunas) firmaron con diversas entidades un Convenio de Recolección Biológica y un Acuerdo de Licencia de Tecnología, cuya contenido fundamental podría calificarse de convenios de asistencia técnica por parte de las comunidades indígenas[51]. La asistencia técnica la proporcionaban las colectividades indígenas, puesto que sus chamanes son los que conocen las propiedades medicinales o de otro tipo de las plantas y, por lo tanto, su colaboración es valiosísima a la hora de seleccionar un material biológico que puede ser susceptible de una utilización médica o de otro tipo.

En virtud del Convenio de Recolección Biológica las Comunidades Aguarunas se obligaban a cooperar con la Washington University St. Louis (Missouri), el Museo de Historia Natural de la Universidad Nacional Mayor de San Marcos y la Universidad Peruana Cayetano Heredia en la identificación de plantas medicinales y de los correspondientes usos con fines medicinales, determinando el uso que podía hacerse de esas plantas, extractos de plantas y tecnología, la propiedad de los recursos y los pagos a realizar por la empresa G.D. Searle & Company (empresa subsidiaria de Monsanto) a las organizaciones cooperantes, en virtud del Acuerdo de licencia de tecnología firmado en paralelo entre la empresa multinacional y las Comunidades Aguarunas. En virtud de este Acuerdo de licencia las organizaciones cooperantes, es decir las organizaciones Aguarunas concedían a Searle una licencia no exclusiva para que utilice la tecnología de los pueblos Aguarunas y Huambisa con el fin de realizar, utilizar, vender, ofrecer a la venta e importar productos obtenidos en virtud del Acuerdo de Recolección Biológica. Por supuesto en el Acuerdo se determinaba las regalías que debía pagar Searle por la licencia.

---

[50] Sobre esta problemática, sugiriendo soluciones técnico-jurídicas, vid. MASSAGUER, ob. cit., ps. 214 a 221.

[51] Vid. OMPI, *Conocimientos Tradicionales: Necesidades y Expectativas en Materia de Propiedad Intelectual (Informe relativo a las misiones exploratorias sobre propiedad intelectual y conocimientos tradicionales (1998-1999)*, Ginebra 2001, ps. 194 y 198 a 201.

## 3) Denominaciones tradicionales

En otras ocasiones el problema se plantea en relación con la expoliación de denominaciones tradicionales de determinados productos. Un ejemplo lo ofrece el llamado caso Basmati[52].

Basmati es una variedad de arroz del Punjab de la India y del Pakistán que se exporta en grandes cantidades (alrededor de 300 millones de dólares anuales) y cuya venta es vital para la supervivencia de miles de agricultores.

Pues bien, en 1997 a la firma americana "RiceTec Inc" se le concedió una patente para plantas y semillas incluyendo arroces con características similares al Basmati. Esa patente se dejó sin efecto en lo relativo al arroz Basmati, pero la batalla legal se trasladó al uso del término "Basmati".

En algunos países como el Reino Unido y Arabia Saudita no se considera "Basmati" como un término genérico que pueda utilizarse para designar arroces similares de otra procedencia.

Pero en Estados Unidos la Federal Trade Commission ha considerado que el término "Basmati" es genérico para ese tipo de arroz y puede ser utilizado por tanto para arroces de cualquier procedencia.

Este caso pone de manifiesto los riesgos a que están sometidos los productos tradicionalmente conocidos en los países en desarrollo desde el punto de vista de su identificación. En definitiva es un problema con el que ya se han enfrentado los países en desarrollo, especialmente en Europa al proteger las denominaciones de origen; pero ese tipo de protección lamentablemente no está suficientemente extendida a nivel internacional.

Este tipo de problema se ha planteado en otros países. Vale la pena citar el hecho de que en México surgió una grave crisis cuando empresas japonesas empezaron a comercializar bebidas con el nombre tequila fabricado en Japón. El problema se solucionó al crearse la denominación de origen "tequila".

## 4) Expresiones culturales[53]

La misma problemática se extiende también a los diseños tradicionales de productos artesanales o de objetos ceremoniales, de los que se apropian

---

[52] Vid. *Commission on Intellectual Property Rights*, ob. cit., p. 89.

[53] Sobre la noción "expresiones culturales" y "conocimiento indígena" vid. GROSHEIDE, ob. cit., ps. 23 a 25.

terceras personas que los protegen a su nombre como derechos de propiedad intelectual o que, sin llevar a cabo esa apropiación por medio de un derecho exclusivo fabrican y venden los objetos copiados anunciándolos como si procedieran de las propias tribus indígenas, sin que ello sea cierto.

Igual ocurre con las leyendas ancestrales y las canciones y músicas tradicionales que son objeto de explotación por terceros, ignorando que pertenecen a las colectividades que los han creado. Y lo que es más grave, muchos de esos elementos que son objeto de apropiación o explotación por terceros no autorizados son considerados sagrados en las culturas de las que proceden, con lo que al aspecto económico se antepone un agravio a los factores religiosos más identificativos y sagrados de la cultura de que se trate.

Para explicar la problemática que se plantea por esta apropiación y explotación de elementos procedentes de las culturas indígenas por parte de personas ajenas a los pueblos a los que esas culturas se refieren, se indica con razón que lo que ocurre fundamentalmente es que se plantea realmente un choque entre las distintas culturas y civilizaciones. Frente a planteamientos comunitarios y solidarios que rigen en los pueblos con culturas tradicionales, se contraponen los planteamientos individualistas y economicistas de los países más desarrollados, de tal forma que no existe coincidencia entre los conceptos básicos de lo que significa la propiedad de los elementos creados tradicionalmente[54]. Así ocurre que conforme al Derecho de los países desarrollados los elementos integrados en lo que se denomina "dominio público" pueden ser utilizados y explotados por cualquier persona, mientras que los elementos que en los pueblos indígenas se considera que pertenecen a la comunidad no pueden ser utilizados como mercancía por parte de los particulares[55].

Se señala, con razón, que también en los países desarrollados, y concretamente en Europa, existen y han existido expresiones culturales y conocimientos tradicionales, y que tales elementos se excluyeron de la protección por la propiedad industrial o el derecho de autor[56]. Por lo que se refiere a los conocimientos tradicionales aplicables tecnológicamente,

---

[54] Vid. GROSHEIDE, ob. cit., p. 26 y HAYYAN UL HAQ, L. M., "Requestioning the existence of indonesian copyrights regime in protecting cultural property", ponencia presentada en *Annual ATRIP Conference 2004, Proceedings*, 26-29 July, Utrecht, 34 ps., en concreto ps. 6 y 31.

[55] Vid. GROSHEIDE, ob. cit., p. 26.

[56] Vid. GROSHEIDE, ob. cit., p. 20.

lo que ocurre es que al existir en los propios países desarrollados en los que se legislaba y se aplicaba la regulación sobre patentes, era mucho más fácil poner de manifiesto la falta de novedad de las invenciones en las que tales conocimientos tradicionales eran incorporados. Por lo que se refiere a las expresiones culturales su integración en el dominio público permitía su utilización o explotación por cualquiera, pero lo normal era que esa utilización o explotación fuera por personas pertenecientes al mismo ámbito económico y cultural.

Lo que plantea problemas en la actualidad, con relación a la explotación de las expresiones culturales y conocimientos tradicionales, consiste en que se pone de manifiesto un choque de culturas y de niveles de desarrollo. En efecto, a diferencia de lo ocurrido con las expresiones culturales y conocimientos tradicionales en Europa, en los países en desarrollo no ha sido una iniciativa de esos mismos países y de esas mismas comunidades indígenas la que ha creado las categorías legales hoy día vigentes a nivel internacional en materia de propiedad industrial y de Derecho de autor, con lo cual resulta que las categorías jurídicas no se corresponden con las concepciones propias de esos pueblos[57]. Y a ello se une, como dato absolutamente fundamental, el hecho de que la explotación de esos elementos generados por las culturas tradicionales primitivas se hace en general por personas procedentes de otras culturas, que manejan esos elementos con criterios puramente económicos, de manera que los beneficios de la explotación no revierten en absoluto en los pueblos que originan los elementos que son explotados comercialmente, sino que las ganancias van a parar en general a las empresas de países más desarrollados. De ahí que resulte una sensación de frustración en la medida en que no se respetan los planteamientos culturales de los pueblos primitivos, que se sienten además explotados a favor de personas y empresas procedentes del mundo desarrollado.

## IX. CONCLUSIÓN

Como puede apreciarse, por tanto, la globalización tiene una incidencia sobre los derechos de propiedad intelectual que excede con mucho del ámbito de lo puramente jurídico.

---

[57] Vid. Hayyan Ul Haq, ob. cit., p. 31.

Ese proceso de adaptación de los derechos de propiedad intelectual a la globalización se está haciendo fundamentalmente bajo el impulso y en interés de los únicos operadores económicos que actúan realmente en el mercado global, esto es, las compañías multinacionales de los países desarrollados.

La tendencia predominante en la actualidad consiste en aumentar la protección en todos los países, sin tener en cuenta las circunstancias concretas de desarrollo de cada uno de ellos, dejando de lado el equilibrio que siempre ha estado en la base de los derechos de propiedad intelectual, entre el interés del titular y los intereses de los terceros; sin preocuparse por encontrar soluciones a los problemas específicos de los países en desarrollo o menos desarrollados, y sin que la vigencia de los derechos exclusivos vaya acompañada de una regulación a nivel internacional que impida de una manera efectiva los abusos de la competencia, esto es, de las prácticas restrictivas de la competencia y de los actos de competencia desleal.

Es indudable que hay que adaptar las normas sobre propiedad intelectual a las exigencias de la globalización, pero lo que ocurre es que esa adaptación no tiene por qué seguir necesariamente un modelo único, porque existen modelos alternativos que pueden responder con mayor equidad al tratamiento de todos los intereses en juego.

# O FUNDAMENTO INTERNACIONAL DO DIREITO DA PROPRIEDADE INDUSTRIAL:

## A NECESSÁRIA HARMONIZAÇÃO E RESPEITABILIDADE AOS CRITÉRIOS DE PATENTEABILIDADE SOBRE PRODUTOS FÁRMACOS – UM ESTUDO COMPARATIVO ENTRE BRASIL E PORTUGAL

PATRÍCIA LUCIANE DE CARVALHO[1]
*Advogada e Professora de Direito Internacional
e da Propriedade Intelectual*

**SUMÁRIO:**
1. A necessária compatibilização dos interesses do comércio internacional com o desenvolvimento sustentável; 2. A Organização Mundial da Propriedade Intelectual; 3. O Acordo sobre Aspectos dos Direitos de Propriedade Intelectual relacionados ao Comércio; 4. Declaração de *Doha* sobre o Acordo sobre Aspectos dos Direitos de Propriedade Intelectual relacionados ao Comércio e a Saúde Pública; 5. Critérios de Patenteabilidade; 6. Conclusão; 7. Referências.

---

[1] Advogada e Professora de Direito Internacional e da Propriedade Intelectual em São Paulo. Membro da Associação Portuguesa de Direito Intelectual e da Associação Brasileira da Propriedade Intelectual. Membro Consultora da Comissão da Propriedade Imaterial da Ordem dos Advogados de São Paulo. Autora de *Patentes Farmacêuticas e Acesso a Medicamentos* (Atlas), coordenadora de *Propriedade Intelectual Estudos em Homenagem à Professora Maristela Basso, vol. 1 e 2* (Juruá) e organizadora, com Maristela Basso, de *Lições de Direito Internacional Estudos e Pareceres de Luiz Olavo Baptista* (Juruá). Contato: patricialucianedecarvalho@yahoo.com.br

# 84 VII Curso de Direito Industrial

## 1. A necessária compatibilização dos interesses do comércio internacional com o desenvolvimento sustentável

A propriedade como gênero é reconhecida pela Organização das Nações Unidas e pela Organização dos Estados Americanos como direito humano e desta forma, dentro do trabalho de incorporação realizado pelas diversas ordens jurídicas nacionais, tem-se a propriedade reconhecida pelos estados signatários das organizações citadas. Posteriormente, também a Organização Mundial do Comércio reconhece a propriedade como direito, todavia o faz sob o enfoque econômico, em que pese reconhecer a limitação frente a outros direitos humanos como saúde, trabalho, meio ambiente e desenvolvimento.

Na realidade, dentre as organizações citadas, é a OMC que mais desenvolve, na prática, a efetividade da propriedade frente ao comércio internacional e ao desenvolvimento. Isto porque, os países já estão perceptíveis para a importância da propriedade ao comércio, mais ainda do tipo internacional e mais, destacadamente, voltado ao desenvolvimento; principalmente na atual realidade de mais um ciclo econômico que abalou o mundo a partir de práticas americanas.

Uma outra característica produzida mais pelo comércio na esfera internacional é o fato de que as nações e empresas perceberam que necessitam conjugar competências (*joint ventures*[2]) para preencherem suas

---

[2] LORENZETTI, Ricardo. *Contratos Asociativos Y "Joint venture"*, "in" Revista de Direito Mercantil, Industrial, Econômico e Financeiro, Abril-Junho/1981, 42/39, de que *"no hay autor que no señale la ambiguedad del termino joint venture en la ciencia jurídica. Ya sea señalando su extraneidad linguistica, su origen metajuridico, su flexibilidad o su renuencia a ajustarse a los moldes normativos clasicos: lo cierto es que há sido y continua siendo fertil para la indagación juridica."*

International Tax Glossary, Amsterdam: International Bureau of Fiscal Documentation, 1988. *"Although the term "joint venture" as such is rather vague and can imply almost every form of cooperation between business enterprises, the concept is usually referred to as investment in an existing or newly established enterprise, whether or not incorporated, in the capital of which two or more legally and economically independent enterprises or other economic subjects from one or more countries have a controlling participation according to a mutual cooperation agreement which provides for an obligation to make specific contributions, a joint conduct of management responsibilities at some level and a certain degree of liability and profit and risk sharing according to a commonly agreed formula.Although the joint venture phenomenon as such is universal and the importance thereof is steadily increasing, this form is particularly used by developing countries and Eastern European countries as a tool to attract foreign investment and to acquire*

necessidades (em especial o desenvolvimento sustentável, o qual supre necessidades sociais e econômicas), por meio da complementação de capacidades econômicas e produtivas. Para tal, necessário superar a comercialização exclusiva e individualizada de âmbito nacional:

> "Na medida em que o capitalismo se desenvolve nas várias partes da economia mundial, as relações econômicas internacionais já não se limitam às simples trocas de mercadoria; estas são suplementadas pelos movimentos de capital, ou seja, pela exportação por alguns países, e importação por outros, de mercadorias que têm características e funções específicas de capital".[3]

Nesta conjuntura de fomento e incremento do comércio internacional tem-se a complexa compatibilização dos interesses dos países desenvolvidos com os dos países em desenvolvimento. Isto ocorre até hoje em decorrência de que os países em desenvolvimento e os de menor desenvolvimento relativo não tiveram tempo ou condições de se prepararem para a primeira fase da concorrência que se impunha; a situação perdura e se repete nos atuais ciclos econômicos, uma vez que estes países dependem da solidariedade internacional para com as suas necessidades sociais. Esta situação, aparentemente apenas econômica, proporciona vários problemas de ordem interna relacionados ao fundamento mesmo da constituição estatal, como a realização do bem comum. Necessário, então, que condicionantes fossem estabelecidas ao uso da riqueza, é neste momento que surge a limitação ao direito de propriedade, representada pela função social[4].

---

technology and know-how. In many of these countries, specific tax incentives are provided in order to encourage the setting up and conduct of joint ventures."

Barron's Law Dictionary, N. York: Barron's, 1984. "A business undertaking by two or more parties in which profits, losses, and control are shared. See 447 P. 2d 609. Usually connots an enterprise of a more limited scope and duration than a partnership, although the terms are often considered synonymous and both indicate similar types of joint liability for debts and torts. See 27 N.Y.S. 785."

Black's Law Dictionary, St. Paul, Minn.: West Group, 7.ª Ed., 1999: "A business undertaking by two or more persons engaged in a single defined project. The necessary elements are: (1) an express or implied agreement; (2) a common purpose that the group intends to carry out; (3) shared profits and losses; and (4) each member's equal voice in controlling the project – Also termed joint adventure; joint enterprise."

3 SWEEZY, Paul Marlor. Teoria do Desenvolvimento Capitalista. Tradução de Waltensir Dutra. São Paulo: Abril Cultura, 1983, p. 222.

4 SILVA, José Afonso da. Curso de Direito Constitucional Positivo. São Paulo: Malheiros, 2003, p. 280: "a função social da propriedade não se confunde com os sistemas de

Observe-se que a propriedade, nos últimos cinquenta anos, passa a ser enfocada sob dois aspectos: o econômico e o social. No sentido de que a utilização econômica da propriedade é necessária para a realização de outros direitos, com destaque os sociais; e no sentido social – representado pela limitação pela função social – é necessária para que os mesmos direitos sociais sejam, desde a origem, executados ou não obstacularizados. Percebeu-se que esta era a realidade de diversos países (por conta do comércio internacional), então, coube as organizações a função de disciplinar a temática desde a ordem internacional, produzindo efeitos mais de extensão mundial do que local ou regional.

Com respeito ao Direito da Propriedade Industrial[5], espécie do gênero propriedade, não é diferente, uma vez que o incremento do comércio internacional fez necessária a criação de um patamar de proteção internacional que conjugasse os direitos sobre a propriedade com os interesses sociais, desde a proteção efetiva de cada qual, bem como para a compatibilização entre os mesmos, já que são essenciais as relações econômicas e sociais.

Assim, em decorrência da inter-relação entre o comércio internacional, os direitos humanos, principalmente os sociais (desenvolvimento, propriedade, vida, saúde e dignidade), os problemas do pós-guerra e os trabalhos realizados pelas organizações internacionais, a partir da década de quarenta, fez-se necessário proteger essas duas esferas de direitos a partir da ordem internacional, para que esta servisse de parâmetro as respectivas ordens jurídicas nacionais, proporcionando maior segurança entre os operadores do comércio internacional. Portanto, a compatibilização entre os direitos da propriedade industrial (título declaratório de concessão de propriedade) e os direitos representa uma controvérsia de âmbito internacional.

---

limitação da propriedade, pois estes dizem respeito ao exercício do direito do proprietário. A função social da propriedade privada surge em razão da utilização produtiva dos bens de produção, proporcionando crescimento econômico e produção de riquezas na forma de um bem estar coletivo."

[5] O Direito da Propriedade Industrial é espécie do gênero – Propriedade Intelectual –, o qual absorve em sua temática, de modo enumerativo, ou seja, outras formas de exteriorização podem ser incluídas de acordo com a criatividade humana, a Defesa da Concorrência, a proteção da informação confidencial, as marcas, as concessões de patentes, os desenhos industriais, o Direito Autoral e conexos, as topografias de circuitos integrados, o Direito de Software e as indicações geográficas. Trata-se de uma temática extensa e complexa, eis que é multidisciplinar.

*O fundamento internacional do direito da propriedade industrial...*     87

Em prol desta compatibilização, organizações internacionais, com destaque para a Organização Mundial da Propriedade Intelectual (agência especializada da ONU) e para a Organização Mundial do Comércio, protegem, conjugam e buscam estabelecer um parâmetro mínimo para o direito da propriedade industrial e estabelecem flexibilidades as regras frente à proteção dos direitos humanos. A proposta de compatibilização é reconhecida pelas organizações internacionais e principalmente a conjugação entre esses direitos estabelecida pela ordem econômica internacional.

Ainda que de tendência contrária à maioria, tem-se um posicionamento, que é ora exposto singelamente por zelo da análise, de que a propriedade não é tema de direitos humanos, mas que deve ser protegida, de forma ordinária, pela lei, a qual corresponde à vontade da sociedade sobre o assunto. Então, o nível de proteção destinado à propriedade, em qualquer de suas espécies, dependeria sempre da concepção que tem uma determinada sociedade sobre o tema, independente de valores humanos pré-existentes. Nesta esteira, Fábio Konder COMPARATO admite que nem toda propriedade tem interesse aos direitos humanos, porém não nega que, diante da repercussão sob esta esfera de proteção a inter-relação deve predominar:

> "O reconhecimento constitucional da propriedade como direito humano liga-se, pois, essencialmente à sua função de proteção pessoal. Daí decorre, em estrita lógica, a conclusão – quase nunca sublinhada em doutrina – de que nem toda propriedade privada há de ser considerada direito fundamental e como tal protegida (...). Tirante essas hipóteses, claramente definidas na Constituição, é preciso verificar, *in concreto,* se se está ou não diante de uma situação de propriedade considerada como direito humano, pois seria evidente contra-senso que essa qualificação fosse estendida ao domínio de um latifúndio improdutivo, ou de uma gleba urbana não utilizada ou subutilizada, em cidades com sérios problemas de moradia popular. Da mesma sorte, é da mais elementar evidência que a propriedade do bloco acionário, com que se exerce o controle de um grupo empresarial, não pode ser incluída na categoria dos direitos humanos. Escusa insistir no fato de que os direitos fundamentais protegem a dignidade da pessoa humana e representam a contraposição da justiça ao poder, em qualquer de suas espécies. Quando a propriedade não se apresenta, concretamente, como uma garantia da liberdade humana, mas, bem ao contrário, serve de instrumento ao exercício de poder sobre outrem, seria rematado absurdo que se lhe reconhecesse o estatuto de direito humano, com todas as garantias inerentes a essa condição (...)."[6]

---

6 COMPARATO, Fábio Konder. Direitos e deveres fundamentais em matéria de propriedade. In Revista do Ministério Público do Estado do Rio de Janeiro, n.° 7, 1988, p. 73.

Comungam do mesmo entendimento constitucionalistas como José Afonso da SILVA, ao comentar a proteção constitucional à propriedade, e Manoel Gonçalves FERREIRA FILHO:

> "O dispositivo que a define e assegura está entre os dos direitos individuais, sem razão plausível para isso, pois evidentemente não tem natureza de direito fundamental do homem. Caberia entre as normas da ordem econômica".[7]

> "Certamente esta matéria não mereceria ser alçada ao nível de direito fundamental do homem. Trata-se aqui da chamada propriedade imaterial que seria protegida pelo inciso XXIII, referente ao direito de propriedade. Como se viu, propriedade, nos termos do citado inciso XXIII, não abrange apenas o domínio. Compreende todos os bens de valor patrimonial, entre os quais, indubitavelmente, se incluem as marcas de indústria e comércio ou o nome comercial".[8]

Os doutrinadores defendem que a propriedade, como gênero, não precisaria estar no título dos direitos fundamentais, eis que, em concordância com o pensamento de Fábio Konder Comparato, nem toda propriedade é relevante aos direitos humanos. Ocorre que, nestas condições hermenêuticas, a caracterização de qual propriedade seria relevante aos direitos humanos ficaria a cargo da esfera política e jurídica. Além do que, o parâmetro, conforme proposta de José Afonso da Silva estaria sob a responsabilidade da ordem econômica (interesses econômicos e orçamentários). Esta situação afastaria a sociedade da segurança jurídica ou dos parâmetros estabelecidos pela construção da ordem internacional e pelas esferas jurídicas nacionais.

De qualquer sorte, prevalece, nos dias atuais, a proteção condizente com a construção da ordem internacional, desde que respeitadas a função social e o interesse público. Conforme a Declaração Universal dos Direitos Humanos no artigo XXVII:

> "1. Toda pessoa tem o direito de participar livremente da vida cultural da comunidade, de fruir as artes e de participar do progresso científico e de seus benefícios. 2. Toda pessoa tem direito à proteção dos interesses morais e materiais decorrentes de qualquer produção científica, literária ou artística da qual seja autor".

---

[7] SILVA, José Afonso da. Curso de Direito Constitucional Positivo. pp. 245/46.
[8] FERREIRA, Manoel Gonçalves Filho. Comentários à Constituição, v. 1, p. 51.

Em que pesem os argumentos dos ilustres, desde a construção dos direitos humanos pela ordem internacional até as diversas ordens jurídicas nacionais a propriedade tem proteção como direito humano, com repercussão na ordem econômica e social. A necessidade de relativismo sobre o direito da propriedade é superada pela obediência à função social da mesma.

A participação da pessoa no progresso das ciências e de seus benefícios faz-se pela proteção da própria ciência, bem como daqueles que a fomentam. O Pacto Internacional dos Direitos Econômicos, Sociais e Culturais no artigo 15 declara sob este aspecto:

> "Os Estados-partes no presente Pacto reconhecem a cada indivíduo o direito de: a) participar da vida cultural; b) desfrutar do progresso científico e suas aplicações; c) beneficiar-se da proteção dos interesses morais e materiais decorrentes de toda a produção científica, literária ou artística de que seja autor.
>
> As medidas que os Estados-partes no presente Pacto deverão adotar com a finalidade de assegurar o pleno exercício deste direito incluirão aquelas necessárias à conservação, ao desenvolvimento e à difusão da ciência e da cultura".

A Declaração sobre a Ciência e o uso do conhecimento científico, emitida pela UNESCO, quando da Conferência de Budapeste, de 01 de julho de 1999, estabeleceu no artigo 91 que:

> "Considerando a possibilidade da ciência de produzir retornos significativos para o crescimento econômico, para o desenvolvimento humano sustentável, e para a redução da pobreza, e que o futuro da humanidade tornar-se-á mais dependente da produção, da distribuição, e do uso eqüitativo do conhecimento, são necessários esforços especiais também para assegurar a plena participação dos grupos em desvantagem na ciência e na tecnologia. Tais esforços incluem: remover as barreiras do sistema educacional; remover as barreiras do sistema de pesquisa, dentre outros".

A título exemplificativo, em 2001, a Corte Interamericana de Direitos Humanos proferiu decisão sobre os direitos da comunidade indígena *Mayagna Awas Tingni* contra a Nicarágua, em que a Corte entendeu a propriedade coletiva da terra como uma tradição comunitária e como um direito fundamental e básico à cultura, à vida espiritual, à integridade e à sobrevivência econômica. De igual forma, a Corte em 2005, analisou caso da comunidade indígena *Yakye Axa* contra o Paraguai, em que sustentou que o Paraguai não havia garantido o direito à propriedade ancestral da comunidade, o que os manteve em estado de vulnerabilidade alimentícia, médica e sanitária, que ameaça de forma contínua a sobrevivência dos membros da comunidade e sua integridade.[9]

Mas, o que é propriedade?

Propriedade corresponde à posse e domínio legal sobre algo material ou intelectual ou idéia garantida pelo Direito, que confere ao titular o direito de uso, gozo e disposição.[10] Trata-se de uma realidade que adquiriu interesse da ordem jurídica em decorrência de sua importância para a ordem econômica; desta forma, fez-se conveniente prestigiar os que tinham propriedade e que, concomitantemente, colaboravam com o desenvolvimento econômico. Por sua vez, entenda-se por propriedade intelectual (gênero, do qual a propriedade industrial é espécie) a proteção conferida:

> "a partir do início da economia de mercado, uma construção jurídica específica pelo qual se dá uma exclusividade de uso no mercado de um certo bem incorpóreo. Essa exclusividade de mercado (e só no mercado) tem-se chamado de propriedade intelectual."[11]

A Declaração Universal de Direitos Humanos estabelece no artigo XVII o direito à aquisição de propriedade, bem como a sua manutenção:

> "1. Toda pessoa tem direito à propriedade, só ou em sociedade com outros.
> 2. Ninguém será arbitrariamente privado de sua propriedade".

A Declaração Americana dos Direitos e dos Deveres do Homem no artigo XXIII institui além do direito à propriedade também a sua relação para a conquista de outros direitos como vida e dignidade, no sentido de ser um direito cumulativo/progressivo:

> "Toda pessoa tem direito à propriedade particular correspondente às necessidades essenciais de uma vida decente, e que contribua a manter a dignidade da pessoa e do lar".

---

[9] Informações obtidas no site: www.corteidh.cr. Acesso em 10 de fevereiro de 2009.

[10] KATAOKA, Eduardo Takemi. Declínio do Individualismo e Propriedade. In: Problemas de Direito Civil-Constitucional, 2000, p. 465.

[11] BARBOSA, Denis Borges. Bases constitucionais da propriedade intelectual. In Revista da ABPI – Associação Brasileira da Propriedade Intelectual n.° 59, jul./ago. 2002. pp. 16-39, cit. p. 30.

O *fundamento internacional do direito da propriedade industrial...*     91

Analisando-se conjuntamente o Ato Constitutivo da OMC e os dispositivos do Acordo TRIPS Sobre Aspectos dos Direitos de Propriedade Intelectual relacionados ao Comércio, constata-se que a propriedade é relevante para o comércio internacional, inclusive como ativo econômico, tanto é que o TRIPS cuida de proteger especificamente a propriedade intelectual; todavia condicionam estes direitos ao atendimento dos interesses sociais. Assim, a concepção de que a propriedade não tem fundamento no Direito Internacional é de toda descabida, eis que é este o responsável pela sua harmonização nos mais diversos sistemas jurídicos.

## 2. A Organização Mundial da Propriedade Intelectual

Por meio da Convenção de Estocolmo, que complementou os trabalhos das Uniões da Convenção de Paris, a OMPI foi criada, no âmbito da ONU, como uma de suas agências especializadas para assuntos da propriedade intelectual. Esta especificação ocorreu em decorrência da importância que assumiu a criação intelectual, dentro do gênero propriedade, para o comércio internacional e para o desenvolvimento sustentável.

Por meio do princípio da solidariedade instituído pela Convenção de Paris, busca a OMPI reunir sobre sua administração os tratados relacionados à propriedade intelectual, mesmo aqueles que não foram firmados pela ONU ou pela OMPI. Sobre esta atividade de centralização administrativa tem-se:

> "Países importantes no comércio internacional de tecnologia, de outras formas de proteção da propriedade industrial, assim como naqueles aspectos relevantes da proteção dos direitos autorais, que tinham ficado à parte na elaboração dos instrumentos internacionais desde o início das instituições da União de Paris e da de Berna, poderão ter sua admissão total ou parcial naqueles arranjos internacionais, sem ter de recorrer à criação de novos organismos; por outro lado, a existência da estrutura da OMPI poderá fornecer um serviço administrativo bastante perfeito para quaisquer outras entidades que vierem a ser instituídas".[12]

---

[12] SOARES, Guido. Antecedentes internacionais da regulamentação de transferências internacionais de tecnologia. In Revista de Direito Mercantil, Industrial, Econômico e Financeiro, n.° 57, jan/março, 1985, pp. 19-29, citação p. 28.

A OMPI oferece enfoque humano à propriedade intelectual, harmonizando-a com os interesses econômicos internacionais, dentre eles os da OMC/TRIPS. Colabora para a unificação dos direitos da propriedade intelectual encerrando a dicotomia entre direitos dos inventores e dos autores, valorizando a propriedade intelectual como gênero. O inciso VIII, do artigo 2.º, da Convenção de Estocolmo estabelece:

> "(...)
> – às invenções em todos os domínios da atividade humana;
> – às descobertas científicas;
> (...)
> – à proteção contra a concorrência desleal e todos os outros direitos inerentes à atividade intelectual nos domínios industriais, científico, literário e artístico".

Corresponde ao organismo de maior relevância para a promoção e defesa da propriedade intelectual, principalmente aos temas relacionados aos países em desenvolvimento e de menor desenvolvimento relativo. Isto porque desde 1962, a ONU, por meio da Resolução sobre Propriedade Industrial, reconhece que as patentes farmacêuticas são essenciais para o desenvolvimento econômico e social.[13]

Representa o palco das controvérsias que envolvem os países desenvolvidos e os em desenvolvimento, eis que para aqueles a importância da propriedade intelectual é quanto a sua efetivação junto aos signatários; enquanto que para os em desenvolvimento o que importa são as medidas adotadas no âmbito internacional e sua influência junto ao desenvolvimento social. Esta discussão remonta à relação entre a concepção pública e privada[14]; ocorre que esta análise deve ser feita de forma sistêmica e admitindo-se e incentivando a compatibilização entre as duas esferas, as quais não possuem condições de serem analisadas separadamente. Sob este aspecto, Maristela BASSO:

> "O debate, nas décadas de 70 e 80, partia de duas perspectivas. Para os países em desenvolvimento, a propriedade intelectual é um bem público que

---

[13] BASSO, Maristela. *Propriedade Intelectual na era pós-OMC: especial referência aos países latino-americanos*. Porto Alegre: Livraria do Advogado Editora, 2005, p. 129.

[14] O Direito da Propriedade Intelectual envolve a abordagem pública (as diversas obrigações do Estado em promover acessibilidades) e privada (o uso da titularidade exclusiva, normalmente pela iniciativa privada, para o alcance do lucro e do desenvolvimento sustentável). Estas abordagens, na ausência da harmonização, tornam-se colidentes.

O fundamento internacional do direito da propriedade industrial...    93

deve ser usado para promover o desenvolvimento econômico; para os países desenvolvidos é um direito privado que deve ser protegido como qualquer outra propriedade tangível".[15]

Em 22 de dezembro de 1995, celebrou acordo com a OMC, o qual formalizou a relação de apoio mútuo. Um dos destaques é a forma como estará disponível a legislação de cada país signatário da OMPI aos membros da OMC e o apoio técnico-jurídico entre as organizações. O fundamento da colaboração é a compatibilização, em que esta tem por motivação o princípio da solidariedade. Solidariedade motivada pela OMPI no exercício de sua atividade de secretaria que busca centralizar a harmonização do tema.

Justifica-se a solidariedade entre os Estados diante das diferenças de competências desenvolvidas; no sentido de que um Estado contribua para com outro naquilo que tem maiores condições e conhecimento, funcionando como uma permuta de competências (*joint ventures*), ainda que o fundamento seja o crescimento econômico do comércio internacional.

O princípio da solidariedade, na esfera internacional, faz-se necessário porque as expectativas dos países desenvolvidos – quanto ao comércio internacional – são semelhantes; por sua vez, as dificuldades dos países em desenvolvimento e de menor desenvolvimento relativo também são semelhantes; e, ainda, a conjugação, na ordem internacional, dessas expectativas e dificuldades, é natural da globalização da economia, uma vez que os países não conseguem atuar isoladamente, veja-se a repercussão da crise econômica iniciada em 2008 nos Estados Unidos!, a qual repercutiu na América, na União Européia e no Oriente, fazendo com que os países negociassem soluções conjuntas para melhor e mais rápido superarem as dificuldades de ordem econômica e social, internacional e nacional.

### 3. O Acordo sobre Aspectos dos Direitos de Propriedade Intelectual relacionados ao Comércio

O TRIPS é composto por normas substantivas, de procedimentos e de resultados. As normas substantivas são os padrões mínimos de proteção que devem servir de parâmetro aos signatários para a proteção do Direito da Propriedade Industrial. As de procedimento são as que instrumentali-

---

[15] Basso, ob. cit., p. 148.

94         *VII Curso de Direito Industrial*

zam as primeiras, ou seja, correspondem as normas nacionais referentes à proteção do Direito Industrial, que devem ter as substantivas como objeto de observação. E as normas de resultado são as que determinam a compensação ao titular da propriedade industrial diante da afronta ao direito de uso exclusivo, como indenização.[16]

As normas dispostas no TRIPS pretendem reduzir, por meio da harmonização, as diferenças de tratamento e regulamentação ao tema pelos diversos países, tendo por escopo que a proteção aos direitos da propriedade intelectual é necessária como forma mesmo de promover o desenvolvimento sustentável e acessibilidades; sem que para isso estas normas tornem-se um obstáculo ao comércio internacional. Mesmo porque os direitos da propriedade intelectual tem caráter privatista[17].

O conjunto destes direitos deve promover o desenvolvimento sustentável na área tecnológica e a transferência de tecnologia, com repercussão dos benefícios junto a produtores e usuários, nos termos do preâmbulo do Ato Constitutivo da OMC:

> "Reconhecendo que suas relações no campo do esforço comercial e econômico devem ser conduzidas com vista a aumentar padrões de vida, assegurando-se o pleno emprego e volume grande, estável e crescente da renda real e demanda eficaz, e expandindo-se a produção e o comércio de bens e serviços, ao permitir o uso dos recursos do mundo de acordo com o objetivo do desenvolvimento sustentável, procurando ambos a proteção e preservação do meio ambiente e para realçar os meios para se chegar a esse fim de maneira compatível com suas necessidades e interesses respectivos em diferentes níveis de desenvolvimento econômico. Reconhecendo ainda que há a necessidade para esforços positivos destinados a assegurar que os países em desenvolvimento, e especialmente os de menor desenvolvimento relativo dentre eles tenham uma parte no crescimento do comércio internacional proporcional às necessidades de seu desenvolvimento econômico".

Em matéria de saúde os países tem a obrigação de adotar medidas complementares e auxiliares para a promoção concomitante da saúde pública[18] e de um modo geral do interesse público, fazendo com que as

---

[16] Basso, ob. cit., p. 192.

[17] Desde o Direito Internacional da Propriedade Intelectual estas relações são consideradas de natureza privada, mas com interesses estatais, tanto é verdade que são direitos privatistas limitados pela função social, cuja natureza é pública.

[18] Este estudo enfocará a análise na questão da saúde, destacando-se a pesquisa e desenvolvimento de fármacos.

medidas sejam compatíveis e não excludentes, evitando o abuso de direitos da propriedade intelectual, nos termos do artigo 7.º do TRIPS:

> "A proteção e a aplicação de normas de proteção dos direitos de propriedade intelectual devem contribuir para a promoção da inovação tecnológica e para a transferência e difusão de tecnologia, em benefício mútuo de produtores e usuários de conhecimento tecnológico e de uma forma conducente ao bem-estar social e econômico e a um equilíbrio entre direitos e obrigações".

Os Estados signatários comprometem-se a usar a inovação tecnológica para o fomento do direito da propriedade intelectual, para a transferência de tecnologia e para o incremento do bem-estar social e econômico. Observe-se que uma vez mais o aspecto social acompanha ou é acompanhado pelo econômico. Isto acontece em decorrência da necessária análise sistêmica dos temas.

No item 2, do artigo 8.º, faz-se relação entre o direito as patentes farmacêuticas e o da saúde pública:

> "2. Desde que compatíveis com o disposto neste Acordo, poderão ser necessárias medidas apropriadas para evitar o abuso dos direitos de propriedade intelectual por seus titulares ou para evitar o recurso a práticas que limitem de maneira injustificável o comércio ou que afetem adversamente a transferência de tecnologia".

Tem-se neste dispositivo exatamente a inter-relação dos temas. Não se trata de uso razoável ou ponderável entre os direitos, mas sim de uso do direito da propriedade condicionado ao atendimento do interesse social, que é a acessibilidade. Temática que, conforme demonstrado, a algumas décadas é construída pela ordem internacional, por meio das organizações internacionais.

É possível a concessão da patente sobre *qualquer invenção, de produto ou de processo, em todos os setores tecnológicos, desde que seja nova, envolva um passo inventivo e seja passível de aplicação industrial.*[19] Não é necessário que tenha aplicação mercadológica, basta ser possível a comercialização em qualquer setor industrial. Todavia, os países possuem a discricionariedade de estabelecer como não patenteáveis invenções cuja exploração prejudique a ordem pública ou a moralidade – ambas vinculadas – à proteção da saúde e vida humana, animal e vegetal.

---

[19] Artigo 27.1, 1.ª parte.

As patentes, com fundamento no princípio de não-discriminação, devem estar disponíveis no local de invenção, no setor tecnológico e independente do objeto da invenção ser importado ou produzido localmente.[20] Trata-se de uma proteção ampla e necessária, caso contrário, a simples alegação de que o uso estaria destinado a outro segmento, por mais semelhante que o do setor originário, justificaria a suspensão do direito à exclusividade.

Outra possibilidade discricionária, que se apresenta como sugestão do TRIPS, é o direito dos países de não concederem patente a métodos diagnósticos, terapêuticos e cirúrgicos para o tratamento de seres humanos, de animais e plantas.

Uma terceira observação é a de que a concessão da patente concede ao titular direito exclusivo sobre a inovação que afasta o uso não autorizado por terceiros. O titular adquire poder para ceder ou transferir por sucessão e realizar contratos de licenciamento.[21] O direito à exclusividade apenas poderá ser exercido após ser concedida patente e após a devida divulgação da invenção.[22] Mas a exclusividade está condicionada ao não confronto com a exploração normal, não prejuízo aos interesses do legítimo titular e não prejuízo, de forma não razoável, aos interesses legítimos de terceiros.[23]

Sobre o tema acrescenta Maristela BASSO:

> "O direito comparado revela algumas exceções que podem ser consideradas legítimas, em relação ao art. 30 do TRIPS: a) a importação de produtos que tenham sido colocados legitimamente no mercado de outro país; b) ações realizadas de forma privada e com propósitos não comerciais; c) utilização da invenção para fins de investigação, experimentação e docência; d) preparação de medicamentos, para casos particulares, seguindo uma prescrição médica; e) experimentos com o propósito de obter a aprovação para comercialização de um produto após vencida a patente farmacêutica".[24]

A devida divulgação da invenção compreende o princípio da publicidade e da transparência, o qual obriga o inventor expor, em detalhes,

---

[20] Artigo 27.1, 2.ª parte.
[21] Artigo 28.
[22] Artigo 29.
[23] Artigo 30.
[24] BASSO, ob. cit., p. 236.

*O fundamento internacional do direito da propriedade industrial...* 97

a invenção, ao órgão competente, quando do pedido de patente. É desta forma que obtém o direito à proteção, conseqüentemente à exclusividade. As informações confidenciais, desde que justificadas, podem ser salvaguardadas. Contudo, o direito à proteção das informações não divulgadas não é absoluto, estando, também, condicionado aos interesses sociais, com destaque para a produção de genéricos. Caso em que o país interessado poderá utilizar-se de referidas informações.

Enfatiza-se que o TRIPS corresponde ao parâmetro mínimo de proteção, restando aos países que lhe são signatários ou que tenham interesse em suas disposições a função de complementação ou mesmo de limitação dentro do conceito de ordem[25], moral[26] e utilidade pública[27]. Afora estes conceitos tem-se o abuso do país para com o direito humano da propriedade, caso a concessão de patente seja limitada ou impedida.

---

[25] Decreto 88.777 de 30 de setembro de 1983, art. 2.º, 21: "Conjunto de regras formais que emanam do ordenamento jurídico da nação, tendo por escopo regular as relações sociais de todos os níveis, do interesse público, estabelecendo um clima de convivência harmoniosa e pacífica, fiscalizada pelo poder de polícia, e constituindo uma situação ou condição que conduz ao bem comum."

MEDAUER, Odete. Direito Administrativo Moderno. 3.ª ed., Rio de Janeiro: Forense, 1999. p. 369: "No Direito Civil a expressão é utilizada quando se estabelecem limites à autonomia da vontade privada ante valores que o ordenamento quer preservar, por exemplo em matéria de capacidade das pessoas, em matéria de disposição de bens. No ambito administrativo, sobretudo para fins de exercício do poder de polícia, ordem pública significa um mínimo de condições essenciais a uma vida social adequada e pacífica. Além dos aspectos clássicos da segurança dos bens e das pessoas, da salubridade e da tranquilidade, abarca também aspectos econômicos (contra alta absurda de preços, ocultação de gêneros alimentícios), ambientais (combate à poluição) e até estéticos (proteção de monumentos e paisagens)."

[26] A moral pública representa a sujeição do ente público ao controle social, pois a moralidade é encontrada nos julgamentos que as pessoas fazem sobre a conduta e não na própria conduta. Assim sendo, em se tratando de moralidade pública, torna-se imperioso reivindicar-se alto grau de generalidade e autoridade, resultando, então, do julgamento respectivo, em caráter objetivo e público, não um ato individual e privado.

Constituição da República Federativa do Brasil, artigo 37: "administração pública direta e indireta de qualquer dos Poderes da União, dos Estados, do Distrito Federal e dos Municípios obedecerá aos princípios de legalidade, impessoalidade, *moralidade*, publicidade e eficiência e, também, ao seguinte:".

[27] Atuação em conformidade aos interesses públicos, ou seja, ao fim social do respectivo Estado, com destaque as finalidades sociais, como, no presente caso, propriedade (artigo 5.º, inciso XXII), saúde (6.º) e desenvolvimento (artigo 218.º). Isto porque estabelecidas na Constituição da República Federativa do Brasil.

O exercício desta discricionariedade deve estar fundamentado na ordem jurídica nacional, sob pena do ente político praticar abuso de poder ou ilegalidade. E mais, agir sob a égide do princípio da menor onerosidade, no sentido de que antes de excluir a concessão sobre patentes que adote medidas alternativas e menos onerosas aos titulares ou propensos titulares.

## 4. Declaração de *Doha* sobre o Acordo sobre Aspectos dos Direitos de Propriedade Intelectual relacionados ao Comércio e a Saúde Pública

Diante das controvérsias quanto ao alcance das flexibilidades do TRIPS e a forma de interpretá-las, durante a Conferência de *Doha*, no Catar, esse inconveniente foi resolvido pela Declaração de *Doha*, de 14 de novembro de 2001, que confirmou as intenções do TRIPS para a saúde e o estabelecimento de uma regra interpretativa, no sentido de que o TRIPS deve ser usado como parâmetro interpretativo à proteção da saúde, de forma preventiva, antes da necessidade da questão ser levada ao Sistema de Solução de Controvérsias da OMC ou mesmo para se evitar o uso das flexibilidades.

Esta prática preventiva cabe aos respectivos Estados-membros, ou seja, uma vez mais, a norma apenas transformar-se-á em realidade a depender das políticas nacionais em respeitarem os interesses não-econômicos.

O preâmbulo da Declaração de Doha estabelece:

"O comércio internacional pode desempenhar papel primordial na promoção de desenvolvimento econômico e na diminuição da pobreza. Reconhecemos a necessidade para todos nossos povos de se beneficiarem das oportunidades e melhorias no bem-estar que o sistema multilateral de comércio gera. A maioria dos Membros da OMC é de países em desenvolvimento. Procuramos colocar suas necessidades e interesses no centro do programa de trabalho adotado nessa declaração. Recordando o Preâmbulo ao acordo de Marraqueche, continuaremos a fazer esforços positivos para assegurar que os países em desenvolvimento, e especialmente os de menor desenvolvimento relativo, tenham participação no crescimento do comércio mundial proporcional às necessidades de seu desenvolvimento econômico. Nesse contexto, maior acesso a mercados, regras equilibradas e bem focadas, programas sustentáveis financiados de assistência técnica e programas para aquisição de capacidade têm papeis importantes a desempenhar".

O *fundamento internacional do direito da propriedade industrial...* 99

A Conferência considerou ainda que a cada Membro compete determinar o que é situação de emergência (vinculada ao conceito de ordem, moral e utilidade pública). Porém, incluiu como situação de emergência as doenças relativas a SIDA[28], tuberculose, malária e outras epidemias[29] (entenda-se esta indicação de doenças como de natureza enumerativa e não taxativa).

Os parágrafos 2.° e 3.° da Declaração determinam que a noção de um sistema de propriedade intelectual não pode ser vista como algo infalível e apenas funcional, mas sim que deve se submeter à realização do direito humano à saúde[30].

Em 30 de agosto de 2003, o Conselho Geral do TRIPS emitiu a Decisão WT/L/540 para implementar o parágrafo 6.°, que permite a exportação de produtos farmacêuticos, desde que tenha por base uma licença compulsória e em obediência as condicionantes estabelecidas.[31] Ora, esta Decisão demonstra o quão voltado está o TRIPS e, consequentemente, a OMC aos interesses humanos e não apenas aos econômicos.

## 5. **Critérios de Patenteabilidade**

Neste momento passá-se a uma exposição mais técnica e conceitual quanto aos critérios para a concessão de patentes, quais sejam, a novidade,

---

[28] "By pure coincidence, the signing of the TRIPS in 1994 corresponded with the global explosion of the AIDS pandemic, the effects of which have been dramatic notably in the poorest countries." CORIAT, Benjamin; ORSI, Fabienne; D' ALMEIDA, Cristina. TRIPS and the international public health controversies: issues and challenges. Estados Unidos: Industrial and Corporate Change Advance Access published November 27, 2006, doi: 10.1093/icc/dtl029, page 1.

[29] LILLA, Paulo Eduardo. Acesso a medicamentos nos países em desenvolvimento e proteção das patentes farmacêuticas no contexto do Acordo TRIPS (Trade-Related Intellectual Property Rights) – OMC: implicações concorrenciais. Monografia de conclusão de curso de Direito da Fundação Armando Álvares Penteado – FAAP, 2006, p. 38.

[30] SANTOS, Denis Ishikawa dos. Orientador DALLARI, Pedro Bohomoletz de Abreu. Patentes farmacêuticas e acesso a medicamentos: da Rodada Uruguai à Declaração de Doha sobre o Acordo TRIPS e Saúde Pública. Monografia de conclusão de curso de Direito. São Paulo: USP, 2004, p. 33.

[31] "Reconhecemos que os Membros da OMC com insuficiente ou nenhuma capacidade de produção no setor farmacêutico poderão enfrentar dificuldades em fazer uso eficaz de licenciamento obrigatório sob o Acordo de TRIPS. Instruímos o Conselho de TRIPS no sentido de encontrar uma solução expedita para este problema apresentar um relatório ao Conselho Geral antes do fim do ano 2002".

atividade inventiva e a utilidade industrial. Esclarece-se, novamente, que esta abordagem, que é mais técnica, destacará a pesquisa e a produção de fármacos. Com maior destaque ainda à análise de duas situações: o segundo uso médico e os polimorfos.

A novidade é demonstrada com a inexistência do objeto na natureza ou no estado da técnica[32]; A atividade inventiva é a demonstração de que a interferência do homem promoveu modificações substanciais (diferencia-se da descoberta, que é a revelação de algo existente); e a aplicação industrial[33] é a demonstração da expectativa de aplicação em qualquer

---

[32] O Tribunal Regional Federal, 3..ª Região, decidiu:
"PATENTES – PATENTEABILIDADE – REQUISITOS – LEI N.° 5.772/71 – ARTS. 5.° E 6.° – NOVIDADE – NÃO-COMPREENSÃO NO ESTADO DE TÉCNICA – QUESTÃO DE FATO – NECESSIDADE DE DILAÇÃO PROBATÓRIA – IMPOSSIBILIDADE DE CONCESSÃO DA TUTELA ANTECIPADA – I – Os requisitos da patenteabilidade, previstos na legislação de regência, são a novidade e a suscetibilidade de utilização industrial. II – A novidade implica que a invenção e o modelo de utilidade não podem estar compreendidos no estado da técnica, isto é, não devem previamente estar exteriorizados para o acesso ao público, seja por descrição escrita ou oral, por uso ou qualquer outro meio mo Brasil e no exterior. III – A aferição do requisito é matéria fática, cujo deslinde depende de dilação probatória. IV – Inadmissibilidade da concessão de tutela antecipada para fins de anulação da patente, anteriormente ao regime probatório pleno. V – Agravo improvido. (TRF 3.ª R. – AI 96.03.036051-1 – 2.ª T. – Rel. Des. Fed. Aricê Amaral – DJU 20.10.2000 – p. 619)".

[33] O Artigo 15.° da Lei 9.279/96 determina:
"Art. 15 – A invenção e o modelo de utilidade são considerados suscetíveis de aplicação industrial quando possam ser utilizados ou produzidos em qualquer tipo de indústria."
A maioria das leis de patente do mundo objetiva privilegiar soluções para um dado problema técnico e não o conhecimento abstrato, daí a importância do critério de aplicação industrial. Entretanto, este critério não é homogêneo entre os diversos países. A lei dos EUA, por exemplo, usa o critério de "utilidade" em lugar de aplicação industrial e, portanto, algumas invenções que não podem ser usadas ou fabricadas em um estabelecimento industrial, mas que tenham uma utilidade prática são patenteáveis naquele país.
O Acordo TRIPS, no seu artigo 27.1, usa a expressão aplicação industrial, mas em nota de pé de página esclarece que considera sinônimos os termos "aplicação industrial" e "utilidade" em mais uma das ambigüidades contidas naquele texto legal. Como o Acordo não define os termos, deixa aos países membros considerável área de manobra em sua interpretação.
Utilidade tem um conceito bem mais amplo do que aplicação industrial o que levou os EUA a ampliar o campo de sua proteção incluindo métodos de negócios, que não são patenteáveis em quase todos os países do mundo. Mesmo entre os países que adotam o conceito de fabricação industrial há divergências quanto a sua aplicação prática. Algumas legislações, como a brasileira, por exemplo, são muito sintéticas em sua formulação. Outras

O fundamento internacional do direito da propriedade industrial...     101

meio industrial. Dentre estes, assume maior relevância para o estudo presente a novidade e, concomitantemente, a atividade inventiva.

Os países com a adoção do TRIPS possuem flexibilidade para legislarem a temática nos termos do interesse nacional, mesmo porque o TRIPS se apresenta apenas como patamar mínimo para a proteção dos direitos da propriedade intelectual. Todavia, o TRIPS veda exclusões legais de qualquer área da tecnologia do campo de proteção, com exceção do que ele próprio possibilita ser afastado do benefício, como normativa taxativa e não enumerativa: *contrários à ordem pública ou a moralidade ou utilidade, método de diagnóstico, de tratamento e de cirurgia, animais que não sejam microorganismos, plantas que não sejam microorganismos* e *processos essencialmente biológicos para produção de animais e de plantas, exceto processos não biológicos ou microbiológicos.* Assim, os países, dentro da liberdade legislativa que os assiste, podem restringir em nome da ordem, moral e utilidade pública, mas desde que mantenham-se inseridas dentro do conjunto indicado neste parágrafo.

A Diretiva da Comunidade Européia n. 44/88, em seu artigo 6.°, busca definir, exemplificando, o que seja contrário a ordem, moral ou utilidade pública, desta forma tem-se um parâmetro aos demais países:

> *"invenções de exploração comercial contrárias à ordem pública, processos de clonagem de seres humanos, os processos de modificação da identificação genética germinal do ser humano, as utilizações de embriões humanos para fins industriais ou comerciais e os processos de modificação da identidade genética dos animais que lhes possam causar sofrimentos sem utilidade médica substancial, bem como os animais obtidos por esses processos".*

Percebe-se que a preocupação da União Européia é com o uso indiscriminado, ecônomico e discriminador de técnicas da propriedade intelectual que possam causar sofrimento, dano ou repercutir negativamente na vida dos seres humanos, animais e plantas.

Quanto ao mérito dos critérios para patenteabilidade, tem-se que, para maior compreensão da atividade inventiva, a ação do produto fár-

---

ampliam um pouco a conceituação para especificamente definir o que se entende por indústria ou o que não pode ser patenteável por ser abstrato, etc. Tem havido interpretações legais em alguns países que aproximam os dois conceitos, isto é, não se considera preenchida a exigência de aplicação industrial para uma invenção que seja claramente sem propósito definido, isto é, sem utilidade.

maco, quanto à invenção, sobre o consumidor depende da concentração plasmática ou de níveis adequados da substância nos tecidos, terapeuticamente efetivos, sem efeitos colaterais do tipo tóxicos, por um lapso temporal. Para tal, necessário que o responsável pelo desenvolvimento do fármaco tenha conhecimento absoluto de sua racional formulação.

A formulação ou desenvolvimento envolve o conhecimento acerca das propriedades físicas e químicas da ou das moléculas a comporem a constituição do fármaco (pré-formulação). Observe-se, a exemplo, que a forma de exteriorização do produto pode afetar as características da molécula em matéria de solubilidade, estabilidade, higroscopicidade, dentre outras.

Na fase da pré-formulação o produto inovador utiliza-se de pequenas quantidades de amostras, composto novo ou desconhecido, inexistência de dados sobre a substância e esta poderá ou não passar para a etapa seguinte do desenvolvimento. Diferentemente ocorre com o produto genérico ou similar, eis que a amostra é em quantidade, a substância é conhecida ou já utilizada e os dados estão na literatura (domínio público) – deve produzir os mesmos efeitos, com a mesma dosagem e dentro de um critério temporal identificado. Estes experimentos fazem-se necessários para garantir a estabilidade, segurança e eficácia do produto, obtendo-se uma biodisponibilidade adequada do produto relacionada a finalidade médica. Quando todos estes elementos estão presentes trata-se de invenção, eis que a participação humana é essencial ao desenvolvimento da formulação.

A forma mais usual de exteriorização do medicamento é a em meio sólido – ou por meio de amorfos (átomos e moléculas distribuídos aleatoriamente) ou cristalinos (átomos e moléculas que formam estruturas tridimensionais). Neste estudo destaque-se os amorfos, que são obtidos por precipitação ou liofilização; possuem nível de energia mais elevado, em virtude da solubilidade e da velocidade de dissolução; e, produzem formas mais estáveis, portanto, são mais seguros em termos de equiparação de resultados.

Estas estruturas podem ser formadas naturalmente ou por incidência da atividade humana (purificação), neste caso tratar-se-ia de uma invenção, diferentemente da primeira que é uma descoberta, já que ocorre apenas uma acomodação de várias moléculas de uma substância em uma estrutura tridimensional específica durante a formação dos sólidos. E a participação humana dá-se pelo desenvolvimento de certas condições climáticas.

*O fundamento internacional do direito da propriedade industrial...* 103

Necessário demonstrar que a forma polimórfica[34], a exemplo, de uma determinada substância química difere da que existe no estado da técnica por meio de relatório descritivo completo das novas formas polimórficas, de acordo com as tecnologias inerentes a sua perfeita caracterização. Parece simples, mas é o suficiente, eis que não há conhecimento geral que torne possível a previsão das propriedades de um polimorfo; não há como prever, pelos conhecimentos comuns, quais são os novos efeitos técnicos obtidos, pois isto somente será conhecido quando as formas polimórficas forem identificadas, caracterizadas e testadas para os efeitos desejados. Uma forma polimórfica nova e provida de atividade inventiva, em princípio, não garante atividade inventiva à composição que a contenha, necessária a interferência do desenvolvimento humano, distanciando-se do conceito de descoberta.

Para melhor exemplificar o referido processo de obtenção do polimorfo necessário que se indique a concentração das diferentes soluções utilizadas que sejam críticas para o processo; os solventes; a taxa de resfriamento; o tempo; a temperatura dos diferentes estágios do processo; e, torque ou adição de sementes da forma cristalina desejada.

Percebe-se, desta breve exposição, que o desenvolvimento de um medicamento a partir de um polimorfo não é procedimento fácil, eis que pode envolver inventividade. Nestes termos, cada situação merece análise específica, no sentido de se perquirir a possibilidade de concessão de patente ao produto. Não merecendo, como quer o Brasil, afastar da proteção por meio da concessão de patente, os polimorfos. Deve-se prevalecer, neste caso, a análise dos critérios de patenteabilidade. Além do que, sabe-se que a propriedade industrial pode ser limitada para a satisfação da função social – que é o preenchimento de uma incapacidade do país –, mas esta satisfação não pode ser validadora, com o afastamento legislativo da concessão de patente –, *ad eternum* da incapacidade do país.

Defende-se que as exceções são, efetivamente, exceções as regras, devendo prevalecer o atendimento aos critérios de patenteabilidade. Mesmo porque a indústria de fármaco percebendo que há restrições em países ou mesmo para produtos de uma determinada linha de pesquisa – como para com os polimorfos – pode, simplesmente, deixar de pesquisar e desenvolver estes produtos, acarretando uma problemática a acessibilidade destes e

---

[34] Destaque-se neste estudo como análise de situações específicas os polimorfos e o segundo uso médico (mais adiante), eis que correspondem as maiores controvérsias na atualidade, no Brasil, em matéria de reforma do sistema legislativo.

aumentando ainda mais o custo de acessibilidade aos países, com destaque para a questão da saúde/medicamentos. Desta forma, o presente estudo é favorável aos critérios de patenteabilidade e as suas exceções, mas desde que estas não sejam utilizadas de modo abusivo, tendo por base meras presunções e com o fim de perpetualizar uma restrição em prol da incapacidade estatal.

### 5.1. *Critérios de patenteabilidade no Brasil*

O Brasil com apoio na construção internacional também estabelece que são patenteáveis as formulações (para o caso eleito neste estudo) que tenham atividade inventiva e aplicação industrial, desde que não estejam enumeradas nas exceções como proibições à exclusividade, quais sejam (enumeração taxativa):

- Seqüências de nucleotídeos e peptídeos isolados do organismo vivo natural;
- Extratos e todas as moléculas, substâncias e misturas produzidas a partir de vegetais, animais ou microrganismos;
- Animais e suas partes;
- Plantas e suas partes; e,
- Métodos terapêuticos e terapêuticos biotecnológicos.

A proibição de um e outro se justifica pelo fato de todos corresponderem, de uma forma ou de outra, a exteriorização em estado natural ou da técnica, ou seja, sem a participação do homem em sua constituição, a qual afasta a necessidade de desenvolvimento. A situação é mais perceptível para vegetais, plantas e animais.

Por sua vez, as seqüências de nucleotídeos e peptídeos correspondem a compostos (estado natural) ricos em energia e que auxiliam os processos metabólicos, principalmente as biossínteses, na maioria das células. Funcionam ainda como sinais químicos, respondendo assim a hormônios e outros estímulos extracelulares; eles são também componentes estruturais de co-fatores enzimáticos, intermediários metabólicos e ácidos nucleicos.

Mais complexo é o entendimento de métodos terapêuticos, eis que para a medicina correspondem ao conjunto de meios, de qualquer classe, cuja finalidade seja a cura ou alívio de uma enfermidade ou sintoma médico. É a atuação do profissional médico que reúne métodos (vacina + remédio em cápsula) para que o paciente cure um resfriado; ou um médico dermatologista que para melhorar a aparência de uma unha receita ao paciente uma base fortalecedora + vitamina do complexo B + creme a base de queratina. Em que, nestes exemplos, o meio utilizado foi a composição de efeitos de curto e longo prazo, todos já conhecidos.

Os profissionais que fazem a composição não terão a proteção, eis que apenas usam do conhecimento multidisciplinar para compor medicamentos e/ou formulações conhecidas para o melhor e/ou mais rápido desempenho sobre a problemática do paciente. É claro que para os titulares de cada elemento integrante no método persiste a possibilidade de concessão de patentes (vacina, remédio, base fortalecedora, fórmula a base de queratina e complexo vitamínico B – desde que não sejam formulações magistrais).

Necessário, neste momento, alguns esclarecimentos conceituais que podem ser utilizados tanto no Brasil como em outros países, já que se fundamentam na farmacologia:

FÓRMULA: conjunto de letras, algarismos e outros sinais, que representa a molécula de um corpo composto, ou seja, a composição. Classifica-se em básica e derivada. A básica constitui o ponto inicial para a obtenção das formas farmacêuticas derivadas. As derivadas são preparações oriundas da forma farmacêutica básica ou a própria droga. Representando desconcentrações obtidas através de diluições seguidas de sucussões e ou triturações sucessivas.

FORMULAÇÃO: Ação ou efeito de formular. Ato de determinar as quantias relativas dos diversos elementos que entram em uma mistura.

INVENÇÃO: Inovação. Para a área de fármacos corresponde a existência de uma nova aplicação para a composição. Nestes termos é proibido, por Lei, a patente de meras substâncias – as chamadas fórmulas magistrais/base/estado natural/estado da técnica. A Lei justifica esta exceção porque as fórmulas magistrais correspondem à base de uma linha de inovação e, então, devem permanecer à disposição de todos que tentem apenas reuni-las, sem os elementos da industrialização.

MEDICAMENTO/COSMÉTICO: Substância que se aplica interna ou externamente para a manutenção ou para o restabelecimento da saúde e da estética. Analogicamente também denominado de fármaco ou remédio e cosmético.

FÓRMULA REFERENCIAL: Equivale ao medicamento devidamente patenteável e sobre o qual existe o privilégio concedido pelo Instituto

Nacional da Propriedade Industrial. Justifica-se o termo referencial porque após a expiração do prazo de exclusividade do privilégio ele pode ser utilizado por terceiros para a fabricação do medicamento similar e ou do genérico.

FÓRMULA HOMEOPÁTICA: Sistema de tratamento de doenças através de doses infinitesimais. Pode ou não ser patenteável, depende da fórmula ser industrial ou magistral. Em sendo industrial passível de patenteamento; sendo magistral impossível o patenteamento.

FÓRMULA INDUSTRIAL: Independente de ser homeopático, como atende aos requisitos da Lei de Propriedade Industrial – inovação, nova aplicação e aplicação mercadológica –, é passível de ser patenteável.

FÓRMULA MAGISTRAL – em razão de determinação legal não é passível de patenteamento. A presente proibição ocorre porque a fórmula magistral deve ficar à disposição daqueles que efetivamente inovem a partir dos elementos químicos básicos.

Anderson de Oliveira Ferreira, em Guia Prática da Farmácia Homeopática, leciona que a fórmula magistral "*é a formulação personalizada para atender as necessidades específicas de um paciente. O prescritor pode adequar a formulação a cada paciente. Permite a prescrição de formas farmacêuticas diferenciadas das disponíveis comercialmente, bem como, o emprego de dosagem específica para um determinado paciente.*"

A Farmacopéia Homeopática Brasileira, Parte I, dos Métodos Gerais, publicada pela Portaria n.° 1180/1997, pelo Ministério da Saúde, determina que no item XI – Métodos de preparação das formas farmacêuticas derivadas – que o ponto de partida da fórmula magistral é a "forma farmacêutica básica".

Caso as formulações magistrais pudessem ser patenteados nenhum outro profissional – médico, fármaco – poderia manipular, ou seja, não teríamos mais a indústria da manipulação. E não teríamos mais o acesso a alternativas mais econômicas, mais rápidas e personalizadas de medicamentos e ou cosméticos.

O Decreto-Lei n.° 95/2004 estabelece no artigo 1.°, item "a" o que seja medicamento manipulado, demonstrando a liberdade de função ao profissional, bem como a relação do receituário médico com a fórmula magistral ou com a homeopatia:

"qualquer fórmula magistral ou preparado oficinal preparado e dispensado sob a responsabilidade de um farmacêutico"

Nesta esteira, determina o RDC 67/07 que fórmula magistral "*É AQUELA PREPARADA NA FARMÁCIA, A PARTIR DE UMA PRESCRIÇÃO DE PROFISSIONAL HABILITADO, DESTNADA A UM PACIENTE INDIVI-DUALIZADO, E QUE ESTABELEÇA EM DETALHES SUA COMPOSIÇÃO, FORMA FARMACÊUTICA, POSOLOGIA E MODO DE USAR*".
O mesmo ato legal determina que:

"5.17.2. A prescrição do medicamento a ser manipulado deverá ser realizada e receituário próprio a ser proposto em regulamentação específica, contemplando a composição, forma farmacêutica, posolo-gia e modo de usar".

Para garantir que não existam abusos sobre a comercialização das fór-mulas magistrais e como demonstração de que qualquer estabelecimento é capacitado em sua preparação, já que se trata de formulação básica, por isto mesmo magistral, a RDC, no item 5.17.4, determina que não seja feita no receituário o vínculo com estabelecimento comercial específico:

"Em respeito à legislação e códigos de ética vigentes, os profis-sionais prescritores são impedidos de prescrever fórmulas magistrais contendo código, símbolo, nome da fórmula ou nome de fantasia, cobrar ou receber qualquer vantagem pecuniária ou em produtos que o obrigue a fazer indicação de estabelecimento farmacêutico, motivo pelo qual o receituário usado não pode conter qualquer identificação ou propaganda de estabelecimento farmacêutico."

O artigo 13 da Lei n.º 5.991, de 17 de dezembro de 1973, estabelece:

"Dependerá da receita médica a dispensação de medicamentos homeopáticos, cuja concentração de substância ativa corresponda às doses máximas farmacologicamente estabelecidas"

No Brasil e em alguns outros países discute-se, constantemente, a possibilidade de patenteamento sobre o segundo uso médico[35], que com-

---

[35] Resumo da Ata da 3.ª Reunião do Grupo de Estudos sobre Segundo Uso Médico – INPI:

"Preliminarmente, a responsável pela abertura da reunião, fez uma breve exposição de como será abordado, nas futuras reuniões, o "Ciclo de Discussões Técnicas" e para tal, foi feita a apresentação das 5 fases específicas, definidas pelo INPI, sobre o desenvolvi-mento de cada tema: fase 1 – "Estudo comparativo entre os países"; fase 2 – "Canal aberto"

108      *VII Curso de Direito Industrial*

preende o patenteamento sobre o melhoramento de uma formulação já patenteada, diante da aplicação da mesma em outra anomalia. Este estudo

---

– coleta de subsídios oriundos de reuniões técnicas; fase 3 – "Elaboração" por parte do INPI de uma minuta; fase 4 – "Consulta pública" e fase 5 – "Avaliação das contribuições e publicação das diretrizes". O tempo que será dispensado para cada fase, ressaltou a coordenadora substituta, ainda não foi definido e, o importante a ser destacado é que todo esse trabalho tem como função primordial o compromisso do INPI em modernizar a sua atuação visando a qualidade das patentes concedidas em função da segurança jurídica a elas associada.

Esta reunião teve como objetivo fundamental a discussão da minuta elaborada pelo INPI sobre "segundo uso médico". Esta minuta visou listar os pontos fundamentais necessários para a elaboração das diretrizes de exame nesta área (documento em anexo). Foi feita, então, uma leitura rápida do texto e ao longo desta leitura os pontos considerados polêmicos foram discutidos.

Inicialmente, foi abordado e discutido os termos definidos nas considerações gerais e a primeira reestruturação sugerida, por se tratar de diretrizes para a definição de segundo uso médico, foi a substituição do termo "finalidade de abordar" pelo termo "finalidade de definir" ou "de estabelecer", visto que um termo mais formal seria mais adequado. A intenção do grupo em ampliar a discussão de segundo uso médico para as reivindicações onde a única alteração é o regime terapêutico, ou seja, a dosagem, a forma de aplicação do medicamento foi questionada. Isto porque, nesse caso, o medicamento não teria uma finalidade diferente, a finalidade seria o tratamento da mesma doença, mas de forma diferente, atingindo uma eficiência diferente. Outro aspecto levantado foi se abordaríamos ou não a questão do segundo uso para medicamentos veterinários.

Passando para o tópico de definições, foram apresentadas duas definições de medicamento e a discussão recaiu sobre a utilização dos termos, medicamento, fármaco, droga e composição farmacêutica. Um outro ponto importante focalizado diz respeito aos problemas oriundos das traduções mal feitas a partir do documento original. Foi ressaltado, também, que as definições são extremamente importante no estabelecimento de uma diretriz e que uma patente clara e bem definida qualifica bem melhor o próprio escopo da proteção a ser conferida. Uma outra questão abordada diz respeito ao fato de que muitos pedidos de patentes já trazerem suas próprias definições no relatório descritivo e, neste caso, o que ocorreria se houvesse conflito entre estas definições comparadas com as das diretrizes.

Dando prosseguimento, passou-se a discutir a definição de fármaco e, sobre este tema, a questão relevante foi a diferenciação entre fármaco e droga. No que se refere ao termo droga, na língua portuguesa há uma definição bem mais ampla, não incluindo necessariamente um fármaco, ou seja, não significa que possua necessariamente fins terapêuticos. Outro ponto ressaltado foi em relação a composição pois o termo fármaco estaria associado à definição de uma única molécula e o termo droga estaria associado a um "pool" de moléculas. Por exemplo: O extrato de uma planta. Em suma: Droga não é definida quantitativamente no aspecto químico já o fármaco realmente define uma única molécula.

Foi questionado, também, se a terminologia a ser utilizada seria realmente tão necessária para o objetivo que se deseja atingir e concluiu-se que a elaboração desse glossário é

opina no sentido de que sendo aplicados ao caso os critérios de patenteabilidade não há impeditivos, eis que dentro do elenco taxativo do TRIPS

extremamente importante, entretanto, este assunto foi considerado tema para uma outra reunião em face da necessidade de priorizar a definição de ensaios clínicos visto ser tema crítico para as discussões posteriores sobre o segundo uso médico.

Quanto a definição de ensaios clínicos a discussão girou em torno da necessidade de definir estes ensaios com base no arcabouço regulatório do Conselho Nacional de Saúde e das normativas da ANVISA. Essa intenção gerou uma grande polêmica baseada no fato de que os estudos clínicos seriam necessários para a aprovação de comercialização do medicamento e não para concessão da patente. Entretanto, foi ressaltado, que em relação a matéria em pauta, segundo uso médico, a discussão gira em torno de um outro nível de pedido de patente relacionado a uma outra fase de desenvolvimento de um medicamento. Esta é a razão para a preocupação e necessidade de se definir ensaio clínico. Outro ponto levantado foi a incorreção de se limitar aos estudos clínicos feito no Brasil face a constatação de que pedidos internacionais podem realizar estes estudos em outros países que não o Brasil. A questão central na definição do ensaio clínico está voltada à metodologia para gerar confiabilidade dos dados e a constatação de que esta discussão se dá por causa da suficiência descritiva necessária a um pedido de patente, cabendo, então, a seguinte pergunta: Será necessário apresentar estudos clínicos? Haverá descrição das fases de ensaios clínicos? Haverá necessidade de testes experimentais in vivo associado aos testes in vitro? Foi comentado, então, que estudos comparativos mostraram que em alguns países há obrigação de apresentar testes clínicos, logo, esta é uma possibilidade a ser avaliada. Dando continuidade a reunião, foi abordada a definição de novidade. Em relação a esta definição, o ponto que gerou mais polêmicas diz respeito ao seguinte texto: "patologia e/ou um quadro clínico distinto". A polêmica gerada foi no sentido de que o termo "patologia" está bem definido na literatura, entretanto a expressão "quadro clínico distinto" pode ter diferentes interpretações. Um outro aspecto ressaltado está relacionado à constatação de que quando se fala em patologia está se excluindo as síndromes, que são conjuntos de sintomas e não são patologias definidas. Em relação a este tópico chegou-se a conclusão que será necessária uma definição mais precisa e que talvez seja necessária uma construção diferenciada substituindo o emprego do "e/ou".

Em relação ao tópico sobre a definição de parâmetros relacionados à atividade inventiva de invenções de segundo uso médico foram apontados critérios para auxiliar a sua aferição quais sejam: o mecanismo de ação, a atividade terapêutica relacionada com a estrutura química e a etiologia das doenças alvos. De uma forma geral, os participantes da reunião consideraram estes parâmetros de suma importância. Porém ressaltaram que a análise técnica deverá levar em conta cada caso em específico e que a função do examinador não se encerra com as diretrizes que não tem como finalidade ser exaustiva e sim definir os padrões mínimos a serem observados.

O próximo tópico abordado foi a questão da suficiência descritiva. Este assunto, a exemplo do anterior, gerou bastante discussão principalmente em relação aos parâmetros necessários a definição da suficiência descritiva no caso de uma invenção de segundo uso médico, uma vez que a invenção passa por uma nova aplicação. Alguns aspectos abordados foram direcionados as seguintes perguntas: Seria necessária uma abordagem clíe da ordem jurídica nacional não há impedimentos para tais desenvolvimentos/invenções.

---

nica, com descrição das fases de ensaios clínicos? Somente testes experimentais "in vivo" e "in vitro" seriam suficientes? Neste sentido, as discussões giraram em torno da necessidade de apresentar análises e ensaios clínicos com a finalidade de comprovar a atividade inventiva, através de comparações com o que já existe no estado da técnica e não em relação a suficiência descritiva, já que esta última seria a informação necessária para que um técnico no assunto possa reproduzir a invenção que, neste caso específico, seria o "uso de um princípio ativo no preparo de uma composição farmacêutica, ou seja, misturar X% de A com Y% de B".

Em relação a esta colocação foi mencionado que o segundo uso é reivindicado na forma de "Fórmula Suíça" e quando se faz a leitura de uma reivindicação ela é interpretada como está escrita, ou seja, neste caso, está se falando de um processo, mas não de um processo de fabricar um medicamento no sentido de misturar o reagente A, ou reagente B, mas no sentido de que é uma reivindicação relacionada a uma atividade e não a um objeto.

Outra posição afirmada foi de que a invenção de segundo uso trata da aplicabilidade de um fármaco para um novo uso terapêutico, então os testes clínicos seriam necessários como demonstração da suficiência descritiva para comprovar essa aplicação e não simplesmente para comprovar a atividade inventiva. Com esta interpretação os resultados dos testes clínicos não poderiam ser acrescentados posteriormente e somente no inicialmente revelado, diferentemente de apresentá-los para comprovar atividade inventiva.

Este assunto retomou a discussão sobre a possibilidade do "segundo uso médico" ser considerado um método terapêutico e a reivindicação na forma de "Fórmula Suíça" ser um artifício para solicitar proteção para matéria que não seria privilegiável. Os participantes que não concordam com este argumento afirmaram que este não é o caso, pois não se está falando da relação médico-paciente, não se esta determinando a forma como o médico vai prescrever a medicação e sim da proteção ou do direito que o proprietário de uma patente de segundo uso tem de impedir terceiros que usem o ingrediente ativo X e que formule medicamentos com o propósito de tratar a doença Y. O direito deste proprietário seria em agir sobre terceiros que estejam formulando medicamentos com o uso proposto e não sobre a atuação do médico que vai estar prescrevendo essa medicação.

A partir desta discussão foi questionado a existência de tecnologia que mereça proteção e estudos envolvendo o desenvolvimento de um segundo uso e foi destacado que se há desenvolvimento tecnológico tem que haver proteção. Então, neste caso, tem que ser avaliado que tipo de proteção poderia ser dada a essa área tecnológica. Talvez a "Fórmula Suíça" não seja a melhor forma de proteger este tipo de invenção, porque a proteção seria para o processo e, esta interpretação, pode gerar incoerência entre a suficiência descritiva e a matéria reivindicada. Em relação a melhor forma de reivindicar esta matéria houveram posições a favor de que as reivindicações de segundo uso seriam reivindicações de um produto limitado pelo seu uso específico, o que está sendo protegido e que seria a nova indicação terapêutica. Corroborando com esta posição, foi ressaltado que atualmente existem vários exemplos de reivindicações de patente européia de segundo uso médico que não são "Fórmula Suíça"."

O *fundamento internacional do direito da propriedade industrial...*

Aos países que já estabeleceram a proibição ou aqueles que discutem esta possibilidade é necessário repensar, eis que referida proibição extrapola a orientação do TRIPS e afronta a proteção ao direito humano sobre a propriedade. Pode-se dizer, inclusive, que afronta o próprio direito ao acesso à saúde, eis que afasta o setor produtivo do aprofundamento de suas pesquisas, eis que estes são conhecedores de que uma segunda aplicação médica não será protegida. Neste aspecto, reduz ou elimina o desenvolvimento tecnológico setorial. A não ser, é claro, que o país respectivo assuma a responsabilidade de pesquisa e produção de medicamentos de modo independente.

Alega-se como fundamento à limitação ao segundo uso médico, que existe equivalência entre formulações. Ocorre que se deve priorizar a existência dos critérios de patenteabilidade e a lista taxativa do que possa estar sobre proibição, na qual não estão formulações equivalentes ou bioequivalentes. Mesmo assim, ao se demonstrar o cumprimento aos critérios de patenteabilidade não há que se falar em equivalência, eis que não há repetição, mas inovação, mínima que seja, mas há desenvolvimento.

O Conselho Regional de Medicina do Estado de São Paulo conceitua o que seja a equivalência[36]:

> "Equivalência Farmacêutica corresponde a dois produtos farmaceuticamente equivalentes se apresentarem: quantidades idênticas (doses) do mesmo fármaco, mesma natureza química (isto é; mesma base, sal, éster etc.) e mesma forma farmacêutica. Equivalentes farmacêuticos devem cumprir as especificações farmacopéicas ou, ainda, com outros padrões de qualidade relacionados à identidade, dosagem, pureza, potência, uniformidade de conteúdo, tempo de desintegração e velocidade de dissolução (se for o caso). A equivalência farmacêutica não determina a equivalência terapêutica, tendo em vista diferenças nos excipientes e/ou processo de fabricação – que podem gerar diferentes desempenhos do produto no organismo. Por outro lado, equivalência terapêutica ocorre quando dois medicamentos forem farmaceuticamente equivalentes e se após sua administração na mesma dose molar os efeitos em relação à eficácia e segurança forem essencialmente os mesmos, o que se avalia por meio de estudos de bioequivalência apropriados, ensaios farmacodinâmicos, ensaios clínicos ou estudos *in vitro*."

---

[36] www.crmsp.org.br. Acesso em 07 de maio de 2009.

Por certo, em se demonstrando a situação de equivalência, que grosseiramente pode-se denominar *cópia* ou *reprodução* de fórmula previamente existentes e patenteada, é o caso de se negar o pedido de concessão ao patenteamento por não atendimento aos critérios de patenteabilidade. Em suma, menos oneroso à economia e à sociedade negar o pedido por não atender aos critérios legais, do que proibir o patenteamento simplesmente por se tratar de segundo uso médico ou polimorfos.

## 5.2. *Critérios de patenteabilidade em Portugal*

Como análise comparativa toma-se o exemplo de Portugal.

Em 1973 ocorreu a Conferência Diplomática de Munique para o estabelecimento do Sistema Europeu para a Concessão de Patentes, que também instituiu a Organização Européia de Patentes e criou um sistema legal em propriedade intelectual com natureza comunitária – uniformizada. Esta sistemática presta-se a ser parâmetro para os diversos países da União Européia, deixando margem para a construção legislativa dos países signatários, como Portugal.

Portugal, dentro de sua liberdade legislativa, tendo por parâmetro a Organização Européia de Patentes, estabelece que podem ser protegidas as invenções que não se encontrem no estado da técnica, ou seja, não estejam em estado natural e não tenham sido levadas à público (domínio público; apresentar atividade inventiva, ou seja, interferência humana no desenvolvimento; e, aplicação industrial.

Percebe-se que os requisitos são os mesmos elencados pelo TRIPS e, por certo, identificáveis com os respeitados pelo Brasil. Mas e as exceções ou limitações, as quais dependem da construção legislativa nacional? Neste caso, o Instituto Nacional da Propriedade Industrial[37] de Portugal, de modo objetivo indica que são:

- As descobertas, assim como as teorias científicas e os métodos matemáticos;

- Os materiais ou as substâncias já existentes na natureza e as matérias nucleares;

- As criações estéticas (afastada da presente análise);

---

[37] http://www.marcasepatentes.pt/index.php?section=78, acessado em 29 de abril de 2009.

- Os projetos, os princípios e os métodos do exercício de atividades intelectuais em matéria de jogo ou no domínio das atividades econômicas, assim como os programas de computadores, como tais, sem qualquer contributo;
- As apresentações de informação;
- Os métodos de tratamento cirúrgico ou terapêutico[38] do corpo humano ou animal e os métodos de diagnóstico [39] aplicados ao corpo humano ou animal, podendo, contudo, ser protegidos os produtos, substâncias ou composições utilizadas em qualquer desses métodos; e mais, as invenções cuja exploração comercial seja contrária à lei, à ordem pública, à saúde pública e aos bons costumes, nomeadamente:
- Os processos de clonagem de seres humanos;
- Os processos de modificação da identidade genética germinal do ser humano;
- As utilizações de embriões humanos para fins industriais ou comerciais;
- Os processos de modificação de identidade genética dos animais que lhes possam causar sofrimentos sem utilidade médica substancial para o homem ou para o animal, bem como os animais obtidos por esses processos;
- O corpo humano, nos vários estádios da sua constituição e do seu desenvolvimento, bem como a simples descoberta de um dos seus elementos, incluindo a sequência ou a sequência parcial de um gene, sem prejuízo dos casos especiais de patenteabilidade; e,
- As variedades vegetais ou as raças animais, assim como os processos essencialmente biológicos de obtenção de vegetais ou animais.

É verdade que são as exceções que preocupam os estudiosos, mesmo porque decorrem da liberdade legislativa que assiste a todos os países, ainda que inseridos em um processo de integração comunitária. E da leitura das exceções portuguesas percebe-se que existem poucas diferenças

---

[38] Todo método que exija uma etapa cirúrgica como estética ou terapêutica.

[39] Todo método para obtenção de informações como o de medição de pressão sanguínea, Raio-X e hemogramas.

com as do Brasil; contudo, o INPI português é absolutamente explicativo/descritivo, o que facilita sobremaneira a interpretação e aplicação no caso prático.

Importantíssimo observar também que em Portugal define-se que *os métodos não são passíveis de titularidade, mas apenas as formulações que alcancem os critérios de patenteabilidade.* Ou seja, Portugal de modo claro e objetivo determina que o primordial são os critérios de patenteabilidade, após a exclusão das proibições estabelecidas.

E as proibições ou exceções são tão bem enumeradas (natureza taxativa) que chega a esclarecer o que sejam as invenções cuja exploração comercial estejam contrária à lei, à ordem pública, à saúde pública e aos bons costumes.

## 6. **Conclusão**

O Direito Internacional da Propriedade Industrial equivale à construção internacional de uma das espécies da propriedade mais relevantes, ou seja, dentre as existentes na propriedade intelectual, a industrial influência a esfera pública (direitos sociais/desenvolvimento) e privada (direitos econômicos/desenvolvimento) das diversas ordens jurídicas da modernidade.

Enfoca-se a influência na relação entre propriedade industrial e acessibilidades. Ora, a primeira equivale a uma proteção para a esfera privada, como fonte motivadora para que esta inove por meio da proteção fornecida. Bem como, a acessibilidade é uma proteção da ordem pública para a sociedade, eis que corresponde à realização de uma espécie de direito social/fundamental. Assim, necessário que o tema, dentro do Direito Internacional da Propriedade Industrial, seja analisado de forma sistemática, ou seja, conjugada e harmonizada. Para que o Estado busque a satisfação do acesso à saúde e ao desenvolvimento sustentável sem o prejuízo do Direito da Propriedade, eis que este propulsiona aqueles.

De outro lado, deve a concessão de patente, sobre o Direito da Propriedade Industrial, conforme diretrizes da própria ordem internacional representada pela Organização Mundial do Comércio, condicionar-se à satisfação das acessibilidades. Esta sistemática é executada pelo uso das flexibilidades do TRIPS, com enfoque para a produção de medicamentos genéricos e o desenvolvimento de pesquisas que promovam o desenvolvimento de novas técnicas e produtos; e, ainda, para a exaustão das exceções que a mesma organização estabelece.

Necessário, contudo, observar que o uso das exceções ou mesmo a prática que alguns países possuem, como o Brasil, de alargamento das exceções, além de não poder afrontar a proteção sobre a propriedade, não deve ser utilizada para o fim de sanar incapacidades do país em pesquisa e desenvolvimento de fármacos para o atendimento das necessidades de sua população. Não se pode confundir o exercício da função social da propriedade como exercício ao saneamento das necessidades de ordem pública nacional. Estas devem ser sanadas, como regra, pelo princípio da prevenção, ou seja, cada país destinando as suas dificuldades o tempo, a programação, o dinheiro e a execução necessária para eliminação ou redução de seus problemas.

Necessário ainda enfatizar que este posicionamento, em que pese transparecer rígido, assume relevância ao desenvolvimento sustentável na esfera social e econômica, fundados no desenvolvimento tecnológico. Apenas com esta sistemática é que se alcançará, a exemplo Brasil e Portugal, a sustentabilidade. Tornando-se países auto suficientes no atendimento de necessidades sociais – como saúde –, e produtores e exportadores de tecnologia – como em uma das indústrias mais enriquecedoras que é a de fármaco. Esta é a política americana, a qual o Estado participa da fase de pesquisas, por meio de subsídios, para após a indústria manter o desenvolvimento e oferecer ao mercado medicamentos, os quais devem ter preços acessíveis, eis que subsidiados pelo país inicialmente.

Reconhece-se que o ônus imposto à iniciativa privada ou ao pesquisador deve ser o necessário para a satisfação de outros direitos, como a saúde, a qual, diferentemente do Direito da Propriedade é absoluto e progressivo, ou seja, não é limitado pela função social. Mas para tal equilíbrio deve-se considerar a adequação (equilíbrio), a necessidade (menor restrição possível) e a proporcionalidade (evitar a limitação excessiva). Tudo para se evitar a imposição de sacrifícios difíceis de suportar ou que promovam a insatisfação da indústria ou centros de pesquisas, em especial frente ao desenvolvimento sustentável.

Percebe-se, pela hermenêutica jurídica, que os efeitos da decisão de impedir a concessão de patentes sobre algumas situações, como para o segundo uso médico ou para os polimorfos, ainda que diante do preenchimento dos critérios de patenteabilidade, são de natureza permanente, já que depende, para eventual alteração, de processo legislativo e não apenas da análise discricionária de um agente do INPI. Trata-se de um obstáculo quase que indisponível – a escravidão do sistema da Propriedade Industrial à vontade legislativa de não constituir o requerente do direito declaratório

# 116 VII Curso de Direito Industrial

de ser titular exclusivo, ainda que temporariamente sobre o produto de sua pesquisa e desenvolvimento.

Disto decorre que entre proibir a concessão de patentes e a concessão, atendendo-se aos critérios e as exceções que tenham por orientação a ordem internacional, mais razoável, mais ponderável, mais equilibrado é que se esquive da primeira situação, eis que seus efeitos são gerais e definitivos sobre a ordem econômica e a social.

## 7. Referências

ABPI – Associação Brasileira da Propriedade Intelectual n.º 59, jul./ago. 2002. pp. 16-39, cit. p. 30.

AHLERT, Ivan B. *A Exaustão de Direitos na Propriedade Industrial*. São Paulo: Seminário IDS, 8 de novembro de 2001, p. 5.

AMARAL JUNIOR, Alberto. *Licença Compulsória e Acesso a Medicamentos nos Países em Desenvolvimento*. Publicado no site: www.islandia.yale.edu/sela/albertoamaral.

AVELINO, Pedro Buck. *Princípio da solidariedade: implicações históricas e sua inserção na Constituição de 1988*. In Revista de Direito Constitucional e Internacional, n.º 53, out/dez, São Paulo: RT, 2005, p. 228.

Barron's Law Dictionary, N. York: Barron's, 1984.

BASSO, Maristela. *Propriedade Intelectual na era pós-OMC: especial referência aos países latino-americanos*. Porto Alegre: Livraria do Advogado Editora, 2005.

*O Direito Internacional da Propriedade Intelectual*. Porto Alegre: Editora Livraria do Advogado, 2000.

*A data de aplicação do TRIPS no Brasil*. In Revista de Direito Constitucional e Internacional. São Paulo: Revista dos Tribunais, jan./mar. 2000, v. 8, n. 30, pp. 13-22.

*Mercosul e TRIPs: perspectiva legal*. Seminário Nacional de Propriedade Intelectual, 17. *Anais*. Rio de Janeiro: Revista da ABPI, 1997, pp. 10-18.

*Os fundamentos atuais do direito internacional da propriedade intelectual*. Publicado no site: www.cjf.gov.br/revista/numero 21/artigo 3.pdf. Acesso em 24 de outubro de 2006.

BERLE, Adolf A.; MEANS, Gardiner C. *A Moderna Sociedade Anônima e a Propriedade Privada*. Tradução de Dinah de Abreu Azevedo. São Paulo: Abril Cultura, 1984.

Black's Law Dictionary, St. Paul, Minn.: West Group, 7.ª Ed., 1999.

BUKHARIN, Nikolai. *A Economia Mundial e o Imperialismo*. Tradução de Raul de Carvalho. São Paulo: Abril Cultura, 1984.

CARVALHO, Patrícia Luciane de. *Patentes Farmacêuticas e Acesso Medicamentos*. São Paulo: Atlas, 2007.

(coord.) *Propriedade Intelectual Estudos em Homenagem à Professora Maristela Basso*. 1.º volume. Curitiba: Juruá, 2005.

(coord.) *Propriedade Intelectual Estudos em Homenagem à Professora Maristela Basso*. 2.º volume (2.ª edição). Curitiba: Juruá, 2008.

COMPARATO, Fábio Konder. *Direitos e deveres fundamentais em matéria de propriedade*. In Revista do Ministério Público do Estado do Rio de Janeiro, n.° 7, 1988.

FURTADO, Celso. *Teoria e Política do Desenvolvimento Econômico*. São Paulo: Abril Cultura, 1983.

International Tax Glossary, Amsterdam: *International Bureau of Fiscal Documentation*, 1988.

KATAOKA, Eduardo Takemi. Declínio do Individualismo e Propriedade. In: *Problemas de Direito Civil-Constitucional*, 2000.

LILLA, Paulo Eduardo. *Acesso a medicamentos nos países em desenvolvimento e proteção das patentes farmacêuticas no contexto do Acordo TRIPS (Trade-Related Intellectual Property Rights) – OMC: implicações concorrenciais*. Monografia de conclusão de curso de Direito da Fundação Armando Álvares Penteado – FAAP, 2006.

LORENZETTI, Ricardo. *Contratos Asociativos Y "Joint venture"*, "in" Revista de Direito Mercantil, Industrial, Econômico e Financeiro, Abril-Junho/1981, 42/39.

LOVE, James. *Globalization in a Good Way?* What the US/Korea FTA Could Be About. Artigo publicado, em 27 de março de 2006, no site: www.huffingtonpost.com. Acesso em 30 de março de 2006.

MEDAUER, Odete. Direito Administrativo Moderno. 3.ª ed., Rio de Janeiro: Forense, 1999.

Médicos Sem Fronteiras. *Patentes de medicamentos em evidência – Compartilhando experiência prática sobre patentes de produtos farmacêuticos*. Médicos Sem Fronteiras, maio de 2003.

MUSUNGU, Sisule F.; VILLANUEVA, Susan. *Como utilizar las flexibilidadesprevistas en el acuerdo sobre los ADPIC para proteger la salud publica mediante marcos regionales de cooperacion Sur-Sur*. Argentina: Ministerio de Economía, 2004.

OXFAM. *Patentes contra pacientes*. Estudo obtido no site: www.maketradefair.org. Acesso em 04 de dezembro de 2006.

PIOVESAN, Flávia. Direitos Humanos e o Direito Constitucional Internacional. 7.ª edição. São Paulo: Saraiva. 2006.

Direitos Humanos e Justiça Internacional. 1.ª edição. São Paulo: Saraiva. 2006.

SACHS, Jeffrey. *As patentes, a SIDA e os pobres*. Jornal Folha de São Paulo, edição de 06 de maio de 2001, p. B5.

SANTOS, Denis Ishikawa dos. Orientador DALLARI, Pedro Bohomoletz de Abreu. *Patentes farmacêuticas e acesso a medicamentos: da Rodada Uruguai à Declaração de Doha sobre o Acordo TRIPS e Saúde Pública*. Monografia de conclusão de curso de Direito. São Paulo: USP, 2004.

SILVA, José Afonso da. Curso de Direito Constitucional Positivo. 22.ª ed. Ver. São Paulo: Malheiros, 2003.

SILVA, Pedro Souza e. *O esgotamento do direito e as importações paralelas – Desenvolvimentos recentes da jurisprudência comunitária e nacional*. In Direito Industrial, 3.° Vol. Porto: APDI e FDL, 07 de março de 2000.

SMITH, Adam. *A riqueza das nações: investigação sobre a natureza e as causas da riqueza das nações*. São Paulo: Nova Cultura, 1988.

SOARES, Guido. *Antecedentes internacionais da regulamentação de transferências internacionais de tecnologia*. In Revista de Direito Mercantil, Industrial, Econômico e Financeiro, n.° 57, jan/março, 1985, pp. 19-29, citação p. 28.

SWEEZY, Paul Marlor. *Teoria do Desenvolvimento Capitalista*. Tradução de Waltensir Dutra. São Paulo: Abril Cultura, 1983.

VARGAS, Fábio Aristimunho. Orientadora BASSO, Maristela. *O Direito da Propriedade Intelectual face ao Direito de Acesso a Medicamentos*. Dissertação de mestrado apresentada junto à Faculdade de Direito da Universidade de São Paulo. São Paulo, 2006, 137 páginas.

# ALTERAÇÕES PROCESSUAIS
# NOVOS PROCEDIMENTOS PARA TUTELA
# DA PROPRIEDADE INDUSTRIAL [1]

SALVADOR PEREIRA NUNES DA COSTA
*Juiz Conselheiro*

## I. ANTECEDENTES DE ORIGEM INTERNACIONAL E COMUNITÁRIA

Antecedente importante desta matéria é o Acordo sobre os Aspectos dos Direitos de Propriedade Intelectual Relacionados com o Comércio, conhecido por Acordo TRIPS (Trade-Related Aspects of Intellectual Property Rights) ou ADPIC, cujo Anexo IV ao Acordo que instituiu a Organização Mundial do Comércio, de que Portugal é Estado-Membro desde Janeiro de 1996, versa nos artigos 41.° a 50.°, respectivamente, sobre obrigações gerais, o processo leal e equitativo, os elementos de prova, as injunções, as indemnizações e outras medidas correctivas, o direito à informação, a indemnização devida ao requerido, a especificidade dos processos administrativos e as medidas provisórias.[2]

---

[1] Conferência, no dia 22 de Novembro de 2008, Associação Portuguesa do Direito Industrial, Faculdade de Direito de Lisboa.

[2] Foi aprovado pela Resolução da Assembleia da República n.° 75-B/94, de 15 de Dezembro, ratificado pelo Decreto do Presidente da República n.° 82-B/94, de 22 de Dezembro, e publicado no 5.° Suplemento do *Diário da República*, 1.ª-Série-A, n.° 298/94, de 27 de Dezembro.

A intenção foi essencialmente no sentido de firmar a obrigação de os Estados-Membros estabelecerem sanções civis para as infracções contra os direitos de propriedade intelectual.[3]

Com efeito, é visível, no mercado oculto e até no transparente, a contrafacção, seja como reprodução, cópia fiel ou aproximada de produtos, seja por via da utilização no todo ou em parte de títulos de propriedade industrial.

Na realidade, passou de produtos de luxo – joalharia, relojoaria, alta costura, perfumes, cosméticos – para entrar em força para outros domínios, designadamente nos bens de consumo, por exemplo, os brinquedos, o vestuário, o material para desporto, os medicamentos, os produtos alimentares, as bebidas, os electrodomésticos, os jogos de vídeo e a indústria têxtil.

Assim, no âmbito da propriedade industrial, tudo é negativamente afectado pelo mal da contrafacção e da pirataria, desde as marcas, desenhos e modelos, as patentes de invenção, topografias de produtos semi-condutores, até aos certificados de obtenção vegetal, designações de origem e indicações geográficas.

Nesse quadro de motivação, na sequência do referido Tratado, o legislador português alterou o regime das instituições que asseguram os direitos de propriedade industrial, por via do Decreto-Lei n.º 15/95, de 24 de Janeiro, e publicou um novo Código da Propriedade Industrial, aprovado pelo Decreto-Lei n.º 16/95, de 24 de Janeiro, autorizado pela Lei n.º 11/94, de 11 de Maio.[4]

Neste Código estabelecia-se que, em qualquer acção de direito de propriedade industrial podiam ser decretadas providências cautelares, e que ao respectivo regime se aplicava o disposto para o processo civil, com audição, em qualquer caso, da parte contrária, salvo excepcionalmente quando ela pusesse em risco o resultado da própria providência (artigo 45.º).

---

[3] Sobre a competência do Tribunal de Justiça para interpretar o ADPIC e o efeito directo do seu artigo 33.º, questão objecto de reenvio prejudicial implementado pelo Supremo Tribunal de Justiça no processo n.º 05B1640, no acórdão proferido no dia 3 de Novembro de 2005, decidido pelo primeiro dos referidos tribunais no acórdão de 11 de Setembro de 2007, no processo n.º C-431/05, pode ver-se LUIS M. COUTO GONÇALVES, "Cadernos de Direito Privado, n.º 23, Julho/Setembro de 2008, páginas 17 a 31.

[4] Sobre esta matéria, pode ver-se FAUSTO DE QUADROS, "O Carácter Self-Executing de Disposições de Tratados Internacionais. O Caso Concreto do Acordo Trips", Revista da Ordem dos Advogados, Ano 61, Dezembro de 2001, páginas 1269 a 1312.

Ademais, estabeleceu-se ter a propriedade industrial as garantias estabelecidas por lei para a propriedade em geral, e que era especialmente protegida nos termos do Código e demais leis e convenções em vigor (257.º).

Entretanto, sob o pretexto da necessidade de clarificar, corrigir e simplificar as normas do Código da Propriedade Industrial de 1995, em consequência da mutação vertiginosa dos processos tecnológicos de criação de produtos e serviços e da evolução do direito internacional nessa matéria, foi publicado o Código da Propriedade Industrial de 2003, por via do Decreto-Lei n.º 36/2003, de 5 de Março, que incorporou o Decreto-Lei n.º 106/99, de 31 de Março, por seu turno regulamentador e disciplinador do Regulamento n.º 1768/92/CE, de 18 de Junho, relativo à criação de um certificado complementar de protecção para os medicamentos, e o Regulamento n.º 1610/96/CE, de 23 de Junho, concernente à criação de um certificado complementar de protecção para os produtos fitofarmacêuticos, incluindo o alinhamento com as mais recentes propostas da comissão sobre modelos de utilidade.

A primitiva versão deste Código inseriu no capítulo III, secção I, dois artigos – 339.º e 340.º – um concernente às providências cautelares não especificadas e outro ao arresto.

O primeiro prescrevia que, para os casos de verificação de qualquer dos ilícitos previstos no Código, sempre que a finalidade não fosse, exclusivamente, a apreensão prevista no artigo seguinte, podiam ser decretadas providências cautelares, nos termos em que o Código de Processo Civil o estabelecia para o procedimento cautelar comum, ou seja, o que se prescrevia nos seus artigos 381.º, n.º 1, e 387.º, n.º 1.

O segundo, por seu turno, consignou, por um lado, consistir o arresto na apreensão judicial de produtos, ou de quaisquer outros objectos em que se manifestasse a violação de um direito privativo de desenho ou modelo ou de marca, ou, nos termos do artigo 239.º, de nomes ou insígnias de estabelecimento ou de logótipos, ou na apreensão dos instrumentos que só possam servir para a prática desses ilícitos, ou seja, reportou-se, tendo em conta a sua finalidade, a um arresto atípico.

E, por outro, dever o requerente fazer prova do seu direito de propriedade industrial e do facto lesivo dessa propriedade, e serem subsidiariamente aplicáveis as disposições relativas ao arresto previstas no Código de Processo Civil.[5]

---

[5] Os referidos artigos 339.º e 340.º foram revogados pelo artigo 8.º da Lei n.º 16/ /2008, de 1 de Abril.

Afora o referido arresto atípico, o Código não inseria regras processuais relativas às providências cautelares específicas tendentes a obstar à violação dos direitos de propriedade industrial, salvo o arresto, nem regras relativas à indemnização a fixar ou a quaisquer sanções acessórias.

Entretanto, foi publicada a Directiva n.° 2004/48/CE, do Parlamento Europeu e do Conselho, de 29 de Abril, relativa ao respeito dos direitos de propriedade intelectual, motivada inicialmente pela necessidade de obstar à pirataria e à usurpação das marcas, em relação às quais se referia na respectiva proposta constituírem uma ameaça para a ordem pública, e que devia ser transposta no prazo de dois anos.[6]

Importa salientar que a referida Directiva não regula em termos substantivos a matéria de direitos de propriedade industrial, certo que só visa aperfeiçoar o regime da sua tutela ou garantia.

Isso motivou o legislador português a alterar o Código da Propriedade Industrial de 2003 – já alterado pelos Decretos-Leis n.ᵒˢ 318/2007, de 26 de Setembro, e 360/2007, de 2 de Novembro – por via da Lei n.° 16//2008, de 1 de Abril, transpondo para a ordem jurídica interna a aludida Directiva, alteração que também abrangeu o Código do Direito de Autor e dos Direitos Conexos e o Decreto-Lei n.° 332/97, de 27 de Novembro.[7]

Sobre a concernente proposta de lei, a solicitação da Comissão dos Assuntos Constitucionais, Direitos, Liberdades e Garantias, pronunciou-se, em parecer de Julho de 2007, a Comissão Nacional de Protecção de Dados, no sentido da transposição correcta da Directiva no que concerne à protecção de dados pessoais, serem as soluções previstas no tocante à publicitação das decisões judiciais e em matéria de prova compatíveis com as regras constitucionais e a Lei n.° 67/98, de 26 de Outubro, relativas à protecção de dados, mas que faria sentido incluir na lei a aprovar uma

---

[6] Publicada no *Jornal Oficial da União Europeia* L 195/16, de 2 de Junho de 2004. Sobre ela, veja-se LUIS BERENGUER FUSTER, "Análisis crítico de la Directiva 200/48/CE relativa al respeto de los Derechos de Propiedad Intelectual", Gaceta Jurídica de la Unión Europea y de la Competência, Mayo/Junio 2004, 231, páginas 12 a 27, e MICHAEL VEDDERN, "Directive 2004/48/CE sur le respect des droits de PI – Un pas supplémentaire pour l'harmonisation des droits de PI en Europe" (https:\\webmail. tribunais.mj.pt); MATHHILDE HEITMANN-TAILLEFER, " L'obtention forcée d'une preuve de la violation d'un droit de propriété intellectuelle, analyse comparée des droits du defendeur", (https:\\webmail. tribunais.mj).

[7] A referida alteração teve como antecedente a Proposta de Lei n.° 141/X, publicada no *Diário da Assembleia da República*, II Série-A, n.° 84, páginas 46 a 56, e Projecto de Lei n.° 391/X, apresentado pelo Partido Comunista Português.

Alterações processuais. Novos procedimentos para tutela...

norma que expressasse que a mesma não afectava o regime vigente em matéria de protecção de dados.[8]

Aquela pequena secção, com dois artigos, da primitiva versão do Código passou a integrar quinze artigos, encabeçados pela epígrafe "Medidas e Procedimentos que visam garantir o respeito pelos direitos de propriedade industrial".

Depois disso, voltou o Código da Propriedade Industrial a ser alterado e republicado, desta feita por via do Decreto-Lei n.° 143/2008, de 25 de Julho, que introduziu medidas de redução dos prazos para a prática de actos pelas entidades públicas competentes, eliminou formalidades por via de simplificação dos procedimentos, facilitou o acesso ao sistema de propriedade industrial pelos utilizadores e a promoção do investimento estrangeiro através do acesso directo ao sistema de propriedade industrial pelos próprios interessados domiciliados ou residentes no estrangeiro.[9]

Depois disso, voltou o referido diploma a ser alterado, desta feita pelo artigo 167.° da Lei n.° 52/2008, de 28 de Agosto, dando nova redacção ao artigo 40.°, relativo à competência jurisdicional para conhecer da matéria da propriedade intelectual.[10]

## II. A COMPETÊNCIA JURISDICIONAL ESPECIALIZADA

Também em matéria de organização judiciária, o conceito de propriedade intelectual, de origem anglo-saxónica, abrange os direitos de autor e afins e os de propriedade industrial.

---

[8] https:\\webmail.tribunais.mj.pt.

[9] Exórdio do referido Decreto-Lei.

[10] Trata-se dos recursos para o tribunal das decisões do Instituto Nacional da Propriedade Industrial que concedam ou recusem direitos de propriedade industrial, ou relativas a transmissões, licenças, declarações de caducidade ou quaisquer outros actos que afectem, modifiquem ou extingam direitos de propriedade industrial. Para os primeiros é competente o juízo de propriedade intelectual do tribunal da comarca de Lisboa, salvo quando exista, na comarca respectiva, juízo de propriedade intelectual (artigo 40.°, n.° 1).

Para os efeitos previstos nos artigos 80.° a 92.° do Regulamento (CE) n.° 6/2002, do Conselho, de 20 de Dezembro de 2001, e nos artigos 91.° a 101.° do Regulamento (CE) n.° 40/94, do Conselho, de 20 Dezembro de 1993, é territorialmente competente o juízo de propriedade intelectual do tribunal da comarca de Lisboa e o Tribunal da Relação, em 1.ª e 2.ª instâncias, respectivamente.

A nova Lei de Organização e Funcionamento dos Tribunais Judiciais – n.º 52/2008, de 28 de Agosto – apresenta novas soluções nesta matéria, sobretudo quanto à criação de juízos de competência especializada relativa à propriedade intelectual.[11]

Estabelece poderem ser criados juízos de competência especializada de propriedade intelectual com o âmbito de conhecimento seguinte, incluindo os apensos:

- acções em que a causa de pedir verse sobre direitos de autor ou conexos, sobre propriedade industrial em qualquer das modalidades previstas na lei, e de nulidade e de anulação previstas no Código da Propriedade Industrial;
- recursos de decisões que nos termos previstos no Código da Propriedade Industrial concedam, recusem ou tenham por efeito a extinção de qualquer direito de propriedade intelectual, e das decisões do Instituto Nacional da Propriedade Industrial em processo de contra-ordenação;
- acções de declaração em que a causa de pedir verse sobre nomes de domínio de PT ou sobre firmas ou denominações sociais;
- recursos de decisões da Fundação para a Computação Científica Nacional enquanto entidade competente para o registo de nomes do domínio PT que registem, recusem o registo ou removam um nome de domínio de PT, e das decisões do Instituto dos Registos e do Notariado relativas à admissibilidade de firmas e denominações no âmbito do regime jurídico do Registo Nacional de Pessoas Colectivas;
- execuções das decisões do Instituto Nacional da Propriedade Industrial em processo de contra-ordenação (artigos 74.º, n.º 2, alínea e), e 122.º).

As Relações passam, por seu turno, a poder compreender secções em matéria de propriedade intelectual se o volume e a complexidade do serviço o justificar (artigo 57.º, n.ᵒˢ 1 e 2).

Se não existirem, por exemplo, em razão de se não justificarem, compete ao tribunal da Relação da sede do distrito judicial, ou, consoante os

---

[11] A alteração só ocorre a partir do dia 2 de Janeiro de 2009, mas apenas relativamente às comarcas piloto referidas no artigo 171.º da Nova Lei de Organização e Funcionamento dos Tribunais Judiciais (artigo 187.º, n.º 1, dessa Lei).

*Alterações processuais. Novos procedimentos para tutela...* 125

casos, do distrito mais próximo onde existam essas secções, julgar os recursos das decisões sobre essa matéria (artigo 57.°, n.° 3).

Por último, importa salientar a autorização a várias entidades, entre elas a Associação Portuguesa de Consultores de Propriedade Industrial – ACPI – para a criação em Lisboa, com âmbito nacional e carácter especializado, do ARBITRARE – Centro de Arbitragem para a Propriedade Industrial, Nomes de Domínio, Firmas e Denominações, com competência para promover a resolução de quaisquer litígios na matéria referenciada no nome daquele Centro.[12]


## III. MEDIDAS E PROCEDIMENTOS DE PROTECÇÃO DOS DIREITOS DE PROPRIEDADE INDUSTRIAL

### A) Generalidades

Os regimes jurídicos da propriedade industrial constam do Título II do Código da Propriedade Industrial.

No capítulo I temos as invenções, no subcapítulo I as patentes, no subcapítulo II os modelos de utilidade, no capítulo II as topografias de produtos semicondutores, no capítulo III os desenhos e modelos, no capítulo IV as marcas, no capítulo V as recompensas, no capítulo VI o nome e a insígnia de estabelecimentos, no capítulo VII os logótipos, e no capítulo VIII as denominações de origem e as indicações geográficas.

No título III temos as infracções, no capítulo I as disposições gerais, no capítulo II os ilícitos criminais e contra-ordenacionais, e no capítulo III o processo, cuja secção I se reporta às medidas e procedimentos que visam garantir o respeito pelos direitos de propriedade industrial, que constitui o tema que nos foi proposto para sobre ele discorrer.

Seguiremos na nossa exposição, que versa sobre normas processuais, a ordem que resulta da lei.

No plano das disposições gerais atentaremos no conceito de escala comercial, na legitimidade *ad causam,* no plano das provas referiremos algo sobre as medidas para a sua obtenção, preservação, passaremos a

---

[12] Despacho do Secretário de Estado da Justiça, de 28 de Outubro de 2008, publicado no *Diário da República*, 2.ª série, n.° 216, de 6 de Novembro de 2008.

seguir à tramitação e ao contraditório, às causas de extinção e de caducidade e à responsabilidade do requerente.

Seguir-se-á uma palavra sobre as informações, os procedimentos cautelares na dupla vertente das providências cautelares e do arresto, as medidas decorrentes da decisão de mérito, incluindo as inibitórias e de publicidade das decisões judiciais.

Não nos pronunciaremos sobre a indemnização por perdas e danos, a que se reporta o artigo 338.°-L do Código, por se tratar de matéria de direito substantivo, e, por isso, extravasar do tema que nos foi proposto.

Teremos presente que em tudo o que não estiver especialmente regulado na secção I do capítulo III do Código são aplicáveis outras medidas e procedimentos previstos no Código de Processo Civil.

Esta solução da lei, perante o amplo regime dos procedimentos cautelares previstos no Código de Processo Civil, é susceptível de atenuar a transposição por defeito da Directiva n.° 2004/48/CE, a que acima já se fez referência.[13]

Na realidade, de verdadeiramente inovador a nível processual em relação ao regime de pretérito apenas temos no ordenamento jurídico o novo procedimento relativo à obtenção e à preservação da prova, motivado por razões de oportunidade e celeridade.

São medidas que se pretendem rápidas e eficazes não só para prevenir o dano iminente, como também fazer cessar o dano que ocorra.

## B) Procedimentos para assegurar o respeito dos direitos de propriedade industrial

### 1. *Escala comercial*

Ao conceito de *escala comercial* reporta-se o artigo 338.°-A do Código, integrado na subsecção I da secção I do capítulo III.

Caracteriza os actos praticados à escala comercial para efeitos do n.° 2 do artigo 338.°-C, da alínea a) do n.° 2 do artigo 338.°-H e do n.° 1 do artigo 338.°-J, a que adiante se fará referência.

Refere-se, assim, às medidas para a obtenção de prova, para a prestação de informações e ao arresto.

---

[13] Por exceder o tema que nos foi proposto, não nos pronunciaremos sobre a completude ou não dessa transposição.

Tal como constava da Directiva, no seu considerando n.° 14, entende-se por actos praticados à escala comercial os que violem direitos de propriedade industrial e tenham visado uma vantagem económica ou comercial directa ou indirecta.

Trata-se, ao que parece, de uma presunção *jure et de iure*, no sentido de serem actos praticados à escala comercial os que visem a consecução de uma vantagem económica ou comercial directa ou indirecta.

A experiência revela que na base da violação de direitos de propriedade industrial está quase sempre o desiderato de obtenção de uma vantagem económica ou comercial, pelo que a previsão da lei é essencialmente realista.

Em tema de aplicação é configurável a divergência quanto à densificação do conceito de vantagem económica ou comercial indirecta, e, em qualquer caso, a intensidade do interesse económico e da lealdade comercial, designadamente no plano da quantidade e/ou do valor dos produtos em causa.

Todavia, se os referidos actos forem praticados de boa fé por consumidores finais não devem ser considerados como tal, o que não exclui que não possam ser accionados se agiram de má fé.

O referido conceito de boa fé parece significar a consciência pelos consumidores finais de que com a sua prática não afectam negativamente os direitos de propriedade industrial em causa.


## 2. *Legitimidade*

Ao pressuposto processual da legitimidade *ad causam* refere-se o artigo 338.°-B do Código.

Este artigo prevê a legitimidade *ad causam* activa para implementar as medidas e os procedimentos cautelares em causa, a que se reporta a secção I do capítulo III.

Tem conexão com o que se prescreve no artigo 4.° da Directiva, segundo o qual, a legitimidade para requerer os meios nela previstos se inscreve nos titulares de direitos de propriedade intelectual e de licenças, e, se tiverem poderes de representação reconhecidos, nos organismos de gestão dos direitos colectivos de propriedade intelectual e nos organismos de defesa da profissão.[14]

---

[14] Sobre esta matéria, pode ver-se OLIVEIRA ASCENSÃO, "Gestão Colectiva: síntese dos trabalhos e perspectivas futuras, Estudos sobre o direito da Internet e da Sociedade de

A lei exemplifica, entre as pessoas com interesse no decretamento, os titulares dos direitos de propriedade industrial e, salvo estipulação em contrário, os titulares de licenças, conforme o previsto nos respectivos contratos.

Estas normas relativas à legitimidade *ad causam* têm conexão com outras que, em geral ou a propósito de cada um dos direitos substantivos previstos no Código, designadamente as relativas às patentes, aos modelos de utilidade, às topografias de produtos semicondutores, desenhos e modelos, marcas, nome, insígnia e logótipos, denominações de origem e indicações geográficas, dele constam (artigos 101.°, n.ᵒˢ 1 a 3, 144.°, n.ᵒˢ 1 a 4, 164.°, 203.°, n.° 1, 258.°, 295.° e 312.°, n.° 1, alínea c)).

A parte final do artigo tem a ver com a circunstância de os titulares de alguns direitos de propriedade industrial poderem deles retirar as respectivas vantagens por intermédio de pessoas por eles autorizadas, como é o caso das patentes, de modelos de utilidade, de registos de topografias de produtos semi-condutores, de desenhos ou modelos e de marcas (artigo 32.°, n.° 1).

Em consonância, resulta da lei que, salvo estipulação em contrário, os licenciados gozam, em regra, para todos os efeitos legais, das faculdades conferidas aos titulares dos direitos objecto das licenças (artigos 32.°, n.° 4, e 358.°-J, n.° 3).

Ao expressar terem legitimidade para implementar os procedimentos a que refere a secção I as pessoas com interesse directo no seu decretamento, parece abranger, além dos aludidos titulares de direitos de propriedade industrial ou de licenças negativamente afectados, outras pessoas com o referido interesse.

A menção do interesse directo no decretamento tem conexão com a regra constante da lei geral de processo, no sentido de ser parte legítima quem tem interesse directo em demandar, que se consubstancia na utilidade derivada da procedência das medidas e procedimentos cautelares envolventes (artigo 26.°, n.ᵒˢ 1 e 2, do Código de Processo Civil).

Parece que a lei pretendeu alargar o conceito de legitimidade *ad causam* aos organismos de gestão e de defesa da profissão, a que alude o artigo 4.° da Directiva, por exemplo a Associação Portuguesa de Consultores de Propriedade Industrial.

---

Informação", Coimbra, 2001, página 291, e ADELAIDE MENEZES LEITÃO, "A Tutela dos Direitos de Propriedade Intelectual na Directiva 2004/48/CE, Estudos em Homenagem ao Professor Doutor Marcello Caetano, no Centenário do seu Nascimento", Edição da Faculdade de Direito de Lisboa, volume I, Coimbra, 2006, páginas 35 e 36.

Todavia a referida legitimidade decorre da representação dos titulares dos direitos de propriedade industrial e dos licenciados, em que se inscreve o interesse directo em demandar.[15]

### 3. *Medidas de obtenção da prova*

Às medidas de obtenção da prova, a requerer preliminarmente a acções e providências cautelares, conforme decorre do artigo 338.°-F, reporta-se o artigo 338.°-C do Código.

A motivação deste artigo parte da constatação de que as provas das infracções de direitos de propriedade industrial estão, em regra, em poder dos infractores que, não raro, operam a sua ocultação ou destruição.

Trata-se, pois, de provas na disponibilidade da parte contrária ou de terceiros, caso em que a lei, em quadro de urgência e de exigência de eficácia, facilita a sua disponibilidade aos sujeitos titulares dos direitos de propriedade industrial objecto de infracção.

A referida disponibilidade das provas é susceptível de derivar de situações de posse, de detenção própria ou de outrem ou sob controlo ou coordenação de pessoa diversa. Trata-se, no fundo, de domínio de facto ou de direito sobre os meios de prova.

Importa que os lesados apresentem no respectivo requerimento a prova indiciária suficiente da violação dos seus direitos de propriedade industrial, ou seja, da existência destes e da respectiva acção ou omissão ilícita dos infractores.

Devem, pois, justificar a oportunidade da medida, através de indicação de meios de prova adminicular da violação dos seus direitos de propriedade industrial e dos meios de prova a preservar, e especificar se ela visa a instauração de acção ou de procedimento cautelar.

A lei consagra uma especialidade nesta matéria no caso de se tratar de indícios suficientes de violação de direitos de propriedade industrial por actos praticados à escala comercial, com o significado previsto no n.° 1 do artigo 338.°-A do Código.

Nesse caso, o sujeito lesado no seu direito de propriedade industrial, justificando adminicularmente a existência da respectiva infracção, pode

---

[15] Sobre a controvérsia susceptível de derivar deste alargamento de legitimidade *ad causam* e da sua desnecessidade, veja-se MARIA JOSÉ COSTEIRA, Conferência sobre as "Consequências Processuais da Transposição da Directiva Sobre Tutela – A Directiva 2004/40/CE e a Lei n.° 16/2008, de 1 de Abril".

requerer ao tribunal que a parte contrária ou um terceiro apresentem determinados documentos, designadamente bancários, financeiros, contabilísticos ou comerciais.

Trata-se de uma qualificação de documentos, que nada tem a ver com a constante do Código Civil, porque os define em função da conexão com a natureza da matéria a que se reportam. Não parece muito acertada a referida qualificação, porque comporta o inconveniente da sobreposição.

A lei refere que o tribunal assegura a protecção de informações confidenciais, mas sem mencionar o pertinente modo, ou seja, se ele envolve a recusa da notificação para a apresentação das provas, ou se impede o seu conhecimento para além do necessário à defesa do direito de propriedade industrial em causa.

Parece ser este último desiderato que envolve a intenção da lei, mas deixa a dúvida sobre o que deve ser entendido por informações confidenciais, certo que o nosso ordenamento jurídico se refere à violação da integridade moral das pessoas, à intromissão na vida privada ou familiar, no domicílio, na correspondência ou nas telecomunicações, e a sigilos vários (artigo 519.°, n.ºs 3 e 4. do Código de Processo Civil).

Depois, a lei estabelece que o tribunal notifica a parte contrária para dentro do prazo designado apresentar os elementos de prova que estejam na sua posse e promove as acções necessárias em caso de incumprimento.

Ora, enquanto aqui se fala em possuidores das provas, acima refere-se a pessoas que tenham domínio de facto ou de direito sobre elas. Não nos parece que se pretendam soluções diversas, pelo que pensamos que o termo posse abrange as situações acima referidas.

Termina com a referência, no caso de incumprimento da ordem notificada, à promoção pelo tribunal das acções necessárias. Mas a lei não diz quais e utiliza a desadequada expressão promoção das acções necessárias. Fica a dúvida sobre se a lei pretende a solução da mera apreensão coerciva, ou a aplicação das sanções a que se reportam os artigos 519.°, n.° 2, 533.° e 537.° do Código de Processo Civil.

Decorre da lei envolver este procedimento elementos de complexidade e de dilação, susceptíveis de afectar a urgência na realização ou defesa dos direitos de propriedade industrial em causa.

Com efeito, no âmbito das acções e procedimentos em geral, incluindo os cautelares, o Código de Processo Civil consagra o dever geral de cooperação para a descoberta da verdade, prevendo a obrigação das partes e de terceiros, incluindo os infractores, a colaborar para a descoberta da verdade, facultando o que lhes for requisitado.

*Alterações processuais. Novos procedimentos para tutela...*

E quem recuse a referida colaboração é condenado em multa e sujeita-se a outros meios coercitivos possíveis, para além de que, se for parte, dever o tribunal apreciar livremente o valor da recusa para efeitos probatórios, sem prejuízo da inversão do ónus da prova a que se reporta o n.° 2 do artigo 344.° do Código Civil.

No que concerne aos documentos, conforme decorre dos artigos 528.° a 538.° do Código de Processo Civil, também a lei geral permite que as partes utilizem os que estejam em poder da parte contrária ou de terceiros, bastando, para o efeito, que requeiram ao juiz a sua notificação, e, se recusarem a colaboração requisitada, sujeitam-se a sanções específicas.

Acresce que a lei prevê a incumbência do tribunal, por sua iniciativa ou a requerimento das partes, de requisitar às partes, aos organismos oficiais ou a terceiros, informações, pareceres técnicos, plantas, fotografias, desenhos, objectos ou outros documentos necessários ao esclarecimento da verdade.

Assim, parece-nos que a transposição da referida Directiva por via deste artigo era desnecessária.

Não expressa a lei a estrutura processual deste incidente de obtenção de prova. Dada, porém, a similitude com o incidente inominado de produção antecipada de prova a que se reportam os artigos 520.° e 521.° do Código de Processo Civil, pensamos que lhe deve ser aplicado, com as necessárias adaptações, o que neles se prescreve.[16]

Afirmámos que as medidas de obtenção de prova em análise podem ser requeridas previamente à instauração de procedimentos cautelares, tendo sobretudo em linha de conta o que se prescreve no artigo 338.°-F deste Código.

É, todavia, uma conclusão susceptível de suscitar controvérsia, sob o argumento de que a sua transposição está envolvida de vício de limites, tendo em conta o que se prescreve na Directiva 2004/48/CE, cujo artigo 7.° se refere a tais medidas como prévias a acções de mérito.

Parece-nos, porém, que o referido vício de limites, resultante da transposição por excesso da Directiva, não implica a interpretação correctiva da lei no sentido de não admitir estas medidas de obtenção da prova previamente à instauração dos conexos procedimentos cautelares.

---

[16] MARIA JOSÉ COSTEIRA, conferência citada, entende dever aplicar-se o regime geral dos incidentes da instância a que se reportam os artigos 302.° a 304.° do Código de Processo Civil.

A lei não expressa a urgência deste procedimento. Todavia, dada a sua estrutura e fim, deve considerar-se que ele é envolvido de urgência, com a consequência prevista no artigo 382.° do Código de Processo Civil.

## 4. *Medidas de preservação da prova*

Às medidas de preservação da prova, preliminares a acções ou a providências cautelares, refere-se o artigo 338.°-D do Código, enquadrado na subsecção II, que é relativa às provas.

Os seus pressupostos são, por um lado, a violação de algum direito de propriedade industrial, e, por outro, o fundado receio da sua lesão grave e dificilmente reparável.

O seu fim é a preservação das provas da alegada violação ou da iminência da lesão, e os meios instrumentais, aqui enunciados em jeito de conceitos abertos, são as pertinentes medidas urgentes e eficazes.

O conceito de lesão grave e dificilmente reparável ao direito em causa consta do n.° 1 do artigo 381.° do Código de Processo Civil, relativo ao âmbito das providências cautelares não especificadas.

São lesões que, além de graves, se revelem irreparáveis ou de difícil reparação. Assim, a lei não se reporta a lesões de difícil reparação sem gravidade ou de reduzida gravidade, nem às lesões graves facilmente reparáveis.

Mas a medida de preservação da prova a que o artigo em análise se reporta vai para além do referido fundado receio de lesão de algum direito de propriedade industrial, certo que se refere à sua própria violação.

Parece que a lei se reporta a situações em que a violação do direito de propriedade industrial foi iniciada sem que se tenha esgotado num determinado momento e assuma carácter de continuidade.

A estatuição da parte final do n.° 1 do artigo em análise apenas se refere a um dos pressupostos a que acima nos referimos, ou seja, não alude às provas do fundado receio de lesão grave e dificilmente reparável. Mas deve considerar-se que a ambos abrange, dado o envolvente elemento teleológico.

A lei não expressa qual é o elenco das medidas de preservação da prova urgentes e eficazes que os interessados podem requerer em juízo, deixando como que um quadro aberto a preencher em termos de razoabilidade e de proporcionalidade; mas devem especificar as provas cuja preservação pretendam.

Todavia, exemplificativamente, em quadro de suspeição de violação de direitos de propriedade industrial, o n.º 2 do artigo em análise refere a descrição pormenorizada dos bens, designadamente a partir de amostras, e a sua apreensão.

Ademais, pode ser requerida e ordenada a adequada apreensão de materiais e instrumentos utilizados na produção e distribuição dos bens e os documentos a eles atinentes.

A adequação deve ser aferida no confronto da finalidade da preservação da prova e da gravidade da lesão dos direitos de propriedade industrial em causa, seja ela efectiva ou receada.

Este procedimento de preservação da prova assume, quanto a meios, amplitude consideravelmente superior à que decorre do incidente de produção antecipada de prova a que se reportam os artigos 520.º e 521.º do Código de Processo Civil, o que revela a sua maior eficácia.

Conforme decorre dos n.ºs 1 e 2 do artigo 338.º-G do Código, o decretamento destas medidas de preservação da prova é susceptível de depender da prestação de caução ou de outra garantia pelo requerente, oficiosamente ou a requerimento do requerido, o que tem a virtualidade de evitar o seu desvirtuamento ou o uso abusivo.

Deste artigo não resulta expressamente tratar-se de um procedimento de natureza urgente, mas ele visa o requerimento de medidas urgentes e eficazes com vista à preservação das provas.

Em consequência, tendo em conta o que se prescreve no artigo 382.º, n.º 1, do Código de Processo Civil, deve entender-se que se trata de um procedimento urgente, com precedência em relação a qualquer outro serviço judicial não urgente.

### 5. *A tramitação e o contraditório nas medidas de preservação da prova*

Reporta-se a esta matéria da tramitação e do contraditório nas medidas da preservação da prova, o artigo 338.º-E do Código, por referência às medidas de preservação da prova a que alude o artigo 338.º-D.

A referida tramitação está estruturada em torno da questão fulcral de dever ou não ser cumprido o princípio do contraditório, que constituiu a estrutura básica do processo civil equitativo, porque ao princípio do pedido se contrapõe o chamamento da parte contrária, para que possa deduzir oposição (artigo 3.º, n.º 1, do Código de Processo Civil).

Nessa conformidade, só nos casos excepcionais previstos na lei pode o tribunal tomar providências contra determinada pessoa sem que esta seja previamente ouvida (artigo 3.º, n.º 2, do Código de Processo Civil).

Uma de tais excepções é consagrada no n.º 1 do artigo em análise, dependente de uma de duas circunstâncias: o dano irreparável por atraso na aplicação das medidas, ou o risco sério de destruição ou ocultação das provas que devam ser preservadas.

Assim, a regra é a da audição da parte contrária, e a excepção a sua não audição, nesta última hipótese se o eventual atraso na aplicação da medida poder causar ao requerente danos irreparáveis ou se existir um risco sério de destruição ou ocultação da prova.

A lei reporta-se a danos irreparáveis, ou seja, àqueles que não sejam passíveis de reparação, sem qualquer referência à sua gravidade, o que nos parece exagerado, tendo em conta o princípio da proporcionalidade a atender nesta matéria.

O risco sério de destruição ou ocultação das provas significa o perigo iminente e altamente provável da verificação do mencionado resultado, ilação que deve ser extraída, em termos de presunção natural, dos factos indiciários articulados no requerimento inicial.

Dado o relevo do princípio do contraditório no quadro do processo equitativo, deve o juiz justificar o seu incumprimento, minimamente, no despacho liminar.

O n.º 2 deste artigo reporta-se ao contraditório diferido para depois de tomadas as medidas de preservação da prova, o que constitui excepção ao princípio de que as provas constituendas ou pré-constituídas não podem ser admitidas ou produzidas sem audição da parte a quem devam ser opostas (artigo 517.º do Código de Processo Civil).

A estrutura desta tramitação encontra alguma similitude com o cumprimento do contraditório subsequente ao decretamento das providências cautelares previsto no artigo 388.º do Código de Processo Civil.

Todavia, pode acontecer que a efectivação das medidas em análise implique a própria colaboração da parte requerida, o que significa, de algum modo, a sua notificação indirecta de que contra ela foram requeridas aquelas medidas.

Não obstante, no caso de deferimento do contraditório, deve a parte contrária ser notificada, não só do requerimento inicial, como também da decisão que ordenou a preservação da prova, bem como do próprio resultado dessa decisão.

A referência da lei à aplicação das medidas de preservação da prova e o seu escopo finalístico apontam no sentido de que a imediata notificação se reporta ao momento imediatamente posterior à sua efectivação.[17]

É uma notificação que deve seguir os termos da citação, conforme o artigo 233.°, n.os 2 e 3, do Código de Processo Civil, porque o requerido é chamado pela primeira vez ao procedimento em causa.

A lei não estabelece o prazo em que o requerido pode exercer o contraditório não diferido, pelo que deve aplicar-se, por analogia, o que se prescreve no Código de Processo Civil.

Assim, ele passa, nesse caso, desde a data em que deva ser considerado notificado, a dispor do prazo de dez dias, contado nos termos do artigo 144.°, n.os 1 a 3, do Código de Processo Civil, para requerer a revisão das medidas de preservação da prova aplicadas, articulando factos de oposição não tidos em conta pelo tribunal e indicando as respectivas provas.

Como a lei não estabelece qualquer limite ao oferecimento de provas, deve considerar-se que o requerido pode oferecer aquelas que são permitidas no nosso ordenamento jurídico, com os limites que decorrem da exigência legal de certo meio para a prova da existência de algum dos factos articulados.

Em paralelismo com o que se prescreve na alínea b) do n.° 1 do artigo 388.° do Código de Processo Civil, a referência aos factos não tidos em conta pelo tribunal pretende significar nova ou diversa matéria de facto susceptível de inviabilizar o decretamento da medida de preservação da prova, incluindo os pressupostos relativos aos danos irreparáveis ou ao risco sério de destruição ou ocultação da prova.

Expressa, todavia, o n.° 4 deste artigo decidir o juiz a oposição, ouvido o requerente da preservação da prova, confirmando, alterando ou revogando as medidas de preservação da prova anteriormente decididas, o que pode levar ao entendimento de que o requerente pode contestar a pretensão de revisão, por via de referenciação de factos e de apresentação de novas provas.

Tendo em conta a situação de oposição da parte requerida a que se reporta a referida alínea b) do n.° 1 artigo 388.° do Código de Processo Civil, parece-nos ser intenção da lei a faculdade de pronúncia, mas sem os efeitos que são próprios da oposição.

---

[17] Neste sentido, MARIA COSTEIRA, citada conferência.

A lei não estabelece os termos da tramitação deste procedimento. Por isso, dada a sua estrutura, deve aplicar-se, adaptadamente, o regime geral dos incidentes previsto nos artigos 302.° a 304.° do Código de Processo Civil, sem limitação quanto às espécies de prova admissíveis, salvo as que decorrem de exigência legal de prova documental.

Parece-nos, por isso, que se trata de um incidente de complexa estrutura, desajustado do fim pretendido, provavelmente com a consequência de raramente vir a ser utilizado.

### 6. *A extinção e a caducidade das medidas de obtenção e de preservação da prova*

É o artigo 338.°-F do Código que se reporta à situação estática subsequente ao decretamento das medidas de obtenção ou de preservação da prova a que aludem os artigos 338.°-C e 338.°-D.

A regra é no sentido de aquelas medidas poderem ser negativamente afectadas por via de extinção ou de caducidade; a excepção ocorre no caso de funcionarem preliminarmente à petição de providências cautelares a que alude o artigo 338.°-I.

A lei remete a referida solução de caducidade e extinção para o disposto no artigo 389.° do Código de Processo Civil, epigrafado de *caducidade da providência*.

A extinção das medidas de obtenção ou de preservação de provas a que a lei se reporta é a que deriva, por um lado, da extinção do próprio direito de propriedade industrial, e, por outro, da sua caducidade, aqui no caso de omissão da instauração da acção ou, se proposta, de negligência do interessado na implementação dos seus termos.

Assim, as medidas de preservação da prova, no caso de audição prévia do requerido, caducam se o requerente não propuser a acção da qual elas dependam no prazo de 30 dias contado da data da sua notificação da decisão que as decretou (artigo 389.°, n.ᵒˢ 1, alínea a), do Código de Processo Civil).

Na hipótese de o requerido não haver sido ouvido previamente, as referidas providências caducam no prazo de 10 dias contados da notificação ao requerente de que foi efectuada ao requerido a notificação prevista no artigo 338.°-E, n.° 2 (artigo 389.°, n.° 2, do Código de Processo Civil).

Proposta a acção *lato sensu*, caducam por virtude da paragem do processo por trinta e um dias por negligência do requerente, da improcedên-

*Alterações processuais. Novos procedimentos para tutela...* 137

cia da acção por decisão transitada em julgado, da absolvição do réu da instância e da não propositura da segunda acção em tempo de aproveitar os efeitos da propositura da acção anterior ou extinção do direito pretendido acautelar pelo requerente (artigo 389.°, n.° 1, alíneas b) a e), do Código de Processo Civil).

A hipótese de não instauração da acção em tempo de aproveitamento dos efeitos da acção anterior tem a ver com o disposto no artigo 289.°, n.° 2, do Código de Processo Civil.

Suscita-se a questão de saber da existência ou não de um prazo de caducidade ou de extinção das medidas de obtenção ou de preservação de prova decretadas no caso de serem instrumentais de procedimentos cautelares.[18]

Uma vez que a lei não se reporta ao mencionado prazo, pode entender-se no sentido negativo, do que decorre quebra da unidade do ordenamento jurídico no plano processual, na medida em que situações idênticas comportam soluções opostas. Com efeito, se ao decretamento das medidas de obtenção ou de preservação de prova se seguir uma acção, opera a caducidade ou a extinção, mas se a elas se seguir um procedimento cautelar, tal já não sucede.

Perante este quadro, apesar da natureza das normas de caducidade e de extinção em causa, inclinamo-nos no sentido da sua aplicação também nos casos em que ao decretamento de medidas de obtenção ou de preservação de provas se seguem os conexos procedimentos cautelares.

No que concerne às medidas de obtenção de prova, parece que a sua caducidade opera no prazo de trinta dias contado da data em que o requerente conheceu da sua efectivação (artigo 389.°, n.° 1, alínea a), do Código de Processo Civil).

A referida extinção das medidas de obtenção e de preservação de prova por caducidade ou por virtude da própria extinção do concernente direito de propriedade industrial são determinadas oficiosamente pelo juiz ou a requerimento do réu, ouvido o requerente, por despacho proferido no processo, logo que dele decorra a existência do concernente facto extintivo.

---

[18] MARIA JOSÉ COSTEIRA, conferência citada, entende dever operar-se interpretação correctiva, face ao texto da Directiva, e considerar-se que tais medidas só são susceptíveis de ser implementadas previamente a acções e não a procedimentos cautelares.

## 7. **Responsabilidade do requerente de medidas de preservação de prova**

É o artigo 338.°-G que prevê a responsabilidade civil do requerente de medidas de preservação de prova, e só destas.

Embora a sua epígrafe se reporte à responsabilidade do requerente, certo é que várias das suas normas têm a ver com a prestação de caução, embora instrumentais à concernente indemnização.

A sede própria de inserção do disposto nos n.os 1 e 2 deste artigo era o artigo 338.°-D, porque é ele que se refere às medidas de preservação da prova.

O n.° 1 deste artigo refere-se à possibilidade de o decretamento das referidas medidas de preservação da prova ficar dependente da prestação de caução ou de outra garantia, prevenindo a eventualidade do arbitramento da indemnização a que se refere o n.° 3.

Não se trata, como é natural, do exercício de um poder discricionário pelo juiz, porque deve assentar na verificação dos pressupostos de facto e de direito que o justifiquem.

Interpretado aquele normativo à luz do que se prescreve no n.° 2 do artigo 390.° do Código de Processo Civil, sempre que o julgue conveniente, em face das circunstâncias do caso, pode o juiz, mesmo sem audiência do requerido, tornar a concessão das medidas dependente da prestação pelo requerente de uma caução adequada.

Em abstracto não é possível caracterizar as mencionadas circunstâncias. Mas têm a ver com a estrutura do direito violado ou cuja violação se receia, com a natureza das medidas de preservação da prova requeridas, com o fim da caução ou de outra garantia, em quadro de apreciação em jeito de prognose póstuma acerca da sua oportunidade ou justificação.

A função jurídica da caução é, em primeiro lugar, a de assegurar a solvabilidade do devedor, mas cujo conceito é susceptível de abranger as várias modalidades de garantia dadas pelo devedor ou exigidas pelo credor.

Por isso, a lei prescreve que se alguém for obrigado ou autorizado a prestar caução, sem designar a respectiva espécie, pode a garantia ser prestada por meio de depósito em dinheiro, títulos de crédito, pedras ou metais preciosos, penhor, hipoteca ou fiança bancária (artigos 623.°, n.° 1, do Código Civil e 982.°, n.° 3, do Código de Processo Civil).

Por isso não é rigorosa a expressão da lei no sentido da constituição, pelo requerente, de caução ou de outra garantia.

O seu montante deve ser fixado tendo em consideração, entre outros factores relevantes, a capacidade económica do requerente das medidas de preservação das provas.

São susceptíveis de relevar para a sua determinação, para além da referida capacidade económica do requerente das medidas de preservação das provas, a depreciação da moeda e a prognose da repercussão do desfecho da causa no confronto da eventualidade da atribuição de indemnização ao requerido a que alude o n.° 3, que a mencionada caução visa assegurar.

Também o n.° 3 deste artigo não prima pelo rigor literal ao expressar que o tribunal pode ordenar ao requerente, a pedido do requerido, o pagamento de uma indemnização, além do mais, porque do que se trata é da realização de um direito de crédito por via de uma decisão condenatória.

São seus pressupostos essenciais não cumulativos a verificação de que as medidas de preservação da prova não tinham justificação, da cessação dos seus efeitos por facto imputável ao requerente, da ausência de violação do direito de propriedade industrial ou do infundado receio da sua lesão grave e dificilmente reparável.

Trata-se de responsabilidade civil processual que, afora o caso da ineficácia das medidas de preservação das provas por facto imputável ao requerente, parece prescindir da sua culpa *in agendo*.

Nesta perspectiva, é uma solução desconforme com os princípios da responsabilidade civil processual, designadamente o que decorre da litigância de má fé, das providências cautelares injustificadas e da procedência da oposição à execução (artigos 390.°, n.° 1, 456.°, n.ºs 1 e 2, e 819.° do Código de Processo Civil).

O dano ou o prejuízo reparável é o derivado da aplicação das referidas medidas de preservação das provas.

Exige-se um nexo de causalidade adequada entre aplicação das referidas medidas e o mencionado prejuízo reparável, e não se pode prescindir de factos concretos que o revelem.

A intenção da lei, ao que parece, é a de que esta indemnização deve ser arbitrada no próprio procedimento de preservação da prova, em jeito de incidente, com a adequação processual que se justificar e cumprindo-se o princípio do contraditório (artigos 3.°, n.ºs 1 e 3, e 265.°-A do Código de Processo Civil).[19]

---

[19] No mesmo sentido, veja-se Maria José Costeira, citada conferência.

## 8. *Obrigação de prestar informações*

Reporta-se à obrigação de prestação de informações o artigo 338.°-H do Código, decorrente da transposição do n.° 1 do artigo 8.° da Directiva n.° 2004/48/CE.

Versa sobre o direito de informação detalhada da titularidade do requerente interessado, legitimado nos termos do artigo 338.°-B, no confronto do requerido, seja este o infractor directo ou quem de algum modo haja participado na violação dos direitos de propriedade industrial em causa.

Os requeridos são as pessoas no confronto das quais o requerente lesado pode requerer as pertinentes informações, ou seja:

– o possuidor dos bens, o utilizador ou prestador dos serviços à escala comercial, sob suspeita de violação de direitos de propriedade industrial;
– a pessoa ou pessoas apontadas pelos referidos possuidores, prestadores ou utilizadores de serviços como participantes na produção, fabrico, distribuição dos bens ou na prestação de serviços, sob suspeição de violação daqueles direitos.

A lei insere, como fundamento deste procedimento de requisição de informações, o elemento *escala comercial,* ou seja, que se trate de actos que tenham por finalidade uma vantagem económica ou comercial directa, a que se reporta o artigo 338.°-A.

O referido elemento limitativo aponta no sentido de que os particulares ou os consumidores finais não podem, em regra, ser sujeitos passivos de um requerimento de informação.

Todavia, como acima já se referiu, não nos parece tratar-se de uma limitação absoluta.

A expressão *posse dos bens* não está utilizada em sentido técnico--jurídico, como é o caso do artigo 1251.° do Código Civil, mas no sentido de quem os tem ou detém, independentemente da natureza ou eficácia do respectivo título.

A motivação do requerimento é a suspeita de violação de direitos de propriedade industrial, em quadro de escala comercial, ou seja, não pressupõe o conhecimento da existência da efectiva violação.

O objecto das informações a que o n.° 1 se refere cinge-se à origem e às redes de distribuição de bens e serviços, densificado nas suas duas alíneas em termos de identificação e endereço de quem os produziu,

*Alterações processuais. Novos procedimentos para tutela...*

fabricou, distribuiu ou possuiu, de grossistas ou retalhistas destinatários, de quantidades produzidas, entregues, recebidas, encomendadas, e respectivos preços.

Atento o fim da lei, parece tratar-se de referência meramente exemplificativa, que não obsta a que o objecto da informação coincida com o âmbito objectivo da suspeita.

Resulta do n.º 3 que o previsto no presente artigo não prejudica a aplicação de outras disposições legislativas ou regulamentares que garantam ao lesado melhor informação sobre os factos de que derive a suspeita de violação de direitos de propriedade industrial.

Trata-se, a um tempo, do anúncio de limitação ou de ampliação do direito de informação, mas a referência a disposições legislativas ou regulamentares podia ser adequadamente substituída pela mera menção da lei.

Importa ter em linha de conta que o procedimento em análise não comporta a requisição de informações a organismos oficiais, mas apenas a infractores ou meros participantes nas infracções relativas aos direitos de propriedade industrial.

É neste quadro que se explica a previsão deste normativo no sentido da ampliação do âmbito da informação pertinente, que consta da alínea a) do n.º 3 no sentido de o lesado poder obter informação mais ampla no próprio processo.

É o caso, por exemplo de o tribunal, por sua iniciativa ou a requerimento das partes, nos termos do artigo 535.º do Código de Processo Civil, requisitar às partes, a terceiros ou a organismos oficiais, informações, pareceres técnicos, plantas, fotografias, desenhos ou outros documentos necessários ao esclarecimento da verdade.

Das restantes alíneas do n.º 3 deste artigo decorrem eventuais limitações ao direito de os lesados obterem informações das referidas pessoas sobre os factos indiciários da suspeição da violação daqueles direitos.

Aqueles limites são susceptíveis de decorrer de normas de processo civil, penal ou de leis avulsas. É o caso, por exemplo, de normas atinentes ao sigilo profissional, à salvaguarda da intimidade da vida privada, do direito de recusa de prestação de informações susceptíveis de as incriminar ou de desconformidade entre o fim da informação prevista na lei e os motivos diversos pelos quais é requisitada a outrem.

Assim, é aplicável subsidiariamente o que se prescreve, por exemplo, na alínea b) do n.º 3 do artigo 519.º do Código de Processo Civil.

Apresentado o requerimento de requisição de informações ao juiz do tribunal competente, segue-se a implementação, em sistema informático ou em suporte de papel, de um procedimento específico incidental sob a designação "Informações".

É configurável a dúvida sobre se este procedimento só é susceptível de funcionar como instrumental de acções, ou se também o é de procedimentos cautelares, só durante ou também antes da sua pendência, se assume ou não a natureza de urgente, e se dispensa ou não o cumprimento do princípio do contraditório.[20]

Dado o fim que o envolve, que é o de obter informações relacionadas com a suspeita de violação de direitos de propriedade industrial, e os limites que lhe são inerentes, não pode a lei deixar de ser interpretada no sentido de que este procedimento é instrumental de acções em geral e de procedimentos cautelares em especial.

Pelos mesmos motivos, a conclusão é no sentido de poder ser implementado antes da ou durante a pendência das referidas espécies processuais.

No caso de o juiz verificar, face ao requerimento do interessado, a suspeita de violação de direitos de propriedade industrial, deverá ordenar a notificação dos requeridos a fim de prestarem as informações em causa.

Dada a estrutura do procedimento em análise, parece-nos que o contraditório é exercido face à requisição de informação judicialmente ordenada.

E como se trata de procedimento que tem na sua génese uma estrutura cautelar, similarmente ao que se prescreve no artigo 382.º, n.º 1, do Código de Processo Civil, deve ser considerado de natureza urgente.

## 9. *Procedimentos e providências cautelares*

No âmbito dos procedimentos cautelares nesta sede de tutela de direitos de propriedade industrial, temos em primeiro lugar, no artigo 338.º-I do Código, a espécie das providências cautelares.

O decretamento de providências cautelares em matéria de tutela dos direitos de propriedade industrial, antecipatórias ou conservatórias, antes da proposição da acção ou durante a sua pendência, é susceptível de ser fundado na violação daqueles direitos ou no fundado receio da sua lesão grave e dificilmente reparável.

---

[20] MARIA JOSÉ COSTEIRA, citada conferência.

Assim, a circunstância de a lesão ainda não ser efectiva não obsta ao decretamento de tais providências, certo que a protecção legal envolve as situações de perigo actual de lesão, como é o caso da decorrência de actos preparatórios reveladores de futura e altamente provável violação de direitos de propriedade industrial.

As pretensões cautelares são, em termos de causa de pedir e de pedido, instrumentais em relação a posteriores ou contemporâneas acções, pelo que a sua admissibilidade depende, de algum modo, da prognose póstuma sobre o seu êxito.

O fundado receio tem de derivar de factos objectivamente reveladores da eventualidade receada de que possa resultar a violação de direitos de propriedade industrial.

Ainda que se mostrem irreparáveis ou de difícil reparação, as lesões sem gravidade ou de gravidade reduzida, bem como as graves facilmente reparáveis, não relevam para efeito de decretamento das providências.

A gravidade das lesões previsíveis dos direitos de propriedade industrial deve ser aferida face à repercussão na esfera jurídica dos interessados, tendo em conta que os danos patrimoniais são susceptíveis de ressarcimento através de reconstituição natural ou de indemnização substitutiva.[21]

O interessado, ou seja, quem para tal tenha legitimidade *ad causam*, deve requerer as providências adequadas a impedir violação iminente do direito de propriedade industrial – antecipatórias – ou a proibir a continuação da violação – conservatórias.

O requerente tem o ónus de prova cumulativa dos factos relativos à titularidade do direito de propriedade industrial ou ao direito de o utilizar e da sua violação actual ou iminente.

Nos termos do n.º 1 do artigo 4.º do Código, a prova dos direitos de propriedade industrial faz-se por meio de títulos, correspondentes às suas diversas modalidades.

Há receio de lesão grave, em matéria de marcas e de logótipos, por exemplo, quando uma pessoa os usa, por reprodução total ou parcial, para assinalar produtos ou serviços idênticos, portanto em quadro de confusão pelos consumidores, vulgarização de sinais ou perda do seu valor económico, o que é susceptível de se traduzir em irreparabilidade.

---

[21] Acórdão da Relação de Lisboa de 23 de Maio de 2000, CJ, Ano XXV, Tomo 2, páginas 22 a 25.

O prejuízo considerável decorrente da comercialização de produtos em violação de patentes, incluindo o não patrimonial derivado da afectação negativa do nome e imagem do inventor, constituem os elementos essenciais que, em regra, são afirmados, a título de causa de pedir, nas petições de providências cautelares para salvaguarda dos direitos de propriedade industrial dessa espécie.[22]

Importa, porém, ter em conta em matéria de patentes a não reversibilidade da infracção, o carácter temporário do direito de patente, a dificuldade de determinação dos prejuízos e do nexo de causalidade adequada entre a infracção e o dano, além da solvabilidade ou não dos infractores, o que porventura limita o recurso aos meios judiciais de tutela dos direitos de propriedade industrial.[23]

Todavia, conforme resulta do disposto no 98.º, n.º 1, do Código, no caso de patentes que tenham por objecto um processo de fabrico de um produto novo, o mesmo produto fabricado por um terceiro é, salvo prova em contrário, considerado fabricado pelo processo patenteado, o que se traduz em inversão do ónus da prova.[24]

Refere o n.º 2 deste artigo dever o tribunal exigir o fornecimento de meios de prova, o que se traduz em estranha expressão legislativa. O escopo literal do preceito seria, naturalmente, melhor conseguido se estabelecesse dever o requerente, com a petição, oferecer prova do direito violado ou ameaçado de violação.

Em relação ao regime geral, alarga-se o âmbito da legitimidade *ad causam* do lado passivo a intermediários cujos serviços estejam a ser utilizados para a violação de direitos de propriedade industrial, ou seja, de serviços instrumentais do mal envolvido pela violação.

Na determinação da espécie da providência cautelar a aplicar, deve o tribunal ter em conta a natureza dos direitos de propriedade industrial a salvaguardar e a possibilidade de o seu titular ou a pessoa autorizada a utilizá-los os continuar a explorar.

Parece que este normativo visa que nenhuma das providências decretadas, pela sua própria natureza ou efeitos processuais envolventes, impli-

---

[22] Maria José Costeira, Conferência citada.

[23] Miguel Oehen Mendes, "Providências Cautelares em Matéria de Patentes", Tópicos para uma apresentação, Conferência em 18 de Fevereiro de 2005 (http://www.american-embassy.pt)

[24] Veja-se sobre esta matéria o acórdão do Supremo Tribunal de Justiça de 26 de Janeiro de 2006, CJ, Ano XIX, Tomo 1, páginas 45 a 50.

que alguma restrição dos direitos de propriedade industrial pelo respectivo titular ou licenciado.

Para assegurar a execução das aludidas providências, oficiosamente ou a requerimento do interessado, pode o tribunal condenar o requerido no pagamento de determinada quantia a título de sanção pecuniária compulsória, a que se reporta o artigo 829.°-A do Código Civil.

Aplicam-se aos procedimentos cautelares em análise as normas relativas à tramitação e ao contraditório, às causas de extinção e caducidade e à responsabilidade do requerente previstas para as medidas de obtenção e de preservação de provas.

Assim, no que concerne ao primeiro aspecto – tramitação e contraditório – a regra é a da audição do requerido, só excepcionada no caso de o atraso no decretamento da providência cautelar ser susceptível de causar ao requerente danos irreparáveis.

Neste ponto diverge esta lei especial do regime geral previsto no artigo 385.°, n.° 1, do Código de Processo Civil, porque neste o diferimento do contraditório pressupõe o risco sério do fim ou da eficácia do procedimento derivado do seu cumprimento prévio.

Face ao que se prescreve no artigo 387.°, n.° 3, do Código de Processo Civil, pode suscitar-se a dúvida sobre se o juiz deve ou não recusar a providência cautelar se o prejuízo resultante do seu decretamento exceder o dano que com ela se pretende evitar.

Os casos concretos são susceptíveis de envolver diversidade de ilicitude e de dano já começado ou iminente cujo prejuízo se revele consideravelmente inferior ao resultante para o requerido do decretamento de providências cautelares.

A consciência do referido desequilíbrio pode levar o intérprete a considerar dever-se aplicar aos procedimentos cautelares em análise o regime do n.° 3 do artigo 387.° do Código de Processo Civil.

Todavia, a especialidade do regime em análise e a falta de norma remissiva para o regime geral dos procedimentos cautelares comuns leva-nos a interpretar a lei no sentido negativo.[25]

A aplicação efectiva das referidas medidas cautelares não é absoluta, porque o tribunal, a requerimento do requerido, pode substituí--las por caução adequada a assegurar a indemnização devida ao requerente.

---

[25] No mesmo sentido, veja-se MARIA JOSÉ COSTEIRA, Conferência citada.

146 *VII Curso de Direito Industrial*

Esta indemnização é susceptível de derivar da superveniente verificação de a providência ser injustificada por se não verificar a invocada violação de direitos de propriedade industrial ou se constatar ser infundado o receio de lesão grave e dificilmente reparável.

Trata-se de uma situação de responsabilidade civil processual, paralela àquela a que se reporta o artigo 390.°, n.° 1, do Código de Processo Civil, em que deve aplicar-se, em conformidade com o que se prescreve nos artigos 483.°, n.° 1, e 563.° do Código Civil, para além do regime do ilícito culposo processual, o dos pressupostos do dano e do nexo de causalidade adequada entre este e aquele.[26]

Pode suscitar-se a dúvida sobre a aplicabilidade ou não aos procedimentos cautelares em análise de normas relativas aos procedimentos cautelares comuns previstas no Código de Processo Civil, como é o caso dos artigos 381.°, n.os 2 a 4, 382.°, 383.°, 384.°, n.° 3, 385.°, n.os 3 a 5 e 7, 386.°, n.os 3 a 5 e 7, 387.°, n.os 1, 2 e 4, 387.°-A, 388.° e 391.°.[27]

A este propósito, importa considerar que a intenção da lei foi a de instituir um procedimento cautelar autónomo em relação ao previsto no Código de Processo Civil, o que, de algum modo, decorre do artigo 338.°-P, relativo ao direito subsidiário, a que adiante se fará referência.

Mas isso não exclui a necessidade de suprir as suas lacunas, que realmente existem, por via da integração analógica de normas relativas ao procedimento cautelar comum constantes do Código de Processo Civil, verificada que seja a similitude a que alude o artigo 10.°, n.os 1 e 2, do Código Civil.

Nesta perspectiva, numa primeira abordagem da matéria, parece-nos deverem ser aplicáveis ao procedimento cautelar em análise as normas dos artigos 381.°, n.os 2 e 4, 382.° e 383.°, 384.°, n.° 3, 385.°, n.os 3 a 5 e 7, 386.°, 387.°, n.° 4, 387.°-A e 388.° do Código de Processo Civil.

## 10. *O procedimento cautelar de arresto*

Na espécie dos procedimentos cautelares, como medida de tutela de direitos da propriedade industrial, insere o Código o arresto no artigo 338.°-J, resultante da transposição do artigo 9.°, n.° 2, da Directiva n.° 2004/48/CE.

---

[26] Veja-se, porém, sobre esta matéria, ANTÓNIO MENEZES CORDEIRO, "Litigância de Má Fé, Abuso do Direito de Acção e Culpa *In Agendo*", Coimbra, 2006.

[27] MARIA JOSÉ COSTEIRA, Conferência citada.

*Alterações processuais. Novos procedimentos para tutela...* 147

Também aqui o texto da lei se revela deficiente ao expressar poder o tribunal ordenar a apreensão ou exigir o fornecimento de elementos de prova, e que ao presente artigo é aplicável o disposto nos artigos 338.°-E a 338.°-G.

Trata-se de medidas provisórias e conservatórias destinadas a obstar a lesões futuras de direitos de propriedade industrial e a assegurar a possibilidade de os seus titulares se ressarcirem do dano.

A diferença essencial em relação ao regime de pretérito, que também inseria o arresto, consiste na consagração da apreensão de bens a título de garantia de cumprimento de uma obrigação de indemnização.

Dir-se-á, assim, que o arresto consiste essencialmente na apreensão judicial de bens do infractor, incluindo os suspeitos de violação de direitos de propriedade industrial ou dos respectivos instrumentos.

São seus fundamentos essenciais a infracção à escala comercial, actual ou iminente, e a existência de circunstâncias susceptíveis de comprometer a cobrança da indemnização por perdas e danos.

É susceptível de envolver a apreensão preventiva de bens móveis e imóveis do alegado infractor, incluindo os saldos das suas contas bancárias.

A comunicação ou o acesso aos dados e informações bancárias, financeiras ou comerciais respeitantes ao infractor que o juiz pode ordenar, parecem configurar-se como instrumentais da referida apreensão preventiva.

De qualquer modo, deverá o requerente justificar indiciariamente a necessidade urgente dos referidos meios de prova.

Resulta da lei que se estiverem em causa actos violadores de direitos de propriedade industrial com o escopo de obtenção de vantagem económica ou comercial, pode o respectivo titular requerer a apreensão preventiva de bens do presumível infractor, desde que tal seja necessário para garantir a eventual indemnização decorrente daquela violação.

Além disso, a requerimento do interessado, pode o arresto envolver a apreensão dos bens suspeitos de violarem direitos de propriedade industrial ou dos instrumentos apenas susceptíveis de servir para a referida violação, ou seja, para a prática do ilícito.

O requerente deve provar, por um lado, ser titular do direito de propriedade industrial ou autorizado a exercê-lo, naturalmente por documentos, e, por outro, a sua violação actual ou iminente e o receio de que o requerido lhe cause lesão grave e dificilmente reparável.

O requerido deverá, por seu turno, alegar e provar os factos susceptíveis de produzir o efeito de contraprova dos factos articulados pelo requerente a título de causa de pedir.

São aplicáveis, na espécie, as normas relativas à tramitação e ao contraditório, às causas de extinção e de caducidade e à responsabilidade do requerente que regem sobre as medidas de obtenção e preservação da prova, a que acima se fez referência, para cujas considerações jurídicas acima expendidas remetemos.

Ao invés do que acontece no artigo 408.º, n.º 1, do Código de Processo Civil, a regra no procedimento em análise é no sentido da audição do requerido previamente à decisão a proferir.

A excepção, consubstanciada no diferimento do exercício do contraditório, ocorre no caso de o atraso na efectivação da apreensão ser susceptível de causar danos irreparáveis ao requerente.

Embora a lei não o expresse directamente, tendo em conta o fim deste arresto atípico e a motivação que lhe está subjacente, a conclusão é no sentido de que se trata de um procedimento cautelar de natureza urgente, com a consequência processual a que se refere o artigo 382.º do Código de Processo Civil.

## 11. *Sanções acessórias decorrentes da decisão de mérito*

Às sanções acessórias decorrentes da decisão de mérito na acção principal relativa à violação de algum direito de propriedade industrial reporta-se, sem prejuízo do respectivo direito de indemnização, o artigo 338.º-M do Código.

São, afinal, as medidas correctivas a que alude o artigo 10.º da Directiva, consistentes, por exemplo, na retirada dos bens por via dos quais são violados os direitos de propriedade intelectual.

A Directiva prevê a propósito, no artigo 12.º, medidas alternativas, ou seja, a substituição das referidas no artigo 10.º por compensação pecuniária, se a infracção não for envolvida de dolo ou negligência.

Este normativo de direito comunitário não foi transposto para o nosso direito interno, porventura por virtude da consideração de os respectivos pressupostos serem de rara verificação.

Refere-se o artigo em análise aos bens e ou aos instrumentos utilizados no seu fabrico em que se tenha verificado a violação de direitos de propriedade industrial, em relação aos quais, formulado que seja o respectivo pedido pelo lesado, o juiz deve determinar o seu concernente destino.

Parece que, formulado que seja na acção tal pedido, não pode o tribunal deixar de decretar as medidas correctivas que no caso couberem.[28]

Trata-se de medidas adequadas, necessárias e proporcionais à gravidade da violação daqueles direitos, susceptíveis de envolver a destruição, a retirada ou a exclusão definitiva dos circuitos comerciais, sem qualquer compensação ao infractor, tendo em consideração os legítimos interesses de terceiros e, em particular, o dos consumidores.

Parece que a lei pretende limitar o rigor das referidas medidas em relação aos bens de quem não participou de algum modo na prática das aludidas infracções, designadamente os meros consumidores.

Ao invés do que resulta da Directiva, que exclui a aplicação ocorrendo razões ponderosas que o justifiquem, os encargos com a execução de tais medidas recaem sobre o infractor.

A solução de não atribuição de qualquer compensação aos infractores por virtude daquelas medidas não constava da Directiva, pelo que, neste ponto, a lei foi mais rigorosa, naturalmente no quadro da defesa dos titulares dos direitos de propriedade industrial em causa.

No regime de pretérito, já os tribunais, provada nos processos das acções a violação de direitos de propriedade industrial, ordenavam nas sentenças o destino dos bens em que se traduzira a referida violação.[29]

## 12. *Medidas inibitórias decorrentes da decisão de mérito*

O artigo 338.º-N do Código é que versa sobre a segunda espécie de medidas decorrentes da decisão de mérito.

Tem origem no artigo 11.º da Directiva, que se reporta ao decretamento de medidas inibitórias da continuação da violação dos direitos de propriedade industrial e à sujeição do infractor incumpridor a uma sanção pecuniária compulsória.

Assim, na decisão judicial de mérito, ou seja, na sentença, pode o tribunal impor ao infractor em causa uma medida destinada a inibi-lo da continuação da infracção em curso.

---

[28] MARIA JOSÉ COSTEIRA entende, porém, dever o normativo em análise ser interpretado tendo em conta os princípios gerais do direito civil, designadamente o princípio do abuso de direito, ou seja, no sentido de o "deve" não equivaler sem mais a uma imposição.

[29] O destino dos objectos apreendidos em processo decorrente de crimes contra a propriedade industrial consta do artigo 330.º do Código.

Embora a lei não o expresse, tendo em conta o lugar paralelo do artigo anterior e o princípio do dispositivo, parece-nos que a aplicação das medidas a que este artigo alude só pode ser decretada pelo tribunal se tiver sido objecto de pedido formulado pelos interessados.

O âmbito objectivo das referidas medidas envolve, conforme os casos, a interdição temporária do exercício de actividade ou profissão, a privação do direito de participar em feiras ou mercados ou o encerramento temporário ou definitivo do estabelecimento.

Assim, não pode o juiz interditar definitivamente o exercício de alguma actividade ou profissão ao infractor, mas pode privá-lo temporariamente do direito de participar em feiras e mercados.

Estão sujeitos às referidas medidas os intermediários cujos serviços estejam a ser utilizados por terceiros para violar direitos de propriedade industrial, ou seja, quem os forneça.

No caso particular de condenação do infractor a cessar uma actividade ilícita, expressa a lei poder o tribunal prever uma sanção pecuniária compulsória destinada a assegurar a respectiva execução, expressão algo deficiente porque confunde previsão com condenação.

Essa medida sancionatória traduz-se na ameaça dirigida ao infractor para a hipótese de não cumprir a obrigação principal, sem a virtualidade de a substituir, nem, em rigor, de ser qualificada de sanção acessória, porque, pela sua natureza, é susceptível de aplicação cumulativa.

Harmoniza-se com o que se prescreve no Código Civil, no sentido de dever ser fixada segundo um critério de razoabilidade, isto é, de proporcionalidade, e destina-se, em partes iguais, ao credor e ao Estado (artigo 829.°-A do Código Civil).

## 13. *Publicação das decisões judiciais*

O artigo 338.°-Q do Código reporta-se, por seu turno, às medidas de publicidade instrumentalizadas pela publicação das decisões judiciais.

O tribunal, a requerimento do lesado, pode determinar, a expensas do infractor, a publicação por extracto dos elementos da sentença e da condenação, incluindo a identificação dos agentes, em meio de comunicação adequado ou no Boletim da Propriedade Industrial.

Temos, assim, que a referida publicitação depende de requerimento dos interessados, porventura na pressuposição de ela, em alguns casos, poder afectar negativamente o seu interesse.

Dada a sua estrutura, tal como é definida na lei, não é uma sanção acessória, mas uma medida suplementar de defesa dos direitos de propriedade industrial tendente a obstar à contrafacção e à pirataria, com o escopo essencial de prevenção geral.

O segmento normativo *pode* não significa mera faculdade, mas um poder-dever, verificados que sejam os pressupostos legais da medida de publicidade em causa, designadamente a gravidade da infracção, revelada pelos factos integrantes da causa de pedir da acção.

A adequação do meio de publicitação ao caso objecto da sentença comporta o entendimento no sentido de poder operar simultaneamente em algum meio de comunicação social e no Boletim da Propriedade Industrial.

É deficiente o normativo que se reporta ao objecto do extracto destinado à referida publicitação, porque os elementos da sentença incluem necessariamente os da condenação e a identificação dos réus infractores.

Parece que o extracto a que a lei se reporta é o resumo da sentença quanto aos factos provados relevantes, à identificação dos réus condenados e ao respectivo segmento decisório.

### 14. *Direito subsidiário*

Ao direito subsidiário reporta-se o artigo 338.°-P do Código, ou seja, às normas de diverso objecto a aplicar a título de suprimento da omissão de outras.

Prevê o que não esteja especialmente regulado na Secção I do capítulo III, e estatui a aplicação subsidiária de outras medidas e procedimentos, nomeadamente os previstos no Código de Processo Civil.

O que está regulado na Secção I do capítulo III, conforme resulta do exposto, são as medidas e procedimentos tendentes a garantir o respeito pelos direitos de propriedade industrial.

Em virtude do que se prescreve neste artigo, a existência das referidas medidas e procedimentos não exclui a utilização pelos interessados, no exercício do direito de acção *lato sensu*, na defesa dos direitos de propriedade industrial, de outros instrumentos processuais adequados existentes no nosso ordenamento jurídico processual, seja no Código de Processo Civil, seja no Regime Processual Experimental.

Assim, não resulta deste artigo a aplicação aos procedimentos constantes da secção I do capítulo III, a título subsidiário, de outras normas de processo, por exemplo as relativas aos procedimentos cautelares.

Todavia, conforme já se referiu, no caso de existência de lacunas de regulamentação, nada obsta a que se apliquem nesta sede as normas de processo relativas, por exemplo, aos procedimentos cautelares, desde que ocorra a similitude que o justifique, nos termos do artigo 10.º, n.os 1 e 2, do Código Civil.

# MARCAS NOTÓRIAS, MARCAS DE PRESTÍGIO E ACORDO ADPIC/TRIPS *

LUÍS PEDRO DOMINGUES
*Advogado*
*Mestre em Direito*

**SUMÁRIO:**
1. Introdução e enquadramento do Tema. 2. O Princípio da Especialidade. 3. Fundamentos de Protecção das Marcas Renomadas. 4. As Marcas Notórias e as Marcas de Prestígio – critérios de diferenciação. 5. As Marcas Notórias – A Protecção na CUP. 6. As Marcas Notórias – a protecção legal nas Directivas Comunitárias e no Direito Nacional. 7. As Marcas de Prestígio – a protecção legal nas Directivas e no Direito Nacional. 8. O Acordo ADPIC/TRIPS – A análise do artigo 16.º e perspectivas de *evolução* na protecção das marcas notórias e de prestígio

## 1. Introdução e enquadramento do Tema

A marca assume-se como um sinal distintivo de produtos ou serviços, permitindo-nos diferenciá-los de outros da mesma espécie. Por outras palavras, a marca corresponde a um sinal que nos permite distinguir uma série de produtos ou serviços das restantes.

Deste modo, a marca é um elemento orientador da escolha dos consumidores, na medida em que lhes possibilita uma mais fácil identificação

---

\* Este artigo corresponde a um sumário da nossa intervenção do II Curso de Verão de Propriedade Industrial ministrado na Faculdade de Direito de Lisboa em 2009 sob coordenação do Professor Doutor José de Oliveira Ascensão.

dos produtos que pretendem adquirir ou dos serviços em relação aos quais desejam ou sentem necessidade recorrer.

A marca tornou-se uma exigência cada vez maior à medida que a economia se caracteriza por uma produção cada vez mais intensa e estereotipada dos produtos em que para a satisfação de uma mesma necessidade o consumidor tem à sua disposição uma multiplicidade de produtos idênticos ou afins.

A marca surge assim como um elemento que viabiliza o princípio da concorrência. Embora assumindo-se como um direito exclusivo[1], o que poderia ser um paradoxo, o facto é que a marca se tornou fundamental para assegurar um mercado em concorrência, com respeito pela confiança depositada pelo público consumidor. Assumiu-se assim, como um instrumento regulador da concorrência e um garante da protecção do consumidor[2].

Nos dias de hoje, as marcas assumem-se como um poderoso instrumento para se chegar junto dos consumidores. Elas são o elemento visível que serve de elo de associação entre os produtos ou serviços e o publico destinatário. As marcas, cada vez mais, são construídas de forma estratégica, traduzindo um forte investimento financeiro por parte dos seus titulares, para que as mesmas possam chegar de forma eficaz aos seus destinatários.

Os seus titulares procuram consubstanciar na marca um instrumento capaz de reduzir a incerteza vinculada ao lançamento de novos produtos, ao assegurar de forma continuada elevados níveis de preferência por parte do mercado.

A concorrência pela conquista do mercado e pela angariação da clientela, que em alguns sectores de actividade, poderá ser adjectivada hoje em dia de voraz (face à escassez de mercados em crescimento), *auxiliada* pela proliferação dos meios e formas de comunicação que cada vez mais permitem chegar a mercados mais distantes e num maior curto

---

[1] Cfr. artigo 224.º n.º 1 do CPI, aprovado pelo Decreto-Lei n.º 36/2003, de 5 de Março, republicado pelo Decreto-Lei n.º 143/2008, de 25 de Julho, alterado pela Lei n.º 52/ /2008, de 28 de Agosto. Contudo, trata-se de um direito exclusivo limitado, entre outros, pelo princípio da especialidade. Na verdade, "as actividades de carácter não económicas estão fora do alcance da reserva do titular da marca" – ANTÓNIO CÔRTE-REAL CRUZ, *O conteúdo e extensão do direito à marca: a marca de grande prestígio*, Direito Industrial – Volume I, Associação Portuguesa de Direito Intelectual, Coimbra, Almedina, 2001, pp. 79 ss.

[2] Cfr. Preâmbulo do CPI.

espaço de tempo, tornou imperioso que os operadores económicos procurem diferenciar os seus produtos ou serviços dos demais.

Numa sociedade moderna, as marcas assumem uma importância vital para as empresas pois correspondem a sinais visíveis por todo o mercado. Quando a oferta dos bens é cada vez mais estereotipada, os mercados em crescimento cada vez mais escassos, as marcas protagonizam o papel de comunicador com o mercado.

A marca surge como o instrumento imprescindível que permite por um lado essa diferenciação de produtos ou serviços e por outro a diferenciação das fontes de origem dos mesmos. Nesse sentido, a marca surge como um sinal distintivo do comércio. O conhecimento da marca no e pelo mercado (isto é, por todos nós enquanto público destinatário) torna-se um *aliado* vital na conquista do mercado e da clientela por parte dos operadores económicos.

A marca é um sinal distintivo que se assume como um direito de exclusivo e tendencialmente perpétuo (atendendo à possibilidade de o registo ser indefinidamente renovável)[3]. A nosso ver, tal conteúdo do direito, encontra a sua justificação no facto de o direito de marcas, ter como principal preocupação a protecção do público destinatário dos produtos ou serviços marcados, de forma a evitar que o mesmo, possa ser induzido em erro, o que não significa que os interesses dos titulares das marcas sejam esquecidos.

A marca assegura assim a defesa de dois interesses, por um lado o do empresário, delimitando a sua posição no mercado frente a outros competidores, por outro lado, o dos consumidores, em não se ver confundido sobre a origem empresarial dos bens ou serviços[4].

As marcas, ao longo dos anos, têm-se revelado como um importante instrumento de atracção de clientela. Na verdade, as marcas têm assumido uma importância crescente na vida comercial das empresas, pese embora, a *desigualdade* a que assistimos entre as marcas que pertencem às *grandes* empresas e as restantes ou, por outras palavras, entre aqueles que possuem poder económico-financeiro bastante para publicitar e tornar as suas marcas conhecidas no e pelo mercado e os restantes.

---

[3] Cfr. artigo 255.º do CPI. O registo é conferido pelo prazo de 10 anos, podendo contudo, ser indefinidamente renovável.

[4] Cfr. Acórdão do Tribunal da RL, de 16 de Outubro de 2003, citando PEDRO PORTELLANO DIEZ, *La Imitación en el Derecho de la Competencia Desleal*, Civitas, Madrid, 1995, pág. 264, referente ao caso da marca *Racing Green* – www.dgsi.pt.

É assim neste contexto que procuraremos realizar uma breve abordagem sobre o presente tema. Ao falarmos sobre marcas notórias ou marcas de prestígio não nos poderemos limitar à análise de eventuais dissemelhanças que possam existir ao nível do conteúdo e extensão do direito e das repercussões em termos de produção de efeitos jurídicos que tais diferenças podem representar.

Com efeito e antes de mais, teremos de atender que a notoriedade ou o prestígio de uma marca, podendo atribuir ao seu titular, determinadas particularidades ao nível do conteúdo e extensão do seu direito, não deixam contudo de atribuir ao seu titular um conteúdo[5] e extensão idênticos

---

[5] Quer em termos de conteúdo positivo do direito, quer em termos da de conteúdo negativo do direito. Conteúdo negativo que, no nosso entender e perfilhando a posição do Professor OLIVEIRA ASCENSÃO, nos permite, ao nível da natureza jurídica do direito de marca, a qualificar como um direito de exclusivo, uma vez que o conteúdo positivo não será mais do que um mero reflexo da proibição imposta aos terceiros – cfr. OLIVEIRA ASCENSÃO, *Direito Comercial – Volume II – Direito Industrial*, Lisboa, 1994, pág. 399. "Rigorosamente, todo o direito de exclusivo é o resultado de uma proibição que atinge todos, com excepção do titular. Só este pode então continuar a usufruir da sua natural liberdade; os outros não" – cfr. OLIVEIRA ASCENSÃO, *Direito Comercial – Volume II – Direito Industrial*, ob. cit., pág. 405. A qualificação do direito de marca como um direito de propriedade "é incompatível com o princípio da especialidade" – OLIVEIRA ASCENSÃO, *As Funções da Marca e os Descritores (Metatags) na Internet,* Direito Industrial, Volume III, Associação Portuguesa de Direito Intelectual, Coimbra, Almedina, 2003, pág. 14.

Na verdade, o direito do titular da marca está limitado pelo princípio da especialidade, o que significa que o mesmo apenas goza de um direito de exclusivo do sinal enquanto marca, isto é enquanto sinal distintivo, nada podendo fazer, no âmbito do direito de marcas, quando terceiros, utilizem um sinal idêntico ou semelhante ao seu com outra finalidade que não a de sinal distintivo. Por outro lado, o titular do direito de marca, apenas goza do exclusivo do sinal para os produtos ou serviços para os quais obteve o registo, o que significa que será possível conceber a existência de dois direitos de marca atribuídos a titulares diferentes, desde que, os produtos para os quais os registos foram concedidos não sejam idênticos ou afins (mais à frente analisaremos o regime excepcional das marcas de prestígio).

Deste modo, se adoptássemos a posição daqueles que entendem o direito de marca como um direito de propriedade, teríamos de admitir que, sobre o mesmo sinal, poderiam existir dois direitos de propriedade, um para relógios e outro para queijos, por exemplo. Isso, "seria uma enormidade, pois significaria admitir uma propriedade relativa. Não há tal: a propriedade atinge por natureza a totalidade do objecto, não deixando espaço para nada que não se conjugue com ela em termos de compropriedade. Propriedades conflituantes sobre o mesmo objecto não se admitem" – OLIVEIRA ASCENSÃO, *As Funções da Marca e os Descritores (Metatags) na Internet, ob. cit.,* pág. 14.

aos que são atribuídos a todo e qualquer titular de um direito de marca que não seja qualificada nem como notória nem como de prestígio.

Na verdade, uma marca notória ou uma marca de prestígio é antes de mais uma marca e, enquanto tal, o seu titular goza de todos os direitos que são atribuídos ao titular de qualquer direito de marca, em especial, ao nível do conteúdo negativo do direito, o *ius prohibendi* em relação a terceiros.

A questão que desde já se coloca é saber se a qualificação de uma marca como notória ou como de prestígio traz algo mais ao nível do conteúdo e extensão do direito do seu titular, do que o conteúdo e extensão do direito que é atribuído a todo e a qualquer titular de um direito de marca que não *mereça* essa qualificação.

Deste modo entendemos que, ainda que muito brevemente, devemos enunciar algumas considerações sobre o conteúdo do direito de marca em geral e com particular atenção, no que respeita ao princípio da especialidade, princípio estruturante de todo o edifício no qual assenta, pelo menos por enquanto, o actual direito de marcas.

Só depois, estaremos em condições para abordarmos as questões relativas à notoriedade e ao prestígio das marcas, onde teremos desde logo que verificar se a diferença terminológica utilizada (marcas notórias e marcas de prestígio) se traduz ou não, numa diferença ao nível do conteúdo e extensão do direito de marca que é atribuído ao seu titular e quais os efeitos jurídicos susceptíveis de serem produzidos ao nível dessas possíveis diferenças ou, se pelo contrário, a diferença terminológica, não representa mais do que uma imprecisão da lei, ao utilizar expressões distintas para ilustrar uma mesma realidade.

Conseguindo então enunciar os pontos estruturantes que caracterizam o conteúdo e extensão do direito de uma marca qualificada como notória ou de prestígio e os efeitos que essa qualificação será susceptível de produzir, poderemos proceder a uma comparação do conteúdo e extensão do direito de uma marca notória ou de prestígio com o conteúdo e extensão do direito de uma marca, dita *normal*.

Esta nossa análise terá na sua base, não só a legislação nacional, mas igualmente a legislação comunitária sobre a matéria, em especial, a nova Directiva Comunitária sobre Marcas[6] e o Regulamento da Marca Comunitária[7].

---

[6] Directiva Comunitária n.° 2008/95/CE, de 22 de Outubro de 2008, publicada no JO n.° L 299/25, de 08 de Novembro de 2008 que revogou a Directiva Comunitária n.° 89/104/ /CEE, de 21 de Dezembro de 1988 – Primeira Directiva do Conselho sobre Marcas que pro-

158         *VII Curso de Direito Industrial*

Não deixaremos igualmente de analisar a forma como o Acordo sobre os Aspectos dos Direitos de Propriedade Intelectual Relacionados com o Comércio[8] aborda esta mesma questão, enunciando por fim, algumas questões, com as quais, num futuro não muito longínquo, poderemos vir a ser confrontados e que, a nosso ver, poderão comprometer todos os pilares nos quais se encontra assente o actual Direito de Marcas que encontra na Função Distintiva desempenhada pelo sinal e no Princípio da Especialidade a justificação da atribuição ao titular de um direito de marca, de um direito de exclusivo que poderá ser indefinidamente renovável.

## 2. O Princípio da Especialidade

Não nos iremos alongar em exaustivas considerações sobre este tema, mas entendemos que algumas questões deverão ser enunciadas antes de abordarmos a questão sobre a notoriedade e o prestígio das marcas.

Com efeito, uma marca notória ou uma marca de prestígio é, antes de mais, uma marca e, como tal, o seu titular goza de um direito com um conteúdo e extensão idênticos ao de um titular de um direito de marca que não goze nem de notoriedade nem de prestígio.

É esse conteúdo do direito que nos propomos analisar em breves linhas para, posteriormente, podermos analisar se o conteúdo do direito de uma marca qualificada como notória ou de prestígio tem algo mais a

---

curou harmonizar as legislações dos diferentes Estados-Membros em matéria de Marcas – Directiva n.º 89/104/CEE, publicada no JO n.º L 40/1, de 11 de Fevereiro de 1989. Quando adiante nos referirmos a um preceito específico da Directiva estaremos a referi-nos à Directiva n.º 2008/95/CE (pese embora e, em relação aos preceitos citados no presente trabalho, nenhuma alteração de conteúdo ter ocorrido em relação à redacção dada pela Directiva n.º 89/104/CEE). Naturalmente que, quando nos referimos à Directiva no âmbito de um enquadramento temporal, estaremos a referir-nos à Directiva que se encontrava em vigor à data.

[7] Regulamento da Marca Comunitária do Conselho, de 20 de Dezembro de 1993, que institui a Marca Comunitária – Regulamento n.º 40/94, de 20 de Dezembro de 1993, JO n.º L 11, de 14 de Janeiro de 1994; alterado pelo Regulamento n.º 3288/94 do Conselho, de 22 de Dezembro de 1994, publicado no JO n.º L 349, de 31 de Dezembro de 1994 (adiante designado apenas por RMC).

[8] De 1994, adiante apenas designado por ADPIC/TRIPS. Constitui o Anexo I C ao Acordo que constituiu a Organização Mundial de Comércio, ratificado pelo Decreto do Presidente da República n.º 82-B/94, de 27 de Dezembro.

Marcas notórias, marcas de prestígio e acordo ADPIC/TRIPS                    159

acrescer ao conteúdo e extensão do direito de uma qualquer marca dita *normal* ou, se pelo contrário, essa qualificação, não se traduz em qualquer diferença no conteúdo e extensão do direito do seu titular e, consequentemente, ao nível dos efeitos jurídicos que o exercício de tal direito poderá implicar.

Neste contexto não poderemos ignorar que o direito de marca, é um direito de exclusivo que encontra ao nível da função distintiva e do princípio da especialidade[9], a justificação pelo qual, a lei atribui ao seu titular, um direito com tal amplitude[10].

Ao falarmos na função distintiva da marca teremos de falar no princípio da especialidade. Ou seja, ao dizermos que a marca tem uma função de distinção de produtos ou serviços, referimo-nos a produtos ou serviços idênticos ou afins. Deste modo, o direito de exclusivo que é concedido ao titular da marca, não é um direito ilimitado, mas um direito limitado, entre outros, pelo princípio da especialidade.

Deste modo, dois produtos idênticos não poderão utilizar a mesma marca, contudo, esta poderá ser usada em produtos que não sejam idênticos ou afins. Isto porque não haverá perigo de confundibilidade por parte dos consumidores. Bens diferentes poderão ser marcados por sinais idênticos ou semelhantes[11] com efeito, que importa por exemplo, ao produtor

---

[9] Para uma análise mais aprofundada sobre o tema cfr. entre outros, Luís Couto Gonçalves, *Função Distintiva da Marca,* Colecção Teses, Coimbra, Almedina, 1999; Pedro Sousa e Silva, *O Princípio da Especialidade das Marcas,* ROA, 1998-I, pp. 386 ss; Luís Miguel Pedro Domingues, *A Função da Marca e o Princípio da Especialidade,* Direito Industrial – Volume IV, Associação Portuguesa de Direito Intelectual, Coimbra, Almedina, 2005, pp. 449 ss.

[10] Veja-se a título de exemplo o caso das patentes, a quem é conferido ao seu titular, um direito pelo prazo de 20 anos (artigo 99.º do CPI), período de tempo que a lei considerou como suficiente para *compensar* o seu titular pelo seu esforço criativo/inovador. Pelo contrário, no caso de um direito de marca, a lei admite que o direito se perpetue no tempo, uma vez que prevê a possibilidade de o registo do direito poder ser indefinidamente renovável (artigo 255.º do CPI).

[11] Quanto a este aspecto, cfr. em particular Paul Roubier, *Le Droit de la Proprieté Industrielle*, volume II, Éditions du Rucueil Sirey, 1954, pp. 560 ss. Com particular atenção quando o autor fala do conceito de *antériorités*, aspecto directamente relacionado com o denominado princípio da novidade, sendo que o conceito de novidade no caso das marcas, não é idêntico ao conceito de novidade em relação às patentes ou aos desenhos e modelos.

Nestes casos a novidade corresponde à ideia de inovação, nas marcas, o conceito de novidade significará diferente do que existe para esse género de produtos ou servide queijos, que um fabricante de automóveis adopte para os respectivos produtos uma marca igual ou semelhante à que adoptou para os seus queijos?

O princípio da especialidade surge como "*a primeira condição de um sinal distintivo, destinado a individualizar o produto. Essa individualização só é possível desde que a marca seja diferente de qualquer outra já anteriormente criada*"[12].

"*A marca é atribuída para uma classe de produtos ou serviços. Mas a zona de defesa que lhe corresponde ultrapassa as utilizações da marca dentro da classe a que pertence, para evitar a indução do público em erro mesmo em relação a produtos ou serviços não compreendidos na mesma classe, mas cuja afinidade com aqueles a que a marca respeita teria a consequência de induzir o público em erro sobre a relação com a marca anterior*"[13].

---

ços. Em relação ao aspecto da novidade será importante analisarmos um pouco do conteúdo do Parecer da Câmara Corporativa. Versa o mesmo em como, "as marcas devem ser especiais, de maneira que não se confundam as respectivas mercadorias que podem confundir-se. A especialidade da marca interessa, sobretudo, à garantia de individualidade da mercadoria. Se a marca deve ser especial, também deve ser distinta de todas as demais e, portanto, nova, o que não quer dizer invenção do seu titular, original, mas nova no sentido de ainda não ter sido empregada como marca na mesma indústria" – Parecer da Câmara Corporativa, Assembleia Nacional, 1937, pp. 216 ss. Em relação a este princípio, cfr. igualmente OLIVEIRA ASCENSÃO, *Direito Comercial – Direito Industrial*, ob. cit., pp. 153 ss.

A título de exemplo vejam-se os casos das marcas *Maizena vs Maizena* para farinhas – Acórdão da 1.ª Vara da Comarca de Lisboa, de 21 de Janeiro de 1932, Gazeta da Relação de Lisboa, de 1 de Maio de 1932, pág. 13; *Diadermine vs Diadermina* para produtos farmacêuticos – Acórdão do STJ, de 27 de Março de 1953, BMJ 36.°, pp. 372 ss.; *D. Fradique vs Cal D. Fradique* – sentença do 3.° Juízo Cível da Comarca de Santarém, de 31 de Janeiro de 2001, BPI 5/2002, pág. 1745; *Vinho Tinto da Pera Manca vs Vinhos da Peramanca* – sentença do 2.° Juízo Cível da Comarca de Évora, de 13 de Junho de 2000, BPI 11/2002, pág. 3719.

Cfr. igualmente Acórdão do Tribunal da RE, de 15 de Janeiro de 2008, a propósito da imitação da marca *Xadrez Burberry* – www.dgsi.pt.

[12] PINTO COELHO, *Lições de Direito Comercial*, 1.° volume, 3.ª edição revista, Lisboa, 1957, pág. 367. "A novidade da marca significa que esta não pode ser idêntica nem semelhante a outra anteriormente registada para produtos iguais ou afins, isto é, que o sinal não esteja a ser empregue como marca na mesma actividade" – CARLOS OLAVO, *Propriedade Industrial*, Coimbra, Almedina, 1997, pág. 50.

[13] OLIVEIRA ASCENSÃO, *As Funções da Marca e os Descritores (Metatags) na Internet, ob. cit.*, pág. 11.

Assim, quando falamos que a marca tem a função de distinguir os produtos ou serviços de outros, esses outros terão de ser produtos ou serviços idênticos ou afins. Teremos assim, de distinguir três situações: por um lado a identidade ou semelhança entre os sinais; por outro, a identidade ou afinidade entre os produtos ou os serviços; por último, o risco de confusão e de associação[14].

Contudo a marca, é igualmente indicativa da proveniência dos bens marcados, ou seja, indica-nos a fonte produtiva dos bens, ainda que em concreto, o público destinatário possa não saber qual é essa fonte produtiva. O facto é que ao ver uma marca idêntica em certos produtos, o público destinatário pode associar aquela marca à mesma fonte produtiva.

Deste modo, a concepção de função distintiva não se limita a diferenciar produtos ou serviços, mas permite igualmente ao consumidor, a diferenciação das fontes de origem desses mesmos produtos ou serviços.

Na perspectiva que defendemos sobre a função distintiva o facto é que tendo a mesma perdido parte fundamental do seu conteúdo, a mesma permanece como sendo a única que justifica o facto de o direito de marca ser um direito de exclusivo e tendencialmente perpétuo, apesar de já não poder garantir que os produtos ou serviços marcados sejam provenientes de uma única e mesma fonte produtiva.

De facto, o elemento de determinação da origem, que desde sempre foi atribuído à marca, foi alvo de profundas alterações a partir do momento em que se admitiram figuras como a transmissão autónoma da marca ou do contrato de licença de marca.

Contudo, e pese embora a função distintiva da marca tenha ficado esvaziada de parte fundamental do seu conteúdo, entendemos que a mesma continua a assumir uma bi-funcionalidade, não tendo ficado limitada à mera função de distinção dos produtos ou serviços, porquanto a marca continuará a garantir ao público destinatário que quem usa a marca é alguém que o faz legitimamente, que não é um imitador ou contrafactor, assegurando ainda que o seu titular estará habilitado a agir perante tentativas de terceiros que procurem, através da imitação ou contrafacção dos sinais, induzir o público destinatário em erro ou confusão quanto à proveniência dos bens ou serviços e deste modo, comprometer o exercício da função distintiva.

---

[14] A este respeito e para uma análise mais pormenorizada, cfr. Luís Miguel Pedro Domingues, *A Função da Marca e o Princípio da Especialidade, ob. cit.*, pp. 449 ss.

A defesa da bi-funcionalidade, assentará assim, no princípio da especialidade e no *ius prohibendi* que, deste modo, justificarão a atribuição ao seu titular de um direito de exclusivo, atribuindo-lhe todas as faculdades necessárias, não só para assegurar a conservação do seu direito mas igualmente para impedir que terceiros procurem induzir os consumidores em erro ou confusão, criando deste modo verdadeiras entropias à leal concorrência.

Com efeito, a marca apenas poderá cumprir a sua função distintiva se a mesma for distinta das demais, de outro modo, existirá sempre o risco de a marca actuar não como um elemento distintivo mas antes gerador de confusão.

É evidente que o exercício do *ius prohibendi* apenas se justifica quando esse terceiro, sem consentimento do titular da marca, utiliza esse sinal[15], na sua vida comercial e enquanto marca[16].

Isto corresponde aquilo que alguns[17] denominam de *limites materiais de exclusivo*. No nosso entender, parecem pacíficas as posições que defendem que todas as actividades de carácter não económico estão excluídas

---

[15] Um sinal idêntico ou semelhante a um outro anteriormente registado e desde que para produtos idênticos ou afins, proporcionando desse modo, um risco de confusão que compreende o risco de associação no espírito do consumidor.

[16] NOGUEIRA SERENS, ainda que a propósito de um artigo do RMC (em concreto, o artigo 9.º n.º 1 alínea c) que tem em parte a sua correspondência no artigo 5.º n.º 2 da Directiva), refere que a utilização do sinal na vida comercial, não significa outra coisa senão o seu uso enquanto sinal distintivo em geral, seja como marca, seja como firma ou denominação, nome comercial ou nome do estabelecimento – A *"vulgarização" da Marca na Directiva*, Separata do número especial do Boletim da Faculdade de Direito de Coimbra – "Estudos em Homenagem ao Professor Doutor António de Arruda Ferrer Correia, 1995, pág. 178.

Pensamos, que no caso concreto, a utilização na vida comercial, deverá significar o uso por parte de terceiro, sem consentimento do titular, da marca enquanto marca, isto é, enquanto sinal distintivo dos produtos ou serviços, com vista à indicação da fonte produtiva de origem. Neste sentido, PEDRO SOUSA E SILVA, *O Princípio da Especialidade das Marcas, ob. cit.*, pp. 403 ss. e em particular, o exemplo que nos dá da sentença proferida pelo Tribunal Judicial de Fafe em relação ao caso *SIMPSON* (nota n.º 55).

Por outro lado, a letra do artigo 245.º do CPI é clara neste aspecto, "considera-se que uma marca foi imitada ou usurpada *por outra* quando...". Pelo seu lado, o artigo 5.º n.º 5 da Directiva refere que os n.º 1 a 4 do artigo 5.º da Directiva, não "afectam as disposições aplicáveis num Estado-membro relativas à protecção contra o uso de um sinal para fins diversos dos que consistem em distinguir os produtos ou serviços...".

[17] Cfr. ANTÓNIO CORTE-REAL CRUZ, *O conteúdo e a extensão do direito à marca: a marca de grande prestigio, ob. cit.*, pp. 94 ss.

desses *limites materiais de exclusivo*[18]. A própria lei, em diversos preceitos (artigo 258.º do CPI[19]) nos faz menção ao direito do titular da marca em impedir o uso por parte de terceiros, de sinal idêntico ou semelhante ao seu no *exercício de actividades económicas*. Por outras palavras o direito exclusivo do titular da marca está materialmente limitado ao poder impedir o uso, enquanto marca, de sinal idêntico ou semelhante ao seu por terceiros.

Assim, se o titular do direito de marca apenas goza do direito de usar em regime de exclusividade um determinado sinal, enquanto marca, para os produtos ou serviços em relação aos quais o mesmo obteve o registo a seu favor, o mesmo tem apenas o poder de se opor, quer à concessão do registo quer ao uso enquanto marca, de um sinal idêntico ou semelhante ao seu, desde que utilizado para produtos idênticos ou afins e, desde que essa utilização, seja susceptível de induzir o consumidor em erro ou confusão (manifestação do conteúdo negativo do direito de exclusivo, também denominado de *ius prohibendi*).

Este *ius prohibendi* visa habilitar o titular da marca de todas as faculdades legais necessárias, no âmbito do direito de marcas, para que este possa agir perante todo o terceiro que procure imitar ou contrafazer um sinal idêntico ou semelhante ao seu, procurando deste modo fazer erradamente crer ao público destinatário que existirá uma qualquer relação entre todos os produtos ou serviços assinalados por um mesmo sinal e uma fonte de proveniência comum, quando isso não corresponda à verdade, impedindo assim, que o mesmo possa ser induzido em erro ou confusão quanto à proveniência dos bens, procurando deste modo salvaguardar a função distintiva da marca, enquanto referencial de proveniência, que permite a recondução dos produtos assinalados por um mesmo sinal (dentro de um determinado nível de afinidade merceológica) a uma fonte de origem que a marca estará em condições de garantir que se trata de uma fonte de origem legítima e não enganosa (não só porque o seu titular não corresponde a nenhum imitador ou contrafactor, como assegurando que o titular do

---

[18] Também neste sentido, cfr. Acórdão do Tribunal da RP, de 23 de Fevereiro de 2006 – www.dgsi.pt.

[19] Este preceito atribui ao titular do direito de marca o *ius prohibendi*. Esta tutela encontra plena justificação na protecção da função distintiva da marca e no princípio da especialidade. O titular da marca, no caso de a identidade ou semelhança entre os sinais (e numa situação de identidade ou afinidade entre os produtos ou serviços), for susceptível de provocar um risco de confusão ou de associação no espírito do consumidor, poderá reagir, opondo-se ao uso da marca posterior realizado por terceiro.

direito estará habilitado a impedir que terceiros possam induzir o público em erro quanto à proveniência dos produtos, através das denominadas acções de imitação ou contracção dos sinais).

Deste modo e de uma forma muito sucinta, podemos concluir que o titular de um direito de marca goza de um direito de exclusivo sobre um determinado sinal que lhe permite usar esse sinal, enquanto marca, em regime de exclusividade, para os produtos ou serviços para os quais obteve o registo a seu favor, concedendo-lhe igualmente a lei (ao nível do conteúdo negativo do direito de exclusivo – o *ius prohibendi*) todas as faculdades e meios necessários, de modo a que o mesmo assegure a manutenção e conservação do seu direito, opondo-se ao uso ou ao pedido do registo ou, requerendo a anulação do mesmo caso entretanto tenha sido concedido, quando terceiros pretendam usar ou registar enquanto marca, um sinal idêntico ou semelhante ao seu, para produtos idênticos ou afins e, deste modo, poderem induzir o consumidor em erro ou confusão, nomeadamente quanto à fonte de origem dos bens em causa, podendo levá-lo a crer que os bens assinalados pelo mesmo sinal seriam provenientes da mesma fonte de origem quando isso não corresponderia à verdade, comprometendo assim, o correcto exercício da função distintiva da marca (na perspectiva da sua bi-funcionalidade) e violando o princípio da especialidade, uma vez que tal actuação violaria a área de exclusivo que a atribuição do direito de marca pressupõe.

A partir do momento em que alguém é titular de um direito de marca, o seu titular adquire o direito de a usar, enquanto marca, para os produtos ou serviços para os quais obteve o registo, adquirindo em simultâneo, a possibilidade de proibir que terceiros, usem ou registem, para produtos idênticos ou afins, um sinal igual ou confundível com o seu, de forma a evitar que se coloque em causa o exercício da função distintiva da marca, atendendo ao risco de confusão que se criaria no mercado[20].

Assim, o direito de exclusivo em que se traduz o direito de marca funciona como que sendo um *círculo de probição*[21], dentro do qual, apenas o titular do direito o pode exercer, estando vedado a todos os outros o seu exercício. *Círculo de proibição* que encontra a sua justificação precisamente na função distintiva desempenhada pela marca e que, sem a existência do mesmo, poderia ser gravemente lesada.

---

[20] Cfr. NOGUEIRA SERENS, A *"vulgarização" da Marca na Directiva*, ob. cit., pp. 6 e 7.

[21] NOGUEIRA SERENS, A *"vulgarização" da Marca na Directiva*, ob. cit., pág. 7.

Contudo, refira-se mais uma vez, o titular do direito, não goza, no interior desse *círculo de proibição*, de um direito ilimitado, mas antes, de um direito limitado entre outros, pelo princípio da especialidade, quer isto dizer, que ele apenas goza do exclusivo sobre o sinal, quando usado enquanto marca, isto é enquanto sinal distintivo, nada podendo fazer quando terceiros o usem com outras finalidades e, do mesmo modo, ele apenas se pode opor face ao uso ou registo por parte de terceiros, de um sinal idêntico ou semelhante ao seu, enquanto marca, caso o mesmo, incida sobre produtos ou serviços idênticos ou afins, criando deste modo condições para que se gere, junto dos consumidores, um risco de confusão (que compreende o risco de associação) e, deste modo, uma situação potencialmente lesiva e comprometedora para o exercício da função distintiva da marca.

Com efeito, "*a função essencial da marca é garantir ao consumidor ou ao utilizador final a identidade de origem do produto ou do serviço designado pela marca, permitindo-lhe distinguir, sem confusão possível, este produto ou serviço de outros que tenham proveniência diversa (...) Para que esta garantia de proveniência, que constitui a função essencial da marca, possa ser assegurada, o titular da marca deve ser protegido contra os concorrentes que pretendam abusar da posição e da reputação da marca, vendendo produtos que a utilizem indevidamente*"[22].

O princípio da especialidade determina assim que o direito de exclusivo e o seu âmbito de protecção limitam-se aos produtos ou serviços idênticos ou afins àqueles para os quais a marca foi registada[23], conferindo ao titular do direito de marca um direito exclusivo que lhe é concedido para permitir ao titular da marca proteger os seus interesses específicos como titular da marca, ou seja, assegurar que a marca possa cumprir as suas funções próprias, em particular, possibilitando aos consumidores a diferenciação das fontes de origem dos produtos ou serviços em causa.

O exercício deste direito (em especial no que concerne ao *ius prohibendi* deve, por conseguinte, ser reservado aos casos em que o uso do sinal

---

[22] Cfr. Acórdão do TJCE, de 12 de Novembro de 2002, Processo C-206/01, considerandos n.º 48 e 50, referente ao caso *Arsenal Football Club vs. M.Reed* – http://eur-lex.europa.eu. O TJCE, neste Acórdão remete ainda para os Acórdãos de 23 de Maio de 1978, *Hoffmann-La Roche vs Centrafarm¸* Processo 102/77, RJC, 1978, pp. 1139 ss. e de 11 de Novembro de 1997, *Frits Loendersloot vs George Ballantine & Son Ltd and others,* Processo C-349/95 – http://eur-lex.europa.eu.

[23] Cfr. Acórdão do Tribunal da RL, de 13 de Janeiro de 2009, referente ao caso das marcas *Boutique dos RX* e *República dos RX* – www.dgsi.pt.

por um terceiro afecta ou é susceptível de afectar as funções da marca, nomeadamente a sua função essencial, que é a de garantir aos consumidores a proveniência do produto.

O conceito do risco de confusão encontra-se assim intrinsecamente relacionado com o princípio da especialidade. Só existe risco de confusão se dois sinais iguais ou semelhantes forem apostos em produtos idênticos ou afins.

## 3. Fundamentos de Protecção das Marcas Renomadas

Uma vez delimitado, ainda que de uma forma muito breve, o conteúdo do direito de marca (susceptível de ser aplicado a todas as marcas), estamos em condições de analisar a questão relacionada com o maior renome das marcas ou, por outras palavras, a questão da notoriedade ou do prestígio das mesmas.

Contudo e ainda que de uma forma sucinta, não poderemos deixar de enunciar algumas notas sobre os fundamentos que se encontram na base de uma protecção *distinta* que é conferida para este tipo de marcas em comparação com as restantes.

Hoje em dia é perfeitamente possível encontrar no mercado, uma série de produtos idênticos ou afins que são capazes de proporcionar aos consumidores, uma satisfação idêntica das suas necessidades.

Nesse sentido, as *empresas* acabam por entrar numa disputa pela clientela, em que o elemento preponderante poderá não ser o valor intrínseco dos produtos em causa (como seja a qualidade dos mesmos) mas antes, um elemento externo, capaz de atrair o consumidor – A Marca.

Naturalmente que esta capacidade atractiva da marca é totalmente independente da qualidade dos produtos ou serviços diferenciados[24]. Mas surge como o elemento atractivo capaz de atrair a clientela (a manutenção da clientela já não passará necessariamente pela marca, mas antes pelas qualidades intrínsecas dos próprios produtos marcados).

---

[24] O *selling power* das marcas, associado à publicidade *sugestiva* das mesmas, permite que estas adquiram uma capacidade atractiva ou sugestiva "forjada à margem do seu valor intrínseco ou da qualidade dos respectivos produtos, e que é a base do seu aludido poder de venda" – cfr. NOGUEIRA SERENS, *A "vulgarização" da Marca na Directiva, ob. cit.*, pág. 124. Cfr. igualmente AMÉRICO SILVA CARVALHO, *Direito de Marcas*, Coimbra Editora, 2004, pp. 364 e 365.

Nem todas as marcas são iguais. Existem marcas, que por pertencerem às *grandes* empresas, são marcas *fortes* do ponto de vista comercial, isto porque os seus titulares possuem capacidade financeira para suportar campanhas publicitárias, que facilitam o acesso da marca ao consumidor. Essas marcas, pelo seu uso e pela sua força atractiva, tornam-se marcas conhecidas, mesmo fora do círculo dos consumidores dos produtos ou serviços a que se destinam preferencialmente.

Por outro lado temos marcas *fracas*, uma vez que os seus titulares correspondem em regra, a *pequenas* e *médias* empresas, que não possuem capacidade financeira, para publicitar a marca junto do consumidor do mesmo modo que as *grandes* empresas, tornando-se estas, consequentemente, menos conhecidas e como tal, mais *fracas* do ponto de vista comercial.

Os meios actuais de publicidade assumem-se hoje, como um veículo fundamental de penetração no mercado, dando a conhecer a marca aos consumidores[25].

O renome de uma marca (o seu conhecimento no e pelo mercado) poderá ser extremamente importante na medida em que pode ser o ele-

---

[25] A título de exemplo não podemos deixar de transcrever, a este propósito, uma afirmação de Baumbach e Hefermehl. Escrevem os mesmos que ao ser "exibido de forma intercalar num cinema americano o anúncio de um gelado tão rapidamente (1/3000 segundos), que os espectadores só o viram opticamente, mas não deram por ele conscientemente; não obstante venderem-se no intervalo quase 60% mais gelados do que antes." Sendo certo que esse aumento do consumo de gelados não se ficou a dever a factores como o aumento da temperatura. Prosseguem os mesmos autores referindo que "a exibição intercalar rápida de textos publicitários, slogans, marcas e produtos, que já não são captados conscientemente e que se destina assim a actuar no subconsciente do solicitado e desta forma manipulá-lo, é contrário aos bons usos devidos ao desprezo da sua personalidade" – *in Wettbewerbsrecht*, 21.ª edição, Munique, 1999, pág. 595, citados por Américo Silva Carvalho, *Usos Atípicos das Marcas (Função da Marca)*, Direito Industrial III, Associação Portuguesa de Direito Intelectual, Coimbra, Almedina, 2003, pág. 99.

Naturalmente que não procuramos neste trabalho analisar a admissibilidade ou inadmissibilidade legal deste tipo de publicidade, que claramente apela ao inconsciente do público, manipulando-o e por isso, incorrendo em prática de concorrência desleal, por violação do proémio do artigo 317.º do CPI, para além da violação do Código da Publicidade. Aquilo que pretendemos salientar prende-se com a importância crescente que a publicidade assume nos nossos dias como elemento preferencial de penetração no mercado e, por consequência, como elemento privilegiado para chegar junto dos consumidores, o que, mais uma vez, vai acentuar a diferença entre as marcas das *grandes empresas* e as marcas das *pequenas e médias empresas*, que não possuem a capacidade económico-financeira, para suportar os custos de uma grande campanha publicitária.

mento decisivo na escolha do consumidor, quando confrontado com uma variedade de produtos do mesmo género, podendo fazer recair a sua escolha nesses bens.

Podendo funcionar mesmo como elemento absolutamente decisivo na escolha dos consumidores e deste modo como elemento potencializador de vendas, influenciando as escolhas dos mesmos, levando-os a adquirir os produtos assinalados por essas marcas mais renomadas em vez de optarem pela aquisição de produtos com base em critérios mais racionais como seriam o da qualidade ou do preço.

Na verdade, *"a publicidade contribui ainda para forjar a boa reputação ou o prestígio que se acumula na marca sendo provável que a excelência de uma reputação ou o elevado prestígio da marca signifiquem expectativas, igualmente altas, de vendas e rentabilidade dos produtos ou serviços em causa (o chamado goodwill)"*[26].

Contudo será importante frisar, que estas marcas que possuem grande força atractiva e que por força da publicidade (e da actividade desenvolvida pelo titular das mesmas) se tornam em marcas conhecidas e comercialmente fortes, desempenham uma grande função económica, para além do importante activo que representam para as empresas[27].

As marcas desempenham cada vez mais, uma importante função económica ao nível do mercado e ao nível do desenvolvimento económico de um país[28]. *"Uma marca representa um valor económico pelo poder sugestivo que tem"*[29].

---

[26] ANTÓNIO CORTE-REAL CRUZ, *O conteúdo e extensão do direito à marca: a marca de grande prestígio, ob. cit.*, pág. 84.

[27] Cfr. a este propósito ANTÓNIO CÔRTE-REAL CRUZ, *O conteúdo e extensão do direito à marca: a marca de grande prestígio, ob. cit.*, pág. 81 (nota n.º 1). Cfr. igualmente AMÉRICO SILVA CARVALHO, *Direito de Marcas, ob. cit.*, pág. 360, quando o mesmo analisa as marcas *Coca-Cola* e *Spur-Cola*, (destinadas a produtos do mesmo género) mas em que a opção por produtos da marca *Coca-Cola*, implicará para os consumidores, um preço "incomparavelmente superior" aos produtos da outra marca. Essa diferença, não residirá na diferença de qualidade dos produtos em causa, mas antes da sua *diferente capacidade atractiva ou sugestiva.*

[28] Podemos ler no preâmbulo ao CPI que "constituindo um dos factores competitivos mais relevantes de uma economia orientada pelo conhecimento, dirigida à inovação e assente em estratégias de *marketing* diferenciadores, a propriedade industrial assume-se igualmente, como mecanismo regulador da concorrência e garante da protecção do consumidor (...) ligado, mais do que nunca, aos vectores essenciais de políticas macroeconómicas ou de estratégias empresariais, modernas e competitivas, condicionadas por uma sociedade de informação e por uma economia globalizada".

[29] CARLOS OLAVO, *Propriedade Industrial, ob. cit.*, pág. 77.

Contudo, este *selling power* nem sempre mereceu, do ponto de vista legislativo, uma tutela legal. Com efeito, durante muito anos, o direito apenas reconheceu às marcas o exercício da função distintiva.

Antes da Directiva (n.° 89/104/CEE) e a nível europeu, eram poucos os ordenamentos que previam a protecção dada às marcas mais renomadas, o que não significava que a maior ou menor capacidade atractiva ou sugestiva das marcas fosse juridicamente irrelevante.

Com efeito, a jurisprudência e a doutrina de alguns países procuraram garantir uma certa protecção às marcas mais *conhecidas*, através da relativização do conceito de afinidade ou do conceito de confusão quanto à proveniência dos produtos ou serviços.

A título de exemplo, analisemos um pouco o que se passou ao nível do direito norte-americano. Em 1905, com a promulgação do *Trademark Act*, prevaleceu o entendimento que a tutela das marcas não poderia ser limitada aos produtos directamente concorrentes, tendo-se alargado essa tutela aos produtos que possuíssem as mesmas propriedades descritivas[30].

Contudo, no interior da jurisprudência norte-americana, foi surgindo uma corrente que entendia que os critérios adoptados eram, apesar de tudo, demasiado restritivos[31].

Efectivamente, em determinados casos, poderia haver um aproveitamento por parte de terceiros, no sentido de utilizarem um sinal idêntico ou semelhante ao de uma marca renomada, procurando fazer crer aos consumidores que os seus produtos seriam provenientes da mesma empresa que produziria os bens aos quais era aposta a marca renomada.

Esse aproveitamento do renome das marcas mais conhecidas poderia resultar da aplicação da marca renomada a outros produtos ou serviços o que poderia afectar o poder publicitário e a posição de exclusividade no mercado.

---

[30] Ao abrigo dessa lei de 1905, o *Fourth Circuit*, em 1941, considerou que não seria de proibir o uso da marca *Arrow* para cerveja, apesar da oposição do titular da marca anterior que a usava em licores – cfr. NOGUEIRA SERENS, A *"vulgarização" da Marca na Directiva, ob. cit.*, pág. 13.

[31] Atente-se ao exemplo que nos é dado por NOGUEIRA SERENS, a propósito da marca *Yale*. Esta marca era usada para diferenciar chaves e fechaduras, sendo que, em 1928 o *Second Circuit*, acabou por considerar que o seu titular se poderia opor ao uso da mesma marca para diferenciar lanternas eléctricas e baterias, pese embora tivesse reconhecido que, não existia qualquer relação directa de concorrência entre os produtos em causa, nem os mesmos possuíam as mesmas propriedades descritivas – A *"vulgarização" da Marca na Directiva, ob. cit.*, pp. 14 ss.

Atente-se no que escreve PEDRO SOUSA E SILVA[32] a este propósito: *"Suponhamos que, estando a célebre marca Omega registada em Portugal apenas para relógios, alguém passa a comercializar no nosso país, sob essa marca, canetas de tinta permanente. Ou que estando a marca IBM registada apenas para máquinas de escrever, computadores e equipamentos de informática, uma empresa portuguesa começar a vender rádios portáteis com essa mesma marca (...) Admitamos agora que a conhecida marca Valium, de medicamentos tranquilizantes, é adoptada por um terceiro para assinalar (...) urnas funerárias. Ou que a renomada marca Ferrari começa a ser usada em artigos pornográficos (...) Suponhamos por último que, estando a renomada Vista Alegre registada em Portugal apenas para porcelanas, alguém passa a usá-la para artigos de vestuário. Ou que um terceiro, independente do titular da marca de perfumes Dior, adopta essa marca para assinalar computadores".*

Tratam-se de casos distintos, mas em todos eles, caso a protecção das marcas renomadas fosse idêntica à da generalidade das marcas, o seu titular estaria impossibilitado de reagir contra o uso realizado por terceiro, pelo menos ao nível do direito de marcas porquanto, a utilização por parte do terceiro ocorre ao nível de produtos distintos daqueles em que é aposta a marca renomada.

O facto de uma marca ser mais conhecida do que outra poderia ser elemento condicionador da afinidade entre produtos ou serviços[33]. A ne-

---

[32] *O Princípio da Especialidade das Marcas*, ob. cit., pp. 378 e 379.

[33] A Alemanha no período anterior à Directiva representa um curioso exemplo, os Tribunais alemães aceitavam o facto de determinadas marcas serem mais conhecidas do que outras e que por isso mesmo, teriam de ser alvo de uma protecção diferente, porquanto o risco de confusão para os consumidores seria maior.

Contudo não relativizaram o conceito de afinidade merceológica, chegaram a afirmar que os produtos ou serviços que não são afins, não passam a ser afins, só porque a marca anterior em comparação, é uma marca conhecida. Nesse sentido, para protegerem as marcas mais conhecidas recorreram a mecanismos fora do direito de marcas, por exemplo, através da concorrência desleal – caso da marca *Magirus* de 1955 (automóveis/instalações frigoríficas), da responsabilidade extra-contratual com base no direito à empresa organizada e exercida (*Recht am eingerichteten und ausgeübten Gewerbebetrieb*).

Segundo as posições assumidas pelo BGH o uso por parte de um terceiro de um sinal igual ou quase igual a uma marca célebre equivaleria a uma ingerência (*Eingriff*) no direito à empresa de cujo activo essa marca faz parte, mesmo que não existisse nenhum risco de confusão, sendo apenas necessário que tal comportamento pudesse afectar a capacidade

Marcas notórias, marcas de prestígio e acordo ADPIC/TRIPS 171

cessidade de proteger mais intensamente as marcas *fortes* do ponto de vista comercial levou a doutrina e a jurisprudência a relativizar o conteúdo de afinidade entre bens, em virtude de o risco de confusão (em sentido amplo ou restrito) poder ser maior nessas marcas (ainda que nestes casos estejamos mais próximos do risco de associação e não de confusão em sentido estrito directo).

Deste modo, poderíamos ter situações, em que um produto não seria considerado afim de outro, caso a marca anterior fosse uma marca *fraca* do ponto de vista comercial, podendo ser considerado afim, caso a marca anterior fosse considerada como *forte* do ponto de vista comercial.

A jurisprudência norte-americana chegou mesmo a fundamentar essa protecção, no facto de o consumidor médio, ao confrontar-se no mercado com bens marcados por uma marca idêntica ou semelhante a uma marca renomada, poder razoavelmente supor que eles provinham da mesma fonte produtiva[34].

O Tribunal considerou então que para garantir a protecção dessa marca muito *conhecida* era necessário alargar o âmbito do conteúdo da afinidade merceológica, de modo a impedir que os consumidores pudes-

---

sugestiva da marca e, consequentemente, o seu valor patrimonial, afectando desse modo, a globalidade da empresa.

Não poderemos também ignorar que durante a vigência da *Warenzeichengesetz* (WZG) existiam dois grandes obstáculos a que a tutela destas marcas fosse feita no âmbito do direito de marcas, por um lado o princípio da especialidade (§ 31 WZG), por outro a condição de violação típica do direito de marcas (§§ 5 e 15 WZG), por isso mesmo, a jurisprudência alemã não aceitava a concepção de relativização do conceito de afinidade merceológica, os produtos ou serviços que não são afins, não passam a ser afins, só porque a marca anterior em comparação, é uma marca conhecida.

Também na Alemanha se procurou garantir essa protecção através da responsabilidade civil extracontratual por força da acção conjugada dos §§ 823 (1) e 826 do BGB (que enuncia os casos de responsabilidade extracontratual) e o § 1.004 (1) também do BGB (que prevê a acção de cessação).

Para uma análise mais pormenorizada sobre a situação na Alemanha antes da Directiva, cfr. NOGUEIRA SERENS, *A "vulgarização" da Marca na Directiva, ob. cit.*, pp. 120 ss. (nota 89). Cfr. igualmente ANTÓNIO CÔRTE-REAL CRUZ, *O conteúdo e extensão do direito à marca: a marca de grande prestígio, ob. cit.*, pp. 106 ss.; PINTO COELHO, *A protecção da marca notoriamente conhecida no Congresso de Viena da CCI*, Boletim da Faculdade de Direito de Coimbra, Volume XXIX, 1953 e *A protecção da marca notória e o Congresso de Bruxelas de 1954 da AIPPI*, Boletim da Faculdade de Direito de Coimbra, Volume XXXI, 1955.

[34] Era a chamada teoria dos *related goods*, cfr. NOGUEIRA SERENS, *A "vulgarização" da Marca na Directiva, ob. cit.*, pp. 13 ss.

172           *VII Curso de Direito Industrial*

sem associar ou pensar, que os bens marcados pela marca posterior, que era idêntica ou semelhante à marca renomada, seriam provenientes da mesma fonte produtiva. Relativizou-se assim o conceito de afinidade. Por isso, afirmámos que bens que não seriam considerados afins, caso a marca anterior fosse pouco *conhecida*, poderiam ser considerados afins, caso a marca anterior fosse uma marca *conhecida*.

O conceito de afinidade ficou assim condicionado pelo tipo de marca anterior, alargando-se a tutela do risco de confusão, não apenas aos produtos ou serviços, mas igualmente às fontes produtivas, algo que contudo se encontrava no âmbito da função distintiva da marca[35].

*"Em última instância (…) o maior ou menor renome da marca cuja tutela está em causa, porque condiciona o risco de confusão sobre a origem dos produtos, acaba por (co)determinar a própria afinidade desses mesmos produtos"*[36].

Naturalmente que esta protecção da marca renomada não podia ser ilimitada, algo que foi aceite pela jurisprudência norte-americana[37] ou italiana[38], mas que parece ter sido esquecida pela portuguesa[39]. NOGUEIRA

---

[35] Foi neste contexto que surgiu o *Lanham Act* de 1946.

[36] NOGUEIRA SERENS, A *"vulgarização" da Marca na Directiva, ob. cit.*, pág. 23.

[37] Os tribunais norte-americanos, para além de terem uma série de critérios que terão de ser preenchidos para que uma marca fosse considerada como renomada (*v.g.* o grau de distintividade; a duração e extensão do uso da marca aos bens em causa; a duração e extensão da publicidade feita à marca; a área geográfica em que a marca é usada), excluíram da aplicação da tutela excepcional das marcas renomadas os casos em que a marca famosa é utilizada, de forma honesta na publicidade comparativa para identificar os produtos ou serviços do titular da marca famosa; os casos de uso não comercial da marca e os casos de comunicação de notícias de qualquer tipo e nos comentários das mesmas – ANTÓNIO CORTE-REAL CRUZ, *O conteúdo e extensão do direito à marca: a marca de grande prestígio, ob. cit.*, pág. 108.

[38] O anterior direito italiano (*Régio Decreto 21 giugno 1942, n.° 929*), não previa nenhuma disposição que garantisse uma tutela especial, no âmbito do direito de marcas, às marcas renomadas. Contudo, e atendendo aos fundamentos que eram apresentados, entendia-se que era necessário garantir essa tutela especial, assim sendo, recorreu-se numa fase inicial, à concorrência desleal. Mas também em Itália se levantaram os problemas inerentes à necessidade de verificação de uma relação de concorrência entre os produtos ou serviços em causa, o que raramente se verificava.

Apesar disso essa tutela especial às marcas renomadas era uma realidade mas com determinados limites, essa tutela não poderia ser aplicada quando os produtos, por serem merceologicamente distintos quer dos objectos da produção originária, quer dos sectores de potencial expansão comercial do sinal imitado, não fossem susceptíveis de provocar no público qualquer confusão sobre a proveniência diferenciada dos produtos homónimos –

*Marcas notórias, marcas de prestígio e acordo ADPIC/TRIPS*     173

SERENS chega mesmo a transcrever uma parte de uma sentença proferida por um Tribunal italiano sobre esta matéria: *"O princípio da especiali-*

---

Sentença da *Corte di Cassazione*, de 24 de Março de 1983, citada por NOGUEIRA SERENS, *A "vulgarização" da Marca na Directiva, ob. cit.*, pp. 23 ss.

[39] É verdade que na anterior legislação não existia nenhuma norma idêntica ao actual artigo 242.º (artigo 191.º do CPI 95), mas nem por isso a nossa jurisprudência, ainda que em poucos casos, deixou de afirmar, a necessidade de protecção excepcional, a certas marcas, que gozavam junto dos consumidores em geral, de uma reputação superior.

Deste modo, e como diz PEDRO SOUSA E SILVA, surgiram algumas "decisões imaginosas dos Tribunais, que deparavam com casos de usurpação de notoriedade..." – cfr. *O Princípio da Especialidade das Marcas, ob. cit.*, pág. 413.

Entre esses casos cfr. sentença do 16.º Juízo Cível da Comarca de Lisboa, de 5 de Março de 1981, publicada no BPI 10/1981, pp. 1980 ss., a propósito do pedido de registo da marca *Marlboro-Scotch Whisky*, destinada a assinalar bebidas, do qual resultou oposição do titular da marca *Marlboro*, para cigarros.

O Tribunal veio a considerar, revogando a decisão da autoridade administrativa, após recurso intentado pela *Philip Morris*, que a marca *Marlboro-Scotch Whisky* era enganosa (falsa indicação sobre a natureza e qualidade dos produtos), mas acrescentou que a marca *Marlboro*, corresponde a uma das marcas mais conhecidas e publicitadas em todo o mundo para assinalar cigarros. Pelo que aparecendo no mercado outro produto assinalado por uma marca semelhante, ainda que para produtos distintos, poderia fazer incorrer o consumidor em confusão porquanto o mesmo poderia pensar que as bebidas seriam provenientes da mesma empresa que produzia os cigarros, até porque, "grandes organizações, como a recorrente, dedicam-se com frequência ao fabrico de produtos diversificados, mas de consumo complementar".

Cfr. igualmente Acórdão do Tribunal da RL, de 3 de Julho de 1990, CJ, Tomo IV 1990, pp. 119 ss, que recusou o registo da marca *COKE*, para produtos de limpeza, higiénicos e perfumaria, requerida pela empresa *Riviera – Erzangung Chemischer und Kposmetisher Produkte Robert Achremk*, por considerar que existia uma tutela excepcional dada à marca *COCA-COLA*, que era uma marca de excepcional renome e que por isso mesmo deveria ser protegida de forma mais intensa, de modo a impedir que se gerasse nos consumidores um risco de confusão em relação à proveniência de ambos os bens, mesmo que ambas as marcas se destinem a assinalar produtos diferentes e sem afinidade, salientando ainda que a marca recorrida iria beneficiar da publicidade realizada pela *The Coca-Cola Company*, sem necessidade de esforço ou despesa, numa atitude puramente parasitária e isto, com prejuízo de terceiros que fabricam e comercializam produtos idênticos aos da *Riviera*. Refira-se que neste último caso, o Tribunal de Primeira Instância negou a pretensão da empresa *The Coca-cola Company* na medida em que entendeu que apesar de as marcas serem iguais, destinavam-se a assinalar produtos diferentes e sem qualquer afinidade.

Na medida em que no CPI de 1940 não existia um preceito objectivo para regular estas situações, os Tribunais recorreram ao instituto da concorrência desleal, algo que não nos parece razoável porquanto, entre os produtos ou serviços em causa, não existe qualquer relação de concorrência. No mesmo sentido, GUGLIELMETTI, *La tutela dei marchi di alta*

*dade, que governa a tutela dos sinais distintivos não consente proibir o uso da marca ou denominação célebre de outrem para produtos que, por serem merceológicamente distintos quer dos objectos da produção originária, quer dos sectores de potencial expansão comercial do sinal imitado, não podem provocar no público qualquer confusão sobre a proveniência diferenciada dos produtos homónimos"*[40].

Como facilmente se compreende existe aqui uma limitação à protecção das marcas renomadas, ou seja, em casos em que os sectores merceológicos sejam de tal modo distintos, não tem sentido a protecção[41].

---

*rinomanza*, RDI, 1980-I, pp. 281 ss. (onde o autor afirma não ser possível recorrer à concorrência desleal porquanto a mesma pressupunha a existência de uma relação de concorrência, algo que não aconteceria no caso do uso de uma marca renomada em produtos ou serviços não afins).

Contudo, estes casos representam uma excepção ao entendimento maioritário quer na doutrina quer na jurisprudência portuguesa. Efectivamente em Portugal, os Tribunais não aceitavam muito bem a possibilidade de tutelar a reputação excepcional das marcas renomadas, nos casos em que os produtos ou serviços em causa fossem totalmente distintos. Cfr. a sentença proferida pelo 1.º Juízo Cível da Comarca, de Lisboa de 15 de Novembro de 1962 e do Acórdão do Tribunal da RL, de 3 de Maio de 1963, que confirmou a sentença anterior, ambos publicados no Boletim da Propriedade Industrial 7/1963, pp. 846 ss.

Em sentido contrário parece manifestar-se CARLOS OLAVO quando refere que "para que se verifique a flutuação na escolha dos consumidores que caracteriza a concorrência, não é necessário que ambas as actividades económicas satisfaçam necessidades do mesmo tipo. Tal flutuação verifica-se sempre que as actividades em causa se insiram no mesmo sector de mercado. E duas actividades inserem-se no mesmo sector de mercado quando se dirigem ao mesmo tipo de clientela, cuja preferência pretendem captar" – *Propriedade Industrial, ob. cit.*, pág. 61.

Refira-se que em Portugal, várias decisões do INPI e mesmo de alguns Tribunais procuraram inicialmente defender que as marcas mais renomadas, por serem muito conhecidas dificilmente poderiam ser alvo de um risco de confusão, mesmo que as marcas em comparação fossem muito semelhantes. Esta posição foi contrariada pelo STJ que num Acórdão de 16 de Julho de 1976, (referente aos casos das marcas *MAGGIOLINO/MAGGI*) decidiu que "opor à semelhança evidente do radical o conhecimento vulgarizado da marca *MAGGI* conduziria ao estranho princípio da exclusão da imitação ou confusão com marcas de renome ou de certa notoriedade" – BMJ 259.º, 239.

[40] NOGUEIRA SERENS, *A "vulgarização" da Marca na Directiva, ob. cit.*, pp. 23 ss., transcrevendo parte do conteúdo da sentença da *Corte di Cassazione*, de 24 de Março de 1983.

[41] "Há uma tão grande distância merceológica que não se afigura possível a transferência do bom-nome da marca do segundo para os primeiros" – cfr. NOGUEIRA SERENS, *A "vulgarização" da Marca na Directiva, ob. cit.*, pág. 170.

Trata-se de um limite de bom senso, que a jurisprudência portuguesa não teve, pelo menos no conteúdo expresso da sentença e do acórdão *supra* citados. Mas esta protecção tem de ser vista no âmbito do próprio conteúdo do direito de marca. A função distintiva da marca não se limita a garantir a diferenciação entre os produtos ou serviços, mas visa de igual modo, garantir a distinção das fontes produtivas dos mesmos.

Assim, quando exista um risco de confusão (repita-se, quer em sentido amplo, quer em sentido restrito) quanto à fonte produtiva, nomeadamente em relação às marcas mais conhecidas, a função distintiva deve actuar e, consequentemente, deve ser proibido o registo de marcas idênticas ou semelhantes a estas, ainda que não para o mesmo género de produtos ou serviços (sempre com o limite do bom senso), porquanto o público destinatário poderá associar todos esses produtos à mesma fonte de origem que é titular da marca renomada[42].

Com efeito, a semelhança entre os sinais poderá ser agravada quando pretendemos confrontar uma marca posterior com uma marca renomada anterior. É porque as marcas renomadas deixam na memória do público uma recordação persistente e, consequentemente, o risco de confusão quanto à imitação poderá ser maior[43].

Como refere Pinto Coelho[44], as marcas renomadas são geralmente conhecidas por todos aqueles que estão em contacto mais directo com o produto, desde produtores, comerciantes e consumidores, sendo consequentemente, mais conhecidas. Assim, se a sua capacidade distintiva é maior, na medida em que muitas vezes se confundem com o próprio produto que marcam, por outro, o risco de confusão é maior, na medida em que a imitação sugere uma marca que o consumidor reconhece com mais facilidade e que guarda de uma forma mais presente na sua memória.

---

[42] Quer a Directiva, quer o RMC, ao nível dos seus preâmbulos, mencionam que o conhecimento de uma marca no mercado deve ser considerado como um factor de avaliação do risco de confusão. No mesmo sentido, se pronunciou o TJCE, nos Acórdãos *Sabel BV vs Puma AG, Rudolf Dassler Sport*, de 11 de Novembro de 1997, CJTJ 1997-I (n.° 24) e *Canon Kabushiki Kaisha vs Metro Goldwin-Mayer Inc,* de 29 de Setembro de 1998, CJTJ, 1998-I (n.° 18), onde o TJCE refere que a força distintiva de uma marca poderá decorrer da notoriedade que a mesma goza junto do público.

[43] Acórdão do TJCE, de 29 de Setembro de 1998, caso *Canon Kabushiki Kaisha v Metro Goldwin-Mayer Inc*, CJTJ, 1998-I, pág. 5507.

[44] *A Protecção da Marca Notoriamente Conhecida*, RLJ, Ano 84, pp. 129 ss.

Naturalmente que o risco de confusão deverá ser analisado atendendo à capacidade distintiva dos sinais em causa. Um sinal *forte*, com grande capacidade distintiva tem todas as condições para perdurar na memória dos consumidores de uma forma mais eficaz e duradoura do que um sinal denominado de *fraco*[45]. A protecção conferida aos sinais com fraca eficácia distintiva será, consequentemente menor[46].

O TJCE, reconhecendo que a Directiva protegia a função publicitária das marcas, veio contudo concretizar que essa protecção apenas se justifica nos casos das marcas que tenham alcançado prestígio e na condição de o uso realizado por terceiro de sinal idêntico ou semelhante ao da marca de prestígio ser susceptível de, sem justo motivo, tirar partido indevido do carácter distintivo ou do prestígio da marca ou os pudesse prejudicar.

Concluindo que, na acepção da Directiva, se torna necessário que os consumidores possam crer que os produtos ou serviços marcados provêm da mesma empresa ou de empresas ligadas entre si por qualquer vínculo de natureza económica, financeira ou jurídica. Por outras palavras, será

---

[45] O mesmo se diga em relação às marcas que gozam de maior notoriedade e prestígio porquanto deixam "na memória do público uma lembrança certa e persistente" – CARLOS OLAVO, *Propriedade Industrial, ob. cit.*, pág. 55.

[46] A força distintiva de uma marca poderá decorrer quer da notoriedade que goza junto do público (cfr. Acórdão do TJCE, de 29 de Setembro de 1998, CJTJ, 1998-I, pág. 5507 – caso *Canon Kabushiki Kaisha vs Metro Goldwin-Mayer Inc*, Processo C-39/97), quer das qualidades intrínsecas desse sinal (cfr. Acórdão do TJCE, de 22 de Junho de 1999, CJTJ, 1999-I, pág. 3819 – caso *Lloyd Schuhfabrik Meyer & Co. GmbH vs Klijsen Handel BV*), nomeadamente a sua originalidade (cfr. Acórdão do Tribunal da RC, de 13 de Novembro de 1990, CJ, Ano XV, Tomo V, pág. 46).

O TJCE, no Acórdão de 22 de Junho de 1999 (citando um outro Acórdão do TJCE, de 04 de Maio de 1999, referente aos Processos C-108/97 e C-109/97, *Windsurfing Chiemsee Produktions- und Vertriebs GmbH (WSC) vs Boots- und Segelzubehör Walter Huber e Franz Attenberger*, http://eur-lex.europa.eu), chega mesmo a referir nos considerandos n.° 23 e 24 que "para efectuar esta apreciação, devem tomar-se em consideração, designadamente, as qualidades intrínsecas da marca, incluindo o facto de apresentar ou não elementos descritivos dos produtos ou serviços para os quais foi registada, a quota de mercado da marca, a intensidade, a área geográfica e a duração do uso dessa marca, a importância dos investimentos feitos pela empresa para a promover, a proporção dos meios interessados que identifica o produto como proveniente de uma empresa determinada graças à marca e declarações das câmaras de comércio e de indústria ou de outras associações profissionais. Daqui resulta que não se pode indicar genericamente, por exemplo recorrendo a percentagens determinadas relativas ao grau de reconhecimento da marca nos meios interessados, quando é que uma marca tem um carácter distintivo elevado".

necessário que se gere junto do público uma confusão quanto à origem empresarial dos produtos ou dos serviços em causa, o que representa uma clara protecção da função distintiva da marca[47].

Enquadram-se nestes termos os dois primeiros exemplos, *supra* citados, que nos foram apresentados por PEDRO SOUSA E SILVA. Na verdade, no caso de a marca *Omega* estar registada em Portugal apenas para relógios e surgir um terceiro a comercializar sob a mesma marca, canetas de tinta permanente, o consumidor poderia ser levado a pensar que ambos os produtos seriam provenientes da mesma fonte produtiva, vindo a adquirir as canetas *Omega* na (errada) convicção que as mesmas provinham da empresa mundialmente conhecida pelo fabrico de relógios.

O mesmo sucederia com o exemplo relativo à marca *IBM*. Caso esta estivesse apenas registada em Portugal para máquinas de escrever, computadores ou equipamentos de informática, e surgisse no mercado, um terceiro a comercializar sob a mesma marca, rádios portáteis, os consumidores poderiam ser levados a supor que se trataria de um outro produto

---

[47] Resta-nos contudo fazer referência a um aspecto não despiciendo a este respeito e que resulta de tudo o que já enunciámos. Ao dizermos que se torna necessário impedir a semelhança entre os sinais e a afinidade entre os produtos ou serviços, de forma a evitar a indução em erro do público, o que está em causa não é evitar que se gere uma confusão entre actividades, entre produtos ou entre sinais. Aquilo que se pretende, é que não se gere um risco de confusão entre as fontes de origem dos produtos ou serviços, na medida em que a confundibilidade sobre a origem empresarial dos produtos ou serviços colocaria em causa, de modo indelével, a função distintiva da marca, na sua funcionalidade de diferenciação das fontes de origem.

Por isso defendemos que o critério da *utilidade* e do *fim*, utilizado para distinguir os produtos ou serviços entre si, não seria suficiente na medida em que não tomaria em atenção a função jurídica da marca e que justifica o facto de a mesma ser um direito exclusivo e indefinidamente renovável – a função distintiva, na sua bi-funcionalidade.

Esta mesma conclusão é enunciada no considerando n.º 11 da actual Directiva 2008/95/CE (considerando n.º 10 da Directiva n.º 89/104/CEE). Refere o mesmo que *"a protecção conferida pela marca registada, cujo objectivo consiste nomeadamente em garantir a função de origem da marca, é absoluta em caso de identidade entre a marca e o sinal e entre os produtos ou serviços; que a protecção é igualmente válida em caso de semelhança entre a marca e o sinal e entre os produtos ou serviços; que é indispensável interpretar a noção de semelhança em relação com o risco de confusão; que o risco de confusão, cuja avaliação depende de numerosos factores e nomeadamente do conhecimento da marca no mercado, da associação que pode ser feita com o sinal utilizado ou registado, do grau de semelhança entre a marca e o sinal e entre os produtos ou serviços designados, constitui a condição específica da protecção (...)"*.

178             *VII Curso de Direito Industrial*

da empresa americana de computadores. Gerar-se-ia assim, no espírito dos consumidores (consumidor médio) uma convicção não verdadeira a respeito da origem dos produtos, seria um caso de risco de confusão que a lei deve naturalmente evitar.

Mas essa protecção encontra-se associada à função distintiva da marca, uma vez que esta tem de garantir a diferente proveniência dos produtos ou serviços. Trata-se de uma protecção que não é assegurada fora do conteúdo do direito de marca e que como tal deve ser justificada pelo risco de confusão e pela função distintiva.

Não tem sentido relativizar o conteúdo de afinidade merceológica para protegermos as marcas renomadas e concluirmos posteriormente que em caso de violação de uma marca renomada temos um acto de concorrência desleal[48-49]. O âmbito de protecção especial que é garantido às mar-

---

[48] Tal como aconteceu nos dois casos que citámos em relação à jurisprudência portuguesa. É verdade que no anterior código não existia nenhum artigo idêntico ao actual artigo 242.°, contudo alguns autores consideram que essa protecção poderia ter sido feita ao abrigo do artigo 93.° § 12.° (cfr. NOGUEIRA SERENS, A *"vulgarização" da Marca na Directiva*, ob. cit., pp. 25 ss. e PEDRO SOUSA E SILVA, *O Princípio da Especialidade das Marcas*, ob. cit., pp. 413 ss. (nota n.° 79), ou do artigo 93.° n.° 11 (cfr. JUSTINO CRUZ, *Código da Propriedade Industrial*, ob. cit., pág. 261).

Na verdade isto não veio a acontecer, tendo os nossos tribunais recorrido ao instituto da concorrência desleal, o que parece ser algo contraditório na medida em que tendo o Tribunal, em ambos os casos, considerado que havia necessidade de garantir uma tutela excepcional às marcas renomadas em causa, apesar de os produtos em confronto serem distintos, vem o mesmo fundamentar a situação com recurso ao instituto da concorrência desleal, que pressupõe uma disputa de clientela, algo que não aconteceria nos casos em apreço, visto tratarem-se de produtos pertencentes a ramos de negócio distintos.

Cfr. a este propósito PINTO COELHO, *A protecção da marca notória e da marca de reputação excepcional*, RLJ, ano 92.° (1959-1960), pp. 3 ss.; OLIVEIRA ASCENSÃO, *Concorrência Desleal*, Coimbra, Almedina, 2002 e em *Concorrência Desleal*, Associação Académica da Faculdade de Direito de Lisboa, 1994; JUSTINO CRUZ, *Código da Propriedade Industrial*, ob. cit., pp. 260 ss.

[49] PINTO COELHO, numa primeira fase, defendia que esta tutela deveria ser feita através do instituto da concorrência desleal, dizia o autor que "quando na lei reguladora do uso das marcas, se fala de concorrência desleal, se contemplam e abrangem todos os casos em que, no exercício da respectiva actividade, o comerciante ou industrial se comporta, em relação aos proprietários das marcas, de maneira não conforme às boas regras da convivência profissional; todos os casos, em suma, em que, no que respeita à identificação ou recomendação dos seus produtos, o comerciante ou industrial pratica um acto que pode ser reputado contrário aos usos leais do comércio, aos bons costumes, sobretudo se esse acto é susceptível de prejudicar terceiro, designadamente o proprietário da marca que ele utiliza em seu proveito" – *A protecção da marca notória e o Congresso de Bruxelas de 1954*

cas renomadas prende-se com o próprio conteúdo do direito de marca, sempre enquadrado pela própria função distintiva, ainda que com uma *flexibilização* do princípio da especialidade.

É uma situação que merece ser tutelada, mas ao contrário das decisões proferidas pela jurisprudência portuguesa a esse respeito, teremos de estabelecer certos limites, tal como foram determinados pela jurisprudência italiana[50] ou norte-americana[51]. Existem certos sectores merceológicos que por serem tão distantes, não poderão ser considerados afins, mesmo num conceito relativizado, de outro modo, estaríamos a estabelecer um limite absoluto de protecção às marcas renomadas que não se justifica.

Neste sentido se pronunciou o Tribunal da Relação de Lisboa, num acórdão de 13 de Janeiro de 2009[52], no qual o mesmo refere que não se podem ultrapassar certas fronteiras, alargando em *"demasia o conceito de*

---

*da AIPPI*, Boletim da Faculdade de Direito da Universidade de Coimbra, Volume XXXI, 1955, pp. 13 e 14.

O autor veio a abandonar esta posição quando confrontado com as inúmeras e inultrapassáveis dificuldades que consistem em considerar concorrentes produtos ou serviços que manifestamente não o são – *A protecção da marca notória e da marca de reputação excepcional*, RLJ, Ano 92.°, n.° 3153, pp. 3 ss.

[50] Podemos salientar o caso em que a jurisprudência italiana considerou que os titulares das marcas *Veuve Cliquot Ponsardin, Don Perignon* e *Munn Cordon Rouge*, usadas para assinalar vinho espumante *Champagne*, não podiam impedir o uso das mesmas marcas, para assinalar respectivamente, espuma ou gel de banho. Cfr. NOGUEIRA SERENS, *A "vulgarização" da Marca na Directiva, ob. cit.*, pág. 24; REMO FRANCESCHELLI, *È proprio vero che il nome Champagne è in Italia di libere appropriazione como marchio a designare qualunque prodotto che non sia vino spumante?*, RDI, 1989-II, pp. 21 ss.

[51] Relativamente à jurisprudência norte-americana e após a promulgação do *Trademark Act* de 1905, podemos indicar como exemplos da relativização do conceito de afinidade merceológica em virtude do risco de confusão (em sentido amplo e restrito) quanto à proveniência dos bens, os casos das marcas *Yale* – 1928 (chaves e fechaduras/lanternas eléctricas e baterias); *Black & White* – 1963 (scotch whisky/cerveja); *Bacardi* – 1972 (rum//jóias); *K2* – 1976 (*esquis*/cigarros com filtro); *Jaguar* – 1991 (automóveis/água-de-colónia). Já não foram considerados afins, as marcas *Skol* e *Skola* – 1972 (cerveja/refrigerantes); *Fifty Fifty* – 1972 (refrigerantes/cigarros); *Notorious* – 1987 (vestuário de senhora//perfume); *Players* – 1984 (*sapatos*/roupa interior masculina); *McDonald's* e *Arche* – 1990 (restaurante fast-food/computadores pessoais; nestas última marca verificava-se a presença de um arco de cor dourada, que caracteriza igualmente a marca *McDonald's*).

[52] Citando PEDRO SOUSA E SILVA, *O Princípio da Especialidade das Marcas, ob. cit.*, pp. 396 e 397. Assin não se poderão ter por afins, por exemplo, isqueiros, gravatas e perfumes, só pelo facto de se encontrarem à venda numa empresa de artigos de luxo.

*produtos ou serviços afins e, consequentemente, alargar desmesurada-
mente os limites da protecção conferida por lei ao titular de cada marca,
ultrapassando todos os critérios definidos por lei".*

*"Assim se alarga o âmbito dessa tutela – vem a ser a protecção con-
tra riscos de confusão não já (apenas) de produtos ou serviços, mas essencialmente sobre a origem desses produtos ou serviços (fontes produtivas).
E porque assim é, a afinidade ou similitude entre os produtos ou serviços
afirmar-se-á sempre que, pela sua significação económica, qualidade e
modo de utilização, especialmente do ponto de vista dos seus lugares normais de produção e de venda, esses produtos (ou serviços) apresentem
"pontos de contacto" tão estreitos que, aplicando-se-lhes a mesma marca,
o consumidor médio os poderia razoavelmente atribuir à mesma fonte
produtiva"*[53].

Estas situações vieram a alterar-se com a Directiva (n.º 89/104/CEE),
de facto, a partir desse momento, a tutela conferida a estas marcas renomadas passou a ser feita no âmbito do direito de marcas (sendo que se tor-
nará fundamental distinguirmos ao nível das marcas renomadas, o regime
consagrado para as marcas notórias do regime das marcas de prestígio).

Contudo, outras situações de necessidade da protecção das marcas
renomadas surgiram muito para além da confusão que se poderia gerar
quanto à fonte produtiva dos produtos ou dos serviços em causa, quer
fosse risco de confusão em sentido amplo quer em sentido restrito. Nestes
casos o que poderá existir são situações susceptíveis de diluir a capacidade
distintiva e atractiva das marcas.

Existem casos em que os produtos ou os serviços são tão distintos que não se justifica falar na relativização do conceito de afinidade.
Contudo, esses casos poderão implicar igualmente, para além de um aproveitamento do prestígio da marca renomada por parte de um terceiro, um
prejuízo ou uma vulgarização para a própria marca renomada.

Estes casos, não obstante a inexistência de qualquer risco de confusão
em relação à proveniência dos bens em causa, corresponderiam a situações
em que o *selling power* das marcas renomadas poderia ser afectado, pelo
uso, por parte de um terceiro, de um sinal idêntico ou semelhante, ainda
que para produtos ou serviços distintos. Nomeadamente poderia afectar a
capacidade atractiva ou sugestiva da própria marca renomada.

---

[53] NOGUEIRA SERENS, *A "vulgarização" da Marca na Directiva, ob. cit.*, pág. 9 (nota
n.º 1).

Não se protege a marca contra qualquer risco de confusão mas antes contra o risco da sua depreciação, risco que será maior quanto maior for a notoriedade ou o prestígio da marca. *"O que há a salvaguardar, neste âmbito, não é tanto a indicação de proveniência (...) mas sim, e primordialmente, o valor comercial da marca, ou o seu poder de atrair o público"*[54].

Recordemos os exemplos das marcas *Valium* e *Ferrari*. A primeira é uma marca utilizada em medicamentos tranquilizantes, caso passasse a ser adoptada por um terceiro para assinalar urnas funerárias não estaria certamente em causa a protecção da função distintiva da marca porquanto não existiria qualquer risco de confusão. O mesmo se passaria com a marca *Ferrari* caso a mesma passasse a ser usada em artigos pornográficos.

Como refere PEDRO SOUSA E SILVA *"dificilmente o consumidor médio virá a supor que a conhecida fabricante de automóveis diversificou os seus negócios a ponto de abranger a pornografia, ou que o fabricante de Valium entrou no ramo dos armadores funerários. Mas nem por isso estas empresas deixarão de ser lesadas, e seriamente, por iniciativas deste tipo: no mínimo, porque a utilização das suas marcas em produtos com conotações desprimorosas (no caso da pornografia), ou associados a factos penosos (como a morte, especialmente tratando-se de medicamentos), contribui para desprestigiar esses sinais, danificando ou denegrindo a imagem favorável que os mesmos tenham junto dos consumidores"*[55]. Esta situação corresponde ao que tradicionalmente é denominado de *diluition by tarnishement* que mais à frente abordaremos.

Por fim teremos os casos em que não existindo qualquer risco de confusão quanto a uma proveniência comum dos produtos ou serviços em causa (exemplos das marcas *Omega* e *IBM*), nem ocorrendo qualquer facto que contribua para desprestigiar ou denegrir a imagem favorável que a marca renomada tenha junto dos consumidores (exemplos das marcas *Valium* e *Ferrari*), poderá contudo contribuir para a perda de individualidade e peculiaridade desses sinais distintivos, em virtude de um uso generalizado em sectores de actividade diversos, com titulares distintos, estes casos correspondem ao que tradicionalmente é denominado de *diluition by blurring*[56].

---

[54] PEDRO SOUSA E SILVA, *O Princípio da Especialidade das Marcas, ob. cit.,* pág. 391.

[55] *O Princípio da Especialidade das Marcas, ob. cit.,* pág. 379.

[56] Refira-se contudo, que esta diluição por vulgarização poderá não ocorrer pese embora o uso da marca em vários sectores de actividade. Efectivamente essa situação

Poderemos aqui apresentar os exemplos das marcas *Vista Alegre* utilizada em porcelanas e vestuário e *Dior* utilizada em perfumes e computadores. *"A força distintiva da marca célebre desbota-se, o seu apelo publicitário diminui, a posição exclusiva perde-se"*[57].

Esta tutela surge assim fora do âmbito da função distintiva da marca, porquanto a sua fundamentação se baseia no prejuízo que poderá resultar para a capacidade sugestiva de uma marca (e não para a capacidade distintiva da mesma). Esta nova realidade, teve aceitação nos Estados Unidos[58] e na Alemanha[59] e, no nosso entender, encontra previsão legal no conteúdo do artigo 5.° n.° 2 da Directiva (quer da Directiva n.° 89/104/CEE, quer da actual Directiva n.° 2008/95/CE), no qual poderemos encontrar uma preocupação do direito comunitário, em tutelar de forma autónoma, a função publicitária da marca, ainda que limitada aos casos das marcas de prestígio.

Efectivamente, nestes casos em que não se verifica qualquer possibilidade de risco de confusão, na medida em que os produtos ou serviços assinalados são substancialmente diferentes, o que se encontra em causa não é mais que a afectação da capacidade atractiva das marcas, do seu

---

poderá contribuir para uma maior expansão da marca no mercado e para o aumento do conhecimento da mesma junto dos consumidores. O BGH, por exemplo, num Acórdão de 2 de Abril de 1987, no caso da marca *Camel*, veio a considerar que a perda de unicidade, não seria suficiente, por si mesma, para que se verificasse uma diluição da marca renomada, seria igualmente necessário que o titular da marca renomada conseguisse demonstrar a existência de um prejuízo concreto para a capacidade publicitária da marca renomada.

[57] Nogueira Serens, *A "vulgarização" da Marca na Directiva, ob. cit.*, pág. 138.

[58] Relativamente às normas anti-diluição nos Estados Unidos destacamos a Lei de 1947 do Massachusetts; o *Model State Trademark Bill* de 1964 e com particular relevância a *Federal Trademark Dilution Act* n.° 104/98.

[59] Na Alemanha este acto de diluição é denominado de *Verwässerung* e mereceu a protecção dos §§§ 823 (1), 826 e 1.004 (1) do BGB. Parte-se do princípio que a marca é um bem do activo empresarial e que existe um direito à empresa organizada e em funcionamento. Naturalmente que esta tutela apenas se aplicaria às marcas de elevado prestígio, ou seja, marcas que fossem conhecidas da grande maioria do publico e que por isso tivessem uma forte implementação no mercado (a maioria dos autores tende a aceitar que para uma marca ser considerada de elevado prestígio necessita de ser conhecida de, pelo menos, 70% dos consumidores em geral), mas teria igualmente que se atender à excepcionalidade e peculiaridade da marca em causa e mesmo à imagem que a mesma possui no mercado (ou seja, a marca teria de estar associada a uma determinada tradição, qualidade).

*Marcas notórias, marcas de prestígio e acordo ADPIC/TRIPS* 183

*selling power* e, consequentemente, do seu valor económico (por isso a pressão que foi feita para garantir a tutela ultramerceológica para as marcas de prestígio e que se procura fazer agora, no mesmo sentido, para as marcas notórias).

Contudo, e até ao momento podemos enunciar uma importante conclusão, a saber, o facto de no período anterior à Directiva[60] e, apesar da preocupação em tutelar de forma excepcional as marcas com maior renome, não existia um mecanismo legal uniforme na maioria dos países, que permitisse assegurar essa tutela.

A Alemanha[61] e a Itália[62] por exemplo asseguravam essa tutela fora do âmbito do direito de marcas. Em Portugal, tal como vimos nos casos enunciados, essa tutela verificou-se no âmbito do instituto da concorrência desleal.

Noutros ordenamentos jurídicos, essa tutela passou pela *flexibilização* do princípio da especialidade e pela relativização do conceito de afinidade merceológica, de modo a garantir uma tutela dentro do âmbito do direito de marcas. Com a Directiva (n.° 89/104/CEE), esta situação alte-

---

[60] Com algumas excepções, por exemplo, nos países do Benelux, a Lei Uniforme do Benelux, mesmo antes de acolher o conteúdo da Directiva, já previa uma tutela ultramerceológica das marcas nos termos do artigo 13.° (A) 2.

[61] Com a entrada em vigor da Directiva e também como resultado da unificação alemã, será bom recordar que a antiga República Democrática Alemã admitia o princípio da transmissão autónoma da marca independentemente do estabelecimento, ao contrário da República Federal da Alemanha que previa um sistema de transmissão vinculada, esta situação alterou-se e de modo substancial. Podemos mesmo dizer que a Alemanha e a Itália que, no período anterior à Directiva, apresentavam dos modelos mais tradicionais ao nível do direito de marcas, aproveitaram o conteúdo da Directiva para os modificar de forma profunda.

A anterior lei, a *Warenzeichengesetz* foi substituída pela *Gesetz über den Shutz von Marken und Sonstigen Kennzeichen*, mais conhecida como *MarkenG*. O princípio da especialidade, pilar no qual se alicerça a função distintiva da marca continua a ser o elemento fulcral de todo o direito de marcas (§§ 9 (1), 14 (2) e 51 (2) *MarkenG*). Contudo, o legislador alemão não teve qualquer tipo de objecção em transpor para o direito nacional (§§ 9 (1)3 e 14 (1)3) os dispositivos da Directiva que concediam uma tutela ultramerceológica às marcas de prestígio, mesmo quando os preceitos da Directiva eram de transposição facultativa.

[62] Também o legislador italiano aproveitou a Directiva para operar uma revolução no seu direito de marcas. A Directiva em Itália foi transposta através dos *Decretos Legislativos 4 dicembre 1992, n.° 480; 19 marzo 1996, n.° 198 e 8 ottobre 1999, n.° 447.* A tutela ultramerceológica das marcas de prestígio foi transposta nos artigos 1.° n.° 1 alínea c) e artigo 17.° n.° 1 alínea g) da Lei de Marcas.

rou-se, introduzindo, de forma imperativa, uma tutela excepcional para as marcas de prestígio[63].

E é neste aspecto concreto que nos deparamos com posições distintas a propósito da tutela jurídica a conferir ou não, à função publicitária desempenhada por estas marcas. Uma vez que não iremos abordar esta questão em pormenor, referimos apenas que concordamos com aqueles que defendem que a protecção do poder atractivo das marcas deverá, antes de mais, ser encontrada no âmbito das normas que disciplinam a leal concorrência entre empresários, não constituindo, em regra, específica função jurídica desse sinal distintivo[64].

Alguns defendem que a concorrência entre as *empresas* deveria ter na sua base o valor e as qualidades dos produtos ou dos serviços pelo que não se justificaria nenhuma protecção jurídica à função publicitária das marcas. Outros, por seu lado, defendem que o *selling power* das marcas é um elemento fundamental para determinar o valor das mesmas pelo que se torna necessário protegê-lo de forma a evitar que o mesmo possa ser prejudicado pela acção de terceiros ou que estes possam beneficiar do mesmo, impedindo o uso de marca idêntica ou semelhante ainda que em produtos ou serviços não afins[65].

A doutrina, progressivamente, foi reconhecendo a necessidade de as marcas mais renomadas serem alvo de uma protecção específica que fosse para além do âmbito normal de protecção conferido às restantes marcas mesmo que se destinassem a produtos ou serviços não idênticos ou afins.

---

[63] Cfr. artigo 4.° n.° 3 da Directiva. De igual modo a Directiva estabeleceu, ainda que de forma facultativa, a mesma tutela excepcional no n.° 4 do artigo 4.° e no n.° 2 do artigo 5.°.

[64] CARLOS OLAVO, *Propriedade Industrial*, Volume I, *ob. cit.*, pág. 75.

[65] A título de mera curiosidade, veja-se o exemplo que nos é dado por ANTÓNIO CÔRTE-REAL CRUZ, em relação à marca *Coca-Cola* e ao seu enorme valor económico. Em 1986, a marca *Coca-Cola* valia metade dos activos corpóreos da empresa, perto de 7 mil milhões de dólares, sendo que em 2001, esse valor atingia quase 48 mil milhões de dólares – *O conteúdo e extensão do direito à marca: a marca de grande prestígio, ob. cit.*, pág. 81. Relativamente ao valor da marca enquanto importante activo das empresas, cfr. ELISABETE MAGALHÃES SERRA e JOSÉ A. VARELA GONZÁLEZ, *A Marca, Avaliação e Gestão Estratégica*, Verbo, Lisboa – São Paulo, 1998, pp. 26 ss, no qual, de forma bastante objectiva se pode ler que esse valor "provém da posição que a empresa detém no mercado, em relação à que teria na ausência da marca". Cfr. também MARIA MIGUEL ROCHA MORAIS DE CARVALHO, *Merchandising de Marcas (A Comercialização do Valor Sugestivo das Marcas)*, Coimbra, Almedina, 2003, pp. 21 ss.; RITA CLIFTON, JOHN SIMMONS e outros, *O Mundo das Marcas*, The Economist, 2005.

## 4. As Marcas Notórias e as Marcas de Prestígio – critérios de diferenciação

Respondendo desde já a uma das questões que formulámos, parece--nos claro que a diferente terminologia utilizada pela lei (marcas notórias e marcas de prestígio) traduz-se na existência de realidades distintas.

Desde logo, poderíamos recorrer a um argumento formal para o justificar, o facto de a lei prever expressamente ambas as figuras em dispositivos legais distintos. Com efeito, a marca notória está prevista no artigo 241.º do CPI, ao passo que a figura da marca de prestígio, está prevista no artigo 242.º do CPI. Diferença igualmente constante ao nível do artigo 323.º alíneas d) e e), respectivamente aplicáveis às marcas notórias e às marcas de prestígio[66].

Contudo, a diferença entre ambas as figuras não é meramente formal, pelo que iremos procurar enunciar alguns critérios que nos permitam, do ponto de vista material diferenciar as mesmas.

Essa distinção é verdadeiramente importante na medida em que a lei, ao nível do conteúdo e extensão do direito, atribui uma amplitude diferente consoante uma marca seja qualificada como notória ou como de prestígio (como iremos verificar, essa qualificação poderá ter efeitos, nomeadamente no que respeita aos limites materiais do *ius prohibendi*, mas igualmente ao nível da avaliação do risco de confusão, em particular no que concerne à *flexibilização* do conceito de afinidade entre os produtos ou serviços).

Assim, não estamos perante uma distinção meramente terminológica ou formal, estamos igualmente perante uma distinção com repercussão directa ao nível do conteúdo e extensão do direito que é atribuído ao seu titular, tal como teremos oportunidade de abordar um pouco mais à frente.

Parece-nos pois inquestionável, atendendo às consequências que a qualificação de um sinal como marca notória ou como marca de prestígio poderá implicar, a necessidade de enunciarmos alguns critérios que possam ser utilizados para diferenciar tais realidades, situação que é reforçada pela ausência de qualquer critério legal que nos permita proceder a essa distinção. Fica assim, entregue ao interprete e ao aplicador da lei essa função.

---

[66] A actual diferenciação que é feita no artigo 323.º do CPI, não tinha correspondência ao nível do CPI de 1995, onde ambas as marcas encontravam-se reguladas na alínea d) do artigo 264.º.

Tendo nós chegado à conclusão que o renome das marcas poderá justificar uma protecção específica (não iremos aqui discutir se essa protecção deverá ser feita dentro ou fora do Direito de Marcas) importará agora procurar estabelecer critérios que nos permitam diferenciar dentro destas marcas mais renomadas, as marcas notórias e as marcas de prestígio.

Em primeiro lugar parece-nos que uma marca de prestígio terá de ser uma marca muito conhecida junto do público em geral e não apenas junto do público a que em particular o produto ou o serviço se dirige preferencialmente[67].

Uma marca de prestígio deverá gozar de *uma proeminente notoriedade no tráfico (eine weite überragende Verkehrsgeltung)*[68].

Assim entendemos, que para a marca poder ser considerada como de prestígio, a mesma deverá gozar de um amplo conhecimento pela generalidade da população do país e não apenas dos círculos interessados (ou seja, operadores económicos concorrentes e consumidores a quem aquele produto se destina preferencialmente).

---

[67] Em sentido contrário parece ir FERNÁNDEZ-NOVOA, que caracteriza essencialmente uma marca de prestígio pelo seu elevado *goodwill*, considerando ser suficiente o seu conhecimento junto dos círculos de interessados – *El Sistema Comunitário de Marcas*, Montecorvo S.A., Madrid, 1990, pág. 180.

[68] NOGUEIRA SERENS, A *"vulgarização" da Marca na Directiva, ob. cit.*, pág. 133, citando J. ERNEST-MOLL, *Die berühmte und die bekannte Marke, in* GRUR, 1993, pp. 9 ss. A jurisprudência alemã tem entendido que uma marca para ser considerada como *célebre*, a mesma deverá gozar de um conhecimento de aproximadamente 80% da população.

Parece-nos contudo, que não deveremos procurar, pelo menos em abstracto, quantificar esse conhecimento junto da população. Essa ponderação resultará sempre dos produtos ou serviços que, em concreto, estejamos a apreciar. Não podemos ignorar que existem produtos que são de consumo específico (ou seja, têm destinatários específicos) e outros que são de grande consumo (destinam-se à população em geral), assim procurar quantificar, em abstracto, o grau de conhecimento de um sinal de modo a que o mesmo possa ser considerado como notório ou de prestígio seria, no nosso entender falível.

Com efeito, para determinados produtos, será certamente suficiente que esse conhecimento por parte da população atinga uma percentagem, sendo que essa mesma percentagem poderá ser considerada insuficiente para qualificar um sinal como notório ou de prestígio quando associado a outros produtos.

Na verdade um bem de grande consumo deverá ser do conhecimento generalizado de toda a população, ao passo que um bem de consumo específico apenas será do conhecimento de uma parte restrita dessa mesma população mas apesar disso, esse conhecimento será suficiente para que esse sinal seja considerado como notório ou de prestígio (imaginemos o caso dos bens de luxo, cujos destinatários serão uma pequena parte da população).

Por outro lado, será importante frisar que, para uma marca ser considerada como de prestígio em Portugal, por exemplo, é necessário que esse conhecimento generalizado da marca junto da população ocorra junto da população portuguesa, isto é, junto da população do país onde o prestígio da marca está a ser aferido.

Assim, podemos estar perante uma marca que goze de amplo conhecimento junto da população norte-americana que, se não gozar desse mesmo conhecimento em Portugal, a mesma não poderá, ser qualificada no nosso país como uma marca de prestígio.

Em sentido contrário manifestou-se o TJCE no acórdão de 14 de Setembro de 1999, no caso *General Motors Corporation v Yplon SA*[69] ao considerar que é suficiente o conhecimento da marca de prestígio junto dos meios interessados, referiu o Tribunal que "*o público perante o qual a marca deve gozar de prestígio é o interessado nessa marca, quer dizer, determinado em função do produto ou do serviço comercializado, nuns casos o grande público, noutros um público mais especializado, por exemplo, determinado meio profissional (…) Deve considerar-se atingindo o grau de conhecimento exigido quando a marca anterior é conhecida de parte significativa do público interessado pelos produtos ou serviços abrangidos por essa marca*" contudo, acrescentou o TJCE que "*o órgão nacional jurisdicional deve tomar em consideração todos os elementos pertinentes do processo, a saber, designadamente, a parte do mercado detida pela marca, a intensidade, o alcance geográfico e a duração da sua utilização, bem como a importância dos investimentos efectuados pela empresa para a promover*".

Em relação às marcas notórias, considera-se que a marca para ser considerada como tal, deve ser conhecida por aqueles que trabalham ou exercem actividade no ramo a que o produto em causa se enquadra, sendo irrelevante, que o público que é alheio a tal actividade não conheça a marca[70], no mesmo sentido e com o qual concordamos, parece ir Luís Couto Gonçalves que considera que se a marca notória for de grande consumo, a marca deve ser conhecida do grande público contudo, se a marca notória for de consumo específico, a marca deve ser

---

[69] Caso 375/97, de 14 de Setembro de 1999 – *http://curia.europa.eu.int/jurisp*.

[70] Américo Silva Carvalho, *Direito de Marcas*, 2.ª edição, Coimbra, Almedina, 2003, pág. 356. No mesmo sentido e cintando Pinto Coelho, cfr. Acórdão do Tribunal da RL, de 06 de Maio de 2003, referente ao caso da marca *Toys R Us* e à denominação social *Nails R Us* – www.dgsi.pt.

188          *VII Curso de Direito Industrial*

conhecida de grande parte do público interessado nesse produto ou serviço[71].

Deste modo, parece-nos evidente que as marcas de prestígio terão que ter uma notoriedade superior àquela que é exigida às marcas (notórias) enunciadas no artigo 241.º do CPI e artigo 6.º *bis* da Convenção da União de Paris[72].

Contudo, aquele que poderia ser um critério que nos poderia auxiliar na distinção entre uma marca notória e uma marca de prestígio foi, de certo modo, colocado em causa pelo TJCE, quando o mesmo afirmou que para uma marca ser qualificada como de prestígio, apenas será necessário

---

[71] *Direito de Marcas, ob. cit.*, pág. 147. No mesmo sentido se pronuncia o relatório da Comissão Executiva da AIPPI (*Association Internationale pour la Protection de la Propriété Industriele*), reunida em Barcelona, de 30 de Setembro a 5 de Outubro de 1990 – https://www.aippi.org/download/comitees/100/RS100English.pdf.

Ao nível jurisprudencial também podemos encontrar estas diferenças de posição, assim, entendendo que a notoriedade da marca deverá ser avaliada pelo seu conhecimento junto do público interessado, cfr. Acórdão do Tribunal da RP, de 21 de Janeiro de 1993, CJ 1/93, pp. 209 ss; defendendo que a notoriedade da marca deverá ser avaliada pelo seu conhecimento junto das pessoas com acessibilidade aos meios de informação, cfr. Acórdão do STJ, de 25 de Novembro de 1955, BMJ 52.º, 663 ss. De igual modo com interesse, cfr. Sentença do Tribunal do Comércio, de 13 de Agosto de 2000, BPI 6/2001, pág. 2447 e Acórdão do Tribunal da RL, de 24 de Setembro de 1998, BPI 12/98, pág. 4594).

[72] Convenção da União de Paris, de 20 de Março de 1883 (adiante apenas designada por CUP), revista em Bruxelas a 14 de Dezembro de 1900, em Washington a 2 de Junho de 1911, em Haia a 6 de Novembro de 1925, em Londres a 2 de Junho de 1934, em Lisboa a 31 de Outubro de 1958 e em Estocolmo a 14 de Julho de 1967. Portugal foi um dos subscritores iniciais da CUP, vigorando a revisão de Estocolmo desde 30 de Abril de 1975.

No mesmo sentido cfr. Acórdão do Tribunal da RL, de 06 de Maio de 2003 – www.dgsi.pt, acentuando a necessidade de uma marca de prestígio gozar de elevado grau de notoriedade junto da população em geral, ao contrário do enunciado pelo TJCE. Considerando que apenas será suficiente o conhecimento da marca junto dos meios interessados, cfr. Acórdão do Tribunal da RL (data ilegível), BPI 10/2005, pp. 3756, referente ao caso das marcas *Evax* e *Purevax*.

Em sentido contrário parece manifestar-se ANNA CARBONI, que entende que as marcas notórias exigem um limiar de reconhecimento público mais alto que as marcas que se limitam a gozar de prestígio – *Two stripes and you're out! – Added protection for trade marks with a reputation*, Europeam Intellectual Property Review 5/2004, volume 26, pág. 231, também citada por JORGE NOVAIS GONÇALVES, *A Marca Prestigiada no Direito Comunitário das Marcas*, Direito Industrial V, Associação Portuguesa de Direito Intelectual, Almedina, Coimbra, 2008, pág. 332 ss. (nota n.º 53).

que a mesma seja conhecida junto dos meios interessados e não pelo público em geral (excepto se se tratar de um produto de grande consumo que tem como destinatário o público em geral), chegando mesmo o TJCE a referir que *"nem a letra nem o espírito do artigo 5.° n.° 2, da directiva autorizam que se exija que a marca seja conhecida de determinada percentagem do público assim definido"*[73].

Não deixará porém de ser considerado um elemento fundamental e relevante na sua qualificação como marca de prestígio, o facto de uma determinada marca gozar de um conhecimento alargado junto de toda a população e não apenas junto dos círculos interessados, isto é, os restantes operadores económicos concorrentes e os consumidores preferenciais desse género de produtos.

Assim, se é possível admitir (em particular atendendo à posição defendida pelo TJCE) que uma marca possa ser qualificada como sendo de prestígio mesmo que apenas goze de notoriedade junto dos círculos interessados, não será menos verdade que, o conhecimento de uma marca junto da população em geral (nomeadamente tratando-se de bens de consumo específico), será certamente factor preponderante para qualificarmos essa mesma marca como sendo de prestígio (ainda que existam outros critérios que terão igualmente que ser preenchidos)[74].

Em segundo lugar, uma marca para ser considerada como de prestígio, deverá ser uma marca com grande originalidade, ou seja, em que o seu

---

[73] Cfr. Acórdão do TJCE, de 14 de Setembro de 1999, Processo C-375/97, referente caso *General Motors Corporation v Yplon SA*, considerando n.° 25 – *http://curia.europa.eu.int/jurisp.*

[74] Entre nós, foram consideradas como marcas notórias, entre outras, as marcas *Windows* (sentença do 16.° Juízo Cível de Lisboa, de 24 de Junho de 1994, BPI 5/95, pp. 1874 ss.) a marca *Vista Alegre* (sentença do 6.° Juízo Cível de Lisboa, de 27 de Outubro de 1998, BPI 1/99, pp. 33 ss.) ou a marca *Toys R Us* (Acórdão do STJ, de 06 de Maio de 2003 – www.dgsi.pt).

No mesmo sentido, foram consideradas em Portugal como marcas de prestígio, as marcas *Rolex* (sentença do 5.° Juízo Cível de Lisboa, de 13 de Janeiro de 1998, BPI 5/98, pp. 1704 ss.), a marca *Michelin*, (sentença do 8.° Juízo Cível da Comarca de Lisboa, de 9 de Junho de 1998, BPI 2/2001, pág. 55 e Acórdão do Tribunal da RL, de 30 de Março de 2000, BPI 2/2001, pág. 556), a marca *Jaguar* (Acórdão da 10.ª Vara Cível de Lisboa, de 21 de Maio de 2001, BPI 11/01, pp. 3786 ss.), a marca *Gió di Giorgio Armani*, (sentença do Tribunal do Comércio, de 13 de Julho de 2001, BPI 5/2002, pág. 1765) a marca *Boss* e *Hugo Boss*, (Acórdão do STJ, de 03 de Abril de 2003 – www.dgsi.pt), a marca *Salsa* (Acórdão do Tribunal da Relação de Lisboa, de 22 de Janeiro de 2009 – www.dgsi.pt).

uso não esteja banalizado ou vulgarizado, ainda que para produtos ou serviços distintos, gozando assim de uma excepcional atracção junto dos consumidores.

Alguns autores falam-nos de unicidade da marca (*Alleinstellung*). Veja-se a este título, os exemplos que nos são apresentados pelo BGH que, nos seus acórdãos de 14 de Fevereiro de 1958 e 11 de Julho de 1958, recusou o estatuto de marca célebre à marca *Anker* (*Âncora*) para tapetes e para a marca *Triumph* para *lingerie*, porquanto as mesmas marcas eram também usadas para móveis estofados e para vestuário de cabedal, respectivamente.

Posteriormente, esta posição do BGH veio sendo abandonada[75], o Tribunal veio a reconhecer que o estatuto de celebridade da marca não poderá ser posto em causa pelo simples facto de ser usada uma marca idêntica em sectores merceológicos distintos, sendo contudo conveniente que o uso por parte de terceiros deverá ter um *significado e dimensão puramente locais*[76].

Assim, se é possível admitirmos a existência de marcas de prestígio que não gozem de uma posição de exclusividade, o facto é que será *aconselhável*, que os outros sinais idênticos à marca em relação à qual se está a aferir o prestígio sejam conhecidos apenas em círculos muito limitados, de outro modo dificilmente a marca em questão poderá alcancar o estatuto de prestígio.

Com efeito, *"as marcas exclusivas têm geralmente um elevado grau de notoriedade, mesmo entre os consumidores que não fazem parte dos possíveis compradores de tais"*[77] produtos ou serviços.

Na verdade, *"uma marca de prestígio tem necessariamente carácter distintivo, característica essa adquirida, pelo menos, pelo uso. Logo, se uma marca anterior de prestígio não é única, o uso de uma marca posterior idêntica ou semelhante pode ser susceptível de enfraquecer o carácter distintivo de que goza a marca anterior.*

---

[75] Acórdão do BGH, de 10 de Novembro de 1965, a propósito da marca *Kupferberg*. Posição também constante do Acórdão do BGH, de 1991, no que concerne à marca *Avon*.

[76] Nogueira Serens, A *"vulgarização" da Marca na Directiva*, ob. cit. pp. 135 ss. (nota n.° 89).

[77] Acórdão do STJ, de 26 de Outubro de 2004, referente ao caso das marcas *Targa vs Targa Assistance*, cujos titulares eram respectivamente a *Porsche* e a *Fiat* – www.dgsi.pt, citando um outro Acórdão do STJ, de 30 de Outubro de 2003, referente ao caso das marcas *Targa vs Targa Service* – www.dgsi.pt.

*Contudo, quanto mais a marca anterior apresente um carácter único, mais o uso de uma marca posterior idêntica ou semelhante poderá prejudicar o seu carácter distintivo"*[78].

Deste modo, se não podemos estabelecer uma exigência de unicidade para que uma marca seja considerada como sendo de prestígio, por maioria de razão não o poderemos fazer para uma marca notória, em que, o grau de conhecimento exigível junto dos consumidores é naturalmente inferior.

Para além dos requisitos da notoriedade e peculiaridade, tem-se defendido que, para uma marca poder ser considerada como de prestígio, deve ter uma imagem de qualidade, a própria marca deve ter *bom nome ou reputação*[79].

Ora este critério, ao contrário do critério da notoriedade que poderá ser *facilmente* alcançado com recurso aos meios publicitários e aos vários canais que o titular da marca tem ao seu dispor para a levar ao conhecimento dos consumidores (caso tenha naturalmente o poder económico--financeiro para suportar os custos de intensas campanhas publicitárias), não é algo que possa ser adquirido pela marca exclusivamente com recurso à publicidade ou à capacidade atractiva ou sugestiva do sinal.

Com efeito, para o preenchimento deste critério, será necessário que a empresa que é titular da marca, seja vista pelos consumidores com capacidade técnica suficiente de produzir bens ou prestar serviços que sejam considerados pelos consumidores como fiáveis, capazes de satisfazer as necessidades dos consumidores de uma forma plenamente satisfatória, capaz de produzir bens e prestar serviços que sejam considerados como sendo de qualidade acima da média.

Evidentemente que este juízo subjectivo sobre a qualidade dos produtos é algo que demorará mais tempo a sedimentar em comparação com o critério da notoriedade (que após algum tempo de intensas campanhas publicitárias, poderá ser *facilmente* atingido). É algo que apenas o decurso do tempo e a efectiva oferta de produtos de uma qualidade considerável poderão permitir alcançar.

---

[78] Acórdão, de 27 de Novembro de 2008, referente ao processo C-252/07, *Intel Corporation Inc vs CPM United Kingdom Ltd*, considerando n.º 73 e 74 – http://eur-lex.europa.eu.

No mesmo sentido parece ir PEDRO SOUSA E SILVA quando refere que a marca de prestígio deverá possuir uma *individualidade acentuada – O Princípio da Especialidade das Marcas, ob. cit.*, pág. 417.

[79] NOGUEIRA SERENS, *A "vulgarização" da Marca na Directiva, ob. cit.* pág. 169. Cfr. ainda as reflexões que o autor realiza na mesma obra nas pp. 133 ss.

Assim, no nosso entender, este critério apenas relevará para efeitos da qualificação de uma marca como de prestígio. Com efeito, a notoriedade de uma marca não significa necessariamente a *boa qualidade e reputação* dos bens oferecidos ou dos serviços prestados.

Do mesmo modo, a *boa reputação* de uma marca, não é algo que se adquira simplesmente pela notoriedade da mesma, nem em simultâneo com a mesma. Ora, este aspecto parece-nos ser da maior importância para diferenciar uma marca notória de uma marca de prestígio.

Com efeito, o *prestígio* da marca exigirá não só, a *notoriedade* da mesma, como uma *boa reputação* do sinal em causa. Por seu turno, a *notoriedade* da marca não exigirá essa *boa reputação*, mas tão somente o seu conhecimento alargado no e pelo mercado. A *boa reputação*, a consideração e o respeito, serão apenas exigências para a qualificação de uma marca como de prestígio, o que, mais uma vez, reforça a ideia que a marca de prestígio será uma marca *superior* em relação à marca notória, uma vez que preenche critérios mais exigentes.

O *prestígio* de uma marca é assim algo que poderá ser forjado com o recurso à publicidade e à qualidade dos produtos oferecidos ou dos serviços prestados, pelo contrário, para além da notoriedade, a marca deverá igualmente ser *particularmente apreciada* pelos consumidores. Isto não significa a defesa da função de qualidade das marcas, nem que os produtos tenham de ser de elevada qualidade. Concordamos por isso com GIANNANTONIO GUGLIELMETTI, quando o mesmo refere que aquilo que é necessário é que os produtos tenham uma qualidade que satisfaça a clientela[80].

Refira-se em relação a este requisito, o facto de o TJCE, no *supra* citado acórdão de 14 de Setembro de 1999, omitir qualquer referência a este elemento qualitativo na caracterização de uma marca de prestígio.

Parece-nos contudo que essa omissão deverá ser vista como uma tomada de posição por parte do TJCE em não pretender proceder a uma definição completa da marca de prestígio, limitando-se a enunciar o elemento quantitativo como elemento absolutamente fundamental para a sua caracterização, mas deixando a porta aberta à ponderação

---

[80] *Il Marchio Celebre o "de Haute Renommée"*, Milão, Giuffrè Editore, 1977, pág. 27. "A marca deve contar com um elevado valor simbólico-evocativo junto do público consumidor" – LUÍS COUTO GONÇALVES, *Função Distintiva da Marca, ob. cit.*, pág. 169.

de outros elementos que contribuam para reforçar essa mesma caracte-rização[81].

Salientar ainda que, no nosso entender, é sobre o titular da marca que reivindica para si a sua qualificação como notória ou de prestígio que recai o ónus de provar os factos que permitem a sua qualificação nesses termos ou a atribuição desse estatuto.

Por fim e a título de conclusão enunciamos algumas considerações do Tribunal da Relação do Porto, num acórdão de 23 de Fevereiro de 2006, nas quais o Tribunal veio a considerar como de prestígio uma marca asso-ciada a uma cadeira de Centros Comerciais e que, no nosso entender, ilus-tra com particular rigor alguns dos aspectos mais significativos que nos orientam e auxiliam (na ausência de definição ou critérios legais) na qua-lificação de uma marca como marca de prestígio.

Refere o Tribunal que *"o impacto que tem gerado a instalação dos referidos centros comerciais tem sido grande e extravasa em muito o âm-bito local onde os mesmos se situam. Isto parece-nos claro se atendermos aos avultadissimos investimentos e aos reflexos que dai advêm no incre-mento do comércio, a nível de emprego e de elevada mobilização de clien-tela (quantificada em muitos milhões de clientes por ano em cada um dos centros comerciais).*

*A publicidade intensa de que a marca tem beneficiado, profusamente documentada nos autos, assente em cuidadoso marketing, tem contribuido igualmente para um elevado grau de notoriedade junto do público* (ele-mento da notoriedade da marca ou elemento quantitativo).

*A par desta notoriedade e também por via dela, afigura-se-nos tra-tar-se de uma marca forte, dotada de acentuada eficácia distintiva e de considerável capacidade atractiva e sugestiva.*

*Trata-se também, parece-nos de marca particularmente apreciada por parte muito significativa da população portuguesa, quer em termos quantitativos – considerando a expansão dos centros comerciais em vá-rios grandes centros urbanos e em diferentes regiões do País e os muitos milhões de clientes que tem cativado – quer em termos qualitativos –*

---

[81] Numa interpretação defendida por Jorge Novais Gonçalves que subscrevemos, esta omissão do TJCE ao elemento qualitativo não deverá ser vista como uma rejeição por parte do TJCE da importância deste elemento (veja-se por exemplo o considerando n.º 21 do referido acórdão onde o TJCE faz uma referência a um elemento quantitativo, o que, só faz sentido se equacionarmos a existência de um elemento quantitativo) – *A Marca Prestigiada no Direito* Comunitário *das Marcas*, *ob. cit.*, pág. 333 ss.

194    *VII Curso de Direito Industrial*

*a imagem de inovação e de excelência que tem sido cultivada e fortemente publicitada* (elemento do prestígio ou da *boa imagem* da marca ou elemento qualitativo), *sem esquecer a dimensão e notoriedade do próprio grupo económico a que pertence a empresa titular"*[82].

## 5. As Marcas Notórias – A Protecção na CUP

A protecção especial às marcas notoriamente conhecidas surgiu com maior relevância no artigo 6.º *bis* da CUP na Conferência Diplomática de Haia em 1925. Em Portugal, essa tutela especial surgiu no artigo 45.º da Lei n.º 1.972, de 21 de Junho de 1938, tendo permanecido no CPI de 1940 nos artigos 95.º e 122.º n.º 4. Posteriormente o CPI 95 veio a consagrar essa protecção nos artigos 190.º e 214.º n.º 2, estando actualmente prevista nos artigos 241.º e 266.º n.º 1 e 2.

Versa em especial o n.º 1 do artigo 6.º *bis* da CUP no sentido de *"os países da União comprometem-se a recusar ou invalidar, quer oficiosamente, se a lei do país o permitir, quer a pedido de quem nisso tiver interesse, o registo e a proibir o uso de marca de fábrica ou de comércio que constitua reprodução, imitação ou tradução, susceptíveis de estabelecer confusão, de uma marca que a autoridade competente do país do registo ou do uso considere que nele é notoriamente conhecida como sendo já marca de uma pessoa a quem a presente Convenção aproveita e utilizada para produtos idênticos ou semelhantes. O mesmo sucederá quando a parte essencial da marca constituir reprodução de marca notoriamente conhecida ou imitação susceptível de estabelecer confusão com esta"*[83].

De forma proposital não referimos o artigo 242.º do CPI como tutelando de forma especial as marcas notoriamente conhecidas. Na verdade, este último preceito aplica-se às marcas de prestígio, marcas que exigem um maior grau de notoriedade do que as marcas consagradas no artigo 241.º, para além de as mesmas terem junto dos consumidores uma imagem

---

[82] Apesar de o Acórdão do Tribunal da RP não fazer menção à marca em causa, pensamos tratar-se da marca *Dolce Vita* – www.dgsi.pt.

[83] Cfr. a este respeito as conclusões da Comissão Executiva da AIPPI (*Association Internationale pour la Protection de la Propriété Industriele*), reunida em Barcelona, de 30 de Setembro a 5 de Outubro de 1990 – https://www.aippi.org/download/comitees/100/RS100English.pdf .

de *boa reputação* (critério não exigível para a qualificação de uma marca como notória), pelo que o nível de protecção consagrado é consideravelmente diferente.

A marca de prestígio é uma marca muito conhecida do público em geral, exigindo uma maior notoriedade do que as marcas notórias, que são essencialmente conhecidas pelo público interessado[84].

Naturalmente que não é apenas o elemento quantitativo a diferenciá--las. Para que uma marca seja qualificada de prestígio será igualmente necessário ponderar o elemento qualitativo. Tradicionalmente entende-se que este elemento qualitativo determina que os produtos ou serviços em causa, para além de serem conhecidos pelo público em geral, terão de estar associados a símbolos de qualidade ou de imagem[85].

No 21.º Congresso da AIPPI, realizado em Bruxelas[86], foi aprovada uma resolução que previa uma alteração ao artigo 6.º *bis* da CUP, no sentido de alargar a protecção prevista no mesmo aos casos em que os produtos não fossem idênticos ou semelhantes, procurando atribuir às marcas notórias uma protecção ultramerceológica tal como hoje é atribuída para as marcas de prestígio[87].

Entendia-se que a redacção do preceito não assegurava protecção suficiente para as marcas de *reputação excepcional*, uma vez que o preceito estava condicionado pelo princípio da especialidade, não tutelando as situações de aproveitamento da notoriedade (ou do prejuízo que esta

---

[84] Como já tivemos oportunidade de referir, o TJCE no Acórdão, de 14 de Setembro de 1999 (Caso-375/97) que opôs a *General Motors Corporation* à *Yplon SA*, pronunciou-se em sentido contrário ao analisar o sentido exacto a dar à expressão "prestígio da marca" constante do n.º 2 do artigo 5.º da Directiva.

[85] "A marca deve contar com um elevado valor simbólico-evocativo junto do público consumidor" – Luís Couto Gonçalves, *Função Distintiva da Marca, ob. cit.*, pág. 169.

[86] Já referimos que a protecção às marcas notórias surgiu inicialmente na Conferência de Haia em 1925, finda a qual, se iniciou o debate de saber se se deveriam tutelar determinadas marcas face a produtos diferentes. Na altura falava-se em marcas de reputação excepcional. Já em 1934, na Conferência de Londres o preceito em causa havia sido alterado. Com efeito, na versão inicial, o mesmo apenas tutelava situações de recusa e invalidação do registo, tendo essa tutela sido alargada de modo a permitir a interdição do uso, bem como se alargou o prazo para a anulação do registo de 3 para 5 anos. Sobre o 21.º Congresso da AIPPI, cfr. https://www.aippi.org/download/comitees/1/RS1 French.pdf.

[87] Igual orientação foi recomendada pela Câmara de Comércio Internacional no Congresso de Tóquio, em 1955.

poderia sofrer) pela utilização de sinais idênticos ou semelhantes ainda que para produtos ou serviços não afins[88].

Procurava-se assim uma forma de tutela das marcas de *reputação excepcional*, que se distinguiam igualmente das marcas notórias, uma vez que para além da notoriedade de que eram alvo, gozavam ainda de uma ideia de *reputação excepcional*. Protecção esse que deveria ser alargada para além do princípio da especialidade, ficando a protecção às marcas notórias delimitada pelas fronteiras estabelecidas pelo princípio da especialidade.

Em 1958, em Lisboa, na Conferência Diplomática, onde se previa realizar a revisão da CUP, não foi possível chegar a um entendimento sobre em que preceitos da CUP deveria ser introduzida a alteração que previa a protecção ultramerceológica[89]. As divergências não foram ultrapassadas e, consequentemente, a alteração acabou por não ser introduzida.

Esta situação permanece actualmente na redacção da CUP, o que significa, que a tutela ultramerceológica não se encontra ainda prevista no texto da CUP que, deste modo, apenas consagra a protecção às marcas notórias e dentro do príncipio da especialidade porquanto o poder do *ius prohibendi* que é dado ao seu titular apenas poderá ser exercido em situações susceptíveis de induzirem o consumidor em erro ou confusão e, deste modo, comprometer o exercício da função distintiva da marca.

### 6. As Marcas Notórias – a protecção legal nas Directivas Comunitárias e no Direito Nacional

Como já tivemos oportunidade de enunciar, antes da Directiva (n.° 89/104/CEE) e a nível europeu, eram poucos os ordenamentos que previam a protecção dada às marcas mais renomadas para além do prin-

---

[88] Sobre este aspecto cfr. PINTO COELHO, *A protecção da marca notoriamente conhecida no Congresso de Viena da C.C.I*, Boletim da Faculdade de Direito da Universidade de Coimbra, Volume XXIX, 1953, pp. 1 ss. e *O problema da protecção da marca quando usada por terceiro para produtos não identificados nem similares*, Boletim da Faculdade de Direito da Universidade de Coimbra, Volume XXX, 1954, pp. 1 ss.

[89] ANTÓNIO CÔRTE-REAL CRUZ, refere-nos em particular a oposição da delegação jugoslava que sustentava que "não havia nenhum ideal ético que reclamasse esta extensão da protecção à marca, por entender que a grande reputação da marca era afinal atingida não por especial mérito, mas por grandes despesas em publicidade (…)" – *O conteúdo e extensão do direito à marca: a marca de grande prestígio*, *ob. cit.*, pág. 105 (nota n.° 62).

cípio da especialidade. A jurisprudência e a doutrina de alguns países procuraram contudo garantir uma certa protecção às marcas mais *conhecidas*, através da relativização do conceito de afinidade ou do conceito de confusão quanto à proveniência dos produtos ou serviços ou, assegurar essa protecção fora do âmbito do direito de marcas.

*"Os tribunais e a doutrina, embora reconhecendo dificuldades, inclinavam-se para rejeitar o enquadramento do problema da utilização da marca famosa ou de reputação excepcional em produtos totalmente distintos na concorrência desleal, pelo menos, nos casos em que não se pudesse apurar a existência de concorrência"*[90], ou a existência de um risco de confusão.

Estas situações vieram a alterar-se com a Directiva (n.º 89/104/CEE), de facto, a partir desse momento, a tutela conferida a estas marcas renomadas passou a ser feita no âmbito do direito de marcas.

Entre nós, a situação mereceu essa protecção legal, no âmbito do direito de marcas com o CPI de 1995 (resultado da transposição da Directiva n.º 89/104/CEE para o ordenamento jurídico nacional). Situação contudo limitada às marcas de prestígio, pois no que concerne à protecção conferida às marcas notórias, com maior ou menor *flexibilização* do conceito de afinidade merceológica e do risco de confusão, o facto é que a mesma continua limitada pelo princípio da especialidade.

São precisamente estes aspectos que nos propomos abordar neste momento, ou seja, verificar dentro de que termos é que o Direito Comunitário e, consequentemente o Direito Nacional, estabelecem a protecção para as marcas notórias e para as marcas de prestígio, em especial, procurando analisar qual o conteúdo e extensão do direito que é atribuído ao titular de uma marca qualificada como notória ou como de prestígio, para depois, estabelecidos os contornos dos mesmos, procurar estabelecer a comparação com o conteúdo e extensão do direito que é atribuído ao titular de uma marca dita *normal*, ou seja, não notória e não de prestígio.

A Directiva, no n.º 1 do artigo 4.º estabelece que *"o pedido de registo de uma marca será recusado ou, tendo sido efectuado, o registo de uma marca ficará passível de ser declarado nulo"* se a marca for idêntica ou semelhante a uma marca anterior e se os produtos ou serviços para os quais o registo da marca for pedido ou a marca tiver sido registada

---

[90] ANTÓNIO CÔRTE-REAL CRUZ, *O conteúdo e extensão do direito à marca: a marca de grande prestígio, ob. cit.*, pág. 109.

forem idênticos ou afins para os quais a marca anterior se encontra protegida, gerando assim no espírito do público, um risco de confusão que compreenda o risco de associação com a marca anterior.

Entendendo-se, nomeadamente por marca anterior *"as marcas que, à data da apresentação do pedido de registo, ou, eventualmente, à data da prioridade invocada em apoio do pedido de registo, sejam notoriamente conhecidas no Estado-membro em causa na acepção em que a expressão "notoriamente conhecida" é empregue no artigo 6.°-A da Convenção de Paris"*[91].

Ora, esta protecção que é conferida pela Directiva, às marcas notórias, tal como sucede com a protecção conferida pela CUP, é uma protecção perfeitamente enquandrável dentro do princípio da especialidade, nomeadamente, pelo *ius prohibendi* que é conferido ao seu titular, permintido-lhe opor-se ao uso ou requerer a invalidade do registo (caso tenha sido requerido), quando um terceiro procure registar um sinal idêntico ou semelhante ao seu, para produtos ou serviços idênticos ou afins, criando deste modo a possibilidade de o público destinatário poder ser induzido em erro ou confusão e, deste modo, comprometer o exercício da função distintiva da marca.

Deste modo, a maior ou menor notoriedade de uma marca poderão condicionar o conceito de afinidade merceológica bem como o conceito de risco de confusão, tal como já tivemos oportunidade de enunciar, uma vez que a semelhança entre os sinais poderá ser agravada quando pretendemos confrontar uma marca posterior com uma marca notória anterior. Isto porque as marcas notórias deixam na memória do público uma recordação persistente e, consequentemente, o risco de confusão quanto à imitação poderá ser maior[92].

Isto porque o risco de confusão deverá ser analisado atendendo à capacidade distintiva dos sinais em causa. Um sinal *forte*, com grande capacidade distintiva tem todas as condições para perdurar na memória dos consumidores de uma forma mais eficaz e duradoura do que um sinal denominado de *fraco*. A protecção conferida aos sinais com fraca eficácia distintiva será, consequentemente, menor.

---

[91] Cfr. artigo 4.° n.° 2 alínea d) da Directiva. Em sentido idêntico versa a alínea c) do n.° 2 do artigo 8.° do RMC.

[92] Acórdão do TJCE, de 29 de Setembro de 1998, caso *Canon Kabushiki Kaisha vs Metro Goldwin-Mayer Inc*, Processo C-39/97, CJTJ, 1998-I, pág. 5507.

Sendo a marca mais conhecida e perdurando a mesma mais facilmente na memória dos consumidores, haverá maior probabilidade de os consumidores pensarem que o titular de uma marca notória exerce a sua actividade em ramos de actividade mais afastados (sectores de potencial expansão comercial ou tratando-se de organizações comerciais de grande dimensão, as mesmas poderão ser vistas com maior aptidão para fornecer produtos e serviços complementares de diversa ordem, conexos com a respectiva actividade industrial ou comercial principal[93]) e, consequentemente poder ser responsável pela produção de bens que não serão, do ponto de vista meramente económico, considerados afins, mas que o devem ser, do ponto de vista do direito de marcas e da função distintiva desempenhada pelas marcas, pelo simples facto de os consumidores poderem razoavelmente reconduzi-los à mesma fonte de origem.

Neste sentido falamos de *flexibilização* do conceito de afinidade, uma vez que o critério meramente económico de considerar afins os produtos que tivessem a mesma utilidade e fim[94] não é suficiente *na medida em que não tem em conta os valores essenciais da propriedade industrial, em especial, não tem em conta a finalidade essencial das marcas: a finalidade distintiva"*[95].

---

[93] Acórdão do STJ, de 26 de Outubro de 2004, referente ao caso das marcas *Targa vs Targa Assistance*, cujos titulares eram respectivamente a *Porsche* e a *Fiat* – www.dgsi.pt.

[94] Cfr. Acórdão do STJ, de 3 de Julho de 1970. Caso *Metagon* (marca destinada a produtos químicos para amaciar a água) *v Metapon* (produtos químicos destinados a amaciar a água, à ciência e fotografia, composições extintoras, perfumarias, pó e flocos de sabão, produtos de lixívia e branqueamento, amido, substância contra a ferrugem, substâncias para limpar e polir e ainda abrasivos) BMJ 196.°, 265. Neste Acórdão o Supremo considerou que a afinidade entre os produtos ou serviços não depende do critério de classificação dos bens em causa, nem da classe onde os mesmos se inserem, realidade que pode hoje ser confirmada no artigo 245.° n.° 2 do novo código.

[95] Cfr. sentenças do Tribunal do Comércio de Lisboa, de 13 de Julho de 2001, BPI 5/2002, pp. 1758 ss. e pp. 1785 ss. Parece ser também este o entendimento de JUSTINO CRUZ que refere que, mesmo nos casos em que não existe confusão por parte dos consumidores, isto não significa que os mesmos não sejam afins, porquanto os consumidores poderão razoavelmente atribuir uma origem comum aos produtos em causa – *Código da Propriedade Industrial, ob. cit.*, pág. 211. Estes casos prendem-se essencialmente com a relação entre matérias-primas e os produtos fabricados com essas matérias-primas. Também aqui existe uma disparidade na nossa jurisprudência, por exemplo, o STJ decidiu em 12 de Janeiro de 1973, que existe afinidade entre confecções e vestuário (BPI 1/73, pp. 7 ss.), mais tarde, em 21 de Maio de 1981, o mesmo Tribunal e para o mesmo tipo de produtos, entendeu que não existia afinidade (BMJ 307.°, 291). Cfr. também LUÍS COUTO

200 *VII Curso de Direito Industrial*

Na verdade, a função distintiva da marca, na concepção que defendemos, não se esgota na diferenciação de uma série de produtos em relação a outros. Se é verdade que a marca permite essa distinção, não é menos verdade que a marca permite a diferenciação das fontes de origem dos produtos ou serviços (*Herkunftsfunktion*).

Deste modo, a afinidade entre os produtos ou serviços estará dependente de o público consumidor lhes atribuir a mesma origem[96], a bi-funcionalidade que defendemos para a função distintiva da marca, ainda que numa concepção distinta da que era defendida pelo entendimento clássico, leva-nos a dar relevância, para efeitos do conceito de afinidade e, consequentemente, ao nível do risco de confusão, não só à diferenciação entre produtos ou serviços, mas igualmente, ao nível das fontes de origem dos mesmos.

Para determinarmos se os produtos podem ser atribuídos à mesma origem será necessário atendermos ao critério do público destinatário. Deste modo, deverão ser considerados afins todos os produtos ou serviços que possam razoavelmente fazer pensar o consumidor que os mesmos são provenientes da mesma empresa.

Com efeito, ao adoptarmos simplesmente o critério da utilidade e do fim (numa perspectiva de afinidade económica) poderíamos ser confrontados com situações em que o público destinatário ao deparar-se no mercado com dois produtos (que não teriam a mesma utilidade e fim) assinalados por um mesmo sinal, pudesse razoavelmente, reconduzi-los à mesma fonte de origem, podendo ser induzido em erro caso essa recondução não correspondesse à verdade (situação que tem precisamente um maior impacto quando falamos de marcas notórias, cuja imagem perdura por muito mais tempo na memória dos consumidores, potencializando deste modo o risco de confusão).

Nesse sentido, por exemplo, o Supremo Tribunal de Justiça, recusou o registo da marca *Targa Assistance* pela *Fiat*, uma vez que os consumi-

---

GONÇALVES, *Direito de Marcas, ob. cit.*, pág. 133; COUTINHO DE ABREU, *Direito Comercial, ob. cit.*, pág. 369.

Neste sentido também se parece pronunciar o Acórdão do Tribunal da RL, de 13 de Janeiro de 2009, quando refere que "a afinidade não se fica por aqui", devendo-se igualmente considerar afins "os bens não intermutáveis ou substituíveis que o público destinatário crê razoavelmente terem a mesma origem" referente ao caso das marcas *Boutique dos RX* e *República dos RX* – www.dgsi.pt.

[96] Cfr. LUÍS COUTO GONÇALVES, *Imitação de Marca*, Scientia Ivridica, Tomo XLV, n.º 262 a 264, pág. 337.

dores poderiam ser levados a crer que o que lhes é proposto pela *Fiat* através da marca *Targa Assistance*, provem da *Porsche* (titular da marca *Targa*). A utilização desse marca seria susceptível de gerar confusão ou de induzir o consumidor em erro, facilitando a difusão dos serviços da *Fiat*, que seria assim favorecida à custa do renome da *Porsche*[97].

Mas pese embora existisse uma situação de identidade de sinais susceptível de induzir o público destinatário em erro ou confusão quanto à proveniência dos produtos (comprometendo deste modo o exercício da função distintiva na sua componente de indicação de proveniência), a verdade é que não poderíamos considerar ter existido violação do princípio da especialidade e, deste modo, permitir que o titular da marca exercesse o seu *ius prohibendi*, porquanto os produtos em causa não seriam considerados afins, simplesmente porque não teriam a mesma utilidade e fim.

Neste sentido tornou-se necessário *flexibilizar* o conceito de afinidade, Assim perfilhamos uma concepção que procura uma inter-ligação entre as duas correntes anteriormente referidas. Haverá afinidade entre os produtos ou serviços quando os mesmos puderem ser atribuídos à mesma fonte produtiva, funcionando o critério da mesma utilidade e fim como critério complementar. A coexistência das duas correntes permitir-nos-á estabelecer uma relação de afinidade entre dois produtos ou serviços de uma forma mais rigorosa.

Deste modo e no que respeita às marcas notórias, podemos concluir que, tendo sido necessário *flexibilizar* o conceito de afinidade merceológica, atendendo à notoriedade que os mesmas gozam junto dos consumidores e assim, procurar evitar que se gerasse uma situação de indução em erro ou confusão dos mesmos, garantindo deste modo o respeito pela função distintiva, o facto é que a protecção conferida aos seus titular enquadra-se dentro do princípio da especialidade.

A *flexibilização* do conceito de afinidade tornou-se uma exigência da notoriedade das marcas, mas o conteúdo e a extensão do direito de um titular de uma marca qualificada como notória são quase idênticos ao conteúdo e extensão do direito de uma marca *não notória*.

A principal diferença residirá no facto de o titular de uma marca notória poder gozar de alguma *flexibilização* na qualificação dos produtos

---

[97] Acórdão do STJ, de 26 de Outubro de 2004 – www.dgsi.pt. No caso em apreço, o STJ conclui pela existência de afinidade manifesta entre os produtos produzidos pela *Porsche* (marca registada) e os serviços que a *Fiat* se propunha prestar (marca registanda).

como afins (esse critério será menos rígido ou seja, afastar-se-á mais do critério meramente económico da utilidade e fim, dando-lhe maior margem de manobra no exercício do seu *ius prohibendi*) e a dissemelhança exigida a uma marca posterior será maior.

Caso se trate de uma marca *não notória*, não só o critério de afinidade será mais rígido como a dissemelhança exigida será menor. Com efeito, se a marca perdura menos na memória dos consumidores, o risco de confusão será menor e, consequentemente, haverá menos possibilidade de comprometer o exercício da função distintiva.

Ora, esta protecção conferida às marcas notórias encontra-se igualmente consagrada no nosso CPI nos artigos 241.° e 323.° alínea d), protecção esta conferida dentro dos limites do princípio da especialidade.

Com efeito, o titular de uma marca notória, apenas se poderá opor ao uso (artigo 323.° alínea d) do CPI), ao pedido de registo (artigo 241.° n.° 1 do CPI) ou requerer a anulabilidade do mesmo (artigo 266.° n.° 1 do CPI), caso um terceiro use, enquanto marca, ou procure registar, um sinal idêntico ou semelhante ao seu, para produtos ou serviços idênticos ou afins, proporcionando deste modo, condições para criar um risco de erro ou confusão junto dos consumidores, ou se, dessa aplicação for possível estabelecer uma associação com o titular da marca notória[98].

Assim, o conteúdo e a extensão do direito do titular de uma marca notória enquandra-se no âmbito do princípio da especialidade e da protecção da função distintiva, uma vez que o seu *ius prohibendi*, está limitado às situações que são suceptíveis de desencadear uma indução em erro ou confusão dos consumidores e, deste modo, comprometer o exercício da função distintiva, em especial, na sua componente da diferenciação das fontes de origem.

Em relação às marcas notórias, referência ainda para o conteúdo do artigo 95.° do CPI de 1940. Referia o preceito que *"pode a requerimento do interessado ser recusado o pedido de registo de marca que, no todo ou em parte essencial, constitua reprodução, imitação ou tradução de outra*

---

[98] De forma a evitar esta associação, *flexibilizou-se* o conceito de afinidade, uma vez que apesar de os produtos ou serviços em causa não terem a mesma utilidade e fim, o consumidor poderia ainda assim, estabelecer uma associação com o titular da marca notória, sendo deste modo induzido em erro e, consequentemente, comprometendo o exercício da função distintiva, porquanto poderá pensar que os produtos assinalados pela marca posterior se integram em sectores de potencial expansão comercial por parte do titular da marca notória.

*notoriamente conhecida como pertencente a cidadão de outro país da União, se for aplicada a produtos idênticos ou semelhantes e com ela possa confundir-se"*[99].

O actual CPI *aperfeiçoou* a redacção do preceito, fazendo salientar que a notoriedade da marca deve ser considerada em relação a Portugal, sendo que o registo da marca registada em violação do actual artigo 241.° do CPI seria susceptível de anulação[100], alargando igualmente a proibição ao uso nos termos da alínea d) do artigo 323.° do CPI (realidade contudo enquadrável no âmbito do princípio da especialidade).

O CPI exige contudo no n.° 2 do artigo 241.° que o titular de uma marca notória, para poder exercer o seu *ius prohibendi*, tenha pelo menos efectuado o pedido de registo da marca que dá origem e fundamenta o seu interesse, a seu favor[101].

---

[99] Neste artigo do Código de 1940 não se exigia que a notoriedade da marca fosse considerada em relação a Portugal (fala-se apenas em marca notoriemente conhecida como pertencente a cidadão de outro país da União), não se proibindo igualmente o uso mas tão somente o registo.

[100] Cfr. artigo 266.° n.° 1, igual sanção é prevista na alínea d) do n.° 2 do artigo 4.° da Directiva, na alínea c) do n.° 2 do artigo 8.° e na alínea a) do n.° 1 do artigo 52.° do RMC.

[101] No mesmo sentido, para requerer a anulabilidade do registo, o titular da marca notória deverá igualmente requer o pedido de registo a seu favor – artigo 266.° n.° 2 do CPI, o mesmo sucedendo para efeitos de oposição ao uso nos termos da alínea d) do artigo 323.° do CPI. Assim, se é verdade que o artigo 6.° *bis* da CUP não exige que a marca notória se encontre registada para que possa gozar de protecção, não é menos verdade que, em Portugal, para que uma marca notória seja protegida enquanto tal, o seu titular, não só terá de demonstrar que o sinal goza de notoriedade em Portugal como terá de provar a efectivação do pedido de registo do sinal a seu favor.

Quanto à prova da notoriedade poderão ser apresentados como meios de prova elementos de carácter mais subjectivo como o sejam os estudos de mercado, mas poderão igualmente ser apresentados elementos mais objectivos como o sejam o volume de vendas ou os investimentos publicitários realizados para tornar a marca conhecida. A este respeito cfr. FERNÁNDEZ-NÓVOA, *El Sistema Comunitário de Marcas, ob. cit.,* pp. 165 ss.

Veja-se a este respeito, o Acórdão do Tribunal da RL, de 22 de Janeiro de 2009, a respeito da marca *Salsa*, que faz menção a um estudo realizado por uma empresa de Gestão e Avaliação de Marcas em 2006, que concluiu que o conhecimento da marca *Salsa* (para vestuário) atingia os 89,4%, "ocupando um lugar de destaque face às concorrentes" ou a menção que o mesmo Acórdão realiza ao investimento realizado pela titular da marca em publicidade (acentuando que no ano de 2002, esse investimento quase que triplicou, ascendendo aos 7,55 milhões de euros) – www.dgsi.pt.

Concordamos contudo com JORGE NOVAIS GONÇALVES, quando o mesmo refere que esses estudos não sendo imprescindiveis tão pouco serão necessariamente suficien-

Podemos assim concluir que tanto a legislação nacional, como a legislação comunitária sustentam a protecção conferida às marcas notórias tal como previsto no artigo 6.º *bis* da CUP, ou seja, dentro do princípio da especialidade, com vista a evitar a indução em erro dos consumidores.

Deste modo e a título de conclusão, podemos dizer que o titular de uma marca notória goza de um conteúdo e extensão do direito de marca idêntico ao de qualquer titular de um direito de marca, considerada *normal*, ou seja, um direito que se enquadra dentro do princípio da especialidade e no respeito pela função distintiva da marca.

Poderemos assinalar contudo duas particularidades ao nível do conteúdo e extensão do direito, por um lado, a *flexibilização* do conceito de afinidade e do risco de confusão atendendo à maior notoriedade da marca.

Por outro, a qualificação de uma marca como notória dará ao titular de uma marca notória um direito de prioridade ao nível do registo porquanto o titular de uma marca notória que ainda não tenha o registo a seu favor em Portugal, poderá opor-se ao pedido de registo de sinal idêntico ou semelhante ao seu para produtos ou serviços idênticos ou afins, realizado por terceiro, tendo apenas para esse efeito que demonstrar (para além do risco de confusão que compreende o risco de associação) que o seu sinal já gozava de notoriedade em Portugal em momento anterior ao pedido realizado pelo terceiro, assim como requerer igualmente o registo da marca a seu favor para esse tipo de produtos ou serviços, algo que acontecerá posteriormente ao pedido de registo formulado pelo terceiro e, nesse sentido, dizemos que o titular da marca notória gozará de um direito de prioridade, uma vez que conseguindo o titular da marca notória provar que o seu sinal já gozava de notoriedade em Portugal antes de o terceiro ter requerido o pedido de registo em Portugal, o pedido de registo que será recusado será o que foi formulado em primeiro lugar, isto é, pelo titular do sinal não notório, sendo aceite o registo enquanto marca do sinal notório.

Temos assim que uma marca notória beneficia de uma protecção fora do princípio da territorialidade e da eficácia constitutiva do registo, mas limitada ao princípio da especialidade e ao pedido de registo em Portugal.

---

tes. "Com efeito, a fiabilidade de tais estudos e respectivo valor probatório varia, entre outros factores, em função do número de pessoas inquiridas, do perfil dos entrevistados, do tipo de questões efectuadas e dos métodos utilizados" – *A Marca Prestigiada no Direito Comunitário das Marcas, ob. cit.,* pág. 339.

## 7. As Marcas de Prestígio – a protecção legal nas Directivas e no Direito Nacional

No n.º 3 do artigo 4.º da Directiva encontramos enunciado o princípio da protecção das marcas de prestígio. Traduz-se na possibilidade de o titular de uma marca comunitária anteriormente registada e que goze de prestígio na comunidade, poder opor-se à concessão do registo relativamente a uma marca idêntica ou semelhante à sua, mesmo que para produtos ou serviços distintos, desde que o uso da marca posterior procure, sem justo motivo, tirar partido indevido do carácter distintivo ou de prestigio da marca comunitária anterior.

Quando o preceito faz referência à possibilidade de aproveitamento da capacidade distintiva da marca, o mesmo pretende impedir que se gere um risco de confusão (quer em sentido estrito, quer em sentido amplo). Visa evitar que o público destinatário possa confundir uma marca idêntica ou semelhante a uma marca de prestígio, pensando então, que os produtos aos quais é aposta essa marca, são produzidos pela mesma *empresa* (ou por uma *empresa* que mantenha com ela uma relação de natureza contratual, económica ou financeira) que é titular da marca de prestígio.

Situação semelhante encontra-se no artigo 4.º n.º 4 alínea a) da Directiva (apesar de este preceito não ser de transposição vinculativa para os Estados-membros), só que neste caso a marca de prestígio é uma marca nacional que goza de prestígio no Estado-membro onde é feito o pedido de registo da marca posterior[102]. Diga-se também que em ambos os números referidos do artigo 4.º, se pressupõe na sua previsão, que o titular da marca posterior, tenha intenção de tirar partido do carácter distintivo ou do prestígio da marca anterior, ou que possa prejudicar a capacidade distintiva ou o prestígio da marca anterior.

Em Portugal, estes preceitos foram transpostos no artigo 242.º do CPI[103].

---

[102] Refira-se que na versão portuguesa oficial da Directiva, publicada no JO n.º L 40/1, de 11 de Fevereiro, existe um *lapsus calamis*, onde se lê marca comunitária anterior, deve ler-se, marca nacional anterior.

[103] Saliente-se a lucidez e capacidade de visão do legislador português, que optou por proceder à transposição do artigo 4.º n.º 4 alínea a) da Directiva, de outro modo, a marca que apenas gozasse de prestígio em Portugal, ficaria sem a protecção que seria dada às marcas que gozassem de prestígio na Comunidade. Nota-se igualmente que as diferen-

206　　　　　　　　　　　*VII Curso de Direito Industrial*

A tutela das marcas de prestígio não pode apenas contudo ser analisada atendendo ao conteúdo do artigo 4.º n.º 3 e n.º 4 alínea a) da Direc-

---

ças de redacção que existiam, face ao conteúdo dos preceitos da Directiva e da na nossa lei desapareceram no actual CPI.

Efectivamente, o CPI 95 fazia referência expressa à identidade ou semelhança entre os sinais em causa, do ponto de vista *gráfico* e *fonético*. Algo que não acontece na Directiva, o que nos levaria a perguntar, se a identidade figurativa não seria relevante, porquanto a mesma é referida no artigo 245.º n.º 1 alínea c) do CPI, como critério de aferição da semelhança entre sinais. Parece-nos que a referência expressa à semelhança *gráfica* e *fonética* no artigo 191.º não invalidava a relevância da semelhança figurativa como elemento de caracterização da semelhança.

De igual modo, a nossa lei no artigo 191.º fazia referência a marcas de *grande prestígio* e não somente às marcas de *prestígio*. Na proposta inicial da Directiva constava a expressão *grande prestígio*, sendo que a supressão do qualificativo *grande* ficou a dever-se à posição assumida pelos representantes do Benelux. Quanto a estes aspectos cfr. PEDRO SOUSA E SILVA, *O Princípio da Especialidade das Marcas*, cit. pp. 427 ss. (cfr. também notas n.º 126 e n.º 129).

Um outro aspecto importante referente ao artigo 242.º do CPI prende-se como expressão *marca anterior*. Isto significa que a marca de prestígio para ser protegida nos termos do preceito referido, terá de ser anterior à marca registanda. Ora, o artigo 242.º, não exige que a marca de prestígio esteja registada em Portugal, mas simplesmente que goze de prestígio na Comunidade ou em Portugal.

Contudo parece-nos necessário, tal como é estipulado para as marcas notórias (cfr. artigo 241.º n.º 2 e como é estipulado pelo artigo 4.º n.º 3 da Directiva na remissão que mesmo faz para o artigo 4.º n.º 2) que o titular de uma marca que goze de prestígio em Portugal e que pretende manifestar a sua oposição à concessão do registo a uma marca idêntica ou semelhante à sua, do qual poderá resultar um aproveitamento ou um prejuízo para a capacidade distintiva ou para o prestígio da mesma, deverá requer o registo em Portugal da sua marca que goza de prestígio no nosso país (tal como é expressamente consagrado no artigo 242.º n.º 2 do CPI).

De outro modo correr-se-ia o risco de o titular de uma marca de prestígio gozar de uma maior protecção em Portugal do que no próprio país onde registou a marca, porquanto em Portugal estaria sempre protegido mesmo que não solicitasse o registo da mesma. Estamos naturalmente a partir do pressuposto que no estado de origem é exigido o registo, nesse caso, e pese embora a letra da lei não o exigir, entendemos que a marca de prestígio ou a marca notória deverão igualmente estar registadas no país de origem, como condição da própria protecção internacional, neste sentido, PATRÍCIO PAUL, *Concorrência Desleal*, Coimbra Editora, Coimbra, 1965, pp. 59 ss.; OLIVEIRA ASCENSÃO, *Direito Comercial – Direito Industrial*, cit. pág. 169 e 170; em sentido contrário, PINTO COELHO, *A protecção da marca "notoriamente conhecida"*, RLJ, ano 84.º, n.º 2598, pp. 131 ss. e LUÍS COUTO GONÇALVES, *Manual de Direito Industrial*, Almedina, Coimbra, 2005, pp. 243 e 244.

Na verdade, mesmo que a letra da lei não o exija expressamente parece-nos inevitável exigir o registo no país de origem (caso este surja como condição de protecção no mesmo). De outro modo, a marca em causa desfrutaria de uma tutela mais abrangente em

tiva, com correspondência no nosso artigo 242.° do CPI, mas igualmente a nível do artigo 5.° n.° 2 da Directiva (artigo de transposição facultativa, que não tinha sido transposto em Portugal no CPI 95).

No n.° 2 do artigo 5.° existe mais uma vez referência às marcas de prestígio, contudo o dispositivo do artigo 5.° n.° 2 da Directiva, tal como o artigo 4.° n.° 4 alínea a), não eram de transposição obrigatória para os Estados-membros.

Este dispositivo refere-se à possibilidade do titular dessa marca de prestígio, se poder opor ao uso na vida comercial de sinal idêntico ou semelhante ao da marca de prestígio, feito por terceiro, sem o seu consentimento. Ao passo que no artigo 4.° n.° 3 e n.° 4 alínea a) se faz referência à possibilidade do titular de uma marca de prestígio se poder opor à concessão do registo, como marca de um sinal idêntico ou semelhante ao da marca de prestígio[104].

---

Portugal, onde o registo é exigido, para que a mesma beneficie da protecção especial que a lei lhe confere, do que aquela que lhe é concedida no seu país de origem, onde apesar de o registo surgir como condição de protecção, a marca não beneficiaria da mesma pelo simples facto de não se encontrar registada.

Atente-se, que o inverso também será exigível (ainda que neste caso, como vimos, a lei exige-o literalmente), ou seja, para que a marca beneficie dessa tutela especial em Portugal, não basta que a mesma esteja registada apenas no seu país de origem, é fundamental que seja requerido o registo da marca em Portugal de forma a poder beneficiar de protecção especial no nosso país. De igual modo e nos termos do n.° 2 do artigo 266.°, deverá também o interessado requerer o registo da marca que dá origem ao pedido de anulação para os produtos ou serviços que lhe deram notoriedade ou prestígio. Caso não seja requerido esse registo, é porque o titular da marca de prestígio não demonstra muito interesse na protecção e, consequentemente, não nos parece que a marca de prestígio deve beneficiar de algum tipo de protecção legal.

Por outro lado parece-nos importante focar que a anterioridade da marca de prestígio terá de ser aferida a partir do momento em que a mesma adquiriu esse prestígio. Assim se o prestígio apenas foi adquirido num momento posterior ao pedido de registo de uma outra marca, não tem sentido falar em aproveitamento ou prejuízo para o prestígio, porquanto o mesmo não existia àquela data. Cfr. a este propósito o artigo 4.° n.° 2 alínea d) da Directiva.

Da conjugação destes preceitos resulta a existência de um direito de prioridade para o titular da marca notória ou de prestígio em requerer o respectivo registo, elemento imprescindível para que o mesmo possa deduzir oposição ao registo da marca realizado por terceiro para obter a anulação dos registos que tenham sido concedidos.

[104] Por esta razão, o artigo 4.° n.° 3 e n.° 4 alínea a) utiliza expressões como: *procure (...) tirar partido* ou *possa prejudicá-los*, porquanto são situações previstas *a priori*, ou seja, no momento do registo. Pelo seu lado, o artigo 5.° n.° 2 utiliza expressões como *tire partido* ou *prejudique*, porquanto pressupõe o uso do sinal.

208     *VII Curso de Direito Industrial*

Este aspecto é contudo de particular importância, ou seja, o artigo 4.º n.º 3 e 4.º alínea a) da Directiva, aplicam-se aos casos em que um terceiro pretende registar como marca, um sinal idêntico ou semelhante ao de uma marca de prestígio. Em contrapartida, o artigo 5.º n.º 2, aplica-se aos casos em que um terceiro *usa na sua vida comercial*, um sinal idêntico ou semelhante ao de um marca de prestígio. Uso esse, que no nosso entender terá de ser visto, enquanto sinal distintivo, não havendo por parte desse terceiro qualquer interesse em solicitar o pedido de registo do sinal em causa, para os seus produtos ou serviços.

Esta expressão – *uso na vida comercial* – acaba por ser uma fronteira limitativa do alcance do direito do titular da marca. De facto, a atribuição do direito é limitada à possibilidade de o mesmo utilizar em regime de exclusividade o sinal, no âmbito da sua actividade comercial (que engloba, por exemplo, o uso da mesma em *"anúncios luminosos, filmes publicitários, jornais, circulares, listas de preços, facturas,..."*)[105] e nunca fora da mesma.

Assim, fica excluída do âmbito de aplicação desse direito, a faculdade de se poder opor ao uso da marca em actividades não económicas ou comerciais feito por terceiros (teria sido preferível que a lei portuguesa tivesse consagrado no nosso ordenamento jurídico, mesmo que a título meramente exemplificativo, a enunciação de algumas situações que poderão ser consideradas como *uso na vida comercial*, tal como a Directiva o fez no artigo 5.º n.º 3)[106].

*"O artigo 5.º, n.º 2, da Directiva 89/104 institui, a favor das marcas de prestígio, uma protecção mais ampla do que a prevista no n.º 1 do mesmo artigo 5.º A condição específica dessa protecção é constituída por uma utilização sem motivo justificado de um sinal idêntico ou semelhante a uma marca registada que tira ou é susceptível de tirar indevidamente*

---

[105] FERRER CORREIA, *Lições de Direito Comercial, ob. cit.*, pp. 199 ss.

[106] Cfr a este respeito o Acórdão do TJCE, de 12 de Novembro de 2002, Processo C-206/01, referente ao caso *Arsenal Football Club vs. M.Reed* – http://eur-lex.europa.eu. Neste Acórdão o TJCE, no considerando n.º 54 refere que *"o titular não pode proibir o uso de um sinal idêntico à marca para produtos idênticos àqueles para os quais a marca foi registada se este uso não puder prejudicar os seus interesses próprios como titular da marca, tendo em conta as funções desta. Assim, determinados usos com fins puramente descritivos são excluídos do âmbito de aplicação do artigo 5.º, n.º 1, da directiva, uma vez que não ofendem nenhum dos interesses que essa disposição visa proteger"*. Cfr. igualmente o Acórdão do TJCE, de 14 de Maio de 2002, *Michael Hölterhoff vs Ulrich Freiesleben*, Processo C-2/00 – http://eur-lex.europa.eu, a propósito das marcas *Spirit Sun* e *Context Cut*.

*partido do carácter distintivo ou do prestígio da marca anterior ou lhes causa ou é susceptível de lhes causar prejuízo"*[107].

São várias as razões que fundamentam todos estes preceitos – por um lado, o aproveitamento sem justo motivo do carácter distintivo da marca de prestígio, isso verifica-se quando o terceiro pretenda fazer (erradamente) crer aos consumidores, que os seus produtos ou serviços assinalados por um sinal idêntico ou semelhante ao da marca de prestígio, provêm da mesma fonte produtiva ou de fontes produtivas contratualmente relacionadas.

Por outro lado, temos situações de aproveitamento do prestígio da marca que se traduz na tentativa por parte do terceiro, de transferir a imagem de qualidade e de credibilidade que a marca de prestígio tem junto dos consumidores, para os seus próprios produtos ou serviços[108] (esta situação, tal como a anterior podem e devem ser vistas dentro do princípio da especialidade, porquanto se pretende evitar o risco de confusão, ainda que não seja o risco de confusão em sentido estrito directo, fruto da ligação que poderá ser feita entre as marcas em causa e as suas fontes de origem)[109].

---

[107] Acórdão do TJCE, de 18 de Junho de 2009, referente ao processo C-487/07, *L'Oréal SA, Lancôme Parfums et beauté & Cie SNC e Laboratoire Garnier & Cie vs Bellure NV, Malaika Investments Ltd e Starion International Ltd*, considerando n.° 34 – http://eur-lex.europa.eu.

[108] Neste sentido se pronunciou também o Acórdão do STJ, de 13 de Maio de 2003 – www.dgsi.pt e o Acórdão da RL (data ilegível) BPI 10/2005, pp. 3756 ss.

[109] Neste sentido se pronunciou o TJCE, no Acórdão de 23 de Outubro de 2003, referente ao processo *Adidas-Salomon AG e Adidas Benelux BV vs Fitnessworld Trading Ltd*, Processo C-408/01. No considerando n.° 31, o TJCE refere que não é necessário que se verifique "um grau de semelhança tal entre a marca de prestígio e o sinal que exista, no espírito do público em causa, um risco de confusão entre eles. Basta que o grau de semelhança entre a marca de prestígio e o sinal leve o público em causa a estabelecer uma ligação entre o sinal e a marca" – http://eur-lex.europa.eu.

A existência dessa ligação deve ser apreciada globalmente, tendo em conta todos os factores pertinentes. Entre esses factores podem referir-se, o grau de semelhança entre as marcas em conflito; a natureza dos produtos ou serviços para os quais as marcas em conflito estão respectivamente registadas, incluindo o grau de proximidade ou de diferença desses produtos ou serviços e o público em causa; a intensidade do prestígio da marca anterior; o grau de carácter distintivo, intrínseco ou adquirido pelo uso, da marca anterior; a existência de um risco de confusão no espírito do público – Acórdão, de 27 de Novembro de 2008, referente ao processo C-252/07, *Intel Corporation Inc vs CPM United Kingdom Ltd*, considerando n.° 41 e 42 – http://eur-lex.europa.eu.

No mesmo sentido se pronuncia o TJCE no Acórdão do TJCE, de 18 de Junho de 2009, referente ao processo C-487/07, *L'Oréal SA, Lancôme Parfums et beauté & Cie SNC*

210 *VII Curso de Direito Industrial*

Em terceiro lugar temos os casos de prejuízo, que sem justo motivo, poderá resultar para a capacidade distintiva da marca de prestígio, será aquilo que poderemos chamar de diluição por obscurecimento e por fim o prejuízo que poderá resultar para o prestígio da própria marca, que poderemos chamar de diluição por descrédito.

Em primeiro lugar será importante configurar o que seja o *justo motivo* (deveremos por isso, chamar a atenção para o facto de a redacção do artigo 242.° ter suprimido a expressão *justo motivo*).

Imaginemos que temos alguém que procede ao registo da marca *x*. Contudo este empresário não tem capacidade financeira para publicitar a mesma. Trata-se de uma marca pouco conhecida pelos consumidores e que se torna ainda menos conhecida, quando o seu titular se vê obrigado, por motivos financeiros, a suspender a produção dos bens por um certo período de tempo (período de tempo esse que contudo, não atinge a previsão do artigo 10.° n.° 1 1.° parágrafo da Directiva e artigo 269.° n.° 1 do CPI).

Posteriormente, um grande empresário pede o registo da marca *y*, idêntica ou muito semelhante à marca *x*, para outro género de produtos. Como a marca *x* era pouco conhecida e, aplicando a *regra* da relativização do conceito de afinidade, nenhum obstáculo existiria para a concessão do registo, porquanto a marca anterior era pouco conhecida (ou seja, *fraca* do ponto de vista comercial) e a marca posterior destinava-se a produtos distintos.

Esta marca *y*, com o decorrer do tempo acaba por se tornar numa marca de prestígio, muito conhecida e publicitada. Entretanto, o titular da marca *x*, resolvidos os seus problemas financeiros, resolve reiniciar a produção dos seus bens, voltando a usar a sua marca, que é em tudo idêntica à marca de prestígio *y*. Neste caso, parece que o titular da marca *y* não poderá vir invocar os preceitos referidos da Directiva (em particular, o artigo 5.° n.° 2), porquanto existe um *justo motivo* para o uso da marca *x*, que é, nem mais nem menos, o facto de a marca *x* ser anterior à marca de prestígio *y*[110].

---

*e Laboratoire Garnier & Cie vs Bellure NV, Malaika Investments Ltd e Starion International Ltd*, considerando n.° 36 – http://eur-lex.europa.eu.

[110] Naturalmente que este reinício da actividade não poderá significar uma intenção de aproveitamento do prestígio da marca posterior, ou seja, o titular da marca anterior, só regressa à actividade na expectativa de obter sucesso, aproveitando-se do prestígio da marca posterior. Um outro exemplo de *justo motivo* poderá traduzir-se num pedido de registo de uma marca idêntica ou semelhante a uma outra anteriormente registada, para

Parece-nos a que a opção da Directiva é de considerar que não existe *justo motivo* nos casos de aproveitamento do prestígio da marca conhecida por terceiros e ainda dos casos em que se poderá gerar um risco de diluição da função distintiva e sugestiva da marca conhecida[111].

De igual modo, existirá uma situação de *justo motivo* quando o próprio titular da marca de prestígio consinta no registo da marca posterior.

Quanto ao aproveitamento da capacidade distintiva da marca de prestígio, já tivemos oportunidade de analisar a mesma, compreende as situações em que um terceiro usa um sinal idêntico ou semelhante ao de uma marca de prestígio com o objectivo de criar junto dos consumidores, a (errada) convicção que os produtos ou os serviços em causa, provêm da mesma entidade que produz os bens que gozam de prestígio.

Por seu lado, isto pode igualmente acarretar o aproveitamento sem justo motivo do prestígio da marca, fazendo os consumidores acreditar que os produtos são da mesma qualidade ou oferecem as mesmas vantagens, porque provenientes da mesma fonte produtiva. Existe aqui uma intenção do terceiro obter um benefício, usando a reputação excepcional que a marca de prestígio tem junto dos consumidores (relembremos os casos da marca *Omega* e *IBM*).

Verifica-se então a transferência do *bom-nome* ou da *reputação* da marca de prestígio para os produtos fabricados por um terceiro mas aos quais é aposta uma marca igual. Só deste modo, *"é que se poderá dizer*

---

produtos ou serviços distintos, mas no momento em que é feito o pedido de registo da marca posterior, a marca anterior ainda não adquiriu nenhum estatuto de notoriedade. Para este e outros exemplos, cfr. NOGUEIRA SERENS, A *"vulgarização" da Marca na Directiva*, *ob. cit.*, pp. 177 ss. e PEDRO SOUSA E SILVA, *O Princípio da Especialidade das Marcas*, *ob. cit.*, pp. 429 ss.

Deste modo, não se compreende porque na redacção do novo código foi suprimida a expressão *justo motivo*, sem que isto signifique, que ao nível da aplicação do preceito, a existência de *justo motivo* seja irrelevante – cfr. artigo 242.° do novo código. Tratou-se certamente de um lapso que não nos merecerá qualquer interpretação especulativa sobre o facto que, contudo, não se deixa de lamentar. Diga-se ainda que no artigo 323.° alínea e) do CPI, a expressão *justo motivo*, está presente, à semelhança do que acontece com o artigo 5.° n.° 2 da Directiva, o que nos permitirá defender que, pese embora a supressão da mesma expressão do artigo 242.° do CPI, a mesma deverá ser tida em conta, aquando da aplicação do preceito.

[111] "Pouco a pouco o público habitua-se ao facto de que não é só um empresário a usar esta marca; a força distintiva da marca célebre empalidece, o seu reclamo publicitário diminui, a posição exclusiva perde-se" – SCHRICKER, *La tutela della Ausstattung e del marchio celebre nella Germania Federale*, RDI, 1980-I, pp. 254 ss.

212      *VII Curso de Direito Industrial*

*que o terceiro ao escolher aquele sinal, explora o bom-nome da marca anterior usada para contradistinguir produtos não-afins e não-concorrentes; aliás, vistas bem as coisas, se o bom-nome da marca não é transferível para esses outros produtos tão-pouco se estabelecerá qualquer relação entre o titular da marca e o terceiro"*[112].

*"A este respeito, importa precisar que, quando um terceiro procura, através do uso de um sinal semelhante a um marca de prestígio, colocar-se na esteira desta para beneficiar do seu poder de atracção, da sua reputação e do seu prestígio, e para explorar, sem nenhuma compensação financeira e sem ter de despender esforços próprios para tanto, o esforço comercial despendido pelo titular da marca para gerar e manter a imagem dessa marca, considera-se que o partido obtido com o referido uso é indevidamente tirado do carácter distintivo ou do prestígio da referida marca"*[113].

A Directiva consagra neste preceitos outros aspectos que terão de ser analisados e que já tivemos oportunidade de enunciar. Por um lado, a banalização da marca de prestígio, que ao passar a ser usada por outros operadores numa variedade de produtos ou serviços, poderia colocar em causa o seu carácter excepcional, que poderia ser diluído (relembremos os casos da marca *Vista Alegre* e *Dior*). Poderia ainda haver um prejuízo para o prestígio da marca na medida em que esses outros produtos pudessem ser *incompatíveis* com o género de produtos assinalados pela marca de prestígio (os casos da marca *Valium* e *Ferrari*)[114].

---

[112] Nogueira Serens, A *"vulgarização" da Marca na Directiva, ob. cit.*, pág. 169. Concordamos com Américo Silva Carvalho, quando o mesmo refere que, para se decidir se existe um aproveitamento da marca de prestígio por outra empresa, esta terá de ter "a capacidade económica para a receber", ou seja terá de ter condições económicas, para junto dos consumidores, utilizar essa marca idêntica ou semelhante a uma marca de prestígio. Caso a mesma não seja capaz de usar a marca de forma efectiva, não poderemos falar no aproveitamento do prestígio, porque o mais certo é os consumidores nem se aperceberem dessa utilização feita por essa outra empresa – cfr. *Direito de Marcas, ob. cit.*, pág. 395.

[113] Acórdão do TJCE, de 18 de Junho de 2009, referente ao processo C-487/07, *L'Oréal SA, Lancôme Parfums et beauté & Cie SNC e Laboratoire Garnier & Cie vs Bellure NV, Malaika Investments Ltd e Starion International Ltd*, considerando n.° 49 – http://eur-lex.europa.eu.

[114] Em relação a este aspecto, será importante conferir o exemplo dado por Nogueira Serens, A *"vulgarização" da Marca na Directiva, ob. cit.*, pp. 129 ss. – quando este autor faz referência a uma marca de prestígio associada a chocolates e existindo um terceiro que a passa a usar para raticidas, prejudicando deste modo a capacidade publicitária ou sugestiva da marca de prestígio.

Esta protecção vai muito para além do risco de confusão. Nestes casos, não existe qualquer risco de confusão, mas sim um prejuízo que poderá resultar para a marca de prestígio (e para o seu titular), em virtude do uso que terceiros possam fazer desse sinal ou de sinal semelhante.

É a chamada *teoria da diluição*[115], que comporta duas vertentes que já indicámos, por um lado, o titular da marca de prestígio pretende continuar a deter uma posição exclusiva, em termos de originalidade do sinal, como compensação pelos investimentos realizados no sentido de publicitar a marca, que lhe permitiu adquirir esse grau de notoriedade.

Ou seja, a partir do momento em que a marca de prestígio, passa a ser usada por terceiros em sectores distintos, corre-se o risco de a mesma, junto dos consumidores, tornar-se vulgar, banal, porque perde a sua originalidade, o que naturalmente afecta a capacidade publicitária da mesma (o que não corresponde a uma inevitabilidade, poderá precisamente ocorrer o fenómeno contrário), porquanto esta, generaliza a sua presença em vários géneros de produtos ou serviços – corresponde ao que a doutrina e a jurisprudência norte-americana chamam de *diluition by blurring*[116].

---

[115] A título meramente exemplificativo cito alguns exemplos de jurisprudência estrangeira, onde a teoria da diluição foi aplicada: Reino Unido – marca *KODAK* (máquinas fotográficas/bicicletas); *DUNLOP* (pneus/lubrificantes); na Noruega – *FORD* (automóveis/cigarros); na Holanda – *CHEVROLET* (automóveis/relógios); na Áustria – *COCA--COLA* (refrigerantes/confecções); na Itália – *LUCKY STRIKE* (cigarros/perfumes); no Japão – *OMEGA* (relógios/isqueiros); em França – *MICHELIN* (pneus/pastelaria). Para este e outros exemplos, cfr. PEDRO SOUSA E SILVA, *O Princípio da Especialidade das Marcas*, *ob. cit.*, pág. 411 (nota n.º 71).

[116] O Tribunal da Relação de Lisboa, num Acórdão de 22 de Janeiro de 2009, considerou que a utilização da marca *Salsa*, já registada para vestuário, por parte de um terceiro, mesmo que para produtos não afins (no caso, serviços de reparações e instalações e transporte de mercadorias) iria *indubitavelmente* afectar a marca de prestígio, por efeito de diluição, uma vez que o uso da mesma marca, por uma entidade terceira e para diferentes produtos ou serviços forçosamente provocaria uma diluição do prestígio da mesma. Há que referir que o Tribunal deu como certo este facto sem o justificar ou fundamentar minimamente.

Parece-nos que deverá recair sobre o titular da marca que invoca o estatuto de prestígio que deverá recair o ónus de provar os factos que permitem concluir pelo prejuízo efectivo causado à sua marca pela acção de terceiros ou o risco sério de esse prejuízo vir a ocorrer.

Na verdade, a diluição não é uma consequência inevitável do uso ou registo de um sinal idêntico ou semelhante ao de uma marca de prestígio em produtos distintos. Deveremos necessariamente analisar casuísticamente o caso concreto, avaliando o mesmo em

214          VII Curso de Direito Industrial

*"No que se refere ao prejuízo causado ao carácter distintivo da marca, igualmente designado pelos termos «diluição», «diminuição» ou «ofuscamento», considera-se que esse prejuízo existe quando a aptidão dessa marca em identificar os produtos e os serviços para os quais foi registada esteja enfraquecida, dado o uso do sinal idêntico ou semelhante pelo terceiro implicar uma dispersão da identidade da marca e da sua influência no espírito do público. É o que acontece quando a marca anterior, que suscitava uma associação imediata com os produtos ou os serviços para os quais foi registada, já não esteja em situação de o fazer"*[117].

Na mesma linha, atente-se nas conclusões enunciadas pelo advogado--geral F. G. JACOBS nas suas conclusões no âmbito do processo *Adidas--Salomon AG e Adidas Benelux BV vs Fitnessworld Trading Ltd*: *"Se forem autorizadas restaurantes e cafés com a marca Rolls Royce, calças com a marca Rolls Royce e rebuçados Rolls Royce, no prazo de 10 anos a marca Rolls Royce deixará de existir"*[118].

Outro caso, que representa um prejuízo para a capacidade publicitária da marca de prestígio e que pode ser englobado na chamada *teoria da diluição* prende-se com o uso de sinal idêntico ou semelhante ao da marca de prestígio, em produtos ou serviços com conotações desprimorosas ou penosas (como a morte) – corresponde ao que no direito norte-americano é conhecido por *diluition by tarnishement*[119]. Naturalmente que se compreende que esta situação poderá acarretar um prejuízo na promoção e publicitação dos produtos ou serviços que são marcados pela marca de prestígio.

---

todas as suas vertentes. Só ai poderemos concluir pela existência ou não de um possível prejuízo para a capacidade distintiva da marca de prestígio.

Também o STJ, em Acórdão de 03 de Abril de 2003, considerou ser de recusar o registo da marca *Boss* para tabaco a marca recorrente poderia não só tirar partido indevido do prestígio da marca *Boss* e *Hugo Boss* (registadas para vestuário), como poderia causa um prejuízo para esse prestígio, podendo contribuir igualmente para a banalização ou diluição do poder apelativo desse sinal – www.dgsi.pt.

[117] Acórdão do TJCE, de 18 de Junho de 2009, referente ao processo C-487/07, *L'Oréal SA, Lancôme Parfums et beauté & Cie SNC e Laboratoire Garnier & Cie vs Bellure NV, Malaika Investments Ltd e Starion International Ltd*, considerando n.º 39 – http://eur-lex.europa.eu. No mesmo sentido se pronunciou o TJCE no Acórdão, de 27 de Novembro de 2008, referente ao processo C-252/07, *Intel Corporation Inc vs CPM United Kingdom Ltd*, considerando n.º 29 – http://eur-lex.europa.eu .

[118] Conclusões do advogado-geral, de 10 de Julho de 2003.

[119] As referências ao direito e à jurisprudência norte-americana foram retiradas em NOGUEIRA SERENS, A *"vulgarização da Marca na Directiva, ob. cit.*, pág. 146.

*"No que se refere ao prejuízo causado ao prestígio da marca, igualmente designado pelos termos «obscurecimento» ou «degradação», este prejuízo verifica-se quando os produtos ou serviços para os quais o sinal idêntico ou semelhante é utilizado pelo terceiro suscitam no público uma impressão tal que a força de atracção da marca sofre uma redução. O risco deste prejuízo pode resultar, nomeadamente, de os produtos ou serviços oferecidos pelo terceiro possuírem uma característica ou uma qualidade susceptíveis de exercer uma influência negativa na imagem da marca"*[120].

A violação do prestígio ocorre quando a marca posterior acaba por diminuir ou mesmo denegrir a imagem de reputação e consideração que a marca de prestígio tem junto dos consumidores.

Concordamos que este prejuízo para o prestígio da marca não está dependente da aferição da boa ou má qualidade dos produtos ou serviços oferecidos pelo terceiro. Essa má qualidade só é susceptível de afectar o prestígio da marca se o público associar as duas marcas, acabando por estabelecer uma relação entre as fontes de origem das mesmas o que, a não corresponder à verdade, constitui uma situação de indução em erro ou confusão que deverá ser sancionada no âmbito do princípio da especialidade por violação da função distintiva da marca.

Nestas situações, a marca posterior não retira qualquer benefício (ao contrário das situações de aproveitamento do prestígio) mas acaba com a sua actuação por causar um prejuízo à imagem da marca de prestígio dificultando a sua promoção e publicitação junto dos consumidores.

Com efeito, o surgimento de uma marca posterior idêntica à marca de prestígio mas aposta em produtos com conotações desprimorosas ou penosas poderá ser suceptível de quebrar a imagem de consideração e respeito que os consumidores tinham pela marca de prestígio (refira-se mais uma vez que o que está em causa não é a boa ou má qualidade dos produtos ou serviços oferecidos pela marca posterior mas antes a natureza dos produtos ou serviços que são efectivamente oferecidos)[121].

---

[120] Acórdão do TJCE, de 18 de Junho de 2009, referente ao processo C-487/07, *L'Oréal SA, Lancôme Parfums et beauté & Cie SNC e Laboratoire Garnier & Cie vs Bellure NV, Malaika Investments Ltd e Starion International Ltd*, considerando n.° 40 – http://eur-lex.europa.eu.

[121] Concordamos por isso com JORGE NOVAIS GONÇALVES e nos exemplos que o mesmo também nos oferece. Veja-se a dificuldade que seria em publicitar uma prestigiada marca de vinhos se existisse uma marca idêntica para lixívias (produto que se encontra

Portugal não tinha procedido à transposição do artigo 5.º n.º 2 da Directiva n.º 89/104/CEE no CPI 95, esse facto seria por certo relevante nas conclusões a que poderíamos chegar sobre a protecção jurídica dada às marcas de prestígio (realidade que é desmentida com a redacção do novo código, que transpôs o preceito em causa para o artigo 323.º alínea e), consagrando o mesmo como um ilícito penal). Ainda que o artigo 242.º do CPI, resultado da transposição dos artigos 4.º n.º 3 e n.º 4 alínea a) da Directiva, consagre situações de tutela para as marcas de prestígio, essa tutela é apenas garantida ao nível da recusa do pedido de registo ou da faculdade que é concedida ao titular da marca de prestígio em solicitar a anulabilidade do registo que entretanto possa ter sido concedido[122].

É verdade que existem determinadas marcas que por si mesmas possuem uma certa capacidade atractiva ou sugestiva acima da média. Essa capacidade pode ser o elemento preponderante na opção dos consumidores influenciando as suas escolhas no momento da aquisição dos produtos.

Esta capacidade atractiva poderá ser posteriormente reforçada, pelo recurso aos meios publicitários, o que virá acentuar a diferença entre as marcas das *grandes* empresas e as marcas das *pequenas* e *médias* empresas. Naturalmente que o nível de qualidade dos produtos ou dos serviços terá que ser considerado como elemento que reforça a força atractiva da marca, sem que a marca, por si só e em si mesma, seja capaz de assegurar a distinção dos bens em causa, atendendo ao nível de qualidade dos mesmos.

Neste sentido surgiram as marcas *fortes* e *fracas* do ponto de vista comercial. Esta diferença resulta necessariamente do nível de conhecimento que a marca tem junto dos consumidores. Quanto maior for esse conhecimento, maior será a força comercial por parte da marca, mas tam-

---

associado à ideia de desinfecção), *A Marca Prestigiada no Direito Comunitário das Marcas, ob. cit.*, pp. 358 ss.

[122] Cfr. artigo 266.º n.º 2 do CPI. O CPI 95, no artigo 191.º do CPI não atribua expressamente ao titular da marca de prestígio, a faculdade de solicitar a anulabilidade do registo concedido à marca posterior, ao contrário do que a Directiva estabelecia nos artigos 4.º n.º 3 e n.º 4 alínea a). A verdade, é que era consensual, a admissibilidade dessa faculdade, não só porque a Directiva o determinava no artigo 4.º n.º 3, cuja transposição era obrigatória, mas igualmente porque essa faculdade parecia resultar do artigo 214.º n.º 1 do CPI 95. O artigo 242.º do novo código, permite-nos falar na protecção, ainda que a título excepcional e dentro dos limites definidos, na tutela autónoma da função publicitária das marcas de prestígio. Cfr. PEDRO SOUSA E SILVA, *Direito Comunitário e Propriedade Industrial, ob. cit.*, pág. 55.

bém maior será a possibilidade de confusão ou de aproveitamento de outros operadores económicos, quer em relação à capacidade distintiva dessa marca conhecida, quer em relação ao prestígio da mesma, o que poderá levar à diluição do próprio prestígio, seja pela sua banalização, seja pelo descrédito em que a mesma incorre, caso o uso por parte de terceiros esteja associado a produtos ou serviços com conotações desprimorosas ou penosas.

A Directiva n.º 89/104/CEE (situação que se mantém na actual Directiva) veio estabelecer essa protecção de um modo claro, atribuindo às marcas de prestígio uma tutela excepcional em relação ao princípio da especialidade. Este princípio foi mesmo ultrapassado, quando se admite a protecção da marca de prestígio com base na chamada *teoria da diluição*, algo que acontece não só no artigo 5.º n.º 2, mas igualmente no artigo 4.º n.º 3 e 4.º alínea a) da Directiva. De facto, a referência que esses preceitos fazem à protecção da marca de prestígio quando exista a possibilidade de o seu prestígio ou a sua capacidade distintiva poderem ser prejudicados por terceiros, em virtude do uso de sinais idênticos ou semelhantes, ainda que para produtos ou serviços distintos, é de todo evidente.

Por isto mesmo, não deixa de ser um pouco ambíguo, a possibilidade de o titular da marca de prestígio poder consentir que terceiros façam uso na vida comercial de sinais idênticos ou semelhantes aos da marca de prestígio (artigo 5.º n.º 2 da Directiva). É verdade que pode existir uma necessidade de protecção dessas marcas de prestígio, não só pelo risco de confusão, como igualmente pela possibilidade de a mesma poder ver afectado esse prestígio caso se banalize o seu uso em relação a outros produtos ou serviços distintos e em relação aos quais não se gera o risco de confusão.

Mas por isso mesmo, parece-nos *estranho*, que a Directiva no artigo 5.º n.º 2 proíba por uma lado a possibilidade de uso livre desse sinal de prestígio, para produtos ou serviços não afins, mas venha por outro lado, conceder ao titular da marca de prestígio, um direito de *consentir no seu uso* (seria preferível dizer *contratualizar o seu uso*[123]) por terceiros. É que

---

[123] Esta figura corresponde ao denominado contrato de *merchandising*, figura com algum paralelismo com o contrato de licença de marca e através do qual o titular da marca de prestígio concede a outrem o direito de usar um sinal idêntico ou semelhante ao seu para produtos não necessariamente idênticos ou afins – COUTINHO DE ABREU, *Direito Comercial, ob. cit.*, pág. 387.

Este fenómeno do *merchandising* que, naturalmente, está concebido essencialmente para as marcas de prestígio, traduz-se assim, na faculdade que o titular de uma dessas mar-

218          *VII Curso de Direito Industrial*

esse *consentimento* representa uma importante fonte de receita para os titulares das marcas de prestígio[124]!

---

cas tem em explorar, directa ou indirectamente, o prestígio da sua marca, autorizando o seu uso por terceiro, uso esse, que se traduz na sua aplicação em produtos ou serviços distintos daqueles que a conduziram à notoriedade. O contrato de *merchandising* de marcas tem por objecto o valor publicitário que as mesmas representam e não a função distintiva. A marca representa nestes casos um valor autónomo que, não se desligando totalmente da sua função principal, vai ganhando uma autonomia económica que, do ponto de vista jurídico, tem vindo a merecer uma protecção progressiva, ainda que limitada às marcas de prestígio.

Poderemos mesmo procurar fazer uma comparação entre o contrato de *merchandising* de marcas e o contrato de licença de marca. É verdade que em ambos os casos poderemos encontrar uma série de pontos em comum. Ambos os contratos representam uma forma de exploração económica do sinal por parte do seu titular, em ambos os casos é a marca enquanto sinal distintivo que é o objecto do direito.

Mas não podemos ignorar duas diferenças que, no nosso entender são substanciais. Em primeiro lugar, o facto de o contrato de *merchandising* de marcas apenas poder ser aplicado às marcas de prestígio ao passo que o contrato de licença de marca poderá ser aplicado a todas as marcas (pelo menos em teoria porque na prática serão sempre as marcas que gozam de uma maior notoriedade e conhecimento no mercado que vão despertar o interesse dos operadores económicos no uso das mesmas). Em segundo lugar porque no contrato de licença de marca, o seu titular consente no uso do sinal para produtos ou serviços em relação aos quais o mesmo goza do direito de exclusivo porquanto tem o registo a seu favor (situação enquadrável no âmbito do princípio da especialidade), ao passo que no contrato de *merchandising* o titular do direito consente no uso do sinal para produtos ou serviços em relação aos quais o mesmo não goza do direito de exclusivo sobre os mesmos porquanto não tem o registo a seu favor.

Entendemos que o contrato de *merchandising* de marcas é um contrato atípico misto, ou seja, na ausência de estipulação por parte das partes, poderemos, analogicamente, socorrermo-nos, das normas do contrato de licença de marca e por consequência, do contrato de locação, para suprir a falta de estipulação das partes. Referimos que a questão não tem grande interesse prático porquanto a diferença entre considerarmos o contrato de *merchandising* de marcas como um contrato atípico ou tipicamente legal será tão somente em aplicarmos as normas legais do contrato de licença de marca ao contrato de *merchandising* por analogia ou directamente. Sobre a natureza jurídica do contrato de *merchandising* cfr. MARIA MIGUEL ROCHA MORAIS DE CARVALHO, *Merchandising de Marcas (A Comercialização do Valor Sugestivo das Marcas)*, ob. cit., pp. 311 ss., sendo que a autora defende que o contrato de *licença de merchandising* trata-se de um tipo de licença de marca ainda que muito específico – *Merchandising de Marcas (A Comercialização do Valor Sugestivo das Marcas)*, ob. cit., pág. 334. Sobre a comparação entre o contrato de *merchandising* e o contrato de licença de marca, cfr. CARLOS OLAVO, *Contrato de licença de exploração de marca*, ob. cit., pp. 379 ss.

[124] Mesmo que nesses casos, como refere LUÍS COUTO GONÇALVES, "é o próprio titular a prescindir do espaço de exclusividade proporcionado pelo seu amplo direito de proi-

Contudo, também não deixa de ser verdade que o conteúdo do artigo 5.º n.º 2 da Directiva nos permite falar na protecção jurídica da função publicitária ou sugestiva das marcas, ainda que limitada aos casos das marcas de prestígio. É que a tutela de protecção dada a estas marcas, para além do próprio princípio da especialidade e em particular, a possibilidade de o titular da marca de prestígio poder *contratualizar* o uso da mesma com terceiros, ainda que para produtos ou serviços distintos, só pode encontrar justificação, na *preocupação* do legislador comunitário em proteger a capacidade sugestiva ou publicitária das próprias marcas.

O novo CPI ao prever e punir enquanto ilícito penal, as situações consagradas no artigo 5.º n.º 2 da Directiva, que não havia sido transposto aquando da elaboração do CPI de 1995, veio incrementar a protecção jurídica à função publicitária das marcas de prestígio, na medida que no CPI 95, a protecção jurídica da função publicitária das marcas, se encontrava limitada às marcas de *grande* prestígio e à possibilidade de oposição à concessão do registo ou ao pedido de anulabilidade do registo que tivesse sido concedido com preterição dos requisitos do artigo 191.º do CPI 95 (artigo 242.º do novo código), em particular nos casos específicos em que o pedido de registo de sinal idêntico ou semelhante poderia causar um prejuízo para a capacidade distintiva ou para o prestígio do sinal anterior, porque em relação aos outros casos, tal como tivemos oportunidade de analisar, essa protecção, com uma maior ou menor *relativização* ou *flexibilização* do conceito de afinidade, seria sempre enquadrável no âmbito do princípio da especialidade.

A transposição do artigo 5.º n.º 2 da Directiva significa que o titular dessa marca de prestígio passa a ter um direito quase absoluto sobre esse sinal, um verdadeiro direito de *monopólio*, proibindo ou consentindo na utilização do mesmo, como lhe aprouver, podendo dispor livremente da marca (ainda que limitado ao âmbito do *uso na vida comercial*).

Nestes casos a marca poderá ser vista como um valor em si mesmo. O que seria contratualizado não seria a capacidade distintiva da marca, mas antes a sua capacidade publicitária ou sugestiva. Este preceito corresponde à afirmação da protecção da função publicitária de uma forma autónoma da função distintiva, porquanto o objecto da *contratualização* seria apenas o valor publicitário da marca.

---

bição e a assumir, quer os riscos de desgaste da força atractiva da marca, inerentes à sua utilização plúrima, quer os efeitos jurídicos do seu eventual uso enganoso pelo licenciado" – *Função Distintiva da Marca, ob. cit.*, pág. 252.

Com efeito, a transposição do artigo 5.º n.º 2 da Directiva para o artigo 323.º alínea e) do novo código[125], veio acentuar de modo indiscutível, a protecção jurídica da função publicitária da marca, não se limitando agora esta protecção apenas aos casos de oposição à concessão do registo ou do pedido de anulabilidade do mesmo, mas que se alarga igualmente, aos casos de uso na vida comercial por parte de terceiros, sem o consentimento do titular da marca de prestígio (não podemos deixar de referir que a expressão que consta do proémio do artigo é bastante elucidativa – *sem consentimento do titular do direito*). Diga-se que esta protecção e como não poderia deixar de ser, visa apenas as marcas de prestígio, que por certo, pertencem às *grandes* empresas.

Com esta nova realidade protege-se a finalidade publicitária das marcas, ainda que limitada às marcas de prestígio mas, indiscutivelmente, tutela-se juridicamente a comercialização do valor publicitário das mesmas.

Podemos por isso concluir que "*a circunstância da marca prestigiada poder prevalecer sobre uma marca subsquente, ainda que não exista qualquer risco de confusão por parte dos consumidores, sugere que esta forma de protecção não está associada à função primordial da marca*"[126].

Por diversas vezes referimos que é a finalidade distintiva da marca, que justifica o facto de o direito sobre a mesma, ser um direito tenden-

---

[125] Alguns autores alegam que o artigo 5.º n.º 2 da Directiva já havia sido transposto para o CPI 95 na alínea d) do n.º 1 do artigo 264.º. Não nos parece que assim fosse. Na verdade este último preceito limitava-se a punir quem usasse, contrafizesse ou imitasse uma marca notória ou de grande prestígio e cujo pedido de registo já tivesse sido requerido em Portugal. Como tivemos oportunidade de analisar, em relação aos conceitos de uso indevido, contrafacção ou imitação, teremos de atender a três realidades, por um lado, a identidade ou semelhança entre os sinais, por outro, a identidade ou afinidade entre produtos ou serviços e por fim, a existência de um risco de confusão.

Por outras palavras, estaríamos sempre no âmbito do princípio da especialidade e, consequentemente da função distintiva da marca. Se se entendesse que o artigo 264.º n.º 1 alínea d) do CPI 95, atribuía uma tutela ultramerceológica às marcas de grandes prestígio, então também teríamos de aceitar que essa tutela se estenderia às marcas notórias o que, manifestamente, não acontece.

Na verdade, o artigo 5.º n.º 2 da Directiva, quer na sua letra, quer no seu espírito, apenas foi transposto para o ordenamento jurídico português no actual artigo 323.º alínea e). Veja-se que os casos de uso indevido, contrafacção ou imitação de uma marca notória ficaram consagrados numa outra alínea, mais concretamente a alínea d) do artigo 323.º.

[126] JORGE NOVAIS GONÇALVES, *A Marca Prestigiada no Direito Comunitário das Marcas, ob. cit.*, pág. 322.

cialmente perpétuo, isto é, com possibilidade de ser indefinidamente renovável. Ora, a finalidade distintiva da marca tem como principal e primeira preocupação, o evitar que se gere um risco de confusão junto do público destinatário dos bens ou dos serviços em causa.

Ao analisarmos os preceitos *supra* referidos da Directiva, em particular, na parte em que os mesmos se referem à necessidade de evitar que se gere um prejuízo para o prestígio da marca, afirmámos, que nesses casos, não existe a preocupação de tutelar o público destinatário, porquanto não se verifica a presença de qualquer risco de confusão, mas sim, verifica-se a preocupação em tutelar e proteger exclusivamente o próprio titular da marca de prestígio e a capacidade publicitária dos sinais, o que representa uma inversão na finalidade essencial das marcas.

E se é verdade que essas marcas poderão ser vistas como alvos preferenciais de um aproveitamento por parte de terceiros, aproveitamento esse muitas vezes parasitário, não é menos verdade que a finalidade distintiva dessas marcas *prestigiadas* não é, necessariamente, colocada em causa pela actuação desses terceiros que usam ou pretendem registar enquanto marca um sinal idêntico ou semelhante ao da marca de prestígio para produtos ou serviços não idênticos nem afins, uma vez que não se gera um risco de confusão.

Não podemos deixar de fazer uma breve referência sobre o que nos escreve AMÉRICO SILVA CARVALHO a propósito das marcas de prestígio. Refere este autor que, *"a marca em nada ganhará em ser considerada marca de prestígio (se é que a não vai prejudicar)"*[127].

Na interpretação que fazemos, o autor parece querer dar a entender que a lei (quer a nacional, quer a comunitária), ao estabelecer tantos requisitos de aplicação do artigo 242.º do CPI[128], acabou por não estabelecer nenhuma vantagem para as marcas de prestígio.

Em primeiro lugar, parece-nos que esta consideração apenas poderá ser defendida por quem se apresenta como sendo defensor de uma evolução e maior protecção do uso publicitário da marca e de um maior relevo à função publicitária[129].

---

[127] Cfr. *Direito de Marcas, ob. cit.*, pág. 395.

[128] Cfr. *Direito de Marcas, ob. cit.*, pp. 394 e 395, a propósito dos requisitos de aplicabilidade do artigo 242.º do CPI.

[129] Cfr. *Direito de Marcas, ob. cit.*, pp. 326 e 327. O autor chega mesmo a dizer que "a marca de prestígio deveria ter uma protecção maior, não se obrigando o seu titular a

Para quem perfilhe esta posição, a protecção que é dada às marcas de prestígio aparecerá como insuficiente, mesmo quando se admitem os desvios que tivemos oportunidade de analisar ao princípio da especialidade e quando é dada a possibilidade de o titular da marca de prestígio poder *contratualizar* o uso da mesma com terceiros, ainda que para produtos ou serviços distintos, situação que só pode encontrar justificação, na *preocupação* do legislador (comunitário e nacional) em proteger a capacidade sugestiva ou publicitária das próprias marcas.

Para nós, a função publicitária da marca, não é, nem deve ser, juridicamente tutelada no âmbito do direito de marcas, porquanto a razão que justifica o facto de o direito de marcas ser um direito exclusivo e tendencialmente perpétuo é a Função Distintiva.

No nosso entender, a excepção ao princípio da especialidade consagrada para as marcas de prestígio prevê, inevitavelmente, uma protecção da função publicitária, mas limitada às marcas de prestígio e delimitada por vários requisitos de aplicabilidade (nomeadamente o facto de a mesma apenas merecer essa protecção de forma autónoma quando a lei se refere à necessidade de protecção face a um prejuízo que poderá resultar para a capacidade distintiva ou para o prestígio do sinal).

Mas não podemos ignorar que, as marcas de prestígio, ao terem como seus titulares as *grandes empresas, empresas* com grande poder económico e financeiro e, consequentemente, com grande capacidade de *pressão* junto do poder legislativo, não deixarão por certo de procurar alargar, ainda mais, esse âmbito de protecção à função publicitária das marcas, que poderá ser economicamente relevante, mas que do ponto de vista jurídico subverte a essência do direito de marcas (pelo que essa protecção deveria ocorrer fora do direito de marcas).

Estamos assim em condições de enunciar algumas conclusões sobre o conteúdo e extensão do direito de uma marca de prestígio, sabendo desde já que ao contrário do que sucede com a marca notória, a protecção conferida às marcas de prestígio não depende totalmente da existência da identidade ou afinidade entre os produtos e serviços assinalados por ambas as marcas. A marca de *grande* prestígio goza assim de uma protecção para lá do que é considerado o âmbito da protecção concedido pelo prin-

---

invocar (e provar?) que um terceiro procura aproveitar-se do seu prestígio ou possa prejudicar a marca ou os produtos ou serviços a que se destina – cfr. *Direito de Marcas, ob. cit.*, pág. 396.

Marcas notórias, marcas de prestígio e acordo ADPIC/TRIPS    223

cípio da especialidade, quer dizer, abrange mesmos produtos e serviços não semelhantes, nem afins[130].

O novo CPI ao proceder à transposição do dispositivo facultativo constante do n.º 2 do artigo 5.º da Directiva (diga-se que não se limitou a proceder à transposição do preceito como considerou que o seu conteúdo era susceptível de configurar um ilícito penal), não se limitou a atribuir ao titular de uma marca de prestígio o direito de proibição ultramerceológico (conteúdo negativo do direito) no sentido de se poder opor ao uso feito por terceiro de um sinal idêntico ou semelhante ao seu, mas atribuiu-lhe igualmente um verdadeiro direito ultramerceológico de conteúdo positivo, quando a lei, no proémio do artigo 323.º considera que o uso de um sinal idêntico ou semelhante ao de uma marca de prestígio constitui um ilícito, quando o titular do direito não tenha *consentido* nesse uso, representando uma clara e reforçada protecção à função publicitária das marcas.

O regime de protecção dado às marcas de prestígio é no geral enquadrado no princípio da especialidade, beneficiando elas da protecção conferida a qualquer marca no âmbito do princípio da especialidade e mesmo da protecção conferida às marcas notórias (fora do princípio da territorialidade e da eficácia constitutiva do registo, mas limitada ao princípio da especialidade e ao pedido de registo em Portugal).

Contudo, essa protecção, em casos específicos (prejuízo para a capacidade distintiva e para o prestígio da marca), surge como uma realidade não subordinada ao princípio da especialidade, traduzindo-se não só num conteúdo negativo do direito (poder impedir o uso de marca idêntica ou semelhante para produtos não afins ou de oposição ao pedido de registo) mas igualmente com uma vertente positiva, a saber, o de poder *permitir* que terceiros usem sinal idêntico ou semelhante para produtos não afins.

Não existem dúvidas que o Direito Comunitário, tem vindo a caminhar para uma cada vez maior protecção ultramerceológica às marcas de prestígio. Esta tendência veio a repercutir-se nos ordenamentos jurídicos europeus que foram, nos termos do Direito Comunitário, *convidados* a

---

[130] Acórdão do STJ, de 25 de Março de 2003 – JSTJ000 (Afonso Correia). Cfr igualmente, Acórdão do Tribunal da RL, de 22 de Janeiro de 2009, quando o mesmo refere que, no caso de uma marca ser qualificada como de prestígio, "goza de uma protecção adicional, protecção que se estende aos casos em que os produtos não são idênticos ou afins, protecção que, no entanto, só existe se houver prioridade de registo e identidade ou semelhança gráfica ou fonética entre as marcas" – www.dgsi.pt.

224          *VII Curso de Direito Industrial*

transpor para o direito interno o que se encontrava plasmado na Directiva a este respeito.

Mas se é verdade que os Estados-membros pouca ou nenhuma margem de manobra tinham em relação à transposição do conteúdo do artigo 4.º n.º 3 da Directiva, preceito de transposição obrigatória, não é menos verdade que em relação ao artigo 4.º n.º 4[131] e 5.º n.º 2, os legisladores nacionais poderiam ter optado pela sua não transposição, na medida em que o legislador comunitário não impôs a sua transposição, tendo nos preceitos referidos, consagrado uma protecção ultramerceológica em termos de transposição facultativa.

Dúvidas não existem que o artigo 242.º do CPI traduz uma protecção para além do princípio da especialidade, ou seja, ultramerceológica, para as denominadas marcas de prestígio, que se concretiza na faculdade que é concedida ao seu titular de se opor ao pedido de registo de uma marca idêntica ou semelhante à sua, ainda que destinada a produtos não idênticos ou afins, sempre que se prove que o terceiro, sem *justo motivo* procura tirar partido indevido do carácter distintivo ou do prestígio da marca anterior ou possa prejudicá-los (é precisamente ao nível deste *prejuízo* que encontramos a tutela ultramerceológica).

Acresce aos poderes que são concedidos ao titular da marca de prestígio a possibilidade que o mesmo tem em requerer a anulação do registo de uma marca concedida em violação do disposto no preceito *supra* transcrito, nos termos da alínea a) do n.º 1 e do n.º 2 do artigo 266.º e da alínea a) do n.º 1 do artigo 34.º do CPI.

Esta tutela ultramerceológica encontra ainda consagração na alínea e) do artigo 323.º do CPI (resultado da transposição do artigo 5.º n.º 2 da Directiva), que concede ao titular de uma marca de prestígio, a faculdade de proibir ou *consentir* no uso por parte de terceiros, de um sinal idêntico ou semelhante ao seu, mesmo destinando-se o sinal, a produtos ou serviços não idênticos ou afins e, sempre que o uso desse sinal, procure, sem justo motivo, tirar partido indevido do carácter distintivo ou do prestígio da marca ou os prejudique.

---

[131] Pese embora defendamos que a protecção da capacidade publicitária das marcas deverá ser feita fora do direito de marcas, já tivemos a oportunidade de saudar a visão do legislador português na transposição deste preceito, de outro modo, uma marca que gozasse de prestígio apenas em Portugal, teria um âmbito de protecção inferior a uma marca que gozasse de prestígio na comunidade, por força da transposição obrigatória do artigo 4.º n.º 3 da Directiva.

*Marcas notórias, marcas de prestígio e acordo ADPIC/TRIPS* 225

Este dispositivo legal, apenas veio reforçar a tutela ultramerceológica que é concedida às marcas de prestígio, sendo agora concedido aos seus titulares a faculdade de se oporem ao registo e de impedir ou *consentir* no uso por parte de um terceiro, de um sinal idêntico ou semelhante ao seu, mesmo que para produtos não idênticos ou afins (ou requerer a anulação do registo caso o mesmo tenha sido concedido), sempre que se demonstre que o terceiro, sem justo motivo, procura tirar partido indevido do carácter distintivo ou do prestígio da marca ou procura prejudicá-los.

Deste modo, o âmbito de aplicação do contrato de *merchandising* de marcas também se reforçou de forma inequívoca porquanto, apenas tem sentido falar na viabilidade do mesmo quando confrontados com a titularidade de um *ius prohibendi* na pessoa do titular das marcas de prestígio, sendo que esta realidade se encontra presente nos *supra* citados preceitos da Directiva e nos correspondentes artigos do CPI.

Temos assim que um titular de uma marca de prestígio goza de um direito de usar, enquanto marca, um determinado sinal, para os produtos ou serviços para os quais obteve o registo a seu favor, estando habilitado, através do recurso ao *ius prohibendi* a impedir o uso, ou a opor-se ao registo (ou requer a sua anulabilidade) por parte de terceiros, de sinais idênticos ou semelhantes aos seus, para produtos ou serviços idênticos ou afins, de forma a evitar que o consumidor possa ser induzido em erro ou confusão, comprometendo deste modo o exercício da função distintiva e no respeito pelo princípio da especialidade.

Mas, se é verdade que, ao nível do conteúdo positivo do direito, o conteúdo e extensão do direito de uma marca de prestígio não se distinguem praticamente de uma marca dita *normal*, não é menos verdade que, ao nível do conteúdo negativo do direito, existem diferenças assinaláveis.

Com efeito, para além de o titular de uma marca de prestígio não necessitar de ter um registo a seu favor para se opor ao uso ou ao pedido de registo (ou requerer a anulabilidade do mesmo), bastando-lhe demonstrar que efectuou o pedido de registo em Portugal a seu favor (beneficiando assim, à semelhança dos titulares das marcas notórias de um direito de prioridade ao nível do registo), o titular de uma marca de prestígio goza ainda de um conteúdo negativo do direito muito mais alargado.

Assim, o mesmo poderá opor-se ao uso ou ao pedido de registo (ou requerer a anulabilidade deste) de um sinal idêntico ou semelhante ao seu feito por terceiro, enquanto marca, mesmo que para produtos ou serviços não afins, desde que consiga demonstrar que esse uso, independentemente de ser susceptível de criar ou não um risco de confusão junto dos consumidores, independentemente de comprometer ou não o exercício da função distintiva, poderá provocar um prejuízo na capacidade distintiva ou do prestígio do sinal e, desse modo, comprometer ou afectar o exercício da função publicitária das marcas.

Os titulares das marcas de prestígio gozam assim de um *ius prohibendi* alargado que não encontra a sua justificação na protecção da função distintiva da marca ou no princípio da especialidade. Uma protecção que surge mesmo em situações em que não se admite sequer a existência de qualquer risco de confusão por parte dos consumidores e que por isso mesmo vai para além do princípio da especialidade e cujo único objectivo é a protecção do *selling power* das marcas de prestígio[132].

*"Sublinhe-se que a protecção conferida às marcas de grande prestígio, célebres e de grande notoriedade, representando uma solução anómala numa ordem económica de livre concorrência assente no interesse da diferenciação de bens e serviços, constitui uma excepção ao princípio da especialidade atrás referido, na medida em que não está tanto em causa a tutela da função distintiva das marcas, mas antes a tutela directa e autónoma da função atractiva ou publicitária excepcional (ou função evocativa de excelência) das marcas de grande prestígio"*[133].

Mais grave e preocupante ainda é que essa protecção, ainda que totalmente justificada, ocorra dentro do âmbito do direito de marcas, subvertendo por inteiro a essência do próprio direito de marcas e todos os princípios que desde sempre justificaram a atribuição ao seu titular de um direito de exclusivo e tendencialmente perpétuo.

Parece-nos pois que, havendo motivos que justificam uma protecção da capacidade publicitária dessas marcas, particularmente quando as mesmas, representam importantes activos das suas empresas, a mesma deveria ocorrer fora do direito de marcas.

Por fim, foi ainda concedido ao titular dessas marcas de prestígio, para além de toda a extensão do *ius prohibendi* que lhes é atribuído, o poder de *consentirem* que terceiros possam usar sinais idênticos ou semelhantes ao seus, enquanto marcas, mesmo que para produtos ou serviços

---

[132] "Está essencialmente em causa a tutela directa da função atractiva e publicitária da marca. Assim, a protecção de que aquela marca *de prestígio* beneficia não suscita a questão da afinidade merceológica, de que não depende" – Acórdão do Tribunal da RP, de 23 de Fevereiro de 2006 (o itálico é nosso) – www.dgsi.pt.

[133] Cfr. Acórdão do Tribunal da RL, de 16 de Outubro de 2003 – www.dgsi.pt.

não afins, numa clara admissibilidade da figura do contrato de *merchandising* para as marcas de prestígio.

Em oposição ao contrato de *merchandising* manifestaram-se vários autores. Não podíamos por isso deixar de expor aqui alguns dos argumentos invocados nesse sentido:

*"Pode acontecer que alguns desses criadores de modo e de gosto, que nunca produziram, não tencionam produzir, não têm possibilidade de produzir, não têm equipamento para o fazer, nem tão pouco pensam fazê-lo, requeiram uma licença de uso do seu nome, ou que eles próprios o provoquem, para empresários que operam em campos remotíssimos daquele em que opera o criador de moda, e que queiram desfrutar da sua fama e operar e viver à sua sombra. A marca resume-se então a uma mera fábrica "de licenças" de fabrico (...) fora de todas as hipóteses sérias de utilização directa do titular. O abuso da marca, o contorno da lei, parecem evidentes. O titular recebe dinheiro por utilizações da marca que são estranhas à sua indústria ou comércio e assim à ratio do instituto. A marca destes "criadores" transforma-se num certificado de monopólio absoluto e completo ao exercício de qualquer actividade"*[134].

Naturalmente que ao olharmos para o direito de marcas como um direito exclusivo e indefinidamente renovável, teremos de tomar consciência que tal apenas se justifica atendendo ao princípio da especialidade e à função distintiva da marca na sua bi-funcionalidade.

O contrato de *merchandising* de marcas coloca em causa, de modo evidente, quer o princípio da especialidade, quer a função distintiva da marca. Várias razões, como alias já tivemos oportunidade de analisar, são tradicionalmente invocadas para justificar a tutela ultramerceológica para determinadas marcas.

Essa tutela encontra-se hoje consagrada no nosso ordenamento jurídico para as marcas de prestígio. Dúvidas não existem, que o titular de uma marca de prestígio se poderá opor quer ao uso, quer ao pedido de registo (ou requerer a anulação caso o mesmo tenha sido concedido), realizado por terceiro, sem o seu consentimento, de sinal idêntico ou semelhante ao seu, ainda que destinando-se a produtos ou serviços não afins, desde que, sem justo motivo, procure tirar partido indevido do carácter distintivo ou do prestígio da marca, ou possa prejudicá-los.

---

[134] REMO FRANCESCHELLI, *Sui Marchi di Impresa*, ob. cit., pág. 219.

O contrato de *merchandising* de marcas permite que o titular da marca explore as vantagens económicas e patrimoniais que a marca lhe permite, diga-se que isso apenas sucede, na medida em que a marca possui um determinado valor atractivo como resultado da actividade e do uso que lhe foi dado pelo seu titular.

Mesmo sendo discutível a bondade da solução encontrada para as marcas de prestígio, o facto é que o direito português e comunitário, concedem uma tutela ultramerceológica às mesmas. Compreendemos que o valor atractivo e económico de uma marca, em particular, em relação àquelas que gozam de uma maior notoriedade junto do mercado, representa para o seu titular, um importante activo, sendo por isso natural que o mesmo deseje explorar todas as vantagens patrimoniais do sinal (não poderemos ignorar que esse valor atractivo da marca, corresponde ao resultado do uso que dela foi feito no mercado e aos investimentos realizados pelo seu titular nesse sentido).

Contudo, para nós, esse aspecto poderia e deveria ser protegido a outro nível que não ao nível do direito de marcas.

Neste sentido, a oposição que perfilhamos em relação ao *merchandising* de marcas, não é, pelo menos em relação às marcas de prestígio, fundamentada com argumentos legais (o proémio do artigo 323.º do CPI é nisso bastante elucidativo, o titular de uma marca de prestígio pode *consentir* no uso de um sinal idêntico ao seu ainda que para produtos sem identidade ou afinidade), mas antes, pela essência do conteúdo do direito de marca. Na verdade, o *merchandising* apenas se justifica e se admite do ponto de vista legal, na medida em que a própria lei excepcionou relativamente às mesmas, o princípio da especialidade.

*"O merchandising é uma actividade que surgiu perfeitamente integrada no desenvolvimento económico"*[135]. Esta afirmação consubstancia a conclusão prática da realidade dos nossos dias, onde, por força da pressão e influência realizada pelos titulares das marcas mais conhecidas, se tende a valorizar, cada vez mais, a componente económica das mesmas. Se a tutela desses interesses poderá ser plenamente justificada, parece-nos que a mesma, deveria ocorrer fora do direito de marcas, salvaguardando assim, a finalidade essencial das marcas, a sua função distintiva.

---

[135] MARIA MIGUEL ROCHA MORAIS DE CARVALHO, *Merchandising de Marcas (A Comercialização do Valor Sugestivo das Marcas)*, *ob. cit.*, pág. 204.

## 8. O Acordo ADPIC/TRIPS – A análise do artigo 16.º e perspectivas de *evolução* na protecção das marcas notórias e de prestígio

Ao nível do direito internacional deparamo-nos com uma progressiva tendência de uma maior protecção das marcas notórias, procurando equiparar o seu âmbito de protecção àquele que é conferido às marcas de prestígio. Não nos parece que a notoriedade de uma marca, justifique o mesmo âmbito de tutela que é concedida a uma marca de prestígio.

Na verdade, apenas razões verdadeiramente ponderosas poderão justificar que se afaste um dos pilares no qual se alicerça todo o direito de marcas. O direito de marcas é, em si mesmo, um direito exclusivo, o que por si, representa uma limitação da concorrência. O conteúdo do direito de marcas representa assim, um equilíbrio entre o princípio da livre concorrência e de iniciativa económica e o regime da exclusividade do direito.

Alargar essa tutela ultramerceológica seria caminhar para um desequilíbrio, em que a marca se traduziria num certificado *"de monopólio absoluto e completo ao exercício de qualquer actividade"*[136] mas estranha à *ratio* do instituto.

A protecção que é concedida para além do princípio da especialidade terá sempre de ser encarada como a excepção e justificada através de razões muito importantes. Só assim se permite quebrar o equilíbrio que nos é dado pelo princípio da especialidade.

Por enquanto, o legislador português tem conseguido resistir a essa pressão, a protecção conferida às marcas notórias continua, por enquanto, dentro dos limites do princípio da especialidade. Contudo, a pressão para que essa protecção adquira contornos idênticos aos da marca de prestígio vem acentuando-se nos últimos anos.

Numa das Assembleias Anuais da OMPI e da CUP, realizada entre 20 a 29 de Setembro de 1999, foi aprovada uma recomendação conjunta que, em determinadas condições, permite o exercício de uma tutela ultramerceológica às marcas notórias.

Procurámos já definir uma marca notória, na ausência de definição legal, como sendo um sinal que alcançou um grau de notoriedade considerável junto do círculo de interessados dos respectivos produtos ou serviços em relação aos quais a marca é aposta, ou seja, junto de todos aqueles que exercem uma actividade profissional na produção, distribuição

---

[136] REMO FRANCESCHELLI, *Sui Marchi di Impresa*, *ob. cit.*, pág. 219.

ou comercialização desses produtos ou de prestação desses serviços (por exemplo, operadores económicos concorrentes), assim como junto dos consumidores preferenciais desses produtos ou serviços.

Na ausência de definição, o artigo 2.° n.° 1 desta Recomendação Comum, apresenta-nos, ainda que a título exemplificativo, alguns critérios que nos permitirão identificar se uma marca é notória.

Assim, será relevante o grau de conhecimento de uma marca, junto dos consumidores dos produtos ou dos utilizadores dos serviços assinalados pela marca (ou seja, junto do círculo de interessados). Entre os factores tradicionalmente apresentados para determinar se uma marca é notoriamente conhecida do sector do público a que se destina, podemos enunciar ainda a duração, o âmbito e a área geográfica de utilização da marca[137], a sua divulgação, nomeadamente através da publicidade mas igualmente a sua apresentação em eventos ou exposições.

De igual modo poderão ser tidos em conta o número de registos obtidos a nível mundial para essa marca, assim como a duração dos registos poderá ser atendida como elemento indicativo da sua notoriedade, mesmo que os registos tenham sido obtidos por pessoas distintas, porquanto uma mesma marca, poderá pertencer, em países distintos, a sociedades do mesmo grupo.

Esta recomendação, enuncia ainda no artigo 2.° n.° 3 i) determinados critérios que não deverão ser tidos em conta na qualificação de uma marca como notória, em especial, o uso efectivo da marca no País, não poderá ser exigido para que a marca possa ser protegida como marca notória, o mesmo sucedendo com a exigência do registo da marca notória por parte do interessado[138].

---

[137] Segundo o artigo 2.° n.° 3 alíneas a) e i) da Recomendação Comum, o uso efectivo da marca no País, não pode ser exigido para ser protegida como marca notória. Contudo, o uso da marca em territórios vizinhos, em territórios em que é falada a mesma língua, em territórios cobertos pelos mesmos meios de comunicação social, ou em territórios que mantêm relações comercias estreitas com o País, podem ser elementos significativos para determinar se essa marca é conhecida no País.

[138] Ao contrário do que sucede com o artigo 242.° n.° 2 do CPI que exige que os interessados na recusa do registo da marca posterior, apenas podem intervir no processo depois de terem efectuado o pedido de registo da marca que dá origem e fundamenta o seu interesse. Ou seja, o titular de uma marca notória apenas poderá utilizar a prerrogativa legal do n.° 1 do artigo 241.° do CPI caso demonstre, pelo menos, ter efectuado o pedido de registo da marca a seu favor. Situação análoga aplica-se para os pedidos de anulabilidade do registo da marca posterior nos termos do n.° 2 do artigo 266.° do CPI.

Nesta Recomendação Comum procura-se de forma inegável assegurar uma protecção às marcas notórias para além do princípio da especialidade. Na verdade, na alínea b) do artigo 4.° n.° 1 pode ler-se que *"independentemente dos produtos e/ou serviços para os quais a marca é usada, se for pedido o registo, ou for registada, a marca estará em conflito com uma marca notória, quando a marca, ou uma parte essencial da mesma, constituir uma reprodução, imitação, tradução ou transliteração da marca notória e quando se verificar, pelo menos uma das seguintes condições: (i) o uso da marca indica uma conexão entre os produtos e/ou serviços para os quais a marca é usada, é sujeita a um pedido de registo, ou é registada, e o titular da marca notória, podendo causar prejuízo aos interesses deste; (ii) o uso da marca é susceptível de diminuir ou diluir de maneira desleal o carácter distintivo da marca notória; (iii) o uso da marca retira proveito indevido do carácter distintivo da marca notória"*.

Assim, para além de não se exigir necessariamente o registo da marca notória, a tutela torna-se igualmente menos exigente, para efeitos da sua aplicação, porquanto a mesma poderá funcionar caso se verifique, isoladamente, uma das três condições previstas, uma das quais se prende com a *diminuição ou diluição de maneira desleal do carácter distintivo da marca notória*, em situação análoga à protecção que actualmente já é conferida para as marcas de prestígio.

Infelizmente esta *progressão*, apenas se fica a dever à pressão que é realizada pelos titulares deste tipo de marcas no sentido de se alargar o âmbito da tutela que lhes é conferida. Não existem razões jurídicas ou relacionadas com o direito de marcas que o justifiquem, a principal razão destas alterações é tão-somente o elemento económico e financeiro.

Não poderíamos deixar de fazer referência, nesta breve análise sobre a tutela especial conferida a estas marcas, ao ADPIC, em particular, ao seu artigo 16.°.

Os números 1 e 2 do artigo 16.° não nos apresentam nenhuma particularidade muito relevante para o aspecto que pretendemos abordar. Na verdade, o n.° 1 confirma-nos o princípio da especialidade. Por seu lado, o n.° 2, estende a protecção conferida pelo artigo 6.° *bis* da CUP às marcas de serviços, apresentando como critério para a determinação da notoriedade de uma marca, o seu conhecimento junto do público interessado.

Abordagem diferente teremos de fazer no que respeita ao no n.° 3 do artigo 16.°. Lê-se no preceito em causa que *"o disposto no artigo 6.° bis da Convenção de Paris (1967) aplicar-se-á, mutatis mutandis, aos produtos ou serviços que não sejam semelhantes àqueles relativamente aos quais uma marca foi registada, desde que a utilização dessa marca para esses produtos ou serviços indique a existência de uma relação entre esses produtos ou serviços e o titular da marca registada, e na condição de essa utilização ser susceptível de prejudicar os interesses do titular da marca registada".*

Muito se tem escrito a propósito deste preceito. Na verdade e face ao conteúdo do CPI 95 que não havia procedido à transposição do artigo 5.° n.° 2 da Directiva, chegou-se a discutir, a possibilidade de o preceito da Directiva poder ter aplicabilidade no ordenamento jurídico português, precisamente, através do artigo 16.° n.° 3 do ADPIC.

Não nos iremos debruçar aqui sobre a aplicabilidade directa ou não do preceito em causa, o que nos levaria a considerações sobre o carácter *self-executing* do acordo ADPIC[139]. Contudo, não poderemos ignorar que,

---

[139] Sobre a questão da aplicabilidade directa ou não do preceito cfr. OLIVEIRA ASCENSÃO, *Relatório Final de Actividade da Comissão de Acompanhamento do Código da Propriedade Industrial*, Revista da Faculdade de Direito da Universidade de Lisboa, 1997, pág. 341. Perfilhamos a posição subscrita por OLIVEIRA ASCENSÃO defendendo a não aplicabilidade directa do artigo 16.° n.° 3 do ADPIC, ao contrário do que sustenta PEDRO SOUSA E SILVA, que defende que "será (…) de reconhecer a aplicabilidade directa a várias normas do acordo TRIPS (entre as quais o preceito do art. 16.°/3, referido no texto, atenta a sua clareza, completude e carácter incondicional, e a sua aptidão para dirimir directamente litígios entre particulares) " – *O princípio da especialidade das marcas, ob. cit.*, pp. 435 e 436.

Vários argumentos costumam ser esgrimidos a propósito da aplicabilidade directa do n.° 3 do artigo 16.° do ADPIC. Por aplicabilidade directa deveremos entender a susceptibilidade de uma norma vigorar no ordenamento jurídico nacional, sem que o legislador tenha necessidade de proceder à sua transformação para normas de direito nacional ou que tenha a necessidade de estabelecer elementos normativos que venham permitir a sua exequibilidade, sendo possível que os particulares invoquem o preceito em causa, junto dos tribunais nacionais, sem necessidade da sua implementação na legislação portuguesa.

Deste modo, a norma de direito internacional deverá ser suficientemente clara e inequívoca relativamente ao seu objecto, não carecendo de qualquer outro elemento normativo que venha possibilitar a sua execução. Ora, no nosso entender, o artigo 16.° n.° 3 do ADPIC não reúne todas estas condições. Na verdade, já verificámos, que existem posições divergentes na doutrina a propósito do tipo de marca que o mesmo pretende tutelar.

Na posição que perfilhámos, o preceito em causa tutela as marcas notórias ainda que concedendo-lhes uma tutela ultramerceológica, mas há quem entenda que o mesmo tutela as marcas de prestígio ou um terceiro grupo de marcas. Por outro lado, não podemos ignose é verdade que o preceito estabelece um mais amplo âmbito de protecção à marca notória ao alargar essa protecção aos *"produtos ou serviços que não sejam semelhantes àqueles relativamente aos quais uma marca foi registada"*[140], não deixa de ser evidente que o mesmo tem um alcance diferente face ao conteúdo do artigo 5.º n.º 2 da Directiva, porquanto aquele apresenta-nos dois requisitos cumulativos, a saber, o risco de confusão (que pode compreender o risco de associação) quanto à proveniência dos bens e na condição de a utilização da marca *notória* por terceiro ser susceptível de prejudicar os interesses do titular da marca registada.

Dúvidas não existem que este preceito procura, atribuir uma tutela ultramerceológica às marcas notórias desde que, cumulativamente, se verifiquem dois requisitos, por um lado a utilização dessa marca, para esses produtos ou serviços, indique a existência de uma relação entre esses produtos ou serviços e o titular da marca registada (surgindo aqui o elemento do risco de confusão) e, na condição de essa utilização ser susceptível de prejudicar os interesses do titular da marca registada.

Este preceito não foi transposto para o nosso ordenamento jurídico nem no CPI 95 nem para o actual. No nosso entender, o legislador português não pretendeu conferir aos titulares das marcas notórias essa tutela ultramerceológica, ao contrário do que sucede com os titulares das marcas de prestígio.

Deste modo, a tutela especial que se consubstancia numa protecção para além do princípio da especialidade, não foi adoptada na legislação

---

rar que, tal como consta do n.º 1 do artigo 1.º do ADPIC, os Estados-membros da OMC implementarão as disposições do Acordo e determinarão livremente o método adequado para a execução das disposições do acordo, no quadro dos respectivos sistemas e práticas jurídicas.

Assim, e conjugando este preceito com o n.º 3 do artigo 8.º da CRP que nos diz que "as normas emanadas dos órgãos competentes das organizações internacionais de que Portugal seja parte vigoram directamente na ordem interna, desde que tal se encontre estabelecido nos respectivos tratados constitutivos", e com a falta de clareza da norma do n.º 3 do artigo 16.º do ADPIC, em particular, no que diz respeito ao objecto do preceito, entendemos que o mesmo não é susceptível de ser aplicado directamente no ordenamento jurídico português. Adoptar a posição contrária, obrigar-nos-ia a admitir que em Portugal se concedia uma tutela ultramerceológica às marcas notórias, o que, claramente, contribuiria para um reforço da função publicitária das marcas.

[140] Neste aspecto particular afasta-se do conteúdo do artigo 6.º *bis* da CUP, alargando, para além do princípio da especialidade a protecção às marcas notórias. Por outro lado, ao contrário do que é exigido no artigo 6.º *bis* da CUP, é exigido no n.º 3 do artigo 16.º do ADPIC o registo da marca notória.

portuguesa para as marcas notórias, ao contrário do que sucede com as marcas de prestígio[141]. Neste último caso teremos de atender ao papel fulcral desenvolvido pela Directiva na medida em que a mesma modificou de forma inegável o conteúdo do nosso direito de marcas, com claras repercussões ao nível da função da marca. Naturalmente que a Directiva data de 1988, ou seja, é anterior ao ADPIC que foi aprovado como Anexo 1 C do Acordo que criou a Organização Mundial do Comércio, tendo o mesmo entrado em vigor em 1 de Janeiro de 1996[142].

A título de conclusão podemos afirmar que nos parece inegável que ao nível internacional se procura caminhar para a concessão de uma tutela ultramerceológica às marcas notórias.

E se o n.º 3 do artigo 16.º do ADPIC vai mais longe que a Directiva no que respeita à protecção das marcas notórias, porquanto a Directiva limita essa protecção ao princípio da especialidade, não é menos verdade que a protecção conferida pelo ADPIC é apesar de tudo mais exigente que o conteúdo da Recomendação Conjunta das Assembleias Gerais da União de Paris e da OMPI que tivemos oportunidade de enunciar.

Assim, para além de na Recomendação Conjunta não se exigir necessariamente o registo da marca notória, a tutela torna-se igualmente menos

---

[141] No nosso entender, não foi nem deveria sê-lo. Na verdade, não poderemos ignorar que o princípio da especialidade das marcas é um dos pilares sobre os quais se alicerça todo o direito de marcas, em particular, a função distintiva que, como por diversas vezes já referimos, justifica o facto de se conceder um direito exclusivo a alguém, direito esse, susceptível de ser indefinidamente renovável.

Deste modo, qualquer excepção ao princípio da especialidade terá de ser pontual e devidamente fundamentada. Em relação às marcas de prestígio tivemos oportunidade de abordar essa questão, procurando fundamentar uma realidade que, não nos esqueçamos, mereceu um grande impulso por parte do legislador comunitário, ao nível do conteúdo da Directiva. Em relação às marcas notórias, parece-nos que as mesmas apenas justificam uma tutela (ainda que especial face à generalidade das marcas) mas, sempre no âmbito do princípio da especialidade.

De outro modo "e dado que é relativamente fácil, nos nossos dias, promover a notoriedade de uma marca, o princípio da especialidade, como regra, seria erradicado, o que é impensável sobretudo se se reflectir nas consequências: todas as marcas seriam susceptíveis de tutela quase absoluta, desde que registadas" – MARIA MIGUEL ROCHA MORAIS DE CARVALHO, *Merchandising de Marcas (A Comercialização do Valor Sugestivo das Marcas), ob. cit.*, pág. 145.

[142] O ADPIC foi aprovado, em 15 de Dezembro de 1994, pela Resolução da Assembleia da República n.º 75-B/94; ratificado em, 22 de Dezembro de 1994, pelo Decreto do Presidente da República n.º 82-B/94, publicado no 5.º Suplemento do Diário da República, de 27 de Dezembro de 1994.

exigente, para efeitos da sua aplicação, porquanto a mesma poderá funcionar caso se verifique, isoladamente, uma das três condições previstas na alínea b) do artigo 4.º n.º 1, uma das quais se prende com a *diminuição ou diluição de maneira desleal do carácter distintivo da marca notória*, em situação análoga à protecção que actualmente já é conferida para as marcas de prestígio, ao contrário do n.º 3 do artigo 16.º do ADPIC que exige, cumulativamente, a verificação de duas condições, por um lado que se gere uma relação entre esses produtos ou serviços e o titular da marca registada (surgindo aqui o elemento do risco de confusão) e, na condição de essa utilização ser susceptível de prejudicar os interesses do titular da marca registada.

Deste modo, se é verdade que temos de assumir algum pragmatismo quando analisamos a incidência práctica do regime excepcional de protecção que é conferido às marcas de prestígio, não só pelo número reduzido de marcas que beneficiam dessa protecção como igualmente pelo facto de a protecção excepcional (para além do princípio da especialidade) apenas corresponder a uma parte do conteúdo e extensão do direito das marcas de prestígio (quando a lei pretende evitar que se gere um prejuízo para a capacidade distintiva ou para o prestígio da mesma, a chamada teoria da diluição, uma vez que, nos restantes casos, com maior ou menor *flexibilização* do conceito de afinidade e do risco de confusão, essa protecção é conferida dentro dos limites do princípio da especialidade).

Não é menos verdade que a tendência em termos de direito internacional visa alargar essa protecção verdadeiramente excepcional igualmente às marcas notórias. Isto, traria como consequência não só o aumento do número de marcas que passariam a beneficiar de um direito de exclusivo cuja extensão, em especial ao nível do *ius prohibendi* permitiria impedir o uso ou a oposição ao registo a todo e qualquer sinal (utilizado enquanto marca) idêntico ou semelhante a esse sinal notório ou de prestígio mesmo que para produtos ou serviços não afins, não porque existisse um qualquer risco de confusão, violando assim o princípio da especialidade e a função distintiva das marcas mas tão somente pelo facto de se poder gerar um prejuízo para a capacidade distintiva ou do prestígio/notoriedade dessas marcas, comprometendo assim o *selling power* das mesmas e a sua função publicitária.

Isto seria, no nosso entender, subverter por completo os princípios estruturantes do nosso Direito de Marcas, assente no princípio da especialidade, na não indução em erro dos consumidores e no exercício da função distintiva.

236          *VII Curso de Direito Industrial*

E, como tivemos oportunidade de referir, se é verdade que existem fundamentos para assegurar essa protecção ao *selling power* das marcas, não é menos verdade que, para nós, essa protecção deveria ser conferida fora do direito de marcas. Mas, se a opção do legislador foi conferir essa protecção dentro do direito de marcas então, pelo menos, que a mesma apenas seja conferida em situações verdadeiramente ponderosas o que, no nosso entender, significa limitar essa protecção excepcional apenas às marcas de prestígio, continuando a delimitar a protecção das marcas notórias dentro do quadro de protecção conferido pelo princípio da especialidade.

Não esqueçamos o que já enunciamos a respeito das marcas notórias. Hoje em dia, é relativamente fácil a uma marca adquirir um grau de notoriedade junto do círculo de interessados de modo a poder ser qualificada como notória (bastará para isso que o seu titular possua capacidade económica-financeira para suportar campanhas publicitárias com essa finalidade). Assim, se a protecção excepcional que é actualmente conferida às marcas de prestígio for alargada igualmente às marcas notórias, estaríamos a criar condições para eliminarmos o princípio da especialidade, com todas as consequências negativas que tal situação acarretaria para o Direito de Marcas.

Estaríamos desse modo, a atribuir verdadeiros direitos de monopólio, limitativos da concorrência, não para defender o exercício da função distintiva da marca, visando impedir a indução em erro dos consumidores, mas tão somente para *proteger* a notoriedade de um determinado sinal e o seu *selling power* o que, por outras palavras, significa a protecção exclusiva dos interesses económico-financeiros dos titulares dessas marcas, ou seja, as *grandes* empresas.

Este será provavelmente um quadro com o qual seremos confrontados futuramente, a tendência será certamente para acentuar a pressão sobre os legisladores nacionais e comunitário com vista ao alargar da protecção das marcas notórias para além do princípio da especialidade.

Caberá ao legislador nacional e comunitário resistir a essa pressão sob pena de todo o edifício do Direito de Marcas ter de ser analisado numa óptica distinta, uma vez que *"este não é o caminho correcto e que, assim, se subverterá não apenas o direito de marcas, mas também o direito da concorrência"*[143].

---

[143] MARIA MIGUEL ROCHA MORAIS DE CARVALHO, *Merchandising de Marcas (A Comercialização do Valor Sugestivo das Marcas), ob. cit.,* pág. 150.

*Marcas notórias, marcas de prestígio e acordo ADPIC/TRIPS*     237

Não podendo por fim ignorar, o importante mas não menos delicado papel que recai sobre a jurisprudência. Com efeito, serão os Tribunais várias vezes, chamados a qualificar um determinado sinal com marca notória ou de prestígio. A amplitude e conteúdo que uma qualificação destas implica, atribuíndo ao seu titular, em particular no caso das marcas de prestígio, um verdadeiro direito de monopólio e limitativo da concorrência, é algo que deverá ser feito com o máximo de rigor, alicerçado em fundamentos sólidos.

De outro modo, poderemos estar a caminhar para o fim do Direito de Marcas, pelo menos daquele Direito de Marcas que tem no exercício da Função Distintiva, no Princípio da Especialidade e na não indução em erro do público destinatário as razões que justificam a atribuição de um direito de exclusivo e tendencialmente perpétuo.

# O REFORÇO DA TUTELA DA PROPRIEDADE INTELECTUAL NA ECONOMIA DIGITAL ATRAVÉS DE ACÇÕES DE RESPONSABILIDADE CIVIL *

ADELAIDE MENEZES LEITÃO
*Professora da Faculdade de Direito de Lisboa*

**PLANO:**
I. Objectivos e âmbito da Directriz n.º 2004/48/CE. II. A Transposição da Directriz pela Lei n.º 16/2008, de 1 de Abril. III. Apreciação em geral das alterações ao Código de Propriedade Industrial e ao Código de Direitos de Autor e Direitos Conexos. IV. Apreciação em especial da acção de responsabilidade civil por violações à propriedade industrial. V. Conclusões

## I. OBJECTIVOS E ÂMBITO DA DIRECTRIZ N.º 2004/48/CE

A Directriz n.º 2004/48/CE estabelece vários objectivos, a saber: um nível equivalente de protecção da propriedade intelectual, a realização do mercado interno, a eliminação das distorções da concorrência,

---

\* Agradecemos, mais uma vez, na pessoa do Professor Doutor Oliveira Ascensão, o convite que nos foi dirigido pela Associação Portuguesa de Direito Intelectual para leccionar uma conferência subordinada ao tema "A tutela. A transposição da Directiva 2004/48", no VII Curso Pós-Graduado de Propriedade Industrial (2008), que serviu de base ao desenvolvimento do presente texto.

a promoção da inovação e do investimento em propriedade intelectual, o desenvolvimento do emprego e o reforço da competitividade e a necessidade de assegurar que o direito material da propriedade intelectual seja efectivamente aplicado na comunidade. No entanto, o principal objectivo desta Directriz passa pelo reforço da tutela da propriedade intelectual.

No seu artigo 1.º, sob a epígrafe "objecto", determina-se que "*a (...) Directriz estabelece as medidas, procedimentos e recursos necessários para assegurar o respeito pelos direitos de propriedade intelectual*" e acrescenta-se que a "*expressão "direitos de propriedade intelectual" engloba os direitos de propriedade industrial*". No direito nacional não existe tradição de uma legislação unificada de toda a propriedade intelectual, distinguindo-se, por um lado, os direitos de autor e, por outro, os direitos industriais. Do ponto de vista legislativo, separam-se formalmente o Código de Direitos de Autor e Direito Conexos (CDADC) e o Código da Propriedade Industrial (CPI). A Lei n.º 16/2008 seguiu, por isso, um modelo dualista de transposição da Directriz.

A grande crítica que se fez a esta Directriz assenta no regime demasiado draconiano[1], próximo do americano *Digital Millenium Copyright Act* (DMCA) de 1998, sobretudo no domínio da proibição de neutralização de medidas de carácter tecnológico.

É fundamental compreender que certos direitos subjectivos se encontram especialmente vulnerabilizados numa sociedade digital. Os direitos intelectuais fragilizaram-se com a globalização e a sociedade de informação[2]. Com efeito, o desenvolvimento tecnológico da sociedade de informação enfraqueceu as criações intelectuais, tendo dado azo a duas tendências opostas: uma, a favor da liberalização da propriedade intelectual na rede e, outra, que apela a um reforço da protecção da propriedade intelectual e ao combate às suas violações.

O direito europeu, seguindo o norte-americano, tem optado por se situar na linha do reforço da tutela da propriedade intelectual, na medida em que nele subjaz a ideia de que pode ser utilizado como um instrumento

---

[1] Utilizam-se expressões como "horror" ou "nightmare" para descrever os efeitos desta lei. Cfr. Robin D. Gross, Circumvention Prohibitions Reconsidered: *Why America's Mistake is Europe's Future*, disponível http://ipjustice.org/eucd012903.shtml

[2] Cfr. o nosso "A Tutela dos Direitos de Propriedade Intelectual na Directriz 2004/48/CE", Estudos em Homenagem ao Professor Doutor Marcello Caetano no Centenário do seu Nascimento, vol. I, Coimbra Ed., 2006, p. 25.

*O reforço da tutela da Propriedade Intelectual na economia digital...* 241

de políticas públicas, dos governos e das organizações internacionais, destinado a favorecer a capacidade competitiva das empresas, como produtoras e utilizadoras da informação. Assim, é atribuída à propriedade intelectual um papel decisivo nas trocas internacionais e na própria concorrência. Foi este carácter instrumental da propriedade intelectual, em relação à concorrência no mercado interno, que justificou a elaboração da Directriz 2001/29/CE, do Parlamento Europeu e do Conselho, de 22 de Maio de 2001, relativa à harmonização de certos aspectos do direito de autor e dos direitos conexos na sociedade de informação e, mais recentemente, o reforço dos direitos de propriedade intelectual pela Directriz 2004/48/CE, do Parlamento Europeu e do Conselho, de 19 de Abril de 2004. Não é, porém, unanimemente admitido, fora dos referidos espaços jurídicos, que a Internet justifique este reforço de meios de defesa, uma vez que muitos autores e produtores preferem disponibilizar livremente as suas obras na Internet. Neste domínio, não há consensos, pois enquanto uns defendem que a revolução tecnológica, incorporada na Internet, representa a morte do direito de autor[3], outros preferem salientar que, desde a descoberta da imprensa por Guttenberg, o Direito de autor tem incorporado todas as inovações tecnológicas por possuir uma enorme capacidade de adaptação a novas realidades[4]. De qualquer modo, não é possível negar a encruzi-

---

[3] OLIVEIRA ASCENSÃO, "Novas tecnologias e transformação do direito de autor", Estudo sobre Direito da Internet e Sociedade da Informação, Almedina, Coimbra, 2001, p. 136, considera exagerada a notícia da morte do direito de autor, defendo que este só necessita de se adaptar.

[4] Segundo JAVIER VILLATE, *La propriedad intelectual en la nueva era digital* (disponível www.cibersociedad.net/artículo.php?art=40), os direitos de autor já não servem as suas finalidades iniciais, de incentivo aos criadores, mas estão tão-só a ser utilizados para facilitar o controlo, por parte de grandes empresas, sobre a cultura, sobre a arte e sobre a inovação tecnológica. Não era fácil a cópia manuscrita do livro pelo indivíduo, o que impossibilitava uma divulgação em série. Com a tecnologia digital qualquer indivíduo pode fazer cópias em série, pelo que, neste momento, os direitos de autor têm que limitar as liberdades dos indivíduos. O A. considera que com a Internet a ameaça da tecnologia aos direitos de autor é máxima, *mutatis mutandis* a protecção legal é mínima. É neste ambiente que surgem os novos Tratados da Organização Mundial de Propriedade Intelectual, a Directriz Europeia de Direitos de Autor e a *Digital Millennium Copyright Act* (DMCA). Em sentido divergente, LAWRENCE LESSIG, *El código y outras leyes del ciberspacio*, Madrid, 2001, pp. 229-262, considera que nunca, como hoje, a arquitectura tecnológica pode ser posta ao serviço da protecção jusintelectual, designadamente introduzindo no código restrições à cópia.

242       *VII Curso de Direito Industrial*

lhada em que se encontram actualmente os direitos de propriedade intelectual[5].

Com efeito, se, por regra, no sistema económico, quem quiser satisfazer necessidades próprias com bens alheios tem de pagar o preço do seu consumo, tal não ocorre ao nível das criações do espírito, dado o carácter limitado no tempo dos direitos de propriedade intelectual (*inter alia*, direitos de autor e patentes) e o facto de, fora dos bens susceptíveis de se integrarem na tipicidade de bens imateriais protegidos, não haver protecção (*v.g.* as descobertas científicas insusceptíveis de patente não gozam de qualquer protecção). Por outro lado, verifica-se uma significativa dificuldade dos novos bens imateriais se imporem como bens protegidos, porque essa protecção não é justificável do ponto de vista da sua eficiência. Os criadores intelectuais não trabalham mais por haver protecção do direito de autor. O que justifica a protecção dos bens imateriais é, essencialmente, o investimento neles feito[6]. É o que acontece nas áreas de maior risco, em que só se consegue investimento se houver um sistema de protecção jurídica sobre os seus resultados[7].

A Internet postula um equilíbrio entre o tempo em que a inovação deve estar monopolizada ao inovador ou ao investidor e o tempo em que tem de sair das suas mãos, sob pena de se travar a própria inovação. Assim sendo, é necessário encontrar a protecção jurídica ideal para as situações em que o investimento inicial é muito elevado, mas que, posteriormente, no processo de comercialização de produtos inovadores, com custos decrescentes, se alcançam rendimentos crescentes. Para os economistas, o Direito tem dificuldade em regular mercados com custos decrescentes. Daí a necessidade de uma política pública de regulação da inovação que, por um lado, incentive o processo inovador e que, por outro, calibre e compense a rigidez do sistema de direitos subjectivos sobre bens imateriais e os seus limites temporais. Um sistema de protecção de bens imateriais, que descortine o ponto óptimo entre a rentabilização do esforço do inovador e do criador e o acesso à inovação, terá sempre de ser completado com medidas judiciais que permitam aos titulares de direitos uma reacção pronta e eficaz às respectivas violações[8].

---

[5] O nosso *A Tutela dos Direitos de Propriedade Intelectual*, pp. 52-53.

[6] REMÉDIO MARQUES, "Propriedade Intelectual e Interesse Público", BFD, vol. 74, (2003), pp. 295 e ss.

[7] O nosso *A Tutela dos Direitos de Propriedade Intelectual*, p. 53.

[8] O nosso *A Tutela dos Direitos de Propriedade Intelectual*, pp. 53-54.

Neste contexto, tem-se falado da necessidade dum reforço da tutela efectiva dos direitos intelectuais. Acresce ainda o facto da Internet ser uma gigantesca máquina de cópia e de distribuição maciça de cópias, pelo que quer os direitos de autor, quer os direitos industriais, se encontram tecnologicamente fragilizados. O objectivo da Directriz 2004/48/CE, do Parlamento Europeu e do Conselho, de 29 de Abril de 2004, é, antes de mais, a aproximação das legislações dos Estados-membros a fim de assegurar no mercado interno um elevado nível de protecção da propriedade intelectual, equivalente e homogéneo, através do estabelecimento de *standards* mínimos que têm obrigatoriamente de ser adoptados aquando da sua transposição[9], permitindo, porém, que esse nível mínimo seja reforçado e complementado com outras medidas a definir livremente pelos próprios Estados.

A Directriz procura, essencialmente, uma harmonização dos aspectos processuais, de modo a que nos diferentes Estados membros se registe um reforço dos meios de reacção contra as violações de direitos intelectuais, uma vez que os avanços tecnológicos em matéria de armazenamento de informação e de cópia transformaram a "pirataria" e a contrafacção num comércio sem escrúpulos à escala mundial, colocando novos desafios à propriedade intelectual, designadamente no que respeita aos meios civis de resposta e à criminalização das condutas[10]. Esta Directriz, ainda que situada sobretudo no plano processual, não deixa de interferir com alguns aspectos de direito material, designadamente promovendo um alargamento das respostas civis e permitindo um recurso mais amplo à responsabilidade civil[11]. Não pode, por consequência, deixar de ter uma leitura conjunta com a Directriz n.º 2001/29/CE, do Parlamento Europeu e do Conselho, de 22 de Maio de 2001.

---

[9] HECTOR L. MACQUEEN, *Copyright and the Internet*, Law & Internet – a framework for electronic commerce, Hart Publishing, Oxford, 2000, p. 223: *"the problem of enforcement of rights is what should be taking up the attention of reformers who want to realise and maximise the commercial potention of the Internet"*. A própria tecnologia da Internet pode permitir que o autor seja pago pela sua criatividade e inovação através de um condicionamento do acesso ao seu trabalho.

[10] W. R. CORNISH, *Intellectual Property*, 3.ª, Sweet & Maxwell, London, 1998, p. 41.

[11] O nosso *A Tutela dos Direitos de Propriedade Intelectual*, p. 27.

## II. A TRANSPOSIÇÃO DA DIRECTRIZ PELA LEI N.° 16/2008, DE 1 DE ABRIL[12]

### O procedimento legislativo

A Directriz n.° 2004/48/CE deveria ter sido transposta por todos os Estados-membros da União Europeia até 29 de Abril de 2006, pelo que foi com um atraso de dois anos que essa transposição se verificou em Portugal com a aprovação da Lei n.° 16/2008, de 1 de Abril, que promove alterações quer ao Código de Propriedade Industrial quer ao Código de Direitos de Autor e Direitos Conexos. Trata-se de uma transposição dupla, originando dois sistemas: um para a propriedade industrial e outro para os direitos de autor.

O procedimento legislativo da Lei n.° 16/2008, de 1 de Abril, inicia-se com um projecto de proposta de lei do Gabinete de Direito de Autor do Ministério da Cultura, que foi difundido a vários especialistas, que, de uma maneira geral, apontaram como crítica que o projecto não procedia a uma transposição integral da directriz. A área do projecto que à altura se considerava mais omissa na transposição da directriz era a da responsabilidade civil por violações da propriedade intelectual. A proposta de lei n.° 141/X englobou as soluções fundamentais do projecto de proposta do Gabinete de Direito de Autor (GDA)[13], tendo incluído a parte referente às alterações ao Código de Propriedade Industrial. Foi igualmente discutida na Assembleia a proposta de lei n.° 391/X (do PCP) que, no essencial, consagrava soluções próximas. Estas propostas estão na origem da Lei n.° 16/2008, de 1 de Abril.

Na exposição de motivos da Lei n.° 16/2008, de 1 de Abril, afirma-se que o âmbito da Directriz respeita, sobretudo, ao tratamento de matérias de direito processual: *"a Directiva nada regula, em termos inovadores, no que tange, ao direito material, substantivo, da propriedade intelectual"*.

---

[12] De referir que o Código de Propriedade Industrial foi entretanto alterado pelo Decreto-Lei n.° 143/2008, de 25 de Julho, diploma que entrará em vigor em 1 de Outubro de 2008. De ora em diante utilizaremos o texto deste diploma.

[13] O Gabinete de Direito de Autor foi extinto, por fusão, nos termos do artigo 3.°, b) do Decreto-Lei n.° 215/2006, de 27 de Outubro, sendo as suas atribuições integradas no Gabinete de Planeamento, Estratégia, Avaliação e Relações Internacionais. Cfr. ainda o Decreto Regulamentar n.° 33/2007, de 29 de Março referente à orgânica deste Gabinete.

*O reforço da tutela da Propriedade Intelectual na economia digital...* 245

Ora, foi precisamente esta concepção de separação entre direito substantivo e o direito adjectivo que contribuiu para a crítica ao projecto do GDA de transposição de forma incompleta da Directriz. Considera-se, assim, inaceitável a ideia de que a tutela não tem relevância no domínio substantivo dos direitos de propriedade intelectual.

Um outro aspecto que merece censura resulta da adopção do referido modelo dual de transposição da Directriz. Esta dualidade de transposição implica problemas acrescidos de interpretação jurídica e de relacionamento entre os dois Códigos. A técnica legislativa é igualmente distinta, porquanto no CPI assenta essencialmente na introdução de novos artigos, que são aditados: artigos 338.º-A a 338.º-P. Diferentemente, no CDADC há alteração de artigos (197.º, 201.º, 205.º, 206.º, 211.º e 212.º) e aditamento de outros (210.º-A, 210.º-B, 210.º-C e 211.º-A).

## III. APRECIAÇÃO GERAL DAS ALTERAÇÕES AO CÓDIGO DE PROPRIEDADE INDUSTRIAL E AO CÓDIGO DE DIREITOS DE AUTOR E DIREITOS CONEXOS

Interessa sobretudo analisar as alterações introduzidas no CPI. O art. 338.º-A do CPI introduz o conceito de escala comercial como todos os actos que violem direitos de propriedade industrial e que tenham por finalidade uma vantagem económica ou comercial, directa ou indirecta[14]. Excluem-se os actos praticados pelos consumidores de boa fé.

O art. 338.º-B do CPI, em matéria de legitimidade, estabelece que as medidas e os procedimentos cautelares podem ser requeridos pelas pessoas com interesse directo, nomeadamente os titulares de direitos de propriedade industrial e os titulares de licenças[15]. Esta disposição omite qualquer referência às entidades de gestão colectiva do direito de autor e direitos conexos[16] e aos organismos profissionais. Esta última ausência é criticável, pois a consagração expressa de uma legitimidade de tipo representativo seria porventura útil.

Em matéria de prova, os novos artigos 338.º-C a 338.º-E vêm transpor os artigos 6.º e 7.º da Directriz. Como medidas de obtenção de prova

---

[14] Trata-se do mesmo conceito que se encontra no art. 210.º L do CDADC.

[15] Esta disposição não se encontra no CDADC.

[16] Cfr. Lei n.º 83/2001, de 3 de Agosto.

246          *VII Curso de Direito Industrial*

(art. 338.°-C), admite-se que seja requerido ao juiz, desde que fazendo prova razoável e eficiente do que se alega, que ordene que a parte contrária apresente determinados elementos de prova, na sua posse, e documentos bancários, financeiros ou comerciais que se encontram sob o seu controlo[17].

Como medidas de preservação da prova (338.°-D), a requerimento das partes, as autoridades judiciais podem igualmente ordenar medidas provisórias, prontas e eficazes, para preservar provas relevantes da alegada violação. As medidas de preservação das provas podem incluir: a descrição pormenorizada, com ou sem recolha de amostras, e a apreensão efectiva dos bens litigiosos e dos materiais e instrumentos utilizados na produção e/ou distribuição desses bens e documentos. As medidas referidas podem, inclusive, ser ordenadas sem acolhimento do princípio do contraditório[18].

O direito de informação encontra-se regulado no art. 338.°-H, que transpõe o art. 8.° da Directriz. Nesta disposição estabelece-se um direito de informação cujo objecto incide sobre a origem e as redes de distribuição de bens ou serviços que violam o direito de propriedade industrial, e abrange os nomes e endereços dos produtores, fabricantes, distribuidores, fornecedores e outros possuidores anteriores dos bens ou serviços, bem como dos grossistas e dos retalhistas destinatários, além de informações sobre as quantidades produzidas, fabricadas, entregues, recebidas ou encomendadas, e sobre o preço obtido pelos bens ou serviços em questão. Este direito de informação é do queixoso e tem como contrapartida um dever de informar por parte do infractor ou de outras pessoas envolvidas genericamente na violação de direitos industriais. Não fica claro no art. 338.°-H quem são as autoridades que podem ordenar a prestação de informações. Se só os tribunais, se também a Administração Pública. Pensamos que esta medida é demasiado simbólica e será de difícil execução na prática[19]. Acresce que o campo do segredo e da protecção de dados pessoais pode limitar a sua aplicação prática. Nesta matéria foi no decurso de procedimento legislativo dado parecer da Comissão de Protecção de Dados Pessoais no sentido de o diploma não levantar qualquer problema de protecção de dados pessoais.

---

[17] Corresponde ao art. 210.°-A do CDADC.

[18] Corresponde aos arts. 210.°-B e 210.°-C do CDADC.

[19] As mesmas dúvidas se levantam em relação ao art. 210.°-F do CDADC.

As medidas provisórias e cautelares encontram-se reguladas no art. 9.º da Directriz, transposto para os arts. 338.º-I e 338.º-J do CPI. Estabelecem-se como providências cautelares: a inibição de qualquer violação iminente da propriedade industrial, a proibição do prosseguimento das alegadas violações de um direito de propriedade industrial e o arresto de bens móveis e imóveis e das contas bancárias do infractor. Estas providências cautelares podem ser decretadas contra infractores e contra intermediários, podendo ser adoptadas inclusive sem que a parte contrária seja ouvida, dando lugar a indemnização, quando se revelem infundadas e causem prejuízo (remissão do art. 338.º J para o 338.º-E a G).

As medidas correctivas, previstas no art. 10.º da Directriz, foram transpostas para o art. 338.º-A que as apelida de sanções acessórias. Podem consistir na retirada dos bens violadores de direitos intelectuais dos circuitos comerciais, na sua exclusão definitiva destes circuitos e na sua destruição, bem como na destruição dos materiais e instrumentos que tenham predominantemente servido para criação ou o fabrico dos bens em causa. Estas sanções devem ser executadas a pedido do lesado e expensas do infractor, estando sujeitas a um princípio de proporcionalidade entre a gravidade das violações, as sanções ordenadas e os interesses de terceiros[20].

O legislador utilizou incorrectamente o conceito de "sanções acessórias", típico do direito contra-ordenacional, quando na verdade o que se trata é de medidas e de tipos de acções, que não necessitam de estar acopladas a uma acção de responsabilidade civil, podendo surgir como um pedido autónomo, independente de qualquer dano.

As autoridades judiciais podem decretar ainda medidas inibitórias de continuação da violação (art. 338.º-N[21]), designadamente a interdição temporária do exercício de certas actividades ou profissões, a privação do direito de participar em feiras ou mercados, o encerramento temporário ou definitivo do estabelecimento. O incumprimento destas medidas pode ser sujeito ao pagamento de uma sanção pecuniária compulsória. Estas medidas podem igualmente ser utilizadas contra intermediários, cujos serviços sejam utilizados por terceiros para violarem direitos de propriedade industrial.

---

[20] Corresponde ao artigo 210.º-I do CDADC.
[21] Cfr. o art. 210.º-J do CDADC.

248        *VII Curso de Direito Industrial*

Por fim, de referir que a pedido do lesado e a expensas do infractor pode o tribunal ordenar a publicação da decisão judicial[22]. Esta publicação pode ter lugar quer no Boletim de Propriedade Industrial, quer em qualquer outro meio de divulgação. A publicação da sentença é feita por extracto, devendo revelar a condenação e a identificação dos agentes.

## IV. APRECIAÇÃO EM ESPECIAL DAS ACÇÕES DE RESPONSABILIDADE CIVIL POR VIOLAÇÕES À PROPRIEDADE INTELECTUAL

### a) O *Digital Millenium Copyright Act*

Em matéria de meios de reacção civil às violações da propriedade intelectual, a secção 1203.° do *Digital Millenium Copyright Act* (DMCA) que se transcreve em baixo serviu de modelo inspirador ao artigo 13.° da Directriz. Trata-se de mais uma área em que a americanização dos sistemas jurídicos continentais nos parece ser impossível de escamotear e que provém essencialmente pela via comunitária, através da figura das Directrizes.

#### Sec. 1203. Civil remedies

(a) CIVIL ACTIONS – Any person injured by a violation of section 1201 or 1202 may bring a civil action in an appropriate United States district court for such violation.

(b) POWERS OF THE COURT – In an action brought under subsection (a), the court

(1) may grant temporary and permanent injunctions on such terms as it deems reasonable to prevent or restrain a violation;

(2) at any time while an action is pending, may order the impounding, on such terms as it deems reasonable, of any device or product that is in the custody or control of the alleged violator and that the court has reasonable cause to believe was involved in a violation;

(3) may award damages under subsection (c);

(4) in its discretion may allow the recovery of costs by or against any party other than the United States or an officer thereof;

(5) in its discretion may award reasonable attorney's fees to the prevailing party; and

---

[22] Cfr. a solução do art. 211.°-A do CDADC.

(6) may, as part of a final judgment or decree finding a violation, order the remedial modification or the destruction of any device or product involved in the violation that is in the custody or control of the violator or has been impounded under paragraph (2).

(c) AWARD OF DAMAGES –

(1) IN GENERAL – Except as otherwise provided in this chapter, a person committing a violation of section 1201 or 1202 is liable for either –

(A) the actual damages and any additional profits of the violator, as provided in paragraph (2); or

(B) statutory damages, as provided in paragraph (3).

(2) ACTUAL DAMAGES – The court shall award to the complaining party the actual damages suffered by the party as a result of the violation, and any profits of the violator that are attributable to the violation and are not taken into account in computing the actual damages, if the complaining party elects such damages at any time before final judgment is entered.

(3) STATUTORY DAMAGES – (A) At any time before final judgment is entered, a complaining party may elect to recover an award of statutory damages for each violation of section 1201 in the sum of not less than $200 or more than $2,500 per act of circumvention, device, product, component, offer, or performance of service, as the court considers just.

(B) At any time before final judgment is entered, a complaining party may elect to recover an award of statutory damages for each violation of section 1202 in the sum of not less than $2,500 or more than $25,000.

(4) REPEATED VIOLATIONS – In any case in which the injured party sustains the burden of proving, and the court finds, that a person has violated section 1201 or 1202 within 3 years after a final judgment was entered against that person for another such violation, the court may increase the award of damages up to triple the amount that would otherwise be awarded, as the court considers just.

(5) INNOCENT VIOLATIONS –

(A) IN GENERAL – The court in its discretion may reduce or remit the total award of damages in any case in which the violator sustains the burden of proving, and the court finds, that the violator was not aware and had no reason to believe that its acts constituted a violation.

(B) NONPROFIT LIBRARY, ARCHIVES, OR EDUCATIONAL INSTITUTION – In the case of a nonprofit library, archives, or educational institution, the court shall remit damages in any case in which the library, archives, or educational institution sustains the burden of proving, and the court finds, that the library, archives, or educational institution was not aware and had no reason to believe that its acts constituted a violation.

De referir que existe nos Estados Unidos da América uma literatura abundante[23] sobre o *Digital Millenium Copyright Act*, chegando mesmo a considerar-se que este "erro legislativo" americano vai marcar o futuro da Europa e que esta legislação trava a inovação, a concorrência e compromete gravemente a liberdade dos consumidores[24]. Existem já alguns casos de litígio referentes à neutralização de qualquer medida eficaz de carácter tecnológico de controlo de acesso[25].

## b) *O artigo 13.° da Directriz n.° 2004/48/CE*

**Artigo 13.°**
**Indemnizações por perdas e danos**
1. Os Estados-Membros devem assegurar que, a pedido da parte lesada, as autoridades judiciais competentes ordenem ao infractor que, sabendo-o ou tendo motivos razoáveis para o saber, tenha desenvolvido uma actividade

---

[23] Há um triângulo doutrinal sobre esta área de investigação que passa por Lawrence Lessig, em Stanford, Pamela Samuelson, em Berkeley, e Edward Felten, em Princeton, pelo que estes autores e estas universidades norte-americanas encontram-se na vanguarda dos estudos sobre propriedade intelectual na economia digital.

[24] Robin D. Gross, *Circumvention Prohibitions Reconsidered:Why America's Mistake is Europe's Future*, disponível http://ipjustice.org/eucd012903.shtml Também Pamela Samuelson, *Intelectual Property and the digital economy: why the anti-circumvention regulations need to be revised*, http://people.ischool.berkeley.edu/~pam/papers/dmcapaper.pdf considera que o Tratado da OMPI não exigia as soluções consagradas na DMCA e que esta legislação resultou de um combate entre Hollywood e Silicon Valley e que as soluções do Tratado da OMPI em matéria copia digital eram "old news" para o sistema jurídico norte-americano, cujo *case law* já protegia os autores da reprodução digital das suas obras, bem como da sua transmissão digital para o público. A A. considera que o Tratado da OMPI fornece uma "predictable, minimalist, consistent and simple legal environment" para promover o comércio electrónico e a informação electrónica de produtos e serviços, conforme com o "Framework for Global Electronic Commerce" da Administração Clinton, diferentemente das "anti-circumventions provisions", que são ""unpredictable, overbroad, inconsistent and complex" e não se adaptam à política subscrita.

[25] Adobe Software v. Elcomsoft & Dmitry Sklyarov eBook Reader, Hollywood Studios v. Johansen, 2600 Magazine, & LiVid Linux Player, Hollywood Studios v. Johansen, 2600 Magazine, & LiVid Linux Player, Lexmark v. Static Control Component Toner Cartridge, Chamberlain Group v. Skylink Technology Garage Door Opener. Para além destas situações, tem se utilizado a DMCA para restringir a liberdade de expressão, proibindo a publicação da artigos científicos que evidenciem as fragilidades dos sistemas de protecção de direitos autorais. Os consumidores têm reagido contra os efeitos da DMCA visando a aprovação de uma Digital Media Consumers' Rights Act (DMCRA), que permita certas utilizações legítimas.

ilícita, pague ao titular do direito uma indemnização por perdas e danos adequada ao prejuízo por este efectivamente sofrido devido à violação.

Ao estabelecerem o montante das indemnizações por perdas e danos, as autoridades judiciais:

a) Devem ter em conta todos os aspectos relevantes, como as consequências económicas negativas, nomeadamente os lucros cessantes, sofridas pela parte lesada, quaisquer lucros indevidos obtidos pelo infractor e, se for caso disso, outros elementos para além dos factores económicos, como os danos morais causados pela violação ao titular do direito; ou

b) Em alternativa à alínea a), podem, se for caso disso, estabelecer a indemnização por perdas e danos como uma quantia fixa, com base em elementos como, no mínimo, o montante das remunerações ou dos direitos que teriam sido auferidos se o infractor tivesse solicitado autorização para utilizar o direito de propriedade intelectual em questão.

2. Quando, sem o saber ou tendo motivos razoáveis para o saber, o infractor tenha desenvolvido uma actividade ilícita, os Estados-Membros podem prever a possibilidade de as autoridades judiciais ordenarem a recuperação dos lucros ou o pagamento das indemnizações por perdas e danos, que podem ser preestabelecidos.

Em matéria de responsabilidade civil, o artigo 13.° da Directriz antes referida estabelece que, a pedido da parte lesada, as autoridades judiciais devem condenar o infractor ao pagamento de uma indemnização adequada ao prejuízo. Não se afirma um princípio de total correspondência entre a indemnização e o prejuízo, mas antes um princípio de adequação entre dano e indemnização, que é concretizado por duas fórmulas indemnizatórias distintas: a primeira tem em conta, para além dos danos emergentes e dos lucros cessantes, os lucros indevidos obtidos pelo infractor e os danos morais sofridos pelo lesado; a segunda corresponde a uma quantia fixa, assente na remuneração de uma autorização ou de uma licença que permita ao lesante utilizar o direito intelectual violado. Esta segunda variante pode ser utilizada sobretudo quando é difícil aferir o dano sofrido pelo critério dos lucros perdidos pelo lesado e dos lucros indevidamente obtidos pelo lesante[26].

No que concerne aos lucros indevidamente obtidos pelo infractor, o legislador europeu utiliza o instituto da responsabilidade civil de forma a englobar o enriquecimento injusto. Trata-se, neste ponto, de avaliar o lucro da intervenção, isto é, o lucro da ingerência do infractor em bens jurídicos

---

[26] O nosso *A Tutela dos Direitos de Propriedade Intelectual*, p. 43.

alheios. Os direitos de propriedade intelectual, como os direitos de exclusivo, enquanto direitos de domínio ou de dominação, têm um conteúdo de
destinação (*Zuweisungsgehalt*), que deve pertencer ao seu titular, que pode
ser interpretado por duas teorias distintas: a da *ilicitude*, que manda devolver todo o enriquecimento, e a do *conteúdo da destinação*, que só obriga
a devolver o enriquecimento com ligação económica ao conteúdo da destinação. A Directriz parece subscrever a tese da ilicitude, uma vez que
estabelece que, na fórmula da obrigação de indemnizar, se tenha em consideração quaisquer lucros indevidos obtidos pelo infractor[27].

No considerando 35 da Directriz explica-se que as duas fórmulas da
obrigação de indemnizar não visam o estabelecimento de indemnizações
punitivas (*punitive damages*), mas tão só permitir um ressarcimento objectivo, que tenha em conta os encargos de investigação e de identificação.
No entanto, ao consagrar o enriquecimento ilegítimo como elemento relevante para o estabelecimento da obrigação de indemnizar, habilita-se uma
indemnização superior ao dano e, neste ponto, parece-nos incontornável a
utilização do instituto da responsabilidade civil com um papel sancionador
e preventivo, para além de reparador[28].

A Directriz permite, ainda, que os Estados-membros prevejam que
as autoridades judiciárias condenem o infractor ao pagamento de uma indemnização preestabelecida e ordenem a recuperação de lucros. O que se
entende por indemnização preestabelecida é algo que dificilmente se coaduna com o nosso sistema de responsabilidade civil. Trata-se de, por via
legislativa, estabelecer montantes indemnizatórios máximos e mínimos,
que funcionam como uma espécie de penas civis, devendo os montantes
mínimos ter um efeito dissuasor, de modo a que qualquer ganho do infractor seja removido[29].

A existência de tabelas com montantes indemnizatórios fixos e preestabelecidos corresponde à utilização da responsabilidade civil como um
sistema sancionatório, permitindo-se, por esta via, inclusive, um enriquecimento do património do lesado à custa do infractor. Estas duas fórmulas
alternativas de cômputo da indemnização são resultado das dificuldades
que se colocam na delimitação do dano e, até, da sua prova. Neste sentido,
a Directriz promove quer um conceito de dano mais abrangente, quer,

---

[27] O nosso *A Tutela dos Direitos de Propriedade Intelectual*, p. 44.
[28] O nosso *A Tutela dos Direitos de Propriedade Intelectual*, p. 44.
[29] O nosso *A Tutela dos Direitos de Propriedade Intelectual*, p. 44.

ainda, um aligeiramento do ónus da sua prova, na medida em que se pode recorrer a elementos sucedâneos para o cômputo do dano. Há, neste ponto, uma enorme proximidade com o dano que se evidencia nos actos de concorrência desleal, para o qual a doutrina alemã desenvolveu soluções que, com esta Directriz, se alargam à violação de direitos de propriedade intelectual[30].

Por esta razão, o reforço da protecção dos direitos subjectivos desenvolve-se, hoje, importando, em muitos casos, as soluções desenvolvidas para a concorrência desleal. Referimo-nos ao método de cálculo de danos, antes referido, denominado *Dreifache Schadensberechnung,* que admite três tipos de soluções: lucros perdidos pelo lesado, lucros obtidos pelo infractor e valor de uma licença. Trata-se de permitir acções de responsabilidade civil em situações em que, por vezes, os danos não possuem uma prova cabal[31]. De salientar que, na área dos direitos intelectuais, os danos económicos subsequentes da lesão do direito intelectual possuem dimensão significativa e são da maior dificuldade de prova, pelo que, quer o direito de informação quer este tipo de fórmulas de cálculo da obrigação de indemnizar, representam duas soluções para o reforço da tutela da propriedade intelectual, que a doutrina já defendera para a concorrência desleal, na qual a delimitação do desvio de clientela gera as mesmas dificuldades probatórias[32].

A necessidade de conhecimento, ou a sua susceptibilidade, aponta para uma responsabilidade subjectiva, por dolo ou por negligência. No entanto, não se pode deixar de salientar que a menção legislativa *"sabendo-o ou tendo motivos razoáveis para o saber"* respeita à *"actividade ilícita"* desenvolvida. Não obstante a prevalência do princípio da culpa (*Verschuldensprinzip*), assiste-se, neste aspecto, a uma erosão deste princípio, porque a culpa é aferida em relação à ilicitude do acto e não ao resultado que dele provém. É curioso que, neste ponto, haja igualmente uma aproximação entre a violação de direitos intelectuais e a violação de normas de protecção, em relação às quais se defende a existência de uma função de *Beweiserleichterung*, isto é, de facilitação ao lesado da prova do dano, bastando a prova da violação da norma de protecção, solução que alguma doutrina defende no contexto dos actos de concorrência

---

30 Paula Costa e Silva, *Meios*, pp. 112 e ss.
31 o nosso *Estudo de Direito privado*, p. 169.
32 O nosso *A Tutela dos Direitos de Propriedade Intelectual*, p. 45.

desleal[33]. Também no domínio das violações dos direitos de propriedade intelectual, segundo a Directriz, basta provar que havia conhecimento ou susceptibilidade de conhecimento da violação para provar o carácter culposo da conduta e dos danos dela decorrentes[34].

### c) *O Código de Propriedade Industrial*

Esta matéria consta do artigo 13.º da Directriz, encontrando-se transposta para o art. 338.º-L, n.º 1, de uma forma próxima do art. 483.º/1 do CC.

**Artigo 338.º-L**
**Indemnização por perdas e danos**

1 – Quem, com dolo ou mera culpa, viole ilicitamente o direito de propriedade industrial de outrem, fica obrigado a indemnizar a parte lesada pelos danos resultantes da violação.

2 – Na determinação do montante da indemnização por perdas e danos, o tribunal deve atender nomeadamente ao lucro obtido pelo infractor e aos danos emergentes e lucros cessantes sofridos pela parte lesada e deverá ter em consideração os encargos suportados com a protecção, a investigação e a cessação da conduta lesiva do seu direito.

3 – Para o cálculo da indemnização devida à parte lesada, deve atender-se à importância da receita resultante da conduta ilícita do infractor.

4 – O tribunal deve atender ainda aos danos não patrimoniais causados pela conduta do infractor.

5 – Na impossibilidade de se fixar, nos termos dos números anteriores, o montante do prejuízo efectivamente sofrido pela parte lesada, e desde que esta não se oponha, pode o tribunal, em alternativa, estabelecer uma quantia fixa com recurso à equidade, que tenha por base, no mínimo, as remunerações que teriam sido auferidas pela parte lesada caso o infractor tivesse solicitado autorização para utilizar os direitos de propriedade industrial em questão e os encargos suportados com a protecção do direito de propriedade industrial, bem como com a investigação e cessação da conduta lesiva do seu direito.

6 – Quando, em relação à parte lesada, a conduta do infractor constitua prática reiterada ou se revele especialmente gravosa, pode o tribunal determinar a indemnização que lhe é devida com recurso à cumulação de todos ou de alguns dos aspectos previstos nos n.os 2 a 5.

---

[33] O nosso *Estudo de Direito Privado*, p. 163.

[34] Os nossos *A Tutela dos Direitos de Propriedade Intelectual*, p. 46 e *Normas de Protecção e Danos Puramente Patrimoniais*, § 14.

7 – Em qualquer caso, o tribunal deve fixar uma quantia razoável destinada a cobrir os custos, devidamente comprovados, suportados pela parte lesada com a investigação e a cessação da conduta lesiva do seu direito.

Nos termos do artigo 483.º, n.º 1, do CC a violação dos direitos subjectivos absolutos, a que se faz corresponder a ilicitude, implica que a indemnização se circunscreva à frustração das utilidades advenientes do direito violado, excluindo-se os danos puramente patrimoniais autónomos. No direito português são abrangidos nesta variante de ilicitude pela violação de direitos subjectivos os direitos industriais e os direitos de autor[35]. Assim sendo, o confronto com o artigo 483.º, n.º 1, leva a que a norma constante do artigo 338.º L, n.º 1 seja completamente inútil, na medida em que nada acrescenta à referida disposição. De referir que esta tentativa de aproximação à redacção do artigo 483.º, n.º 1, compromete seriamente a transposição do artigo 13.º, n.º 1, da Directriz, que, como não foi integralmente transposto para o ordenamento jurídico nacional, permite a responsabilidade do Estado pela transposição parcial[36].

Com efeito, uma análise cuidada do artigo 13.º da Directriz permite-nos encontrar notas de novidade em relação ao sistema tradicional da responsabilidade por violação de direitos subjectivos, na medida em que a referida disposição considera que qualquer violação cometida, com conhecimento ou com motivos para saber do carácter ilícito da conduta, justifica a indemnização do dano causado. A violação necessita de ser de direitos industriais, abrangendo igualmente a violação de normas de protecção em torno da protecção concedida por direitos industriais. Também a questão da apreciação da culpa não é aferida em relação ao dano, antes em relação à conduta ilícita, circunscrevendo o juízo de culpa ao resultado perigoso e não ao resultado danoso. Ora, nada disto se encontra na redacção do artigo 338.º L, n.º 1, do CPI, pelo que a transposição da Directriz não pode deixar de ser considerada parcial, não tendo os avisos de alerta dados no procedimento legislativo originado um maior rigor na apreciação desta questão por parte das entidades responsáveis pela transposição.

---

[35] ANTUNES VARELA, *Das Obrigações em Geral*, I, pp. 533-536, MÁRIO JÚLIO DE ALMEIDA COSTA, *Direito das Obrigações*, 11.ª ed., Almedina, Coimbra, 2008, p. 562, LUÍS MENEZES LEITÃO, *Direito das Obrigações*, I, pp. 290-294, e ROMANO MARTINEZ, *Direito das Obrigações*, pp. 104-105.

[36] O nosso *Normas de Protecção e Danos Puramente Patrimoniais*, § 13.

Também o n.º 2 do artigo em apreciação nos sugere algumas críticas. Neste caso, trata-se da questão da obrigação de indemnizar, em que é consagrado um regime especial em relação ao regime geral dos artigos 562.º e seguintes do Código Civil. Pereira Coelho defende que, para a obrigação de indemnizar, só releva até ao limite do dano e como dano, podendo o lesado exigir apenas o dano em concreto sofrido relativo à diferença para menos que exista no seu património[37]. Esta concepção em matéria de cômputo do dano, que redunda na teoria mommseniana da diferença – na base do artigo 566.º, n.º 2, do Código Civil[38] –, levanta inúmeras dificuldades no contexto do ressarcimento dos danos a direitos industriais. Com efeito, no âmbito das violações dos direitos industriais surgem enormes dificuldades quer quanto ao ónus da prova do dano sofrido, quer quanto à sua quantificação, tornando-se assim necessário um alargamento "conceptual" do dano a ressarcir em sede delitual e uma maior flexibilização das regras da sua quantificação[39]. Ora, é nesta linha que se deve compreender o artigo 338.º-L, n.º 2, na medida em que parece promover um afastamento da teoria da diferença no cômputo do dano e dar relevância a outros critérios no cálculo indemnizatório. Na verdade, para além dos critérios que se estabelecem no artigo 564.º do CC que abrangem o prejuízo causado e o lucro que o lesado deixou de auferir, acrescentam-se agora novos critérios, como o lucro obtido pelo infractor ("importância da receita resultante da conduta ilícita do infractor"), bem como outros custos relacionados com a protecção, investigação e cessação da conduta do infractor. Assim, com estes novos critérios, a indemnização deixa de se reportar ao dano sofrido para oscilar numa polaridade entre o dano e o enriquecimento, abrangendo outras realidades intermédias, como os custos relacionados com a protecção jusindustrial. Daqui que do conceito tradicional de dano já reste muito pouco. Todos estes critérios contribuem para mitigar o dano como pressuposto do instituto da responsabilidade aquiliana.

Almeida Costa admite que na responsabilidade civil se caminhe para que o dano deixe de ser seu pressuposto necessário, considerando que esta orientação advém da corrente da análise económica do direito, cujos defensores mitigam a função indemnizatória da responsabilidade civil, apresentando-a como um sistema de penas privadas, sobretudo nos casos em que não existem danos imediatamente perceptíveis, em que o enrique-

---

[37] Pereira Coelho, *O enriquecimento e o dano*, p. 67.

[38] Carneiro da Frada, *Direito Civil. Responsabilidade Civil*, 93.

[39] O nosso *Normas de Protecção e Danos Puramente Patrimoniais*, § 3.

cimento excede o dano, e em que os custos sociais complexivos do ilícito se apresentam muito superiores aos dos danos individuais sofridos pelos lesados (com apelo aos denominados interesses difusos)[40].

Por fim, às dificuldades inerentes a este sistema acresce uma enorme indefinição relativamente ao estatuto dos danos morais, que deverão continuar indemnizáveis, nos termos gerais do artigo 496.° do CC. No entanto, segundo o artigo 338.°-L, n.° 2, parece implicar a sua transformação num novo critério de cálculo indemnizatório, oficiosamente imposto ao juiz, que os subtrai o respectivo pedido indemnizatório ao princípio do dispositivo[41]. Não há como escamotear a presença de uma forte dimensão sancionatória, ao nível deste sistema especial de responsabilidade civil por violação de direitos intelectuais.

Mesmo com um papel secundário em relação à finalidade reconstitutiva, admite-se, hoje, uma função preventiva-punitiva da responsabilidade civil[42]. JÚLIO GOMES considera existirem dúvidas de constitucionalidade

---

[40] ALMEIDA COSTA, *Direito das Obrigações*, p. 532, (n. 3).

[41] CARNEIRO DA FRADA, *Direito Civil. Responsabilidade Civil. O Método do Caso*, Almedina, Coimbra, 2006, p. 92, considera que o problema central dos danos não patrimoniais assenta nos limites da função reparatória do dinheiro, que pode implicar grandes desigualdades, sendo mais fácil compensar um pobre do que um rico, devendo, por isso, ser ponderada outras formas de compensação dos danos não patrimoniais do lesado por formas alternativas à simples indemnização em dinheiro.

[42] JÚLIO GOMES, "Uma função punitiva para a responsabilidade civil e uma função reparatória para a responsabilidade penal?", RDE 15 (1989), pp. 105-144. PATRÍCIA CARLA MONTEIRO GUIMARÃES, "Os danos punitivos e a função punitiva da responsabilidade civil", Direito e Justiça, vol. XV, (2001), Tomo 1, p. 178, seguindo a posição de JÚLIO GOMES, entende que a responsabilidade civil não deve ser circunscrita à reparação de um dano, devendo possuir uma função punitiva e/ou uma função preventiva, sob pena de se tornar irrelevante a via do contrato ou a via da responsabilidade civil. Se uma pessoa quiser comprar a maçã do vizinho ou compra-a ou subtrai a maça e indemniza-o. Um sistema que equipare estas situações fundamenta o desrespeito pelos direitos alheios, na medida em que configura um menor incentivo ao investimento nos próprios bens, traduzindo um prejuízo para toda a sociedade. Daí que se deva devolver à responsabilidade civil uma função punitiva. De referir que a função punitiva da responsabilidade civil tem sido defendida sobretudo no domínio das violações dos direitos de personalidade e nos danos morais e ainda aí, por vezes, com limitações significativas. A título de exemplo, PEDRO PAIS DE VASCONCELOS, *Teoria Geral de Direito Civil*, p. 19, considera inconstitucional a condenação em indemnização punitiva no processo civil por o réu não beneficiar das garantias do processo criminal. Saliente-se que esta construção dificilmente pode ser aceite, uma vez que o princípio da culpa pode não fundamentar integralmente a obrigação de indemnizar, permitindo uma leitura punitiva para o princípio da reparação integral do dano, que nunca gerou qualquer discussão sobre o seu carácter inconstitucional.

sobre a figura dos *punitive damages,* por falta de um limite prévio para a quantia a ser paga a título de sanção, e o perigo de sancionar duplamente o mesmo facto, quanto este é passível também de censura penal. Este Autor salienta a imprecisão que rodeia a figura dos *punitive damages*[43]. No seu campo de aplicação, o seu domínio natural é constituído pelas condutas dolosas, mas também pode aplicar-se a situações de negligência grosseira e flagrante. Admite-se a aplicação dos *punitive damages* à responsabilidade do produtor, que é concebida nos Estados Unidos como uma responsabilidade independente de culpa. Nos *punitive damages* pode atender-se à situação económica do infractor, pelo que é uma reacção particularmente temida pelas pessoas colectivas. A responsabilidade por danos patrimoniais e a responsabilidade por danos não patrimoniais correspondem a modelos estruturalmente distintos: na primeira, transfere-se uma perda de um património para outro, enquanto, na segunda, há um enriquecimento do lesado. A área dos danos morais é muito mais permeável a considerações punitivas, mais ou menos camufladas[44]. Assim, contrariamente ao considerando 35 da Directriz atrás mencionada não podemos deixar de estar aqui perante uma figura de origem norte-americana, que se introduz pela via comunitária nos sistemas continentais, permitindo, mais uma vez, uma paulatina aproximação jurídica entre a *civil law* e a *common law,* que resulta de um fenómeno de globalização jurídica sem par, mas que contribui para o enfraquecimento da matriz histórico-cultural de raiz pandectística dos sistemas de responsabilidade delitual, como o português e o alemão.

O n.° 5 do artigo 338.° L provoca surpresa. Como referimos, com os critérios assinalados, saímos do âmago do prejuízo para abraçarmos uma polaridade com novas realidades na indemnização, pelo que a expressão "Na impossibilidade de se fixar, nos termos dos números anteriores, o *montante do prejuízo efectivamente sofrido* pela parte lesada" é equívoca, porque na realidade só um conceito de prejuízo muito abrangente poderá abranger o mero lucro do infractor que não redunde em qualquer supressão de vantagem tutelada para o "lesado". Ora, se o sistema dos n.ᵒˢ 2 a 4 do artigo 338.°-L não permitir a fixação do dano ou duma outra reali-

---

[43] Pedro Pais de Vasconcelos, *Teoria Geral de Direito,* p. 17, admite a função punitiva da responsabilidade civil, sobretudo no domínio das ofensas a bens de personalidade, mas restringe-a à responsabilidade civil conexa com a criminal, porquanto só no processo penal o réu beneficia das garantias de defesa exigidas na Constituição.

[44] O nosso *Normas de Protecção e Danos Puramente Patrimoniais,* § 31.

dade, elevada agora juridicamente à categoria de dano, surge um sistema de cálculo indemnizatório oficioso do juiz, a que a parte lesada se pode opor (?!). Esta faculdade de oposição da parte do lesado origina dúvidas, uma vez que, se a indemnização que resulta deste sistema for inferior à resultante dos n.os 2 a 4, caso em que se justifica a oposição do lesado, há aqui uma incongruência, porque só se recorre a este sistema se, pelos n.os 2 a 4, for impossível fixar a indemnização. Ora, se a indemnização for superior, não se compreende a razão da oposição da parte lesada. Acresce que o sistema não permite uma alternativa em matéria de cálculo indemnizatório, mas tão só uma fórmula subsidiária do referido cálculo, a ser realizada pelo juiz, pelo que a oposição da parte do lesado não se justifica, sob pena de ficar a interrogação sobre qual a fórmula indemnizatória a aplicar pelo juiz no caso da referida oposição. Assim, também neste ponto a legislação nacional divergiu quer da secção 1203.° do *Digital Millenium Copyright Act,* em que os *actual damages* e os *statutory damages* constituem uma alternativa para o cálculo da indemnização, quer do artigo 13.° da Directriz n.° 2004/48/CE em que a opção também é nítida.

De acordo com a legislação nacional, há duas fórmulas de cômputo da indemnização: a primeira, que atende aos danos emergentes e aos lucros cessantes, aos lucros indevidos obtidos pelo infractor e os danos morais sofridos pelo lesado, e, a segunda, que permite ao juiz estabelecer uma quantia fixa, assente na remuneração de uma autorização ou de uma licença que permitisse ao lesante utilizar o direito industrial violado. Esta segunda fórmula não constitui uma verdadeira alternativa à primeira, mas apenas um método subsidiário para situações de *impossibilidade* de utilização do primeiro.

Ainda em relação ao art. 338.°-L, de referir que o legislador português não consagrou a possibilidade de tabelas de indemnizações pré-estabelecidas, prevista na Directriz como facultativa (artigo 13.°, n.° 2).

O n.° 6 do artigo 338.° L causa desconforto. Vejamos: há aqui uma terceira fórmula indemnizatória para a reincidência e condutas graves, em princípio necessariamente dolosas. Nesta fórmula, o juiz pode combinar as duas fórmulas anteriores, e atendendo a todos os critérios, ou apenas alguns, estabelecer um montante indemnizatório que, em princípio, deverá ser mais elevado do que o resultante das primeira e segunda fórmulas. Porém, é de questionar se esta terceira fórmula será exequível, ou seja, se é possível combinar duas fórmulas que passam por métodos distintos e combiná-las numa síntese.

Esta solução não se encontra na Directriz comunitária, sendo certo que, nos termos do seu artigo 16.°, *os Estados-Membros podem aplicar outras sanções adequadas em caso de violação de direitos de propriedade intelectual*. O legislador nacional aproveitou esta folga para, com originalidade, ir buscar ao *Digital Millenium Copyright Act* o problema da reincidência, ao qual aplicou uma solução inédita de cálculo indemnizatório, que nos suscita grandes dúvidas quanto à sua exequibilidade.

Na secção 1203.° do *Digital Millenium Copyright Act* a solução encontrada para a reincidência é a condenação no triplo da indemnização. Existe nesta solução transparência em relação à admissão dos *punitive damages*, pois trata-se de penalizar condutas reincidentes. Neste ponto, o legislador norte-americano, de forma coerente, foi mais uma vez, buscar o critério estabelecido para os actos de concorrência ilícita. Com efeito, nas chamadas *Treble Damages Actions*, previstas no *Clayton Act* (Lei de 7 de Julho de 1955) permite-se recuperar, até ao triplo, os danos causados por actos de concorrência ilícita, bem como os custos da acção e os honorários da defesa[45].

Por fim, o n.° 7 do artigo 338.°-L vem estabelecer que o tribunal deve fixar uma quantia razoável destinada a cobrir os custos, devidamente comprovados, suportados pela parte lesada com a investigação e a cessação da conduta lesiva do seu direito[46]. Ora, também neste ponto a transposição da Directriz é deficiente, dado que o que se visa é contemplar as custas do processo e outras despesas que devem ficar a cargo do infractor. O receio de introduzir uma norma sobre custas judiciais fora do respectivo Código das Custas Judiciais, levou à referência a custos com a investigação e com a cessação da conduta lesiva do direito.

O que se possa incluir nestes custos levanta algumas dúvidas, na medida em que não pode ser entendido em abstracto como forma de sub-

---

[45] § 4 Clayton Act, 15 U.S.C. § 15 Suits by persons injured (a) Amount of recovery; prejudgment interest Except as provided in subsection (b) of this section, any person who shall be injured in his business or property by reason of anything forbidden in the antitrust laws may sue therefor in any district court of the United States in the district in which the defendant resides or is found or has an agent, without respect to the amount in controversy, and shall recover threefold the damages by him sustained, and the cost of suit, including a reasonable attorney's fee.

[46] De referir que o artigo 18.° da Directriz estabelece que os Estados-Membros devem assegurar que as custas judiciais e outras despesas, razoáveis e proporcionadas, da parte vencedora no processo, sejam geralmente custeados pela parte vencida, excepto se, por uma questão de equidade, tal não for possível.

sidiar todo o investimento na protecção dos direitos industriais com base em hipotéticas lesões, mas somente as despesas em torno de concretas lesões de direitos industriais. A cessação da conduta lesiva dos direitos pode ocorrer extrajudicial ou judicialmente, pelo que também neste caso se levantam interrogações em relação aos montantes abrangidos.

### d) *O Código de Direitos de Autor e Direitos Conexos*

**Artigo 211.º**
**Indemnização**

1 – Quem, com dolo ou mera culpa, viole ilicitamente o direito de autor ou os direitos conexos de outrem, fica obrigado a indemnizar a parte lesada pelas perdas e danos resultantes da violação.

2 – Na determinação do montante da indemnização por perdas e danos, patrimoniais e não patrimoniais, o tribunal deve atender ao lucro obtido pelo infractor, aos lucros cessantes e danos emergentes sofridos pela parte lesada e aos encargos por esta suportados com a protecção do direito de autor ou dos direitos conexos, bem como com a investigação e cessação da conduta lesiva do seu direito.

3 – Para o cálculo da indemnização devida à parte lesada, deve atender-se à importância da receita resultante da conduta ilícita do infractor, designadamente do espectáculo ou espectáculos ilicitamente realizados.

4 – O tribunal deve atender ainda aos danos não patrimoniais causados pela conduta do infractor, bem como às circunstâncias da infracção, à gravidade da lesão sofrida e ao grau de difusão ilícita da obra ou da prestação.

5 – Na impossibilidade de se fixar, nos termos dos números anteriores, o montante do prejuízo efectivamente sofrido pela parte lesada, e desde que este não se oponha, pode o tribunal, em alternativa, estabelecer uma quantia fixa com recurso à equidade, que tenha por base, no mínimo, as remunerações que teriam sido auferidas caso o infractor tivesse solicitado autorização para utilizar os direitos em questão e os encargos por aquela suportados com a protecção do direito de autor ou dos direitos conexos, bem como com a investigação e cessação da conduta lesiva do seu direito.

6 – Quando, em relação à parte lesada, a conduta do infractor constitua prática reiterada ou se revele especialmente gravosa, pode o tribunal determinar a indemnização que lhe é devida com recurso à cumulação de todos ou de alguns dos critérios previstos nos n.os 2 a 5.

Encontram-se diferenças entre o artigo 211.º do CDADC e o artigo 338.º-L do CPI. Repare-se nas epígrafes: no primeiro, só "indemnização", no segundo "indemnização por perdas e danos". No n.º 1 de ambos os artigos surge, no primeiro, a obrigação de "indemnizar perdas e danos", no segundo, uma referência exclusiva aos "danos". Terão estes aspectos literais relevância material do ponto de vista da interpretação jurídica, ou serão meramente estilísticos? O conceito de perda deverá ser juridicamente autonomizado do conceito de dano?

Relativamente ao dano existe uma evolução[47]. O dano ocupa o lugar central na responsabilidade civil. Trata-se do dano patrimonial que corresponde *à diferença para menos no património do lesado*, que resulta da diferença entre a situação em que presentemente se encontra (situação real) e aquela que se encontraria se o facto constitutivo da obrigação de indemnizar não se tivesse verificado (situação hipotética), diferentemente do dano real, que corresponde ao valor objectivo do prejuízo sofrido. O lucro cessante só tem lugar numa concepção patrimonial do dano e só configura um dano em relação à situação hipotética do património do lesado[48].

A doutrina obrigacionista moderna tem defendido que o dano tem que ser enquadrado em termos jurídicos[49], enquanto *supressão de uma vantagem tutelada pelo direito*[50]. Da primazia metodológica do dano, a evolução aponta para margens de aplicação da responsabilidade delitual a zonas em que só estamos perante danos típicos, realidades abstractas e hipotéticas, que não traduzem uma supressão efectiva de vantagens juridicamente tuteladas, mas que redundam em actos ilícitos perante direitos de monopólio por desvio de utilidades hipotéticas, que deveriam permanecer no seu titular. Assim, verifica-se actualmente uma polaridade que passa pelos danos emergentes, os lucros cessantes e os lucros indevidamente obtidos pelo infractor.

Também no n.° 2 do artigo 211.° existem diferenças em relação à correspondente norma do CPI, que passam por assumir que os critérios se referem a uma indemnização por danos patrimoniais e não patrimoniais,

---

[47] Para mais desenvolvimentos o nosso *Normas de Protecção e Danos Puramente Patrimoniais*, § 3.

[48] PEREIRA COELHO, *O enriquecimento e o dano*, Almedina, Coimbra, 1999, pp. 24--25 e pp. 35 e ss.

[49] Sobre a necessidade de adoptar um conceito normativo de dano, CARNEIRO DA FRADA, *Direito Civil. Responsabilidade Civil*, pp. 89-90, alicerçando-o em critérios normativos e numa ponderação da ordem jurídica, sendo que entre esses critérios normativos se encontra a ilicitude.

[50] MENEZES CORDEIRO, *Direito das Obrigações*, 2.° vol, p. 284.

O reforço da tutela da Propriedade Intelectual na economia digital...    263

o que significa que os danos morais não se indemnizam oficiosamente, como induz incorrectamente a letra do art. 338.º L, n.º 4.

Não deixam de ser criticáveis o n.os 5 e 6 do artigo 211.º, aliás, nos mesmos termos do n.os 5 e 6 do artigo 338.º-L, críticas para as quais remetemos, nas quais salientamos, por representar uma transposição parcial da Directriz, a substituição de uma opção por um sistema de cálculo indemnizatório com uma solução subsidiária. De aplaudir, todavia, a não inclusão da norma correspondente ao n.º 7 do artigo 338.º L do CPI.

Em suma, a redacção do CDA parece-nos mais cuidada em termos técnico-jurídicos do que a do CPI. Denota-se em ambos os diplomas uma tentativa de aproximação ao artigo 483.º do CC. No entanto, os sistemas de responsabilidade delitual especial, que se criam, não são isentos de dificuldades práticas de aplicação e comportam uma difícil harmonização com o sistema central do artigo 483.º, tendo sido aprofundada uma dimensão punitiva sem paralelo no direito nacional.


## V. CONCLUSÕES

A Lei n.º 16/2008, de 1 de Abril, que altera o CPI transpõe de forma deficiente e incompleta algumas soluções da Directriz.

O direito de informação não se encontra regulado suficientemente, surgindo apenas como uma medida simbólica, difícil de implementar na prática.

As alterações no sentido de uma tutela mais efectiva da propriedade industrial valorizam a acção de responsabilidade civil, remetendo as medidas correctivas para o papel de sanções acessórias.

As responsabilidades especiais que se desenvolvem com a transposição da Directriz, que redundam na responsabilidade delitual por violação de direitos industriais e por violação de direitos de autor e direitos conexos, inauguram orientações no domínio do cômputo do dano e do respectivo cálculo indemnizatório que se aproximam da responsabilidade civil por actos de concorrência desleal. Revela-se, além disto, uma dimensão punitiva que permite reflectir sobre as constantes metamorfoses das funções da responsabilidade delitual, nas quais o lastro norte-americano parece ser incontornável.

As medidas consagradas são porventura insuficientes, tendo que ser complementadas com outras, designadamente no campo da prevenção, da fiscalização e da repressão. No entanto, é indiscutível que a legislação actual permite actuar com mais celeridade e mais eficácia contra as violações da propriedade industrial, que se encontra especialmente vulnerabilizada na economia digital. Não obstante as novas e mais céleres formas de reacção, é de perguntar se a sociedade digital não exigirá um novo enquadramento de fundo sobre que protecção deve ser dada às criações autorais e industriais.

Lisboa, 3 de Novembro de 2008

# PRÁTICAS COMERCIAIS DESLEAIS COMO IMPEDIMENTO À OUTORGA DE DIREITOS INDUSTRIAIS?[1]

ADELAIDE MENEZES LEITÃO
*Professora da Faculdade de Direito de Lisboa*

**SUMÁRIO:**
1 – Práticas comerciais desleais: o Direito Europeu do Consumo. 2 – O Direito Europeu do Consumo como "direito politizado". 3 – O Direito Português do Consumo como Direito Europeu transposto: a transposição da Directriz 2005/29/CE, de 11 de Maio de 2005, através do Decreto-Lei n.° 57/2008, de 26 de Março. 4 – A articulação do Decreto-Lei n.° 57/2008, de 26 de Março, com o Código de Propriedade Industrial. 5 – Conclusões

## 1. Práticas comerciais desleais: o Direito Europeu do Consumo

O tema da nossa intervenção respeita às relações entre o Direito Industrial e as práticas comerciais desleais. Para compreender essas relações é necessário conhecer como se chegou a uma legislação sobre práticas comerciais desleais. Ora, no contexto da evolução histórica deste processo, é fundamental o estudo das soluções legislativas comunitárias.

---

[1] O presente estudo foi desenvolvido para a conferência "Práticas Comercias Desleais como limite à outorga de direitos industriais?", proferida em 10 de Julho de 2009, no II Curso de Verão de Direito Industrial. Deixo consignado ao Professor Doutor Oliveira Ascensão o meu agradecimento pelo respectivo convite.

No campo das práticas comerciais desleais, a inovação a nível comunitário dá-se com a Directriz 2005/29/CE, de 11de Maio de 2005, relativa às práticas comerciais desleais das empresas face aos consumidores no mercado interno, que estabelece um conjunto de regras destinadas a determinar se uma prática é desleal ou não e a definir o quadro das práticas comerciais proibidas na União.

De referir que, no início da década de noventa, houve a intenção, a nível comunitário, de promover a harmonização europeia das legislações sobre concorrência desleal, dada a sua incidência no mercado interno e nas condições de concorrência nesse mercado.

O projecto de Directriz relativo à concorrência desleal veio, porém, a ser abandonado, segundo julgamos, porque os diferentes regimes de concorrência desleal tornavam difícil a programada harmonização, designadamente no Reino Unido, onde o instituto da concorrência desleal era desconhecido[2]. Por outro lado, continuavam a levantar-se questões quanto à extensão das atribuições da Comunidade nestas matérias. Assim, o processo legislativo comunitário relativo à concorrência desleal acabou por ser substituído, de acordo com a perspectiva da Comissão Europeia, e nomeadamente da Comissão Barroso, pela Directriz de 2005 relativa às práticas comerciais das empresas face aos consumidores, estando actualmente em curso um projecto de Directriz sobre direitos dos consumidores.

A este propósito, julgamos necessário desmitificar algumas concepções que vêem na disciplina das práticas comerciais desleais puro Direito do Consumo, esquecendo que se trata igualmente da protecção dos concorrentes. Na realidade, subjacente ao discurso sobre o Direito do Consumo Europeu existe um "intra-discurso normativo" no qual surge o Direito da Concorrência Desleal Europeu.

Esta desmistificação resulta sem margem para dúvidas da leitura conjugada do preâmbulo da Directriz 2005/29/CE com o respectivo texto. Com efeito, se é verdade que preâmbulo sublinha que o quadro normativo para o seu desenvolvimento é o art. 153.º do Tratado, que prevê que a Comunidade deve contribuir para assegurar um elevado nível de protecção dos consumidores, logo de seguida, o texto da Directriz revela que estão

---

[2] Neste sentido, OLIVEIRA ASCENSÃO, *Concorrência Desleal: As grandes opções*, Nos 20 Anos do Código das Sociedades Comerciais, Homenagem aos Profs. Doutores A. Ferrer Correia, Orlando de Carvalho e Vasco Lobo Xavier, Coimbra Ed., 2007, 128.

também em causa os interesses dos concorrentes. Aliás, basta ler o artigo 1.º para ficar claro que o objectivo do funcionamento correcto do mercado é colocado como prioritário em relação ao objectivo de alcançar um nível elevado de protecção dos consumidores[3].

No campo da publicidade, a Directriz 84/450/CEE do Conselho, de 10 de Setembro de 1984, visou promover a harmonização na matéria. Porém, como são apenas consagrados mínimos de protecção, continuaram a existir diferenças significativas nos diversos sistemas jurídicos, o que era causa de incerteza jurídica, de obstáculos à livre circulação de bens e serviços e de distorções da concorrência.

Do exposto decorre que, no campo da publicidade, tal como em outros, havia que corrigir algumas deficiências no processo de harmonização, que resultam, em grande parte, da utilização do instrumento directriz e da consequente consagração de mínimos de protecção. Efectivamente, se, por um lado, a directiva configura um instrumento que permite ao legislador comunitário alguma maleabilidade para acomodar a disciplina normativa comunitária à tradição jurídica dos diferentes sistemas, por outro, estabelecendo na sua maioria mínimos de protecção, conduz a uma harmonização mínima, uma vez que, os diferentes legisladores nacionais, ao fixarem níveis acrescidos de protecção, perpetuam as distorções no mercado interno.

Assim, actualmente, tem vindo a ser sublinhado pela Comissão a necessidade de uma harmonização total (*full harmonization*). Nesta harmonização total, a directiva, ainda que continuando a necessitar de transposição para os ordenamentos nacionais, surge como um instrumento legislativo mais próximo do Regulamento, na medida em que nivela a protecção por igual.

Regressando ao nosso tema inicial, pode afirmar-se que, sob a veste do Direito europeu do consumo, surgiu uma nova disciplina jurídica – o Direito das práticas comerciais desleais – que, no entanto, não deixa de compreender no seu âmago um conjunto de condutas que se desenvolveram nos diferentes ordenamentos jurídicos continentais sob a égide da concorrência desleal. Note-se que esta disciplina das práticas comerciais desleais configura mais um marco na "americanização" do direito privado

---

[3] Com leitura diferente, OLIVEIRA ASCENSÃO, *Concorrência Desleal: As grandes opções*, 127, considerando que as práticas comerciais desleais lesam os interesses dos consumidores, pelo que as relações entre concorrentes não estão directamente em causa.

europeu, uma vez que recorre ao modelo das *unfair trade practices* constante da Secção 5 do *Federal Trade Commission Act*[4].

A este respeito, como já se referiu anteriormente, o preâmbulo da Directriz é bastante elucidativo quando sublinha que a Directriz não abrange as práticas comerciais desleais que se limitem a prejudicar os interesses económicos dos concorrentes, mas apenas aquelas que prejudiquem directamente os interesses económicos dos consumidores e, indirectamente, os interesses económicos dos concorrentes.

Deste modo, julgamos poder afirmar que há um núcleo de comportamentos da concorrência desleal que é abrangido actualmente pela disciplina das práticas comerciais desleais e um núcleo residual de comportamentos, que não prejudica os consumidores, que permanece fora das práticas comerciais desleais.

Finalmente, pode ainda ler-se no Preâmbulo que a Directriz não prejudica as disposições comunitárias e nacionais relativas aos direitos de propriedade industrial. Porém, ao transpor-se a Directriz para o direito nacional, através do Decreto-Lei n.° 57/2008, de 26 de Março, coloca-se necessariamente um problema de interpretação e articulação não só com as normas do Código de Propriedade Industrial, que limitam a concessão de direitos industriais a situações em que não se verifique concorrência desleal, mas também com alguns fundamentos específicos que obstam à outorga de direitos industriais.

Com efeito, resulta do art. 73.°, n.° 3[5] do CPI a recusa do registo de patente quando o requerente tenha intenção de praticar actos de concorrência desleal ou quando esta prática seja possível independente da sua intenção. O art. 137.°, n.° 3[6] do CPI estabelece igual regime quanto ao

---

[4] Cfr. ROBERT H. LANDE, *Revitalizing Section 5 of the FTC Act Using "Consumer Choice" Analysis*, the antitrustsource, disponível www.antitrustinstitute.org/archives/files/Feb09-Lande226f_030320092134.pdf o Autor esclarece que esta secção é muito mais agressiva do que as leis *anti-trust Sherman Act* e *Clayton Act*, defendendo que deverá ser utilizada de acordo com o enquadramento do "opção do consumidor" de forma a aproximar a legislação norte-americana do Direito da concorrência europeu.

[5] "Constitui ainda motivo de recusa [do registo de patente] o reconhecimento de que o requerente pretende fazer concorrência desleal ou de que esta é possível independentemente da sua intenção".

[6] "Constitui ainda motivo de recusa [do registo da invenção] o reconhecimento de que o requerente pretende fazer concorrência desleal ou de que esta é possível independentemente da sua intenção."

modelo de utilidade, bem como o art. 161.°, n.° 3[7] do CPI quanto a topografias e produtos semicondutores, o art. 197.°, n.° 5[8] quanto a desenho e modelo, o art. 239.°, n.° 1, alínea e)[9] quanto à marca, o art. 304.° I, e)[10] quanto a logótipo e o art. 308.° g)[11] quanto a denominações de origem ou a indicações geográficas.

Todas estas disposições do Decreto-Lei n.° 143/2008, de 25 de Julho, determinam que a prática, com ou sem intenção, de concorrência desleal deve implicar a recusa do registo dos referidos direitos industriais. Trata-se, pois, de um fundamento geral de recusa de registo destes direitos[12]. Cumpre, assim, descortinar se a intenção ou a prática de condutas comerciais desleais deve também implicar a recusa de registo de direitos industriais.

Acresce, como já referimos, que existem ainda fundamentos específicos de recusa de direitos industriais, que, em alguns casos, também se aproximam das práticas comerciais desleais previstas no Decreto-Lei n.° 57/2008, de 26 de Março.

---

[7] "Constitui ainda motivo de recusa [do registo de topografias de produtos semi-condutores] o reconhecimento de que o requerente pretende fazer concorrência desleal ou de que esta é possível independentemente da sua intenção."

[8] "Constitui também fundamento de recusa do registo de desenho ou modelo, *quando invocado em reclamação*, o reconhecimento de que o requerente pretende fazer concorrência desleal ou de que esta é possível independentemente da sua intenção".

[9] Constitui fundamento de recusa do registo de marca "O reconhecimento de que o requerente pretende fazer concorrência desleal ou de que esta é possível independentemente da sua intenção."

[10] Constitui fundamento de recusa de logótipo "O reconhecimento de que o requerente pretende fazer concorrência desleal ou de que esta é possível independentemente da sua intenção"

[11] Constitui fundamento de recusa de denominações de origem e indicações geográficas que o registo "*possa favorecer actos de concorrência desleal*".

[12] É de referir que nada, do ponto de vista legístico, justifica que se tenha retirado a menção à concorrência desleal das causas de recusa de registo aplicáveis a todos os direitos industriais. Em relação aos desenhos e aos modelos o legislador privatiza os interesses públicos da concorrência desleal ao exigir uma reclamação. Assim, caso não surja nenhuma reclamação, mesmo havendo concorrência desleal, o registo será deferido. Esta solução é manifestamente inapropriada. Também a referência a "*que possa favorecer actos e concorrência desleal*" é um pouco estranha, pois, neste caso, há um alargamento da protecção porque pode nem haver concorrência desleal, mas basta que seja aferida a possibilidade de favorecimento da concorrência desleal das denominações de origem e indicações geográficas. É caso para perguntar quem é que no procedimento legislativo assumirá a responsabilidades por estas incorrecções.

Por fim, uma análise do elenco das práticas comerciais enganosas revela-nos igualmente que podem resultar da utilização de sinais distintivos do comércio e de direitos industriais, pelo que também por esta via as relações entre os direitos industriais e as práticas comerciais desleais são evidentes.

## 2. O Direito Europeu do Consumo como "direito politizado"

Por detrás do caudal de directivas, tendo como escopo a protecção dos consumidores, parece-nos indiscutível que a Comissão tem procurado atingir objectivos políticos, alguns dos quais essenciais ao desenvolvimento do mercado interno e da união europeia, objectivos que correspondem ao paradigma económico da última metade de século passado.

Efectivamente, o desenvolvimento da Comunidade Económica Europeia e, posteriormente, da União Europeia, assentou na redução da auto-suficiência económica dos Estados-membros e exigiu, em determinados casos, a destruição de sectores produtivos e de indústrias nacionais pouco competitivas.

O paradigma económico assinalado assentou igualmente no consumo como motor da economia, exponenciado pelo crédito fácil, o que, diga-se, contribuiu para a "economia de bolha" que conduziu à presente crise (2007-2010). A dependência económica implicou dependência política e vulnerabilização do Estados-nacionais, o que aumentou a vertente política da União Europeia[13].

Alguns economistas antecipam contudo um regresso às actividades produtivas básicas e às relações de proximidade, agora com recurso às redes sociais da internet, que permitem o constante contacto entre produtor e consumidor.

---

[13] A título de exemplo, revelando uma tentativa de maior controlo da economia e da crise pelas instâncias europeias, são de referir as Comunicações da Comissão, de 12 de Outubro de 2008, de 29 de Outubro de 2008, de 26 de Novembro de 2008, de 4 de Março de 2009 e de 3 de Junho de 2009. As versões inglesas podem ser consultadas em www.europa.eu *Declaration of a concerted European Action Plan of the eurozone countries, From financial crisis to recovery: a European framework to recovery, A European Economic Recovery Plan, Driving the European Recovery, A Share Commitment for Employment.*

Por paradoxal que seja, um olhar à distância das últimas quatro décadas faz-nos compreender que o Direito do Consumidor favoreceu o consumismo e a internacionalização e globalização dos mercados. Na verdade, ainda que inicialmente rotulado como materialização do Estado social e dos direitos de terceira e quarta geração, este Direito tem funcionado como um instrumento ao serviço da economia de mercado e da protecção dos produtores e dos comerciantes.

Curiosamente, no início do século XX, afirmava-se que a concorrência desleal protegia os concorrentes e indirectamente os consumidores, *mutatis mutandis,* no início do século XXI, defende-se que a legislação sobre práticas comerciais desleais protege directamente os consumidores e indirectamente os concorrentes. Não podemos, por isso, deixar de assinalar uma viragem, que poderá ser porventura exclusivamente semântica.

De referir que a Comunidade não se limita a criar instrumentos legislativos, define também estratégias, a que se auto-vincula no sentido que fazer inter-agir os seus órgãos, com uma dimensão de política pública, como é o caso da comunicação da Comissão ao Conselho, ao Parlamento Europeu e ao Comité Económico e Social Europeu, apresentada a 13 de Março de 2007, e designada "Estratégia comunitária em matéria de Política dos Consumidores para 2007-2013"[14].

Esta estratégia visa estabelecer um nível de segurança e de protecção equivalente em toda a União Europeia e um mercado interno mais integrado através da concretização dos seguintes objectivos:

*1.°)* dar mais poderes aos consumidores, instaurando um mercado mais transparente que permita efectuar verdadeiras escolhas de consumo, por exemplo em termos de preço e de qualidade;

*2.°)* melhorar o bem-estar dos consumidores do ponto de vista da qualidade, da diversidade, da acessibilidade e da segurança; e

*3.°)* proteger os consumidores dos riscos e ameaças graves.

A concretização desta estratégia política centra-se em cinco domínios:

*1.°)* melhoria da monitorização dos mercados de consumo e das políticas nacionais a favor dos consumidores;

*2.°)* melhoria da regulamentação em matéria de defesa do consumidor;

---

14 http://ec.europa.eu/consumers/overview/cons_policy/doc/cps_0713_pt.pdf

*3.°)* reforço da segurança dos produtos no mercado graças a instrumentos de monitorização;

*4.°)* integração dos interesses dos consumidores noutras políticas comunitárias; e

*5.°)* melhoria da informação e da educação dos consumidores, através, por exemplo, da consolidação do papel dos centros europeus dos consumidores.

Tendo em conta o referido, o Decreto-Lei n.° 57/2008, de 26 de Março, não deve ser compreendido fora do seu contexto, mas como um diploma que resulta da transposição de uma directiva comunitária adoptada com o propósito de desenvolvimento da política pública de mercado interno e de consumo, definida nas instâncias europeias, em especial pela Comissão.

Assim, a nova disciplina sobre práticas comerciais desleais não pode ser apenas vista como puro direito de consumo de mera protecção do consumidor, mas antes como uma disciplina de ordenação do mercado, que protege directamente consumidores e indirectamente os concorrentes. Deste modo, o Direito do Consumidor enquadra a protecção do consumo como bem jurídico público, integrando nessa protecção vários interesses.

Em conclusão, o Direito do Consumidor Português traduz, cada vez mais, o paradigma europeu de ordenação integrada do mercado interno, que se impôs aos legisladores os Estados-membros da União Europeia. Porém, o aumento do caudal legislativo europeu tem acarretado níveis acrescidos de voluntarismo, que implicam um empobrecimento dos níveis científico-culturais dos direitos nacionais, em especial do direito privado.

### 3. O Direito Português do Consumo como Direito Europeu transposto: a transposição da Directriz 2005/29/CE, de 11 de Maio de 2005, através do Decreto-Lei n.° 57/2008, de 26 de Março[15]

O primeiro aspecto em que vamos centrar-nos relativamente a transposição da Directriz 2005/29/CE respeita ao conceito de consumi-

---

[15] Sobre esta matéria, vide Luís Menezes Leitão, *A protecção do consumidor contra as práticas comerciais desleais e agressivas*, O Direito, Anos 134.°-135.°, 2002-2003, 69-85, Elsa Dias Oliveira, *Práticas Comerciais Proibidas*, Estudos do Instituto de Direito do Consumo, vol. III (coord. Luís Menezes Leitão), vol. III, Almedina, Coimbra,

dor[16]. Antes de qualquer ulterior desenvolvimento da matéria, cabe referir que a coerência alcançou o estatuto de palavra-chave na harmonização jurídica europeia. Não se trata, porém, de uma coerência sistemática, uma vez que é sobretudo na coerência terminológica que a Comissão tem apostado nos últimos tempos. Ora, esta coerência terminológica tem passado por colocar um conjunto de definições nas directivas, de modo a que os legisladores nacionais fiquem condicionados pelos conceitos nelas referidos.

Um conceito que tem sido objecto de alguma controvérsia é o de consumidor, que, segundo o legislador europeu, é qualquer pessoa singular que actue com fins que não se incluam no âmbito da sua actividade comercial, industrial, artesanal ou profissional. Na linha da Directriz, o consumidor surge no Decreto-Lei n.° 57/2008 como qualquer pessoa singular que, em relação às práticas comerciais, actue com propósitos alheios à sua actividade económica, negócio ou profissão. Ora, este conceito é diferente do que o que resulta do art. 2.° da Lei n.° 24/96, de 31 de Julho (Lei da Defesa do Consumidor), em que o consumidor é apresentado como todo aquele a que sejam fornecidos bens ou serviços ou transmitidos quaisquer direitos, o que respeita ao consumidor final, podendo abranger pessoas singulares e colectivas[17].

Outro conceito em discussão é o de diligência profissional, que no art. 3.° h) do Decreto-Lei n.° 57/2008 surge como padrão de competência especializada e de cuidado que se pode razoavelmente esperar de um profissional nas suas relações com os consumidores, avaliado de acordo com a prática honesta de mercado e ou com o princípio geral de boa fé no âmbito da actividade profissional.

---

2006, 147-173, e Assunção Cristas, *Concorrência desleal e protecção do consumidor: a propósito da Directiva 2005/29/CE,* Homenagem da Faculdade de Direito de Lisboa ao Professor Doutor Inocêncio Galvão Telles, 90 Anos, Almedina, Coimbra, 2007, 141-162.

[16] Ekey/Klippel/Kotthoff/Mackel/Plaß, *Wettbewerbsrecht,* 2. A. Heidelberger Kommentar, C. F. Müller, 2005, 76, referindo-se ao conceito de consumidor do Direito da União Europeia e da jurisprudência do Tribunal de Justiça como um *standard* ideal e não como uma figura real. Günther Hönn, *Wettbewerbs- und Kartellrecht,* C. F. Müller, 2007, 35, preconizando que o conceito de consumidor contribuiu para a liberalização da deslealdade. Cfr. sobre o conceito de consumidor na Alemanha e nos outros países da União Europeia, Katharina Vera Boesche, *Wettbewerbsrecht,* 2. A, C. F. Müller, 2007, 2-3.

[17] Fernando Baptista de Oliveira, *Do Conceito de Consumidor: Algumas Questões e Perspectivas de Solução,* Estudos de Direito do Consumidor, n.° 2006/2007, 467--551.

Deste modo, o critério de diligência profissional não deve ser entendido como um critério exclusivo de aferição da concorrência desleal, porque se desvia das relações entre concorrentes para as relações entre profissionais e consumidores, ainda que respeite às práticas honestas de mercado às quais se junta o critério da boa fé. Todos estes critérios cumulativos contribuem para tornar numa "manta de retalhos" a cláusula geral para aferir a deslealdade das práticas comerciais, o que é consequência dos diferentes padrões de lealdade vigentes nos diversos sistemas jurídicos europeus. Esta multiplicidade de critérios constitui um factor de insegurança jurídica na aplicação do diploma[18].

O art. 5.º do Decreto-Lei n.º 57/2008 estabelece duas condições gerais a serem aplicadas na determinação do carácter desleal da prática comercial[19]: a) que o comportamento seja contrário à diligência profissional e b) que seja susceptível de distorcer ou afectar substancialmente o comportamento económico do consumidor, adoptando-se o conceito de consumidor médio.

Os dois critérios, que são cumulativos, apontam quer para um critério de concorrência desleal – actos contrários às exigências de diligência profissional –, quer para um critério da protecção dos consumidores – actos que afectem os consumidores[20].

Assim sendo, se os actos forem contrários à diligência profissional, mas não afectarem os consumidores não se encontram abrangidos pela dis-

---

[18] Sobre os critérios para aferir a deslealdade, o nosso *Estudo de Direito Privado sobre a Cláusula Geral de Concorrência Desleal*, Almedina, Coimbra, 200, 57 ss.

[19] GÜNTHER HÖNN, *Wettbewerbs- und Kartellrecht*, C. F. Müller, 2007, 36, refere que o conceito de práticas comerciais tem como função a separação do direito delitual geral.

[20] Neste sentido também na doutrina alemã, SCHÜNEMANN, *UWG Gesetz gegen den unlauteren Wettbewerb Kommentar*, (Haute-Bavendamm/Henning-Bodewig) Beck, München, 2004, 637, defendendo ter o § 3 UWG uma dupla função: de norma fundamental (*Grundnorm*) abrangendo todos os tipos especiais, e de tipo de desenvolvimento para preenchimento de lacuna (*Auffangtatbestand*). Por outro lado, a cláusula geral assenta igualmente na liberdade de decisão do consumidor. De forma idêntica, HEFERMEHL/KÖHLER/ /BORNKAMM, *Gesetz gegen den unlauteren Wettbewerb UWG*, 26 A., Beck, 2008, 150 e ss. GÜNTHER HÖNN, *Wettbewerbs- und Kartellrecht*, C. F. Müller, 2007, 37, apresenta a cláusula geral com recurso ao conceito de práticas comerciais, de deslealdade e com a cláusula dos comportamentos irrelevantes (*Bagatellklausel*). Cfr. ainda NORDEMANN, *Wettbewerbsrecht Markenrecht*, 10 A., Nomos, 2004, 54 e ss. e TOBIAS LETTL, *Das neue UWG*, Beck, München, 2004, 58 e ss.

ciplina das práticas comerciais desleais. Se os actos forem conformes à diligência profissional, mas afectarem materialmente o comportamento económico dos consumidores não se encontram igualmente abrangidos pelas práticas comerciais desleais[21].

Parece, pois, inegável que, pelo menos em parte, estamos num núcleo de fusão ou de sobreposição normativa entre a disciplina da concorrência desleal e a da defesa do consumidor, apesar da concorrência desleal não ser completamente abrangida pelas práticas comerciais desleais, como também não o é o Direito do Consumidor.

A nova disciplina das práticas comerciais desleais respeita a comportamentos concorrenciais desleais que afectem ou possam afectar o consumidor, daí que vise as condutas relevantes no perímetro contratual, pré-contratual ou pós-contratual, perímetro no qual se encontram as decisões do consumidor sujeitas à análise da sua distorção material ou afectação. Por esta razão, a sua previsão não prescinde do conceito de transacção comercial. Diferentemente, a concorrência desleal configura-se como uma disciplina mais próxima do campo delitual, prescindido da área do contrato.

A lei engloba nas práticas comerciais desleais a publicidade enganosa, bem como outras práticas do período de pós-venda. Incluem-se também na lista de práticas desleais vários métodos publicitários e a publicidade dirigida a crianças.

No art. 5.° do diploma em análise surge-nos uma cláusula geral que deve ser ponderada sempre que se pretenda proibir determinadas práticas comerciais. No art. 6.° estabelece-se que se consideram sempre desleais as práticas comerciais que sejam enganosas ou agressivas. Sobre a acção e omissão enganosa regem os arts. 7.°, 8.°, 9.° e 10.°.

A lista negra do art. 8.° indica várias práticas que são consideradas enganosas em todas as circunstâncias, tais como:

 *a)* a publicidade-isco: aliciar o consumidor a comprar um produto de uma empresa, publicitando-o a um preço muito baixo sem dispor de existências suficientes (art. 8.°, e))

---

[21] CORNELIUS MATUTIS, *UWG Pratiker Kommentar zum Gesetz gegen den unlauteren Wettbewerb*, Erich Schmidt Verlag, 2009, 57, referindo que através da *Bagatellklausel* procedeu-se, na Alemanha, a uma legalização de parte da concorrência desleal, na medida em que nem toda a concorrência desleal é ilícita; é necessário que tenha uma influência indevida e substancial no comportamento dos consumidores.

*b)* falsas ofertas «grátis»: dar a impressão errónea de que se trata de ofertas gratuitas, descrevendo um produto como «grátis», «gratuito», «sem encargos» ou equivalente, quando o consumidor tem de pagar mais do que o custo inevitável de responder à prática comercial e de ir buscar o produto ou pagar pela sua entrega (art. 8.º, z))

*c)* alegações falsas sobre capacidades curativas (art. 8.º, u))

*d)* publi-reportagens: utilizar conteúdos editoriais nos meios de comunicação social para fazer a promoção de um produto, tendo sido o próprio operador comercial a financiar esta promoção sem o indicar claramente (art. 8.º, n))

*e)* sistemas em pirâmide: promoção em pirâmide em que a contrapartida decorre essencialmente da entrada de outros consumidores no sistema, em vez da venda ou do consumo de produtos (art. 8.º, r))

*f)* referência enganosa aos direitos do consumidor: apresentar direitos do consumidor previstos na lei como uma característica distintiva do operador comercial (art. 8.º, m))

*g)* ofertas limitadas: declarar falsamente que o produto estará disponível apenas durante um período muito limitado, a fim de privar os consumidores do tempo suficiente para tomarem uma decisão informada (art. 8.º, i))

*h)* língua do serviço pós-venda: comprometer-se a fornecer o serviço de assistência pós-venda aoconsumidor numa determinada língua e assegurar este serviço apenas noutra língua, sem o ter anunciado de forma clara antes de o consumidor se ter comprometido em relação à transacção (art. 8.º, f))

*i)* garantias a nível europeu: dar a impressão errónea de que o serviço pós venda relativo ao produto está disponível em Estado-Membro distinto daquele em que o produto é vendido (art. 8.º, c)).

Por sua vez, as práticas comerciais agressivas encontram-se reguladas nos arts. 11.º e 12.º, que determinam que se considera agressiva toda a prática comercial que, no seu contexto fáctico, tendo em consideração *todas as características e circunstâncias, mediante assédio, coacção ou influência indevida, limite ou seja susceptível de limitar de forma importante a liberdade de escolha ou o comportamento do consumidor médio em relação a um bem ou serviço, consequentemente, o faça chegar a uma decisão de transacção comercial que de outra forma não haveria tomado.*

*Práticas comerciais desleais como impedimento à outorga...* 277

Trata-se, à semelhança do critério de diligência profissional, de uma noção multifacetada que implicará dificuldades probatórias acrescidas.

O art. 11.º/2 estabelece as circunstâncias em que o assédio, a coacção ou a influência indevida devem ser tomados em consideração:

*a)* momento e local em que ocorrem, a sua natureza e a sua persistência;

*b)* emprego de linguagem ou de comportamento ameaçadores ou insultantes;

*c)* utilização por parte do comerciante de qualquer infortúnio ou circunstância, de que tenha conhecimento, suficientemente grave para restringir a capacidade de discernimento do consumidor, com o objectivo de influenciar a sua decisão relativamente ao produto;

*d)* quaisquer obstáculos não contratuais, onerosos e desproporcionados, estabelecidos pelo comerciante quando o consumidor deseje exercer direitos contratuais, incluindo os pôr fim ao contrato ou de trocar de produto ou de comerciante; e

*e)* ameaça de exercer qualquer acção judicial que legalmente não possa ser exercida.

O art. 12.º considera que, em todas as circunstâncias, são práticas comerciais agressivas as seguintes:

*a)* criar a impressão no consumidor de que não pode abandonar o estabelecimento sem celebrar o contrato e realizar o pagamento;

*b)* efectuar visitas prolongadas ou repetidas em pessoa a casa do consumidor, ignorando as solicitações deste para abandonar a sua casa;

*c)* fazer solicitações de forma persistente por telefone, fax, correio electrónico ou outros meios de comunicação à distância;

*d)* impedir ou tentar dissuadir o consumidor a fazer valer os seus direitos de seguro;

*e)* fazer publicidade dirigida às crianças na qual se dê a entender que, para serem aceites pelos seus colegas, os pais têm de comprar um produto concreto;

*f)* exigir o pagamento de produtos recebidos pelos consumidores que não tenham sido solicitados;

*g)* informar o consumidor de que a sua recusa em comprar o bem ou contratar a prestação do serviço põe em causa o seu emprego; e

*h)* transmitir a impressão falsa de que o consumidor vai ganhar um prémio ou vantagem com a prática de determinado acto.

278 *VII Curso de Direito Industrial*

As práticas comerciais desleais são combatidas através de dois pilares normalmente existentes nas directivas comunitárias:

*1.°)* o pilar público, que implica a aplicação de uma sanção contra-ordenacional, o pagamento de coimas e judicialização da Administração Pública, à qual cabe aplicar esta sanção, e

*2.°)* o pilar privado, que abre a possibilidade de recurso às acções cíveis, sejam de responsabilidade civil, sejam de cessação de condutas ou de invalidade contratual, o que favorece que o combate às práticas comerciais desleais seja disseminado pelos particulares.

## 4. A articulação do Decreto-Lei n.° 57/2008, de 26 de Março, com o Código de Propriedade Industrial

Historicamente, o Direito da Propriedade Industrial abrangia as relações dos industriais entre si, incluindo a liberdade de concorrência, a concorrência desleal, as criações industriais e os sinais distintivos. Actualmente, o Direito Industrial tende a ser visto como um sub-ramo do Direito Comercial, que visa proteger os modos de afirmação económica das empresas através da atribuição de direitos privativos, em relação a formas concretas de afirmação, e da proibição de determinados comportamentos concorrenciais[22].

Assim, o Direito Industrial respeita à constituição, modificação, transmissão e extinção de direitos privativos: patentes, modelos de utilidade, topografias de produtos semicondutores, desenhos ou modelos, marcas, recompensas, denominações de origem e indicações geográficas, em que a protecção dos direitos industriais envolve uma actividade de registo, confiada, em Portugal, a um organismo especializado – o Instituto Nacional de Propriedade Industrial[23].

Deste modo, os direitos industriais configuram direitos subjectivos, cuja outorga está dependente de não se praticarem actos de concorrência desleal[24].

---

[22] Luís M. Couto Gonçalves, *Manual de Direito Industrial, Patentes, Marcas, Concorrência Desleal*, Almedina, Coimbra, 2005, 23-29.

[23] António Menezes Cordeiro, *Manual de Direito Comercial*, 2.ª ed., 2007, 150-152.

[24] Sobre as relações entre o Direito Industrial e a Concorrência Desleal, Oliveira Ascensão, *Concorrência Desleal*, Almedina, Coimbra, 2002, 77, "*nem se confundem nem*

Há, porém, de ter em consideração que a concorrência desleal foi igualmente utilizada para defender monopólios, em situações em que não se verifica a atribuição de direitos industriais[25].

Durante o século XX assistiu-se a uma evolução no Direito da concorrência desleal, que deixou de ser visto como um direito conflitual dos concorrentes para atingir outros patamares de protecção, como a defesa da ordenação do mercado, enquanto interesse público, e a defesa dos consumidores. Esta evolução da concorrência desleal, de que a nova disciplina das práticas comerciais desleais é só mais um estádio resultante do influxo europeu, também se estende aos direitos industriais, cuja regulação deixou de ser considerada num plano estritamente concorrencial para abranger igualmente uma dimensão de defesa do consumidor[26]. Isto significa que a evolução da disciplina da concorrência desleal teve reflexos na transição do direito industrial para uma disciplina integradora da ordenação dos comportamentos no mercado.

Analisando com detalhe o elenco das práticas comerciais enganosas pode-se afirmar que existem actos de indução em erro do público e actos de aproveitamento, que já se encontravam previstos na concorrência desleal.

Incluem-se nos actos de indução em erro os seguintes actos constantes no art. 8.° do Decreto-Lei n.° 57/2008:

a) Afirmar ser signatário de um código de conduta, quando não o seja;

b) Exibir uma marca de certificação, uma marca de qualidade ou equivalente, sem ter obtido a autorização necessária;

c) Afirmar que um código de conduta foi aprovado por um organismo público ou outra entidade, quando tal não corresponda à verdade;

d) Afirmar que um profissional, incluindo as suas práticas comerciais, ou um bem ou serviço foram aprovados, reconhecidos ou autorizados por um organismo público ou privado quando tal não corresponde à verdade ou fazer tal afirmação sem respeitar os termos da aprovação, do reconhecimento ou da autorização.

---

*se excluem [...] umas atribuem posições individuais exclusivas outras disciplinam a correcta ordenação da concorrência".*

[25] ANDRÉ R. BERTRAND, *Droits exclusifs, concurrence deloyale et defense de la concurrence*, Direito Industrial, vol. III, Almedina, Coimbra, 2003, 30.

[26] O nosso *Direito da Publicidade e Concorrência Desleal – Um estudo sobre as práticas comerciais desleais*, Direito Industrial, vol. IV, Almedina, Coimbra, 2005, 270.

No remanescente do referido elenco, a maior parte das condutas tipificadas como práticas comerciais enganosas respeita à publicidade enganosa e às informações inexactas, matéria que se incluía inicialmente nos actos de indução em erro da concorrência desleal, mas que foi sendo paulatinamente subtraída à concorrência desleal para passar a ser compreendida no domínio da disciplina publicitária[27].

Por esta razão, em estudo anterior, defendemos que haveria na disciplina das práticas comerciais desleais uma "fusão normativa" das disciplinas da concorrência desleal e publicitária[28]. Diferentemente, as práticas comerciais agressivas, salvo em alguns ordenamentos, como na Alemanha, que desde cedo incorporaram na concorrência desleal a protecção do consumidor, encontravam-se fora da concorrência desleal, porque constituíam actos agressivos para os consumidores e não para os concorrentes.

De referir que na *Unlauterer Wettberb Gesetz*[29] incluía-se quer a disciplina da concorrência desleal quer a disciplina publicitária, que abrangia os métodos publicitários importunos.

Na Alemanha, a transposição da Directriz 2005/29/CE passou pela alteração da UWG, de 22 de Dezembro de 2008, que agora se refere a um conceito de *unlauteren geschäftlichen Handlugen*[30]. Na UWG, o § 3 contém uma proibição geral de práticas comerciais desleais; o § 4 concretiza algumas dessas práticas; os §§ 5 e 5a respeitam ao engano por acção e

---

[27] O nosso *Direito da Publicidade e Concorrência Desleal*, 268.

[28] OLIVEIRA ASCENSÃO, *Concorrência Desleal: As grandes opções*, 137, considera que está mais à vista uma fusão entre o Direito da Publicidade e o Direito do Consumidor.

[29] www.gesetze-im-internet.de

[30] Quanto à recente doutrina alemã sobre o tema *vide* GUNDA DREYER, *Verhaltenskodizes im Referentenentwurf eines Ersten Gesetzes zur Änderung des Gesetzes gegen unlauteren Wettbewerb*, WRP 2007, 1294-1303, JÜRGEN KEßLER, *Lauterkeitsschutz und Wettbewerbsordnung – zur Umsetzung der Richtlinie 2005/29/EG über unlautere Geschäftspraktiken in Deutschland und Österreich*, WRP 2007, 714-722, HELMUT KÖHLER, *Zur Umsetzung der Richtlinie über unlautere Geschäftspraktiken*, GRUR 2005, 793 e ss., *Das Verhältnis des Wettbewerbsrechts zum Recht des geistigen Eigentums – Zur Notwendigkeit einer Neubestimmung auf Grund der Richtlinie über unlautere Geschäftspraktiken*, GRUR 2007, 548 e ss, TOBIAS LETTL, *Irreführung durch Lock(vogel)angebote im derzeitigen und künftigen UWG*, WRP 2008, 155-166, INGE SCHERER, *Ende der Werbung in Massenmedien?* WRP 2008, 563-571, *Die "wesentliche Beeinflussung" nach der Richtlinie über unlautere Geschäftspraktiken*, WRP 2008, 708-714, OLAF SOSNITZA, *Der Gesetzentwurf zur Umsetzung der Richtlinie über unlautere Geschäftspraktiken*, WRP 2008, 1014-1034.

omissão; o § 6 à publicidade comparativa e o § 7 aos métodos publicitários que causam incómodo aos consumidores[31]. Neste país, tem-se defendido que a introdução de uma *"Schwarze Liste"* das práticas comerciais desleais contribui para uma maior segurança jurídica e para uma maior protecção dos consumidores[32].

Deste modo, o legislador alemão promoveu a síntese entre o seu Direito e as disposições das directivas comunitárias que necessitam de transposição. Ora, se, de outro modo, essa síntese não for feita pelo legislador no momento legislativo, o intérprete será obrigado a realizá-la no momento da aplicação do direito, o que não é desejável[33].

No que respeita à evolução do direito da propriedade industrial português, actualmente, o art. 1.º do DL n.º 143/2008, de 25 de Julho, determina que a propriedade industrial desempenha a função de garantir a lealdade da concorrência, pela atribuição de direitos privativos sobre os diversos processos técnicos de produção e desenvolvimento da riqueza[34].

---

[31] Sobre a passagem do conceito de *"guten Sitten"* para *"Unlauterkeit"*, visando uma compatibilidade terminológica (*sprachliche Kompatibiliät*) no Direito da União Europeia, SCHÜNEMANN, *UWG Gesetz gegen den unlauteren Wettbewerb Kommentar*, (Haute-Bavendamm/Henning-Bodewig) Beck, München, 2004, 571 e ss. Salientando a importância da ponderação de interesses (*Interessenabwägung*) referidos no § 1 UWG para a concretização da deslealdade, cfr. LUTZ LEHMER, *UWG Kommentar zum Wettbewerbsrecht*, Luchterhand, 2007, 50.

[32] Do ponto de vista da aplicação jurídica deve, primeiro, procurar-se uma prática comercial no catálogo de exemplos, de seguida, aplicar as pequenas cláusulas gerais e, por fim, a grande cláusula geral do § 3 UWG. Cfr. SCHÜNEMANN, *UWG Gesetz gegen den unlauteren Wettbewerb Kommentar*, (Haute-Bavendamm/Henning-Bodewig) Beck, München, 2004, 559, defendendo, deste modo, a subsidiariedade da grande cláusula geral do § 3 UWG (*materielle Subsidiarität*) (p. 569)

[33] OLIVEIRA ASCENSÃO, *Concorrência Desleal: As grandes opções*, 132, defende a integração das práticas comerciais desleais na concorrência desleal e a saída desta disciplina jurídica do Código de Propriedade Industrial, permitindo-se, assim, avançar para uma concepção integrada dos diferentes interesses, admitindo, porém, que a referida integração geraria perplexidades. Não acompanhamos a ideia de que as práticas comerciais desleais tivessem de ser subordinadas ao critério valorativo da contrariedade às normas e usos honestos, pois, à semelhança do sistema da nova UWG alemã, a grande cláusula geral tem essencialmente um papel subsidiário. Por outro lado, o retorno à ligação com a disciplina publicitária seria natural.

[34] OLIVEIRA ASCENSÃO, *Concorrência Desleal: As grandes opções*, 121, considera esta referência legislativa imperdoável por se confundir a atribuição de exclusivos com a disciplina da concorrência desleal.

282        *VII Curso de Direito Industrial*

Nestes termos, a lealdade da concorrência configura um valor que não enforma apenas o instituto da concorrência desleal, mas está também presente na atribuição de direitos industriais. A lealdade da concorrência enforma igualmente a disciplina das práticas comerciais desleais, porquanto, como referimos, não se trata de um puro direito do consumidor, dada a sua dimensão abrangente de ordenação do mercado, na qual se coloca quer a defesa da liberdade quer da lealdade da concorrência.

Por esta via, torna-se indispensável que a atribuição de direitos industriais esteja subordinada à não verificação de práticas comerciais proibidas, pelo que, no fundamento de recusa geral de registo de direitos industriais, a referência à concorrência desleal deve compreender não só os actos previstos nos artigos 317.° e 318.° do CPI, mas igualmente as práticas comerciais desleais.

Não obstante alguma harmonia que o intérprete possa e deva procurar na aplicação do direito, a verdade é que o legislador nacional não tem contribuído para essa harmonia. Com efeito, ao legislar com recurso a novos conceitos, ao não introduzir as novas leis na tradição jurídica do seu ordenamento, ao não realizar qualquer síntese, mas a mera justaposição de diplomas, contribui para significativas incongruências legislativas.

A este propósito, o diploma sobre práticas comerciais desleais é exemplificativo do menosprezo do legislador pela tradição do Direito Civil, nomeadamente, quando, no artigo 14.°, permite que a prática comercial desleal conduza à anulabilidade do negócio jurídico, sem analisar a questão do *dolus bonus,* ou quando, no artigo 15.°, admite que o consumidor lesado seja ressarcido nos termos gerais da responsabilidade civil, nada acrescentando sobre a protecção dos concorrentes.

O facto de o legislador não acomodar a nova disciplina à legislação existente leva-nos a antever inúmeros problemas na aplicação deste diploma, sobretudo na sua articulação com o Código de Propriedade Industrial.

## 5. Conclusões

**1** – O Direito das práticas comerciais desleais, que surge sob a veste do Direito Europeu do Consumo, compreende no seu âmago um conjunto de condutas que se desenvolveram nos diferentes ordenamentos jurídicos continentais sob a égide da concorrência desleal.

**2** – O Direito do Consumidor Português traduz, cada vez mais, o paradigma europeu de ordenação integrada do mercado interno, que se impôs aos legisladores nacionais dos Estados-membros da União Europeia pela necessidade de transposição de directivas.

**3** – Os dois critérios utilizados na lei para aferir o carácter desleal ou não das práticas comerciais apontam quer para um critério de concorrência desleal – actos contrários à diligência profissional –, quer para um critério da protecção dos consumidores – actos que afectem ou distorçam substancialmente o comportamento económico dos consumidores.

**4** – A disciplina das práticas comerciais desleais representa um ponto de intersecção entre as disciplinas da concorrência desleal e da defesa do consumidor, embora a concorrência desleal não seja completamente abrangida pelas práticas comerciais desleais, como também não o é a disciplina do Direito do Consumidor.

**5** – A lealdade da concorrência configura um valor que está presente não só não só no instituto da concorrência desleal como na atribuição de direitos industriais, valor que perpassa igualmente a disciplina das práticas comerciais desleais.

**6** – Por esta via argumentativa torna-se indispensável que a atribuição de direitos industriais esteja subordinada à não verificação de práticas comerciais proibidas, pelo que no fundamento de recusa geral de registo de direitos industriais pela prática de concorrência desleal estão abrangidos não só os actos compreendidos nos artigos 317.º e 318.º do CPI, mas igualmente as práticas comerciais desleais reguladas no DL n.º 57/2008.

**7** – Assim sendo, a resposta à pergunta que foi colocada pelo nosso tema, só pode ser afirmativa. Efectivamente, as práticas comerciais desleais devem fundamentar a recusa da outorga de direitos industriais.

# O DIREITO DE PATENTES,
# O SISTEMA REGULATÓRIO DE APROVAÇÃO,
# O DIREITO DA CONCORRÊNCIA
# E O ACESSO AOS MEDICAMENTOS GENÉRICOS

João Paulo F. Remédio Marques
*Professor da Faculdade de Direito da Universidade de Coimbra*

**SUMÁRIO:**
**1.** Introdução. Apresentação e relevo do tema. – **2.** Os obstáculos no acesso aos medicamentos genéricos. – **3.** A importância merceológica do sector farmacêutico. – **4.** Os constrangimentos administrativos regulatórios: autorizações de introdução no mercado (AIM) e procedimentos de fixação do preço máximo de venda ao público dos medicamentos. – **5.** As empresas farmacêuticas de genéricos *versus* as empresas farmacêuticas de medicamentos de referência face às respectivas condições de mercado e ao sistema regulatório público. – **6.** O acréscimo de protecção dos titulares de patentes farmacêuticas respeitantes a medicamentos de referência: o certificado complementar de protecção, o prazo de protecção dos dados e os direitos exclusivos de comercialização. – **6.1.** O certificado complementar de protecção. – **6.2.** O prazo de protecção dos dados. – **6.3.** Os direitos exclusivos de comercialização. – **7.** A interferência condicionadora dos direitos de patente do medicamento de referência nos procedimentos de aprovação de medicamentos genéricos. As teses em confronto e o problema da *interferência* ou *ligação* (*linkage*) da propriedade industrial nestes procedimentos de aprovação. – **7.1.** A tese da *protecção máxima* da propriedade industrial. – **7.2.** A *tese intermédia*; as autorizações administrativas a *termo* ou *sob condição*. – **7.3.** A tese da *independência* e *autonomia* dos procedimentos de aprovação relativamente às patentes ou certificados complementares dos medicamentos de referência. – **7.4.** A posição adoptada: a não interferência

dos direitos de patente e certificados complementares de protecção nos procedimentos de AIM e de fixação dos preço dos medicamentos genéricos. – **8.** O problema dos *acordos* entre empresas de medicamentos de referência e de genéricos: as dificuldades sentidas pelo *direito europeu da concorrência* perante a *regulação administrativa não harmonizada* do mercado dos medicamentos. **8.1.** A concorrência e a propriedade intelectual. O regime do artigo 81.° do Tratado CE. – **8.2.** Os artigos 81.° e 82.° do Tratado CE e os direitos de propriedade industrial. – **8.2.1.** O exercício do direito de acção nos tribunais como prática anti-competitiva por parte das empresas de medicamentos de referência? – **8.2.2.** A aplicabilidade *excepcional* dos mecanismos de controlo previstos no artigo 81.° do Tratado CE. – **8.2.3.** A protecção de patentes triviais face à mobilização dos instrumentos do direito da concorrência contra os titulares da propriedade industrial. – **8.3.** Alguns critérios de decisão. – **8.4.** Em particular: as cláusulas de não contestação da validade das patentes relativas aos medicamentos de referência contra o pagamento de quantias pecuniárias às empresas de medicamentos genéricos; as licenças exclusivas, os acordos de distribuição exclusivos e as restrições de vendas. – **8.4.1.** A invalidade das patentes farmacêuticas enquanto interesse geral dos cidadãos face aos acordos de transferência de tecnologia: não existência, por regra, de transferência de tecnologia; os acordos verticais; os acordos horizontais. – **8.4.2.** Algumas práticas concertadas ilícitas entre empresas farmacêuticas, nos casos em que ocorre *transferência de tecnologia.* – **8.4.3.** As transacções judiciais entre as empresas farmacêuticas, especialmente quando é nula a patente com base na qual é efectuada a transacção. – **8.5.** As singularidades do mercado farmacêutico e o artigo 81.° do Tratado da Comunidade Europeia. – **8.6.** A ponderação dos valores e dos interesses em confronto face ao estímulo da inovação tecnológica.

## 1. Introdução. Apresentação e relevo do tema

É enorme a competição entre empresas farmacêuticas de *medicamentos de referência*[1] ou *medicamentos inovadores*, protegidos por direi-

---

[1] Os *medicamentos de referência* ou *medicamentos inovadores* (conhecidos nos E.U.A. como "new drugs") são todos os medicamentos cuja introdução no mercado foi autorizada pelas *autoridades sanitárias* competentes com base em documentação completa, incluindo os resultados de ensaios físico-químicos, biológicos, micro-biológicos, toxicológicos, farmacológicos, pré-clínicos e clínicos (artigo 3.°/1, alínea *ii*), do Decreto-Lei n.° 176/

O *direito de patentes, o sistema regulatório de aprovação...*    287

tos de propriedade industrial, e as empresas de *medicamentos genéricos* e de *medicamentos essencialmente similares*. Nos E.U.A., o *mercado dos genéricos* gera um volume de vendas de, aproximadamente, 60 biliões de dólares deste país, sendo que estes medicamentos são atingidos por cerca de 70% do total da prescrição médica[2].

---

/2006, de 30 de Agosto, que, em Portugal, aprovou o *Estatuto do Medicamento*), ao abrigo da legislação comunitária aplicável. Faz-se mister, por conseguinte, fornecer o dossiê completo às autoridades sanitárias competentes. Já, neste sentido a decisão do Tribunal de Justiça das Comunidades Europeias, no proc. C-368/96, de 3/12/1998, in *Colectânea de Jurisprudência do Tribunal de Justiça das Comunidades Europeias*, 1998, I, págs. 1967 ss.

Mais: nos casos de medicamentos não abrangidos pelo âmbito de aplicação do Anexo do Regulamento (CE) n.° 2309/93, do Conselho, de 22/07/1993, ou do actual Regulamento (CE) n.° 726/2004, do Parlamento Europeu e do Conselho, de 31/03/2004 (sobre o *procedimento centralizado* de aprovação de medicamentos, junto da *Agência Europeia do Medicamento*), deve exigir-se, para o efeito do preenchimento do conceito de *medicamento de referência* (e de emissão de autorização para o correspondente *medicamento genérico*), que, quando aquele medicamento tenha sido introduzido no mercado ao abrigo de um *procedimento nacional* anterior à adesão desse Estado-Membro à Comunidade, *tenha ocorrido uma actualização do* processo relativo ao medicamento em causa, *após a adesão desse Estado-Membro à Comunidade Europeia*, nos termos da Directiva n.° 65/65/CEE, do Conselho, de 26/01/1965, relativa à aproximação das disposições legislativas, regulamentares e administrativas, respeitantes às especialidades farmacêuticas (in *Jornal Oficial*, n.° 126, de 9/02/1965, págs. 18 ss.), ao abrigo da Directiva n.° 75/319/CEE, do Conselho, de 20/05/1975, sobre o mesmo tema (in *Jornal Oficial*, n.° L 147, págs. 13 ss., na redacção da Directiva 2000/38/CE, da Comissão, de 5/06/2000, in *Jornal Oficial*, n.° L 139, pág. 28), ou nos termos dos artigos 6.°/1 e 8.° da actual Directiva n.° 2001/83/CE, do Parlamento Europeu e do Conselho, de 6/11/2001 (in *Jornal Oficial*, n.° L 311, págs. 67 ss.), alterada pela Directiva n.° 2004/27/CE, de 31/03/2004 (in *Jornal Oficial*, n.° L 136, págs. 34 ss.). Se esse *dossiê técnico* relativo ao medicamento não tiver sido actualizado, nos termos atrás mencionados, penso que não deve ser concedida a autorização de introdução no mercado (AIM) do genérico desse medicamento. Cfr., em sentido próximo, a opinião do Advogado-Geral (JÁN MAZÁK), de 26 de Março de 2009, no pedido de decisão prejudicial pendente no processo C-527/07, proveniente do *Hight Court of Justice* da Inglaterra e do País de Gales.

Vê-se, destarte, que foi adoptado um *conceito técnico-científico* (de medicamento de referência ou medicamento inovador) para *fins administrativos*, no âmbito da prossecução de *tarefas públicas* ligadas à *segurança*, à *eficácia* e à *qualidade* dos medicamentos para uso humano; um conceito desligado de quaisquer considerações atinentes à validade, à existência ou à eficácia de direitos de patente ou certificados complementares de protecção que sobre tais medicamentos possam ter sido constituídos. Cfr., *infra*, nota 37, sobre os conceitos de *medicamento genérico* e *medicamento essencialmente similar*, incluindo os denominados *biogenéricos*.

2 J. HOLLINGSHEAD/R. JACOBY, "Avoiding no man's land – Potential unintended consequences of follow-on biologics", Deloitte, March 2009, pág. 7, in http://www.

288 *VII Curso de Direito Industrial*

As empresas de medicamentos de referência usam todo um acervo de práticas (contratuais e extracontratuais), a fim de manter a sua *hegemonia no mercado após a extinção* dos direitos de patente ou dos certificados complementares de protecção respeitantes aos medicamentos inovadores. Metade dos *medicamentos de referência* sofre a concorrência dos *medicamentos genéricos* no primeiro ano subsequente à extinção de todos aqueles direitos de exclusivo. O que, de harmonia com os dados recolhidos entre 2000 e o final de 2007, representa, na União Europeia, cerca de 74% das vendas brutas desses *medicamentos de referência* no ano em que ocorreu a extinção de tais exclusivos. Esta apetência merceológica é justificada: *no 1.° ano* de comercialização, os *medicamentos genéricos* são vendidos, por regra, a um *preço inferior a 25%* do preço médio de venda dos medicamentos de referência correspondentes. *Dois anos* após a extinção daqueles direitos de propriedade industrial e demais exclusivos, o preço dos *medicamentos genéricos* é *40% inferior* ao preço médio dos *medicamentos de referência* correspondentes. O *sistema administrativo regulatório de fixação do preço máximo de venda ao público* destes medicamentos genéricos explica, como veremos (*infra*, §§ 4. e 9.), esta diminuição do preço final de venda. Estes números influenciam dramaticamente as despesas suportadas pelos sistemas nacionais de saúde (de matriz pública, privada ou mista): no 1.° ano de entrada dos *medicamentos genéricos* no mercado, os serviços estaduais de saúde dos Estados-Membros da União Europeia têm uma poupança de, em média, *20%*. Dois anos após o início da comercialização dos genéricos, a redução das despesas cifra-se ao derredor dos *25%*. Estima-se que, com base apenas numa amostra de medicamentos em 17 Estados-Membros, o sacrifício económico dos sistemas nacionais de saúde teria um acréscimo de *14 mil milhões de Euros* se a comercialização dos medicamentos genéricos correspondentes não fosse autorizada. Mais: se essa introdução no mercado fosse realizada imediatamente após a extinção dos direitos de propriedade industrial, poupar-se-iam, segundo se crê, cerca de *três mil milhões de Euros* nos referidos Estados-Membros[3].

---

deloitte.com/dtt/cda/doc/content//us–Ishc–avoiding%20no%20man%27s%20land–FOB–033009%281%29.pdf.

[3] EUROPEAN COMMISSION, *Pharmaceutical Sector Inquiry, Preliminary Report* (DG *Competition* Staff Working Paper), 28 November 2008, http://ec.europa.eu/competition/sectors/pharmaceuticals/inquiry/preliminary–report.pdf., pág. 85.

## O direito de patentes, o sistema regulatório de aprovação... 289

## 2. Os obstáculos no acesso aos medicamentos genéricos

Constata-se que a efectiva entrada dos *medicamentos genéricos* no mercado dos Estados-Membros da União Europeia tem ocorrido mais tarde do que seria esperado: ou seja, essa primeira comercialização tem ocorrido em momento muito posterior ao 1.º dia subsequente à extinção dos direitos de propriedade industrial (*patentes* e *certificados complementares de protecção*) e dos *direitos exclusivos de comercialização* respeitantes aos *medicamentos de referência*.

As *estratégias merceológicas* destas empresas farmacêuticas incidem, na minha opinião, nos comportamentos que seguem:

**(1)** Práticas *endógenas* ao próprio subsistema da propriedade industrial, aqui onde poderemos distinguir[4]:

    **(a)** A apresentação de pedidos de patente de composições e formulações farmacêuticas[5], combinações[6], de dosagens[7],

---

[4] Veja-se, entre outros, J. P. REMÉDIO MARQUES, *Biotecnologia(s) e Propriedade Intelectual*, vol. I, *Direito de Autor, Direito de Patente e Modelo de Utilidade, Desenhos ou Modelos*, Coimbra, Almedina, 2007, págs. 966-967; O. GRANDSTAND, *The Economics and Management of Intellectual Property*, Cheltenham, Northampton, Edward Elgar, 1999, págs. 221-222; R. P. MERGES/R. R. NELSON, "On the Complex Economics of Patent Scope", in *Columbia Law Review*, vol. 90 (1990), págs. 839 ss. (900-901).

[5] Nestes casos, uma *substância activa* já conhecida (ou nova) é reivindicada em *doses* ou em *concentrações* diferentes (*v.g.*, cápsulas, tabletes, soluções aquosas, supositórios, xaropes, etc.). Estas reivindicações são, muitas vezes, desprovidas de *actividade inventiva*. Por vezes, nem tão pouco são *novas*: *v.g.*, quando a composição inclui uma *substância activa* conhecida e um *excipiente* não usado com essa substância; ou quando a composição de um ingrediente activo conhecido é usada para uma nova utilização ou indicação, se e quando não for fabricada e disponibilizada numa *forma* ou *estrutura* diferentes. Em certas *circunstâncias excepcionais*, a produção de *efeitos inesperados* (*v.g.*, redução notória de efeitos secundários, a resolução de problemas há muito sentidos pelos peritos na especialidade, ou lograr vantagens substanciais relativamente a composições ou formas de dosagem já conhecidas) pode revelar a presença de *actividade inventiva*. Os *processos de preparação* destas *composições* ou *formulações* são geralmente acessíveis aos peritos na especialidade. Além de que a *sinergia* existente entre duas ou mais substâncias pode ocorrer naturalmente, o que revela apenas uma *descoberta* enquanto tal, não patenteável. Cfr. CARLOS CORREA, *Guidelines for examination of pharmaceutical patents*, Geneva, ICTSD, UNCTAD, WHO, 2007, págs. 6-7

[6] Nestas invenções, as reivindicações caracterizam a combinação de duas ou mais substâncias activas já conhecidas [v.g., a combinação do antirretroviral *zidovudina* (AZT) e a *lamivudina* (3TC) comercializada sob a marca «Combivir»]. São normalmente desprovidas de actividade inventiva, excepto se provocarem *efeitos técnicos sinergéticos*

sais[8], ésteres e éteres[9], polimorfos[10], isómeros, misturas de isómeros[11], enantiómeros[12], formas cristalinas[13], metabolitos[14], pró-fármacos[15];

---

devidamente descritos e comprovados através de testes farmacológicos ou pré-clínicos. Cfr. CARLOS CORREA, *Guidelines for the examination of pharmaceutical patents*, 2007, pág. 8.

[7] O *efeito técnico* destas invenções consiste na quantidade das doses a administrar nos pacientes. O seu objecto não é um produto ou um processo *stricto sensu*, mas a maneira como uma substância activa é usada terapeuticamente. Podem tais invenções ser dotadas de *novidade* e de *actividade inventiva*, se e quando a dose reivindicada e comprovada através de testes apropriados for substancialmente diferente da dose anteriormente usada, independentemente do peso do paciente, desde que, face à convicção dos peritos, não exista uma razoável expectativa de êxito de obter tais dosagens com esses efeitos terapêuticos – CARLOS CORREA, *Guidelines for examination*, 2007, cit., págs. 8-9. É preciso atentar no facto de estas reivindicações apresentarem o risco de serem subsumidas a *métodos de terapia* não patenteáveis nos ordenamentos jurídicos dos Estados--Membros (*v.g.*, reivindicar-se um método de minorar a disfunção eréctil, compreendendo a administração sublingual ao paciente de *apomorfina*, entre 2,5 miligramas a 10 miligramas, ou um sal farmacologicamente aceitável, com uma capacidade de solubilidade entre dois a cinco minutos.

[8] Os *sais* de substâncias activas já conhecidas aumentam, por regra, a sua *estabilidade* e, logo, a sua *biodisponibilidade*, bem como a *solubilidade* do medicamento. A patenteabilidade depende de estes *sais* revelarem *vantagens inesperadas*, no que tange às propriedades. Por vezes, a formação de um *sal* de moléculas complexas (*maxime*, com características de *cristalização* melhoradas) pode requerer certas aptidões ou conhecimentos não acessíveis aos peritos na especialidade ou em relação à qual não havia uma *razoável expectativa de êxito*. Mas os processos de formação de *sais* são geralmente *evidentes* e, portanto, desprovidos de *actividade inventiva*.

[9] Os *ésteres* (bem como os *éteres*) consistem em soluções providas de maior *solubilidade nos lípidos*, pelo que podem alterar a *penetrabilidade* da substância activa nos tecidos e a *velocidade* da sua libertação. Os éteres sujeitam-se às mesmas objecções de *falta de actividade inventiva*, já que os seus métodos de obtenção estão geralmente compreendidos no estado da técnica. Cfr. H. WEGNER, *Patent Law in Biotechnology, Chemicals & Pharmaceuticals*, 2.ª edição, Chippenham, Stockton Press, 1994, pág. 283; CARLOS CORREA, *Guidelines for examination of pharmaceutical patents*, 2007, cit., pág. 9.

[10] Os *polimorfos* de substâncias activas consistem nas mesmas substâncias activas providas de uma diferente estrutura física, os quais podem exibir propriedades diferentes (*v.g.*, solubilidade, o que altera o grau de *estabilidade* da substância activa e o índice de *biodisponbilidade*). A *novidade* dos *polimorfos* é, não raras vezes, posta em crise, já que eles são normalmente obtidos com base na utilização de métodos químicos já divulgados. Poderão, no entanto, desfrutar de *novidade* se, não obstante revelarem a mesma fórmula química, diferirem da substância no *estado não polimorfo* em parâmetros susceptíveis de uma avaliação segura e objectiva. Também a *actividade inventiva* destes

O direito de patentes, o sistema regulatório de aprovação...    291

*polimorfos* é, muitas vezes, posta em causa, pois a possibilidade de identificar e isolar novos *cristais* é normalmente evidente quando uma substância activa é provida de *polimorfismos*.

11 Os *isómeros* são compostos químicos *estruturalmente diferentes* entre si, mas que apresentam a *mesma fórmula química*. Os isómeros *posicionais* ou *estruturais* (*v.g.*, butano, isobutano e etanol) podem apresentar a mesma ou uma diferente estrutura química. No quadro do Instituto Europeu de Patentes, estas reivindicações têm colocado problemas ao nível da *novidade* e da *actividade inventiva*, nas eventualidades em que a *mistura racémica* está compreendida no estado da técnica (novidade) e nos casos em que as análises revelam que a molécula exibe um centro assimétrico, pois, nestes casos, o perito na especialidade deduz facilmente a presença de isómeros ópticos e pode servir-se de métodos conhecidos para os identificar e isolar. Cfr. PH. GRUBB, *Patents for Chemicals, Pharmaceuticasl and Biotechnology*, Fourth edition, London, New York, Oxford University Press, 2004, págs. 217-218. Julgo que poderá, todavia, surpreender-se *actividade inventiva* se tais *isómeros ópticos* revelarem propriedades não facilmente cognoscíveis do perito na especialidade substancialmente melhoradas em termos de *segurança* e *eficácia* do medicamento

12 Na química orgânica, os *enantiómeros* ou *isómeros ópticos* (*v.g.*, o *gliceraldeído*) comportam-se entre si como uma imagem reflectida no espelho (*v.g.*, os compostos com um *átomo de carbono* podem ter um *enantiómero*, aí onde esse átomo pode ser substituído por outros átomos diferentes). A *actividade inventiva* destes compostos pode ser posta em causa nas hipóteses em que se cura de *enantiómeros* resultantes de *misturas de enantiómeros* já anteriormente divulgadas (por exemplo, a decisão T 296/87, de 30/08/1988, no caso *HOECHST/Enantiomers*, in *Official Journal of the European Patent Office*, 1990, págs. 195 ss.; e a decisão T 1048/92, de 5/12/1994, no caso *PFIZER/Penem derivatives*, *ivi*, Special Edition, 1995, págs. 32 ss.). O que não obsta à sua protecção junto dos institutos de propriedade industrial (bem como junto das autoridade sanitária) se *diferirem substancialmente* em propriedades respeitantes à *segurança* ou à *eficácia* do medicamento. Por exemplo, o *esomeprazole* constitui o *enantiómero S* do *omeprazole*, tendo sido reivindicado e protegido, nos anos noventa do século passado, pois que foi demonstrado um *aumento da eficácia* enquanto substância activa de um medicamento. Cfr. B. HANSEN/F. HIRSCH, *Protecting Inventions in Chemistry*, Wiley-VCH, 1997, págs. 113-118; B. DOMEIJ, *Pharmaceutical Patents in Europe*, The Hague, London, Boston, Norstedts Juridik, Kluwer Law International, 2000, págs. 146-152; CARLOS CORREA, *Guidelines for examination of pharmaceutical patents*, 2007, cit., págs. 16-17.

13 Trata-se de *novas formas físicas* de substâncias eventualmente já compreendidas no estado da técnica. Do ponto de vista terapêutico, estas novas formas das substâncias podem revelar um maior índice de *estabilidade* ou *solubilidade* (permitindo, por exemplo, que possa ser administrada por *via oral*, em vez de ser *usada localmente na pele* humana). Podem padecer de falta de novidade se for demonstrado que o método de preparação da primitiva substância divulgado no anterior fascículo da patente já permitia a preparação da

292        *VII Curso de Direito Industrial*

**(b)** O depósito de pedidos de patentes respeitantes a *novos usos terapêuticos de substâncias já conhecidas*[16];

---

"nova" forma (*v.g.*, em cristais). Cfr. PH GRUBB, *Patents for Chemicals, Pharmaceuticals*, 4.ª edição, 2004, cit., págs. 223-224.

[14] Os *metabolitos* são substâncias químicas derivadas da substância activa, as quais são formadas no interior do organismo por virtude das reacções metabólicas que aí ocorrem – *v.g.*, o *nelfavir*, que é uma substância activa antiretroviral, produz o metabolito *M8*. Por vezes, entende-se que os *metabolitos* carecem de *novidade*, pois a administração da substância activa origina, *necessária* e *inevitavelmente*, a formação do respectivo *metabolito*. Cfr. PH. GRUBB, *Patents for Chemicals, Pharmaceuticals*, 4.ª edição, 2004, cit., págs. 231-234; B. DOMEIJ, *Pharmaceutical Patents in Europe*, 2000, cit., págs. 154-156; CARLOS CORREA, *Guidelines for examination of pharmaceutical patents*, 2007, cit., págs. 18-19.

[15] Nestes casos, a substância conhecida não é activa mas através de certos processos de metabolização (*v.g.*, hidrólise) ocorridos no corpo humano forma uma substância activa (*v.g.*, *hetaciclina*, *cefalosporina*) com propriedades terapêuticas (*v.g.*, a libertação mais lenta), na medida em que interage com certos receptores celulares ou actua como molécula-alvo. As empresas farmacêuticas de medicamentos de referência usam esta estratégia para prolongar o exclusivo que já desfrutam sobre uma anterior substância activa. Por vezes, os concorrentes comercializam estes pró-fármacos como meio de tentar escapar a acções de infracção de patentes. Cfr. PH. GRUBB, *Patents for Chemicals, Pharmaceuticals*, 4.ª edição, 2004, cit., pág. 231; B. DOMEIJ, *Pharmaceutical Patents in Europe*, 2000, cit., págs. 154-155; CARLOS CORREA, *Guidelines for the examination of pharmaceutical patents*, 2007, cit., págs. 18-19.

[16] Embora para alguns autores estas invenções careçam de novidade, o certo é que a nova redacção do artigo 54.º/4 e 5 da Convenção da Patente Europeia (CPE) e o artigo 54.º/1, alíneas *a)* e *b)*, do CPI português de 2003 (na redacção do Decreto-Lei n.º 148/ /2008, de 25 de Julho) permitem a patenteabilidade de substâncias já compreendidas no estado da técnica para a utilização no *primeiro* e nos *subsequentes métodos* de diagnóstico, terapêuticos ou cirúrgicos (veja-se, neste caso, a palavra "specific" usada na frase do artigo 54.º/5 da CPE), desde que tais utilizações não estejam compreendidas no estado da técnica. Não é, doravante, necessário formular reivindicações do "tipo suíço" (*v.g.*, uso da substância $X$ para fabricar um medicamento usado na terapia da doença $Y$) enquanto mecanismo reivindicatório usado para evitar a proibição da patenteabilidade dos métodos terapêuticos, de diagnóstico ou cirúrgicos. Pode objectar-se, porém, dizendo que o reivindicar-se o "uso de uma substância ou composição $X$ para o tratamento da doença $Y$" pode conflituar, no seio da CPE e dos ordenamentos dos Estados contratantes, com a *proibição* da *patenteabilidade dos métodos terapêuticos*, embora a jurisprudência alemã tenha desvalorizado este problema, desde a decisão do BGH, no caso *Hydropyridin* (*GRUR*, 1983, pág. 729 = *IIC*, 1984, pág. 215), ao arrepio das decisões da Grande-Câmara de Recurso do Instituto Europeu de Patentes, desde logo ao arrepio da decisão G 5/83, EISAI/*Second medical indication*, in *Official Journal of the European Patent Office*, 1983, págs. 64 ss. Sobre este problema da patenteabilidade do 1.º e dos subsequentes usos médicos de substâncias já compreendidas no estado da técnica, cfr. J. A. GÓMEZ SEGADE, "La patenteabilidad de la segunda indi-

cación médica de um producto farmacéutico", in *ADI*, vol. 9 (1984-1985, págs. 241 ss.); = in *Tecnología y Derecho*, Madrid, Martial Pons, 2001, págs. 619 ss.; B. HANSEN/F. HIRSCH, *Protecting Inventions in Chemistry*, 1997, cit., págs. 256-264; B. HANSEN, "Zur Patentschutz der 2. Indikation", in *GRUR*, 1977, págs. 15 ss.; B. HANSEN, "Zur Bedeutung der EPA – Entscheidung über die 2. Indikation für pharmazeutische Erfindungen", in *GRUR*, 1985, págs. 557 ss.; Ph. GRUBB, *Patents for Chemicals, Pharmaceuticals and Biotechnology*, second edition, Oxford, New York, Oxford University Press, 2004, págs. 238-240; B. DOMEIJ, *Pharmaceuticals Patents in Europe*, 2000, cit., págs. 177-190; G. PATERSON, "The Novelty of Use Claims", in *IIC*, 1996, págs. 179 ss.; D. SHABALALA, in CARLOS CORREA (ed.), *A Guide to Pharmaceutical Patents*, vol. I, Geneva, South Center, July 2008, págs. 115-117, 119-152; M. WITTHAUS, "Patentes de segundo uso", in *ADI*, vol. 24 (2003--2004), págs. 385 ss.; J. P. REMÉDIO MARQUES, *Biotecnologia(s) e Propriedade Intelectual*, vol. I, 2007, cit., págs. 923-924, 971-974, nota 2300; L. M. COUTO GONÇALVES, *Manual de Direito Industrial*, 2.ª edição, Coimbra, Almedina, 2008, págs. 74-75. Hoje, esta questão polémica está definitivamente ultrapassada com a nova redacção da CPE, com início de vigência em 13/12/2007 – cfr. H.-R. JAENICHEN/J. MEIER/N. HÖLDER, "Medical Use Claims: EPC 2000 and its Impact on Prossecution", in W. PRINZ/M. J. ADELMAN/R. BRAUNEIS *et alli* (eds.), *Patents and Technological Progress in a Globalized World*, 2009, cit., págs. 255 ss.; G. TRITTON/R. DAVIS/M. EDENBOROUGH/J. GRAHAM/S. MALYNICZ/A. ROUGHTON, *Intellectual Property in Europe*, Third Edition, London, Thompson, Sweet & Maxwell, 2008, págs. 120-124. Dado que é necessário que ocorra um *efeito técnico novo*, a *novidade* e a *actividade inventiva* destas invenções de uso (que são, substancialmente, invenções de processo) residem, normalmente, na *dose a administrar* ou na *forma de administração* (*v.g.*, oral, parentérica, por microinjecção, etc.) – cfr. decisão T 1020/03, de 29/10/2004, no caso *GENENTECH/Method of administration of IGF-I*, de 2006, § 72, in http://www.epo.org = *European Patent Office Reports*, 2006, pág. 9; tb. 292/04, de 17/10/2005, no caso *EXOXEMIS, INC/Methods and compositions for the treatment of infection and control of lora using haloperoxidase*, § 7, in http://legal.european-patent-office.org/dg3/biblio/t040292eu1.htm; contra, no Reino Unido, no caso *Bristol-Myers Squibb Co. v. Baker Norton Pharmaceuticals Inc*, decidido pelo *Court of Appeal*, em 2001, in *R.P.C.*, 2001, págs. 1 ss., onde foi entendido que a *novidade* da invenção deve residir no *fim terapêutico* e não no *método de uso*.

Este problema coloca-se quando as empresas de medicamentos genéricos apresentam um pedido de AIM junto da *Agência Europeia do Medicamento*, no quadro de um *procedimento centralizado* para uma segunda ou subsequente indicação terapêutica. Estas empresas podem encontrar dificuldades relativamente ao *exercício* dessa AIM naqueles Estados-Membros onde tais *patentes de uso* terapêuticos de substâncias já divulgadas ainda não são permitidas ou são aceitas com enorme relutância (*v.g.*, França e Reino Unido) – pois, nestes Estados-Membros, a patente e a AIM do *medicamento de referência* abrangem toda e qualquer utilização como medicamento. Além de que este constitui, igualmente, um expediente comummente usado pelos titulares de patentes de *medicamentos de referência*

(c) Apresentação de múltiplos *pedidos divisionários*, originados, não raras vezes, em reivindicações do tipo "Markush"[17], os quais são depois combinados com *reivindicações de selecção*[18].

(d) Depósito de pedidos de protecção relativos a "enxames" ou "grupos" de invenções (*patente clusters*), de uma maneira susceptível de impedir a pesquisa e o desenvolvimento futuro de linhas de investigação (*fencing*) por parte de terceiros, prática plasmada, por exemplo, em múltiplas variantes de um ou de vários processos químicos, ou de um ou de vários métodos de identificação ou de criação de novas moléculas;

---

antes da caducidade da patente ou do certificado complementar, mesmo que essa nova aplicação tivesse, desde o início (*id est*, desde o pedido de patente da primeira utilização terapêutica), mantida em regime de *segredo*.

[17] Estas reivindicações apresentam-se numa relação de *alternatividade* e respeitam a estruturas químicas (ou não químicas) providas de múltiplas entidades *funcionalmente equivalentes* (por vezes, milhões de possíveis compostos). Deve ser exigida a prova de que o grupo de substâncias reivindicadas partilhe as mesmas propriedades, ostente uma estrutura (química) comum, ou que as substâncias reivindicadas integrem uma conhecida classe de compostos a que pertence o invento, no sentido em que os peritos na especialidade reconheçam que os elementos (químicos) se comportam da mesma forma no contexto do invento, independentemente de serem substituídos na actuação concreta desse invento. E, outrossim, a prova da unidade do invento (*v.g.*, informações sobre o ponto de fusão, o grau de absorção no espectro de infra-vermelhos ou os valores da ressonância magnética, etc.). Sobre este tipo de reivindicações, cfr. B. DOMEIJ, *Pharmaceutical Patents in Europe*, 2000, cit., págs. 76-81, 159-164; S. MUKHERJEE, in CARLOS CORREA (ed.), *A Guide to Pharmaceutical Patents*, vol. II, Geneva, South Centre, July 2008, págs. 71-80.

[18] Cura-se dos casos em que se selecciona e reivindica uma substância química *de entre um conjunto de substâncias químicas ou de compostos*. De facto, o titular da patente pode usar este expediente para *prolongar o exclusivo industrial* para além da caducidade da patente ou do certificado complementar de protecção que protege o grupo mais vasto de compostos químicos. Pode haver de *falta de novidade* ou de *actividade inventiva* quando o estado da técnica revela a existência de parâmetros físicos e/ou químicos dentro dos quais se situam os parâmetros descritos (*v.g.*, átomos de carbono C-1 a C-5; temperatura de reacção entre 40° a 60°) e sempre que as substâncias seleccionadas e reivindicadas não apresentam *propriedades adicionais* relativamente às ostentadas no estado da técnica, ou quando apresentam *propriedade diferentes* susceptíveis de serem razoavelmente logradas com êxito pelos peritos na especialidade. Cfr. B. HANSEN/F. HIRSCH, *Protecting Inventions in Chemistry*, 1997, cit., págs. 125-147; B. DOMEIJ, *Pharmaceutical Patents in Europe*, 2000, cit., págs. 157 ss., 161-176; S. MUKHERJEE, in CARLOS CORREA (ed.), *A Guide to Pharmaceutical Patents*, vol. II, 2008, cit., págs. 71-80.

**(e)** Apresentação de uma miríade de pedidos de patente, com vista a "inundar" (*flooding*) uma determinada área tecnológica, a fim de minar cada uma das etapas do processo de produção, estratégia normalmente usada em tecnologias emergentes.

**(f)** Apresentação de diversos pedidos de patente de invenções "menores", de jeito a "cercar" (*surrounding*) ou a envolver uma "patente estratégica" titulada pela mesma entidade, o que permite proibir a utilização comercial dos produtos ou dos processos protegidos pela "patente central", mesmo após a sua caducidade.

**(e)** O reforço junto do público da utilização da *marca* que identifica as substâncias cuja *patente* já caducara[19], que incorpora o medicamento de referência.

**(2)** Práticas que atingem os *procedimentos regulatórios administrativos* de introdução dos medicamentos genéricos no mercado, de fixação do preço máximo de venda ao público e determinação das percentagens de comparticipação dos subsistemas de segurança social nesse preço de venda, em termos de tentarem estabelecer uma *interferência condicionadora* entre a titularidade de direitos de propriedade industrial e os procedimentos administrativos destinados a assegurar o cumprimentos das *tarefas públicas* relacionadas com a segurança, a eficácia, a qualidade e o (controlo do) preço dos medicamentos (*patent linkage*).

**(3)** *Práticas comerciais concertadas entre empresas* (de medicamentos de referência e de genéricos) destinadas a protrair no tempo a efectiva comercialização dos medicamentos genéricos e a cessar as *acções de invalidade* deduzidas por estas últimas contra as primeiras.

**(4)** *Práticas promocionais* promovidas pelas empresas de *medicamentos de referência* junto dos hospitais, das farmácias (*v.g.*, descontos na aquisição de medicamentos superiores a certas quantidades), dos médicos e do público em geral.

---

[19] A. X. FELMETH, "Secrecy, Monopoly, and Access to Pharmaceuticals in International Trade Law: Protection of Marketing Approval Data Under TRIPs Agreement", in *Harvard International Law Journal*, vol. 45 (2004), n.º 2, págs. 443 ss. (pág. 469, nota n.º 118).

O pequeno estudo que agora apresentamos apenas incidirá sobre as práticas referidas em **(2)** e **(3)**. Acessoriamente, já há pouco mencionei alguns dos problemas suscitados pelas práticas referidas em **(1)**.

O *efeito isolado* ou *conjugado* destas práticas tem provocado um resultado negativamente criticável: o retardamento da efectiva comercialização dos *medicamentos genéricos*. Este atraso tem-se cifrado na existência de um prazo médio de *sete meses após a extinção dos direitos de propriedade industrial e dos demais exclusivos comerciais* que protegem os medicamentos de referência[20] e a efectiva entrada em cena do *medicamento genérico* do correspondente *medicamento de referência*. Em Portugal, este atraso na efectiva introdução dos genéricos no mercado cifra-se, por vezes, ao derredor dos 18 meses, atenta a *estratégia agressiva de litigância jurisdicional* assumida pelas empresas dos *medicamentos de referência*, superior à que se verifica em outros Estados--Membros.

É bom de ver que estas práticas e os efeitos perversos que provocam traduzem a emergência de *exclusivos fácticos* não ancorados por qualquer direito de propriedade industrial entre o *momento da sua extinção e a data da efectiva introdução no mercado dos medicamentos genéricos.* Este panorama contraria, na minha opinião, não apenas as *regras jurídicas europeias* e *nacionais* sobre a introdução de medicamentos para uso humano (*id est*, a Directiva n.º 2001/83/CE, o Regulamento (CE) n.º 762/2004), o Código da Propriedade Industrial português de 2003[21]), o Acordo TRIPS e, não raras vezes, o regime do *direito da concorrência* instituído na União Europeia ao derredor dos artigos 81.º e 82.º do Tratado da Comunidade Europeia.

### 3. A importância merceológica do sector farmacêutico

O sector farmacêutico é, na verdade, um sector económico fundamental para os cidadãos de todos os países.

Pode não parecer, mas o *direito de patente*, bem como os demais exclusivos industriais – *maxime*, o *certificado complementar de protecção* para medicamentos de uso humano, os *direitos exclusivos de comerciali-*

---

[20] EUROPEAN COMMISSION, *Pharmaceutical Sector Inquiry*, cit., 2008, pág. 5.

[21] Aprovado pela Lei n.º 36/2003, de 5 de Março, na última redacção dada pelo Decreto-Lei n.º 143/2008, de 25 de Julho, e da Lei n.º 52/2008, de 28 de Agosto.

*zação* de medicamentos autorizados pela entidade sanitária competente e o *prazo de protecção dos dados* farmacológicos, pré-clínicos e clínicos – têm um enorme impacto nas actuais sociedades.

Eis alguns factos. Em 2001, nos E.U.A, de harmonia com os "Investigadores e Fabricantes Farmacêuticos Estadunidenses" (*Pharmaceutical Research and Manufacturers of America*) – associação representativa dos interesses económicos de inúmeras empresas fabricantes de *medicamentos inovadores* –, o custo do desenvolvimento de um medicamento (ou seja, a *substância activa* não biológica acrescida dos *excipientes*) e a sua colocação no mercado importou, em média, no montante de 802 milhões dólares deste país, sendo que, em 2006, o desenvolvimento de medicamentos biotecnológicos custou, em média, cerca de um bilião e duzentos mil dólares ($ 1 200 000 000)[22]. Em 2008, o custo do desenvolvimento de um medicamento inovador não biologicamente manipulado custou, em média, nos E.U.A., a quantia de um bilião de dólares deste país[23].

Na União Europeia, o valor do mercado dos medicamentos (sujeitos e não sujeitos a prescrição médica) foi, em 2007, equivalente à quantia de 138 mil milhões de Euros, montante este representativo das vendas efectuadas pelos fabricantes, e de 214 mil milhões de Euros, quantia que traduziu as vendas realizadas pelas farmácias[24].

## 4. Os constrangimentos administrativos regulatórios: autorizações de introdução no mercado (AIM) e procedimentos de fixação do preço máximo de venda ao público dos medicamentos

Na verdade, as moléculas ou as matérias biológicas inovadoras que revelam *potencialidades merceológicas* estão, ainda, sujeitas à realização de inúmeros testes e ensaios, a fim de ser determinada a sua *eficácia, segurança* e *biodisponibilidade*, bem como para serem apurados os eventuais *efeitos secundários*.

---

[22] Cfr. Pharmaceutical Research and Manufacturers of America, *Pharmaceutical Industry Profile 2007*, Washington D.C., PhRMA, 2007; A. BLANCHARD/K. GILL/J. STEINBERG, *A Practical Guide to IP Issues in the Pharmaceutical Industry*, London, Sweet & Maxwell, 2007, pág. 2.

[23] J. HOLLINGSHEAD/R. JACOBY, *Avoiding no man's land*, 2009, cit., pág. 9.

[24] Cfr. EUROPEAN COMMISSION, *Pharmaceutical Sector Inquiry, Preliminary Report* (DG Competition Staff Working Paper), cit., 2008, pág. 5.

298            *VII Curso de Direito Industrial*

Esta actividade tem que ocorrer *antes da efectiva colocação* dos medicamentos no mercado[25]. Com efeito, a regulamentação respeitante à *comercialização dos medicamentos para uso humano na União Europeia* foi codificada pela Directiva n.º 2001/83/CC, do Parlamento Europeu e do Conselho, de 6 de Novembro de 2001[26], a qual sofreu uma importante alteração através da Directiva n.º 2004/27/CE, do Parlamento Europeu e do Conselho, de 31 de Março de 2004[27]. Conforme resulta do artigo 6.º da mencionada Directiva n.º 2001/83/CE, nenhum medicamento para uso humano pode ser introduzido no mercado de um Estado-Membro sem que tenha sido emitida a competente *autorização de introdução no mercado* pela autoridade sanitária competente desse Estado-Membro, ou pela autoridade competente da própria União Europeia (*in casu*, a *Agência Europeia do Medicamento*[28]).

Assim, *brevitas causa*, no quadro da União Europeia, a autorização de comercialização destes medicamentos pode ser actualmente lograda através de *quatro vias* distintas, a saber: **(1)** procedimentos administrativos *nacionais*; **(2)** procedimentos administrativos de *reconhecimento mútuo*; **(3)** procedimentos administrativos *centralizados* junto da *Agência Europeia do Medicamento*; e **(4)** procedimentos administrativos *descentralizados*[29]. Neste último caso, surpreendemos uma espécie de *direito administrativo comunitário*; nas outras eventualidades, verificam-se *procedimentos administrativos complexos*, que agregam *fases nacionais* e *fases comunitárias* (o que sucede, nos *procedimentos administrativos de reconhecimento mútuo*, aqui onde, ocorrendo a falta de acordo das autori-

---

[25] Em Portugal, a *comercialização de medicamentos para uso humano* é uma *actividade administrativamente regulada*, pelo menos desde o advento do Decreto n.º 19 331, de 6 de Fevereiro de 1931. Posteriormente, procedeu-se a uma regulamentação mais moderna através do Decreto n.º 41 448, de 18 de Dezembro de 1958. E somente em 1988 o legislador português procedeu à transposição para o direito interno da citada Directiva n.º 65/65/CEE, de 26 de Janeiro de 1965 (já na redacção da Directiva n.º 75/319/CEE, de 20 de Maio), através da Portaria n.º 57/88, de 27 de Janeiro.

[26] In *Jornal Oficial da União Europeia*, n.º L 311, de 28/11/2001, págs. 67 ss., a qual entrou em vigor no dia 18 de Dezembro de 2001.

[27] In *Jornal Oficial da União Europeia*, n.º L 136, de 30/04/2004, págs. 34 ss.

[28] Regulamento (CE) n.º 726/2004, do Parlamento Europeu e do Conselho, de 31 de Março de 2004 (in *Jornal Oficial da União Europeia*, n.º L 136, págs. 1 ss.), que revogou o Regulamento (CEE) n.º 2309/93, do Conselho, de 22 de Julho de 1993.

[29] Sobre isto veja-se J. P. REMÉDIO MARQUES, *Medicamentos versus Patentes – Estudos de Propriedade Industrial*, Coimbra, Coimbra Editora, 2008, págs. 22-25.

O direito de patentes, o sistema regulatório de aprovação...                299

dades nacionais envolvidas, tem lugar a *intervenção decisória* do *Comité dos Medicamentos para Uso Humano* da Agência, sendo que o litígio é submetido a um procedimento de *arbitragem necessária*, nos termos da legislação comunitária aplicável)[30].

Aqueles *testes* e *ensaios* físico-químicos, biológicos, microbiológicos, toxicológicos, farmacológicos, pré-clínicos e clínicos constituem, como melhor veremos *infra, requisitos estritamente ligados ao cumprimento de objectivos administrativos regulatórios não controláveis ou evitáveis pelas empresas.* Em Portugal, nos termos do artigo 23.º/1 e 2 do citado Decreto-Lei n.º 176/2006, de 30 de Agosto, a *Autoridade Nacional do Medicamento – INFARMED* deve decidir sobre o pedido de introdução desse medicamento no mercado no prazo máximo de *210 dias* (*nove meses*), a contar da data da recepção do pedido, sendo, porém, certo que este prazo *suspende-se* sempre que houver a necessidade de corrigir deficiências do pedido, só se reiniciando com a recepção dos elementos em falta.

*Após a emissão da autorização de introdução do medicamento no mercado* (doravante, AIM) mas não em momento coetâneo[31], as empresas

---

[30] Sobre este regulação administrativa no sector dos medicamentos para uso humano, cfr. J. P. REMÉDIO MARQUES, *Medicamentos versus Patentes – Estudos de Propriedade Industrial*, Coimbra, Coimbra Editora, 2008, págs. 16-18, págs. 20-29; G. MICHAUX/D. VAN PASSEL, "Advanced Therapy Medicinal Products – The Rules Are Harmonized in Europe", in *The Regulatory Affairs Devices*, vol. 13 (Setembro/Outubro 2007), n.º 15, págs. 315 ss. = http://www.pjbpubs.com/uploads/downloads/RAJ–devices–SeptOct.pdf; em geral, sobre a europeização do direito administrativo da regulação, SALTARI, "I procedimenti comunitari composti: il caso delle telecomunicazioni", in *Rivista Trimestrale di Diritto Publico* (2005), n.º 2, p. 388 ss.; ARNDT, "Vollzungssteuerung im Regulierungsverbund", in *Die Verwaltung*, 2006, p. 100 ss.; R. AFONSO PEREIRA, "O Direito Comunitário Posto ao Serviço dos Direitos Administrativos Nacionais", in *Boletim da Faculdade de Direito da Universidade de Coimbra*, vol. 81 (2005), pág. 673 ss.; PEDRO GONÇALVES, "Direito Administrativo da Regulação", 2006, cit., págs. 552-554.

[31] Cfr., em Portugal, a partir de 2003, data da entrada em vigor do Decreto-Lei n.º 270/2002, de 2 de Dezembro, foi estabelecido um *sistema de preços de referência*, o qual determina um *nível de comparticipação* para um *grupo homogéneo* de medicamentos. Este *sistema de preços de referência* abarca medicamentos com base na substância activa e estabelece o preço de referência do medicamento genérico mais caro, pelo que, se o *preço real* (autorizado) de um medicamento for superior ao *preço de referência*, o paciente paga a diferença entre o preço real do medicamento e o preço de referência. Todavia, em Portugal, este *sistema de preços de referência* é aplicado apenas aos medicamentos para os quais existem genéricos no mercado, *excluindo, porém, os medicamentos protegidos por direitos de patente.* Cfr. S. SIMOENS, "O mercado de medicamentos genéricos em Portugal e na

300         *VII Curso de Direito Industrial*

farmacêuticas (quer as empresas de medicamentos de referência, quer as de medicamentos genéricos) necessitam desenvolver uma outra actividade destinada a cumprir outros tantos *requisitos administrativos regulatórios*, qual seja a obtenção da *autorização de fixação do preço máximo de venda do medicamento ao público.*

Em Portugal, estatui-se um *regime de preços máximos de venda ao público* relativamente aos preços dos medicamentos para uso humano sujeitos a *receita médica* e os medicamentos congéneres não sujeitos a receita médica mas que sejam objecto de *comparticipação*[32]. O *preço dos medicamentos genéricos* deve ser inferior, no mínimo em *35%* ao preço de venda ao público dos medicamentos de referência, com igual dosagem ena mesma forma farmacêutica. Se o preço do *medicamento de referência* for inferìor a *10 euros*, o preço dos genéricos, com igual dosagem e na mesma forma farmacêutica deve ser, no mínimo, inferior a *20%*[33].

---

Europa", in *Revista do Infarmed*, (Novembro 2008), n.º 2. Em Portugal, foram actualizados os *preços de referência* e foram criados 14 novos *grupos homogéneos* e também foram abrangidas pelo sistema português cinco novas *Denominações Comuns Internacionais* (*Benazepril, Brometo de ipratrópio, Irbesartan, Rabeprazol* e *Trazodona*), resultado da comercialização de novos medicamentos genéricos, para os quais surgiram os respectivos *preços de referência* (cfr. a Circular Informativa n.º 50/CD, de 18/03/2009, da *Autoridade do Medicamento – INFARMED*, in http://www.infarmed.pt). Por outro lado, o artigo 1.º/1 da Portaria n.º 300-A/2007, de 19 de Março, sobre as regras de formação dos novos preços dos medicamentos, da sua alteração e ainda sobre a sua revisão anual e transitória, determina que "Os pedidos de autorização de preços dos medicamentos (…) são apresentados pelos titulares de autorização de introdução no mercado (AIM), ou pelos seus representantes legais (…)".

[32] Artigo 3.º/1, *ex vi* do artigo 1.º/1, ambos do Decreto-Lei n.º 65/2007, de 14 de Março.

[33] Artigo 9.º/1 e 2 do citado Decreto-Lei n.º 65/2007, de 14 de Março, alterado pelo Decreto-Lei n.º 184/2008, de 5 de Setembro. Ainda de acordo com o artigo 1.º/1 da Portaria n.º 1016-A/2008, de 8 de Setembro (*Diário da República*, Série I, n.º 173, 1.º Suplemento), na redacção da Portaria n.º 1551/2008, de Dezembro (devidamente autorizada pelo Decreto-Lei n.º 184/2008, de 5 de Setembro, que veio permitir uma redução, a título excepcional do preço dos medicamentos), os preços dos medicamentos genéricos, aprovados até 31 de Março de 2008, serão reduzidos em *30%*, excepto os genéricos cujos preços de venda ao público sejam inferiores a *5 Euros*, em todas as apresentações. Havia, no entanto, uma lacuna, relativamente à *revisão anual* do preço dos *medicamentos genéricos*. A Portaria n.º 312-A/2010, de 11 de Junho, tentou colmatar essa lacuna, ao determinar que o preço de venda ao público destes genéricos corresponde, na primeira revisão anual e nas três revisões subsequentes, a 65%, 72,5%, 80% e 87%, respectivamente, do preço máximo, administrativamente fixado, do *medicamento de referência* com igual dosagem e na mesma

*O direito de patentes, o sistema regulatório de aprovação...* 301

Este problema não revela, porém, um regime jurídico *harmonizado* no quadro dos Estados-Membros da União Europeia ou em Estados extra-comunitários[34].

Entre nós, esta competência é, actualmente, atribuída à *Direcção-Geral das Actividades Económicas*, sob a tutela do *Ministério da Economia* (art. 4.º/1 do Decreto-Lei n.º 65/2007, de 14 de Março, e o Decreto Regulamentar n.º 56/2005, de 27 de Abril). Assim, àquele prazo máximo de *210* dias dentro do qual deve ser analisado o pedido de *autorização de introdução do medicamento* no mercado *acresce* um outro prazo máximo destinado a apreciar o pedido de *fixação do preço máximo de venda ao público*. Este prazo é, em Portugal, *na falta de qualquer comunicação autorizante por parte da entidade administrativa competente*, de *45 dias*[35], a contar da data do pedido de aprovação do preço proposto pela

---

forma farmacêutica (art. 6.º/2, alínea *a)*, da citada Portaria). No caso em que estes preços de venda de todas as apresentações do medicamento de referência, com igual dosagem e na mesma forma farmacêutica, sejam inferiores a € 10, o preço máximo do medicamento genérico a autorizar na primeira revisão e nas três revisões subsequentes, corresponde a 80%, 85%, 90% e 95%, respectivamente, do preço máximo administrativamente fixado (art. 6.º/2, alínea *b)*, da referida Portaria). A partir da quinta revisão, inclusive, este preço máximo corresponde a 95% do preço máximo, administrativamente fixado, do medicamento de referência com igual dosagem e na mesma forma farmacêutica. As comparações dos preços máximos de venda ao público dos genéricos com os medicamentos de referência reportam-se à mesma dosagem, forma farmacêutica e apresentação, ou à apresentação mais aproximada, se não existir correspondência (art. 8.º/2 da citada Portaria).

[34] Além disso, ocorrerá, no futuro, um problema adicional a ter em conta: no caso dos medicamentos *biosimilares*, ou seja, dos genéricos de medicamentos de referência *geneticamente manipulados*, estima-se que o seu preço de venda médio ao público não possa, por razões de racionalidade económica, ser inferior a *10%* do preço de venda do medicamento de referência, por força do acréscimo dos investimentos realizados na sua produção (J. HOLLINGHEAD/R. JACOBY, *Avoiding no man's land*, 2009, cit., pág. 15. Cfr., *infra*, nota n.º 40).

[35] Embora não exista na União Europeia uma *autoridade central* dotada de competência para avaliar e aprovar o preço máximo de venda ao público dos medicamentos para uso humano em todo o espectro dos Estados-Membros, rege a este propósito a Directiva n.º 89/105/CEE, de 21 de Dezembro de 1988, relativa à transparência do regime de regulação dos preços de medicamentos para uso humano (in *Jornal Oficial das Comunidades Europeias*, n.º L 40, págs. 8 ss.).

Em Portugal, o artigo 8.º/4 do referido Decreto-Lei n.º 65/2007, de 14 de Março, estabelece que o preço de um *medicamento com preço definitivo inicial* (ou seja, após o *preço provisório* do medicamento ter sido objecto de alteração por virtude de ter sido efectuada uma comparação com o preço do mesmo medicamento ou, caso não exista, das espe-

302          *VII Curso de Direito Industrial*

empresa farmacêutica requerente, nos casos de *medicamento genérico*, ou de 60 dias, se se tratar de um *medicamento de referência* (art. 4.° da Portaria n.° 300-A/2007, de 19 de Março: *id est*, ocorre a *aprovação tácita*), considerando-se *suspenso* sempre que forem solicitados elementos considerados necessários à instrução do pedido de fixação do preço (art. 2.°, *idem*).

Como se vê, as *empresas farmacêuticas de medicamentos de referência* podem usar, bem ou mal, uma *estratégia de interferência condicionadora* (e de *oposição*) junto das entidades administrativas competentes e juntos dos tribunais (administrativos e judiciais, *in casu*, os actuais tribunais de comércio e os futuros juízos de propriedade intelectual) para o efeito de a colocação do mercado dos medicamentos genéricos ser autorizada o mais tarde possível. Isto permite às primeiras obter patentes sobre processos ou sobre algumas substâncias *sucedâneas* dirigidas às *mesmas aplicações terapêuticas* em momento anterior ao da extinção dos direitos de propriedade industrial de que gozam sobre as substâncias primitivas, cativando (e "capturando") as preferências dos distribuidores e, essencialmente, dos médicos e dos pacientes.

## 5. As empresas farmacêuticas de genéricos *versus* as empresas farmacêuticas de medicamentos de referência face às respectivas condições de mercado e ao sistema regulatório público

Embora a distinção não seja avassaladora, pode afirmar-se que se surpreendem *interesses substancialmente distintos* entre as empresas farmacêuticas de *medicamentos genéricos* e as empresas farmacêuticas de *medicamentos de referência* ou inovadores.

As primeiras desenvolvem a respectiva actividade económica essencialmente à custa da investigação efectuada pelas segundas, visto que não precisam realizar estudos (*farmacológicos, pré-clínicos* e *clínicos*) de *biodisponibilidade* destinados a garantir a *bioequivalência* dos *medicamentos*

---

cialidades farmacêuticas idênticas ou essencialmente similares em dois dos seguintes países: Espanha, França, Itália e Grécia) fica *imutável* por um *período mínimo de três anos* durante o qual não se processam quaisquer revisões anuais de preços. Nos restantes casos, a autorização de preço máximo desfruta de *carácter provisório*, devendo ser revista *anualmente* com base na comparação com a média dos preços praticados nos referidos países de referência (artigo 7.°/1 do citado Decreto-Lei n.° 65/2007).

*genéricos* ou dos *medicamentos essencialmente similares*. Elas usam, em regra, os elementos técnicos, as informações, os dados, em suma, elas utilizam os documentos apensos aos pedidos de autorização de introdução no mercado apresentados pelas empresas de *medicamentos de referência*: aquelas empresas socorrem-se do *Documento Técnico Comum*, que já fora anteriormente apresentado às autoridades administrativas, contanto que, como veremos tenha decorrido o prazo de protecção de tais dados ou informações (*oito anos*, a partir dos pedidos apresentados após o dia 1 de Novembro de 2005)[36]. As segundas – as *empresas farmacêuticas de medicamentos inovadores ou de referência* – organizam e conduzem os seus programas de pesquisa e desenvolvimento com vista a obter *patentes* e *autorizações de introdução no mercado* (AIM), o que as obriga à realização de inúmeros *testes* e *ensaios* e a apresentar múltiplos documentos por ocasião do pedido de AIM [artigo 8.° da Directiva n.° 2001/83/CE, de 6/11/2001; artigo 6.°/1 e 2 do Regulamento (CE) n.° 726/2004, de 31/03/2004; e artigo 15.° do Decreto-Lei n.° 176/2006, de 30 de Agosto]. É que, para além dos custos de investigação (básica) desenvolvimento da *solução técnica patenteável* materializada numa substância, matéria biológica ou num processo químico ou biotecnológico, estas últimas empresas farmacêuticas realizam um *investimento adicional* em meios humanos (*v.g.*, cientistas, outros técnicos, voluntários doentes e sãos) e financeiros, para o efeito de persuadirem ou convencerem as autoridades sanitárias competentes sobre a *segurança*, a *eficácia* e da *qualidade* dos medicamentos (de referência) para que pedem autorização de comercialização.

---

[36] Dizer isto não significa afirmar que tais empresas não contribuem para a inovação científico-tecnológica. Pelo contrário, o seu contributo parece ser, desde logo, *indirecto*, já que, ao reduzirem as margens de comercialização e áreas de mercado às empresas titulares de autorizações para comercializar *medicamentos de referência*, elas estimulam estas últimas empresas a empreender *aperfeiçoamentos* nas *propriedades* dessas substâncias ou matérias (*id est*, maior *eficácia* ou *segurança*, menores efeitos secundários, etc.), a identificar novos *regimes terapêuticos*, ou a identificar *novos usos terapêuticos* de substâncias já conhecidas. Por outro lado, pode ocorrer um *contributo inovador directo*: do facto de as empresas farmacêuticas de genéricos testarem as *substâncias activas* dos medicamentos de referência e os respectivos *excipientes* e as experimentarem com *excipientes diferentes*, daqui pode resultar a *aquisição de conhecimentos* acerca da melhor maneira de, por exemplo, estabilizar a substância activa, lhe conferir *maior solubilidade* ou, em geral, de lhe modificar as suas propriedades organolépticas. O que pode, inclusivamente, estar na origem de uma *invenção patenteável* – J. P. REMÉDIO MARQUES, *Medicamentos versus Patentes*, 2008, cit., pág. 67.

304               *VII Curso de Direito Industrial*

Do mesmo modo, deve dizer-se que a comercialização de *medicamentos genéricos*[37] por parte das empresas farmacêuticas também não

---

[37] Os denominados "medicamentos genéricos" são os medicamentos providos da mesma composição qualitativa e quantitativa em substâncias activas, a mesma forma farmacêutica e cuja *bioequivalência* com o *medicamento de referência* (ou seja, com o medicamento inovador, cuja comercialização foi autorizada com base em documentação completa, incluindo os resultados de ensaios farmacêuticos, pré-clínicos e clínicos) haja sido demonstrada através de estudos de *biodisponibilidade* – artigo 3.°/1, alínea *nm)*, da Lei n.° 176/2006, de 30 de Agosto (*Estatuto do Medicamento*, em vigor em Portugal). No mesmo sentido, cfr. o artigo 10.°/2, alínea *b)*, da Directiva n.° 2001/83/CE, do Parlamento Europeu e do Conselho, de 6 de Novembro de 2001 (in *Jornal Oficial da União Europeia*, n.° L 311, de 29/11/2001, págs. 67 ss.), na redacção da Directiva n.° 2004/27/CE, do Parlamento Europeu e do Conselho, de 31 de Maio de 2004 (in *Jornal Oficial da União Europeia*, n.° L 136, de 30/04/2004, págs. 34 ss.). A *diferença fenomenológica* que, do ponto de vista *físico-químico*, aparta os *medicamentos genéricos* dos *medicamentos de referência* reside na circunstância de que os primeiros podem ser providos de *excipientes diferentes*, tendo em vista, não apenas assegurar a preparação das substâncias activas, como também garantir a manutenção da constância da sua *bioestabilidade*, *biodisponibilidade* e demais *propriedades físico-químicas*, à face de padrões qualitativos e quantitativos previamente definidos. Por isso se afirma que os *excipientes* são as substâncias que servem de *veículo* às *substâncias activas*.

Seja como for, os *critérios de bioequivalência* em vigor nos E.U.A. e na União Europeia garantem que a grande maioria dos medicamentos genéricos pode ser considerada *equivalente,* do ponto de vista terapêutico, aos medicamentos de referência. De facto, existem dois *critérios farmacocinéticos* que são usados para determinar a *bioequivalência*: **(1)** a *curva concentração-tempo* (AUC) e **(2)** a concentração plasmática (CMAX). Considera-se que a primeira se acha verificada quando o intervalo de confiança é de *90%* da razão entre o genérico e o medicamento de referência; e que esta última está demonstrada quando o intervalo de confiança se situa entre os *80%* e *125%*, in GUIDELINE ON THE INVESTIGATION OF BIOEQUIVALENCE. CHMP/EWP/QWP/1401/98, Julho de 2008, *apud* C. SAMPAIO, "Genéricos: Trocas ou Baldrocas – Questões relacionadas com a permutabilidade e a substituibilidade de medicamentos de dose crítica (índice terapêutico estreito – ITE)", in *Revista do Infarmed* (Janeiro 2009), n.° 4, in http://www.infarmed.pt. À excepção dos *medicamentos biosimilares*, a autoridade sanitária dos E.U.A. (FDA) já verificou, em estudos de 1987 e 1997, que a diferença média entre os genéricos e os medicamentos de referência foi, nestes últimos estudos, de 3,5% para o critério AUC e 4,3 para o CMAX, o que garante, *prima facie*, a ausência de repercussões clínicas na *permutabilidade* entre tais medicamentos, nos casos em que a substituição não ocorre *quando o tratamento ainda não está em curso*. Mesmo nos casos de medicamentos de *índice terapêutico estreito* – em que a diferença entre a concentração tóxica mínima no sangue difere menos de duas vezes da concentração eficaz mínima –, os critérios actuais de *bioequivalência* garantem que a grande maioria dos medicamentos genéricos pode ser considerada *bioequivalente* aos respectivos medicamentos de referência (C. SAMPAIO, 2009, *op. cit.*).

O *direito de patentes, o sistema regulatório de aprovação...* 305

as dispensa de demonstrar a *segurança* e *eficácia* (e, logo, a *bioequivalência)* da *substância activa* relativamente ao *medicamento inovador* (ou medicamento de referência) com base nas *amostras* que fornecem às autoridades sanitárias nacionais ou comunitárias competentes, ou com base em *bibliografia científica adequada.* De igual sorte, *após* a emissão da autorização administrativa de comercialização dos medicamentos (de *referência* ou *genéricos)* têm vindo a aumentar os *deveres de*

---

Já os denominados *medicamentos essencialmente similares* também ostentam a mesma composição qualitativa e quantitativa em substâncias activas, bem como a mesma forma farmacêutica relativamente ao medicamento de referência (artigo 3.°/1, alínea *ll),* da mencionada Lei n.° 176/2006). Sucede apenas que a *bioequivalência* em relação a este último pode ser demonstrada, não apenas com base em *estudos de biodisponilidade,* como também com base em *bibliografia científica adequada* (como sucede com as *substâncias activas de medicamento com um uso clínico bem estabelecido na Comunidade Europeia* há, pelo menos, dez anos, com eficácia reconhecida e um nível de segurança aceitável: artigo 20.°/1 do citado Decreto-Lei n.° 176/2006) ou em estudos de biodisponibilidade apropriados. Estes últimos medicamentos exigem, pois, que o requerente da autorização de introdução no mercado forneça *informações suplementares* às autoridades sanitárias competentes. Veja-se o caso dos denominados *medicamentos biológicos similares* (os "biosimilares") a *medicamentos biológicos de referência* (*v.g.*, factores de crescimento, eritropoietinas, anticorpos monoclonais, hibridomas, etc.): os primeiros *não são,* em regra, qualitativa ou quantitativamente, idênticos a estes últimos, em virtude das matérias-primas, dos processos de fabrico ou das variações na *estrutura tridimensional* das *moléculas* aptas a desempenhar a função de *ligandos* ou *receptores,* de modo que o requerente da AIM deverá apresentar os resultados dos ensaios pré-clínicos ou clínicos adequados e relacionados com essas condições, de harmonia com critérios científicos previstos na lei (cfr., em Portugal, o artigo 19.°/6 do Decreto-Lei n.° 176/2006, de 30 de Agosto). Na verdade, é mais difícil demonstrar a *bioequivalência* dos genéricos de medicamentos de referência geneticamente manipulados. De resto, os investimentos necessários para a produção autónoma destes genéricos são substancialmente superiores aos demais genéricos: basta dizer que a construção, *ex novo,* de uma unidade de produção pode custar entre 200 a 500 milhões de dólares dos E.U.A. (J. HOLLINGSHEAD/R. JACOBY, Avoiding no man's land – Potential unintended consequences of follow-on biologics, 2009, cit., pág. 12). Isto dito não obstante a *Agência Europeia do Medicamento* já ter emitido, em 2007, a primeira AIM relativamente a um medicamento biológico genérico (*biogenérico*) considerado *bioequivalente* ao medicamento biológico de referência. Sendo esta Autoridade a única que, na União Europeia, desfruta de poderes jurídicos para emitir AIM de medicamentos cujas *substâncias activas* são *matérias biológicas geneticamente manipuladas,* a garantia da segurança e da eficácia destes medicamentos *biogenéricos* de *medicamentos biológicos de referência* (aprovados há mais 10 anos) levou esta Agência Europeia a emitir, em Janeiro de 2006, directrizes respeitantes à aprovação de *medicamentos biológicos similares* a *medicamentos biológicos de referência.* Cfr. http://www.emea.eu.int.

*actuação* das empresas, no quadro da *farmacovigilância*, a fim de prevenir a causação de danos nos pacientes e evitar as *acções de responsabilidade civil*.

Vale isto por dizer que estão a aumentar as exigências ligadas ao *cumprimento* dos *mecanismos administrativos regulatórios*, enquanto actividades de *prossecução de interesse públicos* – destinadas a proteger e a realizar certos interesses e posições jurídicas subjectivas dos cidadãos e a fazer funcionar equilibradamente os mercados[38].

A *iniciativa económica privada* das empresas farmacêuticas (bem como a iniciativa económica de outros agentes económicos) surge aqui *regulamentarmente conformada*, criando certas *obrigações* às *empresas reguladas*, ou podendo *impor condições*, *modos*, *termos* ou *obrigações* destinadas a garantir o cumprimento de outros deveres jurídicos ou a acautelar as posições jurídicas de outros agentes económicos[39]. Todos estes factores determinam a *avaliação do custo-benefício* das decisões de fabrico e da comercialização destas moléculas ou matérias biológicas.

Pese embora a presença destes *elevados riscos empresariais*, o certo é que a indústria farmacêutica continua a investir massivamente na investigação, desenvolvimento e aprovação de novas substâncias, processos e usos por partes das entidades administrativas nacionais e comunitárias competentes. Basta observar que, em 2006, a indústria farmacêutica do Reino Unido – porventura, uma das indústrias mais poderosas do planeta – aplicou diariamente cerca de *nove milhões de libras* em investigação e desenvolvimento[40]. Não raras vezes, este *investimento empresarial* desemboca em *inovações triviais*, provavelmente desprovidas de *novidade* ou de *actividade inventiva*.

Não deve, no entanto, esquecer-se a necessidade de estimular a *inovação tecnológica* no sector dos medicamentos para uso humano, ainda quando esta inovação seja meramente incremental desprovida de alterações de paradigmas terapêuticos ou de diagnóstico. Este é talvez aquele sector da actividade económica em que, de acordo com a percepção dos

---

[38] Sobre a *regulação administrativa* e o *direito administrativo da regulação*, cfr. PEDRO GONÇALVES, "Direito administrativo da regulação", in *Estudos em Homenagem ao Professor Doutor MARCELLO CAETANO, No Centenário do Seu Nascimento*, Faculdade de Direito da Universidade de Lisboa, 2006, págs. 535 ss. (pp. 552-533).

[39] PEDRO GONÇALVES, "Direito administrativo da regulação", cit., 2006, pág. 561.

[40] Cfr. THE ASSOCIATION OF BRITISH PHARMACEUTICAL INDUSTRY, in http://www.abpi.org.uk.

O direito de patentes, o sistema regulatório de aprovação...

agentes económicos envolvidos, a possibilidade de constituição de *direito de patente* é um verdadeiro *estímulo* à inovação tecnológica[41].

## 6. O acréscimo de protecção dos titulares de patentes farmacêuticas respeitantes a medicamentos de referência: o certificado complementar de protecção, o prazo de protecção dos dados e os direitos exclusivos de comercialização

Não se pense que o subsistema da propriedade industrial *estimula* a inovação tecnológica no sector farmacêutico por via somente da concessão de *direitos de patente*.

Nada disso. Certas *obrigações de não fazer infungíveis*, cuja observância impede sobre as autoridades administrativas sanitárias – como é o caso do *prazo de protecção dos dados farmacológicos, pré-clínicos e clínicos* –, bem como outros *exclusivos industriais e comerciais* foram criados e são concedidos ou reconhecidos, em ordem a satisfazer outros tantos *interesses merceológicos*. Alguns destes exclusivos podem *justapor-se* à protecção conferida por uma patente, convivendo e exercendo a sua influência em diferente domínio de protecção, podendo, inclusivamente, protrair-se no tempo *após a extinção* da patente – é o caso dos *direitos exclusivos de comercialização* reconhecidos após a emissão da *autorização de comercialização do medicamento de referência*, concedida a nível nacional ou comunitário; outros produzem efeitos somente *após a caducidade* dos direitos de patente, como acontece com o *certificado complementar de protecção para os produtos farmacêuticos*. O titular da patente (um beneficiário de licença de exploração da patente) cujo *âmbito tecnológico de protecção* abranja o medicamento de referência acha-se, pois, livre de, em concreto, usar todos estes exclusivos cumulativa ou sucessivamente, consoante os concretos *interesses merceológicos* destinados a *impedir* ou a *retardar* a entrada dos medicamentos genéricos no mercado.

---

[41] H. KETTLER/M. MCKELVEY/L. ORSENIGO, "Reflections and ways forward", in M. MCKELVEY/A. RICKNE/J. LAAGE-HELLMAN (eds.), *The Economic Dynamics of Modern Biotechnology*, Cheltenham, Northampton, Edward Elgar, 2004, pág. 395 ss.; O. GRANSTRAND, *The Economics and Management of Intellectual Property*, Cheltenham, Northampton, Edward Elgar, 1999, págs. 82-105.

308        VII Curso de Direito Industrial

## 6.1. *O certificado complementar de protecção*

O *certificado complementar de protecção para produtos farmacêuticos* traduz, desde logo, uma espécie de direitos de patente de *segunda geração* ou extensões de patentes[42]. Este "tipo" *híbrido* de propriedade

---

[42] Este "tipo" de propriedade industrial, a que não subjaz qualquer criação do espírito humano, foi criado, na União Europeia, através do Regulamento (CEE) n.° 1768/92, do Parlamento Europeu e do Conselho, de 18/12/1992, e entrou em vigor no dia 2/01/1993, abrangendo todos os produtos farmacêuticos protegidos por direitos de patente para os quais a *primeira autorização de introdução no mercado* (AIM) tivesse sido concedida na Comunidade Europeia após o *dia 1/01/1985* (artigo 19.°/1 deste Regulamento). Alguns Estados-Membros (Portugal, Espanha e Grécia) somente permitiram a apresentação de pedidos de emissão de *certificados complementares de protecção* a partir do *dia 2/01/1998* (artigo 20.° do citado Regulamento).

Note-se que, em rigor, não se trata de uma *extensão do direito de patente* (à semelhança do que ocorre nos E.U.A.), qual *prorrogação do prazo de vida do mesmo direito industrial*; trata-se, ao invés, de *um novo direito de propriedade industrial* baseado apenas na *patente de base*, cujo objecto de protecção é normalmente *menor*: só se tutela *a* substância activa coberta por uma AIM e não outras substâncias ou elementos técnicos *reivindicados* na *patente de base*. Esta conclusão pode ser importante naqueles Estados contratantes do TRIPS que criaram mecanismos de protecção de patentes em termos de sistema do tipo *pipeline* (como acontece com o Brasil, desde 1996: artigo 230.° do Código da Propriedade Industrial brasileiro) *diferentes* – é bom salientar – dos mecanismos previstos nos n.ºs 8 e 9 do artigo 70.° do Acordo TRIPS, em que se permite, nesse país, a concessão de patentes relativamente a invenções de substâncias químicas e farmacêuticas, apesar de as mesmas já terem sido anteriormente divulgadas no estrangeiro, tendo também aí sido objecto de um pedido de protecção, *contanto que ainda não tenham sido comercializadas em qualquer parte do planeta por iniciativa directa do titular ou por terceiro com o seu consentimento* (critério da *novidade merceológica*, tal como sucede para a concessão de direitos de obtentor de variedades vegetais, e não da *novidade cognoscitiva*). Daí que, uma vez comprovada a concessão da patente *no país estrangeiro*, é concedida a patente no país que consagra este sistema *pipeline*, ficando assegurada, neste último país, à patente assim concedida, o *prazo remanescente* de duração da patente no país estrangeiro onde foi efectuado o *primeiro depósito*, prazo que é contado da data do depósito naquele país e limitado ao prazo de 20 anos. Cfr. I. B. AHLERT/P. B. ANTUNES, "Pipeline e Constituição: De que Inconstitucionalidade Falamos", in *Revista da ABPI* (Associação Brasileira de Propriedade Intelectual), n.° 87 (Março/Abril 2007), págs. 45 ss. (p. 53 ss.); C. CLÉVE/M. BREKENFELD, "A repercussão, no regime da patente pipeline, da declaração de nulidade do privilégio originário", in *Revista da ABPI*, n.° 66 (Setembro/Outubro 2003), págs. 24 ss.; D. B. BARBOSA/P M. BARBOSA, "Algumas notas à intercessão do SPC e a patente pipeline", in *Revista da ABPI*, n.° 93 (Março/Abril 2008), págs. 35 ss.; C. TIBURCIO, "Patente de Revalidação (Pipeline), Extensão do Prazo de Protecção de Patente Originária no Exterior, Efeitos sobre a Patente Pipeline Nacional", in *Revista da ABPI*, n.° 92 (Janeiro/Abril

industrial opera no *entroncamento* ou na *confluência* ou *intersecção* do subsistema do *direito de patentes* e do *sistema administrativo de regulação da comercialização* de medicamentos[43].

Na verdade, embora o "prazo de vida" do direito de patente seja de *20 anos* a contar da data do depósito do pedido de protecção junto do Instituto Europeu de Patentes ou dos Institutos nacionais, deve notar-se que a efectiva fruição deste exclusivo industrial pode ser diminuta, não assegurando a amortização do investimento realizado em investigação e desenvolvimento do novo fármaco, bem como, por maioria de razão, não gerando a produção de lucros. Basta pensar nos casos em que a *autorização de introdução do mercado* e a *fixação do preço máximo de venda do medicamento ao público* ocorre no final do 12.º ou 13.º após o depósito do pedido de patente. Nestas eventualidades, os titulares de patentes (ou de posições jurídicas emergentes dos pedidos de protecção) sobre as substâncias activas que incorporam os *medicamentos de referência* auferem uma *protecção efectiva significativamente menor* do que a que poderiam usufruir por todos o período de vigência do direito de patente se fossem titulares de patentes em outros domínios tecnológicos que não prevêem um tão *elevado grau de exigência regulatória*. Na hipótese acima mencionada, o exclusivo merceológico conferido pela patente dura apenas *sete* ou *oito anos*. E, na verdade, a *duração efectiva do exclusivo comercial* obtido por um direito de patente relativo a um novo fármaco é, aproximadamente, de 8 a 11 anos. Nos restantes domínios da tecnologia, o *período de vida útil das patentes* é, aproximadamente, de 18 anos ou de 18 anos e meio[44]. No quadro da União Europeia – exceptuando a França e a Itália –, esta situação tornou-se particularmente sensível quando os E.U.A. (em 1984), o Canadá (em 1987) e o Japão (em 1980 e 1987) introduziram a possibilidade de "estender" a duração do exclusivo conferido pelas patentes em

---

2008), págs. 44 ss.; J. GOMES CANOTILHO/JÓNATAS MACHADO, *A Questão da Constitucionalidade das Patentes Pipeline à Luz da Constituição Federal de 1988* (com a colaboração de V. LÚCIA RAPOSO), Coimbra, Almedina, 2008; algumas indicações em J. P. REMÉDIO MARQUES, "Patentes biotecnológicas e o acesso a produtos de saúde – Uma perspectiva luso-brasileira", in *O Direito*, ano 141.º (2009), I, págs. 163 ss. (pp. 165-168, nota n.º 2).

[43] L. BENTLY/ B. SHERMAN, *Intellectual Property Law*, 2.ª edição, Oxford, New York, Oxford University Press, 2005, pág. 586.

[44] Entre outros, cfr. B. N. KUHLIK, "The Assault on Pharmaceutical Intellectual Property", in *University of Chicago Law Review*, vol. 71 (2004), págs. 93 ss. (pp. 6-97).

310         *VII Curso de Direito Industrial*

benefício destas substâncias químicas ou matérias biológicas (*v.g.*, vírus, bactérias, células, sequências de DNA) enquanto desempenham a função de *substâncias activas*. A competitividade da indústria farmacêutica europeia tinha que ser restabelecida face ao *necessário* e *intransponível* cumprimento destas *exigências administrativas regulatórias*.

Este "tipo" de propriedade industrial apenas protege as substâncias químicas (ou as matérias biológicas) cobertas pela autorização de introdução no mercado[45], enquanto *medicamentos para uso humano*, ainda que se trate de substâncias químicas *intermédias* (que não enquanto herbicidas ou pesticidas), e dentro dos limites definidos pelas reivindicações existentes no fascículo dessa *patente de base*[46] (artigos 4.º e 5.º do citado Regulamento (CEE) n.º 1768/92)[47]; e, outrossim, o *âmbito de protecção* também se estende, na minha opinião, pelo menos, aos respectivos *sais* e *ésteres* da

---

[45] Creio que, nas hipóteses em que mais do que uma substância activa estiver protegida por um direito de *patente de base*, o requerente do certificado complementar não é obrigado a escolher a "galinha dos ovos de ouro" e a indicar apenas um desses produtos; ele está, pelo contrário, livre de obter um certificado complementar para todos os produtos abrangidos pela patente de base. Note-se, por outro lado, que o critério determinante para a emissão do certificado complementar não é o destino ou a aplicação do medicamento e que o objecto da protecção *diz respeito a toda e qualquer utilização do produto*, enquanto medicamento, *sem que haja que distinguir a concreta utilização ou aplicação* (*v.g*, como medicamento para uso humano ou como medicamento veterinário) – neste último sentido navega a decisão do Tribunal de Justiça da União Europeia, no caso *Pharmacia Italia*, proc. C-31/03, in *Colectânea de Jurisprudência do Tribunal de Justiça*, 2003, I, pág. 10001.

[46] Esta *patente de base* pode ser, nos termos do artigo 1.º, alínea *c)*, do mencionado Regulamento (CEE) n.º 1768/92, não apenas uma *patente de produto*, mas também uma *patente de processo* (pois, a AIM respeitará ao *produto obtido pelo processo patenteado*) ou uma *patente de uso* (aqui onde a AIM respeitará à concreta utilização terapêutica do produto). O que parece coerente com a decisão, *infra* citada do Tribunal de Justiça da Comunidade, no caso *Farmaitalia*. Tb. G. TRITTON/R. DAVIS/M. EDENBOROUGH/J. GRAHAM/ /S. MALYNICZ/A. ROUGHTON, *Intellectual Property in Europe*, Third edition, 2008, cit., pág. 207, nota n.º 898. Observe-se, no entanto, que, na hipótese de a patente de base proteger uma segunda utilização médica da substância activa, esta utilização não faz parte integrante do conceito de "produto", constante do referido artigo 1.º, alínea *a)*, do Regulamento (CEE) n.º 1768/92 – já assim, veja-se a decisão do Tribunal de Justiça da União Europeia, de 17/04/2007, proc. C-202/05.

[47] Deste modo, se a *patente de base* apenas proteger uma certa substância activa, parece que o seu titular está impedido de peticionar a emissão de um certificado complementar respeitante à *combinação* dessa substância com outra, mesmo que se diga que essa *combinação*, caso fosse utilizada por outrem, poderia infringir a *patente de base*.

O *direito de patentes, o sistema regulatório de aprovação...*

substância activa[48] para que fora emitida a AIM[49], bem como em relação às substâncias químicas que diferem apenas entre si no grau de pureza[50]. Se assim não fosse, diferentemente do que já se julgou na Alemanha[51], após a caducidade da patente da substância activa o ex-titular da patente, sendo agora titular do certificado complementar, não poderia reagir contra os terceiros que, tendo obtido autorizações de introdução no mercado, comercializassem *substâncias químicas idênticas* do ponto de vista terapêutico à que merecera a outorga do certificado complementar de protecção. É ainda necessário, no que às *condições de protecção* diz respeito, que a referida substância esteja protegida por uma *patente de base* em vigor no Estado onde se pede a emissão do certificado[52], que o produto, enquanto medicamento, tenha obtido uma AIM vigente no Estado-Membro onde a protecção foi peticionada (se, por exemplo, obteve a AIM em Portugal e a mesma foi recusada em Espanha, não poderá obter o certificado complementar em Espanha); e que a AIM seja *a primeira* que tenha sido concedida nesse Estado-Membro[53].

---

[48] Já, neste sentido, a decisão do Tribunal de Justiça da Comunidade, no proc. C-392/97, no caso *Farmitalia*, in *Colectânea de Jurisprudência do Tribunal de Justiça*, 1999, I, pág. 5553 ss. = *GRUR Int.*, 2000, pág. 59. Tb., com mais desenvolvimentos, J. P. REMÉDIO MARQUES, *Biotecnologia(s) e Propriedade Intelectual*, vol. I, *Direito de Autor, Direito de Patente e Modelo de Utilidade, Desenhos ou Modelos*, Coimbra, Almedina, 2007, págs. 959-962, nota n.º 2285; H. KELLNER, "Salz in der Suppe oder Sand im Getriebe? – Anmerkungen zu Schutzrechtszertifikaten", in *GRUR*, 1999, págs. 805 ss. (807-808); V. SREDL, "Das ergänzende Schutzzertifikat im deutschen Patentnichtigkeits- verfahren", in *GRUR*, 2001, págs. 596 ss. (p. 597); H.-R. JAENICHEN/L. A. MCDONELL/ /J. F. HALEY/Y. HOSODA, *From Clones to Claims*, 4.ª edição, Köln, Berlin, München, Carl Heymanns Verlag, 2006, pág. 6.

[49] E provavelmente aos *isómeros* e as *misturas de isómeros* de uma substância activa.

[50] Decisão do Tribunal de Justiça da Comunidade, no caso *BASF c. BIE*, proc. C-258/99, in *Colectânea de Jurisprudência do Tribunal de Justiça*, 2001, I, pág. 3643 = *GRUR Int.*, 2001, pág. 754.

[51] Cf. a decisão *BPatG*, em 1995, no caso *Idarubicin I*.

[52] Tb., assim, na decisão do Tribunal de Justiça da Comunidade, no caso *Yamanouchi Pharmaceuticals*, proc. C-110/95, in *Colectânea de Jurisprudência do Tribunal*, 1997, I, págs. 3251 ss.

[53] Se o produto *já* tiver recebido *outras autorizações de comercialização* por motivo de alteração de *dosagem*, da *composição*, das *indicações terapêuticas*, etc., apenas se toma em consideração *a primeira autorização de comercialização* do medicamento no Estado- -Membro em que se pede o certificado, e não a autorização destinada a fixar o preço do medicamento ou para realizar ensaios clínicos em seres humanos (neste sentido, veja-se

## 6.2. *O prazo de protecção dos dados*

Cura-se agora de reconhecer a existência de um período temporal durante o qual as autoridades sanitárias competentes estão impedidas, não somente de divulgar a terceiros os resultados dos ensaios farmacêuticos, pré-clínicos e clínicos respeitantes aos *medicamentos de referência* objecto de emissão de AIM, mas também estão inibidas de usar essas informações (*in casu*, o *Documento Técnico Comum*) para determinar a *bioequivalência* do *medicamento genérico* para o qual tenha sido pedida uma autorização de introdução no mercado (AIM).

Poderia pensar-se que esta outra protecção seria *desnecessária*, uma vez que a empresa de medicamentos de referência goza de direitos de patente e certificado complementar de protecção. Nada disso. Esquece quem assim pensa que os investimentos económicos realizados para demonstrar a *eficácia*, a *segurança* e a *qualidade* dos *medicamentos de referência* são *quantitativa* e *qualitativamente* diferentes dos investimentos económicos efectuados para obter a *invenção* e a correspondente *patente*[54]. E este

---

já a decisão do Tribunal de Justiça, de 11/12/2003, proc. C-127/00, segundo a qual a primeira autorização de introdução no mercado da Comunidade refere-se apenas à autorização relativa a medicamentos, não visando as autorizações exigidas pela regulamentação em matéria de preços e de reembolso de medicamentos). De sorte que, para este efeito, *não é relevante se o medicamento pode ser comercializado de uma maneira efectiva*. Isto é importante para *efeitos da contagem do prazo de seis meses* (a partir da emissão da AIM) de que dispõe o titular da *patente de base* para formular o pedido de emissão de certificado complementar. Já para efeitos do *cômputo do período de validade* deste direito industrial (que dura, no máximo, *cinco anos*, após a caducidade da patente de base), a AIM é a primeira que tenha sido obtida, não apenas na Comunidade Europeia, mas também num Estado pertencente ao denominado *Espaço Económico Europeu* (EEE), como é o que sucede com a Noruega, a Islândia e o Liechtenstein (e, logo, a Suíça, relativamente aos certificados que emite, cuja validade se estende automaticamente ao território do Principado do Liechtenstein: neste sentido, a decisão do Tribunal de Justiçada União Europeia, de 21/04/2005, processos C-207/03 e C-252/03).

[54] T. Cook, *The Protection of Regulatory Data in the Pharmaceutical and Other Sectors*, London, Sweet & Maxwell, 2000, págs. 2-4; T. Cook, "Regulatory Data Protection in Pharmaceuticals and Other Sectors", in A. Krattinger/T. T. Mahoney *et alii* (eds.), *Intellectual Property Management in Health and Agricultural Innovation: A Handbook of Best Practices*, Oxford, United Kingdom, M.I.H.R., 2007, págs. 437 ss. (p. 442) = http://www.ipHandbook.org; D. Gervais, *The Trips Agreement, Drafting History and Analysis*, 2.ª edição, London, Sweet & Maxwell, 2003, págs. 278-277; N. Pires de Carvalho, *The TRIPS Regime of Patent Rights*, The Hague, London, Boston, Kluwer Law International, 2005, pág. 397; M. Campolini, "Protection of Innovative Medicinal

O direito de patentes, o sistema regulatório de aprovação...

regime de protecção dos dados existe e é reconhecido, mesmo que estas informações tenham sido comunicadas por outras *entidades administrativas estrangeiras*[55]. Este regime foi estendido praticamente a todos os ordenamentos jurídicos estaduais por via do artigo 39.°/3 do Acordo TRIPS. Protegem-se, por outro lado, *as informações enquanto tal secretas* e não o *uso merceológico* das substâncias autorizadas[56]. Não se cura de uma *protecção directa* das informações secretas que aproveita a uma empresa aos concorrentes relativamente às atitudes dos seus concorrentes. É, isso sim, uma *protecção indirecta* destinada a prevenir as *condutas parasitárias*, protecção que vincula apenas as autoridades administrativas sanitárias (*in casu*, as autoridades dos Estados-Membros e a própria *Agência Europeia do Medicamento*)[57], na medida em que os produtos a que res-

---

Products and Registration of Generic Products in the European Union", in *EIPR*, 2003, págs. 91-92.

[55] N. PIRES DE CARVALHO, *The TRIPS Regime of Antitrust and Undisclosed Information*, the Hague, London, Boston, Kluwer Law International, 2008, pág. 287. Se a autoridade sanitária estrangeira divulga, dolosa ou negligentemente, essas informações, parece-me que elas podem ser usadas por outras empresas (de genéricos) para obter uma AIM em outro país, reservando-se à empresa que gerou tais informações uma *pretensão indemnizatória* contra a autoridade sanitária, e não contra os concorrentes, visto que estes não praticaram qualquer conduta contrária aos usos honestos (*id est*, o submeter tais dados à autoridade administrativa, a fim de emissão de AIM do genérico).

[56] Já, neste sentido, N. PIRES DE CARVALHO, *The TRIPS Regime of Antitrust and Undisclosed Information*, 2008, cit., págs. 284-285.

[57] Enquanto estiverem vinculadas por estas *obrigações de manutenção do segredo*, as autoridades sanitárias não podem, deste modo, libertar as empresas de medicamentos genéricos da realização dos referidos *testes* e *ensaios* destinados a determinar a *segurança* e a *eficácia* desses fármacos. É justo impedir que estas empresas possam tirar partido dos *deveres de conduta* impostos pelo *direito administrativo da regulação*, cujo cumprimento fora originariamente exigido a outras empresas para efeitos de emissão de AIM respeitantes a *medicamentos de referência* (*maxime*, a realização de testes e ensaios pré-clínicos e clínicos). Cfr., neste sentido, R. KAMPF, "Patents versus patients?", in *Archiv des Völkerrechts*, vol. 40 (2002), págs. 90 ss. (pp. 120-121); N. PIRES DE CARVALHO, *The TRIPS Regime of Patent Rights*, 2.ª edição, 2005, cit., págs. 392-393; J. P. REMÉDIO MARQUES, *Medicamentos versus Patentes – Estudos*, 2008, cit., págs. 45-46. Sustentando, pelo contrário, que as autoridades sanitárias podem emitir a AIM do medicamento genérico com base na *bioequivalência* demonstrada pelos testes e ensaios incluídos nesse acervo documental, desde que os não comuniquem a estas outras empresas ou permitam que elas acedam às informações existentes nesses documentos, cfr. CARLOS CORREA, "Implementation of TRIPs Agreement in Latin American Countries and Carabbean", in *EIPR*, 1997, págs. 435 ss. (p. 442); CARLOS CORREA, *Protection of Data Submitted for Registration of Pharmaceuticals. Implementing the Standards of the TRIPS Agreement*, Geneva, South Centre, 2000,

314 VII Curso de Direito Industrial

peitam os pedidos de autorização somente podem ser comercializados *após terem sido aprovados por tais entidades administrativas.*

*Quanto ao prazo,* deve reter-se que, se o pedido de AIM tiver sido apresentado *antes do dia 30 de Outubro de 2005,* o período de protecção dos dados é de, pelo menos, *seis anos,* embora cada um dos Estados- -Membros tivesse a oportunidade de alargar este período de protecção até *10 anos*[58]. Note-se que este regime jurídico em vigor da União Europeia prevê prazos uniformes de protecção dos dados respeitantes aos testes e ensaios da substância activa, independentemente da sua *trivialidade,* do montante das despesas em que se incorreu, ou do parco *conteúdo informativo.* Ou seja, essas informações são protegidas durante um certo período temporal independentemente do *investimento (não) substancial* que tenha sido efectuado na sua obtenção e da respectiva *importância informacional.*

Se o pedido de AIM for apresentado *após essa data,* esse prazo é de *oito anos,* a contar da emissão da AIM na Comunidade Europeia ou num dos seus Estados-Membros[59]. Todavia, quatro Estados-Membros (Polónia, Hungria, Letónia e Malta) recusaram transpor este regime para os seus ordenamentos internos, mantendo o prazo de *seis anos* de protecção destas informações, tanto no quadro dos respectivos procedimentos nacionais de emissão de AIM, quanto no quadro dos procedimentos *descentralizados* ou de *reconhecimento mútuo.*

Como quer que seja, a protecção destas informações é totalmente *autónoma* e *independente* da protecção conferida pelo direito de patente. Vejamos.

Esta protecção dos dados pode vigorar para *além da caducidade* da patente ou do certificado complementar de protecção dos *medicamentos de referência* (*v.g.,* se a primeira AIM na Comunidade ou no *Espaço Eco-*

---

in http://www.southcenter.org/publications/protection/toc.htm; W. JAYASHERE, *Intellectual Property Rights in the WTO and Developing Countries,* the Hague, London, Boston, Kluwer Law International, 2000, págs. 203-204; J. H. REICHMAN, "Undisclosed Clinical Trial Data Under TRIPS Agreement and Its Progeny: A Broader Perspective", UNCTAD- -ICSTD, *Dialogue on Moving the Pro-Development IP Agenda Forward: Preserving Public Goods in Health, Education and Learning, Bellagio 29 November – 3 Dicember 2004,* in http://www.iproline.org/unctadictsd/bellagio/docs/Reichman–Bellagio4.pdf.

[58] Artigo 10.° da redacção originária da citada Directiva n.° 2001/83/CE.

[59] Artigo 19.°/1 do Decreto-Lei n.° 176/2006, de 30 de Agosto, na decorrência do estatuído no artigo 10.°/1 da citada Directiva n.° 2001/83/CE, na redacção do artigo 1.°/8 da Directiva n.° 2004/27/CE.

*nómico Europeu* for obtida a partir do 17.° ano após o depósito do pedido de patente). A *nulidade* da patente ou do certificado complementar de protecção *não se comunica* ao dever jurídico de protecção destes dados respeitantes à substância, cujos direitos de propriedade industrial foram declarados nulos. A demonstração da *segurança*, da *eficácia* e da *qualidade* das substâncias activas para que se pede a emissão da AIM são questões diferentes das que se colocam perante os examinadores de patentes, para efeitos de satisfação dos requisitos de protecção[60]. O *âmbito merceológico de protecção da patente* atinge o fabrico, a importação, a promoção, a venda, o armazenamento, o transporte, a posse ou a detenção da substância ou composição (ou do produto resultante do processo patenteado) para qualquer daqueles fins. De resto, a *patente* também abrange as *substâncias* e os *processos tecnicamente equivalentes* aos que, na perspectiva dos peritos na especialidade, tenham sido reivindicados e, para muitos, *toda e qualquer utilização merceológica das substâncias* abrangidas pelas reivindicações (protecção absoluta das patentes de produto). Ao invés, o

---

[60] Exceptuando os casos em que a determinação da actividade inventiva ou a suficiência da descrição possa suscitar, como creio, pedidos de esclarecimento às autoridades sanitárias por parte dos examinadores de patentes. Este diálogo seria bem-vindo, se através dele pudessem ser apurados, por exemplo, os *efeitos sinergéticos* produzidos pela agregação entre duas ou mais substâncias já conhecidas, as novas propriedades ou efeitos terapêuticos, o aumento da eficácia ou da segurança da substância activa, etc. Mas isto só acontece nas hipóteses menos vulgares em *que o pedido de patente do composto*, da *composição farmacêutica ou da substância é examinado após a concessão da AIM relativa ao medicamento de referência*. Tb. CARLOS CORREA, *Guidelines for the examination of pharmaceutical patents – Developing a public health perspective*, Geneva, ICTSD, 2007, pág. 10 (a respeito do exame das invenções relativas a *sais*, *ésteres* e *éteres*), pág. 25 (segundo o Autor, "It would be desirable to develop a close cooperation between, on the one hand, the ministries of health and health authorities and, on the other, the patent offices, for the examination of pharmaceutical patent applications. Moreover, the intervention of authorities competent in the area of public health care can be envisage"). É o que sucede, embora de forma imperfeita, no Brasil (pois tem gerado uma relativa paralisação ou atraso no exame de pedidos de patente, atenta a falta de definição legal das áreas concretas de actuação destas entidades administrativas), com o mecanismo da "anuência prévia", previsto no artigo 229.°-C do Código da Propriedade Industrial brasileiro (na redacção dada pela Lei n.° 10.196, de 2001), através do qual o Instituto da Propriedade Industrial brasileiro (INPI), após verificar a licitude do objecto da protecção e os requisitos substancias de patenteabilidade, remete os pedidos de protecção à ANVISA (*Autoridade Nacional de Vigilância Sanitária*), cabendo a esta a emissão do *parecer vinculante* sobre a concessão ou a recusa da patente, insusceptível de ser desconsiderado pela INPI brasileiro.

*prazo de protecção dos dados* resultante de uma AIM apenas atinge a divulgação ou a utilização de informações relativas à substância activa e suas diferentes dosagens, formas farmacêuticas (*v.g.*, orais) de libertação, os seus diferentes sais, ésteres, isómeros e misturas de isómeros[61] – se, nestes últimos casos, for identificada a *mesma identidade de propriedades ou características* relacionadas com a *segurança* ou a *eficácia*, não ocorrendo, portanto, uma alteração significativa das propriedades destes sais, ésteres, isómeros e misturas de isómeros em termos de segurança e de eficácia[62].

### 6.3. *Os direitos exclusivos de comercialização*

Uma outra forma de protecção respeitante aos *medicamentos de referência* – protecção que *coexiste* com o direito de patente e que pode continuar a ser eficaz *após* a sua caducidade[63] ou, inclusivamente, após a caducidade do *certificado complementar de protecção*[64] – resulta dos próprios mecanismos legais que, na União Europeia, asseguram *direitos exclusivos de comercialização* a este tipo de fármacos, na sequência da emissão da autorização administrativa para colocar esse medicamento no mercado (a AIM). O titular desta AIM (que pode bem ser o beneficiário de uma licença de exploração de patente: *v.g.*, o fabricante) é que beneficia deste *direitos exclusivos de comercialização*. Este exclusivo é assegurado pelo *prazo mínimo* de *10 anos*[65], a contar da emissão da primeira AIM

---

[61] Artigo 14.°/3 do Decreto-Lei n.° 176/2006, de 30 de Agosto.

[62] Artigo 19.°/4, alínea *a*), do mesmo diploma português.

[63] É, para o efeito, suficiente que, por exemplo, a AIM do *medicamento de referência* seja concedida no início do *11.° ano* de vigência dos direitos de patente: nesta hipótese, após a caducidade da patente, o ex-titular goza do exclusivo da comercialização desse medicamento por um prazo adicional de *um ano*.

[64] Basta que a AIM do *medicamento de referência* seja concedida no final do *16.° ano* subsequente à data do pedido de patente: nesta eventualidade, o certificado complementar de protecção vigorará pelo prazo máximo previsto (*cinco anos*) após a caducidade da patente, sendo que, após a caducidade deste certificado, o ex-titular ainda goza, no exemplo apresentado, de uma exclusividade merceológica adicional com a duração mínima de *dois anos*.

[65] Veja-se, em Portugal, o preceituado no artigo 19.°/3, alínea *a*), do Decreto-Lei n.° 176/2006, de 30 de Agosto, e o artigo 14.°/11 do Regulamento (CE) n.° 726/2004, do Parlamento Europeu e do Conselho, de 31/03/2004.

O direito de patentes, o sistema regulatório de aprovação...

nacional ou junto da *Agência Europeia do Medicamento*, mas só em relação às autorizações de introdução no mercado pedidas *após o dia 1 de Novembro de 2005*. E pode ter a duração de *11 anos*, a contar da autorização inicial do *medicamento de referência*[66], no caso de nos *primeiros oito dos dez anos* o titular da AIM do *medicamento de referência* obter uma nova AIM para uma ou mais *indicações terapêuticas novas* que traduzam um *benefício clínico significativo* face às terapias até esse momento existentes[67].

Temos, assim, que, após o decurso do prazo de *oito anos* a contar da emissão da AIM do *medicamento de referência*, a autoridade sanitária competente pode usar essas informações e dados constantes do dossiê técnico completo. É, normalmente, após o decurso desse prazo que a *empresa de medicamentos genéricos* apresenta o pedido de AIM para o genérico. Todavia, ainda quando essa autorização administrativa tenha sido rapidamente concedida, essa empresa farmacêutica está proibida de *iniciar a comercialização* desse genérico senão após terem decorrido *10 anos* subsequentes à AIM inicial do medicamento de referência, ou após o decurso do prazo de *11 anos* (se, como referi, durante os oito primeiros anos o titular da AIM relativa ao *medicamento de referência* essa empresa obtiver uma nova AIM para uma mais *indicações terapêuticas novas* da mesma substância activa das quais resulte um *benefício clínico significativo*) – **8+2+1**.

Estes direitos exclusivos de comercialização constituem, a meu ver, *faculdades jurídicas instrumentais* da *titularidade de uma* AIM obtida no quadro de um procedimento de AIM *que não dispensa a apresentação de estudos farmacêuticos, pré-clínicos e clínicos*. Estas faculdades jurídicas não aproveitam assim às empresas fabricantes de medicamentos genéricos, mesmo quando elas apresentam *estudos de biodisponibilidade* para demonstrar a *bioequivalência* com o medicamento de referência. A viola-

---

[66] Parece também claro que estes *períodos de exclusivismo merceológico* são, em regra menores, mesmo à luz do novo regime introduzido pela Directiva n.° 2004/27/CE, posto que, por um lado, a efectiva comercialização do medicamento somente se verifica após ter sido aprovado o preço máximo de venda ao público e, por outro, ocorre um retardamento nos casos em que a AIM do medicamento de referência foi emitida ao abrigo de um *procedimento de reconhecimento mútuo*. Cfr. M. CAMPOLINI, "Protection of Innovative Medicinal Products and Registration of Generic Products in the European Union: Is the Borderline Shifting? State of Play and the Proposed European Medicine Legislation", in *EIPR*, 2003, págs. 91 ss. (p. 91); J. P. REMÉDIO MARQUES, *Medicamentos versus Patentes*, 2008, cit., pág. 52, nota n.° 52.

[67] Artigo 19.°/3, alínea *b)*, do Decreto-Lei n.° 176/2006, de 30 de Agosto (Portugal).

ção destes direitos exclusivos de comercialização faz nascer *pretensões jurídicas de natureza privada*, de que são titulares todos aqueles a quem foi concedida uma AIM para um *medicamento de referência*; pretensões dirigidas contra todos os terceiros (*maxime*, empresas de medicamentos genéricos) que *comercializarem*[68] as substâncias químicas ou as matérias biológicas para que fora emitida a inicial AIM, *independentemente de tais substâncias se encontrarem protegidas por direito de patente.*

Por outro lado, as empresas farmacêuticas de *medicamentos de referência* têm, por vezes, vindo a *combinar alternativamente* esta *estratégia merceológica* com uma outra: a que consiste na apresentação de *pedidos de patente* relativamente aos alegados medicamentos de *2.ª geração*. Esta última estratégia é utilizada nos últimos anos de vigência dos direitos exclusivos de comercialização, dos direitos de patente ou dos direitos emergentes dos certificados complementares de protecção. De facto, não raras vezes, as diferentes *formas farmacêuticas orais* de libertação imediata da substância activa, os *diferentes sais, ésteres, isómeros* e *misturas de isómeros* complexos ou derivados de uma substância activa são considerados, *para efeitos do pedido de emissão de uma nova* AIM, como constituindo *a mesma substância activa* para a qual tivera sido anteriormente concedida a AIM[69].

Perante este quadro, as empresas farmacêuticas de *medicamentos de referência* enveredam apenas por uma *estratégia de patenteamento* destes *sais, ésteres, isómeros, formas de libertação, regimes terapêuticos, metabolitos*, etc., já que, para estas empresas, não é *eficiente* investir recursos em um novo processo de desenvolvimento de *testes* e *ensaios*. É, portanto, neste domínio que se faz mister tornar o subsistema

---

[68] Que não o *fabrico*, a *experimentação*, o *armazenamento*, o *transporte*, o *uso* ou a *detenção* das substâncias para qualquer um destes fins – tb. N. PIRES DE CARVALHO, *The TRIPS Regime of Patent Rights*, 2.ª edição, The Hague, London, Boston, Kluwer Law International, 2005, pág. 450; J. P. REMÉDIO MARQUES, *Medicamentos versus Patentes*, 2008, cit., pág. 54, nota n.º 54. Nem tão pouco estes direitos exclusivos de comercialização impedem a comercialização de *substâncias terapêuticas bioequivalentes* cujas autorizações de introdução no mercado tenham sido obtidas por empresas concorrentes (de genéricos ou outras) à custa da utilização dos dados ou informações por si geradas, disponibilizadas ou comunicadas licitamente por outrem (*v.g.*, pela própria empresa de medicamentos de referência).

[69] Artigo 6.º da Directiva n.º 2002/81/CE, alterada pelo artigo 1.º/5, alínea *a)*, da Directiva n.º 2004/27/CE; em Portugal, veja-se o artigo 19.º/4, alíneas *a)* e *b)*, do Decreto-Lei n.º 176/2006, de 30 de Agosto.

O *direito de patentes, o sistema regulatório de aprovação...*

do direito de patente *endogenamente* mais *competitivo*, imprimindo uma maior exigência e rigor na análise das *realidades patenteáveis* e na verificação dos requisitos de patenteabilidade, em especial a *novidade* e a *actividade inventiva.*

## 7. A *interferência condicionadora* dos direitos de patente do medicamento de referência nos procedimentos de aprovação de medicamentos genéricos. As teses em confronto e o problema da *interferência* ou *ligação* (*linkage*) da propriedade industrial nestes procedimentos de aprovação

Estamos agora em condições de averiguar *se* e de que *forma* – se a reposta for positiva – o titular da patente ou do certificado complementar de protecção (ou o beneficiário de uma licença de exploração) respeitante a um *medicamento de referência* pode *anular* ou *suspender* os procedimentos administrativos destinados à concessão da AIM do *medicamento genérico* ou à *fixação do seu preço máximo de venda ao público* durante a vigência desses direitos de propriedade industrial.

Esta *interferência* dos direitos de propriedade industrial enquanto *situações jurídicas de direito privado subjacentes a estes procedimentos administrativos* tem servido, nos últimos anos – especialmente em Portugal – para *retardar a efectiva comercialização dos genéricos* em alguns meses; esta estratégia tem servido para protrair a entrada dos genéricos no mercado por um período até quase dois anos após a caducidade daquela propriedade industrial[70].

### 7.1. *A tese da* protecção máxima *da propriedade industrial*

Concebe-se uma tese (a *tese da protecção máxima*), de acordo com a qual sobre as autoridades sanitárias incide o *dever jurídico de investigar os factos subjacentes à decisão administrativa*, pois que os titulares das patentes ou dos certificados complementares de protecção sobre os medicamentos de referência *são terceiros interessados nesses procedimentos,*

---

[70] Em alguns casos, as empresas de genéricos perdem o interesse na aprovação administrativa dos destes medicamentos e somente desencadeiam estes procedimentos após a caducidade daqueles direitos de propriedade industrial.

exactamente porque são *titulares de posições jurídicas de privadas subjacentes à situação jurídica de direito público*, atentas os interesses em confronto e as *relações poligonais* ou *multilaterais* que, actualmente, se estabelecem entre a Administração e os cidadãos e o *direito de propriedade enquanto direito fundamental de natureza análoga*. Nesta ordem de ideias, a emissão da AIM e, *a fortiori*, a *autorização do preço máximo de venda ao público* e o montante do reembolso ofenderiam a *situação jurídica subjacente de direito privado* titulada pelas empresas de *medicamentos de referência* titulares de patentes ou certificados complementares[71]. De resto, se assim fosse, as entidades públicas do Estado em causa (ou a própria *Agência Europeia do Medicamento*) actuariam em manifesta contradição: enquanto a concessão da patente ou do certificado complementar atribui o *ius prohibendi* ao respectivo titular e o dever geral de abstenção por parte de terceiros, a concessão da AIM do genérico impõe, segundo alguns, um *dever jurídico de comercialização* a esses terceiros, dever jurídico que é exercitável no prazo de *três anos* a contar da autorização administrativa[72]. Chega-se ao ponto de sustentar que – nos ordenamentos europeus em que tal seja possível, o que não ocorre no direito português – a emissão da AIM e a fixação do preço máximo de venda do medicamento genérico constituem *actos de violação indirecta*[73] (*contributory infringement*) dos direitos de patente ou dos certificados complementares imputáveis às

---

[71] Isto porque, em Portugal – ao abrigo do artigo 53.º do Código do Procedimento Administrativo –, tal como em outros ordenamentos, que adoptam um sistema de justiça administrativa tutelador dos *direitos fundamentais* dos cidadãos e das empresas, a intervenção procedimental dos terceiros interessados não deve ser excluída, exactamente naqueles procedimentos em que esses terceiros veriam *directamente afectados os seus direitos ou interesses pela decisão administrativa que viesse a ser tomada* (cfr. M. ESTEVES DE OLIVEIRA/PEDRO GONÇALVES/PACHECO DE AMORIM, *Código do Procedimento Administrativo Anotado*, 2.ª edição, Coimbra, Almedina, 1997, pág. 271.

[72] Em Portugal, este dever jurídico de comercialização decorre do disposto no artigo 77.º/3 do já citado Decreto-Lei n.º 176/2006, de 30 de Agosto (Estatuto do Medicamento).

[73] J. P. REMÉDIO MARQUES, "Violação indirecta do direito de patente – Análise comparativa: direito português, direito estrangeiro e jurisprudência", in *O Direito*, ano 14.º (2008), IV, pág. 753 ss. (769 ss.); A. BENYAMINI, *Patent Infringement in the European Community*, Weinheim, VCH, 1992, págs. 173 ss.; N. HÖLDER/J. SCHMIDT, "Indirect Infringement: Late Developments in Germany", in *EIPR*, 2006, pág. 480 ss.; C. SALVADOR JOVANÍ, *El ámbito de protección de la patente*, Valencia, Tirant lo blanch, 2002, págs. 353--354; Ph. GRUBB, *Patents for Chemicals, Pharmaceuticals, And Biotechnology*, 4.ª edição, 2004, cit., págs. 173 ss.

O *direito de patentes, o sistema regulatório de aprovação...* 321

autoridades administrativas competentes, na medida em que tais entidades *facilitariam* ou *promoveriam o cometimento* de actos de violação
directa, pois "forneceriam" alguns "elementos essenciais" da invenção
protegida adequados a executá-la (*in casu*, usariam as informações constantes do dossiê técnico, testariam as amostras fornecidas e emitiriam a
precípua AIM).

### 7.2. *A tese intermédia; as autorizações* a termo *ou* sob condição

Numa *tese intermédia*, a *consideração dos direitos fundamentais* dos
titulares destas patentes ou certificados complementares não reclama a
rejeição dos pedidos ou a *suspensão* dos procedimentos administrativos.
Para esta tese, a harmonização ou *concordância prática* entre estas *posições jurídicas* total ou parcialmente *incompatíveis* ou *conflituantes*[74] implicaria a emissão destas autorizações administrativas embora sujeitas a
*termo inicial suspensivo*[75] ou a *condição suspensiva*[76].

Assim, haveria lugar à emissão de AIM *sob condição suspensiva* nos
casos em que a *validade da patente* fosse contestada pela empresa de medicamentos genéricos: o INFARMED, em vez de suspender o procedimento
administrativo poderia, a despeito disso, emitir uma AIM sob *condição suspensiva*, se essa suspensão do procedimento administrativo pudesse causar
prejuízos graves ou irreparáveis à empresa de medicamentos genéricos[77].

---

[74] Direitos fundamentais *versus* os interesses públicos plasmados na *saúde pública*,
na *segurança*, na *eficácia* e na *qualidade dos medicamentos* e no *acesso* das pessoas aos
*cuidados de saúde* apenas dependente da "reserva financeira do possível".

[75] Aqui onde o evento futuro desencadeante da produção de efeitos (emergentes da
AIM, da fixação do preço máximo de venda e da margem de comparticipação no preço por
parte dos subsistemas de segurança social) seria a *caducidade* da patente ou do certificado
complementar de protecção. Sustentando esta posição, entre nós, PAULO Pinheiro/Miguel
GORJÃO-HENRIQUES, *Direito do Medicamento*, Coimbra, Centro de Direito Biomédico,
Coimbra Editora, 2009, pp. 66-68, mais referindo que, por força da cláusula "Roche-
-Bolar", os fabricantes de medicamentos genéricos podem desencadear o procedimento
de emissão da AIM, mas o INFARMED está, porém, impedido de a emitir incondicionalmente
(ou sem termo) durante o prazo de vigência da patente.

[76] Nos casos em que a patente ou o certificado de protecção fossem contestados no
tribunal judicial competente.

[77] Neste sentido, JOSÉ CARLOS VIEIRA DE ANDRADE, "A protecção do direito fundado
em patente no âmbito do procedimento de autorização de comercialização de medicamentos", in *Revista de Legislação e de Jurisprudência*, ano 138.° (2008), p. 70 ss. (p. 91).

Se, porém, faltar menos de três anos para a patente (ou o certificado complementar de protecção) caducar(em) — num lugar paralelo com o regime segundo o qual o titular da AIM dispõe de três anos para comercializar o medicamento, a contar dessa concessão[78] —, o INFARMED, para este entendimento, estará livre de emitir uma AIM *a termo inicial*, que difira a produção de efeitos da autorização administrativa para a data da caducidade da patente[79] (ou do eventual certificado complementar de protecção).

### 7.3. *A tese da* independência *e* autonomia *dos procedimentos relativamente às patentes ou certificados complementares dos medicamentos de referência*

*Last but not the least*, surpreende-se uma outra tese segundo a qual, no espaço jurídico da União Europeia e à luz do direito comunitário pertinente – precisamente a citada Directiva n.° 2001/83/CE, na redacção da Directiva n.° 2004/27/CE, e o Regulamento (CE) n.° 726/2004–, deve ser desconsiderada a *validade* e/ou a *oponibilidade* dos direitos de propriedade industrial nos procedimentos de emissão de AIM e de fixação do preço máximo e respectivos montantes reembolsáveis enquanto *causas directas* da suspensão do procedimento de AIM ou da recusa de concessão destas autorizações de comercialização. Importante parece ser o disposto no artigo 10.°/6 da citada Directiva n.° 2001/83/CE, actualizada pela referida Directiva n.° 2004/27/CE, de harmonia com a qual "*a realização dos estudos e ensaios (…) e os consequentes requisitos práticos não são considerados contrários aos direitos relativos a patentes e certificados complementares de protecção*". Segundo esta tese, a eventual intervenção de terceiros nestes procedimentos não pode basear-se na titularidade de direitos de propriedade industrial, mas apenas, por um lado:

**(1)** Na circunstância de os *medicamentos genéricos* não serem *seguros* ou *eficazes* por não ostentarem os padrões de *bioequivalência*

---

[78] Se o INFARMED verificar que faltam *mais de três anos* para a caducidade da patente (ou do certificado complementar de protecção) respeitante ao medicamento de referência, esta autoridade administrativa deverá, nesta perspectiva, pôr termo ao procedimento de concessão de AIM do medicamento genérico — assim, JOSÉ CARLOS VIEIRA DE ANDRADE, "A protecção do direito fundado em patente…", cit., p. 91.

[79] JOSÉ CARLOS VIEIRA DE ANDRADE, "A protecção do direito fundado em patente…", cit., p. 91.

O *direito de patentes, o sistema regulatório de aprovação...* 323

previstos na lei[80], ou violarem *outros direitos subjectivos* e *interesses difusos* relevantes em matéria de *ambiente* e *qualidade de vida* e *defesa dos interesses dos consumidores*[81] (de serviços de saúde).

**(2)** No facto de a empresa de genéricos ter realizado *ensaios e estudos dispensáveis* ou *não necessários* face aos requisitos das informações exigidas e da documentação a apresentar, tendo aí usado a substância química protegida pela AIM do medicamento de referência.

**(3)** Na circunstância de a empresa de genéricos ter praticado *outros actos consequentes* não abrangidos pelo disposto no artigo 10.º/ /6 da Directiva n.º 2001/83/CE e, em Portugal, no artigo 19.º/8 do Decreto-Lei n.º 176/2006, tais como a importação, o armazenamento ou o fabrico de amostras de substâncias que incluem na sua composição a substância activa protegida e, por outro lado,

**(4)** No facto de a autoridade competente (em Portugal, a *Direcção- -Geral de Actividades Económicas*) em matéria de *fixação do preço máximo de venda do genérico ao público* violar as regras de inclusão desses medicamentos em determinados *grupos de referência*, na verificação de erros no cálculo das *quotas de mercado* relevantes, no cálculo das *diferenças máximas de preço* previstas entre os medicamento de referência e o genéricos, etc.

### 7.4. *A posição adoptada: a não interferência dos direitos de patente e certificados complementares de protecção nos procedimentos de AIM e de fixação do preço dos medicamentos genéricos*

Creio, desde já, que é insustentável a *tese da contradição* entre os comandos que emanam do cumprimento das *tarefas públicas* por parte, por um lado, das *entidades reguladoras sanitárias* e, do outro, dos *institutos de propriedade industrial*.

---

[80] Hipótese em que ocorrerá um *erro nos pressupostos de facto* susceptível de invalidar a decisão administrativa.

[81] Estes últimos interesses serão naturalmente considerados no quadro da *intervenção procedimental* nos procedimentos destinados à *fixação do preço máximo de venda ao público* dos medicamentos genéricos e do montante do *reembolso* autorizado.

324 VII Curso de Direito Industrial

Em primeiro lugar, o *ónus* de protecção e a iniciativa de desencadear as medidas de aplicação efectiva dos direitos de propriedade industrial cabe ao respectivo titular, que não às autoridades sanitárias, por isso que o parágrafo 4 do preâmbulo do Acordo TRIPS reconhece que os direitos de propriedade intelectual são *direitos privados*, de modo que os Governos dos Estados Contratantes e as entidades administrativas que deles dependem ficam, assim, imunes a qualquer acção de responsabilidade civil[82].

Com efeito, não é pelo facto de a lei *proibir a comercialização* de um produto que, *sic et simpliciter*, daí decorre um fundamento para *proibir a sua patenteabilidade*, pois, como é sabido e está estabelecido há mais de 100 anos, o direito de patente pode ser concedido *mesmo quando a lei do Estado da concessão proíbe a comercialização do objecto da invenção*[83]. O que ainda seria uma *contradição normativa* e *actuativa* mais notória, uma vez que o artigo 106.º do CPI português de 2003, à semelhança dos demais Códigos estrangeiros (*v.g.*, artículo 83 da *Ley de Patentes* espanhola), impõe o *ónus de explorar o objecto da patente no Estado que a tenha concedido*. Daí que o *ónus* de comercializar o *medicamento genérico* após a emissão da AIM seja perfeitamente coerente com a concessão estadual da patente ou do certificado complementar ao *medicamento de referência*.

Por outro lado, o *ónus jurídico* da comercialização do medicamento (*in casu*, do genérico) ao qual vai ligada a cominação da *caducidade* da AIM apenas tem lugar, no que ao ordenamento português diz respeito, *relativamente ao medicamento autorizado que já esteja a ser comercializado*. Na verdade, atento o teor literal do artigo 78.º/3, *ex vi* do artigo 77.º/3 do referido Decreto-Lei n.º 176/2006, de 30 de Agosto (Estatuto do Medicamento), a *caducidade* da AIM somente se verifica após a notificação do titular dessa AIM à autoridade sanitária pela qual aquele *informa esta entidade pública da cessação da comercialização desse medicamento*[84]. Ora,

---

[82] N. PIRES DE CARVALHO, *The TRIPS Regime of Antitrust and Undisclosed Information*, 2008, cit., pág. 305.

[83] Artigo 27.º/2, *in fine*, do Acordo TRIPS, artigo 4.º-*quater* da Convenção da União de Paris sobre a propriedade industrial; artigo 53.º, alínea *a)*, 2.ª parte, da Convenção sobre a Patente Europeia; e artigo 53.º/1, *in fine*, do Código da Propriedade Industrial português (CPI), de 2003.

[84] Além de que autoridade administrativa pode não actuar a caducidade no termo desse prazo de três anos, caso entenda que há motivo justificado que não imponha essa comercialização. Cfr. o artigo 77.º/3, 2.ª parte, do Decreto-Lei n.º 176/2006, de 30 de

*O direito de patentes, o sistema regulatório de aprovação...*

o *cessar* a comercialização efectiva de um medicamento pressupõe, como *prius*, o *ter ocorrido o começo*, o *início* ou, pelo menos, as primícias dessa comercialização[85]. A própria caducidade da AIM atinente ao genérico é *impedida* quando aquela comercialização for proibida por *lei* (cfr., *supra*, nota anterior) – o que, na verdade, sucede, ao abrigo do disposto no artigo 101.°/2 do CPI português de 2002, o qual proíbe, *inter alia*, o fabrico e a comercialização dos produtos objecto da patente[86].

Vale isto por dizer: a *caducidade* da AIM de um medicamento (genérico) somente pode operar relativamente a medicamentos (genéricos) que já tenham sido comercializados em Portugal após a concessão dessa AIM[87] e ela é *impedida* pela *lei* enquanto não se extinguirem os direitos de patente ou os certificados complementares respeitantes aos *medicamentos de referência*.

Vejamos a questão sob o prisma do *alcance da protecção* de um direito de patente – o mesmo valendo para o *alcance da protecção* de um *certificado complementar*, por força do citado artigo 5.° do Regulamento (CEE) n.° 1768/92. Não se esqueça a importante norma prevista no artigo 10.°/6 da Directiva n.° 2001/83/CE[88], de acordo com a qual a realização dos estudos e ensaios farmacêuticos, pré-clínicos e clínicos, bem como as *exigências práticas daí decorrentes, não são consideradas contrárias aos direitos relativos a patentes* ou a *certificados complementares de protecção*. Uma vez assente – por modo da *interpretação das reivindicações* ancorada na *identidade de efeitos técnicos* como tal *facilmente* percepcionada pelos peritos na especialidade – que o dispositivo do réu *reproduz* (elemento a elemento) *as reivindicações* ou é uma *variante tecnicamente equivalente*[89]

---

Agosto: a proibição de comercialização imposta por *lei* ou *decisão judicial* constitui *justa causa* de *impedimento da caducidade* da AIM.

[85] Já, assim, J. P. REMÉDIO MARQUES, *Medicamentos versus Patentes – Estudos*, 2008, cit., pág. 157.

[86] *Idem*, art.50.a), da *Ley de Patentes* espanhola.

[87] Esta conclusão não é prejudicada pelo regime geral do termo final das autorizações de introdução no mercado (AIM) de medicamentos, as quais vigoram, na União Europeia, pelo prazo de cinco anos renovável por tempo indeterminado, salvo se a autoridade sanitária, por razões de *farmacovigilância*, exigir a renovação por um período adicional de cinco anos (artigo 27.°/1 e 2 do mencionado Decreto-Lei n.° 176/2006, de 30 de Agosto).

[88] *Idem*, no ordenamento português, no artigo 19.°/8 do Decreto-Lei n.° 176/2006, de 30 de Agosto.

[89] Sobre esta *tarefa interpretativa* e a *equivalência técnica* das soluções, cfr., entre outros, J. A. GÓMEZ SEGADE, "La violación de la patente por un uso equivalente", in *Cua-*

326    VII Curso de Direito Industrial

ao dispositivo do titular da patente, somente pode dizer-se que ocorre uma infracção da patente se for demonstrado que o réu praticou, *no território do Estado da protecção*, algumas das *actividades merceológicas* comummente previstas nos Códigos de Propriedade Industrial, quais sejam, o fabrico, a oferta, a armazenagem, a importação, a introdução no comércio, a posse, a detenção ou a utilização do dispositivo ou substância para qualquer uma das finalidade anteriores com escopo mercantil.

Ora, a *submissão de informações* sobre a *bioequivalência* da substância activa (e respectivos excipientes) constitutiva do medicamento genérico não traduz uma infracção do *alcance merceológico* da patente, pela simples razão de que esta submissão do pedido de AIM à autoridade administrativa sanitária competente e, outrossim, a eventual concessão da AIM não constituem um *actos de exploração comercial* da invenção – não é fabrico, *oferta, armazenamento*, nem *comercialização*, nem tão pouco traduz a importação ou a posse da substância patenteada para alguns dos fins mencionados. Estes actos *não afectam*, nem muito menos *agravam* a *posição jurídica subjacente de direito privado* dos titulares da propriedade industrial sobre os *medicamentos de referência*[90].

---

*dernos de Jurisprudência sobre la Propriedad Industrial*, num. 2, Barcelona, 1988, págs. 14 ss.; J. A. GÓMEZ SEGADE, "Actividad Inventiva y Doctrina de los Equivalentes", in *Direito Industrial*, vol. IV, Coimbra, Almedina, 2005, págs. 41 ss.; C. SALVADOR JOVANÍ, *El ámbito de protección*, 2002, cit., p. 260 ss.; J. PACHENBERG/W. CORNISH, *Interpretation of Patents in Europe – Application of Article 69 EPC*, Carl Heymanns, Cologne, Berlin, Bonn, Munich, 2006, págs. 259 ss.; R. JACOB, "Interpretation of Claims and the Doctrine of Equivalents", in *Official Journal of the European Patent Office*, special Edition, 2007, págs. 138 ss.; D. STAUDER, in R. SINGER/D. STAUDER, *Europäisches Patentübereinkommen*, 4. Auflage, Köln, Berlin, München, Carl Heymanns Verlag, 2007, págs. 299 ss.; G. KOLLE, "Interpretation of patents and the doctrine of equivalents", in *Official Journal of the European Patent Office*, Special Edition, 207, págs. 124 ss.; J. P. REMÉDIO MARQUES, *Biotecnologia(s) e Propriedade Intelectual*, vol. I, 2007, cit., págs. 789 ss., 798-800, 816 ss.; J. P. REMÉDIO MARQUES, "O conteúdo dos pedidos de patente: A descrição do invento e a importância das reivindicações – Algumas notas", *O Direito*, ano13.° (2007), IV, págs. 826 ss. (pp. 831-832).

[90] É importante referir, neste passo, a decisão do Painel de Resolução de litígios da O.M.C., no caso *Canada – Patent Protection of Pharmaceutical Products*, decidido em 7 de Junho de 2000 (Documento WT/DS114/R). A União Europeia e os seus Estados--Membros apresentaram uma queixa contra o Canadá junto da O.M.C, com base, entre outros, no argumento de que a Secção 52.2(1) permitia ilicitamente que os actos de ensaio e experimentação destinados a obter a autorizações administrativas de quaisquer produtos cujo fabrico, uso ou venda dependesse dessas autorizações e que 52.2(2) da lei de patentes

E o mesmo se dirá da própria emissão da AIM e a *fixação do preço máximo* de venda. Na verdade, a apresentação destes pedidos às autoridades administrativas competentes e a emissão das autorizações não contém os *elementos essenciais* da invenção, tal como fora reivindicada e descrita no pedido de patente; e mesmo quando essa divulgação e os actos administrativos adrede emitidos contenham nas suas peças escritas e gráficas tais elementos técnicos, isso não traduz qualquer *exploração da invenção* ao arrepio do consentimento do titular da patente[91].

Estas actividades são *actividades necessárias* cujo cumprimento traduz a *observância de exigência regulatórias administrativas* relacionadas com a *segurança*, a *eficácia* e a *qualidade* dos medicamentos, bem como com a *racionalidade económica* dos sistemas públicos e privados de cuidados de saúde, em matéria de *preços* dos medicamentos; actividades, estas, que devem preceder *obrigatoriamente* a efectiva comercialização dos medicamentos[92]. Por isso mesmo, o regime jurídico comunitário e os

---

do Canadá violava o disposto nos artigos 27.º/1 e 28.º do Acordo TRIPS, posto que tornava *livres* os actos pelos quais terceiros ficavam autorizados a *armazenar* (*stockpiling provision*) os produtos patenteados durante os *seis meses* que antecedem a caducidade de um direito de patente. Quanto a esta última alegada violação, o Painel entendeu que a permissão irrestrita do fabrico e *armazenamento* nos *seis anteriores* à caducidade da patente constituem actos susceptíveis de afectar a sua *exploração normal*, exactamente nos casos em que essa disposição não previa *limitações quantitativas* a esse armazenamento. De facto, se tais actividades fossem permitidas sem quaisquer restrições quantitativas, os normais e potenciais adquirentes dos produtos patenteados suspenderiam, provavelmente, as suas aquisições ou comprariam quantidades menores, na esperança de adquirirem os mesmos produtos aos concorrentes do ex-titular da patente, após o decurso da "período de vida" da patente.

[91] Repare-se o absurdo desta tese: se assim fosse, então também constituiria uma violação de um direito de patente o acto que consistisse na *mera apresentação de um pedido de patente*, junto das entidades administrativas competentes, respeitante a uma *invenção dependente* de uma invenção anteriormente protegida. Assim, tb., B. DOMEIJ, *Pharmaceutical Patents in Europe*, 2000, cit., pág. 294 (Autor que distingue o "uso real" da invenção dos "paper acts" praticados junto das entidades sanitárias); tb. J. P. REMÉDIO MARQUES, *Medicamentos versus Patentes – Estudos*, 2008, cit., pág. 150.

[92] É esclarecedor, neste domínio, escutar o Tribunal Supremo dos E.U.A., no caso *Ruckelshaus v. Monsanto Co.*, 467 *U.S.* 986, de 1984. Estava em causa a utilização ilícita de dados relativos a um herbicida, por parte da sociedade *Monsanto* (esta empresa não respeitara o prazo de duração dos direitos exclusivos de comercialização reconhecidos à autora, nos termos da *Federal Insecticide, Fungicide, and Rodenticide Act*). O Tribunal Supremo deste país afirmou que: "Monsanto has not the challenge the ability of the Federal government to regulate the marketing and use of pesticides. *Nor could Monsanto suc-*

328          *VII Curso de Direito Industrial*

regimes nacionais não isentam a *responsabilidade civil* ou *penal* do fabricante dos medicamentos ou do titular da AIM[93], na medida em que estas *autorizações* não constituem *causas de exclusão da responsabilidade* destas empresas.

Estas actividades não se acham na *livre disponibilidade dos requerentes*; elas são, pelo contrário, *actividades necessárias ao exercício da liberdade de iniciativa económica*, sem as quais estas substâncias não podem ser comercializadas[94]. Esta posição é coincidente, de resto, com o pensamento do legislador da União Europeia, por ocasião da revisão da já nossa conhecida Directiva n.° 2001/83/CE. Com efeito, a Posição Comum (CE) n.° 61/2003, do Conselho e do Parlamento Europeu, de 20/09/2003, destinada a adoptar a Directiva n.° 2004/27/CE estatui, de forma impressiva, no seu parágrafo 11, o que segue: "Em relação à apresentação de pedidos de autorizações e à concessão das mesmas, o Conselho considera que *estas actividades*, sendo de natureza administrativa, não infringem a protecção das patentes (...). Deste modo, *não é necessário ou apropriado incluir estas actividades numa disposição relativa a excepções à protecção das patentes*"[95] – o itálico é meu.

O Conselho de Ministros e a Comissão Europeia sublinharam, ademais, esta ideia numa declaração conjunta, segundo a qual: "O Conselho e a Comissão consideram que a apresentação e a subsequente avaliação de um pedido de autorização de introdução no mercado, *bem como a concessão de uma autorização, são tidos como actos administrativos e como*

---

*cessfully make such challenge, for such restrictions are burdens we all must bear in exchange for the advantage of living and doing business in a civilised community*" – o itálico é meu.

[93] Veja-se o artigo 15.° do Regulamento (CE) n.° 726/2004 e, em Portugal, o artigo 14.°/4 do Decreto-Lei n.° 176/2006, de 30 de Agosto.

[94] Muitas outras actividades exercidas ao abrigo da liberdade de iniciativa económica carecem da emissão de *autorizações administrativas*. Atente-se, entre muitos, no caso da *utilização confinada* de *organismos geneticamente* manipulados regulada na Directiva n.° 98/81/CE, do Conselho, de 26/12/1998, que alterou a Directiva n.° 90/219/CEE, do Conselho, de 23/04/1990. E no caso da *libertação no ambiente* (*v.g.*, cultivo) deste tipo de *matérias biológicas*, disciplinada pela Directiva n.° 2001/18/CE, do Parlamento Europeu e do Conselho, de 12/03/2001. Em nenhum lugar destes normativos da União Europeia se condiciona a emissão destas *autorizações administrativas* ao *consentimento dos titulares das patentes* sobre tais organismos geneticamente manipulados.

[95] In *Jornal Oficial da União Europeia*, n.° C 297 E, de 9 de Dezembro de 2003, págs. 41 ss., § 11.

*O direito de patentes, o sistema regulatório de aprovação...* 329

*tal não infringem a protecção das patentes"* – o itálico é meu[96]. O que vem de ser afirmado reforça a ideia de que uma *interpretação dos direitos nacionais* em *conformidade com o pensamento do legislador comunitário* impede que as empresas de medicamentos de referência possam obter êxito nestas pretensões. Na verdade, ao aplicar-se o direito nacional, quer se trate de disposições posteriores ou anteriores à transposição de uma directiva, os tribunais nacionais chamados a interpretá-lo são obrigados a fazê-lo, na medida do possível, à luz do texto e da finalidade da directiva, para atingir o resultado por ela prosseguido e cumprir desta forma o artigo 249.º do Tratado da Comunidade Europeia[97] – *in casu*, a Directiva n.º 2081/83/CE, na redacção da Directiva n.º 204/27/CE. De resto, o *direito administrativo* que regula a emissão da AIM nos Estados-Membros é um *direito administrativo europeizado*[98] ou um *direito administrativo concretizado*[99]: basta ver os regimes dos procedimentos descentralizados e de reconhecimento mútuo de emissão de AIM. De tal sorte que, em homenagem ao *princípios da não discriminação*, da *equivalência e efectividade do direito comunitário* constante, neste caso, do artigo 10.º/6 da Directiva

---

[96] Veja-se, no sentido da reconstituição do espírito do legislador comunitário, por ocasião do início dos trabalhos que levaram à aprovação da Directiva n.º 2001/83/CE, a Resolução do Parlamento Europeu n.º A4-0194/96(1), de 16 de Abril de 1996, sobre "Política Industrial para o Sector Farmacêutico" (in *Jornal Oficial das Comunidades Europeias*, n.º C 141, de 13/05/1996, pág. 63), em cujo parágrafo n.º 17 se observa que: "Entende que, para que a União Europeia possa ser competitiva nos mercados em expansão europeus e internacionais de produtos não protegidos, se devem adoptar medidas que permitam que as empresas farmacêuticas iniciem, *antes de a patente ou o certificado complementar de protecção expirarem,* as exigências laboratoriais e os preparativos regulamentares necessários para o registo de medicamentos genéricos fabricados na União Europeia, *de modo a poderem estar imediatamente disponíveis no mercado uma vez findo o prazo de validade de uma patente ou do certificado complementar de protecção para um produto com patente"* – o itálico é meu.

[97] Nestes termos, veja-se a decisão do Tribunal de Justiça das Comunidades, de 13/11/1990, no caso *Marleasing*, proc. C-106/89, in *Colectânea de Jurisprudência do Tribunal de Justiça*, 1990, I, págs. 4135, § 8. (referindo-se, porém, ao artigo 189.º do Tratado de Roma, agora substituído pelo referido artigo 249.º), e a decisão de 16/12/1993, no caso *Wagner Miret*, proc. C-334/92, *ivi*, 1994, I, págs. 6911 segs., § 20. Em Portugal, este princípio estruturante do direito comunitário já foi acolhido, desde logo, na decisão do *Supremo Tribunal de Justiça*, de 25/03/2004, in *Diário da República*, Série-A, n.º 112, de 13/05/2004, págs. 3024 ss.

[98] PEDRO GONÇALVES, "Direito Administrativo da Regulação", 2006, cit., p. 551.

[99] PAULO OTERO, *O Contencioso Administrativo no Divã da Psicanálise*, Coimbra, Almedina, 2005, p. 104.

n.º 2001/83/CE, alterada pela Directiva n.º 2004/27/CE, são *inoponíveis* quaisquer regras nacionais que comprometam, no caso concreto, os direitos conferidos pelo direito comunitário[100].

Mesmo nos ordenamentos jurídicos da União Europeia onde é prevista a *notificação* do titular da patente ou do certificado complementar (*v.g.*, em França) após a emissão da AIM desse genérico – notificação efectuada, ou bem pelo requerente da AIM do genérico, ou em pela autoridade sanitária quando esta emite a AIM desse genérico – apenas ocorre uma *falsa impressão* da existência de *interferência condicionadora* do direito de patente do *medicamento de referência* no procedimento de aprovação sanitária do genérico e de fixação do preço máximo de venda[101]. Apenas a Eslováquia, ao que julgo, consagra um regime pelo qual a vigência dos direitos de patente ou certificados complementares de protecção impede a autoridade sanitária local de conceder a AIM relativa ao medicamento genérico[102]. Nos restantes regimes jurídicos dos Estados-Membros da União Europeia consagrou-se uma *completa separação* e uma *não interferência* de poderes entre as autoridades nacionais[103].

O papel das autoridades sanitárias é apenas o de verificar se, na prossecução de *diversos interesses públicos*, os pedidos de AIM ou de fixação do preço reúnem os requisitos previstos na lei.

---

[100] Entre outros, veja-se a decisão *von Colson*, de 14/04/1984, proc. C-14/83, *Recueil*, págs. 1891; a decisão *Heylens*, proc. C-22/86, de 15/10/1987, in *Colectânea de Jurisprudência do Tribunal de Justiça*, 1987, págs. 4097 ss.; a decisão *Factortame*, proc. C213/89 (*ivi*, 1990, I, págs. 2433 ss.; a decisão *Emmott*, proc. C-208/90, *ivi*, 1991, I, págs. 4629 ss.); a decisão *Van Schijndel* e *Peterbroeck*, proc. apensos C-430/93 e C-431/ /93, ivi, I, págs. 4705 e págs. 4599, respectivamente; e, recentemente, a decisão *Unibet*, de 13/03/2007, proc. C-432/05, *ivi*, 2007, I, págs. 2271 ss., § 43.

[101] T. M. COOK, *The Protection of Regulatory Data in the Pharmaceutical and Other Sectors*, London, Sweet & Maxwell, 2000, pág. 73.

[102] A Bulgária também previa esta articulação condicionadora ou preclusiva, mas abandonou-a quando integrou a União Europeia. Sobre o panorama existente nos diversos Estados-Membros, cfr. FÉDERATION INTERNATIONALE DES CONSEILS EN PROPRIÉTÉ INDUSTRIELLE, *EU Directive on Generic Drug Regulation – Implementation of the New Medicine Legislation*, EFPIA, 18th Draft Status Reports on National Implementation, de 6/10/2006, in http://www.ficpi.org/library/AmesterdamCET/CET-1501.pdf.; J. P. REMÉDIO MARQUES, *Medicamentos versus Patentes – Estudos*, 2008, cit., págs. 126 ss.

[103] Já, assim, CARLOS CORREA, *Protection of Intellectual Property and Public Health Within the Framework of the Chile – U.S. Free Trade Agreement*, Occasional Paper n.º 1, Ontário, Canadá, Quaker International Affairs, Outubro 2004, pág. 6 = in http://qiap.ca/ documents/OP1.pdf; T. COOK, *The Protection of Regulatory Data in Pharmaceutical and Other Sectors*, 2000, cit., pág. 3.

A admissão desta *interferência* – colocando sobre a cabeça das autoridades administrativas sanitárias o cumprimento do *dever jurídico de investigar* a existência de patentes ou certificados complementares – conduziria, por outra lado, a uma *discriminação fáctica* das empresas de medicamentos genéricos, pois isso implicaria, na prática, uma *inversão do ónus da prova* (a cargo das empresas de genéricos) de que a colocação destes medicamentos no mercado, sem o consentimento dos titulares da propriedade industrial, não violaria tais exclusivos industriais[104].

Um último e derradeiro motivo – o qual permite explicar a proibição de uma interferência condicionadora dos titulares de patentes ou certificados complementares sobre os medicamentos de referência (ou beneficiários de licenças de exploração) – surpreende-se na parte final da alínea *c)* do artigo 102.° do CPI português de 2003.

Esta norma consagra, desde 2003, a conhecida excepção *Bolar/Roche* relativa ao exercício das faculdades jurídicas do titular da patente[105]. Porém, esta norma diz mais. Ela estatui que a exploração comercial não pode ser iniciada senão *após* a caducidade da patente. Isto significa que, *a fortiori*, o legislador português somente permite que o titular da patente (ou do certificado complementar de protecção) possa impedir a *efectiva comercialização* do medicamento. A lei não autoriza que esse titular, *alegando a titularidade e a violação da patente ou do certificado complementar de protecção* e com base nesta *causa de pedir*, possa *impedir* ou *suspender* todos estes procedimentos administrativos de aprovação[106]. O legislador impede, destarte, que o titular da patente ou do certificado complementar possa proibir a apresentação do pedido de AIM; ele impede que estes procedimentos administrativos possam ser *suspensos*; ou que

---

[104] Tb. R. GALANTUCCI, "Data Protection in U.S.-Malaysia Free Trade Agreement: New Barriers to Market Access for Generic Drugs Manufacturers", in *Fordham Intellectual Property, Media & Entertainment Law Journal*, vol. 17 (2007), págs. 1083 ss. (p. 1098).

[105] Artigo 102.°/c: "Os direitos conferidos pela patente não abrangem (…) Os actos realizados exclusivamente para fins de ensaio ou experimentais, incluindo as experiências para preparação dos processos administrativos necessários à aprovação de produtos pelos organismos oficiais competentes, *não podendo, contudo, iniciar-se a exploração industrial ou comercial desses produtos antes de se verificar a caducidade da patente que os protege*" – o itálico é meu.

[106] Já assim, em termos análogos, embora sem estes desenvolvimentos argumentativos, J. P. REMÉDIO MARQUES, *Biotecnologia(s) e Propriedade Intelectual*, vol. I, 2007, cit., págs. 1153-1155; analogamente, J. P. REMÉDIO MARQUES, *Medicamentos versus Patentes – Estudos*, 2008, cit., pág. 144 e bibliografia aí citada.

332  *VII Curso de Direito Industrial*

possa impedir-se a emissão destas autorizações enquanto *actos preparatórios de comercialização necessários* ou *obrigatórios*, precisamente porque eles não são *actos preparatórios* de comercialização *stricto sensu* assentes na *autonomia da vontade*, na *iniciativa privada económica* e, portanto, na *volição* do requerente da AIM para o genérico. Tais actos são, pelo contrário, *actos obrigatórios* impostos pelo *regime jurídico administrativo da regulação pública*, em função da observância de regras de *regulação puramente administrativas* destinadas a controlar a *segurança*, a *eficácia*, a *qualidade* dos medicamentos e os *montantes* dispendidos pelos sistemas nacionais de saúde, no âmbito da regulação pública do preço dos medicamentos.

No curto prazo, este problema deveria merecer uma urgente intervenção do legislador – pois, a estratégia de litigância das empresas de medicamentos de referência tende a aproveitar-se da falta de especialização dos tribunais, especialmente os tribunais administrativos portugueses, e dos termos um pouco nebulosos de algumas disposições da lei nacional, inclusivamente da Directiva n.º 2001/83/CE, na redacção da Directiva (CE) n.º 2004/27/CE –, através da precípua alteração do disposto no artigo 19.º/8 do actual *Estatuto do Medicamento* (Decreto-Lei n.º 176/2006, de 30 de Agosto) passando a prever-se que:

> "Sem prejuízo do disposto no artigo 102.º do Código da Propriedade Industrial, aprovado pelo Decreto-Lei n.º 36/2003, de 5 de Março, a realização dos estudos e ensaios necessários à aplicação dos n.os 1 a 6, e as exigências práticas daí decorrentes, *incluindo a apresentação dos pedidos de emissão de* AIM, *de aprovação do preço e da eventual margem de comparticipação, bem como os correspondentes actos administrativos permissivos*, não são contrárias aos direitos relativos a patentes ou a certificados complementares de protecção de medicamentos" – a parte em itálico corresponde à minha proposta de alteração de redacção.

8. **O problema dos *acordos* celebrados entre empresas de medicamentos de referência e de genéricos e o *direito europeu da concorrência*: as dificuldades sentidas pelo direito europeu da concorrência perante a *regulação administrativa não harmonizada* do mercado dos medicamentos**

O problema da célere colocação no mercado de medicamentos genéricos logo após a caducidade dos direitos de propriedade industrial é marcado por um outro tipo de interferências condicionadoras. Estou a

O direito de patentes, o sistema regulatório de aprovação... 333

referir-me a certo tipo de comportamentos unilaterais, acordos ou práticas concertadas entre as empresas de medicamentos de referência e as de genéricos. Esta questão releva, como se vê, do *direito (europeu) da concorrência.*

Na União Europeia, entre o início de 2000 e Maio de 2008, foram celebrados mais de 200 acordos, essencialmente sob a forma de *transacção judicial*, pondo termo a litígios[107] entre as empresas de medicamentos de referência e as empresas de genéricos, os quais abrangeram mais de 49 medicamentos autorizados, que então deixaram de beneficiar do *prazo de protecção dos dados*, dos *direitos exclusivos de comercialização* e das patentes ou certificados complementares de protecção[108].

Em quase metade destes acordos (48%) as *empresas de medicamentos genéricos* aceitaram *abdicar* ou *renunciar* da entrada dos respectivos medicamentos no mercado ou *restringir* a sua distribuição[109], *reconhecendo expressamente a validade* das patentes ou dos certificados complementares de protecção de que as autoras destas acções são titulares ou licenciadas.

A mais desta restrição mutuamente acordada, na grande maioria dos casos, as *empresas de medicamentos de referência* acordaram, cumulativamente, ou bem o pagamento de certas quantias às primeiras[110] (no

---

[107] Nestas acções judiciais, as *empresas de medicamentos genéricos*, na qualidade de demandadas, deduzem *pedidos reconvencionais* pelos quais pretendem que o tribunal declare que o direito de propriedade industrial é nulo (*v.g.*, por falta de novidade, actividade inventiva ou insuficiência da descrição). Por vezes, é a própria empresa de genéricos que toma a *iniciativa processual* e acciona judicialmente a empresa de *medicamentos de referência*, requerendo a *declaração de nulidade* das patentes ou dos certificados complementares que protegem estes medicamentos autorizados. Menos vulgar é a situação em que as *empresas de medicamentos genéricos* instauram *acções de simples apreciação negativa* (artigo 4.°/2, alínea *a)*, do CPC), por mor das quais pretendem que o tribunal *declare* que elas *não se acham a violar* certas patentes ou certificados complementares relativos a *medicamentos de referência*.

[108] EUROPEAN COMMISSION, *Pharmaceutical Sector Inquiry*, cit., pág. 11, págs. 231-233.

[109] EUROPEAN COMMISSION, *Pharmaceutical Sector Inquiry*, cit., pág. 256.

[110] Estes pagamentos efectuaram-se através de transferências directas, pura e simples, de disponibilidades monetárias, ou sob a forma de *compensação* dos custos em que as empresas de genéricos terão incorrido (*v.g.*, custas judiciais, honorários a advogados e a peritos, despesas administrativas com os processos judiciais, etc.). Noutras hipóteses, a causa das transferências de disponibilidades monetárias fundou-se na aquisição dos medicamentos genéricos *armazenados* por estas empresas.

montante global de 200 milhões de Euros), ou bem que autorizaram estas últimas a distribuir os (ou alguns) *medicamentos de referência*.

Ao mesmo tempo, as *empresas de medicamentos de referência* comprometem-se, não raro, a *desistir* de todos os pedidos formulados em acções pendentes em todos os Estados-Membros e a não accionar, no futuro, as *empresas de medicamentos genéricos*.

Há, ainda, notícia de *transacções judiciais* pelas quais as *empresas de medicamentos genéricos*, ao mesmo tempo que reconhecem a *validade* dos direitos de propriedade industrial das *empresas de medicamentos de referência* – ou desistes do pedido de declaração de nulidade daqueles exclusivos – são autorizadas a comercializar os *genéricos*, à luz de certas *restrições quantitativas*, numa área geográfica indicada pelas segundas, *ainda antes de ocorrer a caducidade* destes direitos de propriedade industrial, ou a comercializá-los num *Estado não-membro* da União Europeia onde *ainda* vigorem os direitos de patente relativos aos medicamentos de referência. Por vezes, as próprias empresas de genéricos aceitam pagar *indemnizações* de menor montante ao que fora peticionado[111], *reconhecendo a validade* dos direitos de patente ou certificados complementar e obrigando-se a *destruir os genéricos armazenados*[112], como contrapartida da desistência dos pedidos formulados nas acções de violação.

Diferentemente do que tem vindo a acontecer nos EU.A., na União Europeia, a mais da celebração de *transacções judiciais* de harmonia com as quais a empresa de *medicamentos de referência*, que concerta com a *empresa de genéricos* a desistência do pedido de nulidade da patente e a promessa de não contestação dessa patente, esta empresa de genéricos obriga-se, além disso, a *não prestar consentimento* ou a não *patrocinar* de outra maneira o lançamento de novas versões genéricas do medicamento de referência durante um certo prazo após a comercialização desse genérico[113].

É sabido que a titularidade de uma "carteira" (*portfolio*) de direitos de patente (*patent pool*) constitui, não raras vezes, uma bem sucedida estratégia de prossecução egoística de interesses económicos a longo

---

[111] Calcula-se que o montante global destas indemnizações, entre 2000 e 2007 se cifrou na quantia de sete milhões de Euros – assim, EUROPEAN COMMISSION, *Pharmaceutical Sector Inquiry*, 2008, cit., pág. 233.

[112] Por vezes as *empresas de medicamentos de referência* comprometem-se a adquirir estes *stocks* a um preço inferior ao que as outras estariam dispostas a vender.

[113] EUROPEAN COMMISSION, *Pharmaceutical Sector Inquiry*, 2008, cit., págs. 245-246.

O direito de patentes, o sistema regulatório de aprovação...

prazo. Mas estas "carteiras" de patentes farmacêuticas ou certificados complementares de protecção constituem, de igual sorte, um meio de as empresas suas titulares desenvolverem actividades destinadas a desestabilizar as actividades dos concorrentes. Uma dessas estratégias consiste em promover o *aumento dos custos* do exercício das actividades das empresas rivais[114], em vez de serem exercidas *práticas unilaterais* de exclusão, de utilização de preços predatórios ou de margens de comercialização.

Uma das mais importantes vias destinadas a *aumentar os custos* das actividades dos concorrentes consiste na mobilização de *estratégias de litigância judicial*[115], que dei conta no início deste estudo: a titular das patentes de medicamentos de referência acciona judicialmente as empresas concorrentes de medicamentos genéricos, tornando incerto o resultado final do litígio e, logo, incerta a probabilidade de introduzir efectivamente os genéricos no mercado.

Embora esta estratégia aumente os custos operacionais do titular das patentes sobre os medicamentos de referência, ele está livre de escolher as patentes ou os certificados complementares de protecção cuja defesa, em acções de violação, maiores custos poderão implicar para os concorrentes. Por outro lado, esta estratégia tende a *estimular* a celebração de contratos de licença com as empresas farmacêuticas concorrentes. E o montante dessas rendas periódicas será tanto maior quanto for maior o montante das custas judiciais a cargo da empresa de medicamentos de referência. De resto, ao "forçar"[116] as empresas concorrentes a aceitar a

---

[114] Nestes casos, quanto maior for o número de patentes que integram a carteira, maior será também o risco da verificação de práticas anticompetitivas, já que é mais provável que os potenciais licenciados sejam "forçados" a negociar contratos de licença relativamente a direitos de patente que para eles não revelam nenhum interesse merceológico. Cfr. S. CARLSON, "Patent Pools and Antitrust Dilemma", in *Yale Journal of Regulation*, vol. 16 (1999), pág. 359 ss., págs. 390-391; D. L. RUBINFELD/R. MANNES, "The Strategic Use of Patents: Implications for Antitrust", in F. LÉVÊQUE/H. SHELANSKI (eds.), *Antitrust, Patents and Copyright – EU and US Perspectives*, cit., 2005, pág. 85 ss., pág. 87; MARIA PAULA DOS REIS VAZ FREIRE, *Eficiência Económica e Restrições Verticais, Os Argumentos de Eficiência e as Normas de Defesa da Concorrência*, Lisboa, Associação Académica da Faculdade de Direito da Universidade de Lisboa, 2008, pág. 501.

[115] Em Portugal, cf. MARIA PAULA DOS REIS VAZ FREIRE, *Eficiência Económica e Restrições Verticais*, 2008, cit., pág. 496.

[116] Note-se que, não obstante ter utilizado a palavra "forçar", esta estratégia não fulmina com a *anulabilidade* tais contratos, pois dificilmente a empresa de medicamentos de referência poderá alegar e provar a existência de *coacção física, moral* ou *estado de neces-*

celebração de tais contratos, estas últimas ver-se-ão, não raras vezes, na contingência de ficarem autorizadas a exercer as faculdades jurídicas inerentes a direitos de patentes integrantes de tais "carteiras", que não necessitam ou não desejam[117]. Esta *estratégia de litigância judicial* usada pelas empresas de medicamentos de referência não impede a competição, embora possa visar ou desencadear objectivamente um *efeito anticompetitivo*: o *aumento dos preços* dos produtos fabricados e/ou comercializados pela empresa de medicamentos de referência, o que, surpreendentemente, provoca um *efeito colusivo tácito*.

### 8.1. *A concorrência e a propriedade intelectual. O regime do artigo 81.° do Tratado CE*

Que dizer de tudo isto?

**I** – O princípio da *livre iniciativa económica privada* assente num sistema de *livre concorrência* entre os agentes económicos (artigo 61.°/4 da Constituição) propicia, em regra, benefícios para o público em geral. Previne tal princípio a fixação de preços demasiadamente elevados e, ao mesmo tempo, estimula a produção e a distribuição de bens ou serviços com uma qualidade constante superior.

As *condições óptimas de competição* verificam-se quando num determinado mercado existe um grande número de fornecedores de um produto; aí onde os consumidores desfrutam de uma informação perfeita acerca das condições desse mercado; aí onde os recursos podem livremente ser transferidos entre os diferentes sectores da actividade económica; aí onde não existem *barreiras à entrada no mercado* susceptíveis de impedir o surgimento de novas relações de concorrência (e de novos produtos ou serviços); e aí onde não existem *barreiras para a saída do mercado*.

Estas condições geralmente não existem (ou nunca existem). E mesmo quando existam, elas tendem a aumentar o fosso entre as economias e os níveis de desenvolvimento económico, provocando, *inter alia,* fenómenos de *dumping* social e económico: à luz deste paradigma as empresas ficam

---

*sidade* no momento da celebração do contrato de licença de direitos de patente ou certificados complementares de protecção.

[117] D. L. RUBINFELD/R. MANNES, "The Strategic Use of Patents: Implications for Antitrust", cit., 2005, pág. 87.

livres de *deslocalizar* os seus recursos para países com baixo nível de vida e regulação administrativa mínima (ou inexistente) relativamente à actividade económica que aí se desenvolve, em aspectos relacionados com o regime dos mercados financeiros, as relações laborais e a preservação do ambiente.

Seja como for, as primícias do direito da concorrência e as preocupações em conformar objectivamente as *estruturas do mercado* e o comportamento dos seus agentes concentraram-se no domínio do *direito dos contratos* e na preservação da *autonomia da vontade*. Este paradigma era, porém, inconsistente, já que desconsiderava a posição dos contraentes (e a relação de concorrência) em momento anterior (*ex ante*) ao da celebração do contrato[118]; apenas relevava o momento *ex post*.

**II** – Por outro lado, uma economia provida com um sistema de *competição perfeita* é incapaz de produzir a maximização do progresso tecnológico e experienciar as suas vantagens. O tornar irrestritamente disponível a informação tecnológica é *injusto* e gera inevitáveis *externalidades* associadas à investigação e ao desenvolvimento destinadas à obtenção de *novas soluções técnicas (invenções). É, então, necessário criar mecanismos* jurídicos de *apropriação* dessas soluções técnicas e do conhecimento científico-tecnológico que nelas se encerra.

**III** – Uma maneira de lograr estes objectivos consiste, na verdade, em conceder direitos exclusivos industriais, a "termo resolutivo", sob a forma de *direitos de propriedade industrial*. Se assim não fosse, teríamos o desagradável fenómeno dos aludidos "passageiros clandestinos" (*free riders*): a imitação ou a reprodução unilateral por terceiros do objecto da criação intelectual a um custo substancialmente inferior ao que foi suportado pelo criador pessoa humana ou pela empresa que o tenha contratado. O que não significa que todas as criações intelectuais do mesmo tipo devem subordinar-se ao mesmo *termo resolutivo*: é que algumas delas seriam sempre logradas mesmo na ausência da possibilidade de conceder estes exclusivos industriais temporários. O que não significa, de igual jeito, que deva suprimir-se completamente o fenómeno dos "passageiros clandesti-

---

[118] G. Tritton/R. Davis/M. Edenborough/J. Graham/S. Malynicz/A. Roughton, *Intellectual Property in Europe*, 3.ª edição, London, Thompson, Sweet & Maxwell, 2008, págs. 753-754.

nos (*free riders*), lançando sempre sobre ele o labéu do ilícito[119]. Além de que ocorrem *distorções na captura de rendas*[120] quando a apropriação efectuada através da concessão de direitos de exclusivo industriais é outorgada com base na mera presença de resultados ou soluções técnicas mais ou menos *banais* ou *triviais*, em que o estalão da *actividade inventiva* exigida é baixo.

Vale dizer: a protecção oferecida através da concessão destes exclusivos industriais pode ser, por vezes, excessiva em ordem a prosseguir o referido escopo de estímulo à inovação. Todavia, provavelmente seria mais oneroso e provido de maiores "custos de transacção" a criação de um regime jurídico que permitisse a averiguação, caso a caso, da *importância* da criação, a sua *originalidade* (direitos de autor) *singularidade* (desenhos ou modelos), *esforço intelectual* (topografias de produtos semicondutores) ou *nível inventivo* (direito de patente, modelo de utilidade). Tal regime seria provavelmente mais *justo*, mas redundaria em maiores *ineficiências*. A concessão estadual de direitos exclusivos industriais permite que o criador ou a empresa detentora dos direitos sobre tais criações seja a pessoa (humana ou colectiva) que, no caso das patentes ou modelos de utilidade, está em melhores condições de se apropriar do valor criado pela *inovação tecnológica*.

**IV** – A *tutela das estruturas objectivas do mercado* – através do *direito da concorrência* – está assim também melhor servida por um sistema que concede *direitos exclusivos industriais*, sem prejuízo da consagração de regimes destinados a prevenir ou a reparar alguns efeitos perversos resultantes das condutas dos agentes económicos no mercado. Quer o *direito de patente* quer o subsistema jurídico do *direito da concorrência* visam o mesmo objectivo: *estimular a inovação tecnológica* e consequente *comercialização dos seus resultados* (produtos, processos, usos) e, outrossim, *beneficiar o público através da disseminação da utilização* dos resultados dessas inovações tecnológicas maximizando o bem-estar. Só que, embora a concessão de direito de patente restrinja temporariamente a competição, essa restrição visa, no final, *no médio prazo*, assegu-

---

[119] W. J. GORDON, "On Owning Information: Intellectual Property and the Restitutionary Impulse", in *Virginia Law Review*, 1992, pág. 149 ss., pág. 279.

[120] Entre nós, agora, MARIA PAULA DOS REIS VAZ FREIRE, *Eficiência Económica e Restrições Verticais*, 2008, cit., pág. 493.

rar a *livre utilização de inovações* para cuja consecução, na ausência de direitos de patente, talvez não existisse estímulo[121].

De qualquer modo, tanto o subsistema da propriedade intelectual quanto o direito da concorrência servem o propósito comum de promoção da *inovação tecnológica* e *bem-estar dos consumidores* e do público em geral[122].

**V** – Em primeiro lugar, é preciso lembrar que o artigo 81.° do Tratado da Comunidade Europeia pretende proteger a concorrência neste vasto mercado. A sua justificação assenta na *promoção do bem-estar dos consumidores* e na *eficaz afectação dos recursos*.

Ora, o n.° 1 do artigo do artigo 81.° proíbe a realização de *acordos* ou de *práticas concertadas entre empresas*, bem como todas as *decisões de associação de empresas*, susceptíveis de afectar o comércio entre os Estados-Membros e que tenham por objecto ou por efeito impedir, restringir ou falsear a concorrência. Mas em derrogação a esta regra, o n.° 3 do citado normativo determina que a proibição prevista no n.° 1 pode ser declarada inaplicável *se tais acordos entre empresas contribuírem para melhorar a produção ou a distribuição dos produtos ou para promover o progresso técnico e económico*[123].

Como condição dessa inaplicabilidade, o legislador comunitário impõe que estes *acordos* ou *práticas unilaterais* reservem aos utilizadores uma *parte equitativa do lucro* daí resultante, e não imponham às empresas em causa quaisquer restrições que *não sejam indispensáveis* à obtenção desses objectivos, nem dêem a essa empresas a possibilidade de *eliminar a concorrência* relativamente a uma *parte substancial* dos produtos em causa. Por outro lado, o legislador da União Europeia também considera ilícitos os chamados *abusos de posição dominante* (artigo 82.° do Tratado).

---

[121] Em sentido próximo, cfr. I. EAGLES, "Intellectual Property and Competition Policy: The Case of neutrality", in CHARLES E. F. RICKET/GRAEME W. AUSTIN (eds.), *International Intellectual Property and the Common Law World*, Oxford, Portland, Oregon, Hart Publishing, 2000, pág. 285 ss., págs. 319-320.

[122] D. L. RUBINFELD/R. MANNES, "The Strategic Use of Patents: Implications for Antitrust", cit., 2005, pág. 85 ss., pág. 85.

[123] *Inter alia*, cfr. M. GORJÃO-HENRIQUES, *Direito Comunitário*, 5.ª edição, 2008, cit., pág. 550; agora tb. MARIA PAULA DOS REIS VAZ FREIRE, *Eficiência Económica e Restrições Verticais*, 2008, cit., pág. 587 ss.

340  VII Curso de Direito Industrial

### 8.2. Os artigos 81.° e 82.° do Tratado CE e os direitos de propriedade industrial

Aplicadas tais determinações e objectivos aos *direitos de patente* e aos *certificados complementares de protecção para produtos farmacêuticos*, isso significa que estes exclusivos não podem ser, *à partida*, excluídos da aplicação e da concreta sindicação das normas e dos princípios do direito (europeu) da concorrência.

#### 8.2.1. O exercício do direito de acção nos tribunais como prática anticompetitiva por parte das empresas de medicamentos de referência?

É verdade que o mero recurso aos tribunais por parte das empresas de *medicamentos de referência* para fazer valer os seus direitos de propriedade industrial não configura, *só por si*, uma *prática anticompetitiva*. Estas práticas traduzem, pelo contrário, o exercício do *direito de acção* junto dos tribunais, podendo apenas ser sancionadas através dos mecanismos específicos e pouco apropriados da *litigância de má fé* e do *abuso do direito de acção*. Na verdade, a propositura de uma acção judicial é, em regra, um *acto lícito* e não gera, por si só, *responsabilidade civil aquiliana*. Porém, quando o propósito do autor é exclusivamente *emulativo*, quando há um manifesto desequilíbrio no exercício das posições jurídicas contrário à *boa fé*, quando ocorre uma desproporção significativa entre o benefício do titular e o sacrifício por ele imposto ao demandado, enquanto mecanismo *disfuncional* na não observância de princípios jurídicos e valores próprios do sistema[124], creio que o exercício do direito de acção é fulminado pela última *válvula do sistema*: o *abuso do direito*.

Isso pode suceder quando, em casos como os que estamos a apreciar, a empresa de medicamentos de referência não pode desconhecer que o recurso aos tribunais administrativos ou aos tribunais judiciais, face ao objecto da acção (pedido e causa de pedir), é manifestamente desprovido de fundamento e, apesar disso, propõe ou prossegue a demanda. O que se aplica, igualmente, à dedução de *providências cautelares*. Relevante para o

---

[124] Cfr., agora, sobre esta dogmática, A. MENEZES CORDEIRO, "Eficácia externa dos créditos e abuso de direito", in *O Direito*, ano 141.° (2009), I, pág. 29 ss., pág. 77 ss., págs. 88-89.

O direito de patentes, o sistema regulatório de aprovação...

juízo da *ilicitude* do comportamento e da *culp*a será, neste caso, um acervo de condutas ou omissões, tais como, entre outras: o teor das eventuais negociações havidas previamente entre as partes ou a posição do demandado durante tais negociações (*v.g.*, a falta ou a existência de indicação acerca das reivindicações violadas respeitantes à patente do medicamento de referência, etc.), os meios de obter ou reforçar o poder negocial[125].

Só que, no âmbito dos *elementos subjectivos* deste tipo de ilícito, consente-se a condenação, *pelo baixo*, se for apurado que a parte (*in casu*, as empresas farmacêuticas de medicamentos de referência) *não podia ignorar* (ainda que, *em concreto*, ignorasse) *que deduzira uma pretensão sem fundamento*, actuando sem qualquer espécie de ponderação, sem o mínimo de cautelas ou com a omissão do dever de diligência exigível a qualquer pessoa que pretende defender os seus direitos subjectivos e demais posições jurídicas subjectivas (*negligência grave*[126]).

### 8.2.2. A aplicabilidade excepcional *dos mecanismos de controlo* previstos no artigo 81.º do Tratado CE

Pois bem. A *existência* e a *titularidade* de direitos de patente ou certificados complementares de protecção – outrossim, qualquer outro "tipo" de propriedade intelectual – não exonera o seu titular da sujeição deste

---

[125] No Japão, na decorrência de uma decisão do Tribunal de Apelação em matéria de propriedade intelectual, de 31/10/2007 (*Heisei* 18 (ne) 10040, *apud* Yoshitaka Sonoda, "Japan – When is filing a patent infringement suit deemed to be a tort?", in *Building and enforcing intellectual property value*, 2009, págs. 206 ss.), a responsabilidade civil decorrente da propositura de acção judicial por violação de direito de patente depende de um conjunto de factores, tais como: a circunstância de o titular da patente não ter agido seriamente, no sentido de se inteirar da validade do seu direito de patente, ou de haver desconsiderado o facto de os produtos comercializados pelo demandado estarem a infringir alguma das reivindicações; a circunstância de, antes da dedução da acção de infracção, o titular não informar previamente o demandado acerca das patentes ou, dentro de cada uma delas, das concretas reivindicações que considera violadas pela conduta do demandado; a circunstância de a acção judicial ser também (ou somente) dirigida contra clientes do seu concorrente, a despeito de se demonstrar que essa acção poderia facilmente ter sido evitada (*v.g.*, o autor resolvera extrajudicialmente uma idêntica violação contra um outro cliente).

[126] Sobre a caracterização da *negligência grave* na *litigância de má fé*, cfr., recentemente, por todos, P. Costa e Silva, *Litigância de Má Fé*, Coimbra, Coimbra Editora, 2008, págs. 346-351 e jurisprudência aí citada.

regime previsto nos artigos 81.º e 82.º do Tratado da Comunidade Europeia; não o torna *imune* face ao direito da concorrência[127].

Os direitos de propriedade intelectual não devem necessariamente prevalecer relativamente a certos *interesses públicos*, como é o caso da protecção da *saúde pública*[128] e o *acesso das pessoas aos cuidados de saúde*, não obstante se concorde com a tese de que estes exclusivos, designadamente, o direito de patente, também perseguem vários *interesses públicos*[129].

Na verdade, a necessidade de *estimular a investigação e o desenvolvimento de novos fármacos*, bem como, por um lado **(1)** a existência, como vimos atrás, de inúmeras regras, não harmonizadas, sobre a *determinação do preço* (máximo) *de venda* dos medicamentos nos Estados-Membros da União Europeia, sobre os *sistemas de reembolso* e sobre as *margens máximas de lucro dos operadores* fixadas pela lei, por outro **(2)** a observância de padrões de eficácia, segurança e qualidade dos medicamentos nem sempre serem totalmente harmonizados e, por último, **(3)** as *singulares características das entidades* que, no final, *suportam a maior fatia do preço total de venda dos fármacos* (Estados, seguradoras), todos estes elementos conduzem-nos à convicção de que, excepto nos casos *expressamente* contemplados pelos regulamentos comunitários, a aplicação destas

---

[127] Sobre isto, em Espanha, S. BACHES OPI/F. DÍEZ ESTELLA, "La aplicación del derecho antitrut al ejercício unilateral de los derechos de propriedad intelectual e industrial: el estado de la cuestión en la Unión Europea", in *RDM*, n. 260 (Abril/Junho 2006), págs. 643 ss.; tb., recentemente, I. HARACOGLOU, *Competition Law and Patents*, Cheltenham, Northampton, Edward Elgar, 2008, págs. 119-121.

[128] Cfr. o artigo 8.º/1 do Acordo TRIPS. O n.º 2 deste artigo permite que os Estados contratantes adoptem medidas adequadas, a fim de impedir a *utilização abusiva* destes exclusivos comerciais e industriais. Cfr. tb. o disposto no artigo 35.º da *Carta dos Direitos Fundamentais da União Europeia* (in *Jornal Oficial das Comunidades Europeias*, 2000, n.º C 364, págs. 1 ss.), aí onde de prevê o direito de acesso à medicina preventiva e o direito a beneficiar de cuidados de saúde de acordo com as condições estabelecidas nas práticas e nos direitos internos dos Estados-Membros. Entre outros instrumentos, o artigo 25.º/1 da *Declaração Universal dos Direitos do Homem* garante o direito a um nível de vida adequado à sua saúde e bem-estar.

[129] Veja-se, em Portugal, J. P. REMÉDIO MARQUES, "Propriedade Intelectual e Interesse Público", in *Boletim da Faculdade de Direito da Universidade de Coimbra*, vol. 79 (2003), págs. 293 ss. (p. 311 ss., sobre as práticas restritivas da concorrência e a titularidade de direitos de propriedade intelectual; 317 ss., sobre a confluência de interesses públicos e interesses privados no próprio regime jurídico dos direitos de propriedade intelectual).

*O direito de patentes, o sistema regulatório de aprovação...* 343

regras jurídicas ao sector farmacêutico dos Estados-Membros somente deve atingir as situações em que concorram *situações excepcionais*.

### 8.2.3. A protecção de patentes triviais face à mobilização dos instrumentos do direito da concorrência contra os titulares da propriedade industrial

Ao que antecede acresce, segundo julgo, um outro argumento cada vez mais decisivo: quanto mais *fragmentado* e *débil* nos surge o subsistema do direito de patente – o que se observa através da concessão, *não sujeita a oposição*, de direitos de patente a *invenções triviais* materializadas em sais, ésteres, isómeros, enantiómeros, invenções de segundo e subsequentes usos médicos, de regimes terapêuticos, de vias de administração, etc., patentes, estas, muitas vezes desprovidas de *novidade* ou de *actividade inventiva* –, maior será a resistência do intérprete em considerar *abusiva* a conduta do titular da patente. Quanto mais *banais*, *triviais* ou carecidas de originalidade forem as patentes respeitantes aos *medicamentos de referência*, menor será a necessidade de *intervenção exógena* por parte das autoridades da concorrência nacionais ou da União Europeia[130]. E o mesmo se dirá dos *certificados complementares de protecção* emitidos a partir de procedimentos de AIM decididos com base em *informações falsas*. Faz-se aí mister, pelo contrário, desencadear os *mecanismos endógenos* ao próprio direito de patente ou certificado complementar de protecção, aqui onde avulta o seguinte: a *nulidade*, cuja *legitimidade activa* é bastante ampla (artigo 35.º/2 do CPI português de 2003).

### 8.3. Alguns critérios de decisão

Já vimos que, tal-qualmente a propriedade intelectual, o *direito da concorrência* visa alcançar os maiores níveis de eficiência económica. E tal como a propriedade industrial, fá-lo indirectamente: a *preservação de um processo económico competitivo* contribui, as mais das vezes, para lograr aquela eficiência.

Vistas as coisas sob este prisma, o que interessa é apenas a *dinâmica competitiva*, que não os *interesses* (colectivos ou de classe) dos *concor-*

---

[130] J. P. REMÉDIO MARQUES, *Biotecnologia(s) e Propriedade Intelectual*, vol. II, 2007, cit., pág. 997, nota n. 2297.

*rentes* ou dos *consumidores*, como tais. Algo de parecido ocorre com as representações dos legisladores da propriedade industrial e com os valores que se precipitam nos regimes jurídicos positivos: relevante não é propriamente a diminuição ou a extinção das *utilizações livres* relativamente às criações protegidas e providas de um mais ou menos amplo espectro de faculdades jurídicas exclusivas; decisivo é, pelo contrário, o *efeito do funcionamento* destas soluções nos singulares mercados – não apenas no mercado onde são exercidas as faculdades jurídicas inerentes ao concreto "tipo" de propriedade industrial outorgado pelos poderes públicos, mas também nos *mercados adjacentes*, a *jusante* e a *montante*[131].

Sabemos, por outro lado, que o cumprimento destas regras destinadas a *regular objectivamente* o comportamento dos agentes no mercado, a promoção e a *protecção das estruturas do mercado* (*tutela objectiva de padrões de conduta* dos agentes no mercado, independentemente da intenção – *dolo*, ou *dolo específico*, como é exigido na *concorrência desleal* – ou da verificação de qualquer *elementos subjectivo*)[132] não pode desejar a obtenção de uma estrutura de *competição perfeita* entre os agentes económicos, mas apenas aquela *competição efectiva*, *praticável* (*workable competition*) ou *eficaz*, atentos os múltiplos constrangimentos não imputáveis exclusivamente à esfera de volições dos agentes.

Os direitos de propriedade intelectual (direitos de autor, direitos conexos e propriedade industrial) e as faculdades jurídicas que constituem

---

[131] I. EAGLES, "Intellectual Property and Competition Policy", 2000, cit., pág. 302 e nota 70.

[132] Regras que se distinguem das que visam regular e punir certos comportamentos julgados ilícitos entre empresas numa relação de concorrência (*concorrência desleal*), a fim de proteger os interesses dos *agentes económicos* contra comportamentos desonestos ou ofensivos da deontologia profissional ou, ainda, *certas práticas comerciais desleais*. Estas últimas procuram proteger os *consumidores* e os próprios agentes económicos. O *direito da concorrência*, por sua vez, tutela as *estruturas do mercado*, os *valores do próprio sistema* e o seu adequado enquadramento inter-empresarial. Daí que os *actos restritivos da concorrência* não gozam de um significado autónomo em matéria da concorrência desleal, pelo que um *acto restritivo da concorrência* não deve, por si só, ser qualificado como de *concorrência desleal*. Cfr. ROBALO CORDEIRO, "As coligações de Empresas e os direitos Português e Comunitário da Concorrência", in *RDES*, ano XXIX, Coimbra, 1987, pág. 86, nota 17; PEDRO DE ALBUQUERQUE, "Direito Português da Concorrência (Análise Breve do Decreto-Lei n.º 422/83)", in *ROA*, ano 50 (Dezembro 1990), págs. 577 ss., págs. 282-583; JOSÉ DE OLIVEIRA ASCENSÃO, *Concorrência Desleal*, Coimbra, Almedina, 2002, págs. 56-57, págs. 569-574.

O *direito de patentes, o sistema regulatório de aprovação...*     345

o seu *licere* erigem verdadeiras "barreiras à entrada" de novos agentes económicos quando o seu exercício, ou bem que:

**(1)** Inibe a criação de novos mercados, através da limitação do uso de produtos ou processos protegidos; ou bem que

**(2)** Facilita a *repartição* ou a *segmentação do mercado*, erigindo restrições geográficas ao movimento dos produtos (*v.g.*, importações paralelas, algumas cláusulas restritivas insertas em contratos de licença de exploração de direitos de propriedade intelectual), ou bem que

**(3)** Permite que os titulares usem as faculdades jurídicas inerentes ao *licere* dos respectivos direitos intelectuais, a fim de impedir a "entrada" de outros agentes económicos em mercados não abrangidos pelo *âmbito de protecção* adscrito aos respectivos direitos de propriedade intelectual[133].

É por todos conhecida a *utensilagem jurídica* utilizada para delimitar, *do exterior*, o *exercício ilícito dos direitos* de exclusivo e *os mercados* onde esse exercício ocorre: desde logo, **(1)** a análise casuística (*rule of reason*), aqui onde, qual "lista cinzenta", a (i)licitude dos comportamentos e das cláusulas apenas é afirmada em função da verificação concreta de certos efeitos económicos *indesejados* (*v.g.*, restrição de acesso ao mercado provocada pelo *efeito cumulativo de redes* paralelas que proíbam os licenciados de usar a tecnologias de terceiros, de explorar a tecnologia licenciada[134]) ou desejados (*v.g.*, num acordo de investigação e desenvolvimento, todas as partes terem acesso aos resultados da investigação em conjunto para fins de nova investigação ou exploração[135]); depois, **(2)** as regras *per se*, qual "lista negra", ou seja, o acervo de comportamentos ou de práticas que são *sempre* ilícitas (*v.g.*, obrigação imposta ao licenciado

---

[133] Neste sentido, I. EAGLES, "Intellectual Property and Competition Policy", 2000, cit., p. 305.

[134] Por exemplo, o artigo 6.°/1 do Regulamento (CE) n.° 772/2004, da Comissão, de 27 de Abril de 2004, relativo à aplicação do n.° 3 do artigo 81.° do Tratado a categorias de acordos de transferência de tecnologia, in *Jornal Oficial das Comunidades Europeias*, n.° L 123, de 27/04/2004, pág. 11 ss.

[135] Por exemplo, o artigo 3.°/2 do Regulamento (CE) n.° 2659/2000, da Comissão, de 29 de Novembro de 2000, relativo à aplicação do n.° 3 do artigo 81.° do Tratado a certas categorias de acordos de investigação e de desenvolvimento, in *Jornal Oficial das Comunidades Europeias*, n.° L 304, de 5/12/2000, pág. 7 ss.

346       *VII Curso de Direito Industrial*

de ceder direitos relativos a melhoramentos dissociáveis por ele introduzidos ou a novas aplicações da tecnologias licenciada por ele desenvolvidas[136]; obrigação directa ou indirecta que faça com que membros de um sistema de distribuição selectiva não vendam determinadas produtos sob a marca de fornecedores concorrentes ou a restrição da possibilidade de o comprador estabelecer o seu preço de venda[137]); e, finalmente, um **(3)** conjunto de orientações ou directrizes[138] de cuja verificação decorre, na perspectiva das autoridades administrativas competentes, a *licitude* de algumas práticas.

Em matéria de acordos e práticas restritivas por parte de titulares de direitos de propriedade intelectual, a União Europeia e os E.U.A. convocam *conceitos indeterminados* e *conceitos descritivos* ao abrigo de uma análise casuística (*rule of reason*) das situações em litígio.

Seja como for, a jurisprudência do Tribunal de Justiça das Comunidades Europeias (*v.g.*, casos *Commercial Solvents, United Brands, Volvo, Magill, Oscar Bronner, Tierce Ladbroke, IMS, Microsoft*) tem vindo a identificar um conjunto de práticas restritivas da concorrência respeitantes à *recusa* em autorizar o fornecimento de ou a utilização de produtos (ou serviços) protegidos por direitos de propriedade intelectual, o retardamento injustificado das negociações ou a imposição de condições contratuais que jamais poderiam ser aceitas pelas empresas contrapartes.

Desde logo, são críticas as situações em que, estando em causa *dois mercados*[139],

– Ocorre uma recusa em fornecer um produto a um mercado vertical a jusante, para aí preservar o poder de mercado; ou quando

– Ocorre uma recusa em permitir o acesso a uma *infra-estrutura essencial* ou *necessária*, para competir no mercado *a jusante*, para aí ser mantido o poder de mercado; ou quando

---

[136] Artigo 5.º/1, alínea *a)*, do citado Regulamento (CE) n.º 772/2004.

[137] Respectivamente, artigos 5.º, alínea *c)*, e 4.º, alínea *a)*, ambos do Regulamento (CE) n.º 790/1999, da Comissão, de 22 de Dezembro de 1999, relativo à aplicação do n.º 3 do artigo 81.º do Tratado CE a determinadas categorias de acordos verticais e práticas concertadas.

[138] *V.g.*, as directrizes da Comissão Europeia respeitantes aos *acordos de pequena importância* que não restringem sensivelmente a concorrência, nos termos do n.º 1 do artigo 81.º do Tratado CE (*de minimis*), in *Jornal Oficial das comunidades Europeias*, n.º C 368, de 22/12/2001, pág. 13 ss.

[139] Sobre isto, ver agora I. HARACOGLOU, *Competition Law and Patents*, 2008, cit., págs. 126-128.

- Se verifica uma recusa em aceder a um sistema de distribuição necessário para um concorrente situado num mercado a montante, ou quando
- Se verifica uma recusa em fornecer uma *infra-estrutura essencial* (protegida, ou não, por direitos de propriedade intelectual), ou ainda,
- Se constata uma recusa em fornecer *peças sobresselentes* a fabricantes independentes (*maxime*, para fins de reparação ou de substituição).

O registo destas práticas restritivas também tem sido, por vezes, identificado nas situações que envolvem a presença de *um único mercado*, quando:

- Ocorre uma recusa em negociar com distribuidores que promovem a venda de produtos *sucedâneos* ou *permutáveis*, a fim de preservar o poder nesse único mercado.
- Ocorre uma recusa em abastecer fornecedores que negoceiam com concorrentes, a fim de preservar o poder no segundo mercado.
- Se verifica uma recusa em continuar um contrato de empreendimento comum (*joint venture*) com os concorrentes.

Em suma, cura-se de *situações típicas* em que, ou bem que (**1**) há um corte nos fornecimentos a clientes, ou bem que (**2**) a empresa em *posição dominante* num específico mercado reserva para si uma actividade económica instrumental sem existir uma necessidade objectiva, a qual poderia ser desenvolvida por outra empresa como parte das suas actividades no mesmo mercado ou mercado adjacente, ocorrendo a possibilidade de eliminação total da concorrência, ou bem que, enfim, (**3**) ocorre uma recusa de fornecimento de um produto ou serviço essencial ao exercício de uma actividade económica, sendo que não existem produtos ou serviços permutáveis ou sucedâneos, ou quando, com essa conduta, se impede o surgimento de um produto ou serviço novo, a despeito de existir uma procura real ou potencial dos consumidores[140].

---

[140] I. HARACOGLOU, *op. cit.*, págs. 127-128, apoiando-se nas conclusões do Advogado-Geral, no caso *Oscar Bronner* (proc. C-7/97, in *Colectânea de Jurisprudência*, 1998, I, pág. 7791 ss., §§ 33 a 35).

348          *VII Curso de Direito Industrial*

Vale isto por dizer que *a recusa em licenciar direitos de propriedade intelectual* susceptíveis de permitir a distribuição de bens ou o acesso e utilização de tais bens pelos concorrentes no mesmo mercado ou em mercados adjacentes somente é *abusiva* e, por conseguinte, contrária ao estatuído no artigo 82.° do Tratado CE quando:

**(1)** O produto ou o serviço é indispensável para o desenvolvimento de uma determinada actividade económica;

**(2)** A recusa impede a emergência de um novo produto para o qual existe uma procura real ou potencial, o que significa que os concorrentes hão-de ficar impossibilitados de desenvolver e comercializar produtos iguais ou tecnicamente equivalentes;

**(3)** A recusa não é objectivamente justificável[141]; e

**(4)** A recusa suprime totalmente a concorrência no mercado adjacente.

Vejamos agora o mercado farmacêutico na União Europeia.

Em face do exposto *supra* (§ 4.), não poderemos desconsiderar a enorme influência do *regime jurídico regulatório* que atravessa o espectro jurídico dos Estados-Membros da União Europeia. A regulação do preço de venda dos medicamentos, a fixação da comparticipação estadual, a fixação das margens de comercialização dos vários agentes económicos envolvidos, as *regras sobre a distribuição de medicamentos*, as regras sobre o *armazenamento* de medicamentos e as *importações paralelas* de medicamentos[142] traduzem *especificidades* e *singularidades* bastantes para tornar aceitáveis e *objectivamente justificadas* muitas destas práticas comerciais adoptadas pelas empresas de medicamentos de referência[143].

---

[141] O facto de ser titular de um direito de propriedade intelectual sobre o produto ou serviço em questão não constitui uma *justa causa objectiva da recusa.*

[142] Repare-se que, mesmo em Portugal, a *importação paralela* (o que permite, em regra, a comercialização de medicamentos a preços mais baixos no Estado do destino) está condicionada à verificação de requisitos que não se amoldam ao regime regra do *esgotamento* de direitos de patente ou de marca (arts. 80.° a 91.° do Decreto-Lei n.° 176/2006, de 30 de Agosto).

[143] Veja-se, neste sentido, a opinião do Advogado-Geral Jacobs de 28/10/2004, no caso *Syfait I* (*Syfait c. GlaxosmithKline*), proc. C-53/03, § 100. Este caso não foi objecto de uma decisão sobre o mérito do pedido de reenvio prejudicial por parte do Tribunal de Justiça das Comunidades, porquanto, julgando-se incompetente, foi entendido por este tribunal que a autoridade grega da concorrência não pode ser considerada um "tribunal" na

Ora, se é preciso apreciar, antes do mais, o *contexto económico e jurídico* (*v.g.*, o mercado relevante[144], a natureza e a quantidade dos produtos que são objecto do acordo, a importância das partes no *mercado relevante*, o tipo de cláusulas que coarctam a liberdade e, *last but not the least*, as *condições normativas do sistema administrativo de regulação* dos medicamentos) e a *justificação objectiva da restrição*, creio que quase tudo depõe a favor da *licitude* da maioria dos acordos entre empresas que condicionam ou impedem a entrada dos *medicamentos genéricos* no mercado *antes* da caducidade das patentes e dos certificados complementares respeitantes aos *medicamentos de referência*, na medida em que as empresas de genéricos *renunciem* ou *abdiquem* de pedir a declaração de nulidade

---

acepção do artigo 234.° do Tratado CE. No caso *Syfait II* (processos apensos C-468/06 a C-478/06) o Advogado-Geral COLOMER concordou substancialmente com a retórica argumentativa do Advogado-Geral JACOBS.

[144] O *mercado relevante* não é apenas o mercado geográfico, mas também o mercado definido pela natureza do bem (as suas características, utilização, preço, etc.) e pelos esforços promocionais do titular dos direitos de propriedade intelectual. A Comissão tem vindo a utilizar tradicionalmente o *critério da elasticidade cruzada da procura*, o qual indaga a influência causada pela alteração das condições de oferta de um produto na procura de outros produtos que possam ostentar as mesmas características e ser aptos a satisfazer as mesmas necessidades permanentes dos consumidores. Sugere-se, igualmente, a utilização do critério da *substituibilidade do lado da oferta*, o qual traduz a facilidade ou a capacidade, maior ou menor, de em concreto, os fabricantes dirigirem a sua oferta para outros produtos, com a finalidade de satisfazer o aumento da procura. Mas também se propõe a utilização do teste do *monopolista hipotético* ou o *teste do lucro*, plasmado na fórmula e no acrónimo "small but significant and non-transitory increase in price" (SSNIP) – pequeno mas significativo e não transitório aumento do preço. Sobre isto, cfr. MIGUEL GORJÃO-HENRIQUES, *Direito Comunitário*, 5.ª edição, 2009, cit., pp. 573-575; ALDO FRIGNANI, "Abuso di posizione dominante", in ALDO FRIGNANI (a cura di), *Diritto Antitrust Italiano*, Bolonha, Zanichelli Editore, 1993, p. 322 ss.; CARLOS CABOZ SANTANA, *O Abuso de Posição Dominante no direito Comunitário da Concorrência*, Lisboa, Edições cosmos, 1993, p. 132 ss.; JOSÉ PAULO MARIANO PEGO, *A Posição Dominante Relativa no Direito da Concorrência*, Coimbra, Almedina, 2001, p. 29 ss.; JAUME PELLISÉ CAPELL, *Mercado Relevante, Posición de Domínio y Outras Cuestiones que Plantean los Artículos 82 TCE y 6 LEDC*, Aranzadi, Madrid, 2002, p. 56 ss.; ANA ISABEL PEIXOTO COUTINHO, *A Delimitação do Mercado Relevante no Direito Comunitário da Concorrência: Novos Rumos?*, Dissertação de Mestrado, Coimbra, Faculdade de Direito da Universidade de Coimbra, 2009, p. 25 ss.

Seja como for, não há dúvida que os medicamentos genéricos pertencem ao mesmo mercado dos medicamentos de referência, pois que os primeiros são providos da mesma forma farmacêutica e são *bioequivalentes* em relação aos medicamentos de referência correspondentes.

destes direitos industriais, conquanto, para o efeito, recebam avultados montantes.

Surpreende-se também aqui um critério de decisão usado ultimamente pela jurisprudência estadunidense do *Federal Circuit*, nos recursos interpostos pelas empresas farmacêuticas, nos casos em que a *Federal Trade Commission* (FTC) tem imposto sanções pecuniárias pelo cometimento de práticas anticompetitivas. Esse critério decisório é o seguinte: é importante perquirir se o *negócio jurídico processual* pelo qual se impede ou retarda a entrada de um outro fármaco genérico no mercado se contém *dentro dos limites formados pelo âmbito tecnológico de protecção* do direito de patente ou do certificado complementar de protecção relativo ao *medicamento inovador* ou de *referência*.

Vale dizer: é preciso indagar se, quando a empresa de medicamentos genéricos desiste do pedido de decretamento da nulidade da patente ou do certificado complementar de protecção e aceita receber uma *compensação* pelo comportamento negativo que então promete à contraparte, a actividade das partes ainda se situa dentro do *âmbito (tecnológico) de protecção* assinalado à patente ou ao certificado complementar de protecção[145], o qual é titulado pela empresa de medicamentos de referência[146]. Por outras palavras: é necessário saber se a actividade cujo exercício a empresa de medicamentos genéricos abdica é abrangida pelo *âmbito de protecção da patente* ou certificado complementar de protecção.

---

[145] À luz deste critério haveria *abuso de posição dominante* ou uma *prática concertada ilícita* se, para além da substância activa protegida pela patente de base e que fora beneficiária da AIM, a empresa de medicamentos genéricos também renunciasse a colocar no mercado uma outra substância não abrangida pela AIM do *medicamento de referência*, embora fosse atingida pelo âmbito de protecção da patente de base quando esta vigorou.

[146] Já haveria, por exemplo, um *indício* de *abuso de posição dominante* se, no contexto destas cláusulas de não contestação da validade das patentes ou dos certificados complementares, a *empresa de medicamentos genéricos* ficasse *obrigada a vender* uma certa quantidade de *outros* medicamentos não abrangidos pelo alcance da protecção daqueles direitos da propriedade industrial ou que as contrapartidas financeiras auferidas pela empresa de genéricos a obrigasse *a não colocar no mercado medicamentos não abrangidos* pelas patentes ou certificados complementares das empresas de medicamentos de referência. Cfr., agora, a Comunicação da Comissão (2004/C 101/02) sobre as mais recentes orientações da Comissão Europeia relativas à aplicação do artigo 81.º do Tratado CE aos *acordos de transferência de tecnologia*, in *Jornal Oficial da União Europeia*, n.º C 101, de 27/04/2004, págs. 2 ss.

*O direito de patentes, o sistema regulatório de aprovação...* 351

Por outro lado, deve também notar-se que as pessoas, ainda que através dos sistemas públicos de saúde, não ficam, na decorrência de tais acordos, privadas do acesso ao mercado de *novos produtos* (ou *serviços*) para os quais haja uma *procura real* ou *potencial* (*in casu*, os *medicamentos genéricos*).

Lembre-se – mais uma vez – que o *abuso de posição dominante* em matéria de *direitos de propriedade intelectual* está, entre outros requisitos, condicionado pela circunstância de a prática da empresa dominante *impedir a emergência de um novo produto ou serviço não produzido ou prestado pela empresa dominante, para o qual exista uma procura real ou potencial*. O produto será *novo* se *diferir materialmente* do produto colocado no mercado pelo titular da propriedade intelectual, mesmo que, ao que parece, a empresa em posição dominante já explore um produto no mercado adjacente[147]. Ora, quanto muito, os *medicamentos genéricos* apenas diferem quimicamente dos medicamentos de referência no que tange aos *excipientes*. Donde, em princípio, o interesse da entrada do medicamento genérico no mercado não implica o surgimento de *um produto novo*. Mesmo quando esse genérico satisfaz uma outra específica necessidade[148] ou um *outro interesse económico* dos consumidores, qual seja o *menor preço de venda* ou uma maior *percentagem de comparticipação*, a determinação desta circunstância não cabe às *autoridades da concorrência* nacionais ou comunitárias, mas sim às *autoridades administrativas reguladoras sectoriais nacionais* (em Portugal, o INFARMED, o *Ministério da Saúde* e o *Ministério da Economia* através da *Direcção-Geral das Actividades Económicas*).

Atente-se ainda que o ilícito de *abuso de posição dominante* não é sindicável *quando não existe concorrência no mercado relevante* ou essa concorrência apenas é surpreendida em pequenos nichos ou segmentos do mercado relevante[149]. Ademais, estes acordos não eliminam a concorrência no *mercado a jusante* – isto para quem considere que o gené-

---

[147] Decisão do Tribunal de Justiça das Comunidades no caso *IMS c. NDC*, proc. 418/01, in *Colectânea de Jurisprudência*, 2004, I, pág. 5039, § 49; tb., assim, na decisão do Tribunal de Justiça da Comunidades, no caso *Microsoft c. Comissão*, proc. T-201/04, *ivi*, 2007, II, págs. 3601 ss., §§ 647 e 653.

[148] *Idem*, § 48.

[149] Neste sentido, a decisão do Tribunal de Justiça das Comunidades, no citado caso *Microsoft*, § 563.

rico é um *produto diferente* gerador de um *mercado diferente*[150] –, visto que as demais empresas de medicamentos genéricos não subscritoras de tais acordos estão sempre livres de peticionar a *nulidade* destas patentes, a fim de colocar mais cedo os seus medicamentos genéricos no mercado[151].

---

[150] De acordo com o § 7 da Comunicação da Comissão n.º C/97, relativa à definição de *mercado relevante* para efeitos do direito comunitário da concorrência (in *Jornal Oficial das Comunidades Europeias*, n.º C 372, de 9/12/1997, págs. 5 ss.), o conceito de "mercado relevante", em *sentido material*, compreende todos os produtos ou serviços "*permutáveis* ou *substituíveis* pelo consumidor devido às suas características, preços e utilização pretendida"; produtos ou serviços que satisfazem as mesmas necessidades constantes e em razão das suas características, preços e utilizações. Neste sentido, os medicamentos genéricos dos medicamentos de referência integram *o mesmo mercado*, pois satisfazem as mesmas necessidades e são *substituíveis* ou *intermutáveis* entre si, à luz do critério da *elasticidade cruzada da procura*: a prescrição do medicamento genérico, salvo raras excepções (*v.g.*, alguns sectores da população idosa com um nível baixo de instrução, aqui onde as *características físicas exteriores* das *embalagens* podem ser importantes para criar *barreiras à substituição* do medicamento de referência pelo genérico), não tende a provocar um *nível substancial de alteração dos comportamentos dos pacientes*. Mas também aqui os *apertados sistemas regulatórios nacionais da prescrição médica* e a *relação especial* estabelecida entre *o médico e o paciente* assente em rigorosas *normas deontológicas* impedem o funcionamento das regras normais da competição.

[151] O exposto resulta da aplicação *cumulativa* dos critérios adoptados pela jurisprudência do Tribunal de Justiça nos casos de *abuso de posição dominante* através da titularidade e do exercício de direitos de propriedade intelectual, mais precisamente através do exercício negativo do *ius prohibendi* inerente a estes direitos absolutos. Cfr. o caso *IMS c. Comissão*, proc. C-418/01, com decisão do Tribunal de Justiça tirada em 29/04/2004 (in *Colectânea de Jurisprudência do Tribunal de Justiça*, 2004, I, págs. 5034 ss.) e o mais recente caso *Microsoft c. Comissão* (in *Colectânea de Jurisprudência do Tribunal de Justiça*, 2007, II, págs. 3601 ss., §§ 319, 330, 331, 332 3 336), os quais, na sequência dos critérios adoptados no caso *Magill* (Proc. C-241/91 e C-242/91, que culminou com a decisão do Tribunal de Justiça, em 6/04/1995, in *Colectânea de Jurisprudência do Tribunal de Justiça*, 1995, I, págs. 743 ss., § 50-58), reclamam que (**1**) a conduta em causa não possa ser *objectivamente justificada* com base nos interesses comerciais da *empresa dominante* (e, para isso, é preciso ser-se *empresa dominante* nesse específico *mercado*); (**2**) que o acesso aos produtos (ou serviços) deve ser indispensável para que o concorrente opere num "mercado adjacente"; (**3**) que a impossibilidade de aceder a tais produtos ou serviços elimine, real ou potencialmente, toda a concorrência no mesmo mercado ou em mercados adjacentes; (**4**) e que o concorrente pretenda fornecer produtos (ou serviços) *diferentes* dos que são fornecidos pela empresa dominante, titular da propriedade intelectual, para os quais haja uma procura, real ou potencial, de consumidores insatisfeitos com os bens (ou serviços) preexistentes no mercado. Cfr., desenvolvidamente, J. P. REMÉDIO MARQUES,

Enfim, tais acordos *não impedem a inovação tecnológica*, a *jusante*, exactamente porque a (larga maioria das) empresas de medicamentos genéricos não desenvolvem actividades de *inovação tecnológica*, não havendo *transferência de tecnologia*.

### 8.4. Em particular: as cláusulas de não contestação da validade das patentes relativas aos medicamentos de referência contra o pagamento de quantias pecuniárias às empresas de medicamentos genéricos; as licenças exclusivas, os acordos de distribuição exclusivos e as restrições das vendas

Há, no entanto, um conjunto de *práticas concertadas* entre empresas farmacêuticas cuja validade tem sido ultimamente posta em causa, nos termos do artigo 81.° do Tratado CE. Atentemos, desde já, nalgumas cláusulas inseridas em *acordos verticais de distribuição*, em *acordos de especialização* (*id est, acordos horizontais*) e nas *cláusulas de não contestação da validade* das patentes ou dos certificados complementares de protecção, não raras vezes firmadas em *transacções judiciais* ou *extrajudiciais*.

### 8.4.1. A invalidade das patentes farmacêuticas enquanto interesse geral dos cidadãos face aos acordos de transferência de tecnologia: não existência, por regra, de transferência de tecnologia; os acordos verticais; os acordos horizontais

É verdade que há um *interesse geral da comunidade* dos cidadãos em que, por ocasião da constituição de direito de patente, sejam respeitados os *requisitos materiais de protecção* (novidade, actividade inventiva, a industrialidade e, segundo creio, a suficiência da descrição) e não sejam prestadas *falsas* ou *equívocas declarações* sobre a data da primeira AIM, por ocasião de pedido de constituição de um certificado complementar de protecção.

---

*Biotecnologia(s) e Propriedade Intelectual*, vol. II, *Obtenções Vegetais, Conhecimentos Tradicionais, Sinais Distintivos, Bioinformática e Bases de Dados, Direito da Concorrência*, Coimbra, Almedina, 2007, p. 967-997, espec. nota n.° 2263 (sem abranger, porém, a análise do caso *Microsoft*); recentemente, com maior desenvolvimento, I. HARACOGLOU, *Competition Law and Patents*, 2008, cit., págs. 126-173, págs. 143-144).

354      *VII Curso de Direito Industrial*

A invalidação destes direitos de propriedade industrial é favorável aos *interesses do público* em geral, do Governo, e dos *consumidores* (pessoas humanas) de produtos de saúde e do público, já que eles não suportam, assim, os efeitos últimos de actos que carecem do consentimento dos titulares destes exclusivos. Que o mesmo é dizer: tais pessoas não suportam a manutenção constante do preço de venda do medicamento de referência, que incorpora a *substância activa* e os *excipientes*.

É verdade que o artigo 5.°/1, alínea *c)*, do novo Regulamento (CE) n.° 772/2004, do Conselho, de 27/04/2004, sobre a aplicação do n.° 3 do artigo 81.° do Tratado a categorias de *acordos de transferência de tecnologia*, considera que ocorre uma *restrição grave* à concorrência quando os contratos de licença, directa ou indirectamente, obrigam os beneficiários das licenças a "não impugnar a validade dos direitos de propriedade intelectual de que o licenciante seja titular"[152]. Mas nas situações que agora analisamos não existe, em regra, qualquer tipo de *transferência de tecnologia* ou comunicação de *know-how*. Motivo por que não faz sentido fulminar, *sic et simpliciter*, tais cláusulas com o desvalor da *nulidade*.

**I** – Vejamos os *acordos verticais*[153]. O Regulamento (CE) n.° 2790/ /1999, de 22 de Dezembro de 1999 cura destas situações. Todavia, quando os produtos (ou serviços) objecto de distribuição comercial são objecto de direitos de propriedade intelectual, este regulamento apenas é aplicável *desde que as disposições relativas à propriedade intelectual não constituam o seu objecto principal* e estejam directamente relacionadas com a

---

[152] Sobre a inserção deste tipos de cláusulas em contratos de licença, cfr. J. P. REMÉDIO MARQUES, *Licenças (Voluntárias e Obrigatórias) de Direitos de Propriedade Industrial*, Coimbra, Almedina, 2008, págs 131-135; M. MOURA E SILVA, *Direito da Concorrência – Uma Introdução Jurisprudencial*, 2008, págs. 572-573. Cfr., tb., a Comunicação da Comissão (2004/C 101/02), sobre as orientações relativas à aplicação do artigo 81.° do Tratado CE aos acordos de transferência de tecnologia, in *Jornal Oficial da União Europeia*, n.° C 101, de 27/04/2004, págs. 2 ss.

[153] Um acordo vertical consiste num *acordo respeitante às condições em que as partes podem adquirir, vender ou revender certos bens ou serviços, aí onde participam duas ou mais empresas, sendo que cada uma delas opera, para efeitos desse acordo, a um nível diferente da produção ou da cadeia de distribuição* – uma noção próxima pode ver-se no artigo 2.°/1 do citado Regulamento (CE) n.° 2790/1999, sobre acordos verticais e práticas concertadas. Cfr., sobre o conceito de acordo vertical, agora, entre nós, MARIA PAULA DOS REIS VAZ FREIRE, *Eficiência Económica e Restrições Verticais*, 2008, cit., p. 279 ss.; tb. o artigo 1.°/1, alínea *c)*, do Regulamento (CE) n.° 1400/2002, da Comissão, de 31 de Julho de 2001, relativo aos acordos de distribuição automóvel.

O *direito de patentes, o sistema regulatório de aprovação...*

utilização, venda ou revenda dos produtos ou serviços pelo comprador ou pelos seus clientes (artigo 2.º/3 deste regulamento)[154]. Além disso, estes acordos podem ser isentos ao abrigo do n.º 3 do artigo 81.º do Tratado CE, se a *quota de mercado* do fornecedor não exceder *30% do mercado relevante* (art. 3.º/1 do Regulamento), a qual é calculada em função do valor das vendas no mercado dos bens contratados, bem como outros bens vendidos pelo fornecedor (e pelas sociedades por ele dominadas: art. 10.º/1, *idem*), que sejam considerados permutáveis ou substituíveis devido às suas características, preço e utilização pretendida[155].

Na decorrência de uma regra *per se*, o artigo 4.º deste regulamento apresenta um conjunto de cláusulas "negras" de cuja inserção no contrato resulta a *nulidade* do mesmo, independentemente da apreciação casuística dos acordos (*per se* enquanto *ilegais em si mesmas*) e o artigo 5.º do mesmo diploma apresenta-nos um acervo de cláusulas "menos negras" (ou mais "cinzentas"), que, sujeitas à *rule of reason*, também não podem, por vezes, ser inseridas em singulares contratos, tudo dependendo da *apreciação casuística* do singulares acordos.

As próprias *obrigações de não concorrência* podem ser estabelecidas até um prazo máximo de *cinco anos*[156], prevendo-se, nalguns casos, que

---

[154] Assim para que seja aplicável este regime jurídico condicionador da liberdade contratual entre empresas em matéria de *acordos verticais* é necessário que: **(1)** seja estabelecidas regras de utilização de direitos de propriedade intelectual através das quais as partes podem comprar, usar ou revender os bens; **(2)** a autorização de utilização das faculdades inerentes aos direitos de propriedade industrial deve beneficiar o comprador; **(3)** tais disposições não podem constituir o objecto principal do acordo de distribuição vertical; **(4)** essas regras sobre a utilização dos direitos de propriedade intelectual devem achar-se directamente relacionadas com o uso, a venda ou a revenda dos bens pelo comprador ou pelos seus clientes; e que **(5)** tais regras em matéria de propriedade intelectual relacionadas com a distribuição dos bens não podem conter restrições de concorrência com o mesmo objecto ou efeito dos acordos verticais não isentos pelo referido Regulamento (CE) n.º 2790/1999. Cfr., neste sentido, as orientações da Comissão Europeia sobre *acordos verticais*, in *Jornal Oficial das Comunidades Europeias*, n.º C 291, 2000, § 30 ss.

[155] Artigo 9.º/1, *idem*. Há, de facto empresas de *medicamentos de referência* que desfrutam de quotas de mercado superiores a 30% relativamente à *substância activa* objecto de venda.

[156] Veja-se o artigo 5.º Regulamento (CE), n.º 2790/1999, de 22/12/1999, do Conselho, relativo à aplicação do n.º 3 do artigo 81.º do Tratado CE a determinadas categorias de *acordos verticais* e *práticas concertadas* (in *Jornal Oficial das Comunidades*, n.º L 336, de 29/12/1999, págs. 21 ss.). Cfr. Maria Paula Dos Reis Vaz Freire, *Eficiência Económica e Restrições Verticais*, 2008, cit., págs. 672-674.

não podem ultrapassar o prazo de *um ano* a contar da data do termo do acordo (artigo 5.° alínea *b)*, do citado regulamento). Enfim, em *acordos de distribuição selectiva* também se proíbe a estipulação de obrigações que, *directa ou indirectamente*, impeçam que os fornecedores se comprometam a não vender certos produtos sob certa marca titulada por fornecedores concorrentes (artigo 5.°, alínea *c)*, do mesmo regulamento). Este último tipo de práticas pode ocorrer nos casos de acordos de distribuição cujos clientes são *hospitais* ou *armazenistas*. Práticas, estas, que quando forem associadas a volumes mínimos muito elevados de aquisição, ainda quando estiverem relacionadas a descontos ou brindes relacionados com a venda dos medicamentos, implicam a existência de *acordos de compras exclusivas*. Outrossim, nos casos em que se verifica a ocorrência de um sistema de *descontos em produtos farmacêuticos reciprocamente dependentes* uns dos outros com um efeitos semelhantes a *acordos exclusivos*; ou, *inter alia*, através da fixação de *preços predatórios* anormalmente baixos para certos adquirentes de alguns concorrentes.

**II** – Veja-se agora o panorama nos *acordos horizontais*, em particular, os *acordos de investigação e desenvolvimento* e os *acordos de especialização*.

Atente-se, para já, nos *acordos de investigação e desenvolvimento*. Estamos a supor a existência de *relações de concorrência* ao mesmo nível da cadeia de distribuição: fabricantes e/ou armazenistas e/ou retalhistas podem competir entre si. Situam-se numa *relação horizontal*, porquanto estão na mesma posição na cadeia de fabrico ou de distribuição dos produtos, *in casu*, dos medicamentos. As empresas que celebram este tipo de acordos são normalmente *empresas concorrentes*.

Pese embora tais *acordos horizontais de cooperação* – em particular, os *acordos de investigação e desenvolvimento* – possam trazer substanciais benefícios económicos[157] face à maior dinâmica dos mercados, à sua globalização e ao aumento das pressões concorrenciais, alguns destes acordos encerram práticas restritivas da concorrência, especialmente se produzem efeitos negativos no mercado, resultantes, as mais das vezes, da fixação de preços de venda, da repartição de mercados ou da restrições

---

[157] Diminuição dos riscos empresariais, economias de escala, realização de orçamentos de pesquisa conjuntos, criação de "carteiras" de saber-fazer, poupança de recursos, permuta de ideais, redução da duplicação ou sobreposição das actividades inventivas, etc.

*O direito de patentes, o sistema regulatório de aprovação...*     357

de produção, da obrigação de não conceder licenças a terceiros, da obrigação de dificultar aos utilizadores ou revendedores a obtenção dos produtos objecto do acordo junto de outros revendedores, etc.[158].

De igual sorte, surpreendem-se alguns potenciais *efeitos negativos* quando acordos deste tipo são celebrados entre *empresas tecnologicamente avançadas* – como sucede com a maioria das empresas que fabricam e comercializam *medicamentos de referência* e algumas de *medicamentos genéricos* –, aqui onde ocorre a natural tentação de se reduzir o *grau de inovação tecnológica*[159].

É por isto que a isenção prevista no artigo 1.º deste Regulamento (CE) n.º 2659/2000 somente é aplicável quando a quota de mercado cumulada dos participantes no acordo, tratando-se de *empresas concorrentes*, não exceder os *25% do mercado relevante* (dos produtos susceptíveis de serem melhorados ou substituídos por outros, ou do mercado das tecnologias objecto de licenças de utilização), nos termos do artigo 4.º/2 do citado Regulamento. A análise dos *efeitos anticoncorrenciais* é, neste ponto, efectuada *casuisticamente* pela Comissão Europeia.

Por exemplo, se duas grandes empresas farmacêuticas celebrarem um acordo de investigação e de desenvolvimento de um medicamento para utilização numa determinada indicação terapêutica é provável que, na sequência do cumprimento desse acordo em todos os estádios das actividades de investigação, nenhuma delas obtenha qualquer vantagem competitiva sobre a outra em todo o ciclo da inovação respeitante a esse fármaco.

Se, noutro exemplo, duas empresas farmacêuticas envolvidas autonomamente no fabrico de um medicamento celebrarem um acordo de desenvolvimento e investigação provido de uma *obrigação recíproca (e exclusiva) de licenciamento* de novos métodos de fabrico desse medicamento obtidos autonomamente por cada uma delas, é bom de ver que tal acordo restringe a competição entre as duas empresas, pois também as im-

---

[158] Cfr. as várias alíneas do n.º 1 do artigo 5.º do Regulamento (CE) n.º 2659/2000, da Comissão, de 29 de Novembro de 2000, relativo à aplicação do n.º 3 do artigo 81.º do Tratado CE a certas categoriais de acordos de investigação e desenvolvimento, in *Jornal Oficial das Comunidades Europeias*, n.º L 304, pág. 7 ss., que substitui o anterior Regulamento (CEE) n.º 418/85.

[159] Cfr. as orientações da Comissão Europeia relativas à aplicação do artigo 81.º do Tratado CE aos *acordos de investigação e desenvolvimento*, in *Jornal Oficial das Comunidades Europeias*, n.º C 3, 2001, pág. 2 ss., §§ 64, 65, 68.

pede de alcançar, entre si, uma vantagem competitiva na investigação e provavelmente impede-as de actuar autonomamente.

Enfim, figure-se que uma pequena empresa farmacêutica obteve a patente de uma substância activa susceptível de, *pela primeira vez*, ser usada numa determinada terapia e que esta empresa celebra um acordo com uma outra empresa farmacêutica, detentora de uma quota de mercado superior a 70% nos Estados-Membros, relativamente às substâncias que têm vindo a ser usadas na mesma terapia, cujas patentes estão quase a caducar. Supõe-se que, no mercado, existem mais empresas empenhadas no desenvolvimento de novos fármacos com base na mesma tecnologia inovadora. Pois bem. Não se vê, neste caso, que haja um acordo de investigação e desenvolvimento anticompetitivo, se esta última empresa se obrigar a financiar o desenvolvimento do produto da primeira, para além de lhes comunicar saber-fazer, mesmo que fique com o direito exclusivo de produzir e comercializar esse novo fármaco com base numa licença da patente titulada pela primeira[160].

Em particular, atente-se agora no regime dos *acordos de especialização unilateral*, pelos quais uma das *empresas concorrentes*, independentemente da prossecução do fim de melhorar a produção ou a distribuição dos produtos, concorda em fazer cessar o fabrico de determinado *medicamento genérico* ou em reduzir o fabrico desse medicamento, enquanto a empresa de *medicamentos de referência* concorda em fabricar e (continuar a) fornecer esses medicamentos.

De harmonia com o disposto no artigo 4.° do citado Regulamento (CE) n.° 2658/2000, da Comissão, de 29 de Novembro de 2000, relativo à aplicação do n.° 3 do artigo 81.° do Tratado CE a certas categorias de *acordos de especialização*[161], este tipo de acordos pode beneficiar de uma isenção se o limiar da quota de mercado cumulada das empresas participantes *não exceder os 20% do mercado relevante* – o mesmo se podendo dizer dos acordos em que cada empresa participante renuncia a favor da outra ao fabrico de certos medicamentos (*especialização recíproca*), ou dos acordos em que as empresas signatárias se comprometem a fabricar em conjunto determinados medicamentos (*produção conjunta*).

---

[160] Cfr. um exemplo análogo em G. Tritton/R. Davis/M. Edenborough/J. Granham//S. Malynicz/A. Roughton, *Intellectual Property in Europe*, 3.ª edição, 2008, cit., págs. 936-937.

[161] In *Jornal Oficial das Comunidades Europeias,* n.° L 304, de 5/12/2000, pág. 3 ss.

*O direito de patentes, o sistema regulatório de aprovação...* 359

Todavia, *independentemente desta quota de mercado*, tais *acordos de especialização são sempre ilícitos* se e quando, ao abrigo do preceituado no artigo 5.º deste regulamento, directa ou indirecta, isoladamente ou em combinação com outros factores controlados pelas partes, estes acordos de especialização tiverem por objecto a *fixação de preços* de venda dos medicamentos[162], a *limitação da produção* ou das *vendas* desses medicamentos ou a *repartição de mercados* ou de *clientes*.

De resto, mesmo que a quota de mercado relevante não exceda os 20% e não se vise a fixação de preços de venda dos medicamentos a terceiros, a limitação da produção ou das vendas ou a repartição dos mercados, o certo é que a Comissão Europcia fica sempre salva de, caso a caso, oficiosamente ou a pedido de um Estado-Membro ou de pessoas interessadas considerar que o acordo produz efeitos incompatíveis com os termos do n.º 3 do artigo 81.º do Tratado CE. O artigo 7.º do citado Regulamento (CE) n.º 2658/2000 enumera, *exemplificadamente*, algumas circunstâncias de cuja verificação pode resultar a produção de tais *efeitos incompatíveis*. É, por exemplo, o caso de os medicamentos objecto do acordo *não* estiverem sujeitos, no mercado da União Europeia ou numa parte relevante desse mercado, a uma concorrência efectiva de *medicamentos idênticos* ou *similares* pelos utilizadores em virtude das suas características (*v.g.*, dosagens, forma farmacêutica), preço e utilização (indicação terapêutica) previstas.

### 8.4.2. *Algumas práticas concertadas ilícitas entre empresas farmacêuticas, nos casos em que ocorre* transferência de tecnologia

Mas as partes poderão achar-se, pelo contrário, abrangidas por aquele Regulamento (CE) n.º 772/2004 nos casos em que a empresa farmacêutica de *medicamentos de referência* comunica à contraparte o conteúdo do *Documento Técnico Comum*, que apresentara junto do INFARMED por ocasião do pedido de emissão da AIM, bem como o resultado dos ensaios e tes-

---

[162] O que, em Portugal, somente poderá ocorrer, por um lado e *limitadamente*, com a comercialização de *medicamentos de referência* nos casos em que a fixação do preço é estabelecida num montante inferior ao preço máximo autorizado em Portugal. Como já sabemos, este *preço máximo* é apurado em função da comparação com a média dos preços nos estádios de produção ou importação em vigor em Espanha, França, Grécia e Itália (*países de referência*), os termos do artigo 6.º do Decreto-Lei n.º 65/2007, de 14 de Março.

tes antes de decorrer o prazo de protecção dos dados, renunciando esta à colocação do genérico no mercado e tornando-se, no mesmo passo, titular de autorização para produzir ou vender o *medicamento de referência*. Outrossim, é aplicável este regulamento sempre que os efeitos do acordo conduzam a uma redução do estímulo de a empresa de medicamentos genéricos (ou de medicamentos de referência) concorrente melhorar e explorar a sua própria tecnológica.

**I** – Vejamos as *licenças exclusivas*.

Estou a supor, agora, que as empresas de medicamentos genéricos desenvolvem, por vezes, *tecnologia patenteável*. Se as licenças de exploração forem *exclusivas reforçadas* ou *qualificadas* recíprocas, a violação ao disposto no artigo 4.°/1, alínea *c)*, do citado Regulamento (CE) n.° 772/ /2004 é flagrante, visto que ocorre uma *partilha de mercado*. Se se curar de uma *licença exclusiva simples*, em que o licenciante apenas se compromete a não licenciar a tecnologia a outros terceiros, a prática será anticoncorrencial se a quota de mercado das empresa for superior a *20%*, já que ela propicia a *colusão*, assegurando aos contraentes o domínio das fontes de produção no mercado.

**II** – Quanto às *restrições das vendas* associadas a *restrições territoriais*, os contraentes (empresas de medicamentos de referência e de genéricos) situam-se normalmente numa *relação de concorrência*. Sendo assim, nos termos do artigo 4.°/1, alínea *c)*, do citado Regulamento (CE) n.° 772/2004 serão *nulos* os acordos pelos quais se restringe o montante das vendas (ou decorre uma obrigação de venda para além de um determinado estalão) de medicamentos, já que estas restrições configuram, em geral, uma *partilha de mercados* (cfr. o § 169 da citada Comunicação da Comissão).

**III** – Nos E.U.A., os acordos através dos quais se obtém a *desistência de pedidos* de *nulidade* de patentes sobre *medicamentos de referência* (*new drugs*) contra o pagamento, às empresas de medicamentos genéricos, de uma contrapartida monetária não têm merecido, ultimamente, a censura dos tribunais ao abrigo das Secções 1 e 2 do *Sherman Act*[163].

---

[163] In *re Ciprofloxacin Hydrochloride Antitrust Litigation*, decidido pelo *Federal Circuit*, em 2008 (F.3d 1323), aqui onde a sociedade BAYER pagou, em prestações, à socie-

O direito de patentes, o sistema regulatório de aprovação...

Na União Europeia, nota-se uma tendência similar. Basta ver os indícios relevantes que resultam de uma recente decisão do Tribunal de Justiça, de 16/09/2008, no caso *Syfait II*[164], a propósito da recusa de venda

---

dade BARR LABORATORIES a quantia de 400 milhões de dólares dos E.U.A., para que esta desistisse de uma acção de nulidade da patente titulada pela primeira, e que protege o antibiótico CIPRO, comprometendo-se, no mais, a não obter a autorização de comercialização junto da FDA senão *após a caducidade da patente*, ou seja, a partir de 2004. Numa acção movida por outras empresas de genéricos e associações cívicas, o *Federal Circuit* confirmou a decisão do *District Court*, absolvendo a BAYER a BARR da acusação. O tribunal observou que o direito de patente é, pela sua própria natureza, um direito anticompetitivo e entendeu que a titular da patente desfrutava de uma "zona de exclusão", aqui onde, atenta a essência do acordo, era perfeitamente lícito esse compromisso, pois a sua finalidade era apenas "to exclude the defendants from profiting from the patented invention", além de que, à excepção da sociedade BARR, os *outros concorrentes* sempre estariam livres de suscitar a nulidade da patente, a fim de tentar colocar os medicamentos genéricos no mercado. Cfr., sobre esta decisão, R. H. STERN, "Antitrust Legality of «Reverse Payments» from Patentees to Accused Infringers Upheld: *In re* Ciprofloxacin Hydrochloride Antitrust Litigation", in *EIPR*, 2009, págs. 101-102.

Já antes, em 2005, no caso *Schering-Plough Corp v. Federal Trade Commission* (402 *F.3d* 1056), o *Federal Circuit* também que a prática não era anticoncorrencial. Neste caso, a sociedade SHERING-PLOUGH terminou um litígio com duas empresas de medicamentos genéricos mediante o pagamento de 60 milhões de dólares dos E.U.A. e de 15 milhões à outra, tendo essa empresa sido autorizada a comercializar várias substâncias desenvolvidas por uma das outras empresas. O tribunal entendeu que os pagamentos constituíam uma contrapartida adequada (*adequate consideration*) pela licença concedida à empresa de *medicamentos de referência*, além de que as empresas de genéricos ficaram, ainda assim, com a faculdade de comercializar os genéricos cinco e dois anos antes da data da caducidade da patente. No caso *In Re Tamoxifen Citrate Antitrust Litigation* (429 *F.3d* 370, decidido pelo *Federal Circuit*, em 2005), aqui onde os juízes do 2.º Circuito Federal entenderam que a prova do pagamento (de 21 milhões de dólares dos E.U.A.) efectuado por uma sociedade titular de uma patente de um medicamento de referência ("brand-name pharmaceutical company", que era, no caso, a ASTRAZENECA PHARMACEUTICALS) a uma outra empresa de genéricos (a BARR LABORATORIES) não pode constituir a base de uma violação do direito da concorrência, excepto se os efeitos de exclusão ("exclusionary effects") resultantes desse acordo excederem o alcance da protecção da patente. Em 27 de Junho de 2007 o Supremo Tribunal dos E.U.A. negou o pedido de *certiorari* efectuado pelos autores desta acção.

[164] Processos apensos C-486/06 a 478/06. Ver, agora, J. TUMBRIDGE, "Syfait II: Restrictions on Paralell Trade Within the European Union", in *EIPR*, 2009, págs. 102 ss. No caso concreto, o Tribunal de Justiça das Comunidades entendeu que as regras comunitárias sobre a concorrência não podem ser interpretadas no sentido de permitir que a titular da AIM do medicamento em causa na Grécia (a sociedade GLAXOSMITHKLINE) não podia recusar o fornecimento desse fármaco a *distribuidores independentes* com base ape-

362     *VII Curso de Direito Industrial*

de medicamentos por parte da empresa titular da AIM na Grécia, a fim de os adquirentes os comercializarem no Reino Unido a preços inferiores aos praticados neste último país[165].

Estes acordos também podem servir para delimitar as esferas de actuação das empresas *em mercados estrangeiros*, aí onde uma das partes desfruta de direitos de patente ou certificados complementares de protecção sobre medicamentos de referência.

Vejamos, então, com maior detalhe as situações em que *uma das partes, as mais das vezes contra o pagamento de uma prestação pecuniária, se compromete a não accionar pedidos de invalidade das patentes ou dos certificados complementares de protecção, ainda quando reconheça que são válidos e eficazes os direitos industriais da contraparte.*

8.4.3. *As transacções judiciais entre as empresas farmacêuticas, especialmente quando é nula a patente com base na qual é efectuada a transacção*

O artigo 81.° do Tratado da CE é aplicável a este tipo de acordos judiciais[166].

I – O saber se estes acordos, pelos quais as empresas terminam um litígio cujo objecto é a *invalidade* ou a *violação* de direitos de patente (ou certificados complementares de protecção), são anticoncorrenciais depende de uma *análise casuística* (*rule of reason*), aqui onde poderá ser levada em consideração *a posição em que, na ausência da realização da transacção judicial, as partes se achariam no final da resolução judicial no tribunal.* De igual modo, parece importante considerar o *peso negocial* das partes no momento da celebração deste tipo de acordos.

---

nas na defesa dos seus interesses comerciais (amortizar o investimento efectuado e gerar lucros), salvo se os pedidos de aquisição excederem as *quantidades normais.* O *abuso de posição dominante* somente ocorre se estas empresas recusarem cumprir pedidos de compra de *quantidades normais* à luz das relações comerciais *anteriormente* estabelecidas entre as partes.

[165] Em Espanha já ocorreram duas situações similares em 2001, nos casos *Laboratórios Farmacéuticos* (Resolución n. 488/01) e *Distribuiciones Farmacéuticas* (Resolución n. 506/01), nas quais o *Tribunal de Defensa de la Competencia* entendeu não existir abuso de posição dominante. Cfr. http://www.tdcompetencia.org.

[166] Já, assim, no caso *BAT c. Comissão*, proc. C-35/83, in *Colectânea de Jurisprudência*, 1985, pág. 363 ss.

O direito de patentes, o sistema regulatório de aprovação...                    363

À parte o problema, que *infra* abordarei, sobre os importantes *constrangimentos regulatórios administrativos sectoriais no mercado dos medicamentos* para uso humano, poderá observar-se que, quando os produtos (*v.g.*, protegidos por direito de marca, direito de patente ou modelo de utilidade) são *iguais* ou *similares*, é justo que a *autocomposição judicial* do conflito através de uma *transacção* deve lograr o resultado económico mais equilibrado. Se o escopo do acordo é, no essencial, o de *impedir a comercialização de um produto* (ou serviço) ou o de *repartir o mercado*, há quem sustente que tais acordos devem ser escrutinados – e sindicados negativamente – à luz do artigo 81.° do Tratado[167].

Pense-se, todavia, no seguinte: se o titular da patente ou certificado complementar de protecção podia, na ausência da transacção, impedir o fabrico ou a comercialização dos produtos que reproduzem, *literal* ou por *equivalente*, as reivindicações do fascículo da patente, mediante a dedução de providência cautelar e/ou acção principal de infracção, então não parece razoável impedir a obtenção desse mesmo efeito através de uma outra *via autocompositiva*. Independentemente da consideração dos *interesses merceológicos* das partes, é assim preciso imaginar como as coisas se passariam se o titular da patente ou certificado complementar de protecção impusesse *unilateralmente*, antes da dedução da acção judicial, a proibição de acesso ao mercado da substância activa protegida por estes direitos industriais.

O que *deverá ser alegado e provado* e como se repartirá, então, o *encargo dessa prova*[168]? Desde logo, parece razoável impor que a empresa de medicamentos genéricos demonstre que, por via da celebração do acordo, fica *totalmente impedida* de actuar no mercado e que essa limitação excede *o razoável alcance da protecção* reconhecível ao direito de patente ou certificado complementar de protecção. Perante isto, a parte

---

[167] Decisão do Tribunal de Justiça das Comunidades no *supra* citado caso *BAT c. Comissão*, § 33, salientando que o exercício impróprio de direitos nacionais de marca é incompatível com o direito europeu da concorrência, se visar a frustração das regras comunitárias sobre cartéis. Não obstante, o Tribunal de Justiça apontou a utilidade e a legalidade, *prima facie*, deste tipo de acordos, sob os quais são definidos os interesses das partes e as respectivas esferas de influência sobre os mercados.

[168] Estamos ainda a supor que a empresa de genéricos não actua em abuso de direito, tendo em vista as múltiplas da suas modalidade, em particular o *tu quoque*, o *venire contra factum proprium* e as *inelegabilidades*. Cfr., agora, Λ. Menezes Cordeiro, "Eficácia externa dos créditos e abuso de direito", in *O Direito*, ano 141.° (2009), pág. 29 ss., págs. 77-89.

titular (ou licenciada) dos direitos industriais em questão poderá demonstrar que, a despeito disso, a limitação imposta à contraparte é *razoável e objectivamente justificável*[169].

As directrizes da Comissão Europeia sobre a licitude da realização destes acordos, no quadro das *transferências de tecnologia*[170], tratam com considerável bonomia este tipo de acordos. Na verdade, algo incompreensivelmente, a Comissão Europeia afirma que a realização destas transacções, cujo objecto é o licenciamento de direitos de propriedade intelectual, deve ser tratada como o licenciamento de quaisquer direitos intelectuais (§ 204), esquecendo o facto de que um "candidato" a licenciado, ainda antes da emergência de qualquer litígio judicial, consente a celebração do contrato de licença exactamente porque julga que os actos que pretende realizar irão, na ausência dessa licença, provavelmente infringir os direitos de propriedade intelectual do licenciante[171].

Seja como for, estas directrizes postulam a *licitude da conduta* como conduta *pró-competitiva* sempre que, na ausência desse acordo e da licença de exploração (*in casu*, da patente ou do certificado complementar de protecção), a empresa beneficiária da licença pudesse ser *razoavelmente* impedida de comercializar os produtos. As restrições que limitam a *concorrência intratecnológica* são, em geral, compatíveis com o artigo 81.º do Tratado CE.

No contexto de um acordo de resolução de litígios e de não contestação, as *cláusulas de não contestação* são, também em geral, compatíveis com este artigo 81.º, já que o verdadeiro objectivo do acordo é, na maioria dos casos, *resolver um litígio actual* entre as partes ou *prevenir futuros litígios* (cfr. o § 209 das referidas orientações). As cláusulas contidas nestes acordos são, em geral, *lícita*s se não contiverem ou não produzirem, directa ou indirectamente, de forma separada ou em conjunto com outros factores controláveis pelas partes *concorrentes*, os efeitos previstos no *artigo 4.º/1* do citado Regulamento (CE) n.º 772/2004, da Comissão, de 27 de Abril de 2004 (*v.g.*, restrições para determinar preços, limitações de produção e, em certos casos, repartição de mercados ou clientes). Se as *partes não forem concorrentes*, as cláusulas são, em geral, *lícitas* se os

---

[169] Cfr., em sentido próximo, a decisão do *Court of Appeal* britânico, no caso *World Wildlife Fund v. World Wrestling Federation*, in *F.S.R.*, 2002, pág. 33 ss., §§ 25 e 29.

[170] In *Jornal Oficial da União Europeia*, 2004, n.º C 101, de 27/04/2004, pág. 2 ss., § 204, §§ 205-209.

[171] G. Tritton *et alii*, *Intellectual Property in Europe*, 3.ª edição, 2008, cit., pág. 902.

*O direito de patentes, o sistema regulatório de aprovação...* 365

acordos não produzirem, directa ou indirectamente, isolada ou em conjunção com outros factores, os efeitos previstos no n.° 2 do artigo 4.° do mesmo regulamento.

Todavia, se esse acordo incluir a celebração de *licenças cruzadas*, que impõem restrições à utilização da tecnologia (*v.g.*, restrições da concessão de licenças a terceiros), parece que tal acordo é susceptível de ser abrangido pelo n.° 1 do artigo 81.° do Tratado CE, *maxime* se as partes dispuserem de um *poder significativo de mercado* e o concreto acordo ultrapassar o que seria razoável para *prevenir o bloqueio de actuação*, mesmo que fosse provável a existência de uma *posição de bloqueio mútua*[172].

**II** – Estas *transacções judiciais* – e só nelas o problema deve ser postulado – podem ser impedidas pela verificação de uma outra possibilidade actuada através dos *mecanismos próprios do processo civil*. Isto porque parece inadequado e incerto impor ao tribunal – que aprecia, *a título principal*, um pedido respeitante a uma alegada prática anticoncorrencial resultante de uma transacção (judicial ou extrajudicial) – a realização de *juízos de prognose* acerca da *validade* do direito de propriedade industrial com base no qual a transacção é efectuada.

Consiste essa outra via na ponderação crítica do poder de os juízes *homologarem* acordos deste tipo em acções onde se pede, por via de acção ou de reconvenção, a *nulidade* da patente que abrange o medicamento de referência (*v.g.*, por ausência de nível inventivo) ou o certificado complementar de protecção. Sabe-se que, em Portugal, a homologação somente deve ser recusada quando respeita a *situações jurídicas indisponíveis* (artigo 299.°/1 do CPC).

**III** – Com efeito, uma acção em que o objecto (ou um dos objectos processuais) é a *nulidade* destes direitos de propriedade industrial é, apesar de tudo, susceptível de ser negociada mediante a consagração de certas contrapartidas. O direito de pedir a nulidade do contrato é *renunciável*. Mas estes *negócios jurídicos processuais* somente são inadmissíveis quando as partes pretendem através deles produzir efeitos não admitidos no processo pendente[173]. O artigo 286.° do Código Civil português impõe ao tri-

---

[172] Cfr. o § 207 das referidas orientações da Comissão Europeia.

[173] M. TEIXEIRA DE SOUSA, *Estudos Sobre o Novo Processo Civil*, 2.ª edição, Lisboa, Lex, 1997, pág. 203.

bunal o *dever* de declarar a *nulidade substantiva*. O juiz, quando confrontado com a pretensão assente numa *nulidade substantiva* – e quer o titular da patente sobre o *medicamento de referência,* quer a empresa de *medicamentos genéricos* fazem-no expressamente, por via de *acção* ou mediante a dedução de *pedido reconvencional* –, tem o *poder-dever* de declarar a existência da concreta nulidade[174], contanto que os factos reveladores dessa *nulidade* constem do processo.

Na verdade, como as *nulidades formais* ou *substantivas* são de *conhecimento oficioso* (artigo 286.° do referido Código Civil) creio que o julgador *pode e deve* conhecer a invalidade da patente ou do certificado complementar, recusando no mesmo passo a *homologação* destas transacções judiciais, se no momento da celebração da transacção ele já dispõe de elementos seguros nos autos (*v.g.*, os resultados da perícia, outros pareceres técnicos juntos aos autos, etc.) para formar uma convicção sobre a verificação dessa *nulidade* – o que raramente sucederá, pois a maioria destas transacções tende a realizar-se antes da fase da *instrução da causa,* ou seja antes da realização da *prova pericial.* Naqueles casos, pelo contrário, o julgador deve decretar a *nulidade* da patente ou certificado complementar de protecção, a despeito da transacção que as partes podem ter realizado e cuja homologação pretendem ver consumada.

Não julgo que seja de bom arrimo argumentar que as autoridades da concorrência ou os tribunais possam sindicar a *legalidade* destes acordos por via da sindicação da *validade do direito de patente* com base no qual foram celebrados. Não se esqueça que – por muito que seja criticada –, ao abrigo do artigo 4.°/2 do CPI de 2003, a concessão de direitos de propriedade industrial implica a (mera) *presunção jurídica dos requisitos da sua concessão.* E se é verdade que, para o público ou para os consumidores de produtos ou serviços de saúde, o são e o livre funcionamento do mercado não devem ser comprimidos pela existência de patentes ou certificados complementares de protecção inválidos, não é menos certo que não compete às autoridades da concorrência sindicar a *validade* destes direitos nos *procedimentos administrativos de infracção.* Há, pelo contrário, uma via *directa* e *própria* para tal: a *acção judicial de nulidade* ou o *pedido reconvencional de nulidade.*

---

[174] Em Portugal, J. ALBERTO DOS REIS, *Comentário ao Código de Processo Civil,* vol. II, Coimbra, Coimbra Editora, 1946, pág. 113; J. LEBRE DE FREITAS/A. MONTALVÃO MACHADO/RUI PINTO, *Código de Processo Civil Anotado,* vol. 2, 2.ª edição, Coimbra,

*O direito de patentes, o sistema regulatório de aprovação...* 367

**IV** – Mas, independentemente desta *retórica argumentativa puramente processual*, o certo é que o artigo 5.º/1, alínea *c)*, do citado Regulamento (CE) n.º 772/2004, do Conselho, de 27/04/2004, considera que ocorre uma *restrição grave à concorrência* quando o contrato de licença, directa ou indirectamente, obrigar o licenciado (a empresa de genéricos) a "não impugnar a validade dos direitos de propriedade intelectual de que o licenciante seja titular". A sanção é a *nulidade*, a qual afecta apenas e em princípio a *cláusula de não contestação* e não a totalidade do contrato de licença[175].

No mesmo sentido navega o regime das práticas restritivas em matéria de *acordos de investigação e de desenvolvimento*: na verdade, o artigo 5.º/1, alínea *b)*, do Regulamento (CE) n.º 2659/2000, da Comissão, de 29 de Novembro de 2000[176], estatui a "proibição de contestar, após a realização das actividades de investigação e desenvolvimento, a validade dos direitos de propriedade intelectual de que as partes são titulares no mercado comum e que são relevantes para a investigação e desenvolvimento", mesmo após a cessão do acordo de investigação e desenvolvimento[177].

É, porém, verdade que muitos destes acordos entre empresas farmacêuticas de medicamentos de referência e de medicamentos genéricos não envolvem *transferência de tecnologia*, nem podem ser qualificados como *acordos de investigação e desenvolvimento*.

---

Coimbra Editora, 2008, anotação n.º 2 ao artigo 661.º, pág. 682; P. Costa e Silva, *Acto e Processo*, Coimbra, Coimbra Editora, 2003, págs. 63 ss.

[175] Sobre isto, ver J. P. Remédio Marques, *Licenças (Voluntárias e Obrigatórias) de Direitos de Propriedade Industrial*, 2008, págs. 134-135.

[176] In *Jornal Oficial das Comunidades Europeias*, n.º L 304, de 5712/2000, pág. 7 ss.

[177] No quadro da jurisprudência do Tribunal de Justiça das Comunidades Europeias, o labéu da ilicitude destas cláusulas remonta, pelo menos, ao caso *Windsurfing*, proc. C-193/83, in *Colectânea de Jurisprudência*, 1986, pág. 611 ss. Mas a Comissão Europeia já adoptava esta solução desde o início dos anos setenta do século passado – nos casos *The Agreement of Davidson Rubber Company* (1972), *Agreement of Raymond & Company* (1973), *Agreement between Kabel A.G. and Luchaire* (1975), *Bayer A.G. and Gist-Brocades* (1976), entre outros. Sobre isto, cfr. G. Tritton *et alii*, *Intellectual Property in Europe*, 3.ª edição, 2008, cit., pág. 886 ss. A Comissão Europeia baseava a ilicitude, ora no facto de estes acordos coarctarem a liberdade do licenciado para além do âmbito de protecção do direito de propriedade intelectual objecto da licença (justificação *privatística*), ora na circunstância de que, à luz dos interesses gerais, ninguém, incluindo o licenciado, poderia ser impedido de submeter a um tribunal um pedido de destinado à apreciação e julgamento da invalidade de um direito de propriedade intelectual (justificação *juspublicística*).

## 8.5. *As singularidades do mercado farmacêutico e o artigo 81.°/1 do Tratado da Comunidade Europeia*

**I** – Atentas, por um lado, (**1**) as *acentuadas distorções*, já atrás assinaladas, existentes neste mercado farmacêutico; tomando em conta (**2**) os *desníveis dos preços* praticados nos Estados-Membros; se for considerada, por outro lado, (**3**) a circunstância de que são os sistemas de segurança social e as seguradoras que suportam uma assinalável parcela do *preço dos medicamentos*; e se forem também consideradas as, não raras, (**4**) diferentes condições previstas nos vários ordenamentos dos Estados-Membros de cuja verificação depende a emissão da AIM e o montante da comparticipação estadual (ou das empresas de seguro) no preço final dos medicamentos; como afirmava, tomando em devida conta todos estes factores, creio poder pacificamente dizer-se que é praticamente quase certo que alguns daqueles acordos (mesmo os que comprometem a empresa de genéricos a *retardar* ou a *renunciar* à introdução dos seus fármacos no mercado contra o pagamento de uma quantia em dinheiro) não violam, *prima facie*, o disposto no artigo 81.°/1 do Tratado[178], *se e quando a sua celebração estiver ligada, exclusiva ou predominante*, ao *exercício* e/ou à *titularidade* de direitos de patente ou certificados complementares de protecção que atingem os medicamentos em questão.

**II** – Atente-se, em particular na questão da *regulação administrativa sectorial em matéria de fixação do preço*. Não existe, em Portugal e em outros Estados-Membros, um regime de venda dos medicamentos a *preços*

---

[178] Atente-se nas recentes orientações da Comissão Europeia sobre as práticas conducentes ao abuso de posição dominante permitem afirmar que, *a contrario sensu*, a imposição da obrigação de autorização de utilização de invenções protegidas por direitos de patente ou certificados complementares de protecção pode produzir efeitos negativos sobre os incentivos do titulares. De facto, a Comissão reconhece, no § 82 destas orientações, que "a imposição da obrigação de fornecimento não terá manifestamente efeitos negativos sobre os incentivos do proprietário do produto e/ou outros operadores para investirem e inovarem a montante (…) quando a posição da empresa dominante foi desenvolvida ao abrigo da protecção de *direitos especiais* ou de *exclusivo* ou foi *financiada por recursos estatais*" (o itálico é meu), o que não ocorre, por si só, na situação jurídica dos titulares de direitos de patente ou certificados complementares – cfr. o Doc. C (2009) 864 final, de 9/02/2009, intitulado "Orientações sobre as prioridade da Comissão na aplicação do artigo 82.° do Tratado CE a comportamentos de exclusão por parte de empresas em posição dominante".

*O direito de patentes, o sistema regulatório de aprovação...* 369

*livremente estipulados pelas partes*, excepto, nos termos do artigo 1.°/1 do Decreto-Lei n.° 65/2007, de 14 de Março, no que respeita aos *medicamentos não sujeitos a receita médica e não comparticipados* – vigora, isso sim quanto à esmagadora dos medicamentos comercializados em Portugal, um *regime de preço máximo de venda ao público* para a larga maioria dos medicamentos aqui vendidos. O preço de venda dos medicamentos *sujeitos a receita médica* ou não sujeitos *mas objecto de comparticipação a introduzir pela primeira vez no mercado nacional* (ou os medicamentos em que se verificam alterações da forma farmacêutica) não pode exceder os limites previstos no artigo 6.°/1 do citado Decreto-Lei n.° 65/2007, de 14 de Março. O *preço dos medicamentos genéricos* deve ser, em geral, 35% ou 20% inferior ao *preço do medicamento de referência* com igual dosagem e na mesma forma farmacêutica. *Para efeitos de comparticipação e reembolso* institui-se, como vimos atrás (*supra*, § 4.3.), um regime de *preços de referência*. Mais: o preço de todos estes medicamentos pode ser revisto, a título excepcional, por *motivos de interesse público*[179] ou com fundamento na *regularização do respectivo mercado* (art. 13.°-A do Decreto-Lei n.° 65/2007, aditado pelo Decreto-Lei n.° 184/2008, de 5 de Setembro).

Deve, na verdade, salientar-se que é bem menor o protagonismo a desempenhar pelo *direito da concorrência* – que disciplina o comportamento *objectivo* dos agentes no mercado e a *protecção das estruturas do mercado* – nos mercados acentuadamente atingidos por esquemas de *regulação administrativa* (*v.g.*, da produção, do transporte, promoção, da venda, da importação, etc.), como acontece com o sector da indústria farmacêutica. Numa palavra: o papel do regime jurídico da concorrência depende da circunstância de saber até que ponto o *regime regulatório administrativo sectorial* da específica actividade económica constitui um *efectivo guardião* da manutenção de um saudável comportamento dos agentes nesse mercado; se esse *regime regulatório sectorial* pode desempenhar eficazmente as funções das autoridades reguladoras da concorrência[180].

---

[179] Artigo 13.°/1 do Decreto-Lei n.° 65/2007, de 14 de Março.

[180] Essa intervenção das autoridades nacionais ou comunitárias da concorrência far-se-á, por exemplo, sentir nas eventualidades em que não existem *entidades administrativas reguladoras sectoriais* ou, existindo, a sua intervenção fracassa no aspecto regulador, por virtude da ausência de mecanismos apropriados de fiscalização ou de sancionamento. O facto de as autoridades sanitárias portuguesas (o INFARMED) e a Direcção-Geral das Acti-

**III** – Se é verdade que, em Portugal, a *Autoridade Nacional do Medicamento* – *INFARMED* está primacialmente preocupada em garantir a *segurança*, a *eficácia* e a *qualidade* dos medicamentos (não devendo curar da observância e respeito dos direitos de patente respeitantes aos medicamentos de referência), não é menos verdade que o Governo, através da *Direcção-Geral das Actividades Económicas*, desfruta de *plenos poderes* para regular e conformar o *preço dos medicamentos de referência* e dos *medicamentos genéricos*, bem como os montantes da *comparticipação estadual* no *preço dos medicamentos* suportado pelos cidadãos. A mobilização dos remédios oferecidos pelo direito (nacional e comunitário) da concorrência depende da aptidão de os *operadores sectoriais* disciplinarem, *por si só*, aquele comportamento das empresas farmacêuticas[181].

Ao invés, já provavelmente haverá o cometimento de uma *prática anticompetitiva ilícita* se, para além de receber contrapartidas financeiras para não lançarem os genéricos no mercado, as empresas se obrigarem, igualmente, a não concorrer com certos outros fármacos não abrangidos pelo *alcance da protecção* do direito de patente ou certificado complementar de protecção; quando a obrigação de não colocar os genéricos no

---

vidades Económicas (dependente do Ministério da Economia) regularem os procedimentos de fabrico, de exportação, de emissão de AIM, de fixação do preço máximo de venda, das margens máximas de comercialização dos agentes (fabricantes, distribuidores) e da percentagem de comparticipação no preço de venda inculca a ideia de que a intervenção das autoridades da concorrência nacionais ou comunitárias será, quanto muito, uma *intervenção subsidiária* e somente ocorrerá em *casos excepcionais*, como se vem decidindo no seio da jurisprudência do Tribunal de Justiça das Comunidades, desde os finais dos anos oitenta do século passado, nos casos em que as empresas atingidas são titulares de direitos de propriedade intelectual cujo exercício tenha provocado a intervenção destas autoridades administrativas.

[181] Atente-se, no entanto, que o *contexto regulatório da prescrição* médica é aqui decisivo: por exemplo, em Portugal, nos *hospitais públicos* a prescrição é efectuada à luz da *denominação internacional comum* da substância activa (e não mediante a indicação da *marca* sob a qual o medicamento é comercializado ou através da *identidade do fabricante*). Mas, pelo contrário, actualmente, não é permitido que o farmacêutico, nas *farmácias de oficia*, *substitua* a prescrição do medicamento de referência pelo medicamento genérico, excepto se o médico autorizar essa substituição. Se vigorasse um regime de *livre substituição*, por parte dos profissionais de farmácia, do medicamento de referência pelo medicamento genérico, seria anticompetitivo todo e qualquer *acordo vertical* que limitasse ou condicionasse essa substituição ou as práticas que, directa ou indirectamente, a impedissem.

O direito de patentes, o sistema regulatório de aprovação... 371

mercado se estender *para além da caducidade* destes direitos industriais ou dos direitos exclusivos de comercialização; se essa caducidade, ou a extinção por qualquer outra forma, daqueles outros ocorrer em primeiro lugar[182]; ou quando são celebrados certos acordos de distribuição vertical de medicamentos por empresas com poder sobre o mercado relevante (p. ex., superior a 30%[183]).

### 8.6. *A ponderação dos valores e dos interesses em confronto face ao estímulo da inovação tecnológica*

**I** – Embora para efeitos da mobilização dos instrumentos e das figuras do *direito da concorrência* a propriedade industrial e os seus tipos" ou "categorias" devam merecer um tratamento similar às outras formas de titularidade de *direitos subjectivos absolutos*[184], não é menos certo que as autoridades da concorrência devem ser particularmente cuidadosas na intervenção e reacção contra estas práticas e acordos; devem ser tais autoridades especialmente cuidadosas quando verificam que a conduta (alegadamente abusiva) das empresas farmacêuticas é actuada *no exercício* dos direitos de propriedade industrial em que foram investidas pelo Estado.

É que esta propriedade industrial foi constituída pelo Estado, à luz de *critérios substantivos que devem actuados com rigor*, a fim de criar precisamente um *específico poder de mercado* nos titulares *estimulando a ino-*

---

[182] Como já se afirmou, numa recente decisão do *Court of Appeal* do Reino Unido, de 27/02/2007, no caso *Sandisk Corporation v. Koninklijke Philips Electronics NV and Others* (2007 *EWHC* 332 Ch = *Business Law Review*, 2007, págs. 705 ss.), haverá abuso de posição dominante pelo titular de direitos de patente quando a conduta deste não pode ser razoavelmente considerada como o exercício legítimo dos seus direitos e somente serve para eliminar os concorrentes, e não, como se afirmou, para o efeito de "establish its rights". Cfr., tb., C. ANN, "Patent trolls – Menace or Mith?", in W. PRINZ/M. J. ADELMAN/ /R. BRAUNEIS/J. DREXL/R. NACK (eds.), *Patents and Technological Progress in a Globalized World, Liber Amicorum Joseph Straus*, Berlin, etc., Springer, 2009, págs. 355 ss.

[183] Artigo 3.º do Regulamento (CE) n.º 2790/1999, de 22/12/1999, in *Jornal Oficial das Comunidades Europeias*, n.º L 336, de 29/12/1999, págs. 21 ss. O critério do cálculo dessa *quota de mercado* consta do artigo 9.º deste regulamento.

[184] Cfr., já neste sentido, as orientações ou directrizes dos E.U.A. sobre práticas anticompetitivas no licenciamento de direitos de propriedade intelectual, de 6/04/1995, in http://www.usdoj.gov/atr/public/guidelines/ipguide.htm#back1.

*vação tecnológica no sector farmacêutico*[185] – o qual, muitas vezes, não chega a concretizar-se, pois muitas das invenções protegidas não chegam a ser comercializadas ou a sua comercialização atinge apenas uma quota de mercado reduzida[186].

De resto, deve atentar-se no facto de que as várias estratégias usadas para impedir ou retardar a entrada dos medicamentos genéricos no mercado *não visam impedir ou retardar actividades de inovação tecnológica*, exactamente porque, como vimos no início deste estudo, as empresas de medicamentos genéricos raramente distraem recursos para a investigação e o desenvolvimento. De modo que as distorções devem (e podem) antes ser minoradas ou eliminadas por via do *aperfeiçoamento* dos mesmos mecanismos de *regulação pública da comercialização de medicamentos*. Alguns destes mecanismos são, como é sabido, usados pelas *autoridades da concorrência* na ausência, nesse país, de quaisquer condicionamentos administrativos à normal actividade económica privada[187].

---

[185] É preciso, por exemplo, ter presente que, independentemente da existência de um ou de dois mercados relevantes, a competição pode ser afectada quando se constata que a intervenção do regime jurídico *antitrust* e a *nulidade* destas práticas e acordos e a imediata entrada dos genéricos no mercado pode afectar, real ou potencialmente, o *nível de inovação preexistente*. Mas, para isso, faz-se mister analisar a natureza, o âmbito e a magnitude do investimento realizado em investigação e desenvolvimento das empresas de medicamentos de referência; os alicerces financeiros destas actividades de inovação; a possibilidade de aceder a novos direitos de patente; as perspectivas de comercialização futuras das inovações; o pessoal técnico de que dispõem, etc. – cfr. I. HARACOGLOU, *Competition Law and Patents*, 2008, cit., págs. 193-194.

[186] É um pouco incongruente pedir, neste domínio, a intervenção *ex post* dos Estados-Membros, através das autoridades nacionais da concorrência ou da Comissão Europeia, pois a *mera possibilidade* dessa intervenção afecta o *poder negocial* das empresas por ocasião da celebração de contratos de distribuição dos produtos ou de licenças de exploração de direitos de patente ou certificados complementares de protecção: se a empresa farmacêutica de medicamentos genéricos puder usar esta "arma" nos preliminares e na formação do contrato, seguramente obterá condições mais favoráveis relativamente às que lograria obter sem essa intervenção. Embora a intervenção das autoridades não seja efectivamente actuada, a mera possibilidade de isso acontecer diminui a possibilidade de maximizar os lucros através da titularidade deste direitos de propriedade industrial.

[187] Foi o que sucedeu na África do Sul, quando as sociedades GLAXOSMITHKLINE e BOEHRINGER foram acusadas, pelo tribunal da concorrência, de *abuso de posição dominante*, por motivo, *inter alia*, de prática de preços abusivos relativamente aos antiretrovirais *ritonavir*, *lamivudina*, *neviparina* e a associação entre o *ritonavir* e a *lamivudina*, em violação do Artigo 8(a) do *Competition Act* de 1998. Tb. J. P. REMÉDIO MARQUES,

*O direito de patentes, o sistema regulatório de aprovação...*  373

**II** – Não é verdade que são as autoridades da concorrência e os governos que podem (e devem) exercitar os *poderes jurídicos regulatórios* em matéria de *fixação de preços* (mais baixos) e *reembolsos* dos montantes pagos pelos pacientes? E não pode impor-se às empresas farmacêuticas a *obrigação de notificação* das autoridades da concorrência sobre o conteúdo dos acordos que realizam extrajudicialmente – após ou na eminência da apresentação do pedido de AIM do genérico[188] – e judicialmente?

E não são os Governo, e os respectivos Parlamentos nacionais, as entidades que mais facilmente, ao abrigo do *princípio democrático*, podem *densificar normativamente* a actividade judicativa dos tribunais e regular de outra forma este ambiente provido de uma *competição*, não raras vezes, *artificial*[189], esclarecendo, de uma vez por todas, que AIM do genérico e a autorização de fixação do seu *preço máximo de venda* podem ser emitidas ainda durante a vigência da propriedade industrial dos medicamentos de referência, mesmo que, *ultima ratio*, subordinem a *eficácia* destes actos ao seguinte *termo suspensivo*: a *caducidade* de tais direitos industriais? Ou à *condição suspensiva* de serem anulados ou declarados nulos?

---

*Licenças (Voluntárias e Obrigatórias) de Direitos de Propriedade Industrial*, 2008, cit., págs. 210-211, e nota n.º 279. Salientando uma abordagem do direito da concorrência assente, fundamentalmente, no *estímulo à inovação tecnológica* no quadro da indústria farmacêutica, independentemente da existência de um mercado *real* ou *potencial* para novos produtos, cfr. I. HARACOGLOU, *Competition Law and Patents*, 2008, cit., págs. 196-199.

[188] Tal como acontece nos E.U.A., desde 2003, junto da *Federal Trade Commission* e do Departamento de Justiça, através do *Medicare, Prescription Drug, Imprivement, and Modernization Act* [Public Law No. 108-173, Stat. 2066 (2003)], pela qual foram modificadas as Secções do título 42 do *United States Code*, § 1395. Cfr. R. BAGHERIAN, "The Preserve Access to Affordable Generics Act: Will Congress's Response to Reverse Payment Patent Settlements Enhance Competition in the Pharmaceutical Market?", in *The John Marshall Review of Intellectual Property*, vol. 7 (2007), págs. 150 ss., págs.152-154; L. KARKI, "Review of FDA Law Related to Pharmaceuticals: The Hatch-Waxman Act, Regulatory Amendment and Implications for Drug Patent", in *JPTOS*, vol. 87 (2005), págs. 602 ss., pág. 618.

[189] Daí que eu não fique particularmente impressionado com a não aplicabilidade nestes mercados acentuadamente regulados das teses segundo as quais ocorre uma prática restritiva da concorrência, sempre que o titular da patente convenciona com a contraparte terminar a acção judicial, impedindo, desta maneira, que o tribunal aprecie e declare a eventual *nulidade* da patente sobre o *medicamento de referência*; e impedindo, igualmente, que o público (e as entidades sobre quem recai o encargo financeiro do curso dos medicamentos) fiquem privados do acesso livre a medicamentos "alternativos".

# BASES DE DADOS E DIREITO *SUI GENERIS**

ALEXANDRE DIAS PEREIRA
*Professor da Faculdade de Direito da Universidade de Coimbra*

**SUMÁRIO:**
§ 1. Valor económico da informação e protecção do investimento em bases de dados. § 2. A repressão da concorrência desleal como escopo principal do direito *sui generis*. § 3. Fluidez e imprecisão do objecto do direito *sui generis* ("investimento substancial"). § 4. A possível aproximação do direito *sui generis* ao direito conexo do produtor de fonogramas e/ou videogramas. § 5. Mercado da informação, doutrina das infra-estruturas essenciais e abuso de posição dominante. § 6. Criação e obtenção de dados. § 7. O direito especial do fabricante no DL 122/2000. § 8. Limites ao direito especial do fabricante de bases de dados e preservação da liberdade de informação. § 9. Motores de pesquisa, hiperligações e direito *sui generis*. § 10. Reflexão final.

## § 1. Valor económico da informação e protecção do investimento em bases de dados

A informação é um bem económico transaccionado em massa no mercado dos produtos e serviços de informação, surgindo novos modelos contratuais cujo objecto é composto por informação, entendida esta, quer

---

\* Texto de apoio, com alguns desenvolvimentos, à Comunicação apresentada em Dezembro de 2006 no Curso de Pós-Graduação em Direito da Sociedade da Informação organizado pela Associação Portuguesa de Direito Intelectual em parceria com a Faculdade de Direito da Universidade de Lisboa.

enquanto processo de prestação de informação, quer enquanto objecto desse processo ou informação propriamente dita.[1]

Todavia, a disciplina contratual da informação é relativa em virtude do princípio da eficácia *inter partes* dos contratos. Além disso, a tutela de prestações de investimento na produção e distribuição de informação pela disciplina da concorrência desleal, para além de actuar repressivamente, estaria sujeita à casuística que as cláusulas gerais envolvem na apreciação de todas as circunstâncias do caso concreto.[2]

Ora, numa lógica semelhante à que justificou a protecção dos direitos conexos, a ordem jurídica comunitária atribuiu um direito ao produtor de bases de dados, a que chamou expressivamente *sui generis*, para proteger os seus "investimentos substanciais".

Com efeito, a Directiva 96/9[3] instituiu um regime dualista de protecção jurídica das bases de dados. Por um lado, protegeu a estrutura das bases de dados pelo direito de autor, estabelecendo regras, nomeadamente, quanto aos critérios da originalidade, do objecto, da atribuição da qualidade de autor e do conteúdo, *maxime* patrimonial, do direito de autor. Por outro lado, na linha do projecto traçado pela Comissão no seu Livro Verde sobre os direitos de autor e o desafio da tecnologia[4], a Directiva 96/9 protegeu o conteúdo das bases de dados mediante a criação de um direito *sui generis*, que visa compensar a desproporção entre os elevados custos de produção e a facilidade de reprodução da informação compilada.

Pode falar-se, aqui, com propriedade, na atribuição de um "privilégio" aos investidores no mercado da informação[5], que é concedido independentemente de qualquer contributo criativo[6]. Sob epígrafe direito *sui generis*, o capítulo III da directiva sobre bases de dados estabelece um

---

[1] Peter Ebnet, *Der Informationsvertrag*, Nomos, Baden-Baden, 1995, 15.

[2] Jürgen Goebel, *Informations- und Datenbankschutz in Europa*, in Thomas Heymann (Hrsg.), *Informationsmarkt und Informationsschutz in Europa*, Schmidt, Köln, 1995, 115.

[3] Directiva 96/9/CE do Parlamento Europeu e do Conselho, de 11 de Março de 1996, relativa à protecção jurídica das bases de dados, Jornal Oficial n.° L 077 de 27/03/1996, pp. 20-28.

[4] COM(88) 172 final.

[5] Maria Eduarda Gonçalves, *Direito da Informação – Novos Direitos e Formas de Regulação na Sociedade da Informação*, 2.ª ed., Almedina, Coimbra, 2003, 77.

[6] Para desenvolvimentos sobre este direito *sui generis*, com ligações para documentos e jurisprudência relevantes, ver http://www.ivir.nl/files/database/index.html.

*Bases de dados e direito* sui generis

direito especial sobre o conteúdo da base de dados, que se traduz numa forma de protecção concorrencial de *"prestações económicas e organizatórias"*.[7]

São várias as razões que se aduzem no preâmbulo do diploma para justificar a instituição deste direito *sui generis* sobre o conteúdo das bases de dados (considerandos 6-8, 10-12, 38-40), nomeadamente a desproporção entre o custo de copiar ou aceder às bases e o custo da sua concepção autónoma, a "ausência de um sistema harmonizado de legislação e jurisprudência sobre concorrência desleal"[8], e a promoção da realização na Comunidade de "investimentos em sistemas avançados de gestão da informação".

## § 2. A repressão da concorrência desleal como escopo principal do direito *sui generis*

Este direito, dito *sui generis* e anexado ao direito de autor, destina-se, no essencial, a proteger o fabricante de bases de dados contra actos de apropriação abusiva, isto é, de concorrência desleal.[9] Poderia ser acolhido pelo princípio da prestação, enquanto fundamento aberto da concorrência desleal[10], sendo este o instituto mais adequado para o efeito.[11]

Na proposta inicial, este direito especial chamava-se "direito de se opor à extracção desleal" e consistia em conceder ao produtor da base de dados o poder de "impedir a extracção não autorizada e a reutilização

---

[7] Andreas Wiebe, *Information als Schutzgegenstand im System des geistigen Eigentums*, in Fiedler/Ullrich (Hrsg.), *Information als Wirtschaftsgut*, Schmidt, Köln, 1997, 135.

[8] William Cornish/David Llewelyn, *Intellectual Property: Patents, Copyright, Trade Marks and Allied Rights*, 5th ed., Sweet & Maxwell, London, 2003, 786.

[9] Gerard Schricker (Hrsg.), *Urheberrecht. Kommentar*, 2. Aufl 1999, 1323 (Vogel); Alberto Sá e Mello, *Tutela jurídica das bases de dados (a transposição da Directriz 96/9/CE)*, Direito da Sociedade da Informação, Vol. I, APDI/FDUL, Coimbra Editora, 1999, 133; Xavier Linant de Bellefonds, *Droits d'auteur et droits voisins*, col. Célia Zolynski, Dalloz, Paris, 2002, 449 ("La logique profonde de ce droit est celle de la condamnation de l'agissement parasitaire.").

[10] Adolf Baumach/Wolfgang Hefermehl, *Wettbewerbsrecht*, 19. Aufl., Beck, München, 1996, 606 (§1 UWG); J. Oliveira Ascensão, *O princípio da prestação: um novo fundamento para a concorrência desleal*, ROA 1996, 9.

[11] Alberto Sá e Mello, *Tutela jurídica das bases de dados*, cit., 120.

do conteúdo da referida base de dados para fins comerciais", tendo por escopo a "repressão de actos de pirataria e de concorrência desleal" (cons. 12, 29).[12] Defendeu-se, por isso, a sua possível transposição para a ordem jurídica interna através do instituto da concorrência desleal, considerando--se que "o arsenal jurídico francês" seria suficiente para proteger o investimento e preservar a lealdade da concorrência, sem desrespeitar o espírito da directiva.[13]

E, com efeito, este direito "só se compreende se destinado a evitar a concorrência desleal"[14], não tendo sido esta a via seguida "porque o Reino Unido desconhece o instituto da concorrência desleal"[15] e os países de *droit d'auteur* não cederam a enxertar um princípio da protecção do investimento no seio dos direitos de autor.

Todavia, não se trata apenas de uma figura de protecção relativa de interesses concorrenciais, aferida em função do caso concreto, mediante a ilicitude de exploração de prestações alheias contrária à cláusula da concorrência desleal, mas antes da instituição de um novo direito, com base no princípio de que os bens imateriais apenas podem encontrar reconhecimento e protecção jurídica absoluta quando forem previstos e regulados na lei (princípio dos *numerus clausus*).[16]

Justifica-se a tipicidade dos direitos privativos já que "introduzem elementos de monopólio na concorrência".[17] Ora, com a instituição do direito *sui generis* alarga-se o quadro dos objectos da propriedade intelectual[18], enquanto exclusivos mercantis, em termos que sugerem o "triunfo

---

[12] Garcia Marques/Lourenço Martins, *Direito da Informática*, 2.ª ed., Almedina, Coimbra, 2006, 485 (Cons. *Lourenço Martins*).

[13] Mallet Nathalie-Poujol, *La directive concernant la protection juridique des bases de données: la gageure de la protection privative*, Droit de l'informatique et télécoms, 1/1996, 14.

[14] José de Oliveira Ascensão, *Direito cibernético: a situação em Portugal*, Direito & Justiça 2/2001, 13; Idem, *Bases de dados electrónicas: o estado da questão em Portugal e na Europa*, Direito da Sociedade da Informação, III, Coimbra, 2002, 16 ("Haveria um acto parasitário").

[15] José de Oliveira Ascensão, *Propriedade Intelectual e Internet*, Direito da Sociedade da Informação, Vol. VI, Coimbra, 2006, 151.

[16] Alois Troller, *Immaterialgüterrecht (Patentrecht, Markenrecht, Muster- und Modellrecht, Urheberrecht, Wettbewerbsrecht)*, I, II, 3. Aufl., Basel, Helbing, 1983//1985, 59.

[17] Carlos Olavo, *Propriedade Industrial*, I, 2.ª ed., Almedina, Coimbra, 2005, 39-40.

[18] Alberto Pizzoferrato, *Banche dati e diritti di proprietà intellettuale*, in *Contrato e Impresa*, 2000, 287.

*Bases de dados e direito* sui generis

dos direitos conexos" na nova lógica dos direitos de autor.[19] Todavia, o ponto merece-nos as maiores reservas, já que os direitos conexos é que se devem sujeitar à lógica dos direitos de autor, desde logo no que respeita aos limites do exclusivo.

### § 3. Fluidez e imprecisão do objecto do direito *sui generis* ("investimento substancial")

Os Estados-membros são obrigados a instituírem o direito de o fabricante de uma base de dados proibir a extracção e/ou reutilização[20] da totalidade ou de uma parte substancial, avaliada qualitativa ou quantitativamente, do conteúdo desta, quando a obtenção, verificação ou apresentação desse conteúdo representem um investimento substancial do ponto de vista qualitativo ou quantitativo (art. 7.°, 1).

O direito *sui generis* deve ser concedido independentemente de a base de dados e/ou o seu conteúdo poderem ser protegidos pelo direito de autor ou por outros direitos (art. 7.°, 4). Ou seja, o direito especial é atribuído ao fabricante de bases de dados – embora fosse melhor falar em produtor[21], o que só não se faz para não aproximar esta figura aos direitos conexos dos produtores de fonogramas e videogramas –, quer a estrutura e/ou o conteúdo da respectiva base de dados sejam, ou não, protegidos, quer pelo direito de autor, quer por outros direitos, como sejam os direitos conexos sobre prestações e os direitos relativos a dados pessoais.

Trata-se de proteger apenas o investimento substancial, considerado de um ponto de vista quantitativo e qualitativo, realizado na produção do conteúdo da base de dados.[22] No direito alemão fala-se, a propósito, na mera protecção de prestações de "Mühe und Fleiß", que não serão sequer protegidas pelo direito de autor como "kleinen Münze".[23] Nisto estariam

---

[19] Bernard Edelman, *Les bases de données ou le triomphe des droits voisins*, Recueil Dalloz 2000, 89.

[20] Sobre estes conceitos ver as decisões do TJ nos acórdãos *La Korda* (C-545/07, 5/3/2009) e *Directmedia* (C-304/07, 9/10/2008).

[21] J. Oliveira Ascensão, *Bases de dados electrónicas*, cit., 15.

[22] G. Westkamp, *Protecting Databases under US and European Law*, IIC 2003, 773 ("protection is granted not for a database, but for an investment.").

[23] Florian Kappes, *Rechtsschutz computergestützer Informationssammlungen (Gesetzliche und vertragliche Schutzmöglichkeiten für CD-ROM- und Online-Datenbanken einschließlich Multimedia-Anwendungen)*, Schmidt, Köln, 1996, 280.

"os alicerces do Direito de Autor sem obra"[24], se bem que o direito *sui generis* não se confunda com os direitos de autor propriamente ditos, não podendo sujeitar-se estes à lógica daquele. Antes pelo contrário, devem ser impostos ao novo direito "deveres de vizinhança".

Utilizam-se "conceitos fluidos, difíceis de precisar".[25] Com efeito, a fluidez dos termos presta-se a alguma casuística ao nível da determinação concreta do investimento substancial, podendo o nível de investimento exigido variar consoante o tipo de base de dados e/ou a indústria em questão.[26] Na "obscura condição de representar um investimento substancial"[27], o direito é concedido ao fabricante da base de dados, isto é, a pessoa "que toma a iniciativa e corre o risco de efectuar os investimentos", excluindo-se, da "noção de fabricante nomeadamente os subempreiteiros" (cons. 41). Vale para este direito a definição de bases de dados, que delimita o objecto do direito de autor, nos termos da qual por base de dados "entende-se uma colectânea de obras, dados ou outros elementos independentes, dispostos de modo sistemático e susceptíveis de acesso individual por meios electrónicos ou outros" (art. 1.º, 2).

Assim, tratando-se de uma base de dados com estas características, o direito *sui generis* será atribuído quando a apresentação do seu conteúdo represente um investimento substancial do ponto de vista qualitativo ou quantitativo. Entre os seus objectos possíveis apontam-se, nomeadamente, os ficheiros da actividade diária das trocas bolsistas mundiais.[28] Pense-se também, por exemplo, nas bases de dados de agências de notícias e na importância das chamadas *hot-news* de um ponto de vista qualitativo, ou ainda nas bases de dados das empresas de leilões electrónicos[29].

---

[24] Oliveira Ascensão, *Propriedade Intelectual e Internet,* cit., 164.

[25] Garcia Marques/Lourenço Martins/Simões Dias, *Cyberlaw em Portugal – O direito das tecnologias da informação e comunicação*, Famalicão/Lisboa, 2004, 154 (Cons. *Lourenço Martins*).

[26] Guy Tritton, *Intellectual Property in Europe*, 2nd ed., Richard Davis, Michael Edenborough, James Graham, Simon Malynicz, Ashley Roughton, Sweet & Maxwell, London, 2002, 361.

[27] José de Oliveira Ascensão, *Hyperlinks, Frames, Metatags – A Segunda Geração de Referências na Internet*, Direito da Sociedade de Informação, Vol. III, Coimbra Editora, 2002, 35.

[28] William Cornish/David Llewelyn, *Intellectual Property*, cit., 457.

[29] Por exemplo, no caso *eBay*, o Landgericht de Berlim, na sentença de 27 de Outubro de 2005, decidiu que as bases de dados do leilão electrónico *eBay* na Europa eram protegidos pelo direito sui generis, em virtude de serem organizadas de forma sistemática e de

## § 4. A possível aproximação do direito *sui generis* ao direito conexo do produtor de fonogramas e/ou videogramas

O legislador comunitário considera que "os Estados-membros nos quais estão em vigor normas específicas que estabelecem um direito seme-lhante ao direito *sui generis* [...] devem poder manter, em relação ao novo direito, as excepções tradicionalmente previstas por essa mesma legisla-ção" (cons. 52). Um direito que nos parece assemelhar-se a este direito *sui generis* encontra-se no âmbito dos direitos conexos e consiste no direito conexo dos produtores de fonogramas e videogramas. "É um direito que beneficia exclusivamente o produtor, como o que é atribuído aos produto-res de fonogramas."[30]

Poderia equiparar-se este novo direito especial à figura dos direitos conexos, falando-se a propósito num "direito conexo para o produtor de bases de dados".[31] De resto, a circunstância de o legislador comunitário não ter consagrado expressamente um direito conexo foi objecto de críti-cas, considerando-se que teria "andado depressa demais" na criação de um direito de protecção *sui generis*, ao invés de ter optado por um direito conexo.[32]

Enquanto direito conexo, o direito *sui generis* não deveria proibir aquilo que a protecção legal dos direitos de autor permite, sendo, portanto, também aqui desejável uma utilização selectiva de excepções e limitações de interesse geral. Essa foi, aliás, a via que sugerimos para a transposição da directiva.[33] Todavia, neste ponto, a lei interna terá seguido muito à letra

---

a *eBay* ter realizado investimentos substanciais na sua produção, traduzindo-se nos seus custos de construção e manutenção. O tribunal entendeu ter ocorrido violação do direito em virtude de o seu conteúdo ter sido copiado, considerando irrelevantes não apenas o facto de os dados serem publicamente acessíveis mas também o facto de o réu ter organizado esses dados de forma diferente. Ver também a decisão *Hit Bilanz* do *Bundesgerichtshof* de 21 de Julho de 2005 – http://www.ivir.nl/ files/database/index.html#Implementation.

[30] J. Oliveira Ascensão, *Bases de dados electrónicas*, cit., 22.

[31] William Cornish, *Protection of and vis-à-vis databases (general report)*, in *Copyright in Cyberspace: Copyright and the Global Information Infrastructure*, ed. Marcel Dellebeke, ALAI, Cramwinckel, Amesterdam, 1997, 439; Alain Strowel/Jean-Paul Triaille, *Le droit d'auteur, du logiciel au multimedia*, Bruylant, Bruxelles, 1997, 277.

[32] Rolf H. Weber, *Schutz von Datenbanken: Ein neues Immaterialgüterrecht*, UFITA 1996, 30.

[33] Alexandre Dias Pereira, *Informática, Direito de Autor e Propriedade Tecnodigital*, Coimbra Editora, Coimbra, 2001, 688 (n. 1150).

382          *VII Curso de Direito Industrial*

os preceitos da directiva, desconsiderando até a possibilidade aberta pelo seu preâmbulo.

## § 5. Mercado da informação, doutrina das infra-estruturas essenciais e abuso de posição dominante

Os contornos do objecto do novo direito são por demais fluidos. Trata-se da protecção, pura e simples, do investimento em produção de informação, que seja substancial. Mas, que meios estão abrangidos neste investimento? Os meios dedicados à procura dos elementos existentes e à sua reunião na referida base e/ou os meios utilizados para a criação dos elementos constitutivos do conteúdo de uma base de dados?

De modo a prevenir os abusos de posição dominante, a jurisprudência comunitária clarificou os termos indefinidos do direito *sui generis*, desde logo ao nível dos seus requisitos de protecção, com apelo nomeadamente à doutrina das *infra-estruturas essenciais*, à semelhança da decisão da Comissão no caso IMS Health 3/7/2001 (Proc. C-481/01), e na sequência da jurisprudência firmada pelo Tribunal de Justiça nos casos *Magill* (Proc. C-241/91) e *Ladbroke* (Proc. C-7/97) em matéria de abuso de posição dominante por recusa de licença.[34]

Com efeito, um relevante aspecto do direito *sui generis* respeita à sua compressão resultante das normas da concorrência, em especial por o seu exercício ser reconhecidamente 'de molde a facilitar abusos de posição dominante' (cons. 47), podendo nessa medida, ser sujeito a um regime de licenças não voluntárias (art. 16.°, 4).

A este respeito, a jurisprudência comunitária tem jogado um importante papel, no sentido de estabelecer limites ao monopólio sobre informação, através do recurso à doutrina *essencial facilities* no mercado da informação. No acórdão *Magill* de 6 de Abril de 1995[35], o TJCE concluiu

---

[34] E.g. Jürgen Schwarze, *Der Schutz des geistigen Eigentums im europäischen Wettbewerbsrecht – Anmerkungen zur jüngsten Entscheidungspraxis*, in Schwarze/Becker (Hrsg.), *Regulierung im Bereich von Medien und Kultur (Gestaltungsmöglichkeiten und rechtliche Grenzen)*, 2002, 81-101; Sercio Baches Opi/Fernando Díez Estella, *La aplicación del derecho antitrust al ejercicio unilateral de los derechos de propiedad intellectual e industrial: el estado de la cuéstion en la Unión Europea y en los EE.UU.*, Revista de Derecho Mercantil, 2006, 650-4.

[35] C-241/91 e C-242/9, *Radio Telefis Eireann (RTE) e Independent Television Publications Ltd. (ITP))*, Col. 1995, I-0743.

que "existe uma posição dominante, na acepção do artigo 86.º do Tratado, de sociedades de teledifusão quando, através do monopólio de facto de que aquelas dispõem sobre as informações relativas às suas listas de programas, captados pela maior parte das famílias num Estado-Membro e uma parte substancial das famílias na parte vizinha de um outro Estado-Membro, dispõem do poder de criar entraves à existência de uma concorrência efectiva no mercado das publicações semanais de televisão nas regiões em causa." Mais acrescentou que "o comportamento de uma empresa em posição dominante que se insere no exercício de um direito qualificado de «direito de autor» pelo direito nacional não fica só por este facto subtraído a qualquer apreciação à luz do artigo 86.º do Tratado."

Todavia, o Tribunal de Justiça considerou que, na ausência de harmonização comunitária, o exercício de um direito de autor, enquanto tal, não constituiria abuso de posição dominante, salvo em circunstâncias excepcionais. "É certo que, na falta de uma unificação comunitária ou de uma aproximação das legislações, a fixação das condições e das modalidades de protecção de um direito de propriedade intelectual compete às normas nacionais e que o direito exclusivo de reprodução faz parte das prerrogativas do autor, de forma que uma recusa de autorização, mesmo quando proveniente de uma empresa em posição dominante, não pode constituir em si mesma um abuso desta posição. Não obstante, o exercício do direito exclusivo pelo titular pode, em circunstâncias excepcionais, dar lugar a um comportamento abusivo."

Ora, no caso *sub iudice*, essas circunstâncias excepcionais estariam reunidas, já que o exercício do direito exclusivo pelas sociedades de teledifusão constituía obstáculo ao surgimento de um produto novo não fornecido por essas sociedades e para o qual existia procura potencial por parte dos consumidores (1), sem que tal exercício dos direitos fosse justificado pela actividade de radiodifusão ou pela edição de listas de televisão (2) e que, desse modo, os titulares de direitos reservassem exclusivamente para si um mercado derivado excluindo toda a concorrência por recusarem "o acesso à informação em bruto", considerada "matéria-prima indispensável" do novo produto (3).

Nos termos do acórdão: "Tal é o caso quando as sociedades de teledifusão invocam o direito de autor conferido pela legislação nacional para impedir uma ou outra empresa de publicar informações (a estação emissora, o dia, a hora e o título das emissões), acompanhadas de comentários e de imagens, obtidos independentemente das referidas sociedades, numa base semanal, desde que, em primeiro lugar, este comportamento constitua obstáculo à aparição de um produto novo, um guia semanal completo dos programas de televisão, que as sociedades interessadas não oferecem e para o qual existe uma procura potencial por parte dos consumidores, o que constitui um abuso segundo o artigo 86.°, segundo parágrafo, alínea b), do Tratado, que, em segundo lugar, a recusa não seja justificada nem pela actividade de radiodifusão televisiva nem pela edição de listas de televisão e que, em terceiro lugar, as sociedades interessadas reservem para si, pela sua conduta, um mercado derivado, o dos guias semanais de televisão, excluindo toda a concorrência neste mercado uma vez que negam o acesso à informação em bruto, matéria-prima indispensável para criar um tal guia."

Por outro lado, o Tribunal de Justiça reiterou jurisprudência constante, nos termos da conclusão 4: "Para que a condição de afectação do comércio entre Estados-membros, na acepção do artigo 86.° do Tratado, se mostre preenchida, não é necessário que o comportamento incriminado tenha efectivamente afectado esse comércio de maneira sensível. Basta provar que este comportamento é de molde a produzir tal efeito. Tal é o caso quando uma empresa exclui qualquer concorrente potencial no mercado geográfico constituído por um Estado-Membro e uma parte de um outro Estado-Membro e, desta forma, alterar a estrutura da concorrência neste mercado, o que afecta o fluxo das trocas potenciais entre os referidos Estados-membros."

No direito norte-americano foi também salientada a validade e importância da doutrina das infra-estruturas essenciais (*essential facilities*) no campo das auto-estradas da informação. A questão colocou-se desde logo no acesso à rede e aos meios, significando a doutrina *essential facilities* a proibição de recusa de acesso aos meios essenciais aos concorrentes que concorrem com os que recusam acesso. Na sequência do caso inglês *Allnut v. Ingles* (1810) relativo ao controlo de acesso aos portos por parte dos que tinham monopólios tributários nesse comércio e tendo em conta jurisprudência anteriormente firmada, no caso das linhas ferroviárias de St. Louis, a decisão do Supremo Tribunal no caso *United States v. Terminal Railroad: Ass'n* (1912) estabeleceu os padrões básicos para o acesso por concorrentes não participantes quando outros concorrentes controlam uma infra-estrutura essencial. Esta jurisprudência está na base da obrigação de prestar acesso constante da *Federal Communications Act* (1934), e a abertura da linha telefónica aos serviços de informação foi também resultado desta importante doutrina do direito da concorrência (*MCI Com-*

*munications Corp. v. American Telephone & Telegraph Co.* 7th Cir. 1983; *Interface Group, Inc. v. Gordon Publications, Inc.*, D. Mass. 1983; *United States v. Microsoft Corp. D.C.* Cir. 1995).[36]

Não por acaso, é significativa a resistência nos EUA à introdução de um direito semelhante ao direito *sui generis*, considerando-se que as "recomendações de que deveria haver uma tal protecção dificilmente constituem agenda legislativa".[37] Com efeito, neste país, o princípio do livre fluxo da informação é considerado um valor fundamental que os tribunais invocam para recusar protecção a meros factos pelo *copyright*, incluindo as chamadas *hot-news* tal como decidido no caso *National Basket Association and NBA Properties v. Motorola* (US Court of Appeal, 1997). Além disso, no caso *Feist* (1991), reverteu-se a anterior jurisprudência no sentido de passar a ser exigida originalidade (*modicum of creativity*) como critério de protecção de bases de dados pelo *copyright*, não se protegendo meros factos e restando, desse modo, a via contratual sancionada no caso *ProCD v. Zeidenberg* (1996) e em decisões posteriores da jurisprudência norte-americana. Não obstante, apesar de não ser estabelecida a protecção legal do conteúdo de bases de dados não originais, a jurisprudência acaba por permitir um efeito semelhante ao validar as "licenças de plástico" e de "aceite clicando" relativas à utilização dessas bases (e.g. listas telefónicas).

## § 6. Criação e obtenção de dados

A jurisprudência comunitária foi já considerada uma "domesticação" do *database right* com base na doutrina das infra-estruturas essenciais (*essential facilities*) e na teoria *spin-off*.[38] Com efeito, a "descodificação"[39] do direito *sui generis* pela jurisprudência comunitária tem limado algumas das arestas mais agressivas dos seus contornos literais.

---

[36] Henry H. Perritt Jr., *Law and the Information Superhighway*, Wiley, New York, 1996, 39.

[37] Lloyd L. Weinreb, *Copyright for Functional Expression*, Harvard Law Review, 1998, 1250.

[38] Mark J. Davidson/P. Bernt Hugenholtz, *Football Fixtures, Horseraces and Spin-offs: The ECJ Domesticates the Database Right*, EIPR 2005, 113; Thomas Hoeren, *Anmerkung zu EuGH, Pferdesportdatenbanken"*, CR 2005, 24.

[39] J. Oliveira Ascensão, *Bases de dados electrónicas*, cit., 14.

386 VII Curso de Direito Industrial

Mais recentemente, no acórdão 9 de Novembro de 2004, relativo a vários processos apensos[40], tendo por objecto um pedido de decisão prejudicial sobre a interpretação do artigo 7.° da Directiva 96/9, apresentado no âmbito de um litígio que opôs a sociedade *Fixtures Marketing Ltd* (a seguir «Fixtures») à sociedade *Oy Veikkaus Ab* (a seguir «Veikkaus»), resultante da utilização pela *Veikkaus*, para efeitos da organização de apostas, de dados relativos aos jogos de futebol dos campeonatos ingleses, o TJCE concluiu que:

"O conceito de investimento ligado à obtenção do conteúdo de uma base de dados na acepção do artigo 7.°, n.° 1, da Directiva 96/9/CE do Parlamento Europeu e do Conselho, de 11 de Março de 1996, relativa à protecção jurídica das bases de dados, deve entender-se como designando os meios dedicados à procura dos elementos existentes e à sua reunião na referida base. Não inclui os meios utilizados para a criação dos elementos constitutivos do conteúdo de uma base de dados. No contexto da elaboração de um calendário de jogos para efeitos da organização de campeonatos de futebol, o conceito de investimento não tem assim por objecto os meios afectados à determinação das datas, dos horários e dos pares de equipas relativos aos diferentes encontros desses campeonatos."

O TJCE teve especialmente em conta as conclusões da advogada--geral Stix-Hackl, apresentadas em 8 de Junho de 2004, em que no ponto 41 procede "à comparação do conceito de «obtenção» utilizado artigo 7.°, n.° 1, com as actividades enumeradas no trigésimo nono considerando da directiva. Contudo, importa referir, a título liminar, a existência de divergências entre as várias versões linguísticas. / 42. Partindo do termo de «obtenção» [«Beschaffung»] utilizado na versão alemã do artigo 7.°, n.° 1, apenas podem estar em causa dados já existentes, visto que apenas é possível obter algo que já tem existência. Neste sentido, a obtenção [«Beschaffung»] constitui exactamente o contrário da criação [«Erschaffung»]. Chega-se à mesma conclusão através da interpretação da redacção das versões portuguesa, francesa, espanhola e inglesa, que provêm da palavra latina «obtenere», ou seja, receber. As versões finlandesa e dinamarquesa também sugerem uma interpretação restrita. A interpretação em sentido amplo das versões alemã e inglesa adoptada por alguns intervenientes baseia-se, por conseguinte, num erro. / 46. Todas as versões linguísticas

---

[40] C-203/02, *British Horseracing Board Ltd v William Hill Organization Ltd*, e C-46/02, *Fixtures Marketing Ltd contra Oy Veikkaus Ab.*, Col. 2004, I-10365.

admitem assim uma interpretação no sentido de que a «obtenção» na acepção do artigo 7.°, n.° 1, da directiva não compreende efectivamente a mera aquisição de dados, nomeadamente a criação de dados, ou seja, a fase preparatória. No entanto, quando a criação dos dados coincide com a sua recolha e selecção, a directiva passa a conferir protecção." Com base nisto, a Advogada-geral propôs que o "conceito de obtenção do artigo 7.°, n.° 1, da directiva deve ser interpretado no sentido de que também abrange os dados criados pelo fabricante, quando a criação dos dados ocorra em simultâneo com o seu tratamento e não possa ser autonomizada deste."

Todavia, o TJCE decidiu que não são abrangidos os meios utilizados para a criação dos elementos constitutivos de uma base de dados. Proteger os dados cuja criação não pode ser autonomizada da sua recolha e tratamento seria proteger os meios utilizados para a sua criação. Por outras palavras, "quando uma base de dados é produzida a partir de dados não divulgados, não existe nenhum direito *sui generis.*"[41]

## § 7. **O direito especial do fabricante no DL 122/2000**

A jurisprudência comunitária deve ser tida em conta na interpretação da lei nacional. Ao contrário da generalidade dos Estados-Membros da União Europeia, que transpuseram a directiva comunitária alterando as respectivas leis internas de direitos de autor[42], em Portugal a directiva foi transposta mediante um diploma especial, seguindo uma técnica legislativa já anteriormente utilizada para a transposição da directiva sobre protecção jurídica dos programas de computador.

Com efeito, o DL 122/2000, de 4 de Julho, transpõe a directiva na sua totalidade, incluindo o direito *sui generis*, a que chamou protecção especial do fabricante de base de dados (cap. III). Trata-se do direito exclusivo de extracção e/ou de reutilização da totalidade ou de uma parte substancial, avaliada qualitativa ou quantitativamente, do seu conteúdo.

Este direito especial é atribuído quando a obtenção, verificação ou apresentação do conteúdo da base representar um investimento substan-

---

[41] Antoine Masson, *Creation of Databases or Creation of Data: Crucial Choices in the Matter of Database Protection*, EIPR 2006, 267 ("There is no investment in collection or obtaining because the investor already owns the information.").

[42] http://www.ivir.nl/files/database/index.html#Implementation.

cial do ponto de vista qualitativo ou quantitativo (art. 12.º, 1). Trata-se, portanto, de proteger o investimento do fabricante não apenas contra concorrentes mas também contra todos, incluindo os próprios utilizadores. De acordo com o referido acórdão do TJCE, o direito especial do produtor de bases de dados não abrange os meios utilizados para a criação dos elementos constitutivos de uma base de dados. Pense-se, por exemplo, no investimento em software, que tenha por função recolher e processar os dados da base.

A protecção legal da estrutura das bases de dados por direitos de autor consagra também os direitos de reprodução, transformação e distribuição, acrescentando o direito de comunicação pública, exposição ou representação públicas (art. 7.º, 1-d). Prevê o direito de distribuição segundo a formulação da directiva e estabelece o seu esgotamento na Comunidade Europeia (art. 7.º, 1-c, e 2).

Quanto ao direito especial do fabricante de bases de dados, a lei estabelece que é independente de a base de dados ou o seu conteúdo serem protegidos por direitos de autor ou por outros direitos (art. 12.º, 5) e que pode ser transmitido ou objecto de licenças contratuais (art. 13.º). Tal como previsto na directiva e mantendo a terminologia desta, o direito especial divide-se em dois direitos.

Por um lado, o direito de extracção, i.e., a transferência, permanente ou temporária, da totalidade ou de uma parte substancial do conteúdo de uma base de dados para outro suporte, seja por que meio ou sob que forma for (art. 12.º, 2-a). Fundamentalmente, a faculdade de extracção corresponde ao direito de reprodução. Por outro lado, a faculdade de reutilização, i.e., qualquer forma de distribuição ao público da totalidade ou de uma parte substancial do conteúdo da base de dados, nomeadamente através da distribuição de cópias, aluguer, transmissão em linha ou outra modalidade. A reutilização, enquanto distribuição, esgota-se com a primeira venda de uma cópia de base de dados na Comunidade Europeia.

A lei portuguesa inclui a transmissão em linha nas formas de distribuição, ao invés de a incluir no direito de comunicação ao público (art. 12.º, 2-b, e 3). Nessa medida, a venda de cópia de base de dados mediante transmissão em linha implicaria também o esgotamento do direito de distribuição, ao contrário do que se pretende no preâmbulo da directiva sobre bases de dados.

Como forma de reforço do direito especial do fabricante de base de dados proíbe-se a extracção ou a reutilização sistemáticas de partes não substanciais do conteúdo da base de dados que pressuponham actos con-

*Bases de dados e direito* sui generis

trários à exploração normal dessa base ou que possam causar um prejuízo injustificado aos legítimos interesses do fabricante da base (art. 12.°, 6).

Esta proibição limita, inclusivamente os direitos do utilizador legítimo, que fica obrigado a não praticar "actos anómalos" que prejudiquem não apenas os fabricantes mas também os titulares de direitos de autor ou de direitos de conexos sobre obras e prestações incorporadas na base (art. 14.°, 2). Por via disto, o fabricante é investido no poder de controlar os actos dos utilizadores da sua base que possam prejudicar os seus direitos exclusivos e os direitos de terceiros sobre elementos incorporados na base.

## § 8. Limites ao direito especial do fabricante de bases de dados e preservação da liberdade de informação

Os limites do direito especial do fabricante previstos no DL 122/2000 são menores do que os limites dos direitos de autor sobre essa mesma base de dados. Se a transposição da directiva tivesse equiparado o direito *sui generis* ao direito conexo do produtor de fonograma e/ou videograma – tal como sugerimos –, seria possível reafirmar directamente excepções de interesse geral que favoreçam a ciência e a educação e até criar novas excepções e limites para fins como sejam a promoção do ensino à distância, ainda que com algumas limitações adequadas ao novo ambiente digital em rede.

Todavia, a nossa sugestão não foi acolhida pelo legislador, que também se ficou pelas excepções ao direito *sui generis* previstas na directiva, não lhe aplicando as excepções válidas para os direitos conexos em geral (DL 122/2000, capítulo III, especialmente art. 15.° sobre as utilizações livres). Essa terá sido, aliás, a solução da generalidade dos Estados-membros, nomeadamente a lei alemã, que não consagrou limites como, designadamente, a reprodução para arquivo e o direito de citação (§ 87c UrhG).[43] Todavia, mais recentemente, a lei francesa n.° 2006-961, de 1 de Agosto de 2006, aditou dois novos parágrafos ao art. L. 342-3 do código da propriedade intelectual, para permitir a utilização sem fins comerciais

---

[43] Friedrich Karl Fromm/Wilhelm Nordemann, *Urheberrecht, Kommentar zum Urheberrechtsgesetz und zum Urheberrechtswahrnehmungsgesetz*, 9. Aufl., Kohlhammer, Stuttgart, 1998, 593-5 (*Hertin*).

de bases de dados em arquivos, bibliotecas e centros de documentação por deficientes, bem como a utilização por estabelecimentos de ensino sem fins comerciais, com exclusão de toda a actividade lúdica ou recreativa.

Ora, sob pena de o direito *sui generis* ser inconstitucional, deverá ter em conta outros direitos constitucionais, nomeadamente o direito à informação, enquanto direito humano e universal.[44] Com efeito, "as necessidades de informação pública e da investigação assim como o valor patrimonial destes documentos justificam o acesso a estas fontes."[45] Para além de limites aos direitos de autor que valem no campo dos direitos conexos, o direito *sui generis* deverá respeitar limites resultantes de outras leis: "O direito de informação impõe uma limitação ao direito exclusivo do autor".[46]

Neste sentido, parece-nos adequado articular os direitos de propriedade intelectual com aspectos do direito público da comunicação audiovisual e da imprensa. Fala-se até nas imbricações entre a propriedade literária e artística e o direito público do audiovisual, que permanece omnipresente[47], com destaque para a Convenção Europeia da Televisão sem Fronteiras e as directivas comunitárias sobre actividade televisiva.

Parece-nos que a proibição de aquisição de direitos exclusivos e o direito a extractos televisivos deveriam valer também no ambiente da sociedade da informação, e que o exercício do direito de acesso dos jornalistas poderá justificar a neutralização de medidas técnicas de protecção de bases de dados, no sentido de terem legitimidade para solicitar às entidades competentes os meios necessários para aceder à base. Será esta uma via de "concordância prática" entre um direito exclusivo e as liberdades fundamentais da comunicação, em especial a liberdade de informação.

Tanto mais que a protecção jurídica dos titulares do direito *sui generis* do fabricante de base de dados contra a neutralização de qualquer medida eficaz de carácter tecnológico (art. 217.°, 1) não salvaguarda qualquer excepção ou limite ao direito *sui generis*, parecendo consagrar

---

[44] Luís Escobar de la Serna, *Derecho de la Información*, Dykinson, Madrid, 1998, 107.

[45] Marie Cornu, *L'accès aux archives et le droit d'auteur*, RIDA 195/2003, 95.

[46] Bruno Jorge Hammes, *O direito de propriedade intelectual – subsídios para o ensino*, 2.ª ed., (de acordo com a Lei 9610 de 19.02.1998), Unisinos, São Paulo, 1998.

[47] Benjamin Montels, *Droit de la propriété littéraire et artistique et droit public de la communication audiovisuelle: du domaine séparé au domaine partagé*, RIDA 2003, 175.

*Bases de dados e direito* sui generis 391

uma propriedade radicalmente absoluta, de constitucionalidade mais do que duvidosa.[48]

## § 9. **Motores de pesquisa, hiperligações e direito** *sui generis*

Uma referência, para terminar, à problemática do direito *sui generis* em relação com motores de pesquisa e hiperligações. Destaque vai neste ponto para a sentença *Paperboy* (17/7/2003) na qual o BGH entendeu que a mera colocação de uma ligação profunda para materiais protegidos pelos direitos de autor e colocados em rede à disposição do público não constituiria infracção ao direito exclusivo de reprodução, na medida em que não sejam neutralizadas medidas técnicas de protecção. De igual modo, o serviço em linha (*Paperboy*) que oferece ligações profundas para jornais em linha não conflituaria com a exploração normal de um jornal em linha que beneficiasse do direito *sui generis* do produtor de bases de dados. Além disso, o motor de busca que oferece ligações profundas para jornais em linha não seria considerado um acto de concorrência desleal na medida em que o conteúdo fosse livremente acessível e o fornecedor da ligação não contornasse quaisquer medidas técnicas de protecção.[49]

Assim, o BGH decidiu que os resultados de pesquisa apresentados pelos motores de busca na Internet não violam, enquanto tais, o direito *sui generis* do fabricante de bases de dados, sem prejuízo de certas práticas de hiperligações, conhecidas como profundas (*deep-linking*) poderem ter esse efeito.[50] Todavia, o BGH não terá clarificado a questão da licitude de actos de neutralização de medidas técnicas que impedem hiperligações, ainda que estas, enquanto tais, não sejam consideradas ilícitas.[51]

A sentença *Paperboy* é de grande alcance e vai de encontro ao entendimento geral de que as hiperligações não devem ser consideradas ilícitas, de acordo com o § 5(3) da *Teledienste-Gesetz*, tal como afirmado

---

[48] Alexandre Dias Pereira, *Direitos de Autor e Liberdade de Informação*, Coimbra, 2007.

[49] Cf. Thomas Dreier/Georg Nolte, *Liability for Deep Links – Paperboy*, CRi 2003, 184-5.

[50] Artur-Axel Wandtke/Winfried Bullinger (Hrsg.), *UrhR – Praxiskommentar zum Urheberrecht*, 2. Aufl., Beck, München, 2006, 1079 (*Thum*).

[51] Thomas Hoeren, *Keine wettbewerbsrechtlichen Bedenken mehr gegen Hyperlinks? Anmerkung zum BGH-Urteil "Paperboy"*, GRUR 2004, 1-6.

em diversas decisões (e.g. *Pfälzer-Links*, LG Frankenhalt, 11.28.2000; *Swabedoo*, OLG Schleswig-Holstein, 12.19.2000). Este princípio geral de liberdade de hiperligações foi todavia posto em causa relativamente a "ligações" mais problemáticas, em especial as chamadas ligações profundas (*deep-linking*), pelas quais se refere directamente o utilizador a conteúdos de um sítio da rede, contornando a sua página principal. Na Dinamarca, o Tribunal de Bailiff, no caso *Danish Newspaper Publishers' Association v. Newsbooster.com ApS*, de 5 de Julho de 2002, ordenou uma providência cautelar para impedir a *Newsbooster.com* de prestar serviços que permitiam aos seus utilizadores, mediante remuneração, usar palavras-chave para executar «Web 'bots'» para pesquisar sites de notícias. Os Réus foram proibidos de oferecer serviços de ligações profundas, de reproduzir e publicar títulos dos sites e de distribuir *e-newsletters* com ligações profundas, visto o Tribunal dinamarquês ter considerado tal prática como violação da lei dinamarquesa dos direitos de autor (§§ 71(1) e 71(2)), aprovada em Junho de 1998 em transposição da directiva das bases de dados. Na Alemanha, o BGH decidiu de modo semelhante num processo movido pelo jornal alemão *Mainpost* contra o motor de busca *Newsclub*, o qual foi condenado por violação dos direitos da base de dados de notícias da *Mainpost* por via de pesquisa e ligação directa para ela. De modo semelhante, no caso *Stepstone v. Ofir*, a jurisprudência alemã ordenou à empresa dinamarquesa que cessasse a ligação profunda ao website do seu concorrente (LG Köln, sentença de 28.2.2001). Todavia, o tribunal judicial de Groeningen, na Holanda, considerou que a secção de ofertas de emprego de um jornal não constituía uma base de dados segundo a lei holandesa, pelo que não poderia ser protegida contra a sua inserção num site de pesquisa de empregos.[52]

Quanto a este ponto, é de referir que a lei portuguesa do comércio electrónico, embora estabeleça o princípio da liberdade de associação de conteúdos, incluindo conteúdos ilícitos, determina que a remissão não será lícita "se representar uma maneira de tomar como próprio o conteúdo ilícito para que se remete", tendo em conta determinadas circunstâncias (DL 7/2004, art. 19.º). Todavia, não determina o tipo de ilicitude em causa, nomeadamente se se trata de violação de direitos de autor e conexos, sistemas de acesso condicional ou concorrência desleal, sem esquecer o direito *sui generis* do produtor de base de dados.

---

[52] Cf. OMPI/WIPO, *Intellectual Property on the Internet: A Survey of Issues*, Geneva, 2002, 49-50.

*Bases de dados e direito* sui generis

Da nossa parte, embora antecipemos um papel relevante neste domínio para o instituto da concorrência desleal[53], defendemos que a sua aplicação deverá ter em conta o valor das hiperligações enquanto instrumento de realização da liberdade de informação. Assim, exigir-se-á um esforço de contenção judicial na aplicação da cláusula geral da concorrência desleal, apontando-se neste sentido "a sabedoria do direito inglês" ao não colocar nas mãos dos juízes uma cláusula geral tão abrangente.[54]

De todo o modo, a funcionalidade dos motores de pesquisa, ao promover e facilitar a liberdade de informação, gera também uma nova actividade económica extremamente significativa, bastando pensar no crescimento meteórico da empresa *Google*. O que tem suscitado da parte de titulares de direitos de autor e conexos, bem como do direito *sui generis*, a preocupação de os seus direitos serem violados em resultado da utilização destes poderosos motores de busca, bem como a instauração de acções em vários países em ordem à defesa desses direitos. Vários casos envolvendo os motores de pesquisa da *Google* terminaram em transacções pelas quais esta empresa aceitou pagar elevadas quantias aos titulares de direitos que intentaram acções, obtendo em contrapartida um 'passaporte' de utilização das obras pelos seus motores de pesquisa. Mais recentemente todavia a *Google* foi processada em França por violação de direitos de autor mediante digitalização e colocação em rede de obras de autores franceses indisponíveis ou de difícil acesso no mercado[55].

## § 10. **Reflexão final**

A propósito da protecção dos direitos de autor na chamada «sociedade da informação», foram criadas novas formas jurídicas de apropriação de informação. É o caso do direito *sui generis* do produtor de bases de dados, que eleva a protecção do investimento a fundamento bastante de

---

[53] José de Oliveira Ascensão, *Hyperlinks, Frames, Metatags – A Segunda Geração de Referências na Internet*, Direito da Sociedade da Informação, Vol. III, Coimbra Editora, 2002, 27; Alexandre Dias Pereira, *A Liberdade de Navegação na Internet: Browsers, Hyperlinks, Meta-tags*, Estudos de Direito da Comunicação, IJC/FDUC, Coimbra, 2002, 227.

[54] Cornish/Llewelyn, *Intellectual Property,* cit., 2003, 802.

[55] http://www.google.com/hostednews/afp/article/ALeqM5hyDbbeAx_jy90Oq6FA zOmiGTj4-A.

394 VII Curso de Direito Industrial

instituição de direitos exclusivos e absolutos de exploração económica de informação.

Este direito *sui generis* foi inserido no quadro dos direitos de autor, mas sem manter com este quaisquer relações de vizinhança, nomeadamente não se subordinando às mesmas exigências que a liberdade de informação coloca aos direitos de autor. O direito *sui generis* surge assim não apenas como um corpo estranho ou *Alien*, mas sobretudo como um agente nocivo à liberdade de informação. Em termos tais que nos obrigam a questionar a sua constitucionalidade e a chamar a atenção para a especial necessidade de interpretar o seu regime legal em conformidade com os princípios e regras constitucionais, já que põe em cheque a presunção de constitucionalidade e de razoabilidade de que gozam as normas legais em vigor (Código Civil, art. 9.°, 3).

A sensibilidade do problema aumenta se considerarmos que o direito *sui generis* (e outros derivados dos direitos de autor) é fruto da criação legislativa comunitária. Questionar a constitucionalidade do direito *sui generis* implica pôr em causa normas do direito comunitário. Não obstante, e sem prejuízo de eventuais pedidos prejudiciais à judicatura comunitária, os tribunais deverão ter em conta o comando constitucional que proíbe a aplicação de normas que violam normas constitucionais e os princípios consignados na constituição (CRP, arts. 204.°, 277.°). Com efeito: "Os tribunais têm constitucionalmente o direito e o dever de fiscalização da constitucionalidade das leis, *desaplicando-as*, caso estejam em contradição com as normas constitucionais (art. 204.°)"[56], incluindo normas e princípios fundamentais (*ius cogens*) do direito internacional geral ou comum (art. 8.°, 1 e 2). Ora, a liberdade de informação é um princípio fundamental do direito internacional, devendo ser considerado um princípio fundamental do Estado de direito democrático[57]. Isto significa que a presunção de constitucionalidade de que gozam as normas comunitárias cede quando tais normas ofendem princípios do Estado de direito democrático (CRP, art. 8.°), pelo que não deverão ser consideradas pelos tribunais, sem prejuízo de caber recurso de tais decisões para o Tribunal Constitucional (CRP, art. 280.°, 1-a). De resto, poderá solicitar-se ao Tribunal Europeu

---

[56] J. J. Gomes Canotilho/Vital Moreira, *Constituição da República Portuguesa Anotada*, I, 4.ª ed., Coimbra, 2007, 383.

[57] Frank Fechner, *Geistiges Eigentum und Verfassung (Schöpferische Leistungen unter dem Schutz des Grundgesetzes)*, Mohr Siebeck, Tübingen, 1999, 350.

*Bases de dados e direito* sui generis

dos Direitos do Homem o escrutínio da conformidade de tais normas com a CEDH.

A gravidade do problema levou a que a questão tivesse sido já colocada nos seguintes termos: "A transformação da informação em pura mercadoria viola os princípios constitucionais"[58]. Não se pretende com isto dizer que os direitos *sui generis* criados pelo legislador comunitário são totalmente contrários às exigências constitucionais do Estado de direito democrático. Ou seja, não está em causa arguir uma inconstitucionalidade "em bloco" dos novos regimes legais. Trata-se, apenas, de chamar a atenção para o perigo de a liberdade de informação ser eclipsada no novo mundo dos direitos de autor e conexos[59].

---

[58] José de Oliveira Ascensão, *Direito intelectual, exclusivo e liberdade*, ROA 2001, 1195.

[59] Para desenvolvimentos, ver o nosso *Direitos de Autor e Liberdade de Informação*, Coimbra, Almedina, 2008.

# DENOMINAÇÕES DE ORIGEM
# E INDICAÇÕES GEOGRÁFICAS *

PEDRO SOUSA E SILVA
*Professor do ISCA da Universidade de Aveiro*
*e da Faculdade de Direito da Universidade Católica – Porto.*
*Advogado*

**SUMÁRIO:**
1. INTRODUÇÃO. 1.1. Conceitos de Denominação de Origem e de Indicação Geográfica. 1.2. Figuras próximas: indicação de proveniência e marca geográfica. 1.3. Finalidades e funções jurídicas. 1.4. Natureza e titularidade. 2. REGIMES DE PROTECÇÃO. 2.1. Disciplina nacional (CPI e Legislação específica). 2.2. Disciplina comunitária: direito originário e direito derivado, face à jurisprudência do Tribunal de Justiça das Comunidades Europeias. 2.3. Convenções internacionais: CUP; A. de Madrid, A. de Lisboa, TRIPS. 3. TUTELA DAS DO E IG. 3.1. O registo. 3.2. Âmbito de protecção. 3.3. O princípio da especialidade e a protecção das DO e IG de prestígio. 3.4. Tipos de protecção: Meios civis; tutela penal e contra-ordenacional; o RIV. CONCLUSÃO

## 1. INTRODUÇÃO

Se alguém entrar num hipermercado e for à secção dos vinhos, descobrirá facilmente a relevância das denominações de origem ("DO") e das indicações geográficas ("IG"):

---

\* Este texto corresponde, com ligeiras alterações e desenvolvimentos, à conferência proferida em 29.04.2008 no VII Curso Pós-Graduado sobre Propriedade Industrial, organizado pela ADPI e a Faculdade de Direito de Lisboa.

Enquanto os vinhos correntes (ou seja, sem direito a DO ou IG) têm preços que oscilam entre um mínimo de € 0,79/litro e um máximo de € 2,12/litro, os vinhos com DO ou IG oscilam entre o mínimo de € 2,11/litro e um máximo de € 78/litro. E se a denominação de origem for "Vinho do Porto", os preços por litro variam entre os € 5,32 (para um "Porto" de base de gama com marca branca) e os € 158,67 (para um "30 anos" de uma boa marca)[1]. Note-se que os preços máximos referidos para vinhos com DO podem ser largamente ultrapassados se a pesquisa for feita numa garrafeira especializada ou numa loja "gourmet", podendo alguns ultrapassar a barreira dos mil euros.

Mas as figuras da DO e IG não se restringem ao domínio dos vinhos (embora tenham sido cunhadas neste sector de actividade). Encontramos muitos outros exemplos em produtos alimentares: nos queijos ("Serra da Estrela", "Roquefort", "Parmigiano Reggiano"), nas carnes ("Barrosã", "Presunto de Barrancos"), em frutas (maçã "Bravo de Esmolfe", "Ameixa d'Elvas"), nos doces ("Turrón de Alicante"), ou em azeites ("Azeite de Trás-os-Montes"). E mesmo produtos não alimentares, como os "Bordados da Madeira" e os charutos "Habanos", beneficiam hoje da certificação das DO e IG.

Ao consumidor não é indiferente a origem dos produtos que adquire. A proveniência geográfica dos bens, especialmente alimentares, constitui uma mais-valia considerável, quando tenha associada uma imagem de qualidade, de prestígio ou de tradição.

Essa mais-valia foi normalmente gerada ao longo de décadas (ou mesmo de séculos), pelo esforço de gerações sucessivas de produtores da região de origem, no aperfeiçoamento das técnicas de produção e de elaboração dos produtos, embora o papel dos comerciantes também seja crucial, na promoção junto dos consumidores.

Desde tempos imemoriais que alguns produtos agrícolas e géneros alimentícios eram designados especificamente pelo nome das respectivas regiões de produção: vinhos, queijos, azeites e frutos eram muitas vezes encomendados, comercializados e valorizados em função da sua proveniência geográfica, naquilo que terão sido as primeiras manifestações de reconhecimento e diferenciação comercial de produtos, com a consequente repercussão económica.

---

[1] Fonte: Continente Online, www.continente.pt, consultado em 26.04.2008. Todos os vinhos considerados são de produção nacional.

A origem geográfica acabou assim por constituir uma espécie de *pedigree* do produto, dando-lhe uma valorização suplementar, que resulta num acréscimo de procura e, naturalmente, de preço.

Por vezes, essa valorização assume mesmo dimensões inesperadas, como sucedeu durante a crise das "vacas loucas", em que a procura de carnes com DO e IG disparou, devido à garantia de sanidade resultante da certificação das raças autóctones, como a dos bovinos "Alentejano" e "Barrosão", atestada pelas respectivas denominações.

E isto conduz-nos às verdadeiras funções das DO e IG: a par de uma função indicativa da proveniência geográfica, existe uma outra função, de garantia de qualidade (ou, melhor dizendo, de *genuinidade*), ambas servindo para justificar e explicar a tutela que legalmente lhes é dispensada, nacional e internacionalmente.

## 1.1. Conceitos de DO e IG

As noções de DO e IG constam actualmente do artigo 305.º do CPI de 2003.

A **Denominação de Origem** é um sinal distintivo de produtos, constituído por um nome geográfico (v.g. "Alentejo") ou tradicional (v.g. "Vinho Verde"), usado para identificar um produto originário de uma região demarcada, que disponha de qualidades ou características *resultantes* do meio geográfico, incluindo factores naturais e humanos, abrangendo qualquer área (incluindo um país), e que assegura:

a) *a proveniência* dessa região;

b) a garantia que a produção, a elaboração **e** a transformação ocorreram no *interior* da região demarcada;

A **Indicação Geográfica** é igualmente um sinal distintivo de produtos, constituído por um nome geográfico, usado para identificar um produto originário de uma região demarcada, que disponha de qualidades ou características *atribuíveis* ao meio geográfico, incluindo factores naturais e humanos, abrangendo qualquer área (incluindo um país), e que assegura:

a) *a proveniência* dessa região;

b) a garantia que produção *e/ou* elaboração *e/ou* transformação ocorreram no *interior* dessa zona geográfica.

400            *VII Curso de Direito Industrial*

Isto significa, portanto, que na IG a *garantia das características* típicas é mais ténue que na DO; até porque para haver IG basta que as qualidades "possam" ser atribuídas à região. A este propósito, RIBEIRO DE ALMEIDA sublinha que, *na indicação geográfica o elo que une o produto à região é mais débil que na denominação de origem*[2].

Como veremos, a garantia das *características* típicas (resultantes ou atribuídas ao meio geográfico) pressupõe que tais características estejam *definidas* por regulamento ou por "usos leais e constantes", devendo ser *certificadas* ou controladas por uma entidade certificadora.

Um factor essencial para o reconhecimento de uma DO ou IG é a existência de uma **região demarcada** dentro da qual ocorre a produção, a transformação e a elaboração do objecto a certificar. Ou seja, é imprescindível traçar a linha de fronteira da região de origem dos produtos, dentro da qual se pode utilizar a denominação ou indicação, e para além da qual essa utilização se torna ilegítima. O que, por vezes, gera situações de injustiça relativa (com explorações geograficamente muito próximas sujeitas a regimes distintos), que todavia são inevitáveis, devido a imperativos de Segurança Jurídica, que tornam necessário colocar a linha divisória num local fixo.

Essa demarcação é, em certos casos, feita pelo próprio legislador, como sucedeu com a Região do Douro, demarcada em 1756 pelo Marquês de Pombal[3]. Quando assim não suceda, a demarcação compete aos *organismos oficialmente reconhecidos que superintendam, no respectivo local,*

---

[2] *Indicações de proveniência, denominações de origem e indicações geográficas,* in Direito Industrial (ob. colectiva editada pela APDI – Associação Portuguesa de Direito Intelectual sob coordenação de OLIVEIRA ASCENSÃO), Vol. V, p. 13. Sobre o tema das DO e IG em geral, cf. também, do mesmo Autor, *Denominação de Origem e Marca,* Coimbra, 1999, OLIVEIRA ASCENSÃO, *Questões problemáticas em sede de indicações geográficas e denominações de origem,* Direito Industrial, cit., p. 69. Na doutrina estrangeira, cf., entre outros, BERTRAND, André, *La Propriété Intellectuelle,* Vol. II, 1995, pp. 478 e ss., BEIER, Friedrich-Karl e KNAAK, Roland, *The protection of Direct and Indirect geographical Indications of Source in Germany and in the European Community,* in International Review of Industrial Property and Copyright Law, n.º 1, 1994, pp. 1 e ss., CHAVANNE et BURST, *Droit de la propriété industrielle,* 4.ª ed. pp. 791 e ss., LADAS, S. P. *Patents, Trademarks and Related Rights,* Vol. III, 1975, pp. 1573 e ss., ROUBIER, Paul *Le Droit de la Propriété Industrielle,* Vol. II, pp. 753 e ss.

[3] Sobre este tema, cf. PEREIRA, Gaspar Martins, *O Douro e o Vinho do Porto de Pombal a João Franco,* Porto, 1991 e MARTINS, Conceição Andrade, *Memória do Vinho do Porto,* Lisboa, 1990.

*o ramo de produção*, os quais deverão *ter em conta os usos leais e constantes, conjugados com os superiores interesses da economia nacional*,
conforme dispõe o artigo 306.º do CPI.

Os critérios a utilizar para efeitos de delimitação não são inequí-
vocos, embora seja pacífica a relevância do meio natural (o denominado
"terroir", abrangendo as características edafo-climáticas) e do elemento
humano (caracterizado pelo recurso a certas técnicas e tradições ances-
trais). À demarcação regional deve presidir, pois, uma ideia de certa *tipicidade* (ou homogeneidade) dos produtos a certificar, que devem possuir
certas qualidades ou particularidades comuns, próprias dos produtos provenientes dessa região e distintas das que caracterizam produtos congéneres de outras regiões geográficas.

Outro factor essencial para o reconhecimento de uma DO ou IG é,
como vimos, a existência de uma **entidade certificadora**, que controle o
uso e a atribuição destes sinais distintivos, e o respeito pelas regras de origem e dos parâmetros de qualidade e genuinidade estabelecidos para os
produtos a assinalar[4]. Em certos casos, é a própria lei que atribui tal competência a entidades determinadas, nomeadamente a institutos públicos,
como o Instituto dos Vinhos do Douro e do Porto ou o Instituto do Vinho,
do Bordado e do Artesanato da Madeira. Noutros casos, o legislador estabelece um sistema de reconhecimento de entidades certificadoras, a quem
exige que satisfaçam os requisitos definidos em caderno de encargos,
como sucedeu no domínio vitivinícola, com o Decreto-Lei n.º 212/2004,
de 23 de Agosto.

Estes sinais são, por natureza, destinados a **utilização colectiva**.
Ou seja, o direito de usar a denominação ou indicação assiste a todos quan-
tos, no interior da região demarcada, produzem os bens a que se refere a
DO ou a IG; desde que, como veremos, o façam segundo as regras estabelecidas para a utilização dessa designação.

Uma questão debatida, actualmente, é saber se o conceito de DO ou
IG pode aplicar-se a *serviços* (e não apenas a produtos). A resposta da
nossa lei actual parece clara: o artigo 305.º refere unicamente produtos.
Além disso, estes sinais têm como especial função indicar a origem geo-

---

4 Note-se que, com o pedido de registo da DO ou IG é necessário indicar *as condições tradicionais, ou regulamentadas, do uso da denominação de origem ou da indicação geográfica, e os limites da respectiva localidade, região ou território* [art. 307.º/1/c)
do CPI].

402 VII Curso de Direito Industrial

gráfica de algo que normalmente é transaccionado e consumido *no exterior* da região de origem, o que sucede, sobretudo, com produtos e não com serviços. Ainda assim, não repugna a ideia de certos serviços, v.g. terapêuticos, virem a beneficiar dessas designações, desde que estejam inequivocamente ligados à região geográfica invocada. Há mesmo algumas legislações estrangeiras que já admitem a utilização destes sinais relativamente a serviços[5]. De qualquer modo, entre nós, a protecção de um símbolo ligado à localização ou proveniência geográfica de serviços poderá obter-se mediante o recurso à figura da marca colectiva de certificação, prevista no artigo 230.° do CPI, que expressamente admite a certificação de serviços.

## 1.2. **Figuras próximas**

A **indicação de proveniência**, hoje em dia, não constitui um direito de propriedade industrial, sujeito a registo, que confira qualquer tipo de exclusivo. Trata-se apenas de uma referência ao local onde um produto foi produzido, ou elaborado, com conteúdo meramente informativo (v.g. se é um produto nacional, se foi produzido na região autónoma dos Açores, se é um produto regional algarvio, etc.). Por isso, essa indicação está sujeita às regras gerais da actividade económica, não podendo ser enganosa ou passível de induzir em erro quanto à origem do produto, sob pena de incorrer na proibição da concorrência desleal, ou de ficar sujeita ao regime das práticas comerciais desleais, recentemente aprovado pelo Decreto-Lei n.° 57/2008, de 26 de Março[6], ou às disposições do Código da Publicidade.

A **marca geográfica** é uma marca composta por um nome geográfico[7]. Este tema, sujeito a alguma controvérsia, que não iremos analisar

---

[5] Sobre este ponto concreto, cf. ALMEIDA, Alberto Ribeiro, *Denominações Geográficas*, in Direito Industrial, vol. III, p. 278.

[6] Que transpôs para o direito interno a Directiva n.° 2005/29/CE, do Parlamento Europeu e do Conselho, de 11 de Maia, relativa às práticas comerciais desleais das empresas nas relações com os consumidores no mercado interno.

[7] Embora esse nome deva ser acrescido de outra referência que empreste à marca alguma capacidade distintiva, sob pena de recusa de registo, ou de nulidade, face ao disposto nos arts. 238.°/1/b) e 265.°/1/a) do CPI. Assim, são conhecidos entre nós os casos de recusa das marcas "Encostas da Beira", "Castas Alentejanas" e "Adega Alentejana"

*Denominações de origem e indicações geográficas* 403

aqui[8], pode ser sumariado do modo seguinte: Se o nome geográfico for empregue como simples **denominação de fantasia** não suscita quaisquer objecções (uma marca de perfume "Luar do Mondego", feito em Lisboa, não seria enganosa). O mesmo se diga quando estivermos perante uma **denominação genérica** ("água de Colónia"). Por isso, a marca geográfica não tem como função certificar ou sequer informar acerca da proveniência do produto ou serviço, servindo apenas o propósito de o identificar no mercado, na mesma medida que tal ocorre com marcas não geográficas: o nome da região ou localidade funcionará, nestes casos, como uma designação neutra, do ponto de vista geográfico (não tendo, em si mesma, o efeito de valorizar o produto). Mas, quando essa neutralidade não existir e houver o risco da marca induzir em erro o público acerca da proveniência geográfica do produto ou serviço, o seu registo deve ser recusado, por aplicação do disposto na alínea d) do n.º 4 do art. 238.º do CPI. Não ocorrendo esse risco, nada obsta a que uma marca geográfica seja registada, desde que não ofenda direitos prioritários. Em contrapartida, se a marca for constituída, exclusivamente, por indicações que possam servir para designar essa proveniência geográfica, estaremos perante uma marca inválida por falta de capacidade distintiva, cujo registo deve ser recusado ou anulado[9].

De referir, neste contexto, é ainda o regime da **marca colectiva** (de associação ou certificação, previsto nos arts. 228.º a 232.º do CPI), que poderá, sob certas condições, funcionar como uma alternativa à protecção das DO e IG, embora com funções e disciplina diversa, nomeadamente quanto à titularidade e direito de utilização.

### 1.3. Finalidades e funções jurídicas

As finalidades das DO e IG são idênticas: Destinam-se a reservar aos produtos de certa região o poder apelativo resultante da sua proveniência geográfica e da imagem de qualidade e prestígio que lhe esteja associada,

---

[8] Sobre este tema, cf. ALMEIDA, Alberto Ribeiro, *Denominação de Origem e Marca,* cit., pp. 342 e ss., OLAVO, Carlos, *Marcas e Indicações Geográficas,* Anotação ao acórdão da Rel. Lisboa de 29.07.2004, in revista da Ordem dos Advogados, Ano 65, pp. 527 e ss., GONÇALVES, Couto, *Direito de Marcas,* 2000, p. 72.

[9] Artigos 223.º/1/c), 238.º/1/c) e 265.º/1/a) do CPI.

acreditando-os assim perante o consumidor. Por isso, a utilização desses sinais distintivos fica constituindo um exclusivo dos produtores da região demarcada, que cumpram os demais requisitos estabelecidos, sendo vedado usá-la para produtos originários do exterior dessa zona.

Como fundamento para este exclusivo é vulgar invocar-se o carácter único e *irrepetível* dos produtos protegidos: As características especiais do meio envolvente, do "terroir", os factores naturais e humanos da região de origem tornariam esse produto inimitável, pelo que qualquer produto congénere, proveniente de outra região, nunca poderia igualá-lo. Porém, face à evolução técnica das últimas décadas, este modo de ver as coisas releva mais de um bem-intencionado "wishful thinking" do que da realidade dos factos. Há hoje imitações perfeitas de vinhos com denominação de origem, capazes de enganar os melhores provadores, em regime de prova cega. As modernas técnicas de produção e elaboração de produtos alimentares, e os avanços registados nos domínios da Química, da Biologia e da compreensão dos mecanismos sensoriais humanos, como o paladar e o olfacto, permitem controlar e monitorizar cada vez melhor as características analíticas e organolépticas dos produtos, conseguindo imprimir-lhes artificialmente os traços típicos de produtos característicos de uma outra região. Por isso, fundamentar a protecção das DO ou IG naquele suposto carácter *irrepetível* dos produtos acaba por ser um caminho ilusório, desnecessário e perigoso.

Na verdade, não é preciso invocar essa irrepetibilidade para justificar a tutela exclusiva destes sinais distintivos. O valor intrínseco de uma DO provém do trabalho do Homem, dos produtores da região de origem, que criaram aquela mais-valia de reputação. E é por isso que deve ser-lhes reconhecida e reservada a utilização do nome geográfico que tornaram conhecido no mercado. Ou seja, há que dar o "seu a seu dono". No fundo, tudo se reconduz a uma questão de regulação da concorrência. Do mesmo modo que os titulares da marca "Coca-Cola" têm o direito de reservar para si o benefício económico decorrente do uso dessa marca célebre (pois foram eles que a celebrizaram), também os viticultores da região do *Champagne* devem ter o direito de usufruir em exclusivo dos benefícios derivados da reputação do seu vinho, gerada pelo seu esforço ao longo de gerações. Por isso, ainda que alguém conseguisse produzir, na Austrália, um vinho em tudo igual a este, seria de todo ilegítimo e parasitário usar essa denominação geográfica para o assinalar.

Do ponto de vista jurídico, **as funções** das DO e IG são múltiplas. Desde logo, têm uma função *distintiva e indicativa*, informando os comerciantes e consumidores sobre a origem geográfica dos produtos e distinguindo-os, assim, daqueles que têm uma diversa proveniência. Têm, em segundo lugar, uma função de garantia de *genuinidade*, ou seja, de garantia de que os produtos assinalados possuem as qualidades ou características típicas dos produtos com direito a usar essa denominação ou indicação[10]. O que significa que nem todos os produtos originários da região poderão usar a DO ou IG (estando esta reservada para aqueles que tenham as características típicas, pré-fixadas por lei ou regulamento). Em terceiro lugar, e apenas em certos casos, as DO e IG podem ter ainda uma função *publicitária* ou reclamística, quando se trate de uma denominação ou indicação que goze de prestígio, havendo então que preservar o poder apelativo excepcional que resulta dessa reputação[11].

### 1.4. Natureza e titularidade

São diversas as concepções acerca da natureza das DO e IG, destacando-se sobretudo os defensores da tese do direito de propriedade (em especial aqueles que qualificam este sinal como uma propriedade de "mão comum"[12]) e aqueles que vêm nestes sinais distintivos meros direitos de monopólio, à semelhança do que sucede com os demais direitos de Propriedade Industrial.

---

[10] Alguns autores, como Carlos OLAVO (ob. cit., p. 530) e RIBEIRO DE ALMEIDA (*Indicações de proveniência...,* cit., p. 15), falam especificamente na função de *garantia de qualidade*. E parece óbvio que, numa perspectiva global, a tutela das DO e IG contribui genericamente para o acréscimo de qualidade dos produtos. Mas não resulta daí que as DO e IG tenham uma função específica de garantia de qualidade. Por outras palavras, estes sinais não garantem propriamente qualidade, mas antes *qualidades*. Isto porque, se um produto originário de uma região demarcada tiver as características típicas e legalmente fixadas, terá direito à certificação, ainda que seja um produto de baixa qualidade: não são apenas os produtos de "topo de gama" que têm direito ao uso das DO e IG. Quando muito, a certificação permitirá eliminar os produtos defeituosos, ou que não tenham um mínimo de qualidade para serem comercializados. Mas, em si mesma considerada, a DO ou IG não garante que o produto seja um produto de qualidade, mas apenas que o produto é genuíno (isto é, típico), tenha ele mais ou menos qualidade. Por outras palavras, como aliás esclarece RIBEIRO DE ALMEIDA, na denominação de origem *o que importa é a correspondência a um padrão, a um conjunto de características pré-definidas* (ob. cit., p. 16).

[11] Sobre este aspecto, cf. *infra*, 3.3.

[12] Sobre este tema, cf. em especial RIBEIRO DE ALMEIDA, *Denominação de Origem e Marca,* cit., pp. 69 e ss.

A nossa lei (art. 305.°/4 do CPI) parece inclinar-se para a primeira concepção, ao referir que *as denominações de origem e as indicações geográficas, quando registadas, constituem propriedade comum dos residentes ou estabelecidos na localidade, região ou território, de modo efectivo e sério e podem ser usadas indistintamente por aqueles que, na respectiva área, exploram qualquer ramo de produção característica, quando autorizados pelo titular do registo.*

Daqui decorre, também, que o legislador distingue entre os "proprietários" da DO ou IG e o "titular" do registo. Com efeito, embora o Código seja omisso a tal respeito, o registo das denominações de origem e indicações geográficas é normalmente feito pelas entidades certificadoras dos produtos protegidos, ou por organismos de coordenação económica do sector, apesar de ser usado pelos agentes económicos da região demarcada. Mas, quanto a este aspecto, há inúmeros regimes específicos, nomeadamente no sector vitivinícola, cumprindo destacar o disposto no art. 4.° do Decreto-Lei n.° 212/2004, de 23 de Agosto, que atribui a titularidade dos registos de DO e IG de vinhos e produtos vínicos à respectiva entidade certificadora, embora esclarecendo que estes sinais *constituem património colectivo, cuja defesa compete às entidades certificadores e, supletivamente, ao organismo competente do Ministério da Agricultura, Desenvolvimento Rural e Pescas.*

Independentemente da propriedade e da titularidade das DO e IG, parece claro que os **interesses protegidos** com a tutela destes sinais distintivos são não só os dos produtores e dos titulares do registo, mas também o dos consumidores, que entendem estas denominações e indicações como referenciais de genuinidade e de qualidade. Efectivamente, na óptica do consumidor, os produtos certificados por DO ou IG oferecem maiores garantias de autenticidade e qualidade, visto que a utilização do nome geográfico está sujeita ao controlo de uma entidade certificadora, cuja idoneidade contribui decisivamente para essa segurança.


## 2. REGIMES DE PROTECÇÃO

Existe actualmente uma multiplicidade de regimes de protecção das DO e IG, quer ao nível nacional, quer comunitário, quer mesmo internacional.

## 2.1. Regimes nacionais

A nível interno, o Código da Propriedade Industrial prevê desde há muito uma protecção, decorrente do registo no INPI, nos termos actualmente previstos nos artigos 307.° e seguintes, que remetem (quanto à disciplina da concessão do registo), para as normas que regulam o processo de registo da marca.

Mas, além da disciplina do CPI, existem vários regimes específicos, nomeadamente no domínio vitivinícola, de aplicação cumulativa com as normas gerais. Assim, para além da Lei de Organização Institucional do Sector Vitivinícola (o citado Decreto-Lei 212/2004), cujos artigos 2.° a 5.° estabelecem uma disciplina própria e em certos aspectos mais completa que a prevista pelo CPI, encontramos diplomas legais com regimes privativos para certas denominações de origem mais importantes, como "Porto", "Douro" e "Vinho Verde", entre outras[13]. Estas denominações, apesar de estarem também registadas no INPI, sempre estariam protegidas independentemente disso, por força destes diplomas legais.

## 2.2. Disciplina comunitária

A nível comunitário, está desde há muito reconhecido, pela jurisprudência do Tribunal de Justiça, que a protecção das denominações de origem se inscreve na excepção relativa à "propriedade industrial e comercial", prevista no artigo 30.° do Tratado de Roma, como excepção à regra da liberdade de circulação de mercadorias. Essa excepção permite pois a adopção de medidas restritivas que se mostrem necessárias para preservação da função específica destes direitos privativos: garantir, *além da proveniência geográfica do produto, o facto da mercadoria ter sido fabricada de acordo com normas de qualidade e de fabrico aprovadas por um acto de autoridade pública e por esta controladas*[14].

---

[13] Para as DO "Porto" e "Douro", está em vigor o Decreto-Lei n.° 173/2009, de 3 de Agosto, que substituiu a anterior regulamentação aprovada pelo Decreto-Lei n.° 166/86, de 26 de Junho e o Decreto-Lei n.° 190/2001, de 25 de Junho; e para a DO "Vinho Verde", o Decreto-Lei n.° 10/92, de 3 de Fevereiro, com a redacção do Decreto-Lei n.° 93/2006, de 25 de Maio.

[14] Ac. *Exportur* (de 10.11.92, Proc. n.° C-3/91, in CJCE I, p. 5529); cf., ainda, Acs. *Delhaize* (de 9.06.92, Proc. n.° C-47/90, in CJCE I-3669 e *Bélgica/Espanha* (de 16.05.2000, Proc. n.° C-388/95, in CJCE I-3123.

408          *VII Curso de Direito Industrial*

Actualmente, o próprio direito derivado já contém regulamentação de protecção das indicações geográficas e denominações de origem, nomeadamente o Regulamento (CE) n.º 510/2006 do Conselho de 20 de Março de 2006[15], aplicável a *produtos agrícolas e géneros alimentícios*, com exclusão dos produtos dos sectores vitivinícolas e das bebidas espirituosas. Para o sector *vitivinícola*, foi recentemente publicado o novo Regulamento (CE) n.º 479/2008 de 29 de Abril de 2008, relativo à Organização Comum do Mercado Vitivinícola, que veio finalmente instituir um regime comunitário aplicável às DO e IG de vinhos e produtos vínicos[16]. De referir ainda, para as *bebidas espirituosas*, o Regulamento (CE) n.º 110/2008 do Parlamento Europeu e do Conselho de 15 de Janeiro de 2008[17] que confere protecção às respectivas indicações geográficas.

### 2.3. Regimes internacionais

A nível internacional, existem hoje diversas convenções, bilaterais e multilaterais, que asseguram certa protecção às DO e IG.

Assim, Portugal é signatário de diversos acordos bilaterais, nomeadamente com a Espanha[18] e com a Suíça[19], prevendo a defesa mútua das respectivas DO e IG.

Por outro lado, a própria **Convenção da União de Paris** de 1883, prevê a repressão das falsas indicações relativas à proveniência dos produtos[20]. Com um âmbito mais específico, existe o **Acordo de Madrid** de 1891, contra as falsas indicações de proveniência nas mercadorias e, mais específico ainda, o **Acordo de Lisboa** de 1958, para protecção das denominações de origem e seu registo internacional. Na sequência desta última convenção, foi instituído na OMPI, em Genebra, um registo cen-

---

[15] J.O. n.º L 93/12, de 31.3.2006. Este regulamento instituiu um registo comunitário de DO e IG, organizado pela Comissão Europeia (art. 7.º/6).

[16] J.O. n.º L 148/1, de 6.06.2008; cf., especialmente, os artigos 33.º a 53.º.

[17] J.O. n.º L 39/16, de 13.02.2008.

[18] Celebrado em 16.12.1970 e aprovado para ratificação pelo Decreto-Lei n.º 63/71, de 3 de Março.

[19] Celebrado em 16.09.1979 e aprovado para ratificação pelo Decreto-Lei n.º 102/79, de 19 de Setembro.

[20] Artigo 10.º.

*Denominações de origem e indicações geográficas*          409

tralizado de DO, cuja tramitação nacional está regulada pelo artigo 309.° do nosso CPI. Todavia, e a despeito da evidente utilidade deste mecanismo de protecção, o Acordo de Lisboa não adquiriu ainda grande relevância internacional, face ao reduzido número de ratificações que registou até à data[21].

Uma menção especial é devida ao **Acordo TRIPS**, aprovado como anexo ao Tratado que instituiu a Organização Mundial do Comércio, em vigor desde 1 de Janeiro de 1996. Este acordo – cujas normas podem gozar de aplicabilidade directa, segundo os tribunais portugueses[22] – adquiriu uma importância fundamental devido ao elevadíssimo número de estados aderentes, podendo mesmo considerar-se o novo *standard* mínimo de protecção internacional da Propriedade Industrial. Não obstante, trata-se de um instrumento legal pouco ambicioso, uma vez que ignora o conceito de DO, prevendo apenas a protecção de IG, definidas como *as indicações que identifiquem um produto como sendo originário do território de um Membro, ou de uma região ou localidade desse território, caso determinada qualidade, reputação ou outra característica do produto seja essencialmente atribuível à sua origem geográfica*[23].

## 3. TUTELA DAS DO E IG

### 3.1. **O registo**

A protecção de que gozam as DO e IG registadas (e as não registadas que sejam reconhecidas por lei) vem enunciada no art. 312.° do CPI. Note-se que, uma vez realizado o registo, este tem duração ilimitada, nos termos do art. 310.°. Apesar disso, o registo das DO ou IG pode ficar sujeito a caducidade se a mesma *se transformar, segundo os usos leais,*

---

[21] Em 15 de Janeiro de 2008, o número de países aderentes elevava-se apenas a 26, segundo dados da OMPI (in http://www.wipo.int/treaties/en/documents/pdf/lisbon.pdf, consultado em 10.10.2008).

[22] Cf. acórdãos Supremo Tribunal de Justiça de 14.12.2004 (Proc. n.° 4416/2004-7, in www.dgsi.pt/jstj) e da Relação de Lisboa, de 22.10.98 (Col. Jur. 98, III, p. 120) e de 14.12.2004 (Col. Jur. 2004, V, p. 114).

[23] Artigo 22.°/1. No art. 23.°, prevê-se uma protecção adicional para as IG de vinhos e bebidas alcoólicas.

*antigos e constantes da actividade económica, em simples designação genérica de um sistema de fabrico ou de um tipo determinado de produtos*[24].

O pedido de registo deve ser recusado nos casos previstos no art. 308.°, com fundamentos muito semelhantes aos estabelecidos para os demais sinais distintivos, incluindo não só motivos absolutos de recusa (v.g. inidoneidade ou deceptividade do sinal), como também motivos relativos (v.g. imitação de DO ou IG anterior, ou ofensa de outros direitos prioritários).

Com o CPI de 2003, a terminologia utilizada para as indicações de registo ("DO" e "IG") simplificou-se, abandonando-se as siglas anteriores ("DOR", "DOP", "IGR" e "IGP")[25].

O registo pode ser objecto de declaração judicial de invalidade, nos casos de nulidade previstos no artigo 313.° e nas hipóteses de anulabilidade enunciadas no artigo 314.° (sendo que esta última acção está sujeita a prazo de caducidade de 10 anos, excepto quanto a registos obtidos de má fé).

## 3.2. Âmbito de protecção

Uma vez concedida, a tutela das DO e IG permite impedir que terceiros utilizem, na designação ou apresentação de um produto, a denominação ou indicação protegidas, ou que empreguem qualquer meio que

---

[24] Artigo 315.°/1 (v.g. "água de colónia"). Sublinhe-se, porém, que este risco está afastado, pelo n.° 2 deste preceito, para os produtos vitivinícolas, águas mineromedicinais e outros produtos que sejam objecto de legislação especial.

[25] No domínio vitivinícola, registou-se uma alteração semelhante, tendo o citado Dec.-Lei 212/2004 estipulado o uso das siglas "DO" e "IG" e revogado o Dec.-Lei n.° 429/86, de 29 de Dezembro, que previa a utilização da sigla "DOC" ("denominação de origem controlada") e "IPR" (indicação de proveniência regulamentada"). Apesar disso, ainda permaneceram em vigor até 2009 alguns diplomas específicos (como o Dec.-Lei n.° 190/2001, de 25 de Junho, que aprovou o Estatuto da Denominação de Origem Controlada "Douro") que faziam menção à sigla "DOC". Ainda no sector dos vinhos, convém assinalar o uso da sigla "vqprd" ("vinho de qualidade produzido em região determinada"), conceito oriundo da regulamentação comunitária [nomeadamente do art. 54.° do Regulamento (CE) n.° 1493/1999 do Conselho de 17 de Maio de 1999], que se aplica indistintamente a vinhos com direito a DO ou IG, para os distinguir dos chamados "vinhos de mesa", que são vinhos correntes sem especial qualificação.

*Denominações de origem e indicações geográficas* 411

indique ou sugira uma origem geográfica diversa da real, de modo a induzir o público em erro quanto a essa proveniência[26].

Mas não só: É também proibido o uso da denominação ou indicação protegida em *desvio das regras* fixadas para a sua utilização, mesmo que os produtos sejam originários da região indicada. O incumprimento dos requisitos fixados para o controle da genuinidade e certificação do produto priva-o do direito ao uso da DO ou IG, como se fosse proveniente do exterior da região. A genuinidade do produto só existe quando estejam reunidas *todas* as condições, legais e regulamentares, de que depende a certificação: Um vinho elaborado com uvas colhidas na região do Douro, mas de castas diferentes das que são típicas desta zona, não poderá usar a DO "Douro", por melhor que seja a sua qualidade.

### 3.3. **O princípio da especialidade das DO e IG**

Em princípio, o exclusivo decorrente das DO e IG está sujeito ao princípio da especialidade. Ou seja, o registo de uma DO ou IG, que é feito para determinado tipo de produtos, não permite impedir o uso desse nome geográfico em produtos completamente diferentes, sem qualquer afinidade com os primeiros. Assim, uma DO destinada a assinalar queijos não permite impedir o uso dessa denominação em carnes, ou em vinhos. Nem deve constituir motivo de recusa do registo de marcas destinadas a estes últimos produtos[27].

Contudo, este princípio é afastado quando estejam em causa **denominações de origem de prestígio**, para as quais vigora um regime semelhante ao das marcas célebres[28]. Nesta linha, o n.º 4 do artigo 312.º do actual CPI veio dispor que *é igualmente proibido o uso de denominação de origem ou de indicação geográfica com prestígio em Portugal, ou na Comunidade Europeia, para produtos sem identidade ou afinidade sempre que o uso das mesmas procure, sem justo motivo, tirar partido indevidamente do carácter distintivo ou do prestígio da denominação de origem ou*

---

[26] Art. 312.º do CPI.

[27] Neste sentido, RIBEIRO DE ALMEIDA, *O afastamento do princípio da especialidade nas denominações de origem?*, in Revista da Ordem dos Advogados, Ano 61, I, p. 366.

[28] Sobre o regime das marcas de prestígio cf., entre outros, SOUSA E SILVA, *O princípio da especialidade. A regra e a excepção: as marcas de grande prestígio*, in Revista da Ordem dos Advogados, Ano 58, I, pp. 377 e ss.

## 412    VII Curso de Direito Industrial

*da indicação geográfica anteriormente registada, ou possa prejudicá-las.* Idêntico princípio consta também do n.º 4 do artigo 5.º do citado Decreto--Lei n.º 212/2004 ("Organização Institucional do Sector Vitivinícola"), que proíbe a utilização directa ou indirecta de denominações de origem vitivinícolas em produtos não vitivinícolas quando tal utilização *procure, sem justo motivo, tirar partido indevido do carácter distintivo ou do prestígio de que goze uma DO ou IG ou possa prejudicá-las*[29].

Sublinhe-se que este princípio recebeu, entretanto, consagração ao nível comunitário, constando hoje não só do citado Regulamento (CE) n.º 510/2006[30], como também do Regulamento (CE) n.º 479/2008[31], que proíbem *qualquer utilização comercial directa ou indirecta de um nome protegido (...) na medida em que tal utilização explore a reputação de uma denominação de origem ou de uma indicação geográfica.*

O CPI de 2003 veio pois consagrar positivamente uma orientação que vinha sendo esboçada pela nossa jurisprudência anterior, que já havia proibido o registo da marca "MILLER – HIGH LIFE – THE CHAMPAGNE OF BEERS" para cervejas[32] e do nome de estabelecimento "PERFUMARIA BORDEAUX"[33]. Aliás, o INPI já havia recusado, em 2001, o registo da marca "VINHO DO PORTO.PT" destinada a *serviços de gestão, administração e publicidade*, por ter considerado a denominação "Porto" uma DO de renome, *a que não se aplica o princípio da especialidade*, pois o requerente *pode aproveitar-se do prestígio e categoria daquela*, havendo por isso *o perigo de a sua eficácia distintiva ser prejudicada, destruída ou diluída*[34], *bem como a marca* "UNICER COLLECTION OPORTO BEER",

---

[29] Acrescente-se que a disposição pioneira, nesta matéria, foi o artigo 1.º/5 do Estatuto da Denominação de Origem Controlada "Douro", aprovado pelo Decreto-Lei n.º 190/ /2001, que veio proibir o uso dessa DO de prestígio *em produtos não vínicos quando a sua utilização procure, sem justo motivo, tirar partido indevido do carácter distintivo ou do prestígio de que goze uma DO ou IG ou possa prejudicá-las.*

[30] Aplicável a produtos agrícolas e géneros alimentícios, com exclusão dos produtos vitivinícolas [cf. art. 13.º/1/a)].

[31] Aplicável aos produtos do sector vitivinícola [cf. art. 45.º/2/a/ii)].

[32] Sentença da 11.ª Vara Cível de Lisboa, de 3.12.99 (in B.P.I. n.º 4/2000, pp. 1761 e 1762). Sublinhe-se, porém, que o fundamento invocado pelo tribunal foi o risco de concorrência desleal e não a tutela própria das denominações de origem.

[33] Sentença do 3.º Juízo do Tribunal de Comércio de Lisboa de 20.01.00 (in BPI n.º 3/2000, p. 1206).

[34] Despacho de 14.03.2001, no pedido de registo da marca n.º 344.454 (Parecer da Técnica Carla Guerreiro).

*Denominações de origem e indicações geográficas* 413

para cervejas, por ter considerado que a utilização da denominação de origem *num produto de natureza diferente, banaliza o nome, deturpa e enfraquece a sua distintividade*[35].

Na verdade, como escreve RIBEIRO DE ALMEIDA[36], a *DO encontra-se protegida contra a sua utilização em produtos idênticos ou afins. A sua utilização em produtos de natureza completamente diferente poderá ser interdita se, tratando-se de DO com renome, existir perigo de a sua distintividade (ou eficácia distintiva) ser prejudicada, diluída ou destruída.*

Ao abrigo do CPI de 2003 já se registaram algumas decisões importantes, como a recusa da marca "DUPORTIZ" para bebidas alcoólicas, por sentença do Tribunal de Comércio de Lisboa, por considerar *a DO Porto uma denominação de origem de grande prestígio, merecedora de protecção*[37]. Ou a recusa, por parte do INPI, do registo da marca "CHAMPAGNE", para *serviços audiovisuais*, pois esse registo *facultaria um aproveitamento indirecto da sua reputação o que, de certo, contribuiria também para desvirtuar ou enfraquecer a sua notoriedade*[38].

Mas a consolidação desta jurisprudência surgiu com duas sentenças do Tribunal de Comércio de Lisboa[39], proferidas em 16.05.2008 e 29.05.2008, que anularam despachos do INPI que haviam concedido, respectivamente, o registo das marcas **"DOURO SUPERIOR"** para **azeite** e **"PORTO CRUZ"** para **serviços de publicidade, construção, hotelaria e restauração**. Como consta da primeira dessas sentenças, *permitir que seja aposta a palavra "DOURO" para assinalar outro produto (...) é permitir que o consumidor o associe desde logo à qualidade e genuinidade da denominação de origem "Douro", independentemente de a mesma ter*

---

35 Despacho de 13.09.2001, no pedido de registo da marca n.° 330.437 (Parecer da Técnica Margarida Matias).

36 *Denominação de Origem e Marca*, Coimbra, 1999, pp. 299-300.

37 Sentença do 3.° Juízo (Fátima Silva), no Proc. n.° 614/03.7TYLSB, que revogou um despacho do INPI que havia concedido o registo da marca n.° 358.739.

38 Despacho de 17.07.2007, no pedido de registo da marca n.° 373.140 (Parecer da Técnica Rogélia Pinto Inglês).

39 Proc. n.° 1011/06.8TYLSB do 2.° Juízo (Maria José Costeira) e Proc. n.° 545//03.0TYLSB do 2.° Juízo (Maria José Costeira). Esclareça-se que esta segunda sentença viria a ser revogada por acórdão da Relação de Lisboa de 18.02.2010 (Luís Correia de Mendonça), que julgou que no caso concreto (em que o despacho do INPI havia sido proferido na vigência do CPI de 1995) devia aplicar-se o regime desse diploma (ainda sujeito ao princípio da especialidade) e não o CPI de 2003, nomeadamente o art. 312.°/4, cuja formulação foi considerada "inovadora e sem carácter interpretativo".

*sido apenas concedida para vinhos e não para azeites.* Por isso, *a utilização do nome "Douro" permite a diluição clara da mencionada denominação de origem,* impondo-se a anulação do registo dessa marca. É que, como declarou a citada sentença de 29.05.2008, a concessão da marca *levaria necessária e directamente à sua diluição, banalizando o sinal e, por conseguinte, diminuindo a sua capacidade distintiva e valor publicitário.*

Estas últimas decisões constituem marcos fundamentais na defesa das mais valiosas denominações portuguesas, nesta caso das DO "PORTO" e "DOURO". E vêm juntar-se à jurisprudência dominante dos países que possuem DO e IG prestigiadas, sendo a jurisprudência francesa o paradigma desta orientação, quando proibiu o uso e registo da marca CHAMPAGNE para perfumes, porquanto tal utilização seria *susceptível de deturpar ou enfraquecer a notoriedade da denominação de origem*[40].

Outro marco importante, neste domínio, é a recente decisão do Instituto de Harmonização do Mercado Interno recusando o registo da marca **"ROYAL COGNAC"**, para *metais preciosos, publicidade, administração e gestão de negócios, educação, entretenimento e actividades desportivas,* por considerar que esta marca *poderia aproveitar-se da reputação da denominação de origem "COGNAC"*[41].

Na verdade, a protecção das denominações de origem prestigiadas justifica-se plenamente para protecção do seu poder apelativo, que correria o risco de se degradar ou diluir, caso esse nome pudesse ser usado indistintamente nos mais variados domínios.

Apesar disso, têm-se registado algumas resistências – por vezes até do próprio INPI... – quando estão em causa produtos tão diferentes dos protegidos que não ocorre qualquer *risco de confusão* quanto à origem. Nesses casos, há a tentação de admitir o registo de marcas contendo palavras constitutivas da denominação prestigiada, por não se entender que *o uso das mesmas procura, sem justo motivo, tirar partido indevido do carácter distintivo ou do prestígio da DO ou IG, ou pode prejudicá-las.*

---

[40] Caso "Yves Saint Laurent" – Ac. da "Cour d'Appel" de Paris, de 15.12.93, in *Revue Internationale de la Propriété Industrielle et Artistique,* n.º 176, p. 22. Além deste caso, a jurisprudência francesa regista outras decisões proibindo o uso da palavra «Champagne» para assinalar produtos e serviços tão díspares como biscoitos, espuma de banho, tabaco, roupas e sapatos, serviços de turismo e espectáculos, ou páginas da Internet.

[41] Decisão da 4.ª Câmara de Recurso do IHMI, de 15/05/2008, Proc. R 1171/2005, INAO vs. QVC.

Este modo de ver as coisas, porém, passa ao lado do essencial, pois a protecção reforçada das DO's de prestígio não se justifica apenas quando haja perigo de confusão quanto à origem dos produtos ou serviços. Na verdade, o grande risco a evitar aqui é o da **diluição** ou banalização do sinal prestigiado, e não tanto o risco de confusão do consumidor. O perigo maior – que leva todas as grandes denominações de origem do mundo a reagir nestes casos – é o de se diluir ou banalizar a distintividade, a **peculiaridade** do sinal, esbatendo-se ou perdendo-se a sua força distintiva.

A este propósito, CARLOS OLAVO[42] afirmava: *(…) há que ter em conta que a utilização da denominação de origem de renome [mesmo] em produtos de natureza completamente diferente daqueles para os quais se encontra registada pode implicar perigo de a sua eficácia distintiva ser prejudicada, diluída, ou destruída. De facto, a utilização indiscriminada da expressão que constitui uma denominação de origem é **susceptível de banalizar** esse nome de **enfraquecer a sua eficácia distintiva**. Para tanto, é, porém, indispensável que tal expressão tenha um elevado valor simbólico-evocativo. É o caso da denominação de origem "Champagne", que tem associada a ideia da melhor e mais prestigiada das bebidas…*

Nesta óptica, a sentença proferida no caso "DOURO SUPERIOR" é lapidar: *a utilização do nome "Douro" permite a diluição clara da mencionada denominação de origem. Permitir-se que produtores dos produtos mais diversos, ainda que com origem na região geográfica do Douro, assinalem os mesmos com a palavra "Douro é permitir que os mesmos "aproveitem" as "vantagens" da denominação de origem controlada "Douro" e que "sem grande esforço", surjam desde logo perante o consumidor como titulares de produtos "genuínos" de "qualidade" apenas porque mencionam os mesmos como sendo do "DOURO", diluindo o "selo" de qualidade e genuinidade.*

Por outras palavras: o uso de uma marca que reproduza uma DO de prestígio afecta negativamente a eficácia distintiva deste sinal, pois contribui para a respectiva *banalização e diluição* – diminuindo a sua individualidade ou peculiaridade e sua consequente "força atractiva". É evidente que um sinal, quanto mais for usado em produtos diversos, menos distintividade terá, pois a individualidade, resultante da diferenciação, vai diminuindo. O nome de uma pessoa só a individualiza porque não é igual ao nome das outras…

---

[42] *Marcas e Designações Geográficas*, cit., p. 533; sublinhados acrescentados.

Neste sentido, o legislador português veio dar um sinal inequívoco de que a protecção da DO de prestígio abrange o risco de simples banalização, com a publicação do Decreto-Lei n.º 173/2009, de 3 de Agosto, que disciplina as denominações de origem "PORTO" e "DOURO". O artigo 2.º, n.º 5 desse diploma proíbe expressamente o uso das palavras constitutivas dessas denominações, em produtos sem afinidade com vinhos, quando esse uso possa prejudicar essa denominação, nomeadamente, *pela respectiva diluição ou pelo enfraquecimento da sua força distintiva.*

Apesar disso, não pode esquecer-se que a maioria das DO ou IG são, simultaneamente, nomes de cidades ou de regiões. E que, por isso, podem e devem entrar na composição de marcas de produtos ou serviços sem afinidade com os produtos a que respeita a denominação ou indicação protegidas. Não faria sentido impedir todo e qualquer uso das palavras "Porto" ou "Cognac" em marcas registadas, até porque o nome de uma cidade não pode ser apropriado seja por quem for.

Tomando por exemplo a denominação "Porto", serão naturalmente admissíveis – para além das marcas destinadas a assinalar vinho do Porto – sinais distintivos pertencentes a entidades com manifesta legitimidade para usar este topónimo, com é o caso da Câmara do Porto, ou do Futebol Clube do Porto (nos pressupostos de que não induzam em erro e respeitem a produtos ou serviços relacionados com a sua actividade). Serão igualmente legítimas marcas ou logótipo que utilizem a palavra "Porto" como uma *simples referência geográfica* (por exemplo "A AGENDA DO PORTO", "CLINICA DE DOR DO PORTO", "COMÉRCIO DO PORTO", ou "HOSPITAL PRIVADO DO PORTO").

Em contrapartida, quando os sinais a registar usem a palavra "Porto" como uma *palavra de fantasia* (isto é, sem constituir uma referência geográfica, não havendo uma justificação objectiva para a escolha daquela palavra), deverá então prevalecer a tutela da DO prestigiada. Nestes casos, o facto da palavra "PORTO" ser o nome de uma cidade deixa de constituir uma razão necessária para a sua inclusão na marca, devendo o interesse do requerente ceder perante o *interesse público* da preservação da eficácia distintiva da DO de prestígio "PORTO".

Acrescente-se que as DO e IG podem também ser protegidas à luz das normas que proíbem a **concorrência desleal**, quando estejam em causa comportamentos censuráveis de concorrentes, passíveis de desviar clientela dos produtos assinalados por aqueles sinais para os produtos oferecidos pelo infractor. Tal poderá ser o caso, nomeadamente, de actos de *confusão* (v.g., de adopção de designações parecidas: "Vinho do Dom",

*Denominações de origem e indicações geográficas*        417

"OTROP"), de actos de *apropriação* (v.g., supressão ou ocultação da DO ou IG); ou de actos de *agressão* (incluindo o denegrimento: "os queijos da região X têm produtos químicos"; "a carne com a denominação Y é de animais com brucelose").

Por fim, é de referir ainda o recente regime das **práticas comerciais desleais**, que assume certa relevância no domínio das DO e IG, na medida em que reprime as denominadas *acções enganosas*, entre as quais se incluem as práticas susceptíveis de induzir o consumidor em erro, nomeadamente quanto à origem geográfica dos produtos[43].

### 3.4. Tipo de protecção

Atenta a relevância que o legislador português atribui às DO e IG, os meios de defesa incluem, além dos meios civis e penais decorrentes da tutela prevista no CPI, uma protecção reforçada em matéria penal, privativa das DO e IG vitivinícolas, prevista no denominado Regime das Infracções Vitivinícolas ("RIV")[44].

Assim, a **tutela civil** compreende as *acções de condenação* (nomeadamente acções inibitórias, com pedido de abstenção e eventual sanção pecuniária compulsória, pedido de indemnização e de eventuais medidas complementares, incluindo apreensão e destruição de objectos ilícitos, retirada do mercado, etc.), tal como previsto nos artigos 338.°-L a 338.°-O, com a redacção recentemente introduzida pela Lei n.° 16/2008, de 1 de Abril[45]. Paralelamente, existe a possibilidade de requerer *providências cautelares*, desde que reunidos os requisitos enunciados pelos artigos 338.°-I e J do CPI, que incluem o arresto e outras providências inibitórias. Isto sem prejuízo, naturalmente, do recurso às disposições gerais do Código de Processo Civil, nomeadamente ao procedimento cautelar comum previsto no art. 381.° deste diploma, quando seja caso disso.

---

[43] Artigo 7.°/1/b) do Decreto-Lei n.° 57/2008, de 26 de Março. Note-se que este regime tem um âmbito de aplicação distinto da disciplina da concorrência desleal, dado que versa sobre práticas das empresas *nas suas relações com os consumidores* (art. 1.°) e não nas relações dos concorrentes entre si.

[44] Aprovado pelo Decreto-Lei n.° 313/2004, de 23 de Agosto.

[45] Que transpôs para o direito interno a Directiva n.° 2004/48/CE do Parlamento Europeu e do Conselho, de 29 de Abril, relativa ao respeito pelos direitos de propriedade intelectual.

A legitimidade processual activa para agir em juízo, requerendo as medidas e procedimentos cautelares adequados, não está reservada apenas aos organismos certificadores das DO ou IG, na medida em que o artigo 338.°-B do CPI a reconhece a *todas as pessoas com interesse directo no seu decretamento*. Ora, se os produtores da região são os "proprietários" das DO e IG, parece claro que terão interesse directo no decretamento dessas medidas. De qualquer modo, sempre restaria o recurso ao disposto no art. 26.°-A do CPC e na Lei da Acção Popular[46], que conferem legitimidade activa a qualquer cidadão para tutela de interesses difusos.

Esta protecção é complementada pela **tutela penal e contra-ordenacional**, estando prevista, no artigo 325.° do CPI, pena de prisão até 3 anos ou multa até 360 dias, e perda dos objectos apreendidos (art. 330.°), pelo crime de *violação e uso ilegal* de DO ou de IG. Se a infracção consistir unicamente na prática de concorrência desleal, aplicam-se os artigos 317.° e 331.° do CPI, que fixam coimas até € 7.500 ou € 30.000, consoante se trate de pessoa singular ou colectiva. No domínio vitivinícola, o RIV prevê penas de prisão de 6 meses a 4 anos para os crimes de *usurpação* de DO ou IG (art. 8.°) e de *tráfico* de produtos vitivinícolas (art. 9.°); punindo-se como contra-ordenação, com coimas até € 50.000, as situações menos graves, qualificadas como *uso indevido* de DO ou IG pelo artigo 11.°.

Um mecanismo fundamental para a defesa das DO e IG reside na **recusa de registo** de sinais distintivos iguais ou confundíveis. Com efeito, a imitação ou a semelhança de uma marca com DO ou IG protegidas constitui fundamento de recusa do respectivo registo, nos termos do artigo 238.°/4/d) e 239.°/1/c) do CPI. Isto não impede, obviamente, que um produto com direito a DO ou IG adopte uma marca que inclua as palavras que constituem a designação protegida[47]. Mas, ainda assim, tais marcas deverão conter algum acrescento que lhes traga originalidade, sendo claro que esses registos não dão direito à apropriação exclusiva do nome geográfico (art. 223.°/2 do CPI). Por outro lado, atento o princípio da especialidade, nada obsta ao registo de marcas que incluam as palavras constitutivas da DO ou IG, quando (não se tratando de DO e IG de renome), tais marcas

---

[46] Lei n.° 83/95, de 31 de Agosto.

[47] Essa é uma circunstância muito frequente no sector dos vinhos, produtos que estão sujeitos ao uso *obrigatório* de marca registada (Decreto-Lei n.° 376/97, de 24 de Dezembro).

*Denominações de origem e indicações geográficas*     419

se destinem a produtos ou serviços *sem afinidade* com os produtos a que se destina a denominação ou indicação protegida.

Por fim, sublinhe-se a importância prática que, neste contexto, desempenha o disposto na alínea e) do n.° 1 do art.239.° do CPI, que impõe a recusa o registo de marcas que, mesmo não sendo directamente confundíveis com sinais protegidos, gerem um *risco "objectivo"* de concorrência desleal[48].

## CONCLUSÃO

As denominações de origem e as indicações geográficas permitem valorizar e preservar a reputação de que gozam muitos produtos característicos do nosso país, alguns dos quais pertencendo a sectores estratégicos, como é a fileira agro-alimentar e o sector vitivinícola em particular.

Por isso, é essencial que os poderes públicos e as entidades com responsabilidades na defesa da Propriedade Industrial reconheçam essa importância e actuem em conformidade, sem incorrer no provincianismo de só proteger e valorizar o que é estrangeiro.

As recentes decisões do Tribunal de Comércio de Lisboa representam bons exemplos dessa atitude inteligente e esclarecida, constituindo uma jurisprudência actualizada e consciente da importância deste regime para protecção dos legítimos interesses dos produtores nacionais, em estrita conformidade com a nossa lei.

É que, sem uma boa jurisprudência nos tribunais e sem uma boa prática administrativa no INPI, as boas leis que hoje existem em Portugal e na União Europeia, neste domínio, correriam o risco de não surtir qualquer efeito.

---

[48] Foi com esse fundamento que o 1.° Juízo do Tribunal de Comércio de Vila Nova de Gaia anulou o registo de marca "OTROP" para vinhos (que o INPI havia concedido por não a achar confundível com a DO "PORTO"), no Proc. n.° 6/2001, em 24.01.2001 (Isabel Faustino).

# DESENHOS E MODELOS. CARÁCTER SINGULAR. CUMULAÇÃO COM MARCA[*]

MARIA MIGUEL CARVALHO
*Professora na Escola de Direito
da Universidade do Minho*

## INTRODUÇÃO

A importância da aparência estética dos produtos é por todos conhecida e aplicável a cada vez mais e diversos produtos[1-2].

---

[*] O presente estudo corresponde ao texto que serviu de base à nossa intervenção no Curso de Pós-Graduação de Direito Intelectual organizado pela APDI e pela Faculdade de Direito da Universidade de Lisboa, em 20 de Fevereiro de 2010.

[1] Cfr., entre nós, MIGUEL MOURA E SILVA, «Desenhos e modelos industriais – um paradigma perdido?», in: AA. VV., *Direito Industrial*, Vol. I, APDI/Almedina, Coimbra, 2001, pp. 431 e s. e ALBERTO FRANCISCO RIBEIRO DE ALMEIDA, «Desenhos ou modelos e peças sobresselentes», in: AA. VV., *Direito Industrial*, Vol. VI, APDI/Almedina, Coimbra, 2009, p. 11. Cfr. ainda, entre outros, SILVIA MAGELLI, *L'estetica nel diritto della proprietà intellettuale*, Padova, CEDAM, 1998, esp. pp. 15 e ss., DAVIDE SARTI, *La tutela dell'estetica del prodotto industriale*, Milano, Dott. A. Giuffrè Editore, 1990, pp. 1 e s., GÓMEZ SEGADE, «Panorámica de la nueva Ley Española de Diseño Industrial», in: *Actas de Derecho Industrial y Derecho de Autor* [*ADI*], Tomo XXIV, 2003, p. 30.

[2] A importância dos desenhos e modelos é também evidenciada pelos números relativos aos pedidos de registo. Ao nível comunitário, nos primeiros cinco anos de actividade no âmbito do IHMI foram concedidos mais de 300.000 (informação recolhida em IZQUIERDO PERIS, «La tutela de los diseños comunitários registrados por los juzgados de marca comunitária españoles en Alicante (Comentario a los Autos del Juzgado de Marca Comunitaria núm.1 de Alicante, de 25 de Júlio y de 20 noviembre de 2007, y a la Sentencia del mismo Juzgado de 4 de diciembre de 2007)», in: *ADI* 28 (2007-2008), p. 785). Os dados mais recentes (embora relativos a 2008) podem ser obtidos no sítio: *http://*

422 VII Curso de Direito Industrial

A aparência dos bens que adquirimos está quase sempre presente no momento das nossas decisões de compra relativamente a diferentes bens: desde automóveis, electrodomésticos, mobiliário, vestuário, calçado, etc. Daí que não se estranhe que o papel da estética no plano da afirmação concorrencial das empresas seja progressivamente mais evidenciado, sobretudo no contexto de crise económica em que vivemos.

Num documento relativamente recente da Comissão Europeia – «Design as a driver of user-centred innovation»[3] – onde é abordada como ferramenta para o crescimento económico, revela-se merecedora de atenção na medida em que tem potencial para integrar, para além de relevantes considerações económicas, questões ambientais, de segurança e de acessibilidade nos produtos.

Estes factores explicam a necessidade do seu tratamento jurídico nos planos nacionais, comunitário e internacional e, em especial, a ênfase que, nos últimos tempos, tem sido colocada sobre aquele que já foi considerado o mais complexo direito privativo industrial[4] – o desenho ou modelo.

Tradicionalmente a protecção jurídica dos desenhos ou modelos tem sido fundada na ideia da defesa da inovação estética, isto é, como meio de fomentar o aumento do património (comum) dos desenhos e formas.

Por outro lado, e cada vez mais como já fizemos notar, a essa tem sido acrescentada uma outra que considera os desenhos ou modelos enquanto instrumentos de valorização dos produtos, ou melhor, como (mais) uma forma de diferenciação dos produtos.

Do ponto de vista dos interesses a tutelar, e além dos das empresas titulares dos desenhos ou modelos em verem o seu investimento protegido e dos seus criadores, tem sido chamado à colação o interesse público, quer

---

*oami.europa.eu/ows/rw/resource/documents/OHIM/OHIMPublications/2008_annual_ report_es.pdf* e no que respeita aos desenhos e modelos registados em Portugal, no sítio: *http://www.marcasepatentes.pt/files/collections/pt_PT/4/70/Relatório%20Estatístico%20 Anual_2008.pdf.*

[3] V. p. 2 do Documento SEC (2009) 501 final da Comissão Europeia, de 7 de Abril de 2009, disponível para consulta no sítio: *http://ec.europa.eu/enterprise/newsroom/cf/ document.cfm?action=display&doc_id=2784&userservice_id=1.* O referido documento tem em vista o plano de inovação que deverá ser apresentado durante o ano de 2010.

[4] OTERO LASTRES, «Concepto de diseño y requisitos de protección en la nueva ley», in: *Actas de Derecho Industrial y Derecho de Autor,* Tomo XXIV, 2003, p. 54.

*Desenhos e modelos. Carácter singular. Cumulação com marca* 423

na medida em que os consumidores vêem aumentar o seu bem-estar[5], quer enquanto instrumentos de estímulo da concorrência[6].

Assente a necessidade de tutela jurídica da aparência dos produtos[7], de imediato, surge a questão relativa à opção quanto ao tipo de protecção a conceder.

Essa opção nos planos internacional[8], comunitário[9-10] e nacional[11] foi no sentido de considerar a natureza híbrida dos desenhos e modelos, i.e., de os tutelar enquanto criações funcionais (que conferem utilidade aos produtos) e, simultaneamente, criações estéticas (que imprimem uma aparência mais apelativa aos produtos)[12].

---

[5] Cfr., entre nós, MIGUEL MOURA E SILVA, *op. cit.*, p. 435. Cfr. ainda SILVIA MAGGELI (*op. cit.*, pp. 57 e s.) que salienta o interesse dos consumidores de bens portadores de valor estético na medida em que esses possam gozar de tal valor quer fruindo-o directamente, quer pela sua utilização nas relações com as quais comunicam com outras pessoas.

[6] Cfr., entre outros, SILVIA MAGELLI, *op. cit.*, pp. 37 e ss. e 68 e ss.

[7] A história legislativa da protecção dos desenhos e modelos remonta, pelo menos no que respeita ao direito britânico, a 1787, data do *The Designing and printing of Linens, Cottons, Calicoes and Muslins Act* (cfr. A. I. MORRIS, *Design: the modern law and practice*, London, Butterworth, 1987, p. 4). Em França a tutela jurídica data do início do séc. XIX (PIERRE GREFFE/FRANÇOIS GREFFE/PIERRE-BAPTISTE GREFFE, *Traité des Dessins et des Modèles*, Lexis Nexis, Paris, 8.ª ed., 2008, pp. 5 e ss.).

Entre nós, a necessidade de tutelar juridicamente estas criações derivou, fundamentalmente, da ratificação da CUP (neste sentido, cfr. J. DE OLIVEIRA SIMÕES, *Propriedade Industrial – Legislação portuguesa em vigor*, 2.ª ed., Tipografia Minerva, Famalicão, 1919, p. 6). No entanto, tal só veio a suceder com o Decreto ditatorial de 15/12/1894 (arts. 157.º e ss.) e, depois, sem alterações, na Lei de 24 de Maio de 1896.

[8] O ADPIC (Acordo sobre os Aspectos dos Direitos de Propriedade Intelectual relacionados com o Comércio) regula os desenhos ou modelos industriais nos arts. 25.º e s. O art. 25.º, n.º 1, parte final, admite, todavia, que os Membros podem estabelecer que essa protecção não abrangerá os desenhos ou modelos ditados *essencialmente* por considerações de carácter técnico ou *funcional*.

[9] Directiva 98/71/CE do PE e do Conselho, de 13/10/98, relativa à protecção legal de desenhos e modelos [DDM].

[10] Regulamento (CE) n.º 6/2002, do Conselho, de 12 de Dezembro de 2001 [RDM].

[11] Código da Propriedade Industrial aprovado pelo DL n.º 36/2003, de 5 de Março.

[12] Como é referido por GABRIEL DO BLASI («Questões atuais na proteção dos desenhos industriais», in: AA. VV., *Direito Industrial*, Vol. VI, APDI/Almedina, 2009, p. 247), "o desenho industrial é um tipo de criação intelectual que envolve tanto características funcionais quanto estéticas em um mesmo objeto. De acordo com a Organização Mundial da Propriedade Intelectual – OMPI, os desenhos industriais são o ponto de encontro entre arte e tecnologia, uma vez que os desenhistas se empenham em criar produtos cujas formas e

424 VII Curso de Direito Industrial

A hibridez característica dos desenhos e modelos torna possíveis aproximações jurídicas diferenciadas com uma maior acentuação de alguns dos seus elementos – fala-se a este propósito de «patent aproach»; «trademark approach» e «copyright approach» relativamente ao tipo de protecção.

Estas diferentes abordagens, porque repercutidas, p.e., no que respeita aos requisitos de protecção[13], justificam disparidades relativamente ao regime jurídico dos vários ordenamentos que, no âmbito comunitário, obrigaram quer à harmonização legislativa (parcial[14]) levada a cabo pela Directiva 98/71/CE do PE e do Conselho, de 13/10/98, relativa à protecção legal de desenhos e modelos [DDM][15], quer à criação do desenho ou modelo comunitário pelo Regulamento n.º 6/2002, de 12 de Dezem-

---

aparência satisfaçam as preferências estéticas dos consumidores, bem como suas expectativas com relação à performance funcional do produto".

[13] Sintetizando muito bem essas diferentes abordagens no que respeita aos requisitos de protecção dos desenhos e modelos, cfr. MIGUEL MOURA E SILVA (*op. cit.*, pp. 435 e s.) que afirma: "tal como sucede com a protecção das patentes, a protecção dos desenhos e modelos industriais impõe como requisito a noção de *novidade*, objectivamente determinada por referência a um "estado de arte" e estabelece uma *duração limitada*. Mas o outro requisito de protecção, o *carácter singular*, aproxima os desenhos e modelos do regime das marcas, sobretudo quanto à análise da confundibilidade (…). Por último, a necessidade de protecção através de mecanismos de protecção automática tem levado a soluções próximas da criação de um direito de autor *sui generis*, compatibilizado com a natureza tecnológica do *design* através de uma duração muito curta e de um âmbito de protecção mais limitado. (…) [cujo exemplo seria o desenho ou modelo comunitário não registado]".

[14] Os Considerandos 5 e 6 da DDM assumem isso mesmo, deixando de fora do seu propósito, designadamente, as normas processuais relativas ao registo, renovação e anulação dos direitos sobre desenhos e modelos, bem como as disposições relativas aos efeitos dessa anulação.

[15] Para maiores desenvolvimentos sobre os trabalhos preparatórios da legislação comunitária em torno dos desenhos e modelos, que terão começado em finais da década de '50 do séc. passado, cfr. M. BOTANA AGRA, «Hacia la armonización comunitaria del régimen de protección de los dibujos y modelos industriales», in: *Estudios de Derecho Mercantil en Homenaje al Prof. Broseta Pont,* Tirant lo Blanch, Valencia, 1995, pp. 493-515, esp. pp. 500-504 *apud* EVA M. DOMÍNGUEZ PÉREZ, «La protección jurídica del diseño industrial: la novedad y el carácter singular. Reflexiones en torno al proyecto de ley de protección jurídica del diseño industrial», in : *Actas de Derecho Industrial y Derecho de Autor,* Tomo XXIII, 2002, p. 88, n. 3. Cfr. ainda DENIS COHEN, *Le droit dessins et modeles* – Droit français, droit communautaire et droit international, Ed. Economica, Paris, 3.ª ed., 2009, pp. 16 e ss.

*Desenhos e modelos. Carácter singular. Cumulação com marca* 425

bro de 2001 [RDM][16] e, no âmbito internacional, justificaram a previsão do art. 5.° *quinquies* da CUP e, mais recentemente, dos arts. 25.° e 26.° do ADPIC[17].

Por outro lado, coloca-se a questão de saber se a protecção conferida aos desenhos e modelos enquanto tais pode ser cumulada com outras formas de tutela jurídica, designadamente pelo recurso ao direito de autor e, de forma especial atendendo ao tema que nos foi confiado, ao direito de marca. Para responder a esta questão teremos de abordar brevemente a tutela jurídica da aparência estética conferida pelos desenhos e modelos e, em seguida, a protecção conferida pelo direito de marca, em especial no que respeita às marcas de forma.

## I. A TUTELA JURÍDICA DOS DESENHOS E MODELOS

### 1. Noção de desenho ou modelo

Seguindo de perto a Directiva relativa aos desenhos e modelos[18], o art. 173.° CPI define desenho ou modelo como a designação da aparência da totalidade, ou de parte, de um produto resultante das características de, nomeadamente, linhas, contornos, cores, forma, textura ou materiais do próprio produto e da sua ornamentação[19].

---

[16] Para maiores desenvolvimentos sobre esta dupla estratégia no plano comunitário, cfr. DENIS COHEN, *op. cit.*, pp. 381 e ss.

[17] Atendendo ao objecto do nosso estudo não nos referiremos à legislação internacional respeitante ao registo dos desenhos e modelos.

[18] Esta noção, baseada no art. 1.°, al.ª *a)* da DDM, terminou com a distinção "meramente formal" [OLIVEIRA ASCENSÃO, *Direito Comercial*, Vol. II (*Direito Industrial*), AFDUL, Lisboa, 1988, p. 216 e, no mesmo sentido, CARLOS OLAVO, «Desenhos e Modelos: Evolução Legislativa», in: AA.VV., *Direito Industrial*, Vol. III, APDI/Almedina, 2003, pp. 46 e 73] de desenhos industriais *e* modelos industriais (v. arts. 139.° e 140.° do CPI anterior, aprovado pelo DL n.° 16/95, de 24 de Janeiro [CPI '95]). Com efeito, até então ambos eram elementos de decoração figurativos que se distinguiam por o desenho ser bidimensional e o modelo tridimensional. E, além disso, retomou a nomenclatura adoptada pelo Decreto Ditatorial de 15/12/1894, que regulou, como foi referido *supra*, esta matéria pela primeira vez no nosso ordenamento jurídico.

[19] O carácter exemplificativo do elenco apresentado na norma permite que a aparência tutelável derive de outros elementos. OTERO LASTRES (*op. cit.*, p. 57) refere como

Como Otero Lastres refere, o «termo chave do conceito» está na *aparência*[20] o que implica que há-de estar em causa o *aspecto* (ou *parecer*) de um produto e que este há-de ser *visível* ou *exterior*[21].

Por produto deve entender-se, de acordo com a definição legal decalcada da DDM, qualquer artigo industrial ou de artesanato[22], incluindo, entre outros, os componentes para montagem de um produto complexo, as embalagens, os elementos de apresentação, os símbolos gráficos e os caracteres tipográficos, excluindo os programas de computador (art. 174.º, n.º 1)[23], sendo ainda abrangidos os produtos complexos, i.e., aqueles compostos por componentes múltiplos susceptíveis de serem dele retirados para o desmontar e nele recolocados para o montar novamente (art. 174.º, n.º 2).

Para que os desenhos ou modelos possam ser protegidos como tal é necessário que preencham dois requisitos: novidade e carácter singular (art. 176.º, n.º 1 e art. 3.º, n.º 2 DDM)[24].

No entanto, e no plano nacional esta é uma novidade introduzida pelo DL n.º143/2008, de 25 de Julho, o procedimento de registo dos desenhos

---

exemplo o brilho ou outros efeitos de luz. No mesmo sentido, anotação ao art. 173.º, in: AA.VV., *Código da Propriedade Industrial anotado* (Coord. Científica Luís Couto Gonçalves), Almedina, Coimbra, 2010, p. 353.

[20] Todavia, o autor citado considera que esta expressão é imprecisa e pouco expressiva (*op. cit.*, p. 58), defendendo que teria sido melhor optar pela expressão «forma», pelo menos como expressão alternativa da palavra aparência.

Referindo-se a aparência e forma, cfr. Luís Couto Gonçalves (*Manual de Direito Industrial*, Almedina, Coimbra, 2.ª ed., 2008, pp. 146 e ss.) que destaca a perplexidade que a indicação legal da *forma* como característica a ter em conta pode suscitar, "atendendo a que o desenho ou modelo protege a forma (*como um todo*) do produto", defendendo que "há (…) que interpretar restritivamente esta referência legal. Deve tratar-se de formas *parcelares* integradas na forma *global* do desenho ou modelo".

[21] Otero Lastres, *op. cit.*, p. 56.

[22] Luís Couto Gonçalves destaca o desaparecimento da "referência a *industrial* com o significado de produção em série e a consequente susceptibilidade de repetibilidade e reprodutibilidade do produto)" (*op. cit.*, pp. 146 e s.).

[23] Sublinhando que o carácter exemplificativo da listagem relativa aos produtos referida na lei pretende esclarecer situações relativamente às quais poderiam surgir dúvidas, cfr., Otero Lastres, *op. cit.*, p. 60, no que respeita à legislação espanhola e, no que tange à nossa legislação, cfr. a anotação do art. 174.º in: *Código da Propriedade Industrial Anotado*, cit., p. 354.

[24] Além disso, é necessário que não incorram em nenhuma proibição de registo, p.e., figuras contrárias à ordem pública ou bons costumes (v. art. 197.º).

*Desenhos e modelos. Carácter singular. Cumulação com marca* 427

ou modelos não compreende um exame que confirme a verificação dos referidos requisitos – estes só serão analisados se invocados pelo reclamante (art. 190.°-A, n.° 3).

Com efeito, apresentado o pedido de registo o INPI examina, no prazo de 1 mês, os requisitos formais estabelecidos nos arts. 173.° e 174.°, nos n.os 3 e 5 do art. 180.° e nos arts. 184.° a 187.° e verifica oficiosamente se o pedido incorre nalguma das proibições previstas nos n.os 1 a 3 do art. 197.° (art. 188.°).

Sendo apresentado de forma regular (ou, eventualmente, após as correcções necessárias), procede-se à publicação do pedido no BPI, iniciando-se o prazo para eventuais reclamações (art. 189.°). Se não for apresentada reclamação o registo é concedido (art. 190.°-A, n.° 1). Mas se for apresentada reclamação invocando que o desenho ou modelo não preenche as condições previstas nos artigos 176.° a 180.° (designadamente a falta de novidade e/ou de carácter singular) o registo é recusado (art. 197.°, n.° 4, al.ª *a*)).

Esta alteração, a par da revogação da protecção prévia prevista na versão original do CPI[25], pretendendo simplificar e acelerar o procedi-

---

[25] A introdução deste regime, na versão original do CPI, foi justificada pela necessidade de cumprir o disposto no art. 25.°, n.° 2 do ADPIC que prescreve que "cada Membro assegurará que os requisitos para obtenção de protecção de desenhos ou modelos de têxteis, nomeadamente no que se refere a eventuais custos, exames ou publicações, não comprometam indevidamente a possibilidade de requerer e obter essa protecção".

De uma forma muito resumida, o regime instituído – a chamada «protecção prévia» relativamente aos têxteis e vestuário – assentava na concessão de uma mera prioridade para o registo, durante um período de seis meses (arts. 217.° e 219.° da versão original). Por outro lado, se o requerente da protecção prévia pretendesse reagir contra o registo a favor de outra pessoa teria de apresentar um pedido de registo com exame. Para maiores desenvolvimentos sobre este regime, muito criticado pela doutrina, e sublinhando a sua desnecessidade face a outros expedientes para conseguir, de forma mais eficaz, os mesmos objectivos (nomeadamente pela protecção provisória e prioridade durante o período de graça), cfr., entre outros, PEDRO SOUSA E SILVA, «A protecção prévia dos desenhos ou modelos no novo Código da Propriedade Industrial», in: AA. VV. *Direito Industrial*, APDI/Almedina, Vol. IV, pp. 343 e ss.; BÁRBARA QUINTELA RIBEIRO, «A tutela jurídica da moda pelo regime dos desenhos ou modelos», in: AA. VV., *Direito Industrial*, APDI/Almedina, Vol. V, 2008, pp. 497 e ss. e MIGUEL MOURA E SILVA, «A defesa dos direitos de propriedade industrial – protecção provisória e protecção prévia: breves notas», in: AA. VV., *Direito Industrial*, APDI/Almedina, Vol. VI, 2009, pp. 369 e ss.

mento de registo dos desenhos e modelos, vem permitir tutelar de forma mais eficaz as chamadas «criações de temporada»[26], embora da nossa perspectiva não consiga superar as vantagens do desenho (comunitário) não registado[27] (nomeadamente no que respeita aos custos).

De facto, relativamente ao desenho ou modelo comunitário está não apenas prevista a tutela através do registo (cujo procedimento está igualmente simplificado – art. 45.° e Considerando n.° 18 do RDM), como expressamente é conferida protecção ao desenho ou modelo não registado (v. arts. 1.°, n.° 2 e 11.° e os considerandos 15.°-17.° e 25.° do RDM)[28].

Passemos à análise dos requisitos para a protecção jurídica dos desenhos e modelos.

## 2. Os requisitos de que depende a tutela jurídica dos desenhos e modelos

A Directiva impõe que os desenhos ou modelos têm de ser novos e apresentar carácter singular (art. 3.°, n.° 2), *et pour cause*, o mesmo sucede no âmbito do Código da Propriedade Industrial português e do Regulamento sobre Desenhos e Modelos Comunitários.

---

[26] Aquelas criações que apresentam um ciclo de vida económica curto, p.e., têxteis e vestuário; calçado, etc.

[27] Para maiores desenvolvimentos cfr. FERNÁNDEZ-NÓVOA, «El diseño no registrado», in: *Actas de Derecho Industrial y Derecho de Autor*, Tomo XXIV, 2003, p. 84, p. 89.

[28] Como é referido no Considerando 16 do RDM, a admissibilidade de tutela jurídica independente do registo relativamente a um desenho ou modelo comunitário justifica-se para as «criações de temporada» "para as quais uma protecção que não implique formalidades de registo constitui uma vantagem e a duração da protecção desempenha um papel secundário".

Assim, o desenho ou modelo comunitário não registado será protegido por um período de três anos a contar da data em que o desenho ou modelo tiver sido pela primeira vez divulgado ao público na Comunidade (art. 11.°, n.° 1 RMD). Todavia, essa protecção apenas confere ao seu titular o direito de proibir o seu uso sem consentimento se o uso em litígio resultar de uma cópia do desenho ou modelo protegido, sendo certo que "o uso em litígio não é considerado resultante de uma cópia do desenho ou modelo protegido se resultar de um trabalho de criação independente, realizado por um criador de que não se possa razoavelmente pensar que conhecia o desenho ou modelo divulgado pelo seu titular" (art. 19.°, n.° 2 RMD).

## 2.1. *A novidade*

A novidade implica, em princípio, que nenhum desenho ou modelo igual ou idêntico tenha sido divulgado ao público dentro ou fora do País, antes da data do respectivo pedido de registo ou da prioridade reivindicada (art. 177.°, n.° 1).

A divulgação ao público pode ser efectuada por qualquer forma, nomeadamente através da publicação do desenho ou modelo na sequência do registo; pela apresentação em exposições e pela utilização no comércio.

No entanto, seguindo a orientação da DDM, a divulgação anterior obstativa da novidade fixada no art. 179.°, n.° 1 CPI, é apenas aquela assente em factos que possam razoavelmente ter chegado ao conhecimento dos círculos especializados do sector em questão que operam na Comunidade Europeia, no decurso da sua actividade corrente e antes da data do pedido de registo (ou da prioridade reinvindicada).

Esta excepção, conhecida por «cláusula de salvaguarda», visa evitar que seja invocada a falta de novidade com base na existência de desenhos ou de modelos anteriores em locais longínquos e dos quais os círculos especializados do sector que operam na Comunidade Europeia não pudessem ter, razoavelmente, conhecimento[29-30] e permite a «suavização»[31] do requisito da novidade.

Por outro lado, estão ainda previstas divulgações não oponíveis no n.° 2 do art. 179.° (relativamente ao conhecimento por terceiro em condições, explícitas ou implícitas, de confidencialidade), nos n.os 1 e 2 do art. 180.° (respeitantes à divulgação pelo criador, pelo seu sucessor ou por um terceiro, na sequência de informações fornecidas, ou de medidas tomadas, pelo criador ou pelo seu sucessor[32], durante o «período de graça» de

---

[29] Cfr. UMA SUTHERSANEN, *Design law in Europe*, Sweet & Maxwell, 2000, p. 43.

[30] No entanto, a técnica jurídica adoptada para consagrar a «cláusula de salvaguarda» tem sido criticada. Cfr., entre outros, OTERO LASTRES (*op. cit.*, p. 71) que se refere em especial à insegurança jurídica que pode advir quer da formulação negativa da excepção, quer do recurso a conceitos indeterminados (*v.g.*, «razoavelmente»).

O autor citado sustenta que por «curso normal [na lei portuguesa: corrente] dos negócios» deve entender-se o conjunto de operações económicas que têm lugar ordinariamente no sector do mercado de que se trate; e por «círculos especializados» haverá que entender os «especialistas», isto é, as pessoas especialmente familiarizadas com o mundo do «desenho» do sector de que se trate (*op. cit.*, p. 71).

[31] OTERO LASTRES, *op. cit.*, pp. 71 e s.

[32] Incluindo a divulgação ao público em resultado de um abuso relativamente ao criador ou ao seu sucessor (art. 180.°, n.° 2).

430　　　　　　　　　*VII Curso de Direito Industrial*

12 meses que antecede a data de apresentação do pedido de registo ou, se for o caso, da data de prioridade reivindicada) e no n.º 3 do art. 180.º (no que se refere à divulgação no âmbito de exposições internacionais oficiais, ou oficialmente reconhecidas, que se integrem no âmbito do disposto na Convenção sobre Exposições Internacionais, assinada em Paris, em 22 de Novembro de 1928)[33].

O n.º 2 do art. 177.º esclarece que se consideram idênticos – e, por conseguinte, não são novos – os desenhos ou modelos cujas características específicas apenas difiram em pormenores sem importância[34-35], ressalvando-se, no n.º 3, a hipótese de se tratar de desenhos ou modelos apresentados pelo mesmo requerente até à divulgação do desenho ou modelo.

A aferição da novidade é feita pela comparação do desenho ou modelo pedido com os anteriores relativamente à data da apresentação do pedido de registo ou da reivindicação da prioridade.

Como é referido por DENIS COHEN, a novidade é apreciada de forma estrita e objectiva: "a apreciação da novidade deve limitar-se a uma simples constatação pelo juiz, consistente em estabelecer se, sim ou não, o desenho ou modelo registado se encontra de forma idêntica – ou quase--idêntica – na arte anterior pertinente, sem haver lugar a considerações de índole subjectiva"[36].

---

[33] Para maiores desenvolvimentos sobre esta hipótese (autonomizada por força da alteração introduzida no preceito pelo DL n.º 143/2008, de 25 de Julho), cfr. anotação do art. 180.º in: *Código da Propriedade Industrial anotado*, cit., p. 376.

[34] Defendendo a interpretação restritiva deste requisito no sentido de "apesar da existência de pormenores sem importância não bastar para diferenciar o desenho ou modelo de outros, a existência de meras características diferenciadoras básicas (...) [ser] suficiente para o [seu] preenchimento (...)", cfr. anotação ao art. 177.º in: *Código da Propriedade Industrial anotado*, cit., p. 364.

[35] A determinação do que constitui um «pormenor sem importância» não é pacífica.

Entendendo que se deve proceder a um exame faseado do requisito da novidade, em que primeiro seriam analisadas as "características específicas" do desenho ou modelo e, em seguida, no âmbito dessas características, se averiguaria se elas diferem de outras em "pormenores sem importância", cfr. BÁRBARA QUINTELA RIBEIRO, *op. cit.*, p. 487, que – depois de aventar a hipótese de se poder recorrer ao critério da «impressão global diferente» (utilizada, como se verá já em seguida, a propósito do requisito atinente ao carácter singular) – sustenta que os dois requisitos (novidade e carácter singular) devem ser diferenciados.

Em sentido diferente, como será referido adiante, alguns autores defendem a desnecessidade do requisito da novidade.

[36] DENIS COHEN, *op. cit.*, p. 70.

A valoração deste requisito, nomeadamente para o filiar na «patent approach» ou na «copyright approach», tem suscitado divergência na doutrina.

Entre nós, MIGUEL MOURA E SILVA parece referi-lo à primeira perspectiva[37]. Já OTERO LASTRES[38], depois de recordar o fundamento da tutela jurídica das invenções (fomentar o progresso técnico-industrial, que só tem lugar se o inventor der a conhecer a sua regra técnica) e de explicitar que se o inventor revelar a sua invenção antes de solicitar a patente, então perde o direito a obter a patente porque a regra técnica, ao ter sido dada a conhecer, já forma parte do património tecnológico e pode contribuir para que esta continue em progresso, sublinha que "nada disto ocorre no desenho industrial. Aqui o desenhador não pode optar entre explorar em segredo o desenho ou solicitar a protecção já que ao tratar-se da aparência de um produto não cabe a exploração do desenho «em segredo». E, portanto, o direito de exclusividade não se concede em troca da revelação da sua criação". Por isso, opina que, "neste ponto, o fundamento da protecção do desenho aproxima-se do do Direito de Autor, uma vez que a protecção é independente de o autor ter mantido, ou não, em segredo a sua criação até um determinado momento: divulgação da obra e protecção são perfeitamente compatíveis no Direito de Autor e também devem sê-lo em matéria de Desenho Industrial".

Numa linha intermédia, EVA PEREZ DOMINGUEZ refere que o legislador comunitário optou por uma novidade «a meio caminho» entre a novidade no âmbito do Direito de Patentes e do Direito de Autor, i.e., afastou-se da novidade entendida como novidade objectiva e absoluta global (própria do Direito de Patentes), assim como da novidade subjectiva (típica do direito de autor), optando por uma novidade objectiva relativa[39].

---

[37] MIGUEL MOURA E SILVA, *op. cit.*, p. 435.

[38] OTERO LASTRES, *op. cit.*, p. 74. Todavia, importa sublinhar que o referido autor defende a supressão deste requisito – sobre este tema v. *infra* 4.3.

[39] EVA M. DOMÍNGUEZ PÉREZ, *op. cit.*, p. 96.

A novidade relativa (que tem em conta o sector merceológico a que respeita o desenho ou modelo) é também referida por MARIO FABIANI e VANESSA DI NICOLANTONIO, «I disegni e modelli industriali o artigianali», in: AA. VV., *La protezione delle forme nel Codice della Proprietà* Industriale (a cura di Vittorio M. de Sanctis), Giuffrè Editore, Milano, 2009, p. 127.

## 2.2. *O carácter singular*

Este requisito cujas raízes se encontram no domínio da «singularidade concorrencial» (*wettbelicher Eigenart*) no Direito da Concorrência[40], foi introduzido, após alguma celeuma[41], na Directiva, constando do seu art. 5.º e, entre nós, pela primeira vez, no art. 178.º.

Considera-se que um desenho ou modelo possui carácter singular se a impressão global que suscita no utilizador informado diferir da impressão global causada a esse utilizador por qualquer desenho ou modelo divulgado ao público antes da data do pedido de registo ou da prioridade reivindicada (art. 178.º, n.º 2)[42].

### 2.2.1. *O significado de «carácter singular»*

Como decorre da própria letra da norma o carácter singular assenta em dois aspectos: a impressão global e a diferença.

#### 2.2.1.1. *Impressão global*

A impressão global implica a consideração conjunta (*global*) do desenho e não uma comparação de cada elemento separadamente. Por isso, como é referido por DENIS COHEN, "é indiferente que todas as características do modelo [ou desenho], tomadas individualmente, sejam já conhecidas. Mesmo nesse caso, o desenho ou modelo pode apresentar carácter singular: será suficiente que essas diferentes características tenham sido combinadas, dispostas ou agenciadas entre elas de maneira que não tenha

---

[40] EVA M. PÉREZ DOMINGUÉZ, *op. cit.*, pp. 98 e s.

[41] Com efeito, como é referido mais adiante, no Anteprojecto do RDM o requisito em análise era denominado «carácter distintivo» lembrando, de imediato, o Direito de Marcas.

[42] No que respeita aos desenhos ou modelos aplicados ou incorporados num produto que constitua um componente de um produto complexo, é novo e possui carácter singular sempre que, cumulativamente:
  a) deste se puder, razoavelmente, esperar que, mesmo depois de incorporado no produto complexo, continua visível durante a utilização normal deste último;
  b) as próprias características visíveis desse componente preencham os requisitos de novidade e de carácter singular (art. 176.º, n.º 4).

*Desenhos e modelos. Carácter singular. Cumulação com marca*        433

sido feita até então"[43], solução acolhida expressamente na legislação comunitária e no art. 176.°, n.° 2 do CPI[44].

Cumpre ainda discutir se a impressão relevante é apenas a que resulta do sentido da visão ou se a mesma pode advir de outros órgãos do sentido (*v.g.*, tacto). Com efeito, diversamente do que sucede na lei francesa (que refere expressamente a impressão visual[45]), o CPI, tal como de resto a DDM e o RDM, nada diz.

Pensamos que apesar de, na esmagadora maioria dos casos, a impressão global resultar do sentido da visão, não se deve excluir, à partida, a possibilidade de a mesma poder advir dos restantes sentidos[46]. Nesse sentido parece militar, além da adjectivação da impressão como global, o elenco (exemplificativo) do que pode constituir um desenho ou modelo, *maxime* da referência à textura.

### 2.2.1.2. *Diferença*

A interpretação do requisito do carácter singular no que respeita especificamente à «diferenciação» é mais problemática.

Divergindo do que chegara a estar previsto[47] na versão final da Directiva, fonte da norma, desapareceu o advérbio «notavelmente» que tornava mais exigente a aferição do carácter singular[48] e que seria permitido

---

[43] DENIS COHEN, *op. cit.*, p. 76.

[44] O art. 176.°, n.° 2 preceitua:"Gozam igualmente de protecção legal os desenhos ou modelos que, não sendo inteiramente novos, realizem combinações novas de elementos conhecidos ou disposições diferentes de elementos já usados, de molde a conferirem aos respectivos produtos carácter singular".

A propósito desta norma, cfr. BÁRBARA QUINTELA RIBEIRO, *op. cit.*, p. 489, que sublinha que "os dois requisitos – novidade e carácter singular – antes equilibrados no mesmo plano, surgem agora desfasados, um recuando para o outro se evidenciar".

Sobre a relação entre os dois requisitos e a (des)necessidade da novidade v. *infra*.

[45] Segundo DENIS COHEN tal significa que apenas se pode considerar a experiência exterior do desenho ou modelo; qualquer outro parâmetro – tal como a leveza ao tocar, a função técnica, a resistência ao uso ou a diferença quanto ao peso – não será tido em consideração" (*op. cit.*, p. 75).

[46] No mesmo sentido, cfr., entre outros, EVA M. PÉREZ DOMINGUÉZ, *op. cit.*, pp. 100 e s.

[47] Referimo-nos à proposta da DDM apresentada com o Livro Verde relativo à protecção jurídica do Desenho Industrial (COM (93) 0344).

[48] A referida supressão parece ter sido motivada pela opinião do Comité Económico e Social segundo a qual o termo «significativamente» teria por efeito a exclusão de numerosos desenhos, especialmente nos têxteis, da referida protecção (*JO C* 388/1994, p. 9).

pelo ADPIC que preceitua, no art. 25.°, n.° 1, que "os Membros podem estabelecer que os desenhos ou modelos não são novos ou originais se não diferirem *significativamente* de desenhos ou modelos conhecidos (...)" [itálicos nossos].

Não obstante, o 13.° Considerando da Directiva dispõe que a apreciação do carácter singular de um desenho ou modelo deve basear-se na diferença *clara* entre a impressão global suscitada num utilizador informado que observe o desenho ou modelo e o património de formas, atendendo à natureza do produto a que o desenho ou modelo se aplica ou em que está incorporado, designadamente o sector industrial a que pertence, e ao grau de liberdade do criador na realização do desenho ou modelo[49-50].

### 2.2.1.3. *Aferição do carácter singular*

A aferição do carácter singular assenta num juízo comparativo idêntico ao referido a propósito da novidade – ou seja, compara-se o desenho

---

[49] A mesma exigência estava prevista no âmbito da Proposta de DDM no que respeita ao âmbito de protecção conferido e o Comité Económico e Social defendeu uma alteração idêntica à que apresentara relativamente ao carácter singular, daí que no art. 9.°, n.° 1 DDM não seja feita referência ao advérbio «significativamente».

As disposições dos arts. 5.°, n.° 1 e 9.°, n.° 1 da DDM têm sido consideradas pela doutrina como sendo espelhos uma da outra. Neste sentido, cfr., por todos, ANNA CARBONI, «Design validity and infringement: feel de difference», in: [2008] E.I.P.R., p. 116.

Não obstante, no primeiro caso relativo a um desenho comunitário registado julgado pelo *Court of Appeal of England and Wales* (em que foram partes The Procter & Gamble Company e Reckitt Benckiser), anotado por Anna Carboni na obra citada, *Lord Justice Jacob* defendeu a adopção de testes diferentes no que respeita à determinação do requisito de protecção relativo ao carácter singular e do âmbito de protecção conferido a um desenho ou modelo registado. Invocando que o 13.° Considerando da DDM respeita unicamente ao requisito de protecção e que o mesmo não vale para o âmbito de protecção concedido pelo registo, sustentou que a diferença na impressão global exigida para que o desenho seja protegido é maior do que a diferença que será suficiente para que o último desenho fique de fora do âmbito de protecção do desenho.

[50] A este propósito, cfr. LUÍS COUTO GONÇALVES, *op. cit.,* pp. 151 e ss., que defende que "o que interessa é que, na valoração, necessariamente subjectiva do utilizador, se possa concluir que o pedido cumpre com o requisito da singularidade, isto é, que o desenho ou modelo seja minimamente original. Não basta, se houver outro desenho ou modelo anterior próximo, ser diferente (requisito da novidade), é necessário ainda ser *qualificadamente* diferente, ou, na hipótese de não haver desenho ou modelo anterior confundível, que revista de carácter criativo que não tenha uma aparência simplesmente banal (requisito do carácter singular)".

*Desenhos e modelos. Carácter singular. Cumulação com marca*   435

ou modelo que se pretende proteger e os desenhos ou modelos anteriores – mas o objectivo é determinar se o desenho ou modelo produz uma impressão global diferente da que é suscitada, no utilizador informado, pelos desenhos ou modelos anteriores. Por outro lado, esta apreciação é mais subjectiva[51].

No âmbito da determinação deste requisito tem de se atender à apreciação conjunta do desenho ou modelo, como já tivemos ocasião de referir, à natureza do produto e ao grau de liberdade do autor (art. 178.°, n.° 2).

Relativamente a este último aspecto importa ter presente que, por um lado, existem produtos relativamente aos quais a liberdade de criação está mais restringida (quer pela necessidade de inclusão de determinados elementos, quer pelos ditames da moda) pelo que diferenças «menores» poderão ser suficientes para considerar verificado este requisito. Por outro lado, existem produtos em que a margem de liberdade criativa é muito maior e, nesse caso, a apreciação do carácter singular exigirá a verificação de diferenças mais significativas[52].

DENIS COHEN[53] refere, a título de exemplos, a criação de um novo modelo de bicicleta e de um novo modelo de jóia.

Na apreciação do requisito do carácter singular relativamente ao novo modelo de bicicleta é preciso atender a que este produto tem obrigatoriamente de incluir um selim, um guiador e rodas. Assim, devem ser tidas em consideração as diferenças que existem entre o novo modelo de bicicleta e todos os modelos divulgados anteriormente, já que, tendo em conta a pouca margem de manobra de que o criador dispunha, essas diferenças podem ser valoradas como inovações notáveis e merecedoras de protecção.

No que concerne à determinação do carácter singular do novo modelo de jóia o grau de liberdade do criador é significativamente mais ele-

---

[51] DENIS COHEN (*op. cit.*, p. 75) refere que "do termo «*impressão*» transparece desde já o facto de, contrariamente à condição de novidade, a apreciação do carácter singular implicar necessariamente uma apreciação um pouco subjectiva".

[52] Cfr. ainda a anotação do art. 178.° in: *Código da Propriedade Industrial anotado*, cit., p. 369, onde é referido que "a definição do grau de liberdade na realização de determinado desenho ou modelo está (…) condicionada pelo sector de actividade económica e pela tipologia de produto onde esse desenho ou modelo se insere".

Aproximando a apreciação do grau de liberdade do criador ao critério estado-unidense da *crowded art*, cfr. BÁRBARA QUINTELA RIBEIRO, *op. cit.*, p. 490.

[53] DENIS COHEN, *op. cit.*, pp. 77 e s.

vado, dado que não existe nenhum constrangimento técnico. Neste caso, deve exigir-se a verificação de diferenças mais vincadas entre o novo modelo e os modelos anteriores.

### 2.2.1.4. *O utilizador informado*

A impressão global relevante é a que é suscitada no *utilizador informado*. Significa isto que a plataforma subjectiva de apreciação do carácter singular assenta num utilizador e não num perito[54], mas que tem um nível de conhecimentos superior ao consumidor médio e portanto não se trata de um qualquer utilizador, mas de um utilizador *informado*.

Por outro lado, como OTERO LASTRES sublinha, "não se está (...) perante um único e mesmo sujeito para todos os desenhos, mas de um sujeito abstracto com as mesmas características de formação e conhecimento, mas que é distinto para cada sector"[55].

### 2.3. *A articulação dos requisitos de protecção do desenho ou modelo*

A articulação da novidade com o carácter singular tem suscitado alguma celeuma na doutrina.

---

[54] OTERO LASTRES (*op. cit.*, p. 77) refere que "o papel do «usuário informado» é semelhante ao do «perito na matéria» do requisito da capacidade inventiva em matéria de patentes e de modelos de utilidade. Mas o seu perfil é muito diferente: aqui não se está a falar de um «perito», mas de um «usuário» (...)".

Em sentido diferente, cfr. DENIS COHEN (*op. cit.*, p. 74) que sustenta, referindo-se ao «observateur averti» da lei francesa, que a personagem de referência é fundamentalmente um consumidor e não um profissional do domínio considerado. Todavia, cremos que o resultado final não fica muito distante do defendido por OTERO LASTRES porquanto COHEN acrescenta que "estabelece-se que a personagem de referência (...) é um homem que possui conhecimentos estéticos reais no domínio considerado (...). Numa palavra, poderíamos fundamentalmente defini-lo como sendo um «conhecedor»".

[55] OTERO LASTRES, *op. cit.*, p. 78.

No mesmo sentido, cfr. a anotação ao art. 178.º in: *Código da Propriedade Industrial anotado*, cit., p. 369.

Esta ideia encontra apoio na jurisprudência comunitária, já que esta, como é referido por DENIS COHEN (*op. cit.*, pp. 74 e ss.), adopta uma perspectiva simultaneamente mais mecânica (considerando que o utilizador informado se determina por referência à classe a que respeita o desenho ou modelo) e mais extensa.

*Desenhos e modelos. Carácter singular. Cumulação com marca*     437

Alguns autores consideram que o carácter singular absorve o requisito relativo à novidade do desenho ou modelo[56]. Com efeito, partindo do princípio que afirmar que um modelo ou desenho apresenta carácter singular significa que o mesmo difere, na impressão global, dos desenhos ou modelos anteriormente divulgados, então o referido desenho ou modelo preencherá simultaneamente o requisito relativo à novidade.

Outros consideram-nos «"duas faces da mesma moeda", pois um modelo só tem carácter singular quando é novo, e quando é novo tem necessariamente carácter singular"», reconduzindo-os à questão da originalidade[57].

A maioria da doutrina, porém, não tem procedido a esta restrição.

## 3. A Tutela conferida pelo desenho ou modelo – breve referência

O desenho ou modelo registado goza de protecção durante 5 anos a contar da data do pedido, podendo o mesmo ser renovado, por períodos iguais, até ao limite de 25 anos (art. 201.º, n.º 1).

O âmbito dessa protecção abrange todos os desenhos ou modelos que não suscitem uma impressão global diferente no utilizador informado

---

[56] Cfr., entre outros, OTERO LASTRES para quem o carácter singular é o único requisito que se deve exigir aos desenhos e modelos uma vez que é este que melhor se coaduna, por um lado, com a essência desta figura (a protecção não se concede em troca da revelação da criação de forma, porque, pela sua própria essência de forma exterior, não pode ser explorada em segredo, não fazendo sentido exigir que o desenho não seja divulgado com anterioridade à data de pedido ou, se for o caso, da prioridade) e, por outro, com o duplo fundamento da sua protecção (o acto de criação e o incremento do património das formas estéticas), *op. cit.*, p. 80.

[57] É o caso, entre nós, de PEDRO SOUSA E SILVA (*op. cit.*, pp. 346 e s.). O citado autor afirma: "[um desenho ou modelo] é novo quando nunca existiu outro igual, e é singular quando se distingue do conjunto de desenhos ou modelos que existiam quando ele foi divulgado. Ou seja, quer para medir a novidade, quer para medir a singularidade, temos de confrontar o objecto da análise com os desenhos ou modelos conhecidos à data da respectiva divulgação. Se ele se distingue apenas em "pormenores sem importância", então está carecido não só de novidade, mas também de carácter singular. Em contrapartida, se "a impressão global que suscita no utilizador informado diferir da impressão global suscitada nesse utilizador por qualquer desenho ou modelo divulgado ao público", é porque, além do carácter singular, ele dispõe de novidade, pois de outro modo a impressão global seria a mesma…".

(art. 199.º, n.º 1). Nesta apreciação deve ser tomado em consideração o grau de liberdade de que o criador dispôs para a realização do seu desenho ou modelo (art. 199.º, n.º 2). Como já tivemos oportunidade de referir, a determinação do âmbito de protecção assenta nos critérios referidos a propósito do carácter singular para os quais remetemos.

Por força da aplicação directa do Regulamento sobre Desenhos e Modelos Comunitários, também é possível a protecção como desenho ou modelo independentemente do registo, embora o seu âmbito de protecção seja mais restrito e a duração menor (3 anos) – arts. 19.º, n.º 2 e 11.º RDM.

## II. A TUTELA JURÍDICA DAS MARCAS, EM ESPECIAL DAS MARCAS DE FORMA

### 1. Problema dos requisitos de protecção como marca

Para um sinal poder constituir uma marca tem de ser susceptível de representação gráfica e tem de ser adequado a distinguir os produtos ou serviços de uma empresa dos de outras empresas (art. 222.º, n.º 1). Esta previsão corresponde, substancialmente, ao art. 2.º da Directiva de marcas (DM)[58] e ao art. 4.º do Regulamento sobre a marca comunitária (RMC)[59].

A técnica-legislativa adoptada inclui ainda um elenco *exemplificativo* de sinais que podem constituir uma marca se para tanto estiverem preenchidos os pressupostos referidos. Esta previsão é extremamente relevante já que, por um lado, além de mencionar os casos, mais frequentes, de os sinais consistirem em palavras (incluindo os nomes de pessoas) ou desenhos, esclarece que existem outros sinais que podem constituir uma marca – *v.g.*, letras, números e forma do produto – cujo registo nem sempre foi admitido.

---

[58] Primeira Directiva do Conselho, de 21 de Dezembro de 1988, que harmoniza as legislações dos Estados-membros em matéria de marcas, n.º 89/104/CE, codificada pela Directiva 2008/95/CE, do Parlamento Europeu e do Conselho, de 22 de Outubro de 2008.

[59] Regulamento da marca comunitária n.º 40/94, de 20 de Dezembro de 1993, codificado pelo Regulamento (CE) n.º 207/2009, do Conselho, de 26 de Fevereiro de 2009, sobre a marca comunitária.

## 1.1. *Capacidade distintiva*

Como referimos, os sinais susceptíveis de representação gráfica só poderão constituir marcas «desde que sejam adequados a distinguir os produtos ou serviços de uma empresa dos de outras empresas» (art. 222.°, n.° 1, *in fine*).

Este requisito tem suscitado divergências doutrinais motivadas, fundamentalmente, pela dúbia redacção das al.ᵃˢ *a*) e *b*) do art. 3.°, n.° 1 da DM[60].

Com efeito, a Directiva de marcas começa por referir, na al.ᵃ *a*) do n.° 1 do art. 3.°, como motivo de recusa absoluto de registo, "os sinais que não possam constituir uma marca" – estes são, como já tivemos oportunidade de afirmar, os que sejam insusceptíveis de representação gráfica e os *desadequados para distinguir* os produtos ou serviços de uma empresa dos de outras empresas (art. 2.° da DM) – e na al.ᵃ *b*) do mesmo número, "as marcas desprovidas de carácter distintivo". Importa pois precisar o significado de cada um destes impedimentos absolutos de registo, já que o motivo de recusa da al.ᵃ *a*) é inultrapassável, enquanto que o da al.ᵃ *b*) pode ser sanado se o sinal tiver adquirido "distintividade superveniente"[61] (v. o art. 3.°, n.° 3, da DM).

Alguns autores defendem a interpretação restritiva da al.ᵃ *a*) do art. 3.°, n.° 1, da DM, cingindo o impedimento de registo aí referido à insusceptibilidade de representação gráfica do sinal, e fazendo corresponder a falta de carácter distintivo unicamente à al.ᵃ *b*) do art. 3.°, n.° 1, da DM.

Outros, apoiando-se na tese maioritariamente defendida na Alemanha, diferenciam a susceptibilidade de distinguir abstracta (*abstrakte Unterscheidungseignung*) e a capacidade distintiva concreta (*konkreten Unterscheidungskraft*) e, por conseguinte, sustentam a coexistência das duas previsões normativas em análise.

---

[60] Já tivemos oportunidade de referir detalhadamente esta celeuma na nossa dissertação de doutoramento, cfr. Maria Miguel Carvalho, *A marca enganosa* (no prelo) para onde remetemos para maiores desenvolvimentos, e também, de forma mais resumida, no âmbito de um outro estudo, «"Novas" marcas e marcas não tradicionais: objecto», in: AA. VV., *Direito* Industrial, APDI/Almedina, Vol. VI, 2009, pp. 224 e ss., que aqui seguimos de muito perto.

[61] A expressão é de José Antonio Gómez-Segade, «Fuerza distintiva y «secondary meaning» en el derecho de los signos distintivos», in: *Estudios sobre marcas*, (coords. José Justo Navarro Chinchilla/Ramón José Vázquez García), Editorial Comares, Granada, 1995, p. 352 [= «Unterscheidungskraft und "Secondary Meaning" im Kennzeichenrecht», in: *GRUR Int.* 12/1995, p. 946].

440          *VII Curso de Direito Industrial*

Assinala-se ainda o facto de a aptidão distintiva exigida pelo art. 2.º da DM se bastar com um grau mínimo de distintividade, existindo muito poucas restrições *a priori* a este respeito, das quais se destaca, atento ao âmbito do presente estudo, o desvio relativo às marcas tridimensionais que respeitem à forma do produto (al.ª *e*) do art. 3.º, n.º 1 da DM).

### 1.2. *Referência especial à protecção das marcas de forma e à proibição de registo como marca da forma que confira valor substancial ao produto*

A admissibilidade das marcas de forma é hoje indiscutível entre nós (v. art. 222.º, n.º 1), embora nem sempre assim tenha sido[62].

Esta solução – que resulta da harmonização operada neste domínio pela Directiva de marcas (v. art. 2.º) e que, por isso, também consta do Regulamento sobre a marca comunitária (v. art. 4.º) – compreende, não obstante, uma proibição *específica* relativa a este tipo de marca que abarca quer a forma imposta pela natureza do produto; quer a forma necessária para obter um resultado técnico e ainda a forma que confira um valor substancial ao produto (arts. 3.º, n.º 1, al.ª *e*) da DM; 7.º, n.º 1, al.ª *e*) do RMC e 223.º, n.º 1, al.ª *b*) do CPI), cujo alcance não é despiciendo na medida em que é insusceptível de ser ultrapassada através do *secondary meaning* (art. 3.º, n.º 3 da DM e art. 238.º, n.º 3 do CPI).

A razão de ser deste impedimento de registo assenta no "perigo que representa para a unidade, coerência e teleologia do sistema de protecção da propriedade industrial admitir o registo deste tipo de marcas"[63].

No que respeita à proibição relativa à forma imposta pela própria natureza do produto está em causa a necessidade de proibir a sua monopolização no mercado, que seria possível caso o seu registo como marca

---

[62] Sobre o tema, cfr., entre nós, M. Nogueira Serens, «Marcas de forma – parecer», in: *CJ*, ano XVI, Tomo IV, 1991, pp. 59 e ss. e Luís Couto Gonçalves, «Marca tridimensional», in: *Nos 20 anos do Código das Sociedades Comerciais – Homenagem aos Profs. Doutores A. Ferrer Correia, Orlando de Carvalho e Vasco Lobo Xavier*, Vol. I, Faculdade de Direito da Universidade de Coimbra, Coimbra Editora, Coimbra, 2007, pp. 139 e ss. Cfr. ainda Maria Miguel Carvalho, «"Novas" marcas...», *cit.*, pp. 226 e ss.

[63] Luís Couto Gonçalves, «Objecto. Sinais protegíveis. Modalidades», in: AA. VV., *Direito Industrial*, APDI/Almedina, Vol. VI, 2009, p. 284.

fosse admitido, atendendo em especial à duração indeterminada da tutela conferida.

Relativamente à forma necessária à obtenção de um resultado técnico (forma funcional) a fundamentação da proibição de registo como marca assenta na necessidade de manter a livre disponibilidade destes sinais, que apenas poderão – se se verificarem os respectivos requisitos – granjear uma tutela jurídica temporalmente limitada através da patente ou do modelo de utilidade.

A proibição referida abarca ainda a forma que confira valor substancial ao produto cujo fundamento reside na necessidade de "afastar do direito de marcas as formas que sejam tão incindivelmente conexas com o valor dos produtos correspondentes que não possam ser concebíveis, sequer mentalmente, separadamente desses produtos. A forma não pode distinguir o produto porque é parte integrante, física e conceptualmente, do próprio produto"[64]. Podendo esta ser tutelada como desenho ou modelo (se preencher os requisitos *supra* referidos) é imperioso evitar possíveis riscos monopolísticos[65] advenientes da protecção temporalmente indefinida concedida pelo registo da marca relativamente a formas cuja sujeição à tutela como desenho ou modelo não pode exceder uma determinada duração.

Vamos deter-nos um pouco mais detalhadamente sobre esta (sub-)proibição, que já foi considerada a mais complexa das três referidas[66]. Essa complexidade prende-se, fundamentalmente, com a determinação do que é uma forma que confere valor substancial ao produto[67].

Por um lado, pode questionar-se o tipo de forma abarcado pela proibição referida, i.e., se a aplicação daquela se cinge às formas tridimensionais ou se também abrange as formas bidimensionais.

---

[64] Luís Couto Gonçalves, *ult. op. cit.*, p. 287.

[65] Criticamente sobre a posição que parte do princípio de que a protecção destes bens acarreta efeitos anti-concorrenciais, e defendendo os efeitos fito-concorrenciais ou pró-concorrenciais, cfr., entre outros, Bruno Tassone, «I modelli di utilità, le invenzioni di forma e le topografie dei prodotti a semicondutorri», in: AA. VV., *La protezione delle forme nel Codice della Proprietà Indutriale* (a cura di Vittorio M. de Sanctis), p. 292.

[66] Monteano Monteagudo, «Os requisitos de validez de uma marca tridimensional», in: *ADI*, Tomo XXIII, 2002, p. 403.

[67] No mesmo sentido, cfr. Otero Lastres, «La prohibición de registrar como marca la forma que da un valor substancial al producto», in: *ADI*, 2007-2008, p. 375.

OTERO LASTRES, depois de referir que no Benelux [que terá sido a fonte da DM nesta matéria] a proibição tem sido restringida às formas tridimensionais, defende a sua aplicação também às formas bidimensionais, invocando fundamentalmente quatro argumentos. Um, consiste no facto de a palavra «forma» significar configuração externa de algo, podendo, como tal, predicar objectos bidimensionais ou tridimensionais. Segundo, o legislador [espanhol] refere-se a «formas» e a «formas tridimensionais» parecendo que quando utiliza o vocábulo «formas» sem mais precisões tal significará que abrange os dois tipos referidos. Terceiro, parte-se do princípio que o legislador ter-se-á expressado de forma correcta e exacta, não cingindo a aplicação da proibição às formas tridimensionais por ter entendido que tal não seria necessário ou adequado. E, finalmente, invoca o Acórdão do TJ, de 20 de Setembro de 2007, proferido no âmbito do caso «G-Star»[68], que admitiu a relevância da forma bidimensional neste domínio[69].

Por outro lado, discute-se se a proibição de registo como marca da forma que confira valor substancial ao produto deve ser interpretada em sentido amplo ou restrito; se o critério interpretativo é o do valor estético da forma do produto (formas estéticas ou atractivas) ou se será antes o da influência que a forma exerce sobre o valor comercial do produto.

OTERO LASTRES defende a tese restritiva[70], limitando a aplicação da referida proibição aos casos em que o que se pretende registar como marca seja estritamente a forma do produto (excluindo, designadamente, a forma da embalagem) e apenas quando não exista qualquer dúvida de que o consumidor elege o produto pela forma peculiar que ele possui, sempre que esta não seja tecnicamente necessária ou imposta pela natureza do produto. O autor citado sublinha ainda que não há nada que obrigue a relacionar necessariamente o [valor] «substancial» da forma com o atractivo estético[71].

---

[68] O referido acórdão, proferido no âmbito do proc. C-371/2006, pode ser consultado no sítio: *http://curia.europa.eu/jurisp/cgi-bin/form.pl?lang=pt*.

[69] OTERO LASTRES, «La prohibición...», *cit.*, pp. 375 e ss.

[70] Em rigor, o autor citado defende a supressão da proibição relativa à forma que confira valor substancial ao produto por não ver fundamento para a consagração da mesma, porém, como não é previsível que tal venha a ocorrer, perfilha a posição restritiva sintetizada no texto (*ult. op. cit.*, pp. 394 e s.).

[71] Em sentido próximo, embora aplicando, aparentemente, a proibição também à embalagem, cfr. MONTEANO MONTEAGUDO, *op. cit.*, p. 405.

Diferentemente, DAVIDE SARTI sustenta que "o problema da determinação das formas que dão um «valor substancial ao produto» deve ser resolvido não tanto com base em valorações abstractas em ordem à capacidade da forma de influenciar (em medida mais ou menos decisiva) a valoração de aquisição; mas em concreto valorando a eficácia monopolística resultante do reconhecimento de uma protecção potencialmente perpétua"[72]. Nesse sentido, o autor citado propõe soluções distintas em relação aos diferentes sectores produtivos e às margens de liberdade concedidas para a criação: "por exemplo, para negar valor substancial a formas ou desenhos ornamentais, apesar de relevantes para a decisão de aquisição, quando a possibilidade de adoptar sem excessivos esforços (e sem prejuízo da função técnica) formas e desenhos alternativos seja quase infinita (…); e ao invés, para reconhecer valor substancial a formas que constituem simples razões de preferência da aquisição quando as margens de liberdade na criação sejam menos elevadas". DAVIDE SARTI defende ainda a oportunidade de limitar o acesso à protecção como marca das formas dos produtos que satisfaçam comuns necessidades do público – "produtos que são, por isso, em regra adquiridos periodicamente e para os quais é dificilmente imaginável que a forma por si só induza a aquisição". Em tais casos parece [ao autor] de facto que uma monopolização perpétua da estética pode ter uma não indiferente eficácia monopolística[73].

Antes de passarmos à análise da possibilidade de cumulação da protecção das formas pelos desenhos ou modelos e marcas, impõe-se sublinhar que, nos casos em que os sinais que consistam na forma do produto puderem constituir uma marca, é preciso não perder de vista que podem ainda deparar com (outros) obstáculos atinentes quer à sua aptidão para diferenciar produtos por referência à sua proveniência empresarial[74], quer à sua capacidade distintiva concreta para distinguir determinados produtos (p.e., por poderem ser considerados sinais descritivos).

---

[72] DAVIDE SARTI, «Marchi di forma ed imitazione servile di fronte alla disciplina europea del design», in: *Segni e forme distintivi – la nuova disciplina*, Giuffrè Editore, Milano, 2001, p. 255.

[73] A solução tendente a excluir a protecção como marca apenas de formas que induzam à aquisição de produtos que de outra forma não seriam adquiridos é, segundo o mesmo autor, preferível nos sectores de bens de luxo (*ult. op. cit.*, p. 255).

[74] Já tivemos oportunidade de os referir em «"Novas" marcas…», *cit.*, pp. 227 e ss.

## III. A POSSIBILIDADE DE CUMULAÇÃO DA TUTELA JURÍDICA DOS DESENHOS E MODELOS COM A DA MARCA[75]

Analisados brevemente os requisitos de protecção do desenho ou modelo e da marca (especialmente da marca de forma), é chegado o momento de questionarmos a possibilidade de cumulação da tutela jurídica conferida por estes dois direitos privativos industriais que, tendo uma fundamentação bem distinta, obedecem a uma lógica também diferente e, posteriormente, caso a resposta à primeira questão seja afirmativa, tentar estabelecer os limites para essa cumulação.

Antes de mais importa destacar que a discussão relativa à cumulação da tutela jurídica nos moldes referidos é possível na medida em que podem existir formas que, não conferindo valor substancial ao produto, preencham simultaneamente os requisitos de protecção como marca e como desenho ou modelo. No entanto, atendendo em especial à diferente duração temporal da tutela jurídica concedida, a mesma não é isenta de problemas (fundamentalmente concorrenciais).

Por outro lado, alguns autores restringem esta problemática, considerando o carácter marginal da questão já que o âmbito de protecção de desenhos e modelos e de marcas é diferente e não interfere necessariamente uma com a outra[76].

O problema da cumulação só surge, como é referido por MONTEANO MONTEAGUDO, quando a forma adquira um valor autónomo no tráfico económico e, por isso, supere para a procura a sua utilidade como nexo de união entre uma empresa e os produtos que oferece no mercado. Só aí existirá um risco de colisão entre a protecção temporalmente limitada das normas protectoras das criações estéticas e a possível protecção temporalmente ilimitada do direito de marcas. Para resolver este problema o autor citado sugere a aplicação do critério da autonomia que a valora-

---

[75] Atendendo à economia do tema que nos foi confiado não vamos analisar aqui a possibilidade de cumulação da tutela jurídica dos desenhos e modelos com o direito de autor, limitando-nos a assinalar que o art. 200.° determina que qualquer desenho ou modelo registado beneficia, igualmente, da protecção conferida pela legislação em matéria de direito de autor, a partir da data em que o desenho ou modelo foi criado, ou definido, sob qualquer forma.

[76] MONTEANO MONTEAGUDO, *op. cit.*, p. 404.

Desenhos e modelos. Carácter singular. Cumulação com marca     445

ção da atracção apresenta para a procura no mercado: "poderá ser protegida como marca aquela configuração formal que, apesar de incorporar atributos estéticos ou criativos, não determine de maneira autónoma a atracção e o valor do produto para o consumidor. Em contrapartida, não poderá ser registada como marca a configuração formal que constitua o factor decisivo para despertar a procura do produto entre os círculos interessados (...); em tais circunstâncias (...) a configuração do produto deixa de ser um elemento que permite identificar o produto pela sua proveniência empresarial para tornar-se no próprio produto que se oferece e procura no mercado"[77].

Esta posição, como já foi referido, está longe de ser pacífica. Com efeito, continua a ser alvo de discussão uma vez que a possibilidade de tutela jurídica pela marca relativamente a formas estéticas ou atractivas "pode abrir a porta a uma solução sistematicamente imprópria"[78] – propiciada em grande medida pela DDM, quer pela abertura que parece poder manifestar no Considerando 7.º[79], quer sobretudo pela exigência do carácter singular que, talvez não por acaso, inicialmente se designava «carácter distintivo»[80]

---

[77] MONTEANO MONTEAGUDO, *op. cit.*, p. 405. Em sentido próximo cfr. DAVIDE SARTI (*ult. op. cit.*, p. 253) que defende não ver reais perigos de excessiva limitação da concorrência se estas formas (formas que não conferem valor substancial ao produto) puderem acumular a tutela temporalmente ilimitada da marca com a ulterior protecção limitada no tempo dos modelos.

[78] GUSTAVO GHIDINI, «Un appunto sul marchio di forma», in: *Rivista di Diritto Industriale*, 2009, Parte I, p. 89.

[79] O 7.º Considerando estabelece que "a presente directiva não exclui a aplicação aos desenhos e modelos de legislação nacional ou comunitária que preveja outro tipo de protecção para além da conferida pelo registo ou pela publicação como desenho ou modelo, tal como a legislação relativa aos direitos sobre desenhos e modelos não registados, às marcas, às patentes e modelos de utilidade, à concorrência desleal ou à responsabilidade civil".

No entanto, GUSTAVO GHIDINI interpreta o referido Considerando no sentido de, mais do que tomar uma posição pró-cúmulo entre as normas dos desenhos e modelos e as marcas de forma, o legislador comunitário querer simplesmente afirmar a vontade de não interferir com o conjunto das disciplinas que possam incidir sobre a matéria do desenho. Por isso, sustenta que o mesmo deve ser interpretado *cum grano salis*, i.e., considerando que essa aplicação não é excluída *enquanto compatível* com a DDM e com o RDM (*op. cit.*, p. 95).

[80] E que alguns autores consideram não ser essencialmente diferente da capacidade distintiva do direito de marcas. Neste sentido, cfr. GUSTAVO GHIDINI, *op. cit.*, p. 91, com mais indicações bibliográficas.

– cuja contradição intrínseca pode justificar a não aceitação do cúmulo das tutelas mencionadas.

A esse propósito Gustavo Ghidini sustenta que existem duas considerações de ordem sistemática que fundamentam essa recusa de cumulação. Uma deriva do «princípio da não contradição». Outra funda-se na directriz constitucional da liberdade de concorrência[81].

---

[81] *Op. cit.*, pp. 93 e s.